이헌창

1955년에 태어났다. 서울대학교 경제학과를 졸업하고 같은 대학에서 석사 및 박사 학위를 받았다. 1983년부터 경기대학교 경제학과 교수로 재직하다가 1993년 고려대학교 경제학과로 옮겨 지금까지 재직 중이다. 경제사학회와 한국고문서학회의 회장을 역임했다. 저서로『民籍統計表의 해설과 이용방법』,『한국경제통사』,『조선시대 최고의 경제발전안을 제시한 박제가』,『경제·경제학』이 있다. 편저는『류성룡의 학술과 사상』,『조선후기 재정과 시장: 경제체제론의 접근』등이 있다. 이외에도 경제사, 사상사, 정치사 등의 분야에서 여러 논문을 발표했다.

김육
평전

金堉

김육 평전

대동법을 완성한
조선 최고의 개혁가

이헌창

민음사

책을 펴내며

　필자는 2000년 3월의 문화 인물로 지정된 김육에 관한 집필을 별 지식이 없는 상태에서 무모하게 수락해 1999년 겨울 방학의 짧은 기간에 완료했는데, 다행히 지금 보아도 괜찮은 글이 되었다. 2006년 한국학중앙연구원에서 『잠곡 김육 연구』을 편찬할 때, 필자는 「김육의 경제 사상과 경제 업적」이라는 논문을 수록했다. 1년 동안 쓴 장문의 논문인데, 필자는 이 글에 만족하지 못하고 있다.

　필자는 2000년 글을 집필하면서 김육의 위대함을 알고 존경하게 되었고, 이 책을 쓰면서 그의 위대함을 더욱 잘 알게 되었다. 김육은 인성과 학문을 갈고닦은 인격자이자 대학자로, 그가 이룩한 정책 업적뿐 아니라 조정에서의 처신과 정책 추진 과정이 훌륭했기 때문이다. 그래서 오늘날 관료와 정치인의 귀감이 될 수 있는 인물이다. 김육에 관한 연구는 점차 늘고 있으나, 그의 업적에 비하면 여전히 부족하다. 김육을 높이 평가하는 학자가 점차 늘어나고 있으나, 여전히 그의 위대함은 널리 알려져 있지 않다. 필자는 김육 연구자로서 그를 널리 알려야 할 사명감을 느끼고 언젠가 그에 관한 책을 저술할 생각을 하고 있었다. 그러던 차에 2012년 경기문화재단이 평전 집필을 의뢰하여, 기쁘게 수락했다.

필자는 2008년 의뢰받은 과제로 『경제·경제학』을 2015년 11월에 겨우 출간했다. 밀린 논문들의 집필이 일단락된 2016년 여름부터 김육 평전의 집필을 주된 과제로 삼아 왔다. 여전히 더 공부할 필요를 느끼나, 경기문화재단과 맺은 계약의 기한을 더 이상 미룰 수 없어 원고를 제출한다. 늦게 제출한 원고를 기다려 준 경기문화재단에 감사드린다. 충실한 작품을 내놓아 김육이 우리 정신문화의 자산으로 널리 인식되기를 희망했는데, 약한 체력의 거북이걸음으로 작업하다 여전히 공부가 부족한 상태에서 마무리해 걱정이다.

필자는 2011년에 조선 시대의 탁월한 경제 사상가인 박제가의 평전을 출간했는데, 이번에 정책 업적이 탁월한 김육의 평전을 내게 되어 기쁘다. 한 인물을 이해하는 것은 그 시대를 이해하는 것과 다를 바 없다. 이 책은 김육 개인에 그치지 않고 조선 왕조 국가, 나아가 조선 왕조사의 이해를 목적으로 삼는다. 조선 왕조 정책사를 공부하는 데에 김육 이상의 인물은 없다. 2차 세계 대전 때 영국을 이끈 윈스턴 처칠은 국가를 다스리는 방법(statecraft)의 모든 비밀을 담은 역사를 공부하라고 했는데, 이 책에서 그 비밀을 발굴하고 싶다.

필자의 오늘날이 있기까지에는 훌륭한 스승들의 가르침이 있었다. 서울대학교 학부 시절 시위 전력으로 지도 교수인 안병직 선생을 만난 인연으로 한국경제사를 전공하게 되었다. 안 선생님은 김육을 조선 최고의 개혁가로 평가하면서 이 책의 집필에 최선을 다할 것을 당부하셨다. 부제를 '조선 후기 최대 정책 업적의 정승'으로 잡았다가 안 선생님의 조언을 받아들여 바꾸었다. 서양경제사를 가르쳐 주신 김종현 선생은 필자의 대학원 입학을 불허하라는 상부 지시를 학과장으로서 힘들게 막은 일에 보람을 느낀다는 말씀을 30년이 지나 해 주셨다. 그리고 서울대학교 경제학과에서 변형윤 선생, 고(故) 임원택 선생, 고 정병휴 선생, 이현재 선생, 조순 선생 등으로부터 배운 일도 행운이었다. 초중고교 선생님의 은혜도 잊을 수 없다. 태동고전연구소의 고 임창순 선생으로부터 배운 한문은 한국경제사 연구에 도움을 주었다. 고 이헌조 종백 형이 재단 설립을 지원한 실시학사에 출입하면서 고 이우성 선생의 가르침도 받았다. 학문뿐 아니라 삶의 자세도 가르쳐 주신 선생님들께 이 저서를 바친다.

필자는 타임머신을 타고 되돌아가 다시 직업을 선택한다 해도 교직을 선택할 것이다. 고지식하고 비사교적인 사람이 다른 직업에 잘 맞을까. 그리고 전공도 한국경제사를 택하겠다. 역사학과 경제학이라는 위대한 학문으로 우리나라를 탐구하는 일에 자부심을 가져 왔다. 오랫동안 공부에 헤매고 늦게 안목이 생겼지만, 운 좋게 전임교원에 빨리 채용되고 명문 대학에 자리를 잡았다. 경기대학교와 고려대학교라는 좋은 직장에서 강의에 보람을 느끼며 편안히 지냈다. 대학원에 들어가자 집안 형편을 고려하지 않은 결정이라며 질책하던 종백 형이 학자로 정진하도록 격려하고 도와준 일도 떠오른다. 종백 형은 필자와 달리 원래 학문에 뜻을 가졌으나 가정 형편을 헤아려 기업계에 진출했다.

정만조 선생은 2000년 글의 작성 때부터 이번 저서의 작성까지 많은 가르침을 주었다. 김육의 13세손인 김성구 씨도 1999년부터 도움을 주었다. 중국 고전에 관해 성균관대학교 하원수 교수와 박기수 교수, 고려대학교 이재훈 교수, 그리고 인하대학교 이봉규 교수의 가르침을 받았다. 이외에도 가르침을 주신 분께 감사드린다. 이 원고로 수업을 한 대학원생의 지적도 도움을 주었다. 고려대학교 한문학과 박사 과정의 김기엽 군은 한문 해석에 도움을 주었다. 고려대학교 한국사학과 박사 과정 홍근혜 군과 정치외교학과 박사 과정의 김학재 군은 교정을 도왔다. 예송의 집필은 홍 군의 큰 도움을 받았다. 세심하게 편집해 준 민음사 남선영 차장님과 김우용 님께도 감사드린다.

2019년 겨울
이헌창 삼가 씀

차례

雪鬢霞儀外形内德
君子觀之是無不識
右孟永光爲眞讚

領議政潛谷金文貞公小眞

65세 김육의 초상화(1644년)

실학박물관 소장

김육이 원손 보양관으로 청나라의 심양에 있던 당시 중국인 화가 맹영광(孟永光)이 그렸다. 그림 왼쪽에는 "눈처럼 하얀 수염과 신선 같은 풍채, 밖으로 드러난 풍모와 안에서 풍겨 나오는 덕망. 군자가 이를 보매 누구인들 알아보리라."라는 맹영광의 글이 쓰여 있다.

1 위대한 정치가 김육, 오늘날 관료와 정치인의 귀감

광화문 한가운데 세워진 동상으로도 알 수 있듯이, 세종대왕과 이순신 장군은 한국인이 가장 존경하는 인물이다. 지폐에 새겨진 인물 그림에서 드러나듯이, 주자학자인 이황과 이이가 그다음 순위로 보인다. 실학자인 정약용도 이황이나 이이만큼 존경을 받고 있다. 이들만큼 존경받는 독립운동가 안중근, 안창호, 김구도 조선 왕조의 인물로 볼 수 있다. 유형원, 이익, 유수원, 홍대용, 박지원, 박제가, 서유구 등 실학자도 정약용만큼은 아니어도 인지도가 높다. (이황, 이이, 이익은 우리에게 호가 더 익숙하므로 앞으로 퇴계, 율곡, 성호로 호칭한다.)

일제 시대를 조선 시대로 부르는 용례도 있지만, 이 책에서 조선 시대는 조선 왕조 시대로 국한한다. 조선 시대의 남자는 덕과 학식을 갖춘 군자가 되고, 그런 다음에는 학문에 전념한 소수의 대학자를 제외하고는 모두가 과거에 급제하여 명망을 가진 관료, 나아가 정치가가 되기를 이상으로 삼았다. 이러한 인생 목표는 유학의 가르침에서 나왔다. 유학은 자신을 수양하는 수기(修己)를 한 다음 남을 다스리는 치인(治人)을 도모하는 학문이다. 수기의 목표는 군자, 나아가 성인(聖人)이 되는 것이며, 유학은 이들의 통치를 바람직하게 보았다. 치인을 하려면, 과거에 급제하여 관료가 되어야 했다. 과거에 급제하려면 유학 중심의 학문에 밝아야 했으므로 관료 중 뛰어난 학자가 적지 않았다. 관료와 정치인의 정책 목표는 나라를 바르게 다스리고 인민을 구제하는 것, 곧 경세제민(經世濟民)이었다.

조선 시대에는 관민(官民)이나 이민(吏民)이라는 용어가 있어서, 관리와 민간인을 구분했다. 조선 시대 관료는 단순한 행정가가 아니었다. 이들은 치자(治者), 요즘 용어로 풀이하면 통치자였다. 조선 시대 직업은 사농공상(士農工商)으로 분류되었다. 사는 독서하는 지식인을 의미하고 치자이거나 치자가 되려고 준비하는 사람이며, 일반 인민인 농민, 수공업자 및 상인은 이들의 다스림을 받는 존재였다. 관료는 주권자인 국왕을 도와 국가를 다스리는 치자의 집단이었다. 지방관은 왕을 대신하여 지방을 통치했다. 조선 왕조의 법적 이상은 천민이 아닌 양인(良人) 남자라면 누구나 과거에 응시하여 관료가 될 수 있게 하는 것이었으나, 사족이자 양반이 경제력이나 사회 관행에 의해 사실상 문관직을 독점했다. 그래서 조선 시대 치자와 피치자는 단순한 기능적 구분을 넘어서 위계적 신분 질서를 이루었다.

조선 시대에는 국회 의원이나 대통령과 같은 선출직의 순수한 정치인은 없었다. 그런데 조선 시대에도 인민의 바람과 엘리트의 여론을 파악하면서 정책을 논의하여 결정하는 정치 행위는 존재했다. 조정(朝廷)이 바로 그런 정책 논의를 하고 정책을 결정하여 시행하는 주권의 소재지였다. 왕궁과 관부로 구성된 조정은 오늘날 정부에 해당한다. 그런 점에서 조선 시대의 관리는 오늘날 말하는 행정가로서의 면모뿐 아니라 정치가로서의 면모도 가졌다.

오늘날 관료가 정무직(政務職)에 오르면, 정치가라 할 수 있다. 조선 시대 관료가 출세하여 국정을 주도하는 육조의 판서나 의정부의 정승의 지위에 오르면 정치가의 성격이 더욱 두드러진다. 판서는 오늘날 장관에 해당한다. 우의정, 좌의정, 영의정 삼공을 통틀어 상국(相國), 대신(大臣) 또는 정승(政丞)이라고 했다. 조정의 논의에서는 주로 대신이라 불렀다. 격식을 갖춘 기록물에서는 상국이라 했다. 정승은 편지글이나 한글 소설에서 많이 사용되어, 일반인에게 익숙한 용어이다. 조선 중기에는 국가 최고 의사 결정 기구인 비변사에 참여하는 2품 이상의 재상(宰相)으로 출세하면 정치가라 할 수 있다. 그런데 언관(言官) 등 하위 청요직(淸要職) 관료도 정책을 논하고 국왕과 고위 관료의 과오를 비판하는 등 정치 행위에 참여했다.

이 책의 주인공인 김육(金堉)은 사족 출신으로서 문과에 급제하고 여러 지방관을 역임하고 중앙 관부의 요직을 거쳐 영의정까지 올랐다. 조선 시대에 명성을 날린 관료, 정치가는 학문을 닦아 정립한 사상에 바탕하여 정책을 추진했는데, 김육도 그 전형에 포함된다. 이런 인물을 학계는 경세가(經世家)로 표현하기도 한다. 경세는 경세제민의 준말이다.

조선 시대의 엘리트 대부분이 관료, 정치가이고 소수가 전업 학자의 길을 택했으나, 오늘날 퇴계, 율곡 및 정약용만큼 사회적 존경을 받는 관료, 정치가는 없다. 그런데 조선 시대에 예상 외로 뛰어나고 존경할 만한 재상이 많다. 이들이 사회적으로 합당한 평가를 받지 못한 첫째 요인은 대학자를 명신보다 높게 평가하는 조선 시대 문화의 영향이다. 유학은 삼대(三代)의 이상을 추구하여, 공자, 맹자, 주자를 계승하고 하은주(夏殷周)의 삼대를 복구하는 학문에 이바지한 대학자를 삼대의 정치를 구현하지 못한 명신보다 높이 평가했다. 그래서 조선 시대 최대 영예인 문묘 종사는 정통 주자학자에게만 허용되었다. 유가가 생각한 삼대는 모두가 안정된 일자리를 가지고 국가와 사회가 노약자를 보호하는 도덕 사회였다. 이런 유토피아는 정치를 아무리 잘해도 실현하기 어렵다. 그런데 신(臣)과 민(民)의 어원이 지배자에게 굴종하는 의미를 담은 데에서 드러나듯이, 유가의 삼대는 만들어 낸 이상이었다. 오늘날 한국인도 높은 이상의 추구를 현실적 가치의 실천보다 높게 평가하는 문화로부터 자유롭지 않다.

둘째로 조선 왕조가 결국 식민지로 전락하여 정책을 담당한 명신은 높은 평가를 받지 못했다. 그 대신 실학자가 근대화 방안을 제시했다며 높게 평가받고 있다. 그런데 정책의 제안 못지않게 그 실현이 큰 공적이다. 실학자의 정책론은 명신의 정책론을 계승, 발전한 면이 있고, 일부를 제외하고는 명신의 정책론보다 우월하다고 보기 어렵다. 그리고 조정이 유성룡, 김육의 정책 지향을 발전적으로 계승하지 못한 것이 식민지화의 길을 닦았다.[1] 조선은 드물게 장수한 왕조였고, 정치적으로나 문화적으로도 발전했다. 조선 시대 인구와 국내 총생산이 3배 정도 증가하여 연평균 경제 성장률은 0.2% 정도였고,

같은 시기 아시아 평균치에 해당한다.[2] 조선 시대 정치, 경제, 문화의 발전에 공헌한 명신을 재평가하는 작업은 이 책의 중요한 과제이다.

필자는 조선 시대 최대의 정책 업적을 거둔 인물로 세종, 유성룡 및 김육을 든다. 세종의 업적은 너무나 잘 알려져 있고, 훈민정음의 창제만으로도 불멸의 업적이라 할 만하다. 유성룡은 임진왜란이라는 조선 최대의 위기 극복에 크게 공헌했을 뿐 아니라 국가를 재건할 정책을 추진하고 제도를 설계했다. 전후 평화가 도래하자 그의 중상주의적 정책 지향은 폐기되었으나, 직업 군인 제도인 훈련도감, 그 재원 마련을 위한 둔전, 그리고 노비의 군역 참여 정책은 존속했고, 대동법과 국경 무역 시장인 호시(互市)는 폐기되었다가 부활했다. 김육은 충청도와 전라도 대동법, 동전 주화 제도 등 17~18세기 경제 성장을 낳은 제도 개혁에 최대의 공헌을 했다. 그는 서양 역법인 시헌력의 도입을 주도하고 그 외에도 많은 정책 업적을 가졌다. 그래서 필자는 유성룡과 김육이 퇴계, 율곡, 정약용만큼 존경받을 자격이 있다고 생각한다.

세종, 유성룡, 김육 다음으로 큰 정책 업적을 거둔 인물은 조선 건국기에 고려보다 한 차원 진전된 국가 제도의 설계와 구현에 최대의 공헌을 한 정도전으로 생각된다. 정도전, 유성룡, 김육은 모두 중요한 저술 업적을 남겼다. 율곡은 16세기 제도의 문란으로 인민이 궁핍하고 재정과 군사력이 빈약한 현실의 개혁 방안을 탐구하여 17~18세기를 대표하는 개혁인 대동법과 노비종모법을 선구적으로 제안한 점에서 중요한 정책 업적을 가지니, 대학자이면서 탁월한 정치 이론가였다. 이원익은 선조, 광해군, 인조 대의 정치적 격변기에 삼대에 걸쳐 영의정을 역임하고 대동법을 처음 경기도와 강원도에 정착시킨 데에 가장 큰 공헌을 했으니, 군주를 제외하면, 유성룡, 김육과 더불어 조선 최고의 정치가라 평가하고 싶다. 조선 시대 최고의 정치 이론가는 정도전, 율곡, 유성룡을 꼽을 수 있다. 정책의 구현 역량에서는 유성룡과 김육을 능가할 인물을 찾기 어렵다.

새로운 국가를 건설하는 혁명적 과업을 수행하기 위해 한국사 인물을 불러온다면, 필자는 정도전을 추천한다. 시대 과제를 통찰한 담론과 정책을 제시할 인물을 구한다면, 율곡이 되겠다. 풍전등화의 전시 국난을 타개하고 그 극복을 위한 현명한 대책을 마련할 정치가라면 유성룡을 추천한다. 오늘날 한국처럼 국가적 발전의 난관에 직면하여 그것을 타개할 제도 개혁을 강인하게 추구할 정치가를 구한다면, 김육을 불러오고 싶다. 평상시에 국정을 무난하고 조화롭게 운영하면서 점진적인 개혁을 추구할 정치가를 찾는다면, 이원익이 적격이다. 유성룡은 국난의 수많은 난관을 헤쳐 나가는 지혜를 갖추었고, 당파가 대립한 가운데 이원익만큼 폭넓은 존경을 받으면서 국정을 원만히 운영한 정치가는 찾기 어렵다. 김육은 옳다고 생각하는 소신을 어떠한 난관도 무릅쓰고 실천하는 인물이었다.

이들 중에 오늘날 관료와 정치가가 모범으로 삼기에 가장 적합한 인물을 추천하라면, 김육을 선택하겠다. 율곡이 시대를 통찰하여 정치 이론과 정책을 만드는 역량이나 유성룡이 인재를 알아보고 풍전등화의 위기에 대응하고 개혁하는 역량은 타고난 것이어서 보통 사람이 노력한다고 따라 할 수 없다.[3] 김육은 율곡이나 유성룡 같은 천재가 아니지만 부단히 노력하고 신념을 갈고닦아 위대한 성취를 이루었다.

이 책의 한 가지 목적은 김육을 한국사의 위대한 인물에 추가하는 일이다. 조선 왕조는 경제력과 군사력이 약해 결국 식민지로 전락했으나, 위인을 적지 않게 배출했다. 대한민국의 위인은 얼마나 될까? 이 책에는 우리 대한민국이 위대한 인물을 많이 배출했으면 하는 바람을 담았다.

2 김육의 졸기

『조선왕조실록』의 졸기(卒記)는 유명한 인물에 대한 사후의 종합적인 평가를 담고 있어 인물 연구에 도움을 준다. 그것은 당론에 영향을 받기도 했지만, 공적과 과오를 함께 담아 대체로 공정했다. 『효종실록』 9년(1658) 9월 5일 기해(己亥)의 기사는 김육의 사망을 전하고 다음과 같은 인물평을 실었다.

김육은 기묘명현(己卯名賢)인 대사성 김식(金湜)의 후손이다. 그는 어려서부터 효행이 독실하였고 장성하자 학문에 해박하여 선비〔士〕들에게 존중받았다. 광해군의 조정, 줄여서 광해조에서는 출세에 뜻이 없어 산속에 묻혀 살면서 몸소 농사짓고 글을 읽으면서 일생을 마칠 것처럼 했다. 인조반정에 이르러 제일 먼저 유일(遺逸)로 추천되어 특별히 현감에 제수되고 이어서 문과에 급제하였고 관직이 영의정에 이르렀다. 사람됨이 강인하고 과단성이 있으며, 품행이 단정, 정확하였다. 국가를 위해 몸을 바치는 정성을 천성으로 타고나 일을 만나면 할 말을 다하여 끼리기나 두려운 일을 피하지 않았다. 1636년에 북경에 사신으로 갔다가 조선이 침공당했다는 말을 듣고 밤낮으로 통곡하니, 중국인이 의롭게 여겼다. 평생 경제를 자신의 임무로 삼았다. 정승이 되자 시행한 일이 많았으니, 충청도, 전라도의 대동법은 그가 건의한 것이다. 다만 소신이 너무 지나쳐서 처음 대동법을 논의할 때, 김집(金集)과 의견이 맞지 않자, 김육은 불평을 품고 여러 차례 상소하여 김집을 공박했다. 사람들은 이것을 단점으로 여겼다. 김육이 죽자 왕은 '어떻게 하면 김육처럼 확고하여 흔들리지 않고 국사를 담당하는 인물을 얻을 수 있겠는가'라고 탄식했다. 79세까지 살았다. 차남 김우명(金佑明)은 현종의 장인으로서 청풍부원군(淸風府院君)에 봉해졌다.

기묘명현의 후손이라는 사실은 김육 가계의 핵심이다. 부모를 일찍 여의었는데도 효도의 실천을 지적한 것은 아버지의 유언을 잘 받들어 가문을 일으켰기 때문일 것이다. 조선 시대 문신 관료는 일반적으로 학자인데, 김육은 그중에서도 학문이 뛰어났다. 광해조 때 잠곡에 이사하여 몸소 농사짓고 글을 읽은 사실은 그의 일생을 이해하는 데에 중요하다. 광해조 때 올곧은 처신으로 인조반정 직후 등용되었고 이어서 문과 급제한 후에 영의정까지 올랐다. 관직 경력 다음에는 성품과 자세를 집약한다. 김육은 외교관으로서 유능했다. 졸기는 당대인에게 가장 인상적인 사실을 기록했으나, 이 책에서 저자의 평가도 담는다.

김육이 평생 임무로 삼은 '경제'란 경세제민 또는 경국제민(經國濟民)의 준말로서, 세상을 다스리고 인민을 구제하기 위한 올바른 정치, 도덕적 교화, 민생 안정 등을 포괄하는 개념이다. 그런 점에서 한자어 '경제'는 economy보다 범위가 넓다. 다른 한편 political economy 또는 economics가 경제 정책뿐 아니라 민간 경제의 법칙도 다룬다는 점에서는 정책 이념인 한자어 '경제'보다 포괄 범위가 넓었다. 1862년 일본에서는 political economy가 '경제학'으로 번역되었다. 번역어로서 경제 행위는 재화와 서비스의 합리적 배분, 생산, 분배, 소비를 통해 인간 생활의 욕구를 충족하고 나아가 복지를 증진하는 행위를 말하고, 이러한 경제 행위를 조정하는 시스템을 경제라고 정의할 수 있다. 경세제민을 줄여 경제 또는 경세라고 표현하는데, 학계는 번역어와의 혼동을 피하기 위해 경세라는 준말을 선호한다. 김육이 평생 자신의 임무로 삼은 '경제'의 주된 영역은 오늘날 의미의 경제 정책이었다.[4]

조선 시대에 사용된 '인', '민', '백성'이라는 용어는 대체로 같은 의미였다. 그런데 원래는 그 의미가 달랐다. 중국 주나라에서 국인(國人)은 관직을 가져 정치에 참여한 귀족, 백성은 성이라는 가문을 가진 귀족이었다. 여민(黎民)은 평민과 천민이고 노예와 같은 존재였다. 전국 시대 귀족제 해체라는 신분 변동을 거쳐 백성과 민과 인은 같은 의미가 되었다.[5] 조선 초에 민은 군주부터 천민까지 포함한 국민 전체를 가리키는 용례가 있다. 고대의 의미가 살아서 관리를 인, 민간인을 민으로 구분하는 용례도 있다. 관리가 아닌 양인은 서인(庶人), 상인(常人) 또는 평민으로 불렸다.[6] 경세제민의 '민'은 통치 대상의 인민 일반을 가리키는 반면, 김육의 졸기에 나오는 '인'은 국민 전체가 아니라 정치에 참여하는 사람으로 보이는데, 관료뿐 아니라 재야 사림도 포괄한다. 중국 고대의 용례가 영향을 미친 사례이다. 사료에서 '民'만 나오면 인민 또는 백성으로, '人'만 나오면 사람으로 번역한다.

졸기에서 알려 주는 것처럼 김육은 정승에 올라 시행한 일이 많았고, 그 대표 업적은 충청도와 전라도 대동법이다. 조선 왕조 정치 문화의 한 강점은 이런 정책 실명제이다. 『효종실록』이 편찬될 때, 조정에서는 송시열의 지지 세력이 주류이고 김육의 지향을 계승한 세력이 그보다 약했는데, 김육의 졸기를 포함한 『효종실록』의 편집은 이들 간 타협의 산물로 보인다. 김육에 비판적인 세력도 김육의 단점으로 소신이 지나치게 강해 정책 견해차로 김집을 공박한 점 외에는 지적하지 못하고, 그 장점에 대한 평가에 동의했다. 앞으로 살펴보겠지만, 김육과 김집의 대결은 정책 소신과 철학의 차이이지 감정적 문제로 일어난 것이 아니었다. 김육은 충청도 대동법과 동전 통용책을 추진하다가 거센 반발을 받았으나, 확고한 소신으로 강인하게 추진했다. 김육의 사후 효종의 평가는 김육의 확고한 개혁 리더십을 잘 보여 준다. 김육의 손녀가 현종비인 명성왕후(明聖王后)가 된 것은 그의 가문에 일어난 중요한 사건이다.

이상으로 보면, 김육의 일생을 『조선왕조실록』의 졸기처럼 요령 있게 집약하기란 쉽지 않다. 필자는 2000년 김육에 관한 글을 처음 쓸 때부터 그의 졸기에 주목했지만, 거듭 검토하면서 그의 졸기가 뛰어남을 점차 인식하게 되었다. 김육의 졸기는 조선 시대 기록 문화의 우수함을 보여 주는 한 예이다.

3 김육의 생애를 보여 주는 풍부한 기록들

조선 시대에는 중국의 영향으로 기록 문화가 발달했다. 인물 연구를 하는 데에는 조선 왕조처럼 양질의 자료를 풍부하게 제공하는 나라를 찾기 어렵다. 어떤 면에서는 20세기 한국의 인물사 연구보다 조선 시대의 인물사 연구가 유리한 점도 있다.

조선 시대 사람은 자신의 글을 남기고자 노력했다. 이는 유교, 곧 유학 문화와 관련된다. 공자가 편찬했다고 전해지는 역사서 『춘추』의 대표적인 주석서 중 하나인 『춘추좌씨전(春秋左氏傳)』에서는 "덕(德)을 세우는 것이 최고이고 공(功)을 세우는 것이 그다음이고 말〔言〕을 남긴 것이 그다음이다."라고 했다. 이것은 "썩지 않는 세 가지〔三不朽〕"라 불렸다. 1705년 이서우(李瑞雨)는 이원익의 문집을 발간한 서문에서 이 말을 인용한 다음, "왜 글〔文〕이라 하지 않고 말이라 하였는가. 후세에 글이 당시의 말이기 때문이다. 오직 공(公)의 덕과 공적이 성대함은 모든 이의 칭송에서 전해지고 간책(簡册)과 종정(鐘鼎)에 실려 있다."라고 했다. 이렇게 남긴 글을 후대에 간행한 것이 문집이다. 중국과 조선에서 문집은 개인이 성취한 덕과 공적을 문자로 기록한 것으로 중시되었다. 후손의 입장에서 문집 간행은 효도의 실천일 뿐만 아니라 가문의 위신을 높이는 일이기도 했다. 그러므로 조선 시대에 갈수록 문집의 생산이 늘었다. 1909년 이전 한국이 발간한 서적 2만 9252종 가운데 역사서가 1만 211종, 대부분 문집인 집(集)이 1만 1798종임을 확인한 연구도 있다.[7]

김육이 남긴 글을 그의 장남 김좌명(金佐明)이 정리하여 1670년에『잠곡선생유고(潛谷先生遺稿)』초간본을 간행했고, 그의 손자 김석주(金錫胄)가 증보하여 중간본(重刊本)을 만들었다.[8] 민족문화추진회(이후 고전번역원으로 개칭)는 그 중간본을 한국 문집 총간 제86집으로 간행했다. 성균관대학교 대동문화연구원은 1975년『잠곡선생유고』에 빠진 김육의 저술과 관련 자료를 보충하여『잠곡전집(潛谷全集)』을 발간했다. 민족문화추진회는『잠곡선생유고』중간본을 기본으로 하고『잠곡전집』에서 보충된 내용과 국사편찬위원회 소장의「잠곡선생연보」를 더해서 한글로 번역하여, 1998~1999년에『국역 잠곡유고』(앞으로『잠곡유고』로 약칭한다.) 세 책을 발간했다. 이 번역문과 그 원문은 고전번역원의 홈페이지에서 볼 수 있다.『잠곡유고』인용의 출처를 밝힐 필요가 있는 경우 책의 권수와 쪽수를 괄호 속에 넣어 둔다.

　　『잠곡전집』도『해동명신록(海東名臣錄)』과『유원총보(類苑叢寶)』라는 김육의 방대한 저서를 수록하지 못했다. 김육이 편찬한 많은 저서의 서문만이 문집에 실려 있다.『해동명신록』은 1913년 조선고서간행회가 조선학의 일환으로 간행했다. 윤재영은『해동명신록』일부를 번역한『해동명신전』세 책을 1973년 한국자유교육협회에서 간행했다. 1977년 동화출판공사에서『해동명신록』원문과 김도련, 권영대, 이정섭의 번역문을 함께『한국의 사상 대전집』20권으로 간행했다. 허성도, 김창환, 강성위, 이영주, 이남종은『유원총보 역주』를 서울대학교 출판문화원에서 2010~2016년간 5권으로 간행했다. 경기문화재단이 2008년 발간한『잠곡 김육 문중 소장의 고문서』에는『잠곡전서』에 수록된『종덕신편(種德新編)』과『잠곡선생필담(潛谷先生筆談)』이 번역되어 있다.

김육이 둘째 아들 김우명에게 보낸 편지글은 번역되어 2012년 『잠곡 김육의 편지글』로 다운샘에서 출간되었다. 이 책을 인용하는 경우, 그 쪽수를 적어 둔다. 김육과 같이 높은 관직에 올라 장기간 활동한 사람은 『조선왕조실록』, 『승정원일기』, 『비변사등록』이라는 관찬 자료에 자주 등장한다. 이들 관찬 자료는 우리나라가 세계에 자랑할 만한 문화유산이다.

유명한 인물일수록 사후에 그의 죽음을 애도하는 제문(祭文)과 만사(輓詞)가 많다. 1659년 4월 이경석(李景奭)이 김육의 시장(諡狀)을, 조경(趙絅)이 묘지명(墓誌銘)을 지었다. 묘지명은 무덤 옆에 파묻는 돌이나 도판(陶板), 또는 거기에 새긴 글이고, 시장은 시호(諡號)를 조정에 청하기 위해 행적을 적은 글이다. 죽은 사람의 벼슬명, 이름, 생몰연월일, 행적, 묘주(墓主) 등을 새겨 무덤 앞에 세우거나 놓는 푯돌인 묘표(墓表)는 김좌명이 작성했다. 조선 시대 공적과 학문이 뛰어나 후세의 사표(師表)가 되는 인물에 대해 신도비(神道碑)를 세워 기렸는데, 김육의 신도비명은 1660년 이경석이 지었다. 김육의 일생과 행적을 정리한 행장(行狀)은 도승지에 오른 이민구(李敏求)가 1660년 지었다. 행장, 묘지명, 시장을 보면 한 인물의 일생을 대략 알 수 있다.

장남 김좌명이 김육의 생애와 행적을 정리한 「가장(家狀)」은 『잠곡유고』에는 없고 『잠곡전집』에 수록되어 있다. 여기에 1659년 2월 20일에 사망한 모친을 4월 1일에 부친의 묘소에 합장하는 내용까지 나온다. 그것을 4월 초에 완성하여 시장을 지을 이경석, 묘지명을 지을 조경, 그리고 행장을 지을 이민구에게 보냈다. 뛰어난 관료, 정치가인 김좌명이 부친에 대한 존경심, 그리고 부친의 유지를 계승하려는 의식을 담은 「가장」은 내용이 풍부하여 김육 연구에 도움을 준다. 그 인용은 『잠곡전집』의 쪽수를 써 둔다. 「가장」은 원재린의 번역으로 청풍 김씨 문중이 책으로 엮었으나, 정식으로 출판되지는 않았다. 행장, 묘표, 묘지명, 신도비명 및 호서 선혜청비는 『잠곡선생세승(潛谷先生世乘)』이라는 책자로 묶여 후손에게 전해져 왔다. 이것도 『잠곡전서』에 수록되었다. 김육의 후손들은 김육의 생애와 사후 관련 사실을 연대별로 정리한 연보를 만들었다. 김육은 후손이 나라 전체에 내세울 인물이었기 때문이다. 『잠곡유고』에 수록된 연보는 1660년에 끝나 「가장」과 「행장」이 만들어진 무렵의 것인데, 『잠곡전서』에 수록된 연보는 1796년까지 연장되었다. 국가에 큰 공적이 있는 인물의 신주를 영구히 사당에서 제사 지내게 하던 특전을 1796년에 부여받은 일을 계기로 연보를 새롭게 만들었다고 보인다. 「가장」이 충실했기에 충실한 내용의 「연보」가 가능했을 것이다.

조선 시대 관찬 사료에서의 인물 평가가 당색에 좌우되나, 당파 간 견제가 인물 평가의 엄정성에 이바지한 면도 있다. 국정 논의는 관찬 사료에 잘 수록되어 있다. 물론 조선 시대 관찬 기록은 정치에 편중되어 있고 통계가 부족하며 과학 기술 기록이 빈약한 한계를 가진다. 민간 기록은 양반의 문집을 중심으로 하며, 문집에는 문학적 내용과 도덕적 교훈이 많고 과학 기술과 같이 오늘날 기준으로 유용한 지식이 부족하다. 상인 등 기업의 경영을 보여 주는 기록이 적고 잘 보존되지 않았다.

4 김육이 자라고 활동한 조선 중기

한 인물을 이해하기 위해서는 유전자뿐 아니라 그가 몸담았던 시대를 알아야 한다. 생물학적 유전자는 인류가 장구히 진화하면서 얻은 보편적 성격과 부모의 특성을 담으며, 특정 시대와 사회는 문화적 유전자를 양성한다. 김육의 관직 생활을 이해하기 위해서는 그가 활동한 국가를 알아야 하고, 김육의 정책을 이해하기 위해서는 그 전후의 정책을 알아야 한다. 그 자세한 설명은 별도의 저서로 미루고, 여기 1장에서는 김육 이해에 필요한 정도만 간단히 정리한다.

왕조는 흥망성쇠의 역사를 가지는데, 조선 왕조는 크게 두 번의 순환기를 가졌다. 조선의 건국 이후 15세기 중엽까지 경제가 성장하고 정치도 발전했다가 연산조 이후 16세기에 정치가 후퇴하고 경제가 침체했다. 그러다 임진왜란이 끝난 후부터 다시 경제적 상승기를 맞이해 영·정조 대에 정점에 올랐다가 19세기에 후퇴기를 맞이했다. 유럽 전근대에서는 인구 변동이 경제 순환을 낳는 중요한 요인이었는데, 조선에서도 마찬가지였다. 조선 시대 인구는 15세기에 빠르게 증가하다가 16세기에 증가율이 점차 완만해지고, 양란으로 인구가 격감한 후에 다시 빠르게 증가하고 18세기까지 꾸준히 증가하는 추세였는데, 19세기에는 증가 추세가 지속되지 않았다. 재정 사정은 인구와 경제의 변동에 영향을 받아 15세기에 호전되었다가 16세기에 악화되었고, 17세기에 호전되었다가 19세기에 악화되었다. 흥미롭게도 경제적 성장기는 정치적 발전기였고, 경제적 침체기는 정치적 후퇴기였다. 정치가 경제에 영향을 미쳤을 뿐만 아니라 경제적 상승 또는 침체가 정치에도 영향을 미쳤던 것이다. 문호 개방 이후 다시 성장기를 맞이했으나, 러일전쟁이 일어날 때에도 근대화의 성과가 여전히 미흡하여 주위 열강의 침략을 막을 국력을 갖추지 못했다.

이 두 순환기를 가르는 임진왜란을 기점으로 조선 시대를 전기와 후기로 나누는 것이 일반적이다. 여기에다 중기를 추가하는 견해도 있다. 김육은 1580년 태어나 1658년 79세를 일기로 사망했다. 김육은 조선 전기와 후기의 교차기 또는 조선 중기를 살았다.

임진왜란으로 조선 왕조는 망할 뻔했다. 당시 일본은 오랜 전국 시대를 거치면서 단련되고 조총으로 무장한 세계 최강의 군사력을 보유했던 반면, 조선의 군사력은 군역 제도의 문제점으로 인해 형편 없었다. 명나라 군대가 없었다면 일본군을 막을 수 없었을 것이다. 그래서 명나라에 재조(再造)의 은혜를 입었다고 생각하는 인물이 적지 않았다. 그러나 이순신, 권율, 의병들의 활약이 없었다면 명나라 군대의 힘이 있다고 해도 일본군을 막을 수 없었다. 3장 17절에서 언급하겠지만, 김육은 이 두 측면을 모두 인식한 인물이었다.

조선 왕조가 16세기 정치적, 경제적 후퇴기를 맞았다가 어떻게 17세기에 상승기를 맞이할 수 있었을까 하는 물음은 왕조의 장수 원인을 이해하는 데에 중요하며 김육의 연구에도 필요하다. 임진왜란이라는 외적 조건이 왕조의 후퇴기에서 상승기로 전환되는 데에 중요하게 작용했음은 부정할 수 없다. 격감한 인구가 증가하고 황폐화된 농지가 다시 경작되는 과정에서 경제적 상승기를 맞이할 수 있었던 것이다. 전란으로 생계가 어려운 사람들이 상업 활동에 종사했으며 전란기에 중국 은이 대량 유입되고 전란 후 일본 은의 유입이 증가함에 따라, 시장이 성장했다. 그리고 전란의 충격이 왕조의 각성을 낳아 제반 개혁을 추진하는 힘으로 작용했다.

그런데 일본군의 격퇴를 명나라 군대만으로 설명할 수 없는 것과 마찬가지로, 왕조가 부흥기로 전환한 것을 외부적 요인만으로 설명할 수는 없다. 부흥을 위한 개혁의 주체적 조건은 임란 이전에 양성되고 있었다. 16세기에 유학의 정치 이상에 불타는 사림(士林)이 갈수록 두터워졌고 유학이 발전했다. 사림 세력은 선조 대의 사림 정치를 열었다. '목릉성재(穆陵盛才)'라 하여 선조 대는 우리나라 역사상 뛰어난 인재가 가장 풍성하게 활약한 시기였다. 이들이 임진왜란의 위기에서 국가를 구하는 데에 이바지했을 뿐 아니라 왕조의 부흥을 낳은 개혁을 추진했다. 임진왜란 직전에 율곡은 주자학의 발전에 기여했을 뿐 아니라 제도 개혁을 통한 민생 안정과 국력 신장을 강력히 주장했다. 유성룡은 임진왜란의 국난 극복에 이바지했을 뿐 아니라 부국강병의 제도 개혁을 추진했다. 이어서 이원익, 김육 등 명신은 율곡과 유성룡이 추구한 대동법을 실현했다. 대동법은 민생 안정, 재정 충실화, 그리고 시장 발달을 통해 왕조의 부흥에 이바지한 최대 사업이었다. 김육이 추진한 동전 통용책은 그의 사후 완수되어 경제 성장에 이바지했다.

임진왜란이 이순신과 유성룡을 역사적 인물로 만든 것처럼, 전란 후 왕조 중흥을 위한 제도 개혁이 절실한 시대는 김육과 같은 인물을 요청했다. 위인은 역사적 산물인 것이다.

5 유학의 정책 이념

사상은 정책을 낳고 정책의 결과 제도가 마련된다. 제도는 정치 발전과 경제 성장을 낳는 기본 요인이다. 조선 왕조는 유학을 통치 이념으로 삼았고 김육은 유학자였으므로, 김육의 사상과 정책, 나아가 조선 왕조의 정책을 이해하기 위해서는 유학과 조선 왕조의 정책 이념을 알아야 한다. 김육의 주요 업적은 경제 분야이므로, 경제 사상과 경제 정책 이념을 중심으로 살펴보자.

주자는 「대학장구서(大學章句序)」에서 대학에 들어가면 "궁리 정심 수기 치인(窮理正心修己治人)의 도(道)를 가르친다."라고 했는데, 유학은 수기치인의 학문으로 규정될 수 있다. 군주와 관료, 정치인인 치자가 먼저 도덕적 수양인 수기에 힘써 군주는 성인이 되고 관료, 정치인은 군자가 됨을 목표로 삼는다. 이것이 수기의 과제이다. 치인의 과제는 다음과 같다. 군주는 성학(聖學)을 하여 군자를 치자로 선발하고 조정의 도덕적 기강을 유지한다. 군주는 신하와 협력하여 민생을 안정시키고 가능하면 인민을 부유하게 한 다음 교육을 통해 도덕성을 갖춘 사람을 군인으로 동원한다. 공자가 그렇게 가르쳤고(『子路』 9, 29, 30장) 맹자는 그 내용을 구체화했다. 그것이 자애로운 통치인 인정(仁政), 곧 인의(仁義)에 입각한 왕도(王道) 정치이다. 치인의 목표는 『서경(書經)』에 나오는 정덕이용후생(正德利用厚生)이나 경세제민이었다.

유학의 궁극 목표는 인의예지신(仁義禮智信)과 삼강오륜이 실현되는 도덕 사회의 실현이었다. 공자는 통치자가 도덕적 수양을 한 다음 백성을 편안하게 하는(修己以安百姓) 정치를 이상으로 삼았다.(『憲

間』45장) 도덕 사회를 실현하는 전제 조건으로 민생 안정을 중시한 것이었다. 인민을 편안하게 살게 하는 안민(安民)은 생명과 재산의 보호, 그리고 경제 생활의 안정을 말한다. 공자는 민생 안정에 그치지 않고 인민이 부유해지는 것을 목표로 삼았다. 공자는 정치의 최우선 과제로서 인민의 신뢰를 회복하고, 둘째로 식량을 넉넉히 하고(足食), 그 다음으로 군사력을 강화한다(足兵)고 했다.(『顔淵』7장) 전근대에는 식량이 국내 총생산(GDP)과 생활 수준을 결정하는 중심적 요소였다. 식량이 넉넉한 '족식'은 인민과 국가가 모두 부유한, 달리 말해 부민(富民)과 부국(富國)을 종합하는 내용으로 볼 수 있다.

한자어 국(國)은 정치 공동체를 의미하기도 했으나 기본적으로 통치 기구를 의미했으므로, 부국은 국가(state)뿐 아니라 인민의 부유화도 포함하는 용례로 가끔 사용되었으나, 기본적으로 국가의 부유화, 달리 말해 재정 충실화를 의미했다. 애덤 스미스의 『*The Wealth of Nations*』는 국민뿐 아니라 국가의 부도 포괄하는데, '국부론'으로 번역되었다. 그것은 한자어로 민과 국의 부, 줄여서 민국의 부가 되겠다. 이것이 충실한 번역이다. 이 책에서 부국은 한자어 용례로 사용한다. '국부'라는 번역어도 사용한다.

공자는 위정자가 지출을 절약하여 인민을 사랑하라고 했고,(『學而』5장) 공자학파는 10% 세제로 낮게 잡아 인민이 넉넉해진 다음 재정의 충실화를 도모하라고 했다.(『顔淵』9장) 공자는 안민→부민→부국→강병이라는 사업의 선후 관계를 제시했다. 공자의 정책 이념은 안민론 내지 안민을 기본으로 삼는 안민 부국론(安民富國論)이라고 하겠다. 맹자는 안민 내지 부민의 정책 이념을 구체화하여 8인 가구가 굶주리지 않고 50세 이상은 비단옷을 입고 70세 이상은 고기를 먹는 인간다운 삶을 보장하는 항산(恒産)을 정전제(井田制)로 보장하자고 주장했다.(『梁惠王上』 7장; 『滕文公上』 3장) 맹자는 부국강병책이 패도(覇道)라고 비판하면서, "가족을 부양하며 살아가고 장사를 치르는 데에 유감이 없게 해 주는 것이 왕도 정치의 시작이므로" 생업을 보장하여 경제 생활을 안정시키고 그다음에 윤리 교육을 강화하라고 제안했다.(『梁惠王上』 3장) 맹자는 왕도적 안민론을 견지했다. 유학의 안민부국론 내지 왕도적 안민론은 조선 왕조의 경제 정책 이념이었다.

이처럼 유학은 민생이 안정되면 인구가 자연적으로 그리고 유입으로 증가하고, 나아가 부유해지면 10% 세율을 유지하더라도 재정 수입이 증가하고, 아울러 지출을 절약하면 비축이 넉넉해져 군사력을 강화할 수 있다고 보았다. 조선의 유가도 그렇게 생각했다. 그런데 산업 혁명 이전의 농경 사회에서는 기술 수준이 낮고 그 진보가 느려, 식량이 남으면 인구가 식량보다 빠르게 증가하는 맬서스의 법칙이 작용하여, 대중의 생활은 결국 절대 빈곤선, 곧 생존비 수준에 머물렀다. 그래서 대중은 일상적으로 굶주렸고 주기적으로 많은 사람이 굶어 죽는 현상이 나타났다. 대중이 절대 빈곤에 허덕이던 전근대에 안민의 중심적 과제는 굶주림 구제인데 이를 해결하기는 쉽지 않았다. 산업 혁명 이후 기술 발전으로 맬서스 법칙에서 벗어나 인구와 1인당 소득이 지속적으로 증가했다. 조선 시대의 1인당 소득은 1990년 국제 물가로 600달러 내외로 아시아 평균 수준이고 추세적으로 증가하지 않았다. 그것은 20세기에 증가하여 1961년 1247달러, 2000년 1만 4998달러였다.

그러니 산업 혁명 이전에는 대부분 부민이 될 수가 없었다. 유학의 가르침만 따라 안민에만 주력하면 부국, 나아가 강병을 결코 달성할 수 없다. 재정이 빈약해지면 안민이 위협받는다. 전근대에 맬서스법칙으로 인해 자애로운 정책이 생활 수준을 향상시키지 못함은 경제사학계의 통설이다.[9] 조선 왕조의 적극적 민생 안정책은 굶어 죽을 지경의 사람을 구제하는 데에 도움을 주었으나, 생활 수준을 향상시키지 못했다.

부국을 중시한 순자를 계승한 법가는 부국강병을 지상 과제로 삼았다. 그래서 유가의 안민(부국)론과 법가의 부국강병론이 대립하는 구도가 나타났다. 전국 시대에 법가를 채택하여 부국강병을 달성한 진나라가 중국을 통일했다. 진 제국은 가혹한 정책으로 안민을 저해하여 단명했다. 그 교훈으로 한나라 무제 이후 유교가 정책 이념으로 채택되었지만, 부국강병론의 영향력은 소멸되지 않았다. 그의 사후 염철(鹽鐵) 논쟁에서 대부층(大夫層)의 부국강병론과 문학, 현량층(賢良層)의 안민론이 팽팽하게 대립했고, 송대에는 구법당(舊法黨)의 안민론과 신법당의 부국강병론이 날카롭게 대립했다. 조선 시대에는 안민(부국)론이 지배하여, 부국강병책이 나타나기도 했으나 중국 어느 왕조보다도 영향력이 약했다. 김육은 안민을 기본으로 삼으면서도 부국을 동시에 달성하는 정책의 개발에 힘써 성과를 거두었다.

순자는 농업이 '재화의 근본'이고 공상(工商)이 많으면 나라가 가난해진다고 보아 수공업자와 상인을 줄이자고 주장했고, 그를 계승한 법가는 식량의 확보를 우선 과제로 삼아서 농업을 본(本), 상업을 말(末)로 파악하여 농업의 중시와 상업의 억제를 주장했다. 공자와 맹자는 상업 억제를 주장하지 않았지만, 정의를 이익 추구에 우선한 중의경리(重義輕利) 사상은 한나라 이후 유가로 하여금 법가의 중농억상(重農抑商) 정책을 수용하게 만들었다. 그래서 유가는 사농공상의 사민(四民) 모두가 정당한 직업이라고 보면서도, 이익 추구를 위주로 하는 상업을 말업(末業)으로 보았다. 그런데 중농억상 정책이나 중의경리 사상을 주장하더라도 상업의 유용한 기능을 부정한 것은 아니었다. 중의경리 사상을 제기한 맹자는 사회적 분업을 중시하면서 상업의 '통공역사(通功易事)'라는 분업과 교환을 긍정적으로 평가했고, 중농억상을 주창한 순자와 상앙은 상업의 물자 유통이 필수적인 경제 기능임을 인식했다.[10] 이런 상업관도 조선 왕조에 계승되었다.

옳고 그름의 동기를 따지는 도덕, 그리고 가치 판단과 무관하게 결과의 유불리를 따지는 공리(功利)는 사회 행동의 2대 원리이다. 편익과 비용을 따져 그 차액을 극대화하려는 경제 합리주의는 효율적 공리 추구이다. 경제학은 일반적으로 인간이 합리적으로 행동한다고 본다. 칸트의 도덕률처럼 도덕의 추구가 편익과 무관하게 그 자체로 인간이라면 마땅히 추구해야 할 가치라고 보면, 그것은 공리와 무관한 도덕주의이다. 이것을 의무론적 도덕주의(deontological moralism)라 부른다. 그렇지 않고 도덕이 협력과 신뢰, 사회 질서 유지 등의 편익 또는 공리를 제공하기 때문에 추구해야 한다는 관점이라면, 그것은 목적론적 도덕주의(teleological moralism)이다. 벤담의 utilitarianism은 공리주의로 번역되는데, '최대 다수의 최대 행복'이라는 도덕적 가치를 추구하는 점에서 목적론적 도덕주의이다.

유교 도덕의 개인적, 정치적 실천을 추구하는 유학은 도덕주의

이다. 유학 사상을 창시하고 확립한 공자와 맹자는 내면적으로는 의무론적 도덕주의자로 보이나, 유교 도덕이 유리하다는 목적론적 도덕주의를 역설했다. 예컨대 공자의 제자인 유자(有子)는 효제(孝弟)한 사람이 반란하지 않는다는 점을 지적했다.(『學而』 2장) 맹자가 양혜왕에게 이(利)가 아니라 인의(仁義)를 추구하는 것이 이롭다고 역설한 사실은 『맹자』의 처음에 나온다. 이들을 계승한 『대학』에서는 국가가 "재물을 모으면 인민이 흩어지고 재물을 풀면 인민이 모이므로 …… 국가가 이익이 아니라 정의를 이롭게 여겨야 한다."라고 가르쳤다. 맹자는 공자보다 도덕적 취향을 강화하여 유학의 주류를 이루었고, 순자는 공자보다 공리적 취향을 강화하여 법가로 이어졌다. 오늘날 관점에서 순자는 도덕과 공리의 조화를 추구했고, 법가는 순전한 공리 추구에 가깝다.

송나라 이학자(理學者)와 주자는 유교 도덕을 천리(天理)로서 추구할 가치로 삼은 점에서 의무론적 도덕주의에 접근한다. 천리는 우주의 이치로 풀이될 수 있고, 예수가 말한 진리에 통한다. 유학의 도는 예수의 길에 통한다. 그런 주자도 이(利)가 의(義)로부터 발생하여 의의 화(和)라는 『주역』의 명제를 천명했으니, 도덕 추구가 이롭다는 목적론적 도덕주의를 배격하지는 않았다. 송대에는 공리를 중시하는 사상도 발달하여 개혁 성향의 신법당(新法黨)을 결성했고, 도덕주의자 이학파와 개혁에 비판적인 구법당과 대립했다. 의의 도덕과 이의 공리를 병행, 조화하자는 공리학파는 공리주의라 불리기도 하는데, utilitarianism과 다르나 목적론적 도덕주의에 포괄될 수 있다. 명대 이후 주자학이 주류가 되었으나, 명나라 말에서 청나라 초 경세치용학파는 도덕과 공리의 병행, 조화를 추구했다.

유학은 도덕적 수기를 근본 과제로 삼아, 공리를 경시한 맹자-이학파-주자는 주류가 되었고, 공리도 적극 추구한 순자-신법당-경세치용학파는 비주류로 남았다. 주자학은 중국, 조선, 베트남 및 일본에서 모두 지배적 사상이 되었는데, 조선에서 그 지배력, 그래서 도덕, 안민 지상주의의 영향력이 가장 강했다. 조선 전기 정책 이념은 도덕과 안민을 기본으로 삼되 공리와 부국에도 소홀하지 않는 관점인데, 임진왜란 이후 도덕 지상주의와 안민 지상주의, 그리고 도덕과 공리의 조화를 추구한 안민 부국론으로 분화되었다. 김육과 실학자는 도덕과 공리의 조화로운 추구로 안민과 부국을 모두 달성하는 데에 힘썼다.

6 조선 전기 조세 제도의 개관과 대동법

실록 편찬자는 김육의 대표적 업적으로 충청도, 전라도의 대동법 시행을 들었다. 김육은 균역법의 성립에도 이바지했다. 이 절에서는 대동법과 균역법의 개혁 배경을 살펴본다.

당나라는 균전제(均田制)로 농지를 분배받은 농민을 군인으로 삼는 국민적 징병군의 부병제(府兵制)를 시행했는데, 삼대의 이상인 정전제로 인민에게 항산을 제공한 다음 군인으로 징발하라는 맹자의 가르침에 접근한 제도였다. 당은 균전제를 시행하였기 때문에 조용조(租庸調)를 모두 인정(人丁)을 단위로 부과한 인두세로 삼을 수 있었다. 전란기가 평화기로 바뀌어 인구가 증가해도 나누어 줄 농지가 없어지자, 균전제를 유지할 수 없어져 농지 불평등이 심해졌다. 그 결과 인두세인 조용조법이 해체되어, 780년에 양세법(兩稅法)이 시행되었다. 초기 양세법에서는 농지에 부과된 양세곡두와 자산을 고려하여 호에 부과된 양세전이 있었고, 또한 토공(土貢) 등 다양한 조세 항목이 부과되었고 정역(正役)도 있었다.

　균전제, 부병제 및 조용조법은 모두 당 후기에 무너졌지만, 한반도 왕조 국가는 그것들을 이상으로 삼아 도입하고자 했다. 조선의 건국 세력은 균전제를 시행하고 고려보다 부병제에 더욱 접근시키고 조세를 조용조 체제로 정비하고자 시도했다. 1388년 대사헌(大司憲) 조준(趙浚) 등의 건의로 전제(田制) 개혁이 추진되었다. 당초 구상한 균전법이 고려 기득권층뿐만 아니라 농지를 많이 가진 건국 세력의 이익도 심각하게 침해하여, 1391년 시행된 과전법(科田法)에서는 경작자가 농지를 보유하는 경자유전(耕者有田)을 제도화하는 데에 그쳤다. 이후 지주제와 토지 매매를 허용하여, 균전제 이상과 더불어 경자유전 제도를 포기했다.

　과전법의 전조(田租)는 논 1결당 현미 3~30두(斗), 밭 1결당 잡곡 3~30두로 수확의 10% 수준이었다. 과전법이 10% 농지세를 채택한 것은 고려의 기본 제도일 뿐만 아니라 공자와 맹자가 이상으로 삼은 세율이기 때문이었다. 1석(石)은 관의 양기로 15두, 시장의 양기로 20두였다. 1두는 10승(升)이다. 한글로 석은 섬, 두는 말, 승은 되라 한다. 일제 시대 이후 1석은 180리터인데, 조선 시대의 석은 그 60% 정도였다.

『서경(書經)』우공(禹貢)과『주례(周禮)』는 토산 공물을 군주에 바친다는 신하봉상(臣下奉上)과 임토작공(任土作貢)의 원칙을 제시했는데, 그 원칙을 반영한 토공은 당대까지는 다양하게 부과되었으나, 송대 이래 유명무실해졌다. 그런데 조선의 건국 세력은 고대적 이상에 입각한 토산 공물 제도를 정비했다. 조(調)인 공물의 납부 방식을 살펴보자. 호조는 군현의 토산물과 농지 결수를 고려하여 부과하는 공물을 정한 공안(貢案)을 만들었다. 공안에 따라 각 군현에 공물을 부과하면, 지방관은 그것을 관내 호에게 배당하고 향리 등이 징수했다. 공리(貢吏)가 수령의 진성(陳省)을 가지고 공물을 서울로 운반하여 주사(主司)에, 세조대 이후에는 호조에 납부했다. 호조는 기록을 남긴 다음 각사(各司)에 넘겼다. 각사가 진성과 공물을 대조한 다음 공물 수납 증명서를 호조에 보내면, 호조는 장부에 적고 공리에게 주었다. 국왕에 올리는 진상(進上)은 감사나 절도사가 관내 수령 중에 선발하여 서울에 납부했다.

국가는 다양한 공물의 호당 징수 기준을 마련하지 못했다. 그리고 공물 품질의 검사를 맡은 각사의 서리(胥吏)나 노복(奴僕)의 횡포가 심했다. 그 폐단을 막기 위해 호조에게 고발해 심사할 수 있게 하고 후에는 감찰(監察)을 파견하기도 했으나, 근본 대책이 되지는 못했다. 게다가 공안은 장기적으로 변하지 않았으므로, 부과된 공물이 지역의 특산물과 괴리되기도 했다. 농민은 토산물이 아닌 공물의 납부를 위해, 또한 관리의 횡포를 피해 상인 또는 공물을 상납받는 관청의 이노(吏奴) 등에게 공물의 납부를 위임하는 방납(防納)에 의존하게 되었다. 세조 때 제도화되어 법전에 오른 방납의 방식을 보면, 방납자가 공물을 각사에 납부하고 문서를 받아서 지방에 내려가 값을 징수했다.

용(庸)인 역은 호를 대상으로 부과되는 요역(徭役)과 인정을 대상으로 부과되는 신역(身役)으로 나뉜다. 요역은 궁궐의 조성, 성 쌓기, 조세 운반 등을 위해 징발되는 노동력이었다. 16~60세의 남자를 정(丁)으로 삼아 부과하는 신역은 양인이 부담하는 양역(良役)과 천민이 부담하는 천역(賤役)으로 나뉜다. 양역으로 수공업자는 관청 수공업에 동원되는 장역(匠役)을 부담했고, 광산 부근 주민은 광역을 졌다. 서울의 주민은 방역(坊役), 시전 상인은 시역(市役)을 부담했다. 관료나 향리는 직역(職役)이 신역이었다. 관료 예비군인 성균관과 향교의 유생은 신역을 지지 않았다. 나머지는 군역(軍役)을 부담했다.

다음의 〔표 1〕에 나타난 바와 같이, 조선 초에 농지의 개간과 농지 측량인 양전(量田) 사업이 활발하여, 국가가 파악한 농지 면적이 급증해 1432년에는 171만 결에 달했다. 그 후 전결 수가 감소했으나, 1444년 1결당 면적 증가를 고려하면 농지 면적은 늘었다.

1444년 농지를 3등급에서 6등급으로 세분하고 전조를 풍흉에 따라 연분(年分) 9등급의 차등을 두어 논에는 쌀을, 밭에는 콩을 20두부터 4두까지 수취하는 공법(貢法)을 시행했다. 좌의정 황희(黃喜), 우의정 맹사성(孟思誠) 등은 5% 농지세가 부자에게 다행일 뿐 가난한 사람에게는 불행한 일이 되고 군사비나 흉년 대책에 사용할 재원이 부족해진다며 법 개정을 반대했다. 그런데 세종은 "우리나라는 토지가 메말라서 10% 세율도 조금 무겁게 생각한다."라고 말하여 호조는 10%보다 훨씬 가벼운 공법안을 제시했다.[11] 과전법보다 수확

〔표 1〕 전국 전결 수의 변화

(단위: 결)

연대	원장부전	실결	출전
공양왕 2년(1390)	798,128결	-	고려사
태종 6년(1406)	1,260,000결	-	태종실록 5월 임진(壬辰)
세종 14년(1432)	1,712,311결	-	세종실록지리지(世宗實錄地理志)
임진왜란 직전	1,515,594결	-	반계수록(磻溪隨錄)
선조 34년(1601)	-	300,000결	선조실록 34년 8월 戊寅
광해군 3년(1611)	-	541,000결	문헌비고(文獻備考)
인조 12년(1634)	1,246,310결	-	문헌비고
숙종 45년(1719)	1,395,333결	-	문헌비고
영조 45년(1769)	1,411,948결	800,843결	문헌비고
순조 7년(1807)	1,456,592결	810,518결	만기요람(萬機要覽), 재용(財用) 편

1. 원장부전(元帳付田)은 농지 대장인 양안(量案)에 등록되는 모든 농지, 실결(實結)은 과세 농지를 말한다.
2. 공양왕 3년에는 6도만 포함. 태종 6년에는 경기가 빠짐. 인조 12년에는 평안도가 빠짐.
3. 고려 중기에 면적 단위의 경무법(頃畝法)으로부터 과세 단위의 결부법(結負法)으로 전환했는데, 1결의 면적은 상전(上田)이 1999평, 중전이 3136평, 하전이 4529평으로 추정된다. 1444년부터는 농지를 6등급으로 나누었는데, 1등전 1결은 2987평, 6등전 1결은 1만 1946평이었다.

량이 높게 책정된 것은 1결의 면적이 늘었기 때문이다. 태종이 재정을 충실히 했고 세종대 공물 부과가 늘었다. 1428~1432년, 1443년 이후에는 양전으로, 결수가 증가했기 때문에, 전조율이 5%로 낮아졌지만 15세기에는 재정이 악화되지는 않았다.

일본 전국 시대를 종식한 도쿠가와 이에야스(德川家康)는 농민을 저항하지 못하게 살리지도 말고 조세를 납부하게 죽이지도 말라는 유명한 말을 남겼다. 이런 관념은 일반적이어서 도쿠가와 시대 초기 영주들은 40~50% 세율로 연공(年貢)을 징수했다. 이것은 한국의 역사서에서 포악한 정치의 대표 사례인 궁예의 30% 세제를 연상시킨다. 도쿠가와 일본에서는 무거운 연공을 부담할 수 있는 농민만 살아남았다. 농민은 무시무시한 무사단에 고분고분하게 조세를 납부했으나, 연공의 증가에 대해 강인하게 집단적으로 저항하여 막았다. 도쿠가와 막부와 각 번(藩)은 방대한 무사단을 부양하는 강한 재정력을 갖추었는데, 1인당 빈민 구제 곡물은 조선보다 훨씬 적었다. 맹자가 하나라 공법이 풍흉에도 고정된 10% 세제라는 폐단을 지적했는데, 세종은 맹자의 가르침을 의식하고 그보다도 더 지극히 자애로운 정사로 세율을 5%로 줄이고 전분(田分) 6등급과 연분 9등급의 54개 조합으로 징수하는 정밀한 제도를 만들었다. 반면 도쿠가와 막부 일본의 영주는 풍흉에 관계없이 40~50% 정률 세제로 거두었고 1722년에는 50% 정액 세제로 연공량을 고정했다. 맹자는 일본 영주를 폭군 중에서도 가혹한 자로 비난했을 것이다. 역설적이게도 세종 공법이 1세기 후의 인민과 재정이 곤궁해지는 길을 닦았던 반면, 일본의 세제는 경제 성장에 유리했다. 그 결과 도쿠가와 막부 일본은 조선보다 재정 규모가 훨씬 컸고 대중의 생활 수준도 낮지 않았다. 상층은 훨씬 풍족했다.

공물과 요역의 부과 기준이 명확하지 못한 문제를 개선하기 위해, 1470년 호조에서 건의해 공물과 요역을 민호(民戶)의 농지를 기준으로 배정하기로 했다. 1475년 호조는 8결마다 1부를 내어 연간 6일 이내 사역하도록 제도화했는데, 이 요역 제도는 『경국대전』에 수록되었다. 그런데 다양한 공물을 군현 단위로, 나아가 각 호에게 부과하는 명확한 기준을 정하기는 어려웠다. 그래서 지방 관리가 자의적으로 수취할 여지는 여전히 컸다. 그리고 농지 기준도 불완전해서, 농지가 많은 호나 군현의 부담이 훨씬 가벼웠다. 지주의 농지 집중으로 빈부차가 심해질수록, 불공정은 심해졌다.

조선 초 각 관서에게 위전(位田)을 지급하여 재원을 마련하게 했는데, 1445년부터 국용전(國用田)으로 통합 관리하여 호조가 관서별로 경비를 지급하게 되었다. 그러자 방납인은 공식적인 공물의 수배를 인민에게 거두어, 공물 운송비와 자신의 이익을 챙기고 각사 경비도 일부 부담하게 되었다. 국용전제로 군현의 수조지(收租地)가 사라짐에 따라, 지방관은 과세 기준이 불명확한 공물을 추가로 부과해 재원으로 삼았고, 조정도 그것을 묵인했다. 과세 기준이 불명확한 점을 이용해 지방관과 방납인의 수탈이 늘었던 것이다.

전조의 연분은 공법 제정 직후부터 낮게 책정되는 경향이 있었다. 관료와 정치인은 유학 정책 이념인 민생 안정의 명분으로 전조 부담을 줄였지만, 실질적으로는 농지가 많은 양반 지주의 이익을 옹호한 셈이었다. 과세 기준이 공평한 전조 세입의 감소는 16세기에 재정 악화를 낳았다. 그러자 과세 기준이 불명확한 공물 부담이 늘어 서민(小民)의 고통이 커졌다. 서민을 배려한 공법을 마련한 세종은 이러한 사태 전개를 예상하지 못했다. 양전 사업으로 농지 파악이 진전된 1634년부터 전조를 4~6두로 정하는 영정법(永定法)이 시행되었고,

그 규정은 『속대전』에 수록되었다. 이렇게 낮아진 전조는 비상 사태가 없는 한 올리기 어려워서, 영정법 이후 전조는 변하지 않았다. 고려 태조의 전조 인하부터 1634년 영정법까지 전조율은 낮아지는 추세였다.

신역의 중심을 이룬 군역이 고역인 데다 농사에 타격을 주었고 게다가 오랫동안 전쟁이 없자, 16세기에는 번상병(番上兵)이 포(布)를 주어 다른 사람을 대신 세우는 관행이 확산되었다. 포는 좁은 의미로 삼베이나, 조세를 말할 때는 넓은 의미의 직물이며, 15세기 후반 이후에는 직물의 주종인 무명을 주로 말한다. 1541년에는 지방관이 번상 대신 포를 2필 정도 거두어 병조에 보내는 제도가 마련되었다. 군사직의 사회적 위상이 하락하자, 양반은 군역을 면제받고자 노력하여 성과를 거두었다. 그 결과 임진왜란을 맞아 병적에는 군사가 있지만, 군사를 동원하기 어려운 지경에 이르렀다.

이렇게 조용조 체제가 문란해져 민생과 국가 재정이 궁핍하고 군사력이 허약해진 조선 왕조는 임진왜란으로 무너질 뻔했다. 임진왜란 때부터 민생 안정과 부국강병을 위한 개혁이 추진되는 가운데 조용조 체제가 개혁되었다. 공납제(貢納制)를 개혁한 대동법은 1608년 경기도에 처음 정착했다. 앞으로 설명하겠지만, 경상도에 대동법이 시행된 1678년에는 전국에 대동법이나 그에 준하는 상정법 또는 공물 작미가 시행되기에 이르렀다.

대동미는 1결당 쌀 12두(황해도는 15두)로 정해졌다. 산골은 무명으로 납부했고 동전으로 대신 납부하는 제도도 있었다. 이전에는 지방관이 공리에게 공물을 서울로 운반하게 했으나, 대동법에서는 운반비가 대동미에 포함되어 있고 대개 국가가 관리하는 배로 운송했다. 『호서대동절목(湖西大同節目)』에 따르면, 선혜청이 받은 대동미, 대동포를 각사에 나누어 주면, 각사는 공가를 공인(貢人)에게 주었다. 공인이 국가의 수용물종을 각사에 납부하면, 각사 관원은 거둔 수에 대한 검사를 요청한다. 호조는 공물 납부 사실을 중기(重記)에 적고 영수증인 자문(尺文)을 내어주면, 선혜청은 자문과 공안을 맞추어 점검한다.

대동법은 다음의 점에서 공평과 효율을 함께 실현한 제도 설계였다. 첫째, 종래 호별로 공물을 부과하는 기준이 불명확했고 잡다한 토산물의 표준 품질을 정하기 어려웠으나, 대동법으로 1결당 쌀 12두라는 명확한 과세 기준이 성립했다. 둘째, 대동세는 공물과 대부분의 진상을 흡수했을 뿐 아니라 요역, 그리고 대부분의 과외(科外) 잡세(雜稅)를 포괄하여, 조세 체계가 현저히 단순해졌다. 셋째, 종래 지방 관부가 공물의 징수에 편승하여 불법적으로 잡세를 거두어 지방 재정에 충당했는데, 대동세의 상당 부분을 지방 지출에 충당할 유치분(留置分)으로 배분함으로써, 지방 재정의 제도화를 진전시켰다. 넷째, 납세자 부담이 공평해졌다. 공물, 진상 및 잡세의 부과가 모두 경제력과 괴리되었으나, 여러 항목을 통합한 대동법은 농지의 소득에 대체로 비례하여 부과되었기 때문이다. 공물, 진상물을 징수할 때 품질의 심사에서 개재되던 자의적 농간이, 쌀 12두를 일률적으로 수취하는 대동법에서는 사라졌다. 이상의 장점들을 가진 대동법을 인민이 매우 편하게 여겼다. 다섯째, 대동법은 방납인과 관리에 의한 중간 수탈을 막을 수 있어서, 인민의 부담이 평균적으로 크게 줄면서 재정은 더욱 충실해졌다. 여섯째, 대동법은 토산물의 자의적인 수탈을 막아 생산의 발전을 촉진하고, 물품 화폐, 금속 화폐의 대동세로 공물을 조달하여 시장을 성장시켰다. 애덤 스미스는 『국부론』에서 바람직한 과세 원칙으로서 평등성, 명확성, 편의성, 징세비 최소화를 제시했는데, 대동법은 이 원칙들을 잘 충족한다.

17세기에 대동법으로 공물의 폐단이 사라진 반면, 군역이 가장 큰 폐단으로 부상했다. 17세기 관청 수공업이 민영화되거나 폐지되고 국영 광산이 민영화되어 노동력 징발 대신 포를 납부하는 제도로 바뀌었다. 군역을 중심으로 하는 양인의 신역 개혁을 통틀어 양역 변통(良役變通)이라고 했다.

7 조선 왕조의 정치 체제와 통치 원리[12]

김육이 정책 업적을 거둔 것은 조선 시대 국가 제도와 정치 발전에 힘입었고, 역으로 김육은 그것에 이바지했다. 김육은 어떠한 성격의 국가에서 활동했고, 당시 정책 결정 기구는 어땠을까?

(1) 군주 주권의 absolutism 국가

국가(state)는 넓은 의미로는 영토, 국민 및 주권으로 구성되는 정치 공동체를, 좁은 의미로는 제도화된 폭력을 사용하는 통치 기구를 말한다. 정부(government)는 넓은 의미로는 입법, 사법, 행정 등 한 나라의 통치 기구 전체를 가리키며, 좁은 의미로는 행정부만을 가리킨다. 넓은 의미의 정부는 좁은 의미의 국가와 같다.

한중일 삼국에서 군주, 왕궁과 중앙 관부를 포괄한 조정, 조정과 지방 관부를 포괄한 통치 기구 전반, 그리고 그보다 넓은 의미의 정치 공동체는 모두 '국(가)'로 표현되었다. 좁은 의미로 통치 기구를, 넓은 의미로 정치 공동체를 의미하는 state의 두 글자 한자 번역어는 '국가'로 선정되기 마련이었다.

조선 시대 '정부'라는 용어는 의정부(議政府)를 의미했고, 오늘날 정부라는 용어는 왕실을 포괄하기 어려우므로, '국'을 정부보다 국가로 번역한다. 국민, 같은 의미의 국인(國人)이라 할 때, '국'은 정치 공동체를 의미한다. '민'은 통치 기구인 '국'의 대개념(對概念)이어서, '민'과 '국'을 합쳐 '민국'이라 부르게 되었다. '민국'은 하나의 명사로 간주된다면, 정치 공동체를 의미했다. '방(邦)'은 주권을 가지고 강제력을 행사하는 국가(state)라기보다 통치 영역인 나라(country)라는 뉘앙스를 준다.

근대 민주 국가는 국민이 선출한 국회 의원이 법을 제정하고 최고 권력자인 대통령도 선출되고 국민의 기본권이 보장되고 모두 법의 지배를 받는다. 그런 점에서 궁극적이고 절대적인 정치 권위인 주권(主權)이 국민에 있는 법치 국가라 할 수 있다. 조선 시대에는 세습 군주가 정책과 법 제정의 최고, 그래서 최종적 의사 결정권자였을 뿐 아니라 상과 벌을 내리는 최종적인 권한과 군사의 최고 지휘권을 가졌다. 관료가 재판을 하거나 장수가 군사를 통솔할 때, 군주로부터 위임받은 권한을 행사하는 셈이었다. 김육이 추진한 모든 정책의 최종 결정자는 군주였다. 그래서 조선은 군주 주권 국가였다.

장 보댕은 프랑스가 겪던 종교적 갈등과 내란이라는 무질서의 극복을 위해 명령을 내리되 누구로부터 명령을 받지 않는 최고의 절대적 권위라는 주권 개념을 제시했다. 한자 문화권에서는 명확히 정의된 주권 개념이 나오지 않았지만, 그것에 상응하는 용어와 의미 부여는 있었다. king에 해당하는 한자는 왕, 군, 또는 합쳐 군왕(君王)이었다. 조선 시대에는 왕을 '군주(君主)', '국주(國主)', '민주(民主)', '인주(人主)', '주상(主上)' 등으로 불렀다. '주'는 다양한 함의를 가지는데, 왕을 지칭할 때에는 주권자로 풀이할 수 있다.

조선 시대에 오늘날 주권에 접근하는 용어들은 있었다. 군주권을 의미하는 '주권(主權)'이라는 용어가 사용되었는데, 1449년 사간원은 "김세민, 윤배 등이 정병(政柄)을 잡고 농락하여 뽑아 쓰는 일을 오로지 천단하고 주권을 도둑질했으니, 죽어도 죄가 남는다."라고 아뢰었다.[13] 대권(大權), 국권(國權), 국병(國柄), 또는 '국권병'도 주권에 가까운 용어였다. 『조선왕조실록』은 조정의 의사 결정권을 '조권(朝權)'으로 표현하면서 그것을 장악한 권력자를 비판하는 기사를 종종 실었다. 조권은 병권(兵權)과 정권(政權)으로 양분되고 정권은 넓은 의미로 국정 운영권, 좁은 의미로는 이조의 인사권을 말했다. 정병은 정권과 같은 의미였다. '주권'이나 '대권'이 군주에 귀속된다는 관념은 군주의 주권을 보여 주나, '조권'이 군주 개인이 아니라 조정에 귀속된 권한이고, 그 구성 요소인 병권과 정권을 병조와 이조가 장악한다는 것은 군신 공치(君臣共治)의 이념을 보여 준다.

아리스토텔레스는 폴리스가 자유민의 정치 공동체임을, 몽테스키외는 권력 분립과 법의 지배라는 민주정의 원리를, 그리고 헤겔은 자유의 실현을 통한 유럽의 민주제 시민 사회의 성립사를 인식하고 옹호하기 위한 안티테제로서 동양의 데스포티즘(전제 군주제, despotism) 개념을 정립했다. 파이너는 despotism이 신민의 생명과 자유와 재산을 정당한 법적 절차 없이 독재자의 자의로 처분할 수 있는 체제이고, absolutism(절대 군주제)이 통치자가 제도적 구속을 받지 않으나 법, 관습, 종교 등에 의해 어느 정도 제약을 받는 체제라고 정의했다. 그는 중국을 비롯한 아시아에서도 absolutism이 널리 존재했다고 본다.[14] 필자는 파이너의 관점을 따른다.

일본인은 개국 이후 구미의 근대 정치 체제를 학습하여 자국의 정치 체제를 설계하는 과정에서 absolutism과 despotism을 탐구하며 그 번역어를 고안했는데, 각각 절대 군주제, 전제 군주제로 귀결되었다. 중국 고전에서는 군주의 전제(專制)는 당연하며 신하의 전제는 비판의 대상이었다. 전제는 주권의 행사로 풀이할 수 있다. 1897년 이후 고종과 왕당파는 민권 운동을 억제하고 군주권을 강화하기 위한 취지로 전제라는 한자를 사용하여 번역어에 접속되었고, 조선 왕조의 정치 체제를 전제로 규정하는 통설이 성립했다. 고종과 왕당파가 사용한 전제는 전통적 '양법미제(良法美制)'에 의거하는 absolutism에 해당하나, 을사조약 이후 조선 왕정에 대한 비판적 시각, 그리고 일본에서 절대 왕정이라는 absolutism 번역어 대두로 인해 전제는 점차 despotism을 의미하게 되었다. absolutism은 절대 군주제로 번역되나 조선 시대 사용되지 않은 용어이니, 한자 원래 용어를 존중하여 군주 전제라 해도 되지 않을까 한다.

중국과 조선의 왕조 국가는 군주 주권에 대한 견제 장치의 발달, 그리고 신민 지위의 상승으로 다음의 점에서 일반적으로 absolutism

이었다. 첫째, 전국 시대의 법가는 비록 군주의 명령으로 법이 제정되나 군주도 법을 준수해야 하고 국가의 항구적 안정을 위해서는 군주가 사리사욕으로 법을 제정해선 안 된다고 주장했다. 둘째, 한나라 이후 유교가 통치 이념으로서 위상을 강화함에 따라, 군주는 유교 도덕의 준수를 요구받았다. 유학이 자연법 사상을 제공하여 법치가 성숙함에 따라 군주권에 대한 견제가 강해졌다. 셋째, 유학은 정치의 책임 소재를 군주에게 귀속하여 정치 사상에 이바지했다. 민본과 군주 주권의 이념을 제시한 『서경』에서는 "하늘의 일[天工]을 사람이 대신한다."라고 하여 군주가 천명을 받아 주권을 행사하되 천명에 부합하는 정당한 통치를 해야 한다는 의미를 담았다. 『서경』은 정치를 잘못한 군주의 왕조가 천명으로 교체된다는 역사관을 제시하여, 유가의 표준적 관점이 되었다. 맹자는 인민이 군주보다 귀하다며 인의를 해친 폭군의 방벌(放伐)을 정당화했다. 한나라 동중서(董仲舒)는 상서(祥瑞), 재이(災異)로 표현되는 자연 현상이 정치와 긴밀하게 대응하니 군주의 통치는 우주 질서의 근원인 천(天)에 순종해야 한다는 천인 감응설(天人感應說)을 만들었다. 이후 유가가 천인 감응설을 중시한 목적은 정치의 책임을 군주에 귀속하여 군주가 천명을 받들어 왕도 정치를 실현하도록 유도하면서 군주권이 잘못 사용되는 것을 견제하려는 것이었다. 천명의 소재는 민심을 통해 알 수 있고, 자연재해에 따른 흉년에 적절히 대처하지 못하면 민심의 이반을 낳을 수 있었다. 수시로 나타나기 마련인 자연재해와 천문 이변은 신하가 군주의 잘못을 견제하는 유용한 수단이 되었다. 넷째, 순자는 군주도 공적 도의를 행해야 한다고 주장했고, 그런 공(公) 관념을 법가와 유가가 계승하여 공은 국가를 다스리고 군주권을 견제하는 이념으로 활용되었다. 다섯째, 중국 왕조는 가끔 진시황, 한 무제 등 독재자가 있었으나, 황제 녹난에 의한 통치가 아니라 관료제에 의한 통치가 일상적이었다. 중국은 역사상 처음으로 합리적이고 전문화되고 급료를 받는 관료제를 확립했다. 한나라는 지식인 관료제라는 세계사적 혁신을 이루었다. 당송 변혁기(唐宋變革期)에 과거제의 확립과 더불어 관료제적 중앙 집권 체제가 귀족적 지배를 대체했다. 송 대에는 관료제 국가의 발전, 경제 발전 등의 면에서 근세, 즉 근대 초기에 진입했다고 평가받기도 한다. 법가는 법에 의한 통치와 군현 제도의 시행을 통해 관료제의 발달에 이바지했다. 유학은 군주와 신하의 윤리를 정립하고 군주가 현명하고 유능한 신하의 보좌를 받아 훌륭한 정치를 한다는 군신 공치의 논리를 제공함으로써 관료제의 성숙에 이바지했다.

전국 시대 때 국가는 세습 귀족제를 폐지하는 대신 능력 본위로 관료와 군 지휘관을 뽑고, 관료제와 군현제에 의거하여 만민을 균일한 법치로 다스리면서 직접 과세하고 징병하는 제도적 혁신을 했다. 파이너는 진나라가 통일적 제도와 행정 기구, 정교한 관료제와 집권적 국가, 그리고 문민 통치의 상비군을 갖춘 점에서 '초기적 국민 국가'라고 평가한다.[15]

한반도의 국가는 중국 국가 제도의 수용을 진전시켜, 조선 시대에 송나라 수준의 중앙 집권 관료 국가 체제이자 근세적 절대 군주제를 확립했다. 정책과 법제, 관리의 임용과 파면, 상벌 등에 관한 최종 결정권을 가진 주권자인 군주의 권한이 법치, 법적 관료제와 군신 공치, 그리고 유교 도덕과 공(公)의 통치 이념에 의해 견제를 받은 조선 왕조의 정치 체제는 중국 왕조와 함께 유럽 근세의 absolutism과 같은 범주에 포괄할 수 있다. 조선 왕조가 despotism이 아니라 absolutism인 것은 군주의 과오에 대한 간쟁이 활발한 사실, 군신 공치가 발달한 사실, 숙종과 영조와 같은 강력한 군주도 사족의 여론과 반란이 두려워 사족에게도 군포를 부과하는 호포제를 시행하지 못한 사실 등으로도 알 수 있다.

인민의 생명과 재산의 보호, 권농을 통한 생업 지원 및 기근 대책이라는 안민 정책은 국가가 제공하는 공공재의 중심을 이루었다. 문관의 우위 아래 16세기 이후 군사력이 약화되었으나, 외교로 대외적 안전을 확보했다. 조선 왕조가 정세(正稅)에 한정되나 법제로 조세를 부과하고 민생 안정 등에 힘쓴 점에서도 despotism과는 달랐다.

18세기 중엽 이전 유럽의 계몽사상가는 중국 국가를 유교의 도덕적 통치 이념, 그것을 반영한 법치, 그리고 과거 관료제에 입각한 점에서 높게 평가하고 이상으로 삼았다. 이것은 세습적 봉건 귀족으로 주권이 분할된 상태에서 관료제와 상비군으로 영토 주권을 확립하려는 절대 군주제의 과제가 낳은 평가이다. 유럽의 계몽사상가가 아시아 국가 중에서 중국만 높게 평가한 것은 세계사에서 절대 군주제의 가장 발달한 유형이 근세 서유럽 국가와 더불어 중국, 그것을 잘 배운 조선의 국가임을 드러낸다. 이들 국가는 근세적 절대 군주제라 할 수 있다. 조선 국가는 유럽에 비해 정치적 다원성과 사회적 자율성, 민법과 왕권의 법적 제한 등에서 약점을 가졌으나, 법과 관료에 의한 통치의 진전, 공과 국가 정당성 이념의 심화, 그리고 민본 정치의 구현에 따른 인민의 정치 주체로서의 성장이라는 점에서 선진적 절대 왕정을 성취했다. 조선 왕조는 영토 주권을 확립해 가는 근세 유럽의 군주와 달리 중국의 왕조처럼 군주가 전 기간에 걸쳐 영토 주권자였고, 유럽의 절대 왕정보다 관료제가 발달한 특징을 가진 점에서, 군주 주권의 (양반) 관료제 국가라고 부를 수도 있다.

(2) 신분제와 자유민, 예속민

고대 그리스에서는 폴리스라는 도시 국가의 정치 체제가 발전하는 가운데 왕정이나 귀족정뿐 아니라 인민(demos)이 주권을 갖는 민주적 폴리스들도 곳곳에서 출현했다. 엘리트가 아닌 자영농 시민이 중심적 정치 주체가 되어 전근대에는 유례 없는 민주주의가 성립한 것이다. 민주적 도시 국가의 구성원, 곧 시민은 공동체의 의사 결정 및 공직자 선출에 참여할 수 있는 참정권을 가지는 동시에 채무 등의 이유로 다른 시민에 의해 인신을 속박당하지 않는 법적 지위를 보장받았다. 이것은 자유라는 개념을 성립시켰다. 자유로운 시민은 참정권을 행사하기 위해 노동으로부터 해방되는 것을 이상으로 삼아, 그리스 민주제는 많은 예속민을 필요로 했다. 시민이 자유민이라는 관념은 시민이 아닌 자가 잠재적으로 비자유인이라는 관념, 나아가 전쟁 포로나 외부에서 구입한 예속민을 법적 주체가 아니라 물건이나 가축과 같은 재물로 취급하는 노예라는 관념과 표리 관계를 이루면서 성립했다. 그에 반해 고전기 이전의 그리스와 페르시아 제국처럼 특권층이나 전제 군주가 지배하는 국가에서는 타인에 대한 종속과 복종이 현실이자 미덕이어서, 자유의 관념이 성립할 수 없었다.

로마인은 그리스인이 발견한 자유의 관념을 법적 원리로 체계화했다. 즉 시민의 자유는 거래, 혼인, 공권의 피해에 대한 항고, 선거 및 피선거의 권리 등으로 구체화되었고, 그 시민의 권리를 중재하기 위해 시민법(ius civile)이라는 법체계를 발전시켰다. 그래서 시민의 권리(ius)를 보장하는 것이 곧 법이요 정의(iustitia)라는 관념이 확고하게 자리 잡았다. 로마는 외부인에게도 자유민의 자격을 부여했다. 그런데 고대 그리스와 로마에서는 아직 자유롭고 법적으로 평등한 인간의 권리가 천부적이고 신성한 것이라는 관념으로까지 나아가지 못했다. 그것은 공동체에서의 위치와 기여 정도에 비례하는 일종의 조건부적 인권이요 자유였다.

기독교는 유럽에 인간이 존엄한 존재라는 관념을 퍼트렸다. 『성경』에는 태초에 하느님이 자신을 닮은 사람을 만들어 축복하며 그에게 "땅을 정복하라."라고 명하여, 인간이 존엄한 존재라는 관념이 성립했다. 구약 성경부터 종(servant)이 해방되면 자유민이 된다고 했는데, 그리스가 발견한 자유 개념이 도입된 것이다. 종은 부채 등의 특수한 사정으로 성립하고 일정 기간 복무하면 자유민이 되니, 『성경』은 인간이 자유롭게 태어났다는 해석을 허용한다. 예수는 인간이 평등한 존재임을 일깨웠다. 종교 개혁은 절대신에 대한 이성적 인간의 자유 의식을 높였고, 절대 왕권은 봉건 귀족을 약화시켜 인민의 자유를 증진했다. 절대 왕제의 해체기 영국에서 존 로크는 정치적 권위에 선행하는 개인 권리를 주장했다. 18세기 계몽주의가 기본권 사상을 유럽에 확산하고 민주 혁명이 자유 등 기본권을 보장하는 국가 제도를 정착시켰다.

아시아는 자유와 권리라는 개념을 유럽에서 도입했으나, 여기에서도 권리가 존재하여 성장했고, 전근대 유럽 자유민이 누리는 자유에 접근한 부분은 있었다. 중국 고대에는 군주, 귀족, 평민, 그리고 예속민이라는 구성이 일반적이고, 귀천의 다양한 스펙트럼이 존재했다. 이런 신분 구성은 전근대의 많은 영토 국가에서 볼 수 있다. 은나라, 주나라에서 민(民)이나 신(臣)은 노(奴)와 같은 예속적 존재였으니, 군주에 대한 예속적 복종이 신민의 미덕이었다. 신은 넓은 의미로는 인민 일반이고, 좁은 의미로는 관료였다. 주나라의 정치 주체이자 지배층인 경(卿), 대부(大夫), 사(士)는 국인(國人)이라 불렸다.

　춘추 전국 시대에 국인층의 관직 독점 체제가 붕괴되었고 군주들이 신민과 유능한 인재를 많이 모으려 경쟁하는 가운데, 신민의 지위가 향상되었다. 학식과 재능으로 관직을 구하는 자가 '사'라 불렸다. 통치의 합리화를 위해 천명을 거론한 주나라 사상에서 발원하여, 맹자는 "하늘이 사람을 내시니 …… 도덕적 본성을 가진다."라는 『시경』의 구절을 인용할 수 있었다.(『告子上』 6장) 공자와 맹자는 인간이 하늘이 준 도덕적 본성을 가져 예(禮)를 행하는 주체라는 유학 사상을 확립하여, 중국은 인간 존엄성에 대해 기독교보다 수준 높은 관념을 가지게 되었다. 공자는 도덕성을 가진 인간이 예의 주체로서 존엄성을 가지니, "군주는 신하를 예로 부리고 신하는 군주를 충(忠)으로 섬기라."(『八佾』 19장)라고 가르쳤고 부모의 "삼년상(三年喪)은 천하 사람의 공통된 상례"라고 규정했다.(『陽貨』 21장) 맹자는 천자부터 서인(庶人)까지 모두 동등하게 삼년상을 한다고 주장했는데, 이런 정신이라면 예속민인 노비도 예의 주체임을 부정하지 않는다. 유학은 군신 관계를 옹호하는 명분을 제공했지만, 예속적 복종과 다른 차원의 충성을 신하의 미덕으로 삼았고, 서인과 노비의 지위를 향상할 논리도 제공한 것이다. 유가와 달리 도가, 묵가, 법가는 군주에 대한 절대 복종을 당연시했다. 유가는 의리(義理)로 규율되는 군신 관계, 그리고 군주에게 과오를 간쟁(諫爭)하는 관료를 이상으로 삼았다. 중국사에서 간쟁이 활발한 왕조가 송이었고, 송보다 활발한 나라는 조선이었다. 달리 말해 문호 개방 이전 중국에서는 송나라 사대부가 언론의 자유를 가장 크게 누렸고, 조선의 사대부가 그보다 더 큰 자유를 누렸다. 조선 시대 군주의 전제와 관료의 언론 자유는 뒤에서 설명하겠다.

기독교에서 신 앞에 모두가 평등하듯이, 중국에서는 하늘이 인간을 내릴 때 모두가 동등하게 도덕성을 가진 예의 주체가 된다고 보아 평등 관념이 잉태했다. 기독교적 세계나 유교적 세계는 모두 인간이 원초적으로 평등하다고 보나 신분적 불평등, 그래서 비자유민을 용인했다. 그런데 원초적 평등관은 자유의 확대를 낳는 이념을 제공했다.

인간의 도덕성과 존엄성의 표현인 예는 명분 관념이라는 한계를 가졌다. 예의 주체로 인정받더라도 노예 처지에 머물면, 인간 존엄성의 내실이 손상받는다. 그에 반해 고대 그리스와 로마는 자유가 존엄의 지표가 되었고, 권리와 같은 의미를 가진 "법은 인간의 존엄에 관련된 숭고한 존재"로 인식되었다. 그에 반해 중국에서 법은 형벌로 선도하는, 인간의 하등한 측면에 대응하는 도구였다.[16]

한나라 이후 유학이 통치의 도덕적 이념과 자연법 사상을 제공하면서 전제 군주에 대한 신민의 지위가 상승했다. 당나라 때에 균전제 아래 자작하는 소농을 양민(良民)이라 하고 양민이 아닌 다양한 예속민을 일괄하여 천민(賤民)이라 하여 양천제가 완성되었다. 노비(奴婢)는 진, 한 때에 물건으로 취급되었으나, 당률(唐律)에서는 형법 주체로서 법적 보호를 받게 되었다. 니다 노보루(仁井田陞)는 당나라 노비가 그리스, 로마의 노예에 비해 재산권을 가지고 합법적 결혼을 할 수 있고 주인이 마음대로 죽일 수 없다고 하여 '반인반물(半人半物)'이라고 했다. 그런데 당률에서는 양민만 예 질서에 포섭되고 노비, 천민은 배제되었다. 헤겔의 주장과 달리, 한나라 이래 서인 등 공민(公民)의 처지는 유럽 봉건제 아래의 농노보다 낫고 절대 왕정 아래의 평민과 크게 다르지 않았다. 수나라가 과거제를 확립한 이후 과거 관료의 위상이 점차 높아져 송대에는 지식인 관료를 사대부로 부르게 되었다.

조선은 건국 초에 노비가 아닌 자를 모두 양인 신분으로 삼아 관직 진출을 양인에게 개방하고 군역을 중심으로 하는 신역의 의무를 부과했다. 노비는 관직에 진출할 수 없고 천역을 졌다. 조선 초에 법제적으로는 양천제였지만, 유학의 소양을 갖추고 과거를 통해 관직에 나아갈 여건을 갖춘 양인 상층은 사회 통념상 평민과 구분되는 사족(士族)으로 인식되고 있었다. 고려 후기에 형성된 사대부층, 그리고 향리 상층이 사족이 되었다. 행정 실무를 담당한 이족(吏族)은 문과를 통해 고위 관직에 진출하는 기회를 봉쇄당하고, 첩이 낳은 서얼도 문과에 응시하지 못하게 됨에 따라, 사족층은 유력한 경쟁 그룹을 배제하면서 사실상 문관직을 독점할 수 있었다. 국가는 1520년 친가나 외가 한쪽이라도 4조(祖) 내에 문무반 정직 6품 이상에 진출한 관료를 배출한 가문의 후손, 그리고 생원과 진사의 가문을 사족으로 규정하기에 이르렀다. 양반이란 원래 문반직과 무반직을 가진 사람만을 의미했지만, 고려 후기부터 점차 그 가족이나 가문까지 포괄하는 용어로 전환해 가고, 조선 중기에는 군역의 부담에서 벗어났을 뿐 아니라 고위 관직을 독점하는 세습적 특권 신분층을 지칭하게 되었다. 조선 후기에 양반층은 고려에서처럼 문벌을 이루고 지배 집단을 재생산하여, 중국보다 폐쇄적인 신분 사회가 형성되었다. 사족이라는 특권층은 다른 나라와 비슷하게 인구의 5% 정도였다. 김육은 사족이었다.

유학으로 무장한 사대부층이 건국한 조선은 유교 통치 이념에 입각하여 천인도 예의 주체임을 부정하지 않았다. 조선 초에 삼년상은 사대부까지 허용되었고 서인은 100일상이었다. 그런데 조광조 등 사림이 활약하던 중종 대에 삼년상은 서인, 나아가 천인에까지 허용되었다. 이후 가묘제(家廟制)의 차별도 무력화되어 18세기 전반에 천인도 4대 제사를 모실 수 있었다. 조선의 노비는 매매, 상속의 대상인 점에서 유럽의 노예와 같았으나, 재산권과 소송권을 가지고 예의 주체가 되는 점에서 유럽 노예보다 처지가 양호했다. 그래서 노비가 유럽 농노에 해당한다는 주장도 있다.

1420년 노비가 주인을 고소할 수 없는 법이 제정되었다. 그 결과 국가가 노비도 국민으로 간주하여 생명과 재산을 보호했더라도, 노비는 소유주의 폭력과 재산권 침해에 더욱 노출되어 있었다. 영조는 노비를 때려죽인 주인을 엄벌하는 명을 내렸고, 영조 때에 노비가 주인을 상대로 소송했음이 확인된다. 그런데 노비가 주인을 상대로 소송할 수 있는 제도가 명문화되지는 않았다. 그래서 1786년 정조는 노비가 주인을 고발하는 것에 대해 상하 명분을 들어 엄벌하는 원칙을 천명했다.

(3) 국가 의사 결정 기구로서 관료제와 원리로서 군신 공치

조선 시대에 통치 기구, 곧 좁은 의미의 국가는 왕과 관부로 이루어진 관료제로 이루어졌다. 관부는 중앙 관부와 지방 관부로 나뉜다. 입법부와 사법부와 행정부의 분화는 없었다. 국가의 의사 결정은 관부의 논의와 보고를 거쳐 왕의 재가를 받았다.

조선 국가의 성격을 드러내는 말로 빈번히 거론되는 중앙 집권적 관료제는 10세기 말에 정비되었고, 조선 시대에 성숙했다. 중국의 왕조와 마찬가지로 조선 왕조에서도 군주 독단에 의한 통치가 아니라 관료제에 의한 통치가 일상적이었다. 근대적 관료제는 위계적이고 보수를 받아 상시 기능하고 지식과 전문성을 갖추고 법의 지배를 받는 특징을 가지는데, 이런 관료제를 가장 먼저 만든 나라가 중국이었다.[17] 조선은 중국의 관료제를 성공적으로 수용했다. 능력 본위의 과거 관료제가 고려 때부터 시행되었는데, 조선 시대에 관직 진출에서 과거제의 의의가 더욱 중요해졌다. 조선 시대에 관부의 위계, 기능, 구성은 법전에 규정되었고 관료의 위계, 평가, 승진은 제도화되어 있었다. 조선 초에 문신이 되는 사족과 말단 실무를 맡은 이족 사이에 넘을 수 없는 장벽이 생겼다. 임진왜란 이후에는 천민이 무과에 응시할 수 있게 되었다.

고려 시대 지방 행정 제도는 호족의 지배력을 반영하고 수령이 파견되지 않은 속현(屬縣)이 많았다. 조선에 들어와 통일적으로 편성된 모든 군현에 지방관이 파견되었고 도 행정의 주관자로서 관찰사, 즉 감사 제도가 확립되었다. 15세기에 군현이 병합되어 330여 개가 되었는데, 조정에서 군현당 수령 1명을 파견하여 읍리를 지휘하게 했다. 수령은 군주를 대리하는 통치자로 관할 지역의 행정, 사법, 징세, 치안을 주관했다. 주권자인 군주가 수령을 감찰하려고 노력했으나, 수령과 관할 주민의 상하 명분이 있고 감찰의 제도적, 기술적 여건이 미비하여 대리인 문제를 잘 해결하지 못했다. 급료도 자부심도 거의 없는 이족은 구조적 부패에 연루되었다.

　고려 후기에 송나라의 사대부에 해당하는 계층이 형성되어 주자학을 수용했다. 이들은 이성계를 옹립하여 조선 왕조를 창건했는데, 송나라 사대부처럼 경세제민의 책무 의식을 가지고 군신 공치를 추구했다. 군신 공치는 조선 왕조의 통치 이념이었다. 그래서 『조선왕조실록』에서는 군주가 의정부와 비변사 등의 논의를 따르는 '종지(從之)'가 3만 240건, 윤허하는 '윤지(允之)'가 6157건, 승인하지 않는 '불윤(不允)'이 2만 762건이 나왔다. 왕이 주체가 아닌 경우도 있으나, 많지 않을 것이다. '부종(不從)' 8352건 중 왕이 허가하지 않는다는 의미는 절반 정도로 보인다. '결지(決之)'는 336건에 불과하고 그중 군주가 결정한다는 뜻은 소수였으며, 그 때도 대개 독단은 아니었다.

　군주와 공치하는 조정의 최고 의사 결정 기구를 살펴보자. 1279년 이후 종2품 이상의 재상을 중심으로 하는 도평의사사(都評議使司)가 국정의 최고 의결 및 집행 기관이 되었다. 1400년 실권자인 이방원이 주도하여 도평의사사에 집중된 신권을 줄이고 관료제의 위계를 정비하기 위해 의정부의 정승이 육조를 지휘하면서 국정 운영을 주도하는 의정부 서사제(議政府署事制)를 채택했다. 의정부는 "백관을 통솔하고 서정(庶政)을 고르게 행하고 음양을 다스리고 국가를 경영하는[經邦國]" 기능을 총괄했다. 의정부의 삼공(三公)과 육조의 육경(六卿)

은 정책을 입안, 결정, 집행하는 권한을 가졌다. 1404년 새로운 법은 반드시 의정부의 논의를 거쳐 시행하기로 했다. 태종은 1414년 왕권을 더욱 강화하기 위해 의정부 서사제를 폐지하고, 육조가 국왕에게 직접 정사를 보고하고 지시를 받으면서 국정을 운영하는 육조 직계제(六曹直啓制)를 시행했다.

세종은 1436년 의정부 서사제를 부활했다. 세종 때에 군신 공치가 성숙했다. 1455년 왕위에 오른 세조는 권력을 강화하기 위해 의정부 서사제를 폐지하고 다시 육조 직계제를 시행했다. 그런데 세조가 편찬을 명한 『경국대전』에는 중앙 관제가 의정부, 육조, 육조의 속 아문 및 왕실 직속의 아문으로 구성되고 의정부가 국정을 관장하는 이념을 담았다.

군신 공치는 군주와 관료의 협력, 관료의 왕권에 대한 견제, 그리고 관료 간 권력 분산과 견제로 나눌 수 있다. 의정부 삼공의 권한이 가장 높았으나 인사권은 이조, 병권은 병조에 귀속했다. 사헌부와 사간원의 대간(臺諫) 제도는 고려 시대보다 전문적이고 독립적인 기능을 강화하면서 정책을 비판하고 군주의 잘못에 직언을 하고 고위 관료의 잘못을 탄핵했다. 재상과 대간은 법, 유교, 공 이념 등으로 왕권을 견제했다. 조선 초에는 삼공이 대간의 인사권을 행사하여 언론권이 제약을 받았다. 대간은 언론을 강화하기 위해 노력하여 점차 성과를 거두었다. 군주가 문신과 함께 유학 경전을 토론하면서 정책을 논의하는 경연(經筵)은 공민왕 때에 뿌리를 내리고 세종대 이후 본격화되어 군신 공치에 이바지했다. 홍문관은 성종 때부터 양사의 언론을 지원하고 나아가 경연을 주관하는 연장선에서 독자적 언론 기능을 했다. 그래서 1490년 대간은 홍문관을 '공론(公論)의 소재'라 하고 성종도 홍문관의 언론 기능을 인정했다. 홍문관은 언론 기관이 되면서 대간 탄핵권까지 확보했다. 선조 때 사림 정치가 성립하면서 삼사(三司)의 언관은 언론을 더욱 자유롭고 활발히 개진했다. 언관의 권력 견제 감찰 기능은 중국 왕조보다 발달했다.

조정에서 벼슬하는 신하를 조신(朝臣) 또는 조관(朝官)이라 불렀다. 6품 이상 관료는 조정의 회의에 참석하여 참상관(參上官)이라 했고, 7품 이하는 참석할 수 없어 참하관이라 불렀다. 참하관은 실무 행정을 담당하는 하급 관료이고, 참상관부터 당하관까지는 정책을 집행하며 아울러 여론을 수렴하여 국정을 감독, 비판하는 중급 관료이고, 당상관(堂上官) 정3품 이상은 정책을 입안, 결정하고 국정을 책임지는 고급 관료이다.

참상관인 낭관(郎官)은 애당초 정책을 입안하는 데에 그쳤으나, 성종 때부터 정책 결정에도 참여할 수 있게 되었다. 낭관이 후임을 천거하는 관행은 성종대 이후 확산되었다. 육조의 정5품관 정랑(正郎)과 정6품관 좌랑(佐郎)인 전랑(銓郎)은 순조로운 승진이 보장되어 공경(公卿)에 이르는 지름길이었다. 1516년 이조 전랑은 후임자 추천권뿐 아니라 사헌부, 사간원, 홍문관이라는 삼사의 청요직을 선발하는 통청권(通淸權)을 갖게 되어, 공론을 수렴하는 삼사의 언관을 지휘할 수 있게 되었다. 그래서 이조 전랑과 삼사의 신진 관료는 실권을 가지지는 못하나 정승인 삼공과 판서인 육경을 견제할 수 있었다.

1510년 삼포 왜란(三浦倭亂)이 일어나자 비변사(備邊司)라는 비상 시국에 대비하는 임시 기구가 만들어졌다. 임진왜란이 일어나자 비변사는 국난을 수습, 타개하는 최고 기관이 되면서 의정부를 대신하는 최고 정책 의결 기구로 변모했다. 2품 이상 재상이 중심으로 참여하는 비변사는 태조 대까지의 도평의사사, 그리고 오늘날 국무회의와 비슷하다. 비변사 낭관이 기록한 회의록이 『비변사등록』이다. 비변사가 정책을 결정하면 육조는 정책을 집행하고, 이조와 병조는 인사권을 갖고 삼사는 독립된 감찰 기능을 했다. 김육은 비변사 체제에서 활동했다.

(4) 법치와 예치

춘추 전국 시대 국가의 법은 군주가 인민을 통제하는 수단이어서, 형법을 중심으로 하는 실증법이었다. 법가는 이러한 실증법을 발전시키면서 그것을 합리화하는 이념을 제공했다. 그에 반해 유가는 주나라 이상 시대를 복구한다는 명분 아래 예치(禮治)의 자연법 사상을 제시했다. 공자는 "정(政)으로써 인도하고 형벌로써 질서를 잡으면 인민이 형벌을 면하나 부끄러워할 줄 모르되, 덕(德)으로써 인도하고 예(禮)로써 질서를 잡으면 인민이 부끄러워할 줄 알아 선하게 된다."라고 했다.(『爲政』2편) 주자는 '정'을 '법제금령(法制禁令)'으로 풀이했다. 공자는 국가가 형법을 중심으로 인민을 통제하는 법의 운용 체제를 극복하기 위해 덕치와 예치를 주장했던 것이다. 그런데 이 구절로 공자가 법치를 낮게 평가한 것으로 보아서는 곤란하다. 주자는 예를 '제도 품절(制度品節)'로 풀이했다. 예제(禮制)는 관혼상제 등 오늘날 의미의 예제뿐 아니라 예 이념을 담은 국가 제도를 포괄한다. 품절은 예절의 등급을 의미한다. 유학의 예는 제도와 제도화되지 않은 예절로 구성되며, 자연법 사상을 제공했다. 유가에게 진정한 법은 제도화된 예와 형의 결합인데, 예는 형벌을 수반하기도 했고 형의 적용에 영향을 미쳤다. 넓은 의미의 법은 예와 형의 제도, 그리고 가족 제도와 조세 제도처럼 예와 형과 무관한 제도를 포괄했다.

공자는 덕과 예라는 자연법 사상을 제시했으나, 공자가 주장한 가부장적 덕치론은 법치를 제약하는 인치론(人治論)으로 작용할 수 있다. 법가는 법이 반드시 형벌에 의존해야 한다고 보면서 인의와 예를 법의 상위 가치로 삼지 않아 인치의 요소를 줄였다.

중국을 통일한 진나라 국가라는 '괴물(leviathan)'은 법가가 바란 평화와 질서를 가져다주었으나, 가혹한 통치로 인민을 괴롭혀 단명했다. 한나라 이후 중국에서는 법가가 발전시킨 실정법과 유가가 발전시킨 자연법 사상이 결합하여 법치가 성숙했다. 그 결과 법에 의한 통제(rule by law)로부터 법의 지배(rule of law)로 향해 진전했다.

한반도의 왕조 국가가 중국에서 배운 선진 문물 가운데 법가의 실정법과 유가의 자연법 사상이 결합한 법치도 들어간다. 정약용은 「자찬묘지명(自撰墓誌銘)」에서 통치로 풀이할 수 있는 목민(牧民)을 "지금의 법에 따라 우리 인민을 다스린다.〔因今之法而牧吾民也〕"라고 정의했다. 조선은 건국 직후부터 법전 편찬에 공을 들여 1397년에는 영구히 준행할 법령으로 『경제육전(經濟六典)』을 편찬했고, 이후 지속적으로 법전을 수정했다. 명나라가 1397년 완성, 반포한 『대명률(大明律)』을 조선은 건국 직후 여러 과정을 걸쳐 받아들여 형법을 정비했다. 세조의 명으로 제작된 '만세성법(萬世成法)'의 통일 법전인 『경국대전(經國大典)』은 1470년 공포, 시행되었으며, 그 후 수정, 보완되어 1484년 완성되어 1485년부터 시행되었다. 1746년『경국대전』을 수정한『속대전(續大典)』이 반포되고 1785년 법전을 통합한『대전통편(大典通編)』이 편찬되었다. 1445년『대명률』은 조선의 확고한 일반 형률이 되었다. 그래서『경국대전』의 형전「용률(用律)」에서 "『대명률』을 사용한다."라고 했고,『속대전』에서도 마찬가지였다.

『조선왕조실록』에서 '예제(禮制)'가 465건, '예법(禮法)'이 319건 검색되듯이, 예는 제도이자 법에 포괄되었다.『경국대전』의 편찬자는 그 내용을 법으로 집약했고, 법전의 한 구성 요소로 예전(禮典)을 두었다. 예전의「의주(儀註)」는 "『국조오례의(國朝五禮儀)』를 사용한다."라고 규정했다.『주례』에는 예전이 있고 오례(五禮)의 원형이 나온다. 조선 조정은 1402년 의례상정소(儀禮詳定所)를 설립하고 국가 예제의 정비에 노력하여『세종실록』「오례」로 결실을 맺었다.『경국대전』의 편찬을 명한 세조는 국가 의례의 재정비를 지시하여 1474년『국조오례의』가 완성되었는데,『두씨통전(杜氏通典)』에 실린 당나라 의례를 모방했다. 그것은 국가의 기본 예식인 길례(吉禮), 가례(嘉禮), 빈례(賓禮), 군례(軍禮), 흉례(凶禮)로 구성되어 가족 질서뿐 아니라 군신 관계, 신분 질서, 국제 관계 등을 규정했다. 그것은 민간례가 아닌 국례(國禮)이나, 사대부와 일반민도 구속하는 규정이 있었다. 중국과 조선의 유교 국가는 법전에 예전을 포함했고 법은 예를 포괄하는 개념이 되었으나, 예치에 독자적 의의를 부여하여 법전과 별도로 의례를 정비한 책을 만들어 유교를 바탕으로 하는 예교(禮敎) 질서를 정립하고자 했던 것이다.

조선 시대 법은 왕명인 교지를 받들어 시행하는 수교(受敎)를 통해 성립했다. 군주가 법의 근원이므로 왕법이라 했다. 법은 왕명으로 성립하나 왕의 사유물이 아니고 국가 공공의 기물이므로, 군주도 공법을 준수해야 한다는 정치 문화가 조선 초부터 성립했다. 『경국대전』 예전 「의첩(依牒)」에 따르면, 육조의 해당 관부가 새로 제정하거나 개정하려는 법안을 올려 의정부가 논의하고 군주에 건의하여 승인을 얻은 후에, 예조는 사헌부와 사간원의 서경(署經)을 고찰한 다음 법안을 제출한 관청에 입법 문서를 보내어 시행했다. 법의 제정과 개정은 조정의 다각적 검토와 폭넓은 논의를 거치도록 제도화되어 있었던 것이다. 형조가 아니라 예조가 법조문을 고찰하는 것은 법이 형보다 예를 우선하는 정신을 담았다.

중국 왕조와 조선 왕조에서 법치가 진전되었다고 하나, 그 토대를 제공한 법가의 실정법과 유가의 자연법 사상은 근대적 성격이 되기에는 다음과 같은 근원적 한계를 가졌다. 법가에는 유럽의 자연법 사상처럼 법이 인간의 존엄에 관련된 숭고한 존재이고 사회 계약의 산물이라는 관념은 없었다. 유학은 인의예지신과 삼강오륜이라는 유교 도덕을 자연법 사상으로 삼았는데, 예는 인간의 존엄에 관련된 숭고한 관념이나, 권리가 아니라 명분을 핵심으로 삼는다는 한계를 가졌다. 중국 왕조와 조선 왕조에서는 권리 개념이 없었지만, 농지 소유권은 근대적 성격에 접근했고 폭넓은 재산권이 성립했다. 고대 그리스 철학과 로마법에 권리와 유사한 단어가 있었고 유럽 근세에 오늘날 권리 개념이 확립되었는데, 한자 문화권에서는 1864년 중국에서 번역어로 성립하여 일본에 보급되었다.

유학 경전인 『예기』는 "예는 서인(庶人)까지 내려가지 않고 형(刑)

은 대부(大夫)로 올라가지 않는다.”라며 신분적 특권을 옹호하는 한계가 있었다. 그 반면 법가는 만민에 통일적으로 적용되는 법사상을 제시했다. 『예기』는 유가가 이상으로 삼은 주나라의 예와 형을 반영했지만, 공자, 맹자, 순자는 세습 신분에 의한 법의 차별적 적용을 옹호하지 않았고 인민을 근본으로 삼아 위하는 인의의 통치를 주창했으니, 유가는 법가의 평등한 법 적용론을 수용할 수 있었고, 나아가 유교의 교화 중시관은 평민도 예의 주체로 성장하도록 도왔다. 『대명률』은 관료 범죄에 대한 엄형을 규정했다.

그런데 예는 명분의 존비(尊卑)에 따라 형벌을 차등하여 적용하는 논리를 제공하여, 아랫사람이 윗사람을 범하면 죄가 무겁고 윗사람이 아랫사람을 침해하면 죄가 가벼웠다. 이것은 조선 시대에도 마찬가지였다. 『경국대전』에는 사족의 지위에 따라 형벌 적용에 배려하고 노비를 평민보다 무겁게 처벌하는 규정들이 있다. 재판에서 양반과 평민이 다툴 수는 있으나 상하 명분을 어긴 평민은 처벌을 받았다. 존비 간 권리, 의무, 형벌의 차등을 두는 예가 법을 구성하고 규정한 점에서 근대적 의미로 도덕과 법이 구분되지는 않았다.

법치가 성숙하여 법의 지배가 이루어지려면 국가와 권력자의 통치 행위에 대한 법적 제약이 이루어져야 한다. 조선 초부터 군신, 지방관, 부민(部民), 그리고 노주(奴主) 사이에 상하 명분이 있었다. 그래서 1420년에 하극상을 막기 위해 노비가 주인을 고소하거나 아전이나 백성이 지방관을 고소하는 행위가 금지되었다. 그러자 지방관의 수탈이 자행되어, 1433년에 지방관의 비리로 부모가 욕을 보거나 직첩을 빼앗기거나 요역을 함부로 징발당하거나 민전(民田)을 침탈당하는 등의 억울함에 대해 소원(訴冤)을 허락했다. 1557년에는 사형에 처할 때, 부자 관계를 밝힐 때, 본부인과 첩을 가릴 때, 그리고 양인인지 천민인지 가릴 때에는 국왕에게 직소(直訴)를 허용하는 조치가 이루어졌다. 직소는 영조와 정조 때 특히 활성화되었는데, 정조는 1785년에 잘못된 통치와 행정으로 인한 백성의 고통인 민은(民隱)의 직소를 폭넓게 허용했다. 천민도 민은을 직소했다. 이처럼 조선 시대에 부당한 통치와 행정에 대한 소송의 허용 범위가 확대되는 추세였다. 조선후기 농민은 국왕의 궁장토(宮庄土) 사여(賜與)로 재산권을 침해당하는 경우에도 소원(訴冤)을 꺼리지 않았고, 18세기 왕실의 궁장토가 국왕의 사여 전에 개간, 경작된 경우 대체로 개간자가 소유권을 인정받기에 이르렀다.

조선 시대 법전에는 군주를 구속하는 법이 없다. 형법이 경과 대부까지 올라왔으나, 국왕까지 미칠 수는 없었다. 그래도 군주는 원칙적으로 조종의 법제를 준수해야 했다. 군주는 법을 제정하고 수호하는 근본이라는 점에서 '기법지종(紀法之宗)'이라 불렸다. 서거정은 『경국대전』의 서문에서 군주가 성헌(成憲)을 준수하여 '문명의 정치'를 이루기를 기원했다. 1444년 세종은 "상 주고 벌주는 것이 군주의 대권(大權)이지만, 군주도 한 사람의 죄 없는 자를 죽여서 선한 사람을 복 주고 잘못한 사람을 벌주는 하늘의 법칙을 함부로 하지 못한다."라고 말했다.[18] 군주는 주권자이면서 법을 준수해야 한다는 것이다. 조선의 왕은 법을 준수해야 한다는 이념을 부정하지 않았고 대개 조종의 법 제도를 준수했으나, 그것을 위반할 결심을 하면 신하가 간언할 수 있을지언정 막을 제도적 방안은 없었다. 왕을 구속하는 예의 세밀한 규정은 있으니 조선 시대 의미로 법의 구속을 받았다고 하겠다. 그런데, 예와 무관한 군주의 범죄나 권리 침해를 규율하는 법이 없는 한계는 명백하다.

　1391년 과전법, 1444년 공법 등 정규세는 법제화되었다. 앞으로 언급하겠지만, 충청도에서 대동법이 시행되면서 조세 법정주의가 천명되었으나, 국회의 동의를 받는 제도가 아니어서, 18세기 규정 외의 잡세가 늘었다. 조선 시대에 재산권, 계약, 친족 등에 관한 민법이 있었으나, 고대 로마 민법의 체계와 수준보다 크게 뒤떨어졌다. 법이 개인의 재산권 등 권리를 보호했으나, 불완전해서 국가 권력으로부터 침해받지 않는 기본권 보호의 법 이념은 나타나지 않았다.

　이상으로 보건대 조선 시대 법치는 전근대에서는 높은 수준이었으나, 법의 지배가 완성되지 못했다. 유럽의 근대 문명을 알기 전에는 법질서의 한계를 인식하지도, 그래서 개혁할 발상조차 하지 못했다. 1881년 조사 시찰단(朝士視察團)으로서 일본을 다녀온 엄세영(嚴世永)은 구미의 법을 "국가를 다스리는 계약"으로 소개했다. 갑오 개화파는 내각 제도를 도입하면서 예조를 폐지하고 형조를 법부(法部)로 개편했다. 근대적 법치를 지향한 것이다. 청 말 근대법을 제정하고자 할 때, 보수적 유가는 부자 간 명분과 남녀 간 분별을 무너트리고 우주의 정당한 질서 원리인 천리에 부합하지 않는다며 반대했는데, 예의 자연법 사상의 근원적 한계를 드러낸다. 조선 말 근대적 제도의 도입 시도에 대해서도 보수적 유가는 전통적 '양법미규(良法美規)'의 고수를 주장했다.

(5) 유교 통치 이념의 세도와 도학 정치

조선 왕조를 세운 "태조는 평소 유학을 존중하여, 비록 군대에 있더라도 휴식할 때마다 유사(儒士) 유경(劉敬) 등을 만나 유학 경전과 역사서(經史)를 토론했으며, 더욱이 진덕수(眞德秀)의 『대학연의(大學衍義)』를 즐겨 보아 혹은 밤중에 이르도록 자지 않았으며, 개연(慨然)히 세도(世道)를 회복할 뜻을 가졌다."[19] 『대학연의』는 조선 시대 경연에서 애독되었다. 세상을 올바르게 다스리는 도리인 세도는 유교 도덕을 말했다. 이성계는 유학의 통치 이념에 입각한 세도의 회복을 역성혁명의 명분으로 삼았던 것이다. 그래서 조선 국가는 통치의 정당성을 추구하려는 의식이 강했다.

군주는 법의 근원이었지만, 유가는 군주보다 세도를 높이 받들었다. 그래서 순자는 유교 도덕인 "도를 따르지 군주를 따르지 않는다.(從道不從君)"라는 유학의 '전(傳)'을 언급했다. 송나라 사대부는 도가 군주보다 높다는 관념 아래 군주와 함께 도를 구현하는 군신 공치를 추구했는데, 천리의 도를 준수하는 주자의 도학(道學) 정치론은 그 이론적 완성이라 하겠다. 도학이란 조선 시대 학문과 정치를 이해하는 데에 중요한 개념이다. 유교, 도교, 불교가 모두 진리로서 도를 중시하여 도학은 본래 보통 명사로 사용되었다가, 송나라의 정자 형제가 도학을 적극 주창하고 주자가 그것을 집대성함에 따라 정주학 또는 주자학 별칭의 고유 명사가 되었다. 정자와 주자가 말하는 도란 정주학으로 순화된 유교 도덕을 말한다.[20] 주자는 도학을 학문의 지도 원리로 삼아 사대부가 훈고학, 사장학(詞章學, 오늘날 문학), 기술학, 그리고 제자백가에 빠지는 것을 경계했다. 주자는 군자 붕당이 공론을 주도하여 도학 정치의 실현을 바랐다.

15세기 군신 공치가 이루어졌으나, 세조와 연산군과 같이 절대 권력을 휘두른 군주가 출현하고 세조의 성변 이후 공신과 외척의 훈척(勳戚)이 권력을 장악한 점에서 군신 공치는 불완전했다. 16세기에 성장한 사림은 송나라 사대부처럼 경세의 책무 의식이 강하고 도가 군주보다 높다는 신념을 가졌으며, 주자학의 철학과 정치학에 대한 이해를 심화하여 정치 쇄신의 열망이 강했다. 한국사에서 사림은 주자의 도학 정치를 추구한 사의 집단으로 정의된다. 조광조의 도학 정치는 좌절했으나, 선조대 성립한 사림 정치에서 세도의 도학은 최고의 권위를 지니는 통치 원리로 자리 잡았다. 주자가 바란 도학 정치는 중국에서가 아니라 조선의 사림 정치에서 꽃핀 것이다. 그래서 조선 왕조는 중국의 어떠한 왕조 국가보다 왕도 정치의 이상을 적극 추구하여 유교의 이상에 가장 접근하는 정치를 구현했다.

도를 국왕은 물론 유한한 왕조보다 중시하는 관념이 사림 정치기에 대두했다. 그래서 병자호란 때 이조 참판 정온(鄭蘊)은 국가가 망해도 정(正)을 지켜야 한다며, 예조 판서 김상헌(金尙憲)도 국가가 망할 수 있어도 역(逆)을 할 수 없다며 화의론(和議論)에 반대했다. 조선의 국권을 장악하려는 일본에 저항한 곽종석(郭鍾錫)은 "국가는 망할 수 있어도 도가 망해서는 안 된다."라는 구절을 편지에 종종 담았다. 신채호는《대한매일신보》1909년 4월 29일 논설인「정신상 국가」에서 국가가 망해도 "독립, 자유 등 정신만 있으면" 국민이 그 국가를 건립할 날이 올 것이라고 전망했다. 곽종석의 도가 신채호에게는 민족의 독립과 개인의 자유에 상응하는 의미를 가졌다. 조선 왕조는 망해도 유교 도덕의 대의를 지켜야 한다는 관념은 민족의 독립과 국민 국가의 수립을 위한 대의의 독립운동으로 전환될 수 있었다.

주자는 「대학장구서(大學章句序)」에서 하늘이 복희 신농 황제 요순(伏羲神農黃帝堯舜)처럼 총명하고 선한 본성을 다한 인물을 모든 사람의 군사(君師)로 삼아 다스리고 가르치게 했다고 적었다. 군주와 스승을 합친 존재인 주자의 군사론은 플라톤의 철인(哲人) 정치론에 통한다. 세종 때부터 신하는 군주가 군사의 지위에 있다면서 세도를 수호해 주기를 바랐다. 퇴계와 율곡이 선조에게 올린 『성학십도(聖學十圖)』와 『성학집요(聖學輯要)』는 군사를 만들기 위한 도학 정치론의 완성이라 하겠다. 이들은 군주가 성인의 경지에 올라 군사가 되어 세도를 주재해 주기를 바랐다.

여기에서 조선 시대 권력 구조를 정리해 보자. 군주 주권은 조선 시대 전 기간에 변하지 않았다. 삼공육경은 의정부와 육조, 임진왜란 이후 비변사를 통해 정책을 입안하여 결정하고 집행하는 실권을 가졌다. 도학 정치를 추구한 사림 정치기에 권력 구조의 변화가 있었다. 삼사의 언관은 공론을 수렴하여 군주와 공경을 유효하게 견제할 수 있게 되었고, 삼사의 언론을 지휘할 수 있는 이조 전랑의 권한은 공경에 대등하게 성장했다. 임진왜란 이후 재야의 저명한 학자이자 사림의 사표(師表)인 산림(山林)은 도학의 근원으로 세도를 자부하고 사림의 공론을 주도하면서 조정을 견제하고 정국에 영향을 미치게 되었다. 이들은 과거를 거친 전문 관료가 아니라 군주의 부름과 우대를 받아 관직을 받았다. 우의정까지 오른 송시열(宋時烈)이 활동할 때는 산림 세력의 전성기였다. 송시열은 세도의 주재자로 자처하면서

왕권을 견제하고 정국을 주도했다. 그래서 『조선왕조실록』은 1665
년부터 1696년까지 그에 대해 '조권을 장악했다'는 기사를 6건 수록
했다. 그래서 사림 정치기에는 군주가 주권을 가지나 삼공육경이 비
변사를 통해 정책을 결정하고 삼사 언관이 군주와 공경을 견제하고
산림이 재야 사림의 공론으로 조정을 견제하는 정치권력의 다원적
구조가 성립했다. 송시열에게 사약을 내린 숙종, 그리고 탕평 정치를
내세운 영조 및 정조는 군사라 자임하면서 왕권을 강화했다.

(6) 공사관과 국가의 공적 성격

조선 왕조에서 법치와 관료제의 발달은 국가의 공적 성격을 강
화했다. 공(公)은 법과 관료제에 의거한 국정 운영 이념이었다. 먼저
중국의 공사 개념을 살펴보자. 중국에서 공은 국 개념의 진화에 상응
하여 처음에 군주 등 통치자를 의미했다가, 춘추 전국 시대에 통치 기
구인 조정 내지 국가를 의미하는 관념이 확산되었다. 그에 반해 사(私)
는 민간을 의미했다. 순자는 공사론을 처음 체계적으로 제시하면서
공에 국가의 공평하고 공정한 활동이라는 긍정적 가치를 부여했는
데, 공도(公道)와 공의(公義)가 사를 막는다고 했다. 순자를 계승한 법
가인 한비자는 공도와 공법(公法)에 의한 통치를 주장했다. 공법은 진
나라 이후, 공도는 한나라 이후 통치 이념이 되었다.

『여씨춘추(呂氏春秋)』「귀공(貴公)」에서는 "옛날 성왕(聖王)이 천하
를 다스릴 때에 반드시 공을 우선했다. 공이 구현되면 천하는 평화롭
다. …… 천하는 한 사람의 천하가 아니라 모든 사람의 천하이다."라
는 구절이 나온다. 만장(萬章)이 "요(堯)가 순(舜)에게 천하를 주었습니

까?"라고 묻자, 맹자는 "천자가 사람에게 천하를 줄 수 없다. …… 하늘이 그것을 주었다."라고 답했다. 이 구절에 대해 주자는 "천하는 모든 사람의 천하이지 한 사람의 사유(私有)가 아니기 때문이다."라고 해석했다. 이처럼 전국 시대 이후 유가는 '공'이 군주나 조정에 국한되지 않고 인민을 포함한 정치 공동체에 귀속되어야 한다는 관념을 제시했다.

중국은 유럽에 비해 공 관념을 일찍 발달시킨 반면, 사 관념의 성숙이 늦었다. 조선 왕조는 중국의 어느 왕조에 못지않게 공 관념이 성숙한 반면, 사 관념은 더욱 미숙했다. 국가 체제가 발달한 반면 시장은 미성숙했기 때문이다. 공은 국가의 법제나 정책을 의미했다. 군주는 국가 주권자로서 법의 수호자였기 때문에 공의 주체가 되었다. 공도와 공법이 군주의 권세보다 앞선다는 순자와 법가의 사상은 중국 왕조 이상으로 조선 왕조에 영향을 미쳐, 신하는 군주에게 공법의 준수를 요청하는 일이 빈번했다.

천하가 한 사람의 사유물이 아니라는 경전의 구절은 조선의 조정에서 군신 공치의 이념으로 활용되었다. 1410년 성석린(成石璘)은 태종에게 "국가는 한 사람의 사유가 아닙니다. 신하의 말을 어찌 거절하고 받아들이지 않을 수 있습니까."라고 말하여 신하의 의견을 관철했다.[21] '공천하(公天下)'는 빈번히 거론된 정치 이념이었는데, 1745년 부교리 홍익삼(洪益三)은 상소에서 "천하와 국가는 한 사람의 사유가 아니므로 천하 사람의 중지를 모아 천하의 일을 함께하는 것은 왕이 천하를 공으로 여기는 마음입니다."라고 했다.[22] '국가는 한 사람의 사유가 아니다'와 '공천하'가 결합하면서 조정의 관료뿐 아니라 재야의 의견도 수렴하는 군신 공치가 주장된 것이다.

사림 정치가 시작된 선조 때부터 조정에서 왕궁과 관부가 한 몸이라는 '궁부 일체(宮府一體)'의 이념이 종종 천명되었는데, 왕실도 공적 국가 기구이고 군주도 국가 법제를 준수해야 한다는 논리로 활용되었다. 예컨대 1573년 김우옹(金宇顒)은 군주가 욕심대로 하면 국가가 망한다면서 후한(後漢)의 유선(劉禪)은 제갈공명에게 위임하여 왕궁과 관부가 일체가 되는 법을 시행하여 국가를 보존했다고 아뢰었다.[23]

조선 초부터 왕실 재정이 호조 등 관부의 재정 기관을 거치는 경우에는 공으로, 관부의 회계를 거치지 않고 내수사(內需司) 및 궁방 등 내탕(內帑)의 영역에서 운영되는 경우에는 사로 규정되었다. 여기에서 드러나듯이, 공의 주체는 왕 개인이 아니라 왕을 정점으로 하는 조정 내지 국가였고, 왕도 국가의 공적 규율을 적용받아야 했다. 군주와 관료가 첨예하게 충돌한 영역은 왕실이 사유한 내탕이었다. 관료들은 내탕의 사적 성격을 문제로 삼고 그 폐지를 의도했다. 1630년 경연을 마치고 정경세, 장유 등이 내수사의 폐해를 두루 아뢰니, 인조는 "오늘날 논자는 모두 '내수사는 군주의 사유 재산이니 크게 공정한 도리가 아니다.'라고 말하지만 내 생각은 그렇지 않다. 조종조(祖宗朝)에서 설치한 뜻은 반드시 그만한 이유가 있다. 대체로 궁중에 재물을 비축하는 곳이 있어야 군주가 낭비하는 걱정을 면할 수 있다. 군주가 만약 절약하는 의리에 어두워 유사가 관리하는 재물을 남용한다면 그 해가 필시 민생에 미칠 것이다. 지금 이 내수사는 털끝만큼도 백성의 힘을 빌리지 않으면서 나라에 도움이 되는 것이 적지 않으니 또한 제왕의 낭비도 막을 수 있다."라고 주장했다.[24]

조선의 관료는 왕궁과 관부가 일체이니 왕의 사유 재산이 없어야 한다는 이념으로 왕실 재정을 모두 관부의 관리에 두고 궁중 인물의 재판도 관부가 관할해야 한다고 주장하여 공 이념을 상당한 정도로 성취했다. 그런 점에서 조선 국가의 통치 원리는 기본적으로 막스 베버의 가산국가론과 달랐다. 그런데 군주의 사유 재산이 없어야 한다는 이념은 군주가 토지와 인민에 대한 지배권을 가진다는 왕토(王土) 사상에 논거를 둔다는 점에서 한계를 가졌다. 궁부 일체 이념은 왕을 국가와 일체화하는 이념이어서, 군주나 대통령을 국가의 구성 요소로 삼는 근대의 국제와 달랐다. 군주도 국가의 구성 요소로서 법을 준수하고 왕실의 모든 수입을 정부 관리에 두는 근대적 공 이념으로 전환하기 위해서는 절대 군주제의 개혁이 필요했다.

주자는 「여진시랑서(與陳侍郞書)」에서 국시(國是)가 "진실로 천리에 순응하고 인심에 부합하면 본래 천하 사람이 공통으로 옳다고 여기는 것이다."라고 정의하고, 천리의 선한 본성을 가진 국민 대부분의 공론[天下萬口一辭之公論]을 거론했다. 주자의 영향으로 조선 시대에 공론 정치가 발달했다. 공의 주체인 조정은 통치의 정당성을 위해 공론을 수렴하고 수용했다. 조선 초에 공론은 왕, 재상, 그리고 언관에 있었다. 성종대 이후 언관의 기능이 강화되면서 언관과 전랑이 공론의 주도 세력으로 성장하면서 왕과 재상을 견제했다. 그리고 성균관과 재야의 유생도 공론 형성에 참여하게 되었다. 사림 정치는 공론 정치라 할 수 있다. 공공(公共)은 조선 초에는 법에 결부되었으나, 사림 정치가 성립한 선조 때부터 공론에 결부되는 일이 많아졌다.

(7) 민본 이념의 성숙과 평민의 정치적 성장에 따른 정치 공동체 의식의 성장

도덕적으로 정당한 통치로서 공자는 위민(爲民) 이념을 제기하고, 맹자는 민본(民本) 이념을 발전시켰다. 맹자는 인민이 귀하고 사직(社稷)이 그다음이고 군주는 가볍다고 보며(『盡心下』14장) 신하인 탕(湯)과 무왕(武王)이 각각 인의를 해치는 폭군인 걸(桀)과 주(紂)를 왕위에서 몰아내는 방벌(放伐)을 정당화했다.(『梁惠王下』8장) 유학의 위민 이념은 'government for the people'에 통한다. 민본 이념은 'government of the people'에 통하나 주권 재민(主權在民)을 내포하지 않은 한계를 가진다. 공자는 "인민을 따르게 할 수는 있어도 알게 할 수는 없다." (『泰伯』8장)라고 하여 인민을 정치 주체가 아니라 통치 객체로 보았다.

조선 국가는 『서경』에 나오는 "인민이 나라의 근본이다.〔民惟邦本〕"라는 이념을 금과옥조로 삼아 "국가는 인민을 근본으로 삼는다." 라거나 인민이 천민(天民)이어서 "국가는 인민을 하늘로 삼는다."라는 민본 이념을 빈번히 천명했다. 조선 초부터 민본 이념이 적극 천명된 실질적 이유는 인민이 조세와 군사력을 부담하고 민심 이반이 왕조를 위태롭게 하기 때문으로 볼 수 있다. 다른 한편에서 군주와 관료는 민이 사대부와 달리 어리석다고 보았다. 민본 통치 이념은 인민의 생명과 재산을 보호하고 생업을 지원하고 굶주림에 적극 대처하는 안민 정책으로 구현된 반면, 우민관(愚民觀)은 민의 정치 참여를 배제하는 명분이 되었다. 그런 점에서 인민이 국가의 근본으로 간주되었더라도, 통치의 대상이지 정치의 주체가 아니었다. 조선의 위정자는 법을 인민의 뜻에 따라 그들에 이롭게 제정하고 그들의 신뢰를 받도록 노력했으나, 인민이 법의 제정과 개정에 참여하는 제도적 장치를 마련할 생각을 하지 않았다.

조선의 조정에서 '민국(民國)'이 천명되었는데, 인민의 나라가 아니라 인민과 국가라는 의미였다. '민국'이 자주 표방되어 '민'을 앞세운 정치 공동체의 이념이 성장한 영조와 정조의 치하에도 민국의 '주인', 곧 주권자는 군주로 인식되었다. 1777년 정조는 '인민을 다스리는 주인(牧民之主)'으로 자처했다.

유학의 핵심적 정책 이념은 인민을 위하여 민생을 안정시키는 안민이었고, 그것은 민본 대책이기도 했다. 그래서 기근 대책에 적극적이었다. 과전법, 공법, 대동법, 그리고 균역법이라는 조세 제도 개혁은 모두 안민을 기본 목표로 삼았다.

1391년 제정된 과전법은 불법적으로 농지세를 징수하는 폐단을 제거하여 민생을 안정시키면서 재정을 충실히 했다. 세종은 가난한 인민을 배려하여 과전법에서 10%이던 전세율을 5%로 낮추는 공법을 제정했는데, 농지가 많은 지주에게 더욱 유리했다. 15세기 후반부터 전세의 연분(年分)이 하향 책정되어 16세기 연분이 최하등으로 고착된 반면 공물 부담이 증대하여, 농지를 많이 소유한 사족이 유리하고 가난한 인민이 불리해졌다. 노비는 15세기 양인과 천인의 혼인 조장으로 급증하여 16~17세기에 인구의 30~40%에 달했다. 1420년 예조 판서 허조(許稠)는 하극상을 막기 위해 노비가 주인을 고소하거나 아전이나 백성이 지방관을 고소하는 행위를 처벌하자고 주장하여 법제화되었다. 조선은 법제적으로는 양천제였지만, 사족은 특권의 제도화에 성공하여 군역 등 양역을 면제받았다. 사족이 기피한 군역은 평민에게 편중되었다. 이처럼 조선 전기에 민본 정책 이념의 내실은 심각한 손상을 입었다. 그래서 조선은 사실상 왕과 양반 사족의 나라라 할 수 있다.

노비의 증가, 공물 부담에 따른 평민의 궁핍, 군역 문제 등으로 인해 재정과 군사력이 약해져 임진왜란 때에 조선은 존망의 위기에 처했다. 임진왜란 이후 안민과 부국을 위해 공물, 군역 제도의 문란을 개혁하자는 요구는 갈수록 커졌다. 1608~1708년간 대동법, 1750년 균역법, 1871년 호포법은 소민(小民), 오늘날 용어로 서민에 유리한 제도 개혁이었다. 노비 억제책의 추진으로 18세기 노비 인구는 격감했고, 1801년 공노비, 1891년 사노비가 해방되었다. 임진왜란 이후 민본 이념이 정책에 충실히 구현되었던 것이다. 여기에 김육이 공헌했다.

민국을 위해 소민을 보호하는 정치가 진전하는 가운데 민본 이념이 심화되고 정치 공동체 의식이 성장했다. 1756년 영조는 "하늘이 군주와 스승을 만든 것은 인민을 위함이니, 인민을 위해 군주가 존재하지 군주를 위해 인민이 존재하는 것은 아니다."라고 했다. 송나라 장재(張載)의 『서명(西銘)』에 나오는 "인민은 나의 동포〔民吾同胞〕"라는 말은 인민을 위하고 근본으로 삼는 유학 이념에 입각한 정치 공동체 관념을 잘 표현한다. 1683년 흉년 구제책을 강구하면서 내린 숙종의 교서에서는 "관직을 가진 신하들이 우리 인민을 보기를 마치 자신의 자녀처럼 보는 데 달려 있을 뿐이다."라면서 백성이 "나의 적자가 아니라 곧 조종(祖宗)의 적자이다."라고 하고 "인민은 나의 동포"라는 말을 인용하면서 "하늘과 조종께서 나에게 왕위를 주신 것은 모두 인민을 위함이다."라고 했다.[25] 1801년 순조는 공노비 6만 6067명을 양인 신분으로 바꾸면서 노비 차별이 동포를 똑같이 사랑하는 마음에 위배된다고 했다. 동포는 민족 개념의 원형을 이루었다.

조선 시대 때 군신 공치가 발달했음은 앞서 언급했는데, 군민 공치의 싹도 있었다. 신(臣)은 좁은 의미로 관료이고 넓은 의미로 인민 전체를 포괄하는 점에서 군신 공치 이념은 군민 공치 이념으로 연결될 수 있었다. 15세기 위정자는 국정 발언권이 관료, 특히 언관에 있다고 보아 유생의 국정 발언에 부정적이었다. 사림 정치기에 재야 사림도 국정 논의에 활발히 참여했다. 조선 전기에 향회(鄉會)는 사족 주도의 조직으로서 관에 대한 자치와 민에 대한 지배를 구현했다. 18세기를 전후하여 향회는 지방관이 잡세 부과를 위해 여론을 수렴하고 동의를 구하는 모임으로 변질되었다. 19세기에 다양한 계(契), 동회, 면회, 향회 등 지역 공동체가 밀도 높게 존재했다. 사족이 주도하던 향회 내지 민회에서 19세기 평민의 발언권이 커지는 추세였고, 그것은 1862년 삼남 민란에 중요한 역할을 했다. 삼남은 충청도, 전라도, 경상도이다. 13세기 영국에서 정치 제도로 등장한 의회는 처음에는 군주의 과세에 동의하는 지원 기관으로 기능했다가 점차 국정 담당의 대의 기관으로 성장했는데, 조선 후기 향회 내지 민회도 과세 동의 기능에서 저항 기능으로 나아가면서 대의 기관으로 진화하려는 조짐을 보였다. 19세기에 들어와 평민 천주교도의 증가, 삼남 민란, 그리고 동학의 대두와 1894년 동학 농민 전쟁은 정치적 주체로서 평민의 성장을 보여 준다. 조선 왕조의 멸망을 앞두고 의병 투쟁이 전개되었는데, 임진왜란 때와 달리 사족뿐 아니라 평민도 주체적으로 참여했다. 'government by the people'의 싹이 트고 있었던 것이다.

문호 개방 직후 구미 민주 체제가 알려지자, 개명 지식인은 그 요체를 곧바로 파악하면서 별 저항감이 없이 거론했다. 조종의 성헌은 헌법을, 군신 공치와 민본 정치 이념은 군민 공치와 민주제를, 그리고 향회와 민회는 의회를 이해하는 역사적 자산이었다. 노비제의 해체, 평민의 정치 주체로의 성장, 그리고 정치 공동체 의식의 성장은 민족 성립을 위한 토양을 이루었다. 그리하여 조선 말 국권 상실의 위기 가운데 민족적 자의식이 성장했고, 이렇게 성립한 민족의 거국적 운동이 3·1 운동이었다. 왕조의 멸망은 군주 주권의 민본 이념으로부터 주권 재민의 민주 이념으로의 전환을 결정지었다. 이것은 해방 후 민족 국가, 즉 국민 국가의 수립을 위한 역사적 자산이었다.

2장
역경 가운데 정진하고
경세제민의 뜻을 키운
생애 전반부

1 기묘명현의 후손으로 태어나다

김육은 본관이 청풍(淸風)이며, 호는 잠곡(潛谷) 또는 회정당(晦靜堂)이라 한다. 〔표 2〕에서 볼 수있듯이, 김육은 기묘명현인 김식의 증손자 김흥우(金興宇)와, 조광조(趙光祖) 동생의 손녀 사이의 장남이다. 그는 1580년 7월 14일 서울 서부 마포리에 있는 외할아버지 집에서 태어났다. 김식은 1519년 4월 조광조, 김정(金淨) 등 사림파의 건의로 실시된 현량과에서 장원으로 급제했고, 기묘사림 중 조광조에 버금갈 만한 인물로 평가받았다. 그는 고속으로 승진하여 성균관 대사성(大司成) 겸 경연 참찬관(經筵參贊官)에 올랐다가 11월 기묘사화를 맞아 자결했다.

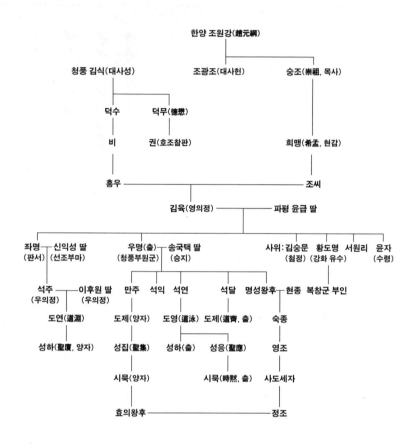

주: 성명 앞은 본관. '출'은 양자 나감.
김우명은 김흥우의 동생 김흥록의 손자로
양자를 나감. 김육 직계를 제외하고는
가족 일부만 포함.

〔표 2〕 김육의 가계(家系)

김육은 선조인 기묘명현의 정신을 계승하려는 의식을 가지고 있
었다. 그는 충청도 관찰사로 재직하면서 기묘팔현의 전기인 『기묘팔
현전(己卯八賢傳)』을 목판으로 새겼으며, 김정국(金正國)이 기묘사화 관

런 94인의 행적을 다룬 『기묘당적(己卯黨籍)』, 그리고 기묘팔현인 안당(安瑭)의 손자 안로(安璐)가 129인의 행적을 기록한 『기묘록보유(己卯錄補遺)』를 바탕으로 요점을 모아 『기묘록(己卯錄)』을 편찬했다. 조빈(趙贇)은 영해 군수(寧海郡守)로서 조광조 가문인 한양 조씨의 세보를 간행하면서 외손인 김육에게 그 서문을 요청했다. 김육은 「한양조씨족보서(漢陽趙氏族譜序)」에서 "조상을 떠받들고 종친을 존경하는 마음"으로 청풍 김씨 족보를 완성한 사실을 먼저 적고 "족보를 가진 사람은 선조께서 행한 바를 보고 그 자취를 이으려 하고, 덕행을 보고는 학문의 도를 다할 것을 생각하고, 문장을 보고는 국가의 성대함을 빛낼 것을 생각하고, 공업(功業)을 보고는 임금의 은혜에 보답할 것을 생각하고, 청백(淸白)함을 보고는 자손들에게 편안함을 남겨 줄 것을 생각한다."라며 족보 제작의 취지를 설명했다. 이어서 기묘명현이 화를 당한 것을 슬퍼하면서 후대에 이들에게 "높은 관직과 작위를 추증하고 아름다운 시호를 내려 성균관에서 배향(配享)하고 서원에서 향사(享祀)했다. 이에 선비의 지향이 이미 바르게 되고 문학의 풍조를 다시 떨치게 되었다."라고 적고서 "이 족보를 보는 자손은 게을리하지 말고 더욱 힘써야 한다."라고 마무리했다.

김육이 대동법 등으로 구현한 민생 정치는 기묘사림이 추구한 도학 정치와 어떤 관계를 가지는가? 공자와 맹자는 민생을 안정시키고 인민을 부유하게 한 다음에 도덕적 교화를 하라고 가르쳤다. 맹자는 "가족을 부양하고 장례를 행하는 데에 유감이 없게 하는 것이 왕도(王道) 정치의 시작"이라고 인식하고, 그러한 인간다운 삶을 보장하는 항산을 정전법으로 제도화하자고 주장했다. 주자의 도학 정치는 곧 왕도 정치이다. 김육은 1649년 우의정에 임명되어 충청도와 전라도에 대동법 시행을 요청하면서 "왕도 정치는 민생 안정[安民]보다 앞서는 일이 없다."라고 했는데, 김육이 주진한 정책은 맹자가 말한 '왕도 정치의 시작'이자 그 기반 조성이었다.

김육은 1654년 『호서대동절목』의 서문에서 "삼대의 정전법을 지금 다시 시행할 수는 없으나, 그다음으로 대동법보다 더 좋은 것은 없다."라고 자부했다. 「예운편(禮運篇)」에 나오는 대동 사회는 고대 중국인의 유토피아 청사진으로 이상적 공산주의 사회와 비슷하다. 그다음으로 바람직한 소강(小康) 사회는 세습 군주와 사유 재산이 존재하나 경제 생활이 안정되고 정치가 잘 되어 인의예지신이 구현된다. 「가장」에 따르면, 김육은 실현 가능한 이상인 소강을 목표로 삼았다.(557) 농지를 균등하게 분배하는 정전법이 아니라 공평하게 과세하는 대동법을 추구했기 때문이다.

율곡이 1569년 처음 제안하고 유성룡이 1594년 시행한 제도는 수미법(收米法)이라 불렸다. 광해군이 즉위한 1608년 이원익의 건의로 선혜청이 설치되었는데, 광해군의 전교(傳敎)에 혜택을 베푼다는 '선혜'라는 말이 있었기 때문이다. 1609년 이 제도가 반발로 폐지될 운명에 처하자, 경기도민은 '대동 선혜(大同宣惠)'가 인민에 큰 혜택을 준다며 호소했다. 1616년 유학 최기문(崔起門)이 8도에 '대동의 과세(大同之役)'를 시행하기를 건의했다. '역'은 좁은 의미로는 신역, 요역의 노동력 징발이나 넓은 의미로는 조세 일반을 말한다. 대동법과 균역법을 논할 때 역은 넓은 의미이다. 1617년 선혜청이 '대동수미(大同收米)'라 했다.[1] 모두에게 공평하게 혜택을 주어 태평성대를 도모하는 과세라는 점에서 인민이 먼저, 이어서 관이 대동법이라는 명칭을 붙인 것으로 보인다. 대동이라는 조세 제도의 명칭은 인민의 호응과 관료의 자부심을 드러낸다.

퇴계는 "조광조는 자질이 진실로 아름다웠으나 학문 역량이 충실하지 못하여 그 베푼 바가 지나침을 면치 못하고 결국은 실패하기에 이르렀다. 만약 학문 역량이 충실하고 덕기(德器)가 이루어진 후에 나와 정치를 맡았다면, 그 성취를 이루 헤아리기 어려웠을 것이다."라고 평가했다.[2] 퇴계는 기묘명현의 좌절을 교훈으로 삼아 학문을 연마하고 덕기를 쌓으면서 『성학십도』로 도학 정치 이념을 완성하고 서원의 육성을 통해 사림을 양성하여 도학 정치의 실현에 이바지했다. 김육은 퇴계의 교훈에 따라 덕망과 학문 역량을 충실하게 쌓아, 민생을 안정시킴으로써 왕도 정치의 경제적 기반을 구축했다.

2 김육 가문의 당색

당쟁의 원조는 중국이었다. 중국 고대부터 붕당(朋黨)이 군주권을 침해하고 조정을 어지럽힌다며 부정적으로 간주되어 왔다. 후한 말에 환관들이 개혁 관료들을 당인으로 몰아 일망타진한 적이 있다. 송의 인종(仁宗) 때에 여이간(呂夷簡)이 붕당의 죄목으로 몰아 공격하자, 범중엄(范仲淹)은 군자와 소인이 모두 당을 갖는다고 대응했다. 나아가 구양수(歐陽修)는 군자만이 도를 같이하는 참된 붕당을 가질 수 있다고 주장했다. 신종(神宗) 때에 왕안석(王安石)이 신법(新法)을 시행하면서 신법당과 구법당의 대립이 첨예화하여 약 60년간 계속되었다. 송대의 당쟁은 정치적 보복으로 인한 박해와 심지어 살육까지 수반되었다. 이때 구법당의 영수인 사마광(司馬光)은 구양수의 군자 붕당론을 충실히 따랐으나, 여대방(呂大防)과 범순인(范純仁)은 붕당 간의 조정과 화해를 통해 궁극적으로 붕당의 소멸을 도모하려는 조정론(調停論)을 내세웠다. 북송이 무너지자, 붕당 망국론이 대두했다. 주자는 붕당망국론을 부정하고 조정론을 비판하며, 군자와 소인을 엄격히 구분하여 군자가 붕당을 결성하여 군주까지 당에 끌어들여야 한다고 주장했다. 원대 이후에는 황제권이 강하여 붕당이 존립할 수 없었고, 『대명률』의 「간당(奸黨)」은 붕당을 엄벌하는 조항을 담았다. 명대 황제권이 강하여 송나라나 조선과 같은 당파가 존재할 수 없었다. 그 대신에 환관이 발호하고 황제의 총신이 횡포를 부렸다.

『경국대전』에 『대명률』을 사용한다는 규정도 있듯이, 조선 초에는 붕당이 조정을 어지럽히고 국가를 망하게 한다는 관념이 지배적이었다. 중종 때 사림이 도학 정치를 추구하면서 군자와 소인을 판별하여 소인을 배척해야 한다는 논리로 반공 공신들을 공격한 데에 대해, 훈구파는 붕당 혐의로 사림을 공격했다. 사림은 소인이 도를 같이하는 군자 집단을 공격할 때 붕당으로 몰아간다는 점을 지적했고, 조광조는 사우(師友)의 도를 같이하는 군자는 붕을, 이(利)를 도모하는 소인은 당을 이룬다고 했다. 기묘사림은 그들에 대한 비판을 변호하는 소극적 차원에서 붕당긍정론을 제시했으나, 결국 붕당의 죄목을 지게 되었다.

선조 초에 급속히 부상한 신진 사림 관료는 고위 관료층과 대립하게 되었다. 후자를 대표하던 영의정 이준경(李浚慶)은 1572년 죽음을 앞두고 올린 소에서 고담대언(高談大言)을 일삼는 무리가 붕당을 결성하여 의견이 다른 사람을 배척하는 폐단도 지적했다. 선조는 그 상소를 보고 "만약 붕당이 있으면 조정이 문란해지겠다."라며 우려했다. 이에 삼사를 중심으로 하는 사림은 일제히 망언이라 규탄했다. 그중 가장 우수한 율곡의 상소는 주자의 학설에 의거하여 군주가 군자 붕당을 보장하여 사림의 기개를 높이고 공론을 활성화해야 한다며 사림 정치를 정당화하는 논리를 제공했다. 이준경은 기묘사림을 옹호하고 사화로 희생된 인물의 억울함을 풀어주며 사림 정치의 성립에 이바지한 인물인데, 율곡 등 뛰어난 사림도 붕당에 관한 그의 고언을 곰곰이 새겨 보지 않고 비판한 사실은 아쉽다. 백인걸(白仁傑)도 조정에 분당의 조짐이 나타나자 이준경의 의견을 좇아 당론을 잠재우려는 노력을 기울였다. 백인걸은 조광조의 수제자이고 율곡과 성혼의 스승이었지만, 신진 사림의 세력을 꺾으려 한다는 의심을 받아 1571년 파주로 퇴거했다. 율곡 등이 비판한 까닭은 여러 사화로 사림이 희생된 역사에 비추어 이런 주장이 사화를 낳을지 모른다고 우려했고, 사림 정치가 막 개시되는 무렵이어서 붕당의 폐해를 과소평가했기 때문이다. 그래도 이준경과 백인걸을 비판한 신진 사류는 아직 원숙하지 못해 기묘사림을 연상시킨다. 김육은 백인걸의 신도비명에서 그가 동서 붕당이 망국의 씨앗이라 고언을 했던 사실도 적었는데, 김육도 붕당 망국론의 신념으로 국정에 임했다.

　　명종비인 인순왕후(仁順王后)의 동생 심의겸(沈義謙)은 1563년 사림을 보호한 공이 있어서 사림 정치에 발언권을 가질 수 있었다.

1572년 심의겸은 퇴계와 조식의 제자로 이조 정랑에 추천된 김효원(金孝元)이 명종 때 권세가 윤원형의 문객이었다며 반대했다. 1574년 이조 정랑이 된 김효원은 심의겸의 동생인 심충겸(沈忠謙)이 1575년 이조 정랑에 추천되자 외척이라며 반대했다. 두 사람이 대립하자, 명종 때 조정에 진출한 선배 사림은 도움을 준 심의겸을 지지하여 서인이 되었고, 선조 때 조정에 진출한 후배 사림은 외척 배격의 명분을 내세운 김효원을 지지하여 동인이 되었다. 율곡은 분쟁을 수습하고자 두 사람을 지방관으로 내려보내자고 건의해, 심의겸은 개성 유수, 김효원은 경흥 부사로 임명되었다. 그러자 동인이 불만을 가져 분쟁이 격화되었고, 율곡은 부제학을 사직하고 해주로 낙향했다. 1578년 서인계 인사가 뇌물 혐의를 받자, 동인은 서인을 소인의 사당(邪黨)으로 모는 지경에 이르렀다. 율곡은 민생고 해결을 시급한 과제로 생각하여, 당쟁의 수습에 고심했다. 그래서 율곡은 동인과 서인이 모두 사류(士流)이면서 시(是)와 비(非)를 가지므로, 주자가 비판한 조정론으로 당색에 구애받지 말고 인사를 하자고 주장했다. 그는 소인을 가려내는 격탁양청(激濁揚淸)을 전제하고 집권 세력인 동인이 조제책(調劑策)을 주도하면서 모두가 시급한 과제인 민생고의 해결에 합심하여 힘쓰자고 제안했다. 율곡은 세상 경험을 더하면서 원숙한 정치가로 성장하고 있었다. 율곡의 양시양비론(兩是兩非論)은 숙종과 영조의 탕평론에 중요 논거를 제공했다. 율곡의 주장은 명분에서 몰린 서인의 지지를 받은 반면, 동인의 비판을 받았다. 백인걸은 1579년에는 지중추부사(知中樞府事)로서 율곡과 함께 다시 동서 분당의 폐단을 논하고 진정시킬 것을 주장했으나 서인을 편든다는 공격을 받았다. 동인인 김우옹은 상대를 소인으로 몰지는 않더라도 시비를 명백히 따진 다음 조제책을 사용하자며 율곡의 주장을 수정하여 수용했다. 율곡은 동인의 집중 공격을 받고 붕당 타파가 불가능하다고 인식하게 되면서 중립적 자세에서 서인으로 정착했다. 율곡의 지도적 위치와 선조 신임으로 인해 서인은 동인과 대등한 세력이 되었다. 붕당 대립이 격화되면서 율곡의 조제론은 조정에서 지지자를 늘려 갔다. 서인은 율곡의 조제론을 계승하여, 인조반정으로 정권을 장악한 이후 남인과 북인을 조정으로 불렀다.[3] 중국의 사대부가 전개한 붕당정치론을 조선의 사림이 계승하여 발전시키고 정치에 적용했던 것이다.

율곡이 사망하자, 성혼(成渾)이 서인을 이끌었고, 동인이 우세해졌다. 서인 정철은 1589년 정여립의 모반 사건을 계기로 그와 가까운 동인에 심대한 타격을 가한 기축옥사를 실행했다. 1591년 좌의정 정철이 세자 책봉을 건의하다 선조의 미움을 사자, 동인이 기축옥사 일로 공격하여 정철을 유배 보냈다. 기축옥사 때 많이 희생된 조식의 제자가 중심이 되어 강경론을 견지한 반면, 퇴계의 제자가 온건론의 중심을 이루었다. 전자가 북인, 후자가 남인이 되었다. 북인은 1598년 남인의 영수 유성룡이 명나라로 사신 가기를 기피하고 일본과 화의를 주장했다고 공격하여 실각시켰고, 광해군을 보호한 공으로 광해조 정국을 주도했다.

김육과 그 후손이 서인으로 분류되는 까닭은 무엇일까. 집안의 당색이 처음 정해질 때 주로 스승을 따랐다. 다음 세대에는 부형이 당색을 결정했다. 1629년 경연에서 인조는 주자의 군자 붕당론을 실언으로 규정하고 신하들의 의견을 구하자, 시독관 권도(權濤)는 "주자의 본뜻은 그렇지가 않을 것입니다. 그리고 또 옛날의 붕당은 지금과는 달랐습니다. 지금의 붕당은 군자와 소인의 구별이 없이 마치 세업(世業)이나 되는 양 자기 집안 대대로 전해온 논의만을 서로 전수합니다."라고 말했다. 1630년 경연에서 『서경』「태서편(泰誓篇)」에 "집안이 붕당을 이루어 원수가 된다.(朋家作仇)"라는 구절에 이르러, 인조가 우리나라 붕당은 대대로 세습하는 폐단이 있다고 개탄하자, 동지경연(同知經筵) 김기종(金起宗)은 "누가 기필코 붕당을 하려고 하겠습니까. 단지 아들은 아비에게 듣고 손자는 할아비에게 전해 받아 이렇게 되었을 뿐입니다."라고 답했다.[4] 군주들은 이처럼 붕당의 폐단을 개탄했지만, 대대로 세습하는 붕당을 뿌리째 뽑을 수는 없었다. 그래서 이중환은 『택리지(擇里志)』에서 "당파가 처음 생길 때 매우 미미했으나, 자손이 그 선조의 논의를 지킴으로 인하여 200년 이래 드디어 견고하여 깰 수 없는 당이 되었다."라고 한탄했다. 부형과 다른 당색에 선 인물이 없지는 않았으나 그들은 이익을 좇아 아버지와 할아버지를 배반한 사람으로 손가락질을 당해 사림 사회에서 대접을 받지 못했다. 사우(師友)나 부형(父兄)에 의해 결정되는 조선의 붕당은 혈연, 학연과 서원 등을 통한 사족의 사회적 네트워크에 입각한 정치 세력이다. 『대명률』의 무거운 처벌 조항으로 명나라에서는 존재할 수 없던 붕당이 조선 시대에 건재한 것은 신권(臣權)이 강했음을 보여 준다.

「가장」에 보면, 김육의 아버지 김흥우는 율곡과 성혼의 제자로 청음(淸陰) 김상헌 등 서인 명사와 학문을 닦은 적이 있었다. 김육의 고모부인 문장가 이춘영(李春英)과 김육을 정치적으로 후원한 재종조인 김권(金權)도 성혼의 문하였다. 김권은 김육 조부의 사촌이다. 성혼의 부친인 성수침(成守琛)과 스승인 백인걸은 모두 조광조의 제자였으니, 김권과 김흥우는 조광조와의 인연을 매개로 성혼의 제자가 된 것으로 보인다. 김흥우의 당색은 그의 스승에 의해 결정되었다면, 그의 아들인 김육의 당색은 부친에 의해 결정되었다.

김육은 서인 가문인 데다가 인조반정 이후 서인이 조정 관료의 대부분을 차지했기 때문에, 교유하는 인물은 주로 서인이었다. 그래서 서인의 당론으로부터 완전히 자유로울 수는 없었다. 그렇지만 김육은 붕당 망국론을 견지하고, 정치 활동에서 불편부당하고 공정한 자세를 견지하려고 노력했다. 그는 남인과도 교분이 깊었고, 인재를 추천하는 데에 당파성이 없었다. 김육은 대동법 등 정책의 시행에서 당파를 초월하여 협력을 얻고 추진했으며, 남인인 조경, 김세렴, 한흥일, 허적 등은 그의 정책을 지원하고 도왔다. 그의 대동법과 동전 통용책 추진에 반대한 인물은 거의가 서인이었다. 「가장」에 따르면, 그는 "인민의 구제를 위주로 했고, 사사로운 마음으로 당을 비호하면 비록 평소에 친한 사람이라도 배척했다."(557)

3 김육의 두 스승

김육의 어린 시절은 「가장」과 「연보」에서 엿볼 수 있다. 김육은 5세인 1584년에 처음으로 『천자문』을 배웠다. 이 책에서 나이는 우리 전통식으로 헤아린다. 일반적으로 집안 어른에게 배우는 가학(家學)으로부터 시작하는데, 부친과 조부가 가르쳤을 가능성이 높다. 김육의 연보는 9세 때에 남인인 지산(芝山) 조호익(曺好益)에게 배웠고, 15세 때에 서인인 우계(牛溪) 성혼에게 인사드렸다고 적었다. 김육의 후손은 김육의 스승으로 조호익과 성혼을 든 것이다. 조호익이 성혼보다 김육과 인연이 더욱 깊었다.

1586년 할아버지 김비(金棐)가 평안도 강동현의 수령으로 부임했다. 김육은 1588년 부친을 따라 강동에 갔다가 1590년 봄에 서울로 돌아왔는데, 그사이 조호익에게 배웠다. 1646년 김육이 예조 판서로서 지은 조호익의 행장은 두 사람의 인연을 보여 준다. 조호익은 군대에 징발할 50명을 차출하라는 명령을 부모상과 병 때문에 완수하지 못한 일로 억울하게 1576년 가족과 함께 강동현으로 유배 가는 형벌을 받아, 그곳에서 생도를 가르쳤다. 조호익은 퇴계의 대표적 제자에 포함되며, 투철한 주자학자로 경학, 성리학, 예학, 역학(易學)에 밝았다. 김육이 지은 조호익의 행장에 따르면, "아버지는 현의 관아에서 할아버지께 가르침을 받다가 드디어 선생을 따르면서 강학(講學)했다. 아버지는 선생을 공경하기를 스승과 같이 했으며, 선생은 돌아가신 아버지를 벗으로 대하여서, 함께 계몽(啓蒙)과 시책(蓍策)의 학설을 논란했다. 여러 숙부들 역시 선생에게 수학했는데, 나 김육은 그때 겨우 10세의 나이로 여러 숙부들을 따라다니면서 함께 수업했다." 김육 집안이 서인이면서 남인 조호익에게 배우는 데 주저하지 않았던 것은 당쟁이 고질화되지 않았음을 드러낸다. 「가장」에 따르면, 김육은 "항상 각고의 노력을 기울여 읽고 외우기를 그치지 않았다. 끝내지 못하면 단정하게 한곳에 앉아 움직이지 않고, 아이들과 떠들며 장난치는 데 어울리지 않았다." 김육이 조호익에 배운 기간은

1~2년이었다.

조호익의 연보에 따르면, 그는 "경전의 여러 책에 대해서는 주자의 집주(集註)가 있고 또 혹문(或問) 및 장도(章圖)가 있어서 의리가 정밀하고 훈석(訓釋)이 상세하여 다시 더 보탤 것이 없다. 그러니 덧붙여서 다른 사설(辭說)을 덧붙였다는 기롱을 받을 필요가 없다."라고 말했는데, 1599년 병이 위독하자, "평소에 저술한 것을 모두 불태웠다." 조호익은 주자의 『가례』에 관해 이해하기 어려운 부분을 고증하여 풀이한 『가례고증(家禮考證)』의 저술 작업을 1609년 다시 시작했으나, 얼마 지나지 않아 완성하지 못한 채 서거했다. 그래서 김육 등 문인들이 『가례고증』을 간행할 때, 김육이 보관하던 원고로 보충했다. 조호익이 임진왜란 중에 자신의 소중한 원고를 넘긴 것은 김육에 대한 그의 각별한 관심을 드러낸다.

김육은 조호익을 떠난 후에도 학업을 게을리하지 않았다. 김육은 11세 때에 관청에서 사망한 할아버지를 경기도 양주 평구에 묻고 여묘하면서, 상복을 입고 어른처럼 일하며 매일 밤마다 『사략(史略)』 7권을 읽었다. 13세 때에 임진왜란이 일어났는데, 피난길에도 항상 옷소매 속에 있는 책을 외우면서 다녔다. 이런 일화는 김육이 얼마나 부지런한 인물인가를 드러낸다. 그는 일평생 부지런히 공부하여 저술 활동을 하고, 정책을 입안하여 추진했던 것이다.

김육은 1594년 1월에 황해도 해주에 가서 부친과 숙부들과 함께 성혼을 찾아가 가르침을 받았다. 성혼은 도승지까지 올라간 약포(藥圃) 이해수(李海壽)에게 "이 아이는 가르칠 만하니 끝내 반드시 성취함이 있을 것이다."라고 했다. 성혼은 『가장일기(家藏日記)』에서 15세인 김육이 "문리(文理)가 크게 통하고 시어(詩語)가 맑고 원만하여 몹시 기이하고 아취가 있으니, 기동(奇童)이라고 할 만하다."라고 했다. 그해 4월에 부친이 사망했으니, 김육이 성혼에게 배운 것은 넉 달을 채우지 못했다. 성혼은 1551년 겨울 백인걸의 문하에서 배웠고 1554년에 율곡과 사귀면서 평생지기가 되었다. 그는 율곡과 더불어 성리학을 발전시켰다. 성혼은 조광조의 제자인 백인걸의 행장을 지었고, 조광조 및 성혼과 인연을 가진 김육은 백인걸의 신도비명을 지었다.

김육이 조호익과 성혼이라는 두 대학자에게서 배운 기간은 길지 않으나, 그것은 매우 소중한 인연이 된다. 조선 시대에 이처럼 짧은 기간의 가르침으로 일생의 스승으로 삼는 일은 드물지 않았다. 유성룡은 21세 때에 퇴계에게 수개월 배우고도 "하늘이 내린 사람이고 훗날 대학자가 될 것이다."라는 평가를 받으면서 퇴계의 대표적 제자에 포함되었다. 조호익은 퇴계를 네 번 찾아갔으니, 날수를 모두 합쳐도 유성룡처럼 수개월인데, 퇴계의 대표적 제자에 포함되었다. 안정복은 네 번 성호를 찾아가 배우고 편지글로 가르침을 받고서 성호의 대표적 제자에 포함되었다. 조선 시대의 학문 수준은 오늘날에 비하여 매우 낮았고 그 내용의 문제점이 가볍지 않았지만, 뛰어난 인물이 학문을 하는 열정과 스승으로부터 배우려는 자세는 오늘날 우리에게도 귀감이 된다. 여기에서도 드러나는 배움과 학문을 중시하는 문화는 20세기 교육 발전을 낳음으로써 경제 성장에 이바지하게 된다.

「가장」에 따르면, 김육은 돌아가신 스승 조호익을 "공경하는 마음이 줄어들지 않아서 부인의 안부를 묻고 남은 자손을 도와주었으며, 남아 있는 문도(門徒)를 형제처럼 여겼다. 김육은 조호익의 행적을 가려 뽑아 행장을 썼고, 남겨진 글을 살펴 정하여 세상에 간행했다. 또한 일찍이 조정에 서원의 사액을 요청했고, 서적을 나누어 주었다. 세상을 떠나기 전에 또한 경국(京局)에서 인쇄한 책을 서원에 나누어 보내도록 명했다." 이것은 7절에서 자세히 언급한다.

성혼은 율곡이 죽은 뒤 서인의 영수가 되었다. 1589년에 서인 정철은 정여립의 모반 사건에 동인, 특히 북인의 많은 유력 인사를 억울하게 연루시켜 처벌했다. 이 기축옥사(己丑獄事)로 서인이 집권하면서 성혼은 이조 판서에 복귀했다. 1597년 이후 북인은 성혼이 기축옥사를 배후에서 조종한 혐의 등으로 비판했고 성혼은 1598년 사망했다. 북인이 정국을 주도한 1602년 성혼은 기축옥사에서 최영경을 모함하여 죽게 했다는 혐의로 관직을 빼앗겼다. 1603년부터 성혼의 억울함을 풀어주려는 신원(伸冤) 상소가 계속 올라가는 가운데, 김육은 1610년에 그 운동을 주동했다. 이것은 8절에서 자세히 언급한다. 「가장」에 따르면, 김육은 "동지와 함께 통문을 내어 알려 유집(遺集)을 간행했다. 선생의 묘소가 파산(坡山) 관청에서 5~6리의 가까운 거리에 있었다. 아버님은 동서로 다니다가 이 길을 지나면 반드시 말에서 내려 두 번 절했다."

조호익과 성혼은 모두 투철한 주자학자였으나, 김육은 주자학만 편식하지 않고 개방적 박학을 했다. 김육은 스승과 학풍을 달리했던 것이다. 그렇다고 김육이 스승에게 배우는 데에 소홀한 것은 결코 아니었다. 주자학은 성리학, 심학 및 예학으로 나눌 수 있고, 조호익은 예학, 성혼은 성리학으로 유명했다. 김육은 조호익의 예학 저술의 서문을 썼고 효종대 국가의례를 결정할 때 의견을 개진한 글을 남겼으나, 예를 고증하고 그 시비를 따지는 글을 쓰지는 않았다. 그는 성리학과 심학을 가볍게 다룬 글을 남겼는데, 실천적 동기이지 학술적 글이 아니었다. 김육은 성리학과 심학의 현학적 논쟁, 그리고 세세한 예의 내용과 절차를 따지는 일에 별 관심이 없었고, 성리학과 심학이 추구하는 도덕성을 실천하고, 그러기 위해 마음을 바로잡아 인격을 도야하고, 성의를 다해 예를 행하는 일에는 누구 못지않게 힘썼다. 조호익에게 10세 전후, 성혼에게 15세 때 짧은 기간에 배워서 주자의 성리학, 예학, 심학의 세세한 내용을 배우지 않았을 것이다. 김육은 학자가 아니라 경세제민을 실천하는 관료, 정치가의 길을 택하여 세세한 학설의 논변보다 그 지향하는 정신을 배운 것이다. 조호익과 성혼은 당대 최고 수준의 학자이자 명망가이니, 김육은 이들에게서 학문 정신, 그리고 도덕과 예의 실천 등 생활 자세를 배울 수 있었다. 김육은 조호익의 행장에서 "임진왜란 때 강동으로 피난하여 다시 군진(軍陣) 사이에서 절을 올리게 되었다. 그때 비록 내 나이 15, 16세밖에 안 되었는데도 선생의 모든 일상적 행동을 보고는 참으로 맘속으로 기뻐하여 배우려고 했으나, 능히 그대로 하지 못한다는 한탄이 있었다."라고 했다. 행장에 따르면, 조호익이 "제사를 지내는 예에서는 더욱 정성을 다했다."라고 하는데, 김육은 제사 절차보다 정성을 다하는 자세를 배운 것이다.

고영진은 조호익의 사상적 특징을 경학, 성리학, 예학에서 찾는다.[5] 김육은 조호익의 행장에서 "선생의 학문은 『주역』에 대해서 가장 심오했는데, 제사(諸史)와 자(子), 집(集), 외가(外家)와 병서 및 천문, 지리, 음양의 학설에 이르러서도 모두 다 통달했다. 그러나 일찍이 이에 대해서 다른 사람에게 말하지 않았으므로, 선생이 잘 알고 있다는 사실을 아는 사람이 드물었다."라며 박학에 주목했다. 김좌명의 「가장」에 따르면, "선친은 읽지 않은 책이 없었다."라고 할 정도로 폭넓게 독서하여 "유학 경전에 해박하고 자(子)와 사(史)를 넘나들었으며" "성력(星曆), 감여(堪輿), 산수, 병가 등에 대해서도 두루 섭렵하여 통달했다. 매번 한밤에 일어나 정원을 산책하며 별자리를 보고 더욱 역산(曆算)을 밝혔다."(559) 김육이 묘사한 조호익의 학풍과 김좌명이 묘사한 김육의 학풍은 상통하니, 김육은 경세제민을 추구할 포부로 새로운 안목에서 조호익의 사상적 특징을 발견하여, 자신의 학문 세계를 구축했다.

1613년 조호익을 배향한 지봉 서원(芝峯書院)이 개성과 평양의 경계에 세워졌는데, 김육은 아마도 1646년 예조 판서일 때에 그 사액(賜額)을 요청하는 통문을 작성하여 평안도의 유생들에게 돌린 적이 있다. 그 첫머리에 "은혜는 부자간보다 더 소중한 것이 없고, 의리는 군신 간보다 더 큰 것이 없는데, 은혜가 소중하다는 것과 의리가 크다는 것을 우리 스승을 통해 알게 되었으니, 나를 낳아 주고 나를 먹여 준 은혜가 없는데도 군, 부와 같이 섬기는 것은 천리(天理)로 당연하다."라고 했다. 스승이 지식의 전수자에 그치지 않고 인생의 가르침을 준다는 취지였다. 그리고 통문의 말미에 "오직 우리들을 가르쳐 주신 선생의 은혜에 보답하여 섬기기를 한결같이 한다는 우리들의 의리를 다하고자 할 뿐이다."라고 했다. 이렇게 적은 대로 김육은 스승의 학문 정신과 자세, 나아가 삶의 자세를 훌륭하게 배웠다. 행장에 나오는 "학문을 좋아하는 정성과 도를 즐기는 마음"을 배웠고,

새벽 일찍 일어나 단정한 자세로 독서하고 틈날 때마다 독서하는 자세를 배운 것이다. 16절에서 김육의 생활 자세를 언급하는데, 행장에 묘사된 조호익의 자세를 닮아 흥미롭다.

스승의 학설을 묵수하여 세부 사항이라도 그것과 조금만 다른 견해가 나오면 결단코 대결하는 제자보다, 김육의 배우는 자세가 오늘날 관점에서는 더욱 바람직하게 보인다. 유교 문화의 핵심인 부모에 대한 효성, 군주에 대한 충성, 그리고 스승에 대한 공경 모두를 김육보다 훌륭하게 실천한 인물을 찾기란 쉽지 않다. 조호익은 평안도에 유배된 시절에 집필한 『지산필화(芝山筆話)』에서 남의 단점을 숨기고 장점을 드러내라는 흥미로운 가르침을 적었다.[6] 이조 좌랑 윤선(尹愃)이 어떤 문사의 단점을 많이 지적하자, 정승 윤두수(尹斗壽)가 "그 좋은 것은 마땅히 칭찬하고 그 단점은 말하지 말게."라고 말한 사실을 김육은 『잠곡필담』에 수록했다. 김육은 바로 이런 자세로 관료를 대하여 그들의 역량을 발휘하게 도우면서 정책 업적을 이루었다.

김육의 부친인 김흥우는 서인 성혼을 스승으로 삼고도 남인 조호익에게 배울 기회가 생기자 아들 및 동생들과 함께 조호익을 스승으로 삼았다. 김육의 시대에 당파 대립이 고질적 폐단으로 진행되지는 않았던 것이다. 현종 대에 예송(禮訟), 그리고 숙종 대에 서인과 남인 사이의 치열한 당쟁이 일어난 이후에는 당색이 다른 인물을 스승으로 삼는 일은 거의 없어졌다. 김육의 시대에 대부분이 당인 의식을 가졌는데, 김육은 당인 의식이 없었다. 그가 존경한 스승 조호익이 남인이라는 사실은 그가 당파로부터 자유로워지는 데에 도움을 주었다. 그는 스승 조호익을 높이 받드는 데에 제자들 중에 앞장을 섰다.

조호익 제자의 주류를 이루는 영남 문인은 모두 남인일 터인데, 김육에게 행장을 부탁했으니, 당파를 초월한 김육의 자세를 알았기 때문이다. 김육의 문인 중에는 오정위(吳挺緯) 등 남인 명사가 있었다. 그가 특히 존경한 선배 정치가인 이원익은 남인이었다. 김육의 사위 황도명의 딸은 남인계로 알려진 복창군(福昌君)과 결혼했다.

4 소년 시절 품은 경세제민의 포부

김육은 12세 때에 『소학』을 읽다가 「가언(嘉言)」에 나오는 "처음 임명된 관료가 만물을 사랑하는 데에 마음을 두면, 반드시 인민을 구제할 것이다."라는 송나라 정호(程顥)의 말에 감동했다. 그래서 "낮은 관리뿐 아니라 사람이라면 본디 이래야 한다. 단, 만물을 사랑하는 마음이 있더라도 사람을 구제하려면 반드시 벼슬에 올라야 한다."라고 생각했다. 김좌명은 「가장」에서 이 대목을 인용한 다음 그의 부친이 '경제의 뜻〔經濟之志〕'을 가지게 되어 "오직 인민을 구제하고 만물에 혜택을 주는〔濟人澤物〕 데에 마음을 두었고" 학문을 하는 데에 "지식과 실천의 병행〔知行竝進〕을 중시했다."라고 적었다.(556) 공자가 15세에 학문의 뜻을 품었다면〔志于學〕 김육은 12세에 경세제민의 뜻을 품었다. 그래서 김육은 학자가 아니라 관료, 정치가의 길을 걸었다.

그래서 김육은 "매번 옛 책을 볼 때마다 만물을 사랑하고 인민을 구제하는 일에 대해 말한 것이 있으면 반드시 마음속으로 기뻐하여 기록했으며, 아울러 옛사람이 의혹을 풀고 간사함을 밝힌 일도 기록하여 그 아래에 붙여 기록했다." 그 기록을 65세인 1644년 『종덕신편』으로 편찬하면서 쓴 서문에서 "만물을 사랑하는 것은 인(仁)에 근본을 누고 인민을 구제하는 것은 의(義)에 근본을 두었으며 …… 이 모두가 인성(人性)에 고유한 바이며 …… 확충하여 그 본성을 다할 수가 있다."라고 했다. 현학적으로 보이는 성리학과 심학은 이렇게 집약될 수 있다. 그는 정호의 말에 대한 감동을 지금까지 가슴에 새겨 선행을 권장하는 책을 저술한다고 했다. 여기에서 알 수 있듯이, 김육은 유교 신념에 투철했다.

필자는 1999년 김육의 문집을 처음 보면서 이 대목에 주목했으나, 정호의 말에 별다른 감흥을 느끼지 못하여 왜 김육이 그 구절에 감동했을까 하는 의문을 품고 있었다. 평범해 보이는 이런 말에 감동할 정도로 김육은 인도주의적 실천 의식이 강했다는 정도로만 생각하고 있었다. 그러다가 『맹자』를 다시 보면서 『양혜왕상(梁惠王上)』7장의 내용에서 궁금증을 풀었다. 제선왕(齊宣王)은 종을 완성하기 위해 소가 아무런 죄가 없이 희생되려 끌려가는 모습을 차마 보지 못해 양으로 바꾸라고 명했다. 맹자는 왕의 이 마음이 왕도에 부합한다고 칭찬한 다음 "이처럼 은혜가 족히 금수에게 미치나 공적이 백성에게 이르지 않음은 유독 어째서입니까?"라며 비판했다. 그런 점에서 『소학』에 나오는 물(物)은 사람을 제외한 생물로 보는 것이 온당하다. 김육은 『맹자』의 이 구절을 읽고 가슴에 새긴 다음에 『소학』의 구절에 감동하지 않았을까 싶다.

『종덕신편』을 보면, 재물을 아끼지 않고 남에게 베푸는 이야기가 나온다. 그리고 사람을 구제하는 일뿐 아니라 미미한 생물을 구제하는 일화도 적지 않게 나온다. 『잠곡필담』에는 "초목은 정(情)이 없으나 지각이 있는 듯한 것은 조물주가 그렇게 한 것이 아니겠는가."라는 내용이 나온다. 그러면서 문정공(文貞公) 신흠(申欽)이 배나무를 정성스럽게 가꾸었는데, 그의 사후에 집안의 경사가 있을 때 배가 영근다고 했다. 이 구절로 보면, 물(物)은 초목도 포함하는 생물을 의미한다.

김육은 『소학』을 공부한 12세 때부터 '경제'의 뜻을 초지일관하게 가지고 관철하여, 그의 졸기에 '경제'를 임무로 삼았다고 기록되었다. 그렇다 해도 김육의 경세제민 업적을 12세 때의 『소학』 공부만으로는 충분히 설명할 수 없다. 9절에서 살펴볼 광해조 성균관 유생 시절에 두드러진 활동은 김육이 실천적인 인물이라는 특성을 보여주지만, 사상과 행동은 당시 주자학 이상에 투철한 일반 사대부와 다를 바 없었다. 김육이 별 굴곡이 없이 그대로 잘 풀려 순조롭게 출세했더라면, 평판이 좋은 관료와 크게 다르지 않은 삶을 살았을지도 모른다. 그런데 김육은 광해조 정치에 실망하여 농촌에 들어가 10년간 농사일을 하면서 살았다. 이것이 『소학』 공부를 통해 얻은 경세제민의 포부를 구체화하도록 도와주었다. 그리고 임진왜란 때 겪은 힘든 삶도 쓴 약이 되었을 것이다.

5 임진왜란과 가정의 곤경

김육은 한편으로는 기묘명현의 후손이라는 후광을 받았지만, 다른 한편으로는 당쟁의 피해로 한미해진 가문에서 태어났다. 기묘명현인 김식은 대사성이라는 고위직에 올랐으나, 기묘사화에 희생된 덕으로 그의 아들 김덕수(金德秀)는 1538년 39세 때에 사면을 빌어 과거를 보지 않았고, 학자로서 명성이 높아 제자를 길렀다. 김식은 산소 자리를 외가에서 얻었으니, 부유하지 않았다. 김식의 손자이자 김육의 조부인 김비(金棐)는 강동 등지의 수령을 역임했고, 관직은 군자감(軍資監) 판관(判官)에 그쳤다. 김육의 부친은 1585년 사마시(司馬試)에 합격해 진사에 그쳤다.

김육이 11세 때에 강동의 수령이던 할아버지가 관청에서 사망했으니, 가세가 기울어질 형편이었다. 임진왜란은 김육의 가정에 큰 시련을 안겼다. 1592년 4월 일본군이 쳐들어와 파죽지세로 북상하여, 선조는 서울을 버리고 북쪽으로 피난했다. 김육의 일가는 각지로 떠돌아다니며 피난했다. 조호익의 연보에 따르면, 4월 30일 선조는 유성룡의 건의로 조호익을 사면하여, 의금부 도사로 임명했다. 유성룡은 동문인 조호익에게 의병 투쟁을 권했다. 조호익은 이후 공로를 세워 11월에 장례원 사평(掌隸院司評), 형조 정랑이 되었고, 12월 정3품 통정대부(通政大夫)로 자급이 올라 호군(護軍)에 제수되었다. 조호익은 의병장으로 공을 세우고 전란 후 여러 고을의 지방관을 맡아 선정을 베풀었다. 조호익의 연보에는 4월에 "김육이 왜란을 피하여 그의 숙부 김흥효(金興孝)와 함께 가속(家屬) 수백 명을 데리고 와서 함께 잠시 거주하기를 청했다."라고 했는데, 의금부 도사로 임명된 5월 이후의 일로 보인다. 10월 29일 김육의 부친 김흥우가 보낸 편지에 따르면, 조호익에게서 편지와 함께 쌀 1두 정도를 받았고, 피난길에 '100

명 식구가 살아갈 길〔百口有資生之路〕'이 막막하다고 했다.

　'100구'나 '수백 구'는 김흥우의 일족과 그에 속한 노비를 총칭한다. 김비는 5남 3녀를 낳고, 김흥우는 2남 2녀를 낳았다. 김비의 자손은 수십 명이니, 피난 떠날 때는 노비가 100명을 넘었다가 10월에는 70명 내외로 줄어, 식구가 100명 정도였던 것으로 보인다. 김비는 노비 100명 남짓 소유한 중견 지주가 아니었나 생각된다. 이것을 자녀에게 나누어 주었으니, 김흥우가 장자의 몫을 가졌고 부인의 소유도 있으나 관직이 없으니, 노비 30명 정도의 소지주가 아닐까 생각된다. 노비가 가장 많던 16~17세기 고위 관료는 대개 노비를 200명 이상, 지방 양반은 수십 명 가졌다. 16세기 경상북도 양반가의 24개 상속 문서에 따르면, 노비는 보통 50명이 넘고 농지는 대개 200마지기 이상 되었다.[7]

　「가장」에 따르면, 1594년 김흥우는 학문과 행실로 강릉 참봉에 제수되었으나 병으로 나아가지 못했다. 성혼이 편지로 안부를 묻고 쌀 등을 보내 궁핍한 생활을 구제했으나, 1594년 김흥우는 황해도 해주에서 31세로 객사했다. 전란 중에 김육은 아버지를 조상의 무덤이 있는 선영으로 옮겨 장사 지내지 못하고 그곳에 임시로 묻을 수밖에 없었다. 그가 19세 때에 할머니가 안악에서, 21세 때에 어머니가 연안에서 별세했다. 김육은 어머니가 돌아가신 해에 아버지의 묘를 경기도 평구의 선영에 옮겨 양친을 합장했다. 김육은 새벽마다 묘에 가서 참배한 다음 직접 흙과 잔디를 져 나르면서 종일 일하여 묘역을 조성했다. 더구나 그는 장남으로서 남동생과 두 누이까지 보살펴야 했다. 김육의 곤궁한 처지를 알 수 있다.

1600년 모친의 장사를 치르고 김육이 조호익에게 편지를 보냈다. 조호익의 답장이 그의 문집에 실려 있다. "한번 삼등(三登)에서 만나 뒤에 1000리실이라 꿈속에서소자 아득했는데, 시난해 봄에 군(君)의 서신을 읽고는 비로소 군이 초상과 환란을 당하여 외로이 고생하던 나머지 홀로 몸을 보전했다는 것을 알았으니, 놀랍고 기쁘며 슬프고 탄식이 나서 눈물을 계속 흘렸네. 지금은 어떠한지 모르겠구나."라며 시작한다. 제자에 대한 스승의 사랑이 묻어 있다.

6 김육의 효성과 가문 의식

김육의 졸기에 "어려서부터 효행이 독실했다."라는 구절이 있다. 「가장」에서는 그의 효행을 다음과 같이 설명했다.

효성이 지극하여 어려서부터 어버이를 섬김에 어긋남이 없었다. 젊어서 술을 좋아하여 큰 그릇에 마셨는데, 의정공이 한번 보시고 주의를 주자 마침내 돌아가실 때까지 술잔을 가까이하지 않았다. 오직 임금이 내리는 것만은 사양하지 않았다. 비로소 사람들은 아버님의 주량이 세다는 것을 알았다. 일찍 부모님을 여의자 극진히 봉양하는 정성을 다하지 못했다고 여겼다. 돌아가신 선친에 관한 말이 나오면 눈물을 흘렸으니 그치게 할 수 없었다. 제삿날이 되면 반드시 목욕재계하고 정성을 다해 마치 살아 계신 듯했다. 매일 새벽마다 의관을 정제하여, 비가 내리거나 바람이 불어도, 추울 때든

더울 때나, 병이 들었을 때에도 가묘(家廟)에 배알했다. 간혹 집 밖으로 외출하여 하룻밤 묵게 되면 돌아와 반드시 배알했다. 그래서 돌아가신 분을 섬기기를 살아 계신 듯 모시는 의리를 다하였다. 생신날이 되면 낳고 기르시느라 고생하신 것에 대해 더욱 애통해하면서 자제들에게 술잔을 내놓지 못하게 하였다. 일찍이 대문 안에서 말을 타거나 가마를 타지 않았으니, 사우(祠宇)가 멀지 않았기 때문이었다.(554~555)

김육의 효심은 그의 글 「보검지(寶劍志)」에 잘 드러나 있다. 김육이 태어난 1580년 부친은 족인(族人)을 시켜 해주에서 쇠를 정련하여 칼을 만들고, 항상 궤안(几案)에 두고 종이를 자르는 데 사용했다. 부친의 사후 손때가 남아 있는 것은 오직 이 칼 하나뿐이었으므로, 김육은 그것을 보검이라 부르고 매번 칼을 쓰다듬으며 슬픈 감상에 젖었다. 멀리 외출할 때에는 건(巾)을 넣어 두는 상자 속에 넣어 두었다. 1627년 지방을 순찰하고 돌아와 행장(行裝)을 살펴보니, 칼이 없어졌다. 이에 망연자실하여 상심하면서 어찌할 바를 모른 채 단지 잘 간수하지 못한 것만을 자책하면서 속만 끓이고 있었다. 그런데 몇 달 뒤에 우연히 아이들을 통해 종자(從者)가 그 칼을 훔쳐 숨겨 놓고 있다는 말을 들었다. 그래서 믿을 만한 친구를 통해 종자에게 "그 칼은 다른 사람이 가지고 있으면 단지 보통의 칼일 뿐이나, 나에게는 차마 버리지 못하는 뜻이 있는 칼이다. 비록 천금을 준다 하더라도 바꾸지 않을 칼이니 너는 즉시 돌려주라. 나는 단지 칼만 다시 찾을 뿐, 너를 죄주지 않겠다."라고 전했다. 그랬더니 종자는 모문룡(毛文龍)이 대병

(大兵)을 이끌고 주둔한 가도(椵島)로 보내어 팔았다고 했다. 그래서 김육은 "만약 아직 팔지 않았으면 속히 도로 가지고 오라. 그리고 이미 팔았으면 내가 값을 배로 배상하겠다."라면서 다시 물어보게 하니, 마침 아직까지 팔지 않고 있었다. "이에 드디어 도로 가지고 왔는데, 칼을 손으로 어루만지노라니 기쁘기도 하면서 슬프기도 하여 마치 죽었다가 다시 살아난 사람과 상봉한 것만 같았다." 1636년 김육은 동지사(冬至使)가 되어 중국에 가면서 바다를 건너 만 리 먼 길을 무사히 갈 수 있을지 보장하기가 어려웠다. 그래서 김육은 장남 김좌명에게 칼을 맡기고 갔다. 병자호란 때에 김좌명이 이 칼을 차고 강화도로 들어가서 다행히 잃어버리지 않았다. 이 글은 "이 뒤로 오래도록 전해질는지는 비록 기필할 수 없으나, 하늘이 앞서 비호한 것이 이와 같았으니, 뒤에도 혹 비호할 것이다. 나 역시 하늘을 믿으면서 오직 나의 정성과 공경을 다할 뿐이다."라며 끝을 맺었다.

김육은 "네가 자립하여 우리 가문을 세우면 나는 지하에서 오히려 기뻐할 것이다."라는 아버지의 유언을 평생 새기면서 분발하는 정신적 원천으로 삼았다. 김육은 영의정까지 올랐을 뿐만 아니라 정책 업적을 거두어 존경받는 정치가가 되었다. 그의 장남 김좌명은 판서까지, 손자 김석주는 우의정까지 올랐고, 손녀는 왕후가 되었다. 기묘사화로 한미해진 김식의 가문을 김육이 중흥한 것이다. 김육은 어려서 부모를 잃어 봉양할 기회가 없었지만, 유훈을 평생 받들어 정진하여 실천한 점에서, 조선 시대 사람에게도 효도의 귀감을 보였다.

김육은 늙고 병들어 수없이 사직을 요청했으나, 그를 신임한 효종은 의관을 보내어 병을 치료까지 해 주면서 공직을 벗는 것을 허용하지 않았다. 1658년 2월 21일 차자로 청하기를, "신은 노병이 이미 극도에 달해 살아 있을 날이 얼마 남지 않았는데, 가까운 곳에 있는 부모의 산소에도 오랫동안 찾아가 보지 못했습니다. 한식날에 미쳐서 산소를 수리하고자 일찍이 이미 계획을 세웠는데, 4~5일 뒤에는 먼저 가서 조치하고자 합니다. 그러니 은혜로운 휴가를 받아서 부모를 그리는 정성을 다하게 해 주시기를 바랍니다." 김육은 2월 27일 배를 타고 평구로 내려가 성묘했고, 3월 6일 대궐에 나아가 공손히 절하는 예를 올렸다. 그는 9월 4일 사망했다.

부모의 뜻을 받드는 김육의 정신은 자손에 계승되었다. 장남인 김좌명은 「가장」에서 김육의 생애, 주장, 사상, 업적 등을 충실히 정리했다. 김좌명은 1659년 김식의 장남이자 고조인 김덕수의 행장을 지었다. 김좌명이 김육의 대동법, 동전 통용책, 그리고 인쇄 사업을 계승한 일은 앞으로 설명한다. 김육은 삶 자체가 자녀 교육이어서 김좌명도 명신이 되었다. 김좌명의 독자 김석주는 조정에 있을 때 동전 통용책의 완수에 힘을 보탰다. 김육 집안은 조선 시대 가정 교육의 강점을 보여 준다. 이 책은 뛰어난 관료의 자손이 유능한 관료가 되어 선조의 정책을 계승하는 여러 사례를 담았다.

부친이 돌아간 1594년 해를 잇달아 흉년이 들었으므로, 김육은 8월에 어머니를 모시고 청주에 살고 있는 이모부 충의위(忠義衛) 남익수(南益壽)의 집으로 가 의지해 있었는데, 항상 보릿단을 져다가 봉양했다. 어머니마저 사망한 이후에는 살아갈 길이 없어 아우와 두 누이를 데리고 서울에 사는 고모댁에 의지하며 살았다. 김육은 아버지를 여읜 이래 8년간 고생하여 쇠약해지고 병에 걸려 사경을 헤맨 적이 있었는데, 고모의 보호에 힘입어 소생했다. 고모부 임경홍(任慶弘)은 말년에 처음 하위 관직을 얻었고, 1621년 사망했다. 김육은 개성 유수로 있던 1648년에 고모가 80세로 자식이 없이 별세하자, 고모의 묘표(墓表)를 지었는데, 여기에 고모와 각별한 관계가 잘 정리되어 있어서 소개한다.

나 김육은 운명이 기구하여 일찍 부모님을 여의고 고모에게 의지했는데, 8년 동안 상을 치르느라 병이 들어 거의 죽을 뻔했다. 그러자 고모가 나를 어루만지면서 눈물을 흘리며 "너는 우리 집안의 종손이니, 네가 죽으면 우리 가문은 끊어진다."라고 말하면서, 온갖 방도를 다해 몸을 보양해 주고 병을 치료해 주었다. 봄과 가을로 제사를 지낼 적에는 공경스러운 마음으로 한씨(韓氏)의 형수(兄嫂)처럼 제수를 올렸는데, 내가 장가를 든 뒤에야 그만두었다. 이것은 고모와 조카 사이의 지극한 정뿐만 아니라, 조상을 받들고 효성을 생각하는 지극한 정성에서 나왔다. 내가 요행히도 조상들이 묵묵히 돌보아주는 도움을 받고 고모가 어루만져 길러 줌에 힘입어 끝내 온전하게 살아남았으며, 또 조정에서 관직을 차지해 재상의 반열에 외람되게 끼이게 되었다. 그러자 고모는 항상 나에게 "네가 어려 부모를 잃고서도 잘 성장한 것을 오직 나 혼자만 보았으니, 내가 죽으면 마땅히 황천에 가서 나의 부모와 너의 부모에게 고할 것이다."라고 말했다. 그리고 또 "우리 부부는 자식이 없으니, 죽으면 우리의 무덤 자리를 그 누가 알겠느냐. 너는 반드시 무덤 앞에 비석을 세워 내 남편의 이름을 기록해 주기 바란다."라고 말했다. 그 말씀이 비통하고 절실했는 바, 어찌 감히 잊을 수가 있겠는가.

이렇게 어려운 친척을 돌보는 풍토는 20세기 중반까지 존속했으나, 20세기 후반 공업화, 도시화가 진전되고 핵가족이 일반화되는 가운데 사라졌다. 「가장」에 따르면, 고모는 김육을 마치 자신이 낳은 자식처럼 돌보았으며, 김육은 고모를 부모처럼 섬겼다. 돌아가신 고모는 상주가 없었기 때문에 기년복을 입었다. 1년이 되어 제문을 짓고 복장을 갖추어 제사를 지냈다. 상제를 마친 후에도 가슴속에 말씀을 담아 두고, 3년이 지나도록 아침저녁으로 반드시 직접 음식을 차리고 올렸다.

효심이 지극한 김육은 친족과 종족도 중시했다. 「가장」은 김육이 종족과 외가를 위해 힘쓴 일을 정리하고 있다. 첫째, 수목계(修睦契)를 만들고 내외 친척과 잔치를 벌였다. 둘째, 『청풍김씨족보』를 편찬했다. 청풍 김씨 집안에 오래도록 족보가 없었고 병란으로 보첩(譜牒)이 흩어지고 사라졌는데, 김육은 10년에 걸쳐 동성(同姓)들의 가보(家譜)를 모아 초고를 만들고 중국에 사신으로 가는 길에 이를 지참했다가 사신의 숙소인 옥하관(玉河館)에 머물 때 정서하여 1637년 완성했다. 이것은 '청풍세보(清風世譜)' 또는 '옥하관보(玉河館譜)'라고도 하며, 동성뿐 아니라 이성(異姓)까지 수록해 놓아 우리나라 족보의 초창기 모습을 전해 주는 귀중한 자료이다. 그 서문에 따르면, 족보를 만드는 이유로 "일족이면서 족보가 없다면 사람이 친한 이를 친하게 대하는 유교 의리를 알지 못하여 화목하게 도타이 지내는 마음이 생겨날 수가 없다."라는 점을 거론했다. 이성까지 상세히 수록하는 데에 못

마땅하게 생각하는 사람에 대해 "아들의 아들은 동성의 손자가 되고, 딸의 아들은 이성의 손자가 되니, 사람이 딸의 아들을 사랑하는 것과 아들의 아들을 사랑하는 것에 무슨 차이가 있는가."라고 답했다. 조선 사회의 유교화로 부계 중심의 중국 종법(宗法)이 도입되면서 족보를 간행하는 종족이 늘어나고 족보에서 이성을 배제하는 관행이 정착했다. 이러한 친족 제도를 17세기 이후 남부 지방의 사족이, 18세기 이후 북부 지방의 사족과 평민이 수용했다. 김육은 중국의 종법 문화를 맹목적으로 따르는 것을 거부하고 사람의 자연스러운 감정을 중시하여 외손도 상세히 기재했던 것이다.

셋째, 안변 도호부사 시절인 1634년 가문의 유고를 모아 『청풍세고(淸風世稿)』를 간행하고, 판각을 하여 보관했다. 1635년 6대조 태상공(太常公)의 셋째 아들인 김종필(金終弼)의 유고를 모아서 『풍암집(楓巖集)』을 간행했다. 충청 감사로 재직하던 1639년 그 중간본을 간행했다. 지방관으로 재직하면서 선조의 글들을 편찬하는 일이 오늘날 윤리로서는 이상하게 보일 수도 있겠으나, 조선 시대 유교 문화에서는 지방관이 부모를 봉양하고 선조를 현창하는 사업은 적절한 범위에서 허용되었다. 넷째, 외가 7대조 양절공(良節公) 조온(趙溫)은 개국원종공신(開國原從功臣)이었지만 종묘 공신당에 부묘(祔廟)되지 못했다. 제사를 주관하는 자가 가난하여 사당을 세울 수 없었는데, 김육이 외가의 여러 종친들에게 통고하여 사당을 세우는 일을 주관했다. 다섯째, 경기도 양근 사람이 미원에 조광조를 모시는 서원을 세우려하면서 선조 김식을 함께 모실 것을 약속했다. 그러나 여러 해가 지나도록 완성하지 못하자, 김육이 적극 나서서 여러 유생들이 호의를 갖고 자금을 내고 서로 도와 완성할 수 있었다.

7 결혼해서 가정을 이루다

김육은 25세 때인 1604년에 성균관 진사 윤급(尹汲)의 딸과 결혼했다. 윤급의 조부 윤담(尹倓)은 함경도 병마절도사이고, 부친 윤사성(尹思誠)은 관직이 없었다. 김육 부부는 모두 3남 5녀를 낳았는데, 아들 한 명은 7개월 만에, 딸 한 명은 2개월 만에 요절했다. 공교롭게도 잠곡에서 태어난 두 아이가 요절했는데, 서울보다 농촌에서 의료 환경이 더 좋지 않았기 때문인지도 모르겠다. 그래도 김육의 두 아들인 김좌명(1616~1671)과 김우명(1619~1675)은 모두 잠곡에서 태어났다. 김육보다 5세 아래인 부인 기준으로 보면, 22세에 첫 아이를 낳고, 41세에 마지막 아이를 낳았다.

조선 시대 행장류 193건을 이용한 연구에 따르면, 사족 여성 193명 중 출산과 관련한 사망자는 25명으로 13%에 이르고, 이들이 출산한 자녀 수는 평균 5.1명이었다. 합계 출산율 5명은 동시대 동아시아 다른 국가와 비슷한 수준이며, 서유럽 국가보다는 3~4명 낮았다.[8] 김육의 행장, 묘지명, 신도비명은 모두 생존한 2남 4녀로 기록했으니, 김두얼의 연구보다 출산율과 사망률은 높았다. 김육의 자녀 8명은 서유럽 국가 평균과 비슷하다. 김육 자녀의 1세 미만 사망률 25%는 당시 평균보다 낮고 사족 평균과 비슷하게 보인다. 1세 미만 사망률은 20세기 초에 20% 미만, 1960년대 10% 미만, 1990년 전반 1% 미만으로 떨어졌다. 전근대 세계의 평균 수명은 30세 미만이었다. 김육은 79세, 부인은 75세까지 살았으니, 장수했다. 결혼 당시 김육은 가세가 기운 명문 사족이니 조선 시대 상위 10~20%의 생활 수준을 영위했을 것이다.

장남 김좌명은 영의정 신흠(申欽)의 아들이자, 정숙옹주(貞淑翁主)와 혼인하여 동양위(東陽尉)에 봉해진 신익성(申翊聖)의 딸과 결혼하여 1남 1녀를 두었다. 좌명의 아들 김석주는 이조와 병조의 판서를 역임한 다음 우의정까지 올랐다.

차남 김우명은 오위 도총관과 호위대장을 겸직했다. 그는 승지, 예조 참의 등을 역임한 송국택(宋國澤)의 딸과 결혼하여 4남 2녀를 두었다. 장남 김만주(金萬胄)는 좌랑 민임(閔恁)의 딸과 결혼했는데, 자식이 없이 요절했다. 둘째는 김석익(金錫翼), 셋째는 김석연(金錫衍), 넷째는 김석달(金錫達)이다. 우명의 장녀는 1651년 10세에 세자빈에 책봉되어 현종과 가례를 올려 명성왕후가 되었으며, 1683년 세상을 떠났다. 후처 소생은 김석구(金錫喬), 김석순(金錫順) 등 4남 1녀이다.

김육의 장녀와 결혼한 김숭문(金崇文)은 첨정(僉正), 차녀와 결혼한 황도명(黃道明)은 강화 유수였다. 삼녀와 결혼한 서원리(徐元履)는 관직을 알 수 없다. 막내딸과 결혼한 윤자(尹鎡)는 각지 수령직을 역임했다.

김육은 보통의 아버지처럼 자녀를 사랑하고, 보통의 할아버지처럼 손자와 손녀를 사랑했다. 김육은 1644년 장남인 김좌명의 문과 급제를 축하하며 비(婢) 4구, 노(奴) 2구, 그리고 양주 평구의 농지를 증여하는 문서를 작성하여 장차 가문을 크게 일으키기 위해 힘쓸 것을 당부했다. 이 증여 문서는 『잠곡전서』에 수록되어 있다. 김좌명은 인조 때에 청요직을 거쳐 이조 좌랑, 대사헌, 경기도 관찰사, 도승지, 이조 참판 등을 역임했고, 현종 때에 공조, 예조, 병조, 호조의 판서를 두루 역임했다.

김좌명의 장남 김석주는 1657년 24세 때 진사 시험에 수석하고, 1662년 전시(殿試)에 장원급제했으니, 총명했다. 김육이 김석주를 사랑하는 마음은 시에 녹아 있다. 1648년 수찬(修撰) 김좌명이 뇌물 청탁 금지법에 걸려 안변에 귀양 갔을 때, 김석주는 아버지를 만나러 떠났다. 김육은 「석아를 보내다(送錫兒)」라는 시에서 "내 손자가 일찍이 멀리 간 적 없었기에/ 오늘은 늙은 나의 눈물 멈추기 어렵구나. 앞으로는 혼자 귀양지에 찾아가지 마라/ 첩첩산중 어디선가 눈 맞으며 돌아가리."라고 읊었다. 그리고 「수찬의 안변 귀양지로 가는 석아를 전송하다(送錫兒向安邊修撰謫所)」라는 시 6수를 지었는데, "총명하고 지혜롭다."라는 구절이 있다.

김육은 둘째 아들 김우명에게 보낸 편지에서 과거 공부에 힘쓸 것을 당부하고 술과 잡기를 삼가라고 당부하는 보통 아버지의 면모를 보여 준다. "요사이 경서 공부는 얼마나 했느냐? 그립기 그지없구나."라는 구절도 있고 "『통감』은 좋지 않으니 『사략』과 대가의 시를 읽어라."라는 당부도 있다. 공부 자료, 조보(朝報), 음식물 등을 종종 보냈음이 드러난다. 손자의 공부도 당부하고 있다. 그리고 부인에게 바빠서 편지하지 못한다든가 답장하지 못한다는 구절도 나온다.

8 김육과 후손의 조호익 현창 사업

조호익의 연보에 따르면, 1608년 6월 선조의 국상 때에 서울에 와서 참례한 후에 김육 등 제자와 강학했다. 조호익은 국장에 왔다 병이 심해져 1609년 사망했다. 김육은 산소 곁에 여막을 짓고 석 달 동안 시묘(侍墓)하고서 돌아갔는데, 조선 시대에서도 이례적인 스승 공경이었다.

1613년 조호익을 모신 지봉서원은 조호익의 거주지인 영천에서 건립되었다. 이어서 평안도 유생은 개성과 평양의 경계에도 지봉서원을 건립했다. 조호익의 연보에 따르면, 1624년 문인 박돈(朴暾) 등이 소를 올려 조호익을 표창하고 증직(贈職)하기를 청했다. 『잠곡속고(潛谷續稿)』에는 김육이 박돈 등을 대신하여 작성한 소가 실려 있다. 여기서 주자학을 중심으로 하는 학문의 독실함, 독실한 효성과 가례, 강동으로 억울하게 유배되어 유학적 교화를 성취한 일, 그리고 의병 활동의 공로를 포증(襃贈) 요청의 사유로 제시했다. 행장과 더불어 조호익 일생을 이해하는 데에 요긴한 자료이다. 『잠곡속고』에는 김육이 지봉서원의 사액(賜額)을 요청하기 위해 지봉서원의 경상도 유생과 함께 노력하고자 평안도의 유생에게 보낸 통문이 수록되어 있다. 이 시도는 성공하지 못했다.

1646년 김육은 조호익의 행장을 지었다. 이 행장에 따르면, "영남의 여러 동문들과 벗들이 내가 선생에게 어려서부터 직접 지도를 받았다는 이유로 사람됨이나 문장 실력은 보지도 않은 채 억지로 행장을 짓도록 떠맡겼다."라고 했는데, 조호익의 영남 제자는 남인인

데, 서인인 김육을 대표로 내세운 것이다. 김육이 학문이 뛰어나고 예조 판서로 지위가 높았기 때문일 것이다. 1650년 우의정 김육은 경상도 감사인 민응협(閔應協)에게 부탁하여 조호익의 『가례고증』을 간행하게 했다.

김육은 정승으로서 효종의 절대적 신임을 받은 때에 조호익을 향사한 서원의 사액을 요청하지는 않았는데, 권세로 추진한다는 혐의를 받지 않기 위해서일 것이다. 1651년 9월 전라도 유생이 임진왜란에 순절한 황진과 이복남의 향사에 사액을 요청하자, 영의정 김육은 조호익의 말을 거론하면서 허락하기를 건의하여, 사액이 이루어졌다. 흥미롭게도 조호익을 향사한 지봉 서원과 학령 서원(鶴翎書院)의 유생들은 김육이 정국을 주도하던 효종 대에는 사액 요청을 하지 않고, 그가 사망한 후에 사액을 요청했다. 동문들이 김육을 배려하고, 권세에 의존하여 사액을 요청하는 것이 스승의 뜻이 아니라고 생각한 것이 아닐까?

1642년 홍문관 부제학 김육은 정구(鄭逑)와 조호익을 향사한 학령 서원의 유생이 학문을 강론하도록 조정이 권장하기를 아뢰자, 인조는 예조에게 책을 내려 주라고 명했다. 1660년 조호익의 제자들이 학령서원에 사액을 내려 주기를 청원했고, 조정은 허락했다. 그해 1월 조정은 김육의 시호(諡號)를 논의하고 올려서 5월 현종은 문정(文貞)으로 정했는데, 이 일을 계기로 조호익의 제자와 김육의 자손이 협력하여 사액을 얻어 낸 것으로 보인다. 1663년 12월 경상도 선비와 김석주가 각각 조호익에게 시호를 내려 주기를 요청하는 소를 올렸다. 예조가 검토했으나, 시행되지 않았다.[9]

1678년 지봉서원 유생들의 사액 요청에 대해 숙종이 도잠 서원 (道岑書院)의 편액을 하사하면서 보낸 사제문(賜祭文) 가운데, "내가 깊이 사모하는 뜻을 보낸다."라는 하교가 있었다. 그래서 이형상(李衡祥)이 사우(祠宇) 이름을 성모묘(聖慕廟)로 지었다. 숙종의 김육에 대한 존경심이 김육의 스승에 대한 사모심으로 연결된 것으로 생각된다. 김육의 손자 김석주가 실권자로서 지봉서원의 인사와 연락하면서 도잠 서원의 사액을 허락받고 알려 준 사실을 보여 주는 편지가 남아 있다.

김석주의 사후 가문에 파란이 일어나고, 김육 후손과 조호익 후손 사이의 교류가 끊어졌다. 그러다 조호익의 7세손인 조덕신(曺德臣)은 김육의 5세손인[10] 김성응(金聖應)에게 편지로 김육과 김석주가 조호익을 위해 베푼 은혜를 열거하고 아우 조학신(曺學臣)을 써 주기를 요청했다. 『승정원일기』에 따르면, 1759년 7월 27일 훈련대장 김성응은 조학신을 데려와 힘이 매우 세다고 아뢰자, 영조는 "누구의 자손인가?"라고 물어본 다음 군문에서 임용하라고 명했다. 영조는 부친 숙종이 김육을 존경하고 나아가 그의 스승 조호익도 존경한 사실을 알았다. 영조도 1750~1751년 사이에 균역법을 완성하면서 김육의 대동법 추진을 계승하려는 자세를 보였고 김육을 존경하게 되었다. 그래서 김성응은 영조에게 조호익 후손이 찾아온 사실을 아뢰자, 영조는 충신의 자손을 우대하고 서인 정권 아래 소외된 남인 인재를 발굴하는 차원에서 조학신에게 관직을 주었다.

조학신은 군관직, 호조 좌랑, 지방관 등을 역임하고 1781년 전라도 병마절도사로 출세했다. 조호익 이후 현조(顯祖)가 없으면서 과거에 급제하지 않은 남인이 이렇게 출세한 일은 이례적이다. 김육 후손의 후원이 없이는 어려운 일이었다. 조학신의 후견인인 김성응은 1764년 사망했으나, 그의 아들 김시묵(金時默)은 1769년에는 병조 판서로서 어영대장(御營大將)을 겸했고 이후 고관직에 있었으니, 1772년 사망할 때까지 조학신을 후원할 수 있었다.

조호익 후손은 가계가 어렵다가, 조학신이 출세하여 가문을 일으켰다. 그래서 경북 영천에서 명문으로 존속하며 1999년 도잠 서원을 복구하고 그 주위 경관을 조성할 경제력을 갖추었다. 2016년 사단법인 지산선생기념사업회를 설립하여 조호익 연구 발표회 등 현창 사업을 하고 있다.

김육은 지봉 서원의 사액을 요청하기 위해 평안도 유생에게 협조를 구한 통문에서 "선생께서 귀양살이한 것은 선생에게는 불행이었으나, 제군들에게는 아주 다행한 일이었다. 1576년부터 오늘날에 이르기까지 사람들이 인의의 학설을 강론할 줄 알고 예악(禮樂)의 도를 밝힐 줄 알게 되어, 학교를 세워 후진을 가르치는 유풍(遺風)이 울창해진 것은 선생께서 베푼 것이 아니면 누가 한 것이겠는가."라고 했다. 김육이 자신에게도 다행임을 말한 셈이다. 유학의 보급이 교육 보급을 촉진함을 보여 주는데, 평안도는 유학이 늦게 보급된 곳이어서 교육의 효과가 더욱 컸기 마련이다. 조호익에게도 불행 중 다행은 김육이라는 위인을 제자로 둔 점이다. 조덕신은 김성응에게 보낸 편지에서 "선조의 경세 과업이 잠곡 선생을 얻어 빛나게 되었으니, 선조가 비록 때를 만나지 못한 채 돌아가셨다 하나 불우한 것은 아니었습니다."라고 썼다. 조호익의 훌륭한 가르침을 받은 김육이 위대한 정치가로 성장하여 김육과 그 후손이 조호익의 현창에 힘쓰고 그 후손을 도왔으니, 조호익의 불행한 유배는 아름다운 사제 관계의 창출로 조선 시대 문화유산을 풍성하게 한 점에서 우리에게도 다행한 일이다.

9 성균관 태학생 시절의 활동

김육은 과거에 합격하여 관직에 진출하기를 열망했다. 이것은 조선 시대 일반 남자의 희망이었다. 게다가 김육은 경세제민의 포부를 실현하기 위해서라도, 그리고 집안을 부흥하라는 부친의 유훈을 실현하기 위해서라도 관직에 진출해야 했다. 김육은 모친의 삼년상을 마친 다음해인 1603년부터 과거에 응시했다. 그는 26세 때 사마시에 합격하여 진사가 되고, 성균관 시험에서 수위를 했다.

조광조가 중종의 신임을 얻던 1517년 성균관 생원들의 상소를 계기로 공자를 비롯한 성현을 모신 문묘에 정몽주가 배향되었다. 성균관 문묘에 배향되면, 전국 선비의 추앙을 받는다. 그래서 문묘 종사(文廟從祀)는 전국 유생과 관료의 폭넓은 지지를 바탕으로 군주의 허락을 거쳐야 했다. 정몽주의 문묘 종사는 정자와 주자의 이학(理學)을 조선 왕조의 근본 이념으로 공인한 셈이다. 그래서 정몽주의 학문인 이학과 덕행인 충절을 기리는 학자와 관료가 늘었다.

선조가 즉위하던 1567년 퇴계는 김굉필, 정여창, 조광조, 이언적을 현사(賢士)로 평가했다. 1568년 성균관 유생은 이 네 현자(四賢)의 문묘 종사를 청하는 소를 올렸는데, 김굉필이 '도학의 종주(宗主)'라는 세평을 담았다. 세 번째 상소가 올라오자 병조 참판 백인걸은 조광조를 문묘에 종사할 것을 청하여 대신들의 호의적 반응을 얻었다. 그런데 선조는 이들이 선대의 임금 때 화환(禍患)을 입었다는 사실 때문에 쉽게 문묘 종사를 결정하지 못했고, 사림 관료들은 왕의 결단을 촉구했다. 그러다 사림의 정신적 지주인 퇴계가 1570년 사망하자, 1576년부터 퇴계를 추가하여 '동방 오현(五賢)'이라고 부르고 오현의 문묘 종사 운동이 시작되었다. 선조는 여기에 소극적이었다. 게다가 사림의 분열과 갈등, 그리고 임진왜란이라는 내우외환으로 이 운동은 힘을 얻지 못했다.

광해군이 즉위한 1608년 7월 경상도 유생 이전(李㙉) 등이 상소하여 김굉필, 정여창, 조광조, 이언적, 퇴계라는 오현신(五賢臣)의 문묘 종사를 청하니, 광해군은 "상소를 살펴보고 현자를 좋아하는 정성을 충분히 알았다. 참으로 가상하다. 내가 마땅히 유념하여 의논해서 처리하겠다."라며 호의적인 태도를 보였다. 이후 성균관 유생 등에 의해 오현 문묘 종사에 대한 건의가 연이어 올라왔다. 1610년 7월 광해군이 예조에게 대신들의 의논을 수합하게 하니 모두 찬성하자, 광해군이 허락했다. 선조와 달리 광해군이 오현 문묘 종사에 순순히 응한 데에는 선조 후궁의 소생으로 적자인 영창대군을 제치고 왕위에 올라 사림의 지지를 받아 권력을 공고히 하고자 의도했기 때문으로 생각된다. 오현의 문묘 종사를 통해 주자학은 조선 왕조 학문의 근본으로서 확고해졌고, 도학 정치는 통치 이념으로서 국가적 공인을 받았으므로, 사림 정치는 확고한 명분을 가지게 되었다.

김육은 성균관의 유생으로서 오현 문묘 종사 운동에 적극 참여했다. 김육도 편찬에 참여한 『광해군일기』는 1609년 3월 성균관 유생의 두 번째와 세 번째의 상소, 그리고 1610년 4월 상소가 나오는데, 1610년 상소에만 주동자로 생원 이지굉(李志宏)이 나온다.「가장」과「연보」에는 김육이 성균관 유생의 상소 대부분을 작성했다고 나와 있다. 『잠곡유고』에 실린 김육의 첫 번째 상소는 1609년「오현의 문묘 종사를 청하는 소[請從祀五賢疏]」인데, 성균관 유생이 처음 요청한 상소가 아니었다. 여기에서 "무릇 다섯 신하는 공덕(功德)이 성대하여 만대토록 우러러 보고 백대토록 스승으로 삼을 만합니다."라고 평가한 다음 "지금 인심이 흉흉하고 성인의 길이 황폐해져 다투어 이록(利祿)을 추구하는 마음을 품고 밝은 이치의 학문을 함을 부끄럽게 생각하여, 온 세상이 함께 명리(名利)의 마당에 나아가고 있습니다."라고 개탄하고 오현의 문묘 종사로 "위로는 조종에서 인재를 배양한 아름다움을 밝혀서 선왕께서 미처 행하지 못하신 뜻을 이루고, 아래로는 온 나라의 공론을 펴서 풍속이 무너진 것을 변하게 하소서."라고 건의했다. 이어서 실린 성균관 유생의 네 번째 상소에서 오현 종사의 "실현 여부가 우리 도(道)의 성쇠와 국가의 흥망에 관계됩니다."라고 주장했다. 이 두 상소는 도학을 추구하는 신진 사림의 일반적 성향을 보여 준다.

1610년 8월 김육이 주동하여 성혼의 억울함을 풀기를 청하는 소를 올렸으나, 광해군은 들어주지 않았다. 『광해군일기』는 김육이 이 상소의 주동자임을 기록했으나,[11] 이 상소는 김육의 후손이 만든 유고집들이나 『잠곡전서』에도 실려 있지 않다. 그것은 김육보다 먼저 1591년 성혼의 문인이 된 안방준(安邦俊)이 편찬한 『혼정편록(混定

編錄)』에 수록되어 있다. 『혼정편록』은 1575~1650년간 율곡과 성혼의 신원(伸冤) 상소문과 그에 관련된 사건을 서인의 입장에서 기술한 책이다. 「태학 유생 김육 등 상소」에서는 성혼이 '유학의 영수'로 "성리의 묘리를 얻었다."라면서 "불행히도 질시하는 자들이 모함하여 억측으로 당치도 않은 말을 교묘하게 꾸며냈는데, …… 신 등이 그윽이 통탄하는 것은 저 참소하는 무리들이 어진 이를 방해하고 유능한 이를 질시하며 없는 말을 날조하여 선비를 높이고 도를 중히 여기는 날에 있어 사림의 진실한 시비를 뒤바꾸게 한 것입니다."라고 비판했다. 성혼이 신원되지 않으면, "온 세상 선비들이 장차 도학을 기피하여 선비 풍습이 날로 무너지고 국운이 날로 손상될 것입니다."라고 주장했다. 광해군이 들어주지 않자, 다시 상소한 가운데 역신 유영경(柳永慶)이 질시했다고 지목했다. 또 들어주지 않자, 세 번째로 상소하니, 광해군은 이것은 조정에서 논의할 일이고 "너희는 물러나 독서해야 옳다."라고 답했다. 서인의 관점이 보이나, 김육은 당파심의 발로라기보다 스승을 구원하고자 상소했다고 보인다. 김육이 주동한 상소 이후 "성혼에 대한 신원 운동이 폭발적으로 일어났다."[12] 김육이 주동한 이 상소들은 당의식이 강한 안방준의 마음에 들었겠지만, 당파로부터 초월한 김육의 처신과 달라 김육의 자손이 의도적으로 유고집에서 뺀 것으로 판단된다.

　　퇴계는 이언적의 행장을 지으면서 비로소 그의 학문을 알게 되었고 그가 이단(異端)의 사설(邪說)을 물리치고 유학 도(道)의 본원(本源)을 천명했다고 칭송했다. 오현의 문묘 종사는 퇴계의 뜻대로 된 것이나, 달리 생각하는 학자도 적지 않았다. 율곡은 김굉필, 정여창, 이언적은 문묘에 배향될 자격이 없다는 의견을 제시했고, 이언적의 경우 경세제민의 업적이 없다고 보았다. 율곡은 조광조가 도학 정치를 시행한 점에서 우리나라 최초의 대현(大賢)이라 추앙했다. 율곡은 학문뿐 아니라 정치적 실천도 중시했던 것이다.

정인홍(鄭仁弘)은 38세이던 1573년 '탁행(卓行)의 선비'로 추천되어 황간 현감을 지냈고, 1580년 성혼과 함께 사헌부 장령에 임명되어 조정에서 강직한 면모를 보였다. 정인홍은 임진왜란을 만나 의병장으로 활약했다. 그는 선조 말년 광해군의 왕세자 자리를 흔들려는 기미를 보인 수상 유영경을 공격하는 상소로 유배길에 올랐으나, 군주가 된 광해군의 극진한 대우를 받고 영의정까지 올랐다. 그는 관직에 나아가지 않고 재야에서 정치적 영향력을 행사했다. 황현이『매천야록(梅泉野錄)』에서 정인홍을 최초의 산림으로 보아, 오늘날 통설이 되었다.

1611년 조식의 제자인 정인홍은 이언적과 퇴계의 처신을 비판하며 그들의 문묘 종사가 부당하다는 소를 올렸다. 정인홍의 퇴계 등 비판에 대해 승지인 김상헌과 오윤겸(吳允謙)이 반박 소를 올렸고, 성균관 유생 500명도 상소하여 반박했다. 유생들은 나아가 정인홍을 유적(儒籍)인 청금록(靑衿錄)에서 삭제했다. 광해군이 크게 노하여 주동자를 유적에서 삭제하여 벼슬길을 막으라고 명했다. 김육은 홀로 소를 지어 자수하려 했는데, 대신 이덕형과 이항복의 노력으로 사태는 무마되었다. 김육이 5현 종사와 정인홍 사건의 상소를 주동하고 그 집필에 관여한 것은 성균관 재임(齋任)으로서 동료 유생의 신망이 두터웠기 때문이다. 장유는 「회정당기」에서 김육이 "성균관에 지내면서는 높은 인품의 소유자로 더없는 중망(衆望)을 받았다."라고 밝혔는데, 이 글은 12절에서 소개한다.「가장」에 따르면, 김육 "20세경 대유(大儒)가 되었다."라고 하는데, 과장으로 보이나 성균관 유생 가운데 학문이 우수했음은 분명하다.

성균관 유생 시절의 김육은 강직한 활동가의 면모를 보여 주었다. 이러한 면모는 인조반정 이후 관료가 되어서도 발휘되었다. 당시 김육의 상소에서 나타난 면모는 주자 도학의 명분의 추구에 매진하는 일반 주자학자와 다르지 않았다. 인조반정 이후 김육은 주자 도학의 명분을 바르게 하려고 건의하거나, 당파의 혐의를 가지는 글을 남기지 않았다. 김육은 도학을 평생 중시했으나, 민생 안정과 부국강병의 실효를 거두는 정책을 우선하여 주력한 것이다. 그런 지향성이 인조 때보다 효종 때에 더욱 구체적이었다. 그런 점에서 12절에서 언급할 잠곡에서의 10년간 농민 생활은 학문과 덕행을 닦고 경세의 경륜을 함양하는 중요한 계기였다. 젊은 시절 추상적 이념을 추구하다 중장년기에 구체적 목표로 업적을 성취하는 인물은 적지 않다. 김육은 평생 자신을 갈고닦아 이상을 추구하면서 변할 줄도 아는 점에서 평가할 만하다.

10 계축옥사로 관직의 포부를 접다

대북 세력이 권력을 잡은 광해조에서 서인인 당색, 그리고 학통이 중시되는 당시에 스승 성혼에 대한 비판적인 여론은 김육의 출세길에 장애 요인이었지만, 1613년 계축옥사(癸丑獄事)가 일어나기 전까지는 그의 정치적 장래가 비관적이지만은 않았다. 그를 정치적으로 후원한 재종조인 김권(金權)이 1612년 호조 참판에 올랐고 임진왜란 때 전주로 광해군을 호종한 공으로 청풍군(淸風君)에 봉해졌기 때문이다.

광해군은 후궁의 소생으로서 임진왜란을 맞아 다급해진 상황에서 세자로 책봉되어 임시로 세운 조정인 분조(分朝)를 맡았다. 그런데 1606년 적자인 영창대군이 태어났다. 선조는 영창대군을 세자로 바꾸려 했으나, 1608년 사망하여 광해군이 즉위했다. 그래서 영창대군은 광해군에게 잠재적 위협이 될 수 있었다. 게다가 광해군은 형 임해군이 있어서 명나라 책봉을 받는 데에도 많은 힘을 쏟았다. 그 때문에 광해군과 대북 세력은 왕권에 잠재적 위협 인물을 제거해나갔다. 광해군이 즉위한 다음 해 임해군이 유배지에서 의문의 죽음을 당했다. 1612년 진릉군이 반역 혐의로 희생되었다.

1613년 4월 25일 문경 새재에서 은상(銀商) 살해 사건이 발생했는데, 그 주범은 양반의 서인(庶人) 7명으로 밝혀졌다. 『조선왕조실록』의 다음 기록에 나타나듯이, 이들은 단순한 도적이 아니었다.

서인 서양갑(徐羊甲), 심우영(沈友英), 허홍인(許弘仁), 박응서(朴應犀), 박치의(朴致毅) 등은 생사를 같이할 친구 관계를 맺고 때도 없이 어울려 돌아다녔다. 서양갑은 고(故) 목사 서익(徐益)의 첩의 아들이고 심우영은 고 감사 심전(沈銓)의 첩의 아들이고 박응서는 고 정승 박순(朴淳)의 첩의 아들로서 모두 명가 출신이었을 뿐만 아니라 꽤나 글을 잘한다고 이름났는데, 과거 시험을 보려고 하지 않고 상업에 힘썼다. 그리고 1609년부터 여주 강변으로 거처를 옮긴 뒤 각 집안을 합쳐 재물을 공동으로 사용하면서 사치스러운 생활을 했으므로 그 고을 사람들이 매우 이상하게 여겼다. 서양갑과 박치의 등의 강도 사건이 드러나자 그들이 도적이었다는 사실을 사람들은 비로소 깨달았다.[13]

이들은 첩의 자손인 서얼이 차별받는 현실을 바꾸기 위해 무기와 양식을 확보하려고 은상을 살해했노라고 자백했다. 1629년 황해도 명화적(明火賊)은 서울을 점령하여 노비를 양인으로 삼고, 노비 노동에 대신하여 고공제(雇工制)를 도입하고, 삼정승과 육판서로 양인과 천민을 골고루 선발하고, 궁방과 권세가의 농장을 몰수하고, 관직이 없는 양반에게 군역을 부과하고, 각종 잡역을 금지하고, 형벌을 완화할 것 등의 15개조의 개혁안을 실행하려 했다. 그 내용은 지배층이 "극히 흉악하여 차마 볼 수 없다."라고 했는데,[14] 1894년 동학 농민 운동에서 주장되고 갑오개혁까지 상당 부분 실현되었다. 이들 명화적보다 지식 수준이 훨씬 높은 7명의 서자도 수준 높은 개혁안을 가지고 있었다고 보아야 한다.

이이첨(李爾瞻)은 박응서를 사주하여 거사 자금을 확보해 영창대군의 외조부인 김제남을 중심으로 반란을 일으켜 왕과 세자를 죽이고 영창대군을 옹립하려 했다고 자복하게 했다. 이 발언의 파장은 일파만파로 확산되어 1613년에 김제남이 죽임을 당하고, 영창대군이 강화도로 쫓겨나 1614년 살해당했다. 아들 영창대군을 잃은 인목대비는 1615년부터 서궁(西宮, 지금의 덕수궁)에 유폐되었다. 1617년에는 대비의 지위를 박탈하자는 논의가 조정에서 전개되었다. 이이첨을 중심으로 하는 대북 세력이 이러한 사태를 주도하면서 정권을 농단하게 되고, 당색을 달리하는 사림의 정치적 입지는 현저히 약해졌다.

계축옥사는 김육의 정치적 장래에 어두운 그림자를 드리웠다. 김육을 후원한 재종조 김권은 인목대비 유폐 사태를 보면서 정치할 의욕을 상실하고 사신으로 중국에 다녀온 1616년부터 병을 칭탁하고 두문불출했다. 게다가 유교적 인륜을 중시하는 김육은 영창대군이 살해당하고 그 어머니인 대비가 유폐되는 현실에서 출세를 추구할 마음이 사라졌다. 김육은 관직 진출을 열망했으나, 계축옥사가 일어나던 34세 때에 경기도 가평 잠곡 청덕동에 거처를 정했고, 다음 해에 벼슬의 뜻을 버리고 가족을 이끌고 잠곡에 들어왔다.

유교 이념이 지배한 조선에서 생모가 아니라도 모후의 지위를 박탈하는 일은 만만치 않은 부담이어서, 광해군은 주저했으나 대북 세력은 이를 추진했다. 대북 세력은 여론과 명분을 장악하기 위해 문무관 930여 명과 종실 관원 170여 명에게 의견을 제시한 글을 받았다. 이 수의(收議)는 『광해군일기』 9년(1617) 11월 25일에 수록되었다. 조선 시대에 이렇게 광범한 수의는 드물다. 사안이 그만큼 중대했던 것이다. 이 무렵 김육은 잠곡에서 나와 김권의 집에 머물고 있었다. 어느 날 김권이 김육에게 술을 권하며 "이 몸이 죽고 죽어 일백 번 고쳐 죽어, 백골이 흙먼지 되어 넋이라고 있고 없고, 임 향한 일편단심이야 가실 줄이 있으랴."라는 정몽주의 시를 읊었다. 김육은 재종조가 모든 일을 각오하고 폐모론에 반대할 것임을 알아챘다. 김권이 초안을 잡아 보라고 말하자, 김육은 "임금에게 과오가 없도록 건의하는 일은 신하의 충성이요, 부모를 기쁘도록 섬김은 순(舜) 임금의 큰 덕이니, 충효밖에 다른 의리는 알지 못합니다."라는 글을 지어 드렸다. 김권은 몇 글자를 고치고 그대로 올려, 그 내용은 『광해군일기』에 나온다. 이 사실은 『잠곡필담』에 적혀 있다.

폐모론에 반대한 김권은 1618년 2월 평안도 강계로 유배되었다. 김육은 귀양 가는 재종조를 전송하면서 다음의 시를 지었다. 김육이 칭송한 재종조의 처신은 바로 김육의 마음가짐이었다.

배운 바가 참으로 무엇이었나/ 평생토록 성현의 글을 읽으셨다네.
차라리 굳세어서 꺾일지언정/ 굽신거려 온전함을 부끄러워했네.
비록 국가를 구하지는 못했지만/ 집안 명성이 이에 힘입어 전하리.
이별에 임해 흘리는 한 움큼의 눈물/ 선조 왕릉 있는 하늘 향해 뿌리나이다.

김육은 선조조에 이어 광해조에도 영의정을 역임하고 명망이 높은 이항복이 폐모에 반대하여 1월 함경도 북청으로 유배 간다는 소식을 듣고, 도성 밖으로 나가 전송하면서 슬픈 마음을 다음과 같이 시에 담았다.

삼천리나 멀리 외진 변방으로/ 선대 조정의 원로 대신이 귀양 가누나. 감정을 품은 채 말할 수 없어/ 흘린 눈물이 옷을 흠뻑 적시네.

이항복은 유배 간 지 얼마 지나지 않은 5월 63세로 사망했다. 광해군은 이항복의 사망 소식을 듣자, "이 사람은 공이 있는 대신이니 이덕형의 예에 따라 관직과 작위를 회복시켜 주고 관례대로 예장(禮葬)할 것이며 상구(喪柩)를 일로(一路)에서 호송하라고 하유하라."라는 교서를 내렸다. 광해군은 신하들의 거듭된 반대도 뿌리쳤다. 이정구(李廷龜)는 이항복이 "관직에 있던 40년간 누구도 당색에 물들지 않은 사람이 없을 지경이었지만 오직 그만이 초연히 중립을 지켜 공평히 처세했다."라고 평했다.

서인의 영수 율곡과 남인의 영수 유성룡은 당색이 다른 인물로부터 비판을 받았으나, 국가와 인민을 위해 헌신했으며, 그들의 뛰어난 역량은 다른 당인도 인정하는 바였다. 1613년 이이첨의 사주를 받은 삼사가 영창대군의 처형과 폐모론을 들고 나오자, 영의정 이덕형은 이항복과 함께 적극 반대했다. 이에 삼사가 모두 이덕형의 처형을 주장했으나, 광해군은 8월 관직을 삭탈해 이를 수습했다. 그는 용진(龍津)으로 물러가 국사를 걱정하다 10월에 병으로 죽었다. 이덕형의 졸기에 따르면, "학문과 덕기(德器)는 이항복과 대등했으나, 덕형이 관직에서는 앞서 나이 38세에 이미 재상의 반열에 올랐다. 임진왜란 이래 공로가 많이 드러나 중국인이나 일본인도 모두 그의 성명(聲名)에 복종했다. 인품이 간소하고 까다롭지 않으며 부드러우면서도 유능하고 곧았다. 또 당론을 좋아하지 않아, 장인 이산해(李山海)가 당파 가운데서도 지론이 가장 편벽되고 그 문하들이 모두 간악한 자들로 본받을 만하지 못했는데, 덕형은 한 사람도 친하지 않았다. 이 때문에 자주 소인들에게 곤욕을 당했다. 그가 죽었다는 소리를 듣고 원근의 사람들이 모두 슬퍼하고 애석해했다." 『광해군일기』를 편찬한 서인은 당색이 다른 이덕형을 높이 평가했으나, 북인과 그 영수인 이산해에 대한 반감을 드러냈다. 이산해는 이색의 후손인 명문가로 선조 때에 영의정까지 올랐다. 광해군은 국난에 함께 대처한 이덕형과 이항복이 충신임을 알고 그들을 존경하여 예우하여 장사를 치렀다. 김육은 선배 명신들의 모범을 듣고 보면서 학문과 덕기를 길렀다.

김권은 옮긴 귀양지인 전라도 무안에서 1622년 죽었다. 감사가 김권의 사망을 보고하자, 그 충절을 인정한 광해군은 영의정으로 추증하기를 명하고 제문을 지어 조문했다. 1622년 김육은 재종조의 제문에서 "반드시 죽거나 유배당할 줄 알면서도 의로움을 보고 용감하게 행하는 것은 드물고 우뚝한 일이네. …… 강상(綱常)을 부지하고 충효를 이어 조상에게 영광이 있게 되었네. 사람은 반드시 한번 죽는 법인데 죽어서 이름이 빛났네."라며 기렸다. 광해군은 이덕형과 이항복과 김권의 충절을 인정한 사실로 보건대, 왕위 계승의 콤플렉스가 없었더라면, 명신들을 주위에 두고 조정을 순리로 이끌며 업적을 크게 거두었을 것이다. 김권이 사망한 후 36년이 지나 김육은 인조 때에 김권에게 시호를 내려 주기 요청하는 글을 지었는데, 김권이 이덕형 및 이항복과 아주 친하게 지냈다고 했다.

11 김육과 허균

김좌명이 지은 「가장」에 따르면, "일찍이 허균(許筠)을 길에서 만났는데, 허균이 말을 재촉하여 앞에 와서 인사를 했는데도, 부친은

못 본 체하고 지나갔다."(556) 왜 그랬을까? 동인 명망가이자 고위 관료인 허엽의 아들인 허균은 1594년 26세에 문과 급제하고 탁월한 문장력을 갖추었음에도 불구하고 출세하지 못했다. 인품이 경망하고 불교를 숭상한다는 등 그에 따라다닌 좋지 않은 소문 때문이었다.

계축옥사는 서인인 김육에게는 출세에 암운을 드리운 반면, 북인인 허균에게는 출세의 기회를 주었다. 그런데 광해군 시절 허균에게 출세는 처참한 죽음으로 귀결된 반면, 김육의 처신은 인조반정 이후 출세를 위한 자산이 되었다. 앞서 1613년 문경 새재에서 은상을 살해하여 일어난 칠서지옥(七庶之獄)이 계축옥사로 연결되었음을 언급했다. 평소 신분적 울분을 안고 생활하던 7명의 서자는 허균과 친분을 가지고 있었고, 그중 심우영은 허균의 제자이기도 했다. 이 옥사에서 허균의 관련성은 드러나지 않았으나, 신변이 곤란해진 허균은 글방 동문이던 권력자 이이첨을 후원자로 삼아 의탁하게 되었다. 그래서 허균은 화를 피하고 호조 참의와 형조 판서를 지내는 등 출세했다. 나아가 허균은 폐모론에 적극 동조하여 여론의 비난을 받았다. 김육이 11세 연장자인 허균을 무시하는 결례를 한 까닭은 여기에 있다. 한때 허균의 정치적 동지였던 영의정 기자헌(奇自獻)은 폐모에 반대하여 허균과 사이가 벌어졌다. 기자헌의 아들 기준격(奇俊格)은 아버지를 구하기 위해 허균이 '역적의 주모자'라고 고발하는 소를 올렸다. 1618년 남대문에 격문을 붙인 사건이 일어났다. 허균의 심복 현응민(玄應旻)이 붙였다는 것이 탄로 났다. 허균과 기준격의 대질 심문 결과, 허균은 역모로 처형되었다.

허균은 문집 『성소부부고(惺所覆瓿稿)』 11권에서 '논(論)'이란 항목 아래 경세제민론을 담았다. 그 중심을 이루는 「정론(政論)」에서는 재상을 잘 선발하는 것이 정치에 중요하며 선조 때에 율곡과 유성룡이 재능 있는 신하였으나, "그들이 포부를 펼치지 못했던 것은 재능이 미치지 못함이 아니었고 방해자가 있었기 때문이다."라고 보았다. 허균은 자신이 몸담은 북인이 비판한 율곡과 유성룡을 높이 평가하여 흥미롭다. "율곡이 곤욕을 당한 것은 공안을 고치려 했음이 불편했다느니, 여러 군에 정액 외 병사를 둠이 부당하다느니, 곡식을 바치고 관직과 작위를 제수받음은 마땅치 못하다느니, 서얼에게 벼슬길을 열어 주자 함도 옳지 못하다느니, 성과 보를 다시 쌓자는 것도 합당치 못하다느니라고 비난을 받았기 때문이다. 임진왜란 후에 왜적을 막고 백성을 편하게 하려고 부지런히 강구하던 방책은 위의 다섯 가지에서 벗어나지 못했다. …… 지금의 논자들은 온 힘을 다하여 율곡을 배척하면서 앞의 다섯 일을 받들어 시행하는 데 오히려 힘을 다하려 하지 않으니 이야말로 매우 가소로운 짓이다."라며 경세제민의 정책에 깊은 관심을 드러냈다. 「유재론(遺才論)」에서는 하늘이 인재를 태어나게 함은 본래 한 시대에 쓰이게 하려는 것이므로 인재를 버리는 것은 하늘을 거역하는 일인데, 우리나라에서는 서얼이라서, 어머니가 개가했다고 인재를 버리는 일을 개탄하고 귀천 차별 없는 인재 등용을 주장했다. 이런 논의로 보면, 허균은 율곡과 유성룡처럼 정치 개혁의 포부를 가졌는데, 고관이 되고도 펼치지는 못했다.

허균은 「호민론(豪民論)」에서는 호민을 가장 두려워할 존재라고 했는데, "자취를 푸줏간 속에 숨기고 몰래 딴마음을 품고서, 천지간을 흘겨보다가 혹시 시대적인 변고라도 있다면 자기의 소원을 실현하려는 사람들"이기 때문이었다. 허균은 최초의 한글 소설인 『홍길 동전』의 저자로 알려져 있다. 널리 알려진 바와 같이, 『홍길동전』은 얼자 신분의 울분을 안고 생활하던 홍길동이 반체제 활동을 하는 술 거리여서, 홍길동은 서얼 인재로서 호민이 되었던 것이다. 홍길동은 1613년 잡힌 7명의 서얼을 연상케 한다. 허균이 「유재론」과 「호민 론」을 쓴 데에는 서얼 차별을 폐지하여 이들을 체제 내의 인재로 활 용하기 위한 목적도 있었다. 7명 서얼은 허균의 사주를 받지는 않았 겠지만, 허균의 개혁적 사상에 영향을 받았을 것이다.

김육도 허균도 적극적 개혁론자였다. 허균은 목전의 안위와 출 세에 집착하여 폐모론의 오점을 남긴 반면, 김육은 출세에 집착하지 않고 하늘과 조상에 부끄럽지 않은 처신을 했다. 김육은 유학에 충 실하면서 개방적 학풍을 가졌으나, 허균은 더 나아가 불교와 도교에 도 관심을 가져 당시로서는 파격적인 사상을 가졌다. 김육은 학문과 행실 모두 유학에 충실한 반면, 허균은 자유분방한 생활을 하여 당시 방탕하게도 보였다. 품행이 방정한 김육은 조선 왕조나 근대 민주 국 가에서 모두 환영받지만, 자유분방한 허균은 근대 민주 국가에서는 재능을 뽐낼 수 있어도 전근대 왕조 국가에서는 불행해지기 쉽다.

허균의 누나인 허난설헌도 문학으로 유명하다. 허엽의 차남 허 봉(許篈)은 여동생의 재능이 하늘에서 타고난 것이라 하고 중국 사신 으로 가서 구하여 애독한 두보의 시집을 여동생에 선물하며 두보처 럼 되기를 바랐다. 여섯 살 위 누나의 재능을 사랑한 허균은 허난설 헌의 시를 중국인에 알려, 그녀의 글은 중국에서 높은 평가를 받았 고, 일본에서도 애송되었다. 허균은 서얼이나 여성도 차별 없는 세상을 꿈꾸었는지 모른다. 허난설헌과 허균의 남매 같은 인물이 다시 나타나 한국 문학의 수준을 높이기를 희망한다.

12 가평군 잠곡에서의 10년간 농민 생활

김육은 많은 역경을 겪으면서 그것에 좌절하지 않고 오히려 자신을 갈고 닦아 경세제민의 사상과 신념을 구체화했다. 그 중요한 계기가 잠곡에서의 10년간 농민 생활이다. 계축옥사가 일어나던 34세 때인 1613년에 김육은 경기도 가평군 잠곡 청덕동에 거처를 정했고, 다음 해에 가족을 이끌고 이곳으로 들어왔다. 그러면서 호를 잠곡으로 삼았다. 정치적 포부를 접고 농촌에 은거하는 뜻을 잠곡이라는 지명이 잘 드러내기 때문으로 생각된다.

김육의 확장된 「연보」에 따르면, 김육은 17세 때인 1596년 가을에 고모부인 감역(監役) 임경홍을 따라서 잠곡에 가 본 적이 있었다. 그때의 일화가 『잠곡필담』에 나온다. 김육은 그 산수를 사랑하여 매일 혼자 산골 개천가에서 버드나무 숲 아래 어망을 쳐 놓고 물 가운데 큰 바위에 앉아 책을 읽다가 해가 기울면 어망을 거두어 돌아왔다. 1872년 작성된 가평군 지도(규장각도서: 10367)를 보면, 잠곡을 남쪽으로 감싸는 하천이 잠곡천이다. 김육이 여기에서 어망을 치고 독서했음이 분명하다. 잠곡을 동쪽으로 감싸며 도는 하천이 조종천(朝宗川)인데, 고지도뿐 아니라 현대 지도에도 이름이 나온다. 하루는 호랑이가 나타났는데, 피할 겨를도 없어 본체만체하고 여느 때처럼 글을

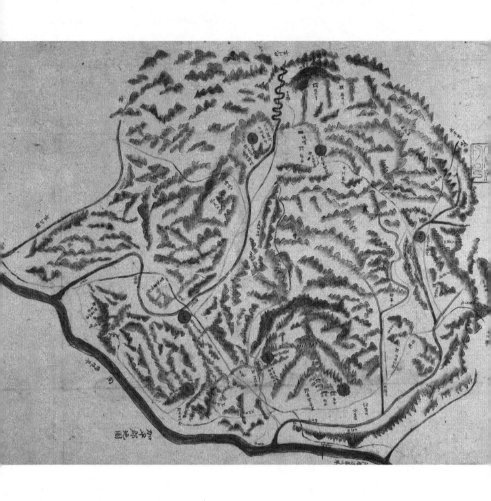

잠곡 서원 터가 표시된 1872년 가평군 지도.
서울대 규장각(奎 10367) 소장.

낭송했다. 그랬더니 호랑이는 개천을 따라 내려갔다. 돌아와 마을 사람에게 말하니 이곳이 호랑이 소굴이라 했다. 잠곡서원터로 알려진 안전유원지 남쪽과 동쪽을 감싸고 하천이 흐르고, 강 건너 호명산(虎鳴山)이 있다. 소동파(蘇東坡)는 호랑이가 무서워하지 않는 사람에게는 덤벼들지 않으며 그 동생인 소영빈(蘇穎濱)은 호랑이가 무서워하지 않는 사람을 두려워한다고 했는데, 김육은 그 말이 이치에 맞는다고 했다. 이 일화는 김육의 담대하고 침착한 성품을 보여 준다. 김육이 잠곡을 은거지로 삼은 이유 중 하나는 그 산수를 사랑했기 때문이다.

1757~1765년 사이에 각 읍에서 편찬한 읍지를 모아 만든 전국 읍지(邑誌)인 『여지도서(輿地圖書)』에서는 가평군 서쪽 30리의 서면(西面)에 잠곡리와 잠곡서원이 있다고 되어 있다. 남자 111명과 여자 112명의 63호가 마을을 이루었다고 적혀 있는데, 대개 기록보다 호구가 훨씬 많았다. 잠곡리는 조선 말에 장곡리로 지명이 바뀌었다. 김육이 잠곡에서 살 때 이후 1세기간 인구가 크게 늘어, 더 이상 '숨은 골짜기'가 아니어서 '긴 골짜기'라는 명칭으로 바뀌지 않았을까? 『여지도서』 가평군의 도로조에는 가평읍에서 서쪽으로 색현(色峴)을 넘고 조종천과 잠곡천을 건너면 서울로 가는 큰길(大路)이 나온다. 1872년 지도에 그 길이 나오며 그 길과 잠곡천 사이에 '잠곡 서원의 옛터'가 위치했다. 조종천과 색현 사이에 감천역(甘泉驛)이 있었다. 가평군에서 서울로 가는 큰길은 지금 46번 국도와 거의 일치하지 않을까 생각된다. 1842~1843년경 편찬한 『경기지(京畿誌)』에 나오는 지도도 그렇게 그려져 있다. 고지도와 읍지를 보면, 가평읍은 서울에서 130리이니, 잠곡은 서울에서 100리 정도 떨어졌다. 아침에 출발하여

부지런하게 걸으면 저녁 늦게 도착할 수 있는 거리였다. 비록 은거하지만, 김육은 기회가 되면 조정에 진출할 포부를 간직하고 있었다고 보인다. 조선 시대 대로(大路)는 서울을 기점으로 하여 사방으로 뻗쳐 있었다. 서울에서 동쪽으로 울진군의 옛 지명인 평해로 가는 대로를 보면, 서울-망우리-25리-옥산탄(玉山灘)-13리-평구역(平丘驛)-7리-봉안역(奉安驛)-25리-고랑역(高浪驛)으로 이어지는 길이 있고 고랑역에서 대로를 벗어나 북쪽으로 굴운(屈雲)-4리-청평천(淸平川)-2리-가평으로 이어지는 길이 있다. 잠곡에서 선영이 있는 평구까지는 40리 정도의 거리였다. 효심이 지극한 김육이 잠곡을 거주지로 선택한 데에는 선조의 묘소와 멀지 않은 점이 작용했음은 틀림없다.

김육은 잠곡에 들어가 44세 때까지 10년 동안 농사를 지으면서 생활했다. 『조선왕조실록』의 졸기에서는 "광해조에는 출세에 뜻이 없어 산속에 묻혀 살면서 몸소 농사짓고 글을 읽으면서 일생을 마칠 것처럼 했다."라는 내용이 나온다. 김좌명의 「가장」에 따르면, "학문을 닦으면서도 시간을 내어 늘 손수 농사를 짓고 땔감을 마련하여 생활을 꾸려 나갔다." 1643년 원손 보양관(元孫輔養官)으로 청나라 심양에 머물 때, 김육은 「가소음에 공경히 차운하다(敬次可笑吟)」라는 시에서 농민 생활을 다음과 같이 묘사했다.

지난 옛날 산속에서 살았을 적엔/ 형문(衡門)으로 오두막집 닫아 걸었지.……
약초 캐러 구름 뚫고 산에 올라갔고/ 낚시한 뒤 달빛 안고 돌아왔지.
나무하는 노인이나 농사꾼/ 세월이 오래됨에 사귐 깊었고,

가을 서리가 내리면 추수를 서둘고/ 봄비 내릴 적엔 밭을 갈았지.
손님 오면 웃옷을 벗은 채 웃고/ 산골 술상 따로 차릴 것 뭐 있나.
수건으로 동이 속의 술을 거르고/ 물고기에 나물무침이면 됐지.
맑은 담소 나누면서 소원함 펴고/ 큰소리로 노랫가락 흥을 돋웠지.

김육은 1615년 '세 칸의 띠풀집〔三楹之茅舍〕'인 초가삼간을 짓고 회정당이라 불렀다. 회정당은 서책이 있어서 독서를 하며 손님이 오면 담소하는 곳이었다. 「회정당 상량문(晦靜堂上樑文)」에다 그 지형을 다음과 같이 묘사했다. 농사 짓고 마음을 수양하기 적합한 지형이 은거지로 선택된 한 중요한 요인으로 보인다.

저 근평(斤平)의 서쪽을 돌아다보니 청덕동이 있는데, 땅은 넓어서 농사짓기에 알맞고, 물은 맑아서 갓끈을 씻을 만하도다. 푸른 산이 만 길 높이 솟아 있는데 고인(高人)이 우뚝 서 있는 듯이 늠름하고, 푸른 연못이 1000척이나 맑아 신물(神物)이 그 속에 숨어 또아리를 틀고 있는 듯하도다. 툭 트인 들판과 적막한 물가는 드넓고 그윽하다고 할 만하고, 사슴들은 무리 되고 푸른 솔은 벗이 되니 한가로이 노닐 수가 있도다.

김육은 「회정당 상량문」에 "관직에 오르면 도(道)를 행하고 그렇지 못하면 은거한다고 했으니, 공자의 밝은 가르침을 따르기를 원한다."라는 『논어』의 구절을 새겨 놓았다. 이 가르침대로 김육은 조정에 나가 도를 행할 수 없게 되자 미련 없이 정치적 포부를 접었으며,

인조반정 이후 관직에 있을 때에는 자신의 정치 이상을 실현하는 데에 매진하고 벼슬에 연연하지 않았다.

잠곡에는 김육과 진문이 있는 명사늘이 찾아왔나. 1615년에 문장가로 유명한 장유(張維)가 잠곡으로 찾아와 다음의 「회정당기」를 지었다. 이 글에서 장유는 김육이 언젠가 큰일을 할 것을 예견했다.

백후(伯厚, 김육의 자)는 집에서 시례(詩禮)를 전수받아 학문이 이루어지고 행동이 갖추어졌는데, 성균관에 지내면서는 높은 인품의 소유자로 더없는 중망(衆望)을 받았다. 그런데도 그만 영달할 생각은 하지 않고 세상을 피해 고원(高遠)하게 살려고만 한 나머지, 스스로 궁벽한 산골짜기에 들어가 암혈(巖穴)에 거주하고 샘물을 마시면서 이런 식으로 세상을 마치려고 하는 것처럼 생활하고 있다. 그러고는 또 군자는 숨어 살면서 조용히 기다린다는 회정의 교훈을 가슴에 새기고 좌우에 걸어 두고 아침저녁으로 쳐다보며 성찰하고 있다. 이렇게 보면 그의 뜻이 날로 고명(高明)하고 광대한 경지로 나아가지 않는 한, 그만두지 않을 것처럼 보이기도 한다. 그러나 숨기는 것이 막바지에 달하면 반드시 드러나게 마련이고, 고요함이 극치에 이르면 반드시 움직이게 마련이다.

김육은 1638년 장유에 대한 만사에서 "세상에 영웅이 태어남에/ 그 명성은 조선에 진동했네. 문장에는 정미함이 모두 모였고/ 도학은 수미일관했네."라며 칭송했고, "교분 맺어 서로 마음을 통하여/ 골육 형제와 같았다네."라며 우정을 묘사했다.

1616년에는 신익성이 방문했을 때, 부인은 급히 종을 시켜 의관을 보냈다. 그런데 김육은 밭에 김매는 일을 중단할 수 없다며 신익성을 밭두렁에 앉게 하고 김을 매 가면서 이야기를 나누었다. 신익성도 밭두렁을 옮겨 가며 즐거워했다 한다. 이 일화는 격식에 구애되지 않은 소탈한 김육의 성품을 드러낸다. 그날 밤 김육의 부인이 출산을 맞이했는데, 가난해서 쌀조차 없자 신익성이 쌀과 미역을 구해 주었다 한다. 그때 태어난 김좌명은 신익성의 사위가 되었다. 김육은 1644년 신익성에 대한 만사에서 "탁월하여 무리 중에 드러났고/ 빼어나서 세상 드문 인재였어라."라고 평가하고 그가 죽어 "적막하니 내 어디를 의지를 하리."라며 슬픈 심정을 토로했다.

최명길(崔鳴吉)은 가평 근처에 거주하여 자주 왕래했으며, 가끔 산사(山寺)에서 만나기로 약속하기도 했다. 「연보」는 인조반정 1년 전인 1622년 최명길과 함께 현등사(懸燈寺)에 유람간 일을 기록했다. 최명길의 시에 차운하면서 "시냇가 늙은이 생활 계책으로 가난하지 않아/ 바위 위에 낚싯대를 새로 하나 더 놓았네."라고 적었다. 20세기 전반까지도 일찍 결혼하고 수명이 짧아 40세 정도면 노인 행세를 했다. 김육은 잠곡천의 바위에서 독서하면서 물고기도 잡았는데, 최명길이 오자 함께 낚시한 것이다. 「가장」에 따르면, 최명길과 함께 인조반정에 참여한 박정(朴炡)이 잠곡의 집에서 묵으면서 모두 시국에 분개했는데, 이들은 김육이 군신 간의 도리를 견지해 변하기 어렵다고 판단하여 거사 계획을 알리지 않았다.(556)

김육은 성균관 유생 시절에 이미 동료들에게 학문과 인품으로 인정받아 이들 명사들이 출입했다. 잠곡에 찾아온 장유와 최명길은 모두 인조반정에 참여하고 병자호란에서 강화론을 주장하고 개방적인 학문 성향으로 양명학을 수용한 학자이자 정승의 지위까지 올랐다. 김육은 『해동명신록』에서 선조의 유명한 부마들 중에 신익성이 가장 뛰어났다고 평가했다.

김육이 잠곡에서 10년간 농민 생활을 통해 농촌 실정을 소상히 파악하게 된 체험은 훗날 경제 정책을 중시하고 그 구체적 방안을 수립하는 데에 유용한 자산이 되었다.[15] 김육은 농사짓던 곳의 지명인 잠곡, 그리고 독서하던 초가삼간인 회정당을 호로 삼았으니, 농민 생활 체험을 소중히 간직했다. 1768년 영조는 「어제종덕신편서」에서 김육은 저명한 정승(名相)이며 잠곡에서 '주경야독'을 하면서 경륜의 뜻을 품었다고 평가했다. 그리고 기묘명현의 후손으로서 광해군 때의 깨끗한 처신은 김육의 명망을 높이고 출세하는 데에도 자산이 되었다.

13 김육이 농사짓고 살던 잠곡의 현 위치는 어디인가

1704년 가평의 유생은 김육이 몸소 농사짓던 곳에 잠곡 서원 건립을 조정에 요청하는 소를 올렸다.[16] 확장된 「연보」에 따르면, 잠곡 서원은 1705년 "김육이 몸소 농사짓던 땅에" 건립되고 1707년 사액(賜額)을 받았다. 김육을 존경한 숙종이 후원했을 것이다. 그러다 1871년에 대원군의 서원 철폐령에 의하여 훼철되었다. 위패는 서원 자리에 묻었다.

1978년 가평군 유림은 잠곡 서원 복원 운동을 시작하여, 유원지로 변하여 주춧돌만 남아 있는 유적지인 외서면 청평리 140-17번지에다 토지 소유주의 양해를 얻어, 1982년 추모비를 건립하여 신위를 모셔 두고, 1983년 이후 해마다 제사를 지냈다. 그곳은 잠곡서원터로 구전되어 왔다. 일제 초기에 장곡리의 일부가 청평리에 포함되었으니, 잠곡은 청평리에 편입되었다. 지금 청덕동이란 지명은 사라졌다.

1999년 필자가 김육의 글을 집필하려 할 무렵에도 김육이 농사짓고 살던 잠곡의 현 위치에 관해 여러 설이 있었다. 필자는 읍지의 지도에서 잠곡천 옆에 잠곡 서원이 있는 것을 보고 청평리의 안전유원지에 있는 구전의 서원 터가 맞다고 생각했다. 잠곡 서원 터 옆 잠곡천에는 김육이 독서를 했다고 전해오는 바위가 있어서, 필자는 1999년 김육의 13세손인 김성구 씨의 안내로 찾아본 적이 있다. 그 바위는 둑방 공사로 아쉽게 물에 잠겼다.

김성구 씨는 2013년 1월 경기도청 문화재과에 갔다가 2012년 말에 잠곡 서원지를 문화재 지정에서 해제한다는 공고를 알고 놀라 필자에게 연락한 바 있다. 2003년 이 일대를 구입한 새 소유주의 재산권 행사 요청으로 지표 조사를 한 결과, 서원 건물을 증명하는 기와가 나오지 않았고, 잠곡 서원이 그 서쪽인 현 청평면의 산자락에 위치했음을 보여 주는 옛 지도가 있다는 것이다. 김육이 농사짓고 살던 잠곡은 지명이 말해 주듯이 골짜기이지만, 「회정당 상량문」에 드러나듯이 들판에 있었다. 김성구 씨의 항의로 재추정이 이루어졌는데, 정만조 선생은 1872년 제작된 가평군 지도에 나온 '잠곡 서원 옛 터' 글자 위치를 근거로, 청평역에 인접한 남서쪽의 청평내수면연구소라는 건물이 조그만 동산 옆에 있는데 이곳을 잠곡 서원의 옛터로 새로 추정했다. 그 후 경기도는 해제를 최종 결정했다.

유림 독립운동가의 후손인 최상규(崔相奎) 씨는 춘천에 살 때 김육에 관한 이야기를 많이 듣다가, 1974년 청평에 이사 와 1978년 잠곡 서원 복원 추진위원회의 성립 때부터 활동하여 그 회장을 역임했다. 그는 여전히 다음과 같은 논거로 추모비를 세운 곳이 서원터라고 생각했다. 지역 노인들의 구전이 그러했고, 그 지명이 서원터이다. 한글학회가 1985년 편찬한 『지명총람』에 따르면, 서원말은 장곡, 즉 잠곡의 서쪽에 있는 마을이고 잠곡 서원이 있었다. 서원터임을 보여주는 주춧돌이 있었고, 밭으로 경작되던 터를 파서 기와 등 증빙물이 나올 리가 없다. 원래 국유지인 모양인데, 6·25 전쟁 후에 장기 점유와 매매로 소유권이 형성되었다 한다. 구전 유적지와 청평내수면연구소는 직선 거리로 500미터 정도이니, 잠곡 서원 터는 대략 확정되었다.

가평군은 2013년 10월에 추모비를 청평 도서관 앞으로 옮겼다. 그러다 추모비를 2017년 5월에 현 청평역 북쪽 구청평역사의 빈 터에 있는 공원으로 옮겼다. 최상규 씨가 주도해 1975년부터 장곡 지명을 잠곡으로 환원하는 운동을 벌여, 다리는 잠곡교, 거리는 잠곡로로 바뀌었다. 그래서 공원은 잠곡동에 있다. 김육 후손과 가평 인사들은 잠곡동의 이름 없는 공원이 잠곡을 기념하도록 잠곡 공원이라는 명칭을 얻기 위해 노력해 왔는데, 그 뜻이 실현되기를 희망한다. 그래서 가평군뿐 아니라 전국적으로 김육이 몸소 10년간 농사를 지으면서 경세제민의 경륜을 쌓아 갔던 곳을 기려, 우리의 자랑스러운 문화유산을 풍성하게 해 주기를 기원한다.

14 김육과 인연이 있는 지역

　김육이 태어난 서울 마포리는 현재 마포구 도화동, 마포동, 용강동, 토정동에 포함된다. 김육의 「연보」에 따르면, 조부가 수령으로 재직하던 평안도 강동에 머물다가 1588년과 1590년에 서울로 돌아온 것으로 보건대, 임진왜란이 일어나기 전까지 주 거주지는 서울이었다.

　김육은 경기도 양주 평구(平丘, 현 남양주시 와부읍 삼패동 평구 마을)의 선영에 조부와 부모를 모두 묻었다. 1646년에는 중국 사신으로 갔다 오면서 임경업 장군을 압송하는 일을 맡다가 그 부하가 도망간 일로 파직을 당했다. 『잠곡필담』에는 임경업 장군의 지략을 높게 평가하는 글이 나온다. 그래서 김육은 임경업 장군과 부하들을 압송하면서 엄격하게 다루지 않은 것으로 보인다. 김육은 파직 당한 직후인 8월에 가평의 수리재(鷲嶺)로 들어가 잠시 살다가 청덕동의 옛집으로 왔다. 청평으로부터 춘천 쪽으로 경춘가도로 4킬로미터 정도를 가서 북쪽의 골짜기 길로 3킬로미터 정도 올라가면 수리재라는 유서 깊은 마을이 있다. 김육이 잠곡에 거주할 때, 여기에 와서 나무를 하고 숯을 구웠다는 이야기도 전해온다. 10월에는 평구에 집을 지었다. 김육은 효종에게 사직을 요청하고는 평구에 머물렀다. 김육이 차남 김우명에게 보낸 편지를 보면, 관직이 없는 차남이 모친을 모시고 평구의 집을 지키고 있었다.

「가장」에 따르면, 김육은 고위 관직에 있으면서도 서울에 집을 소유하지 못해 1년에 서너 번 이사 다녔다. 서울에서는 관직으로 부임한 1624년부터 1650년 집을 마련하기까지 30번 이사 다녔다고 한다.[17] 김육은 「원운(原韻)」에서 "우습고 또 우습네. 생계 졸렬한 내가 우습네. 작은 집 바람조차 못 가리고, 단지 안 곡식은 자주 떨어지네. …… 가난이란 선비의 일상인가. 일상에 처함은 비굴하지 않네."라고 읊었다. 김육은 고관직을 역임했지만, 당시 고관이라도 녹봉이 넉넉지 않았다.

김육이 우의정이던 1650년에 장남인 김좌명은 남산 기슭에 작은 집(小屋)을 구입하여 부친을 거처하게 했다. 1653년 그 집 뒤편 작은 언덕에 세 칸 초가집을 지어 공극당(拱極堂)이라 불렀다. 그 기문(記文)에서는 "밤에는 자미성(紫微星)을 우러러보면서 공경하고 낮에는 대궐을 바라보면서 두려워하고, 항상 상제(上帝)가 가까이 임하고 하늘의 위엄이 지척에 있는 듯 생각하여, 조심하면서 삼가는 공부로 공극당에 지내면서 부끄럽지 않기를 바란다."라는 정사에 임하는 마음가짐을 적었다. 1653년 집 바깥에 정자를 만들어 구루정(傴僂亭)이라 했는데, 지붕이 낮아 머리를 부딪히므로 반드시 허리를 구부린 뒤에야 움직일 수 있기 때문이었다. 그 기문은 명승지에서 유유자적하는 마음을 적었다. 1655년 남산의 골짜기 사이로 대나무 홈통을 시렁처럼 이어 대자리를 덮어서 태극정(太極亭)을 짓고 지은 기문에서는 주돈이(周敦頤)의 태극설과 도덕적 수양의 뜻을 담은 성리학설을 적었다. 1656년 태극정 아래에 재산루(在山樓)를 지었는데, 이 누각은 다음 절에서 설명한다. 만년의 김육은 "날마다 이 정자들 사이를 여유롭게 거닐었다." 김육은 이 서울 남부 회현방(會賢坊, 현 서울 중구 회현동) 자택에서 1658년 별세했다.

「가장」에 따르면, 김육의 죽음이 임박하자, 술사(術士)들은 자주 경기도 양근 우천의 옛터에 합장할 것을 말했다. 김육은 1628년 8월부터 이조 전랑이 되었는데, 다음 해 남인인 김세렴(金世濂)의 이조 전랑 천거에 불리한 소문을 잘못 듣고 전한 일이 파당적인 인사로 몰려 인조의 노여움을 샀다. 그래서 서울 밖으로 쫓겨나 우천에 가서 임시로 거처했는데, 지금의 광주군 남종면 귀여리인 소천이다. 여기가 종가의 터전이 되었다. 김육은 "우천은 진실로 좋은 곳이지만 부모님의 선영에서 멀리 떨어질 수 없구나. 반드시 나를 평구에 장사 지내라."라고 했다. 김육의 자손은 유언에 따라 묘소를 선영이 있는 평구에 정했다.

김식은 기묘사화로 자결했다. 김식의 산소 자리가 없자, 외가인 사천 목씨(泗川睦氏)는 소유한 평구의 땅을 제공했다. 그런 인연으로 김육 등 김식의 후손도 평구에 산소 자리를 잡았다. 김육의 6세손 김시묵(金時默)은 청요직을 거쳐 병조, 공조, 호조의 판서, 좌찬성 등 고위직을 역임했다가, 사후인 1776년 딸이 정조비인 효의왕후(孝懿王后)가 되면서 영의정, 청원부원군(淸原府院君)에 추증되었다. 영조는 1761년 12월 세손빈(世孫嬪)을 정하고 1762년 윤5월 사도세자를 죽음으로 내몰았다. 세자에 대한 기대를 버리고 세손에게 국운을 걸게 된 영조는 부친 숙종을 낳은 가문이자 명신 김육의 후손인 명문가이고 고위 관료의 딸을 세손의 배필로 선택하여, 사도세자의 아들인 정조에게 후광을 주고 정숙한 규수가 잘 내조하기를 바랐다고 생각된다. 효의왕후는 출산하지 못했으나, 덕행과 깨끗한 품성으로 복잡한 감정으로 얽힌 궁궐에 온화하고 공정한 기운을 불어넣었다. 정조는 청원부원군 가문에 우이동과 창동 일대의 넓은 토지를 하사했나. 김육의 9세손 심윤식(金允植)은 토지조사 사업이 이루어지던 1910년대에 사천 목씨와 협의하여 김식 후손의 산소를 포함한 평구의 13만 평과 정조로부터 하사받은 우이동의 그만한 토지를 서로 교환하여 토지대장에 소유권을 올렸다. 사천 목씨는 외손 김식과 그 후손에게 좋은 일을 하여 오늘날 서울 근교의 고가 부지를 확보한 복을 누리고 있다. 사천 목씨의 종친회는 우이동에 자리 잡고 있다.

김육의 사망일로부터 165일 만에 부인 파평 윤씨가 75세로 남편의 뒤를 따랐다. 「가장」에 따르면, "부친이 돌아가시고 몸이 상하여 병이 들었는데도, 약을 물리치고 들지 않으셨"으며, 임종할 때 "나를 염할 때에는 사치스럽거나 성대한 복장을 사용하지 말라."라고 당부했다. 윤씨는 남편의 묘소에 합장되었다. 부인은 "품성이 단정하고 아름다우며, 부인의 도리를 어기지 않고 수행했다. 자녀를 교육함에 반드시 의로써 했고 집안을 다스림에 여러 사람에게 은혜를 베풀었으며, 명확하게 결단을 내리셨다."라고 한다.

김육은 음성 현감, 충청 감사, 안변 도호부사, 및 개성 유수를 역임했다. 충청도 관찰사로 역임하면서 대동법 시행의 구체적 방안을 강구했다. 김육의 최대 업적은 충청도와 전라도 대동법이다. 이상에서 알 수 있듯이, 김육과 인연이 가장 깊은 지역은 광해군 시절 10년간 농민 생활을 한 가평 잠곡, 그리고 집터와 묘소가 있는 남양주 평구가 위치한 경기도이다.

경기도 남양주시 삼패동 평구에 위치한 김육의 묘소.

정경부인(貞敬夫人) 파평 윤씨와 합장했다.
· 평구에 청풍 김씨 문의공(文毅公, 김식)파 종중(宗中)의 선영이 있다.

15 김육의 재산루가 정약용과 마에마 교사쿠와 인연을 맺다

김육은 1656년 재산루를 짓고 쓴 기문에서 태극정 아래 "층진 바위가 솟아 있고 계곡의 물이 그 가운데로 흐르며, 서울을 굽어보고 삼각산을 나란히 마주보고 있다. 이에 지세가 높고 형세가 웅장하며 확 트인 것이 비길 데 없으니, 바로 하급 무사인 편비(編裨)들이 모여서 활을 쏘는 곳이다."라며 재산루를 세운 자리를 설명했다. 김육은 "지금 나와 함께 이 누각에 있는 자들은 모두 큰 뜻을 품은 사방의 무사들로" 여기에서 무예를 닦아 "모두 문무(文武)의 재주를 겸하여 들어가서는 임금의 심복이 되어 밤낮없이 가까이에서 시위(侍衛)를 하고, 나가서는 용맹한 장수가 되어 변방에서 날쌔게 내달려서, 호랑이나 표범이 산에 있는〔虎豹在山〕 기세가 있어 국가를 간성(干城)처럼 지킬 자가 실로 이 가운데에서 나올 것이다."라고 적었다. 호표재산(虎豹在山)이라는 고사성어에서 이름을 취한 재산루는 김육이 무사 양성, 곧 강병의 포부를 담은 누각이다.

강준흠(姜浚欽)이 서울 남산인 목멱산(木覓山)의 풍물을 읊은 시「청학동(靑鶴洞)」에서 '재산루'를 넣으면서 김석주의 별업(別業)으로 회현방에 있다고 설명했다. 김육의 장남 김좌명은 현종조 병조 판서를 지냈고, 장손 김석주는 숙종조 병조 판서를 거쳐 우의정이 되어 호위대장을 겸직했으니, 이들도 김육처럼 재산루에서 휘하의 무사들이 활을 쏘며 무예를 닦게 했을 것이다.「청학동」에서 보아, 김좌명과 김석주는 김육이 살던 집과 누각을 별장으로 삼은 모양이다. 김석주가 재산루에서 유유자적하며 지은 시도 있다.

김석주는 1684년에 죽고, 1689년 기사환국으로 죄인이 되어 공신호를 박탈당했다. 그로 인해 독자인 김도연(金道淵)마저 자살하는 가환(家患)을 겪었다. 그래서 김우명의 증손자가 김도연의 양자로 들어갔다. 그 후에도 김좌명 가문과 김우명 가문은 양자를 주고받았다. 가문의 비극을 겪으면서 재산루 누각은 관리될 수가 없어 사라졌다. 재산루에서 무사들이 활쏘는 것을 인상 깊게 본 주민은 재산루와 김육이 마지막 생을 보낸 집을 포함한 구역을 재산루라는 지명으로 부르게 되었다. 그래서 강준흠은 김석주 별장의 지명을 재산루라 했다.

정약용은 1783년 생원으로 합격하여 성균관에 들어갔다. 그래서 회현방으로 이사하여 재산루에 살았다. 김성구 씨는 회현방 집을 정조 때 정약용 집안에 팔았다는 말을 집안 어른으로부터 들었다. 조선의 위대한 정승이 마지막 생을 보낸 집을 위대한 학자 정약용이 구입한 사실은 흥미롭다. 김육은 경세제민의 정책을 구현했고 정약용은 경세제민의 학문을 발전시켰으니, 두 인물의 업적은 통한다. 강준흠은 정약용이 귀양 가서 집주인이 바뀐 후에 「청학동」을 지은 것으로 보이는데, 당시 사람에게는 정약용보다 김석주가 유명하여 김석주의 별장이 있었다고 전해졌다.

마에마 교사쿠(前間恭作)는 1891년 게이오 의숙(慶應義塾)을 졸업한 후 유학생으로 조선에 온 직후부터 1911년 관직을 그만두고 일본에 돌아갈 때까지 수많은 한국 서적을 수집하고, 나아가 연구했다. 그는 한국 고서 854종 2478책을 동경대학 동양문고(東洋文庫)에 기증했다. 그가 기증한 장서는 사료적 가치가 높아, 동양문고는 한국 고서를 소장한 외국의 대표적 기관에 포함된다. 마에마는 '조선 서지학(朝鮮書誌学)의 개척자'로 평가된다.

마에마는 1898년 7월 외무성 서기로 서울에 오고 1900년 3월 호주로 근무지를 옮겼다가 1902년 10월 다시 서울에서 근무했다. 마에마는 조선의 건축물, 원지(園池), 누정(樓亭) 등의 풍물을 감상하며 즐겼다. 그는 "인조조, 효종조의 명신 김육, 그의 손자 김석주의 저택 뒤"의 재산루라 불린 구역을 구매했는데, 서울에 두 번째 근무하게 된 1902년 이후로 보인다. 마에마는 재산루 구역에 집을 짓고 그 뒤편에 조선식 서루(書樓)를 만들어 '재산루'라는 편액을 내걸었다. 김육의 9세손인 김윤식이 그 글씨를 썼다. 마에마는 자신의 호를 재산

루로 정하고, 수집하여 재산루에 보관한 장서 목록책을 '재산루 수서록(蒐書錄)'이라 했다.[18]

마에마는 호를 재산부로 하고 서부 편액을 김윤식에게 무탁한 것으로 보건대, 김육이 쓴「재산루기」를 읽고 그 내력을 알았으며, 김윤식과 그의 선조 김육을 높이 평가했음이 분명하다. 마에마의 재산루 장서가 김육과 그 후손이 모은 장서와 관련이 있을까? 귀여리로 이사간 종가의 천운루(天雲樓)라는 서고에는 김육 이래 모은 장서가 수만 권이 있었다. 이 천운루의 장서는 1896년 화재로 사라졌다. 김육은 조선 왕조의 출판 문화에 이바지했다면, 마에마는 그런 장서의 수집과 정리에 선구적 역할을 했으니, 두 인물의 업적도 통한다.

이태진 서울대학교 명예교수는 2016년 출간한『일본의 한국 병합 강제 연구: 조약 강제와 저항의 역사』에서 을사늑약에는 문서 제목이 없고, 한일 병합 조약 때 한국과 일본 측 문서를 모두 통역관인 마에마가 썼다고 보았다. 그래서 고종과 순종이 두 조약을 승인한 적이 없다고 강조하면서 두 조약의 무효를 주장한 바 있다. 아무튼 마에마에 대한 한국인의 관심은 커지고 있다.

16 김육의 생활 자세와 처신

김좌명은「가장」에서 김육의 일생을 연대별로 정리한 다음 마지막(556~558)에다 김육의 생활 자세와 처신을 정리했다. 김좌명이 부친을 높이고 싶은 마음을 가졌겠으나, 김육이 남긴 기록, 『조선왕조실록』의 기록, 그리고 김좌명 이외 사람의 기록으로 보아 과장은 아니라고 판단된다. 김육을 잘 아는 사람들이 「가장」을 볼 터여서, 김좌명이 거짓을 지어낼 수 없었다. 김좌명이 정리한 김육의 생활 자세와 처신을 필자가 재구성해 제시하는데, 김좌명의 원래 취지를 훼손할 소지가 있으므로, 원래 배열 순서대로 번호를 붙인다. 인용하지 않은 부분이 있어서 내용이 이어지지 않으면, 번호를 바꾼다.

김좌명은 김육의 공직자로서 성실한 태도와 엄정한 처신을 다음과 같이 집약했다.

1. 처음에는 사방 100리의 땅을 다스리는 수령직을 받아, 민생을 안정하여 근본을 튼튼히 하는 일[安民固本]을 급선무로 삼았다. …… 언관이 되어서는 그 논한 바가 반드시 백성의 근심과 국가 계책을 우선하고 작은 일의 시비에 빠져들지 않았다. 이조 관직(전랑을 말함)을 맡아서는 당론을 배척하고 공정한 도리를 넓혔다. 진실로 적합한 사람이라면 비록 논의가 갈려도 솔선수범하여 뒤를 밀어 주어 앞으로 나아가게 했다. 만약 부적합한 사람이면 형세를 돌보지 않고 청직(淸職)에 뽑는 것을 허락하지 않았다. 정책을 논의하여 왕명을 출납하는 반열(승지를 말함)에서는 아침저녁으로 임금의 좌우에서 수많이 계도하여 모든 관청의 기강을 세워서, 훗날 지킬 제도와 관례를 제시했다.

정승이 되어서는 …… 정사를 올바르게 하는 것을 근본으로 삼아 그 몸을 잊고 나라를 위해 몸을 바쳤다. 마음과 힘을 다해 폐단을 개혁하고 백성을 구하는 것을 위주로 삼았다. 사리사욕을 행하고 당파를 비호하면 비록 평소 친분이 있더라도 사정없이 배척했다. 성의를 다해 국가에 봉사하면 비록 아랫사람일지라도 힘껏 승진시켰다. 인민에 해로우면, 계속해서 소장을 올리고 글을 써서 임금의 마음을 돌리려고 했다. 인민에게 이로우면 여러 사람이 조롱하고 비방하더라도 자신을 돌보지 않았다. 충성으로 임금을 사랑하고 국가를 걱정하며 시종일관 절개를 변치 않았음은 천지신명에게 맹세할 수 있다.

3. 조정에 있을 때 하루 종일 바르게 앉아서 조금도 흐트러짐이 없었으며, 공적인 일이 아니면 함께 앉아 있는 사람과 말하지 않았다. 목소리와 얼굴빛을 함부로 드러내지 않아서 사람들이 저절로 우러러 보며 존경했다. 제사에 참여해서는 목욕재계하고 반드시 성심껏 했으며, 제사 지내는 곳에서 공복(公服)을 벗지 않았다. 제사가 끝나는 저녁까지 어깨와 등을 세워 곧게 하고 조금도 움직이지 않고 서 계셨다.

4. 정승 김류(金瑬)는 부친과 함께 내국 제조가 되었는데, "나는 평생 다른 사람보다 크게 뛰어난 점이 없었지만 아침 일찍 관직에 나아가 업무 보는 것은 남보다 뒤지지 않았다. 그런데 지금 판서 김육에게 그 자리를 양보했다."라고 일찍이 말했다. 허적이 호조 판서였을 때 "여러 상급 관서는 조회를 기다릴 때 유촉(油燭)을 낭비했기 때문에 일절 공급하지 않았다. 그런데 오직 영부사의 관서만 해당 관청에게 신칙하여 올린 유촉을 신중히 사용했다."라고 말했다.

집에 있을 때의 처신은 다음처럼 공직자임을 잊지 않고 경건하고 부지런한 자세였다. 유학의 인을 실천하는 자세도 드러난다.

2. 직무를 벗어난 날에도 정령(政令)이 선함을 들으면 기쁨을 그치지 않았다. 정령에 문제가 있으면 문득 슬퍼하며 즐거워하지 않아 근심이 얼굴에 나타났다. 임금에게 말을 올릴 때마다 반드시 별실에 경건히 앉아 주위 사람을 물리치고 간혹 하루가 다 지나도록 조용히 생각했고, 간혹 밤새도록 주무시지 않고 작성하여 즉시 올리기도 했다. 간혹 원고에 직접 쓰지 않고 분판(粉板)에 써서 사람들에게 보였는데, 자제는 보지 못하게 했다. 상소문이 들어갔다는 소식을 들으면 즉시 관대를 갖추고 비답을 기다렸다가 뜰에서 받들었다.

관직에 있으면서 업무를 수행하거나 사람을 접대할 때 한결같이 성실하고 공손하며 온화하여 조화로운 기운이 가득했다. 하급 무사인 편비와 하급 관리인 이서에게도 은혜로운 뜻을 다해서 그들의 기쁜 마음을 얻지 않음이 없었다. 옳고 그름과 이롭고 해로움에 관해 비록 재상과 명사라 해도 사정을 보아주지 않았다. 다른 사람의 옳지 못한 것을 보면 혹 함께 앉아 있더라도 서로 말하지 않았으며, 문에 이르러도 서로 보지 않았다. 받는 것을 사양할 때에는 더욱 엄했으니, 비록 때에 맞는 예물과 해마다 올리는 물건일지라도 적합하지 않은 자에게서 온 것이면 받지 않았다. 가난하고 곤궁한 자에게는 마치 자신이 굶주린 듯 힘을 다해 널리 구휼했다. 한 사람이라도 마땅히 있어야 할 곳을 얻지 못하면 불쌍하고 가련하게 여겨 잊지 못했다. 절의(節義)를 본능처럼 숭상했다.

5. 비록 관직 업무를 벗어나 집에서 지내도 반드시 의관을 정제하고 바르게 앉아 하루 종일 엄숙하게 게으른 모습을 보이지 않았다. 편비와 막료(幕僚)가 안부차 방문하면 명함을 내놓는 것을 기다리지 않고 만났다. 한결같이 한집 사람처럼 대했다. 성품이 검소하고 근면하여, 나이가 들고 지위가 높아져도 스스로 한가롭게 지내지 않았다. 추위도 가죽옷을 입지 않았으며, 식사할 때도 맛있는 음식을 들지 않았다. 기거하면서 말 모는 미천한 하인도 번거롭게 부리지 않았다. 사람들과 함께 돌아다니면서 방문하는 것을 좋아하지 않았으며, 연회와 음악을 좋아하지 않았다. 음악과 여색을 멀리하지 않은 자를 보면 마치 자신의 몸을 더럽히듯 여겨, 일절 세상의 재미에 관심을 갖지 않았다. 오직 고서(古書)를 좋아하여 일찍이 잠깐이라도 손에서 책을 놓지 않았다. 해를 넘겨 나이가 들어도 매일 똑같이 닭이 울면 일어나 앉아 맑은 목소리로 읽으면서 글 외기를 그치지 않았다. 항상 자제들에게 "내가 이렇게 하는 것은 공부하는 티를 냄이 아니라 어려서부터 읽던 것이라 차마 지금 갑자기 그만둘 수 없기 때문이다."라고 말했다.

김육은 13세 때에 임진왜란을 만나 피난길에도 항상 옷소매 속에 있는 책을 외우면서 다녔으며, 숨을 거두면서 마지막으로 손자에게 "독서에 힘쓰거라."라는 말을 남겼다. 제사 지내는 자세, 가족에 대한 태도 등은 앞서 서술했다. 이러한 생활 자세는 김육이 행장에서 묘사한 스승 조호익과 닮았고, 필자가 『논어』를 통해 상상하는 공자의 모습과 닮았다. 유가라면 공자를 닮기 원하기 마련이었다.

김육은 부모에 대한 효성과 스승에 대한 공경을 극진히 하고 자녀에게 모범을 보이고 군주와 국가에 충성을 다하고, 동료와 협조하고 부하를 잘 다스려 그들의 성장을 도모하면서 정책 업적을 성대하게 이룬 인물이었다. 김육의 생활 자세와 처신은 오늘날에도 교훈을 준다.

1 인조반정으로 관직 진출의 길이 열리다

김육이 44세이던 1623년 3월 광해군에게 친동생을 희생당한 능양군(綾陽君)과 권력에서 밀려난 서인이 정변을 일으켜, 광해군은 강화도로 유배되고 능양군은 인조가 되었다. 이 인조반정으로 집권 세력은 대북으로부터 서인으로 바뀌었다. 이러한 정치 환경의 변화는 김육에게 관직의 문호를 열었다.

반정이라는 용어는 "난세를 다스려 바른 데로 돌리는 데에는[撥亂世反諸正] 춘추보다 나은 것이 없다."라는 『춘추공양전(春秋公羊傳)』의 구절에서 나왔다. 사마천(司馬遷)은 『사기(史記)』에서 한나라 고조(高祖) 유방(劉邦)의 공로를 반정으로 표현했고, 『조선왕조실록』은 태조의 왕조 창업을 그렇게 표현했다. 중국사에서는 군주가 지위를 잃었다가 회복하는 일을, 한국사에서는 군주의 교체를 반정으로 표현했다. 맹자는 군주가 큰 과오를 범할 때 귀척(貴戚)의 경(卿)이 반복하여 간해도 들어주지 않으면 군주를 교체하고 이윤(伊尹)과 같은 현자(賢者)도 그런 역할을 할 수 있다고 보았다. 『자치통감(資治通鑑)』의 저자인 사마광(司馬光)은 맹자의 역위론(易位論)이 귀척의 경에게 왕위 찬탈의 빌미를 줄까 우려했다. 그래서 주자는 귀척의 경이라도 기자 등과 같은 현자여야 군주를 교체할 자격을 가지며 왕족 중 현자를 왕위에 올릴 수 있다고 하여 맹자 역위론의 조건을 제한했다.

1506년 중종반정의 명분인 연산군의 폭정에 대해 반론을 제기하는 역사가는 없고, 당대인은 모두 중종반정의 정당성을 의심하지 않았다. 인조반정은 능양군이 주도적 역할을 하여 왕이 된 점에서 신하가 연산군을 쫓아내고 진성대군을 추대한 중종반정과 달랐다. 그래서 인조반정이 맹자나 주자의 역위 조건에 충족하지 않는다는 연구가 있다.[1] 사실 중국과 한국의 왕조 국가에서, 아니 세계사에서 주자의 조건은 말할 나위도 없고 맹자의 조건을 충족한 군주 교체의 사례는 없다. 왕족이라도 국왕의 큰 과오를 반복해서 간한다면 무사하기 어렵고, 이윤이나 기자와 같은 현자가 있다 해도 역위를 도모할 가능성은 낮기 때문이다. 중국의 아득한 옛날 왕조를 교체한 탕과 무왕도 사실 보통 정복자이지 현자는 아닐 것이다.

인조반정의 핵심 명분은 형제를 살해하고 모후 인목대비의 지위를 박탈한 일이고, 둘째로 중요한 명분은 명나라에 대한 은혜를 저버리고 오랑캐와 교분을 맺은 일이었다. 오늘날 학계는 광해군이 명과 청 사이에서 실리 외교를 펼친 것을 긍정적으로 평가한다. '정(正)'은 유교 도덕을 의미하니 인륜을 거스른 일은 반정의 최대 명분이 될 수 있다. 그런데 광해군 정도의 잘못으로 왕위 교체의 국가적 정당성이 인정된 일은 외국에서는 보기 힘든 현상이다. 그만큼 인조반정은 조선 시대 군주와 국가에게 요구하는 도덕성이 엄격했음을 보여 준다.

인조의 조정은 폐모론에 반대하여 조정을 떠난 인사를 불렀다. 『인조실록』 1년 3월 16일 기사를 보면, "이원익은 충직하고 청렴하여 선조조부터 정승으로 온 나라의 신망을 받았다. 광해조 임해군의 옥사 때 맨 먼저 은혜를 온전히 하는 의리를 개진하였고, 폐모론이 한창일 때에 또 차자를 올려 효를 극진히 하는 도리를 극력 아뢰었으므로, 흉도들이 몹시 그를 미워하여 목숨을 보전하지 못할 뻔하였다. 5년 동안 홍천에 유배되었다가 고향으로 돌아왔다. 이때 다시 영의정에 제수되니 조정과 민간인〔朝野〕이 서로 축하하였다. 상이 승지를 보내 재촉해 불러왔는데, 그가 서울로 들어오는 날 서울 주민은 머리를 조아리며 맞이하였다." 이원익의 영의정 취임은 정변의 정당화에 큰 도움을 주었다. 남인 이원익은 선조, 광해군, 이어서 인조라는 세 군주의 조정에서 영의정을 역임하는 기록을 세웠다. 인조는 반정 직후 산림을 조정에 불러들이기 위해 성균관에 종4품직인 사업(司業)을 설치하고 서인 김장생(金長生)과 박지계(朴知誡), 그리고 남인 장현광(張顯光)을 임명했다. 1624년에는 세자시강원에 정3품의 찬선(贊善), 종5품의 익선(翊善), 종7품의 자의(諮議)라는 관직을 두어 산림의 정치 참여를 제도화했다. 이처럼 산림의 지지와 조정 진출은 정변의 정당화와 정권의 공고화에 이바지했다. 율곡의 수제자인 산림으로 서인에게 명망이 높은 김장생은 사헌부 장령(掌令)을 사양하면서 간신들이 "인륜을 무너뜨려 백성이 도탄에 빠지고 종묘사직이 위태롭게 되었는데" 반정이 "종묘사직의 억만년 경사"라고 아뢰었다. 이처럼 대부분 정변의 정당성을 인정했으나, 군주를 몰아낸 일을 부끄럽게 생각하는 반정 공신 장유 등 소수 인물도 있었다.

인조반정을 주도한 서인은 다른 당파의 조정 참여를 두고 견해가 갈렸다. 김상헌을 위시하여 나만갑, 유백증 등 젊은 층은 북인을 죄인으로 몰고 남인 역시 소인으로 보아 군자 집단인 서인만의 정권을 세워야 한다는 군자 소인론을 주장했지만, 권력의 주체는 아니어서 그 목소리는 약했다. 이에 비해 조정론과 조제론은 모두 서인만의 정권 구성에는 반대하고 어떤 형태로든 남인과 북인을 정권에 참여시켜야 한다는 의론이었다. 권력 실세인 인조와 공신 대부분은 이 견해를 지지했다. 조정론은 당면한 국가적 위기의 타개를 위해 능력 위주로 관리를 임용하며 다소의 흠절이 있더라도 인재라면 적극적으로 수용한다는 입장이었다. 붕당을 망국의 요인으로 보고 군자는 당이 없어야 한다는 군자 무당론(君子無黨論)에 기초한 견해였다. 반면 조제론은 붕당을 긍정하는 데서 출발했다. 다만 서인만이 군자라는 식의 붕당론을 비판하고 서인, 남인, 북인에 모두 군자와 소인이 섞여 있는 이상, 흐린 물을 쳐서 맑은 물만 떠오르게 하는 격탁양청의 방식에 따라, 각 붕당 내의 군자들만으로 정권을 구성해야 한다는 주장이었다. 물론 그 격탁양청을 수행하여 군자를 아우르는 조제의 주체는 집권 세력인 서인이었고 그 기준도 서인적 당론에 토대한 잣대였다. 그런 면에서 군자소인론과 크게 다르지는 않았다.

김류는 조정론의 주창자였고, 이귀(李貴)는 조제론을 율곡의 견해라며 주장했다. 두 사람 모두 인조반정의 원훈(元勳)이어서, 이들의 논쟁은 두 사람의 인사권 행사를 통한 정국주도권에 직결되어 치열하게 전개되었다. 그래서 김류를 지지하는 노서(老西)와 이귀를 따르는 젊은 관료들인 소서(少西)로 분열되었다.[2] 인조는 반정을 주도한 서인을 무시할 수 없었으나, 서인 독주를 견제했다. "우리가 만번 죽음을 무릅쓰고 반정을 한 것은 종묘사직을 위해서였다. 이제 만약 당파를 심고자 한다면 반정의 본뜻에서 크게 어긋나는 일이다."라는 김류의 조정론은 붕당을 혐오한 인조의 지지를 받았다. 그래서 김류는 이조의 참의, 참판, 나아가 판서직을 차례로 지내면서 이귀 등 소서 인사들이 그렇게 반대했던 북인 남이공을 언론의 우두머리인 대사헌으로 삼기까지 했다. 반면 이귀는 편당(偏黨)을 일삼는다는 왕의 의심 때문에 이조의 관직에 가까이 가지 못했다. 인조 대는 조정론의 시대였던 것이다.

인조의 조정은 이이첨, 정인홍 등 6명에게 능지처참하는 가장 가혹한 형벌을 내리면서 처벌 범위를 축소하여 은전(恩典)을 베풀기로 했다. 역설적이게도 이이첨은 계축옥사를 일으켜 능양군에게 왕위를 안겨 준 최대 공로자였다. 정인홍은 대북파의 정신적 지주여서 정치적 희생양이 되었다. 반정이 일어난 지 7일 지난 3월 20일 반정 공신인 김류와 이귀는 논공행상이 있어야 한다고 아뢰자, 인조는 당파의 비호를 엄벌하겠다고 천명했다. 광해조의 주도 세력인 대북 이외에는 관직의 문호를 개방했다. 반정 직후부터 2년 6개월간 중앙의 6품 이상 관직에 오른 164명 중 서인이 50%, 남인이 21.3%, 북인이 7.3%를 차지했고, 35명은 당색을 알기 어렵다.[3]

인조반정 이후 서인, 영조 대 이후 그중에도 노론에게 권력이 집중되는 현상이 나타나 붕당 간 세력 균형이 무너지는 문제가 나타났다. 이에 대처하면서 왕권을 강화하기 위한 대응이 탕평 정치였다. 현종대 이후 당쟁이 격화되는 가운데 숙종, 영조 및 정조는 세도의 주재자로 자임하고 탕평 정치를 하면서 왕권을 강화했다. 영조의 탕평책은 인조조 조정책을 계승하는 면이 있다.[4]

광해조에 남인이나 서인도 참여했으되 대북파가 정국을 주도했듯이, 인조조에는 서인이 정국을 주도하고 다른 정파는 서인을 보조하는 역할에 그쳤다. 3월에 서인의 정신적 지주인 율곡에게 영의정을 추증하고 문성(文成)이라는 시호를 내렸다. 성혼의 문인인 오윤겸이 성혼의 신원을 거듭 요청하자, 인조는 성혼의 우참찬 관직을 회복했다. 5월에는 정철의 관직도 회복되었다. 1633년에는 성혼에게 문간(文簡)이라는 시호를 내렸다. 정권을 장악한 서인은 대의명분을 주도할 발판을 마련한 셈이었다. 나아가 1625년부터 서인은 율곡과 성혼의 문묘 종사 운동을 전개했다.

1623년 4월 이조가 "계축옥사 이후 상소하여 바른말을 한 인사 및 깨끗이 처신하여 지조를 지켜 온 사람들을 찾아 보고해서 6품직에 임용하고, 자리가 비는 대로 관직을 주어 인재 등용의 길을 넓히는 것이 참으로 편하겠습니다."라고 아뢰자, 인조는 이를 따랐다. 직언을 하다 처벌된 유생 6명과 학행(學行)이 있는 유생 17명에게 모두 6품직을 제수했다. 학행은 유학을 성취하여 유교 도덕을 행한 일을 말한다. 김육은 학행으로 6품직에 올랐는데,『인조실록』에서 김육이 처음 나온 기사이다.[5] 광해조 김육의 깨끗한 처신이 인정을 받은 것이다. 김육과 더불어 학행으로 6품직을 받은 김집은 효종 때 김육과 정책 대결을 했다. 학행으로 6품직에 오른 조경에 대해 김육은 "친구 중에 누가 날 알아주었나, 평생 조경 그대네."라고 했다. 조경은 김육의 묘지명을 지었다.

김육은 의금부 도사(義禁府都事)로 발탁되었다. 도사 원리길(元履吉)은 이이첨의 아들인 이대엽(李大燁)을 압송하면서, 이대엽이 반정 공신 신경진(申景禛) 형제를 처남으로 두어 길가에서 처자와 더불어 서로 이야기를 나누며 이별하게 했다. 원리길이 뒷날 그 일이 발각될까 염려하여, 김육을 만나 위임하고 떠났다. 과연 대간이 계사를 올려 김육은 관직을 빼앗겼지만, 변론하지 않았다.

김육은 다시 과거에 응시하여, 1623년 겨울 증광초시(增廣初試)에 장원을 했다. 1624년 1월 인조반정의 논공행상에 불만을 품은 이괄(李适)이 반란을 일으켜 서울로 쳐들어오자, 인조는 남쪽으로 피난했다. 이에 김육은 인조를 모시고 다닌 공로로 2월 음성현감에 임명되었다.

김육이 문과에 급제하지 못한 상태에서는 지방 수령 이상으로 출세하기는 어려웠다. 그러면 경세제민의 포부를 펼치는 데에는 한계가 있었다. 김육은 음성현감으로 재직한 1624년 9월 회시(會試)에 합격하고 얼마 뒤 전시(殿試)에 장원을 했다. 문과 급제 후 김육은 중앙 관계로 진출했다.

2 김육이 역임한 관직과 조선 왕조의 관료, 정치인 양성 체제

김육의 지방관, 경관 및 중국 사신으로서 풍부한 경험은 위대한 정책 업적을 뒷받침한 중요한 요인이었다. 그래서 김육이 역임한 관직을 통해 조선 왕조의 관료, 정치인 양성 시스템을 고찰한다. 「가장」, 「연보」, 『조선왕조실록』 및 『승정원일기』에 나타난 김육의 관직과 사신 활동을 〔표 3〕에 정리했다.

〔표 3〕 김육이 역임한 관직

1624년(인조 2)	2월, 음성 현감(陰城縣監).
	10월, 사간원 정언(正言).
	12월, 성균관 전적(典籍).
1625년	정월, 병조 좌랑 겸 춘추관 기사관(春秋館記事官)으로 『광해군일기』 편찬에 참여.
	2월, 사헌부 지평(持平) → 정언.
	3월, 세자 시강원 사서(世子侍講院司書).
	7월, 문학(文學) 겸 춘추관 기주관(記注官) → 지평.
1626년	정월, 문학.
	2월, 지평. → 병조 정랑 겸 지제교(知製敎), 호패청 낭청(號牌廳郎廳).
	3월, 지평.
	4월, 성균관 직강(直講).
	5월, 정언 → 헌납.
	6월, 직강 → 지평.
	7월, 문학.
	11월, 지평.
1627년	정월, 문학.
	3월, 병조 정랑.
	5월, 지평 → 직강

1628년	정월, 홍문관 수찬(弘文館修撰) → 교리. 2월, 헌납. 3월, 교리 → 헌납. 4월, 부교리. 5월, 헌납. 7월, 교리 겸 사서. 8월, 이조 좌랑. 9월, 이조 정랑.
1629년	4월, 직강. 5월, 이조 정랑. 7월, 파직.
1631년	1월, 사면.
1632년	5월, 부수찬 → 교리. 6월, 이조 정랑 → 부응교, 인목왕후(仁穆王后) 사후 산릉도감 도청(山陵都監都廳). 7월, 의정부 검상(檢詳). 8월, 사인(舍人). 9월, 세자 시강원 보덕(輔德). 10월, 부응교. 11월, 사간원 사간 → 통정대부, 용양위 부호군 지제교(龍驤衛副護軍知製教).
1633년	4월, 병조 참지. 5월, 승정원 동부승지. 6월, 우부승지. 9월, 호군(護軍) → 안변 도호부사(安邊都護府使).
1636년	정월, 임기 만료. 2월, 호군. 3월, 동지사(冬至使). 4월, 예조 참의(參議). 6월, 중국 출발.

1637년	5월, 귀국→병조 참의. 6월, 예조 참의. 8월, 동부승지→우부승지. 10월, 호군.
1638년	정월, 장례원 판결사(掌隷院判決事). 3월, 예조 참의. 6월, 승문원 부제조. 6월, 충청도 감사.
1639년	7월, 임기 만료→첨지중추부사. 9월, 동부승지. 10월, 우부승지. 12월, 좌부승지.
1640년	정월, 부호군→동부승지→우부승지. 윤정월, 호군→형조 참의 겸 대사성. 3월, 동부승지. 4월, 우부승지. 6월, 좌부승지. 7월, 호군→병조 참의. 9월, 좌부승지. 11월, 우승지.
1641년	2월, 우부승지. 3월, 사임. 4월, 좌승지. 12월, 홍문관 부제학.
1642년	3월, 사간원 대사간. 4월, 병조 참의 7월 우승지. 9월, 사임→병조 참지. 10월, 대사간→호조 참의. 윤11월, 부제학.

1643년	2월, 승문원 부제조.
	4월, 우승지.
	5월, 한성부 우윤.
	6월, 부제학.
	7월, 도승지, 내의원(內局) 제조(提調) 겸임.
	8월, 원손(元孫, 소현세자의 맏아들 경선군(慶善君)) 보양관(輔養官) 겸임.
	9월, 관상감 제조.
	10월, 사임 → 지신사(知申事) → 호군.
	11월, 병조 참판, 세자 우부빈객(右副賓客) 겸임.
	12월, 원손을 모시고 중국행.
1644년	8월, 귀국 도중 예조 참판 → 대사성.
	9월, 이조 참판 겸 오위도총부 부총관
	11월, 비변사와 선혜청의 제조 겸임 → 형조 판서, 세자 우빈객(右賓客) 겸임.
	12월, 원접사(遠接使).
1645년	1월, 사임.
	2월, 복명.
	3월, 반송사(伴送使)
	4월, 소현세자의 묘소 제조(墓所提調).
	6월, 의정부 우참찬.
	윤6월, 사헌부 대사헌 겸 지춘추관사 → 예조 판서 겸 내의원 제조.
	11월, 사임.
	12월, 예조 판서 겸 우부빈객.
1646년	2월, 호군, 사은 부사(謝恩副使).
	6월, 귀국.
	7월, 파직.
	12월, 대호군(大護軍).
1647년	2월, 도총부 도총관.
	4월, 개성부 유수(開城府留守).

1649년	3월, 임기 완료. 3월, 상호군(上護軍). 5월, 인조 승하 직후 예조 판서, 빈전도감(殯殿都監)과 국장도감(國葬都監)의 제조, 찬집청(撰集廳) 당상을 겸임. 8월, 사헌부 대사헌. 9월, 우의정.
1650년	1월, 사직. 3월, 북경 진향사(進香使), 영중추부사 겸 봉상시 도제조.
1651년	정월, 영의정. 2월, 『인조실록』 총재관(摠裁官) 겸임. 12월, 좌의정.
1654년	6월, 영의정.

* → 는 같은 달에 관직 이동

　일부 생략했음에도 관직 이동이 매우 빈번한데, 이는 조선 시대에서 일반적 양상이었다. "군자는 한 분야에 국한된 전문가가 아니라 다방면의 식견을 가져야 한다."(君子不器)라는 공자의 가르침의 영향으로 보인다. 그래서 기술 등 한 분야의 전문가는 소인의 일로 간주되었다. 이러한 문화는 국정에 폭넓은 식견을 갖춘 김육 같은 관료의 배출에는 유리하나, 전문 기술 관료의 양성에는 불리했다.

　김육은 1624년 전시에 장원을 한 이후 중앙 관부의 여러 요직을 맡았다. 과거 성적이 좋고 광해조 때의 곧은 처신을 인정받았고 기묘명현의 후손이라는 후광이 있었으며 인조반정에 공을 세운 장유, 최명길 등과 친했기 때문이다. 10월에 첫 경관직(京官職)으로 정6품인 사간원의 정언에 임명되어 청요직의 언관으로부터 출발했다. 이후

4년간 사간원과 사헌부의 대관(臺官)의 직책에 주로 머물렀다. 그사이 병조의 좌랑과 정랑을 역임한 것도 주목된다. 사헌부와 사간원보나 홍문관의 관직이 더욱 요직이었는데, 이 삼사의 관직이 모두 청요직이었다. 1628년에는 홍문관 수찬, 이조 좌랑, 이어서 이조 정랑이라는 요직 중의 요직을 역임했다. 이중환의『택리지』에 따르면, 이조 전랑은 삼사 관원의 천거권을 가져 이들의 공론을 주도함으로써 권한이 정승인 삼공에 대등했다. 그래서 당상관도 길에서 이조 전랑을 만나면 말에서 내려 인사했다. 대체로 홍문관 관료는 사헌부와 사간원에서 뽑혔고, 전랑직은 홍문관 출신의 명망 있고 젊은 문신 중에서 선임되었다. 김육도 대간을 하다 홍문관원이 되고 이어서 이조 전랑이 되는, 문신 관료 중에도 엘리트 코스를 밟았다. 1633년 정3품 동부승지가 된 이후 승정원에 자주 근무하여 1643년에는 마침내 도승지가 되었다. 1640년에 대사성, 1642년에 대사간, 그리고 1645년 대사헌에 임명되었는데, 모두 종2품직이며, 판서와 정승으로 출세하기 위해 거치는 자리였다. 1644년 이후 정2품의 형조 판서와 예조 판서에 올랐다. 효종 때인 1649년 이후 우의정, 좌의정 및 영의정을 두루 역임했다. 김육은 1625년 춘추관 기사관을 겸하여『광해군일기』의 편찬에 참여하고, 1651년 영의정으로서『인조실록』총재관을 겸임했다.

1456~1863년간 우의정, 좌의정 또는 영의정을 역임한 298명의 경관직 경력을 분석한 연구에 비추어 김육의 관직 경력을 살펴보자. 이들은 30세 전후에 문과에 급제했는데, 김육은 임진왜란기 8년간 고생하고 잠곡에서 10년간 농민 생활을 하여 문과 급제가 늦었다.

이들은 처음 홍문관, 예문관 및 승정원에서 하급 관직을 돌아가면서 맡다가 사헌부, 홍문관 등에서 사림의 공론을 수렴하여 군주에 전하여 국정에 반영하도록 하는 청망 근시직(淸望近侍職)의 중급 관료로 지냈다. 나아가 홍문관 직제학, 사헌부 집의, 동부승지 등으로 고급 관료인 당상관이 되고, 이어서 사헌부 대사헌이나 이조 참판으로 경력을 쌓고 판서직을 역임하다 이조 판서를 거쳐 우의정에 선임되었다.[6] 김육은 이런 출세길을 밟았으나, 이조 판서를 역임하지 못했다. 앞으로 언급하겠지만, 소현세자의 부인과 아들을 옹호하여 인조의 눈 밖에 났기 때문이다. 그런 점에서 효종의 등극이 정승에 오르는 계기를 마련했다.

김육은 음성 현감, 안변 도호부사, 충청 감사 및 개성 유수라는 지방관으로도 활동하여 모두 치적을 쌓았다. 경관으로도 성실하고 인상적인 활동을 했다. 1636년 이후 중국에 사신으로 여러 차례 다녀왔는데, 이에서 견문을 넓혔을 뿐만 아니라 외교에서도 명성을 쌓았다. 김육이 효종 때에 정승에 올라 국정을 주도하며 소신의 정책을 추진할 수 있게 되었다. 김육이 효종 대에 경세제민의 업적을 성취할 수 있었던 것은 인조 때에 경관으로서 정책 역량을 쌓고 지방관으로서 다스리는 경험을 넓히고 중국 사절로서 견문을 넓혔기 때문이다. 조선 국가는 나름의 인재 육성 방도를 가졌으며, 김육의 성취는 조선 왕조의 관료, 정치인 양성 시스템이 잘 작동한 사례이다.

모두 앞서 언급했지만, 김육은 세 번 파직을 당했다. 1629년의 파직은 징계 기간이 가장 오래되고 정치의 이해에 도움을 주어, 그 내용을 소개한다. 김세렴은 1616년 24세로 장원급제한 수재였다.

1575년 전후 김효원과 심의겸의 대립이 발단이 되어 동인과 서인으로 나뉘었는데, 김세렴은 김효원의 손자여서 동인이었고, 그중 북인이었다. 광해조 정언으로 있으면서 폐모론(廢母論)에 참여하지 않았다가 벌을 받았는데, 사론(士論)이 훌륭하게 여겼다. 인조반정 직후 그를 불러 수찬에 제수했는데, 김류는 그의 재주를 사랑하여 이조 판서가 되자, 그를 전랑으로 삼고자 했다. 이조 전랑은 삼사의 젊은 관료의 공론을 지휘할 수 있는 요직이었다. 김세렴은 정묘호란을 당해 무군사(撫軍司) 종사관으로 동궁을 따라 전주에 이르렀다가 조모가 죽었다는 소식을 듣고 역마(驛馬)를 타고 상을 치르러 달려갔다. 이조 정랑인 김육이 임금의 명으로 남쪽으로 출발하면서 좌랑 심지원(沈之源)에게 김세렴에 대해 들은 비방을 전하고 "그대가 헤아려 처리하라."라고 말했다. 심지원의 전언으로 김세렴이 전랑의 추천에서 삭제되었다. 김육은 돌아와 "내가 말한 것은 인사에 신중하려는 취지였는데 어찌 이처럼 경솔히 하였는가?"라고 따지니, 심지원이 "전에 그렇게 말하였기 때문에 동료들과 의논하여 처리했는데, 이제 와서 딴소리를 하는 것은 무슨 의도인가?"라고 답했다. 김육은 심지원이 소문의 진상을 조사한 다음에 조치하기를 바랐으나, 그 점을 명확히 말하지는 않았다. 김류는 나만갑(羅萬甲) 등이 평소 김세렴과 사이가 좋지 않아 모함한 것으로 의심하여 인조에게 아뢰었다. 이 사건이 문제가 되던 7월 14일 경연에서 최유해(崔有海)는 "김세렴의 일에 대해서는 신 역시 그때 남쪽에 같이 갔기 때문에 그 곡절을 자세히 알고 있습니다. 이른바 방 안에서 조문을 받았다는 것이나 역마를 타고 상을 치르러 갔다는 것 등은 모두 황급한 상황에서 어쩔 수 없이 나온 행동이었고, 이를 사람이 혹 비난한 것은 또한 예법(禮法)의 측면에서 김세렴을 책망한 것이었습니다."라고 아뢰었다. 인조는 크게 노해서 "붕당으로 인한 피해를 그냥 놔두면 나라를 망치고야 말 것이 분명하기 때문에" 엄한 처분을 내려, 나만갑을 유배 보내고 김육을 파직하고 도성 밖으로 내보냈다. 서인 나만갑이 김세렴 사건이 일어나기 직전 이조 전랑에 천거되자, 인조는 그가 당론을 주도하는 인물이어서 독단할 것을 우려하여 승인하지 않았다. 나만갑은 서인 외의 인물을 조정에서 배제해야 한다는 입장이었다. 영의정 오윤겸은 "당초에 김육이 그런 이야기를 풍문으로 듣고 전했습니다만, 나중에 그 말이 사실과 달랐기 때문에 돌이켜 청로(淸路)에 진출시키려고 하였던 것이니, 이는 앞뒤로 들은 것이 각각 달랐기 때문입니다."라고 변호했다.[7]

「가장」에 나오는 김육의 관점은, 상복을 입기 전에는 조문을 받지 않는 것이 예인데 김세렴이 그날로 떠났으니 진실로 조문을 받을 겨를이 없었으며, 천리길을 걸어서 갈 수 없어 도체찰사 이원익이 말을 주어 보냈으니 김세렴을 등용해야 한다는 것이었다. 당파심이 없이 이 사건을 지켜본 조경은 김육의 묘지명에서 "사실은 공이 김세렴에 대한 비방을 그치게 하였다."라고 했다. 김육은 서인이라 서인과 주로 교류하다 보니 편향된 소문을 전하게 되었는데, 그것이 잘못된 것을 알고 곧 과오를 시인했다. 김육은 2년간 근신한 후에야 사면을 받았고, 1년 더 지나 관직을 받았다. 반정 공신인 김류는 당색에 구애받지 않고 인재를 등용하자는 점에서 김육과 입장을 같이하여, 김육은 조정에 복귀한 후에 김류와 밀접한 유대 관계를 맺었다. 그래서 김류가 1648년 사망하자, 그의 손자가 "조부의 일을 공보다 더 잘 아는 사람이 없습니다."라며 청하여 김육은 김류의 묘지명을 지었다.

이 사건 후에 김육은 김세렴과 좋은 관계를 맺었고, 김세렴은 김육의 성책을 후원하기도 했다. 김육은 안변 도호부사로 떠나는 김세렴을 전송하며 지은 시에서 "덕업(德業)과 문장이 모두 당대의 으뜸으로, 경연에서 계책을 올려 임금의 인정을 받았기에, 임금 총애가 아주 깊어 큰 계획에 참여했네."라며 높게 평가하고, "어려운 시기 지내면서 막역 교우 맺었다오. 관직에 함께 있은 지 얼마나 되었나. 이치를 말하며 학문을 논하다 날 새는 줄 몰랐지."라며 우정을 묘사했다. 김세렴은 유명한 실학자인 유형원의 고모부이자 스승이었다.

3 김육이 생각한 국정 과제

1640년 승지 김육은 국왕을 대신하여 작성한 「가뭄 재해로 인해 말을 구하는 교서(因旱災求言敎書)」에서 국정 과제를 다음과 같이 제시했다. 먼저 군주의 자세인데, 국정 전반에 관련된다. 이어서 육조, 언관, 그리고 지방관의 과제가 나온다.

나의 마음은 본디 나라를 잘 다스리고자 하였는데, 다스림의 성과는 나타나지 않고 있으며, 나의 마음은 본디 백성을 사랑하고자 하였는데, 백성은 그 은택을 입지 못하고 있다. 나의 마음은 본디 어진 사람들을 모두 등용하고자 하였는데, 들에는 유일(遺逸)이 숨어 있다. 나의 마음은 본디 사특한 자들을 내치려고 하였는데, 조정에는 용렬한 자들이 뒤섞여 있다. 나의 마음은 본디 기강을 진작하고자 하였는데, 퇴폐해지는 걱정이 지난날보다 오히려 더 심하다. 나의 마음은 본디 실제 공효(實功)에 힘쓰고자 하였는데, 허위의 습속을 전보다 오히려 더 답습하고 있다. 본디 직언을 아뢰게 하였는데도 강직하게 말을 올리는 사람은 보이지 않고, 본디 공도(公道)를 넓히고자 하였는데도 사특한 길은 막히지를 않고 있다. …… 내가 비록 백성을 사랑하고자 했으나, 노동력을 징발하고 조세를 거두는 일에 있어서 부득이한 것이 많은 탓에, 측은하게 여겨 자애롭게 보살피는 실제가 백성의 마음을 감동시킬 수가 없다. 어진 이를 등용하고자 하는 것이 참으로 내가 원하는 바이나, 재주 있는 사람들이 대부분 침체되고 친애하는 신하가 없어져도 모르고 있어서, 정성을 지극히 하여 총애하는 방도가 없다. …… 꼿꼿한 논의를 받아들이고자 하는 것이 내가 힘쓰는 바이나, 군주와 신하 사이에 아름다운 말이 올라오지 않으니, 이는 정교(政敎)를 널리 베풀고자 하는 나의 뜻이 드러나지 않은 바가 있기 때문이다. 공정한 도리(公道)를 넓히려는 것이 내가 하고자 하는 바이나, 조정에서 사사로운 뜻이 횡행하고 있으니, 이는 한쪽으로 치우친 나의 마음이 다 제거되지 않았기 때문이다. ……

이조, 병조 관원의 직책은 사람을 임용하는 것이다. 그러니 오직 어진 인재를 등용하고 불초한 자를 내치되, 오직 공정함으로써 청탁을 없애고 사정(私情)을 제거하여 문무의 관원들로 하여금 각자 적임을 얻게 하라. 호조의 관원은 법도를 제정하고 용도를 절약하며, 위를 덜어서 아래에 보태되, 세입 증대에 힘쓰지 말고 지나치게

거두지 말며, 서리들의 속임수에 빠지지 말고 백성의 원망을 사지
말라. 형조의 관원은 법의 적용을 공평하고 너그럽게 하며, 불쌍히
여기고 공경히 하여 옥사를 결단하되, 실정(實情)을 캐내는 것을 좋
아하지 말고 함부로 원한을 갚지 말아서, 곧고 맑게 하여 신인(神人)
이 화합하게 하라. 예가 아닌 거조로 나를 인도하지 않는 것이 예관
(禮官)의 직임이다. 무익한 일을 하지 않고 화려한 공예를 좋아하지
않도록 간하여 공인(工人)들로 하여금 생업을 즐기게 하는 것이 공
조의 직임이다. ……

　삼사의 신하는 극도로 잘 가려 뽑은 사람들이다. 그러니 어찌 권
면하기를 기다려서 논사(論思)의 직책과 간쟁의 책임을 하겠는가.
생각건대, 이들은 법부의 관원으로서 백관을 규찰하고 만민을 금
단한다. 그러니 반드시 법에 의거하여 처단하는 자세를 견지하고
강포한 자를 두려워하지 말아서, 습속을 크게 변화시키고 간사함
을 영원히 그치게 한 다음에야 바야흐로 그 직분을 다 수행했다고
이를 수 있을 것이다.

　밖으로 한 지방을 맡은 감사(監司)는 청렴한 지조로써 스스로를
견지하고 엄한 명령으로써 아랫사람들을 거느려, 잘못하는 자를
내쫓고 잘하는 자를 승진시키되, 혹시라도 법을 굽히지 말아 내가
위임해 맡긴 중함을 체득하여야 할 것이다. 그리고 진영(鎭營)을 절
제하는 병사는 군졸들을 무마하고 군사들을 훈련시켜 오직 충성을
다해 나라의 은혜에 보답할 것만을 생각하고, 윗사람을 잘 섬겨서
자신이 이롭기만을 꾀하지 말아야 할 것이다. 그럴 경우 수령들이
감사의 위엄을 꺼리고 변장(邊將)들이 병사의 엄함을 두려워하여,

모두가 감히 군사와 백성에게 해를 끼치지 못할 것이다. 이상이 수성(修省)의 큰 요체이다.

1장 5절에서 언급한 안민→부민→부국→강병, 그리고 도덕적 교화도 국가 정책 과제였고, 모두 김육의 정책 활동과 관계된다. 농업 등 생산 장려책은 안민과 부민의 기본 과제였다. 그래도 흉년이 들면 안민을 위해 기근을 구제하고 조세를 경감하는 조치를 취했다. 조세 제도의 정비는 안민과 부국을 위해 필요했다. 김육은 강병을 위한 중요한 정책을 제안했고 교육에도 힘썼다.

4 지방관으로서의 활동과 업적

수령은 왕의 위임을 받은 지방의 통치자였다. 수령을 목민관으로 부른 것은 양치는 목자처럼 관내 인민을 보살피며 다스려야 한다는 의미였다. 수령은 오늘날 군수와 달리 행정뿐 아니라 조세 징수, 사법, 치안 및 풍속 교화의 업무를 포괄적으로 맡았다. 그래서 국왕은 지방관의 활동이 민생 안정에 직결된다는 사실을 잘 알고 그 점을 누누이 강조했다. 정도전은『경제문감』에서 재상, 대관, 간관, 위병(衛兵)의 다음으로 감사와 수령을 다루었다. 백성이 나라의 근본이라면, 지방관은 '백성의 근본'으로 "백성의 안락과 근심이 이들에게 달렸기" 때문이다. 그래서 전도가 유망한 관료에게 지방관직도 맡겼다. 지방관으로서 다스린 경험을 전국을 다스리는 데에 활용할 수 있었다. 그런데 대리인이 주인의 뜻을 무시하고 사리사욕을 채우는 문제가 있다는 경제 이론처럼, 사리사욕을 채우는 지방관이 적지 않았다. 조선 시대에는 민주주의가 아니고 관할 주민이 상하 명분을 가신 지방관을 고소할 수 없었고 여론과 정보의 흐름이 원활하지 못하여, 지방관이 사리사욕을 채우는 일을 감독하기가 힘들었다. 그리고 대개 행정 실무에 어두운 문신 지방관은 하급 관리인 아전의 농간에 놀아나기 일쑤였다. 그래서 설사 선의를 가지더라도 행정이 잘못되기 일쑤였다. 지방관이 사리사욕을 채우는 일, 아전의 농간에 놀아나는 일, 그리고 구조적 부정에 헤어나지 못하는 일은『목민심서』에 잘 드러나 있다. 이런 문제에 대처하는 장치로서 관찰사가 수령의 치적을 평가하여 '하' 등급을 맞으면 파직하고, 국왕이 암행어사를 파견하기도 했다. 지방관으로서 치적을 쌓기가 쉬운 일이 아니어서 황윤석, 박제가 등 유명한 학자도 파직을 당했다. 지방관으로서 치적을 쌓은 인물이 조정에 올라와 출세를 하고 명신이 되는 일도 적지 않았다. 그 대표적인 인물은 이원익이다.[8]

김육은 지방관으로서 선정(善政)을 하고 업적을 쌓았다. 그것은 출세에 자산이 되었다. 김육은 충청 감사로 있으면서 대동법의 필요성을 인식하여 조정에 건의했으나 수용되지 않았는데, 효종 대에 정승의 지위에 올라 뜻을 관철했다. 개성 유수로 있으면서 동전 유통의 신념을 굳히고 그것을 조정에 건의했으나 수용되지 않았는데, 효종 때에 강인하게 추진했다.

(1) 음성 현감

김육의 첫 관직은 의금부 도사였으나, 이괄의 난 후에 맡은 음성 현감은 김육에게 첫 의미 있는 자리였다. 그는 문과 급제 후에 경관으로 옮겨, 음성 현감으로 재직한 기간이 8개월에 불과했지만, 부지런히 노력하여 치적을 쌓았다. 1624년 2월에 부임한 김육은 4월에 「음성현의 폐단을 아뢰는 소〔陰城縣陳弊疏〕」를 올렸다. 김육이 관직에 올라 처음 올린 소이다. 먼저 "근래 유망(流亡)하는 자가 잇달아 몇 년 사이에 70~80%의 집이 도망하여 마을이 쓸쓸하고 전야가 황폐해졌습니다. 그런 데다가 기근이 들고 전염병이 돌았습니다. …… 이러한 때를 당해 구휼하면서 감싸 주어도 오히려 구제하기가 어려운데 요역을 징수하고 부세(賦稅)를 독촉하는 공문서가 답지하고 있습니다."라고 음성현의 어려운 실상을 개관했다.

이어서 민결(民結)에서 거두는 "전세수미(田稅收米) 190석, 대동작미(大同作米) 160석, 삼결수포(三結收布) 150필, 궐군가포(闕軍價布) 140필" 그리고 "제향(祭享)에 올리는 공물(貢物), 약재(藥材)의 대가(代價), 수군(水軍)과 기인(其人)의 포목, 삼영(三營)에 납부하는 물품, 사명(使命)의 쇄마(刷馬)에 대한 역가(役價)"를 거론했다. 대동작미는 지방관 재량으로 일부 공물은 쌀로 받은 것으로 보인다. 그런데 "민결이라는 것은 대부분 묵었거나 절호(絶戶)된 것이어서 일족(一族)과 이웃 호에게 나누어서 내게 하는 것까지 포함합니다. 이 두 면의 잔약한 백성을 가지고 허다히 많은 노동력과 조세를 내게 한다면, 신과 같이 조세를 거두는 데 졸렬한 자로서는 반드시 기한 안에 거두어들일 수가 없습니다."라고 아뢰었다.

상번(上番)하는 군사가 11명인데 "현존하는 자는 4명이고, 나머지 7명은 도망했거나 죽어 절호된 지가 이미 4~5년이나 되었습니다. …… 이 때문에 일족과 인호에게 나누어서 가포(價布)를 징수하고 있으며, 일족이나 인호가 없는 자의 경우에는 온 현의 민결에서 징수하고 있습니다. 경중(京中)에서 고용해서 세울 경우 1명이 2달을 서는 번가(番價)가 급등하여서 20필이나 되는바, 7명의 번가가 140필입니다." "이보다 더 심한 것이 있으니, 경작을 포기한 진전(陳田)의 조세입니다. 신이 현에 도착한 뒤에 경내를 순시하면서 묵고 개간된 상황을 살펴보니, 수목이 무성하게 자란 밭에도 오히려 조세가 매겨져 있고, 쑥대만 가득한 집터도 오히려 호구(戶口)로 잡혀 있습니다. 이것들은 모두 10여 년 전부터 농지세를 헛되이 징수한 것입니다. 이 현의 진전은 총 40결입니다. 무릇 1년의 역가(役價)로 전세수미와 공물 이외에 매 결당 대략 8필의 포를 거두는데, 40결에서 들어오는 것이 320필입니다." 그래서 "궐군의 액수(額數)와 진전의 결부(結負)를 삭제하기를" 건의했다. 당시 인민이 다양한 공과금으로 고단한 삶을 영위했음이 드러난다. 이 상소는 김육이 정승에 올라 민생 안정을 위해 대동법, 군역 개혁, 그리고 양전을 추진하는 동기를 드러낸다.

김육은 상소 말미에 "국가를 굳건히 하는 길은 민생 안정을 근본으로 삼습니다.〔固國之道 安民爲本〕"라고 썼다. 민생이 안정되면 인민이 정착하고 토지가 잘 경작되어 장기적으로는 재정이 풍족해지고 군사력이 갖추어져 정치가 잘 된다는 것이다. 「가장」에 따르면, 김육은 이 정책 이념을 평생 견지했다. 성균관 유생 시절의 상소는 도학 등 유교 명분에 주력하여 일반 유생이나 관료의 상소와 별 차별이 없었는데,

이 상소는 민생에 절실한 구체적 내용이었다. 이런 차이는 기본적으로 상소 목적이 달랐기 때문이지만, 김육이 추상적 정책 목표보다 구체적 목표를 지향하는 방향으로 변했음을 드러내기도 한다.

음성현은 2면(面)만 있어서 전국에서도 가장 잔약한 고을이었다. 김육은 그 공적 부담을 감당할 근본 대책으로서 군현의 크기를 고르게 변통하는 방안으로 청안(淸安)과 합하든가, 아니면 이웃의 40여 면이나 있는 충주에 속하면서 지리적으로 음성현과 통합도가 높은 석우(石隅)를 음성현이 관할하면, "백성을 부리는 방도에 있어서 크게 균등하고 편리한 이로움이 있다."라고 제안했다. 다만 석우에는 "토호가 아주 많아 누호(漏戶)를 숨겨 두고 노동력과 조세를 내지 않고 있어서" 이들이 저지할 우려가 있는데, 음성현이 관할하면 관소가 가까워 그들을 통제할 수 있다고 했다. 지금 보아도 음성현의 폐단을 구제할 효과적 방안이었다.

김육이 부임한 지 두 달 만에 현의 문제점을 소상히 파악하고 그 개선 방안을 구체적으로 제시한 사실은 놀랍다. 민생에 대한 깊은 이해와 안민의 정책 지향은 잠곡에서의 농민 생활 체험에 힘입은 것으로 보인다. 소상한 실무 파악과 구체적 대책의 강구는 그 후 평생 이어진 자세였다. 「가장」에 따르면, 인조는 이 상소를 가상하게 여겨 해당 조(曹)에게 의논하여 조처하게 했으나, 김육의 제안은 수용되지 않았다. 전란 후 재정 형편이 어려운데, 조세 경감책을 수용하기 어려웠을 것이다.

김육이 문과에 급제하여 1624년 10월에 사간원 정언에 임명되어 떠나자, 고을 사람들이 거사비(去思碑)를 세워 공덕을 기렸다. 그 내용은 『음성읍지』 명관(名官) 항목에 나온다.

(2) 안변 도호부사

김육은 1633년 9월에 안변 도호부사(安邊都護府使)로 부임하여 1636년 정월에 임기가 만료되었다. 이 시기 업적도 「가장」에 잘 정리되어 있다. 북쪽 지방에는 글을 숭상하는 풍습이 없기 때문에, 김육은 유생의 교육에 힘써 성취한 자들이 많았다. 함경도 과거에서 선발된 자의 3분의 2가 안변 유생이었다. 김육은 감사 민성휘(閔聖徽)와 의논하여 사서삼경을 간행하여 도내 유생들을 권면했다. 김육이 중앙 관부에 가서도 교육에 힘썼음은 앞으로 언급될 것이다. 교육은 지식인을 양성하고 유교 도덕을 가르치는 방편이었다. 안변은 국경 지대여서 김육은 군사력의 정비에 힘썼다. 그는 오랫동안 보관되어 무뎌지고 부서진 군기(軍器)를 취합하고 수공업자(工匠)를 모아 대장질해서 새롭게 만들었다. 병기 창고를 고쳐 지어 '집고각(戢囊閣)'이라고 이름 붙이고, 무기를 질서 정연하게 비치했다. 그리고 부의 관아에서 멀리 떨어진 학포, 영풍, 고산의 사(社)마다 창고를 설치하여 감관(監官)이 주관하게 해서, 인민이 조세와 환곡을 납부하고 환곡을 받는 데에 편리하게 했다. 또한 조세를 받고서 상납하지 않은 관리를 처벌했다. 빈 장부만 남은 것은 면제해 주어, 관청에서는 남은 것으로 충당했다. 관의 사사로운 상거래를 제거하여 관리가 속이지 못하게 하고 인민이 생업으로 삼게 했다. 감사는 김육의 치적이 가장 뛰어나다고 아룀에 따라, 인조는 옷의 겉감과 속감 1벌을 하사했다.

(3) 충청 감사

1638년 6월 충청 감사로 임명되었다. 감사는 관찰사라고도 했는데, 오늘날 도지사에 해당한다. 인조는 그 임명 교서에서 충청도가 전라도와 경상도를 통하는 요충이자 경기도를 보호하는 곳으로 평시에도 경영하기 어려운데, 지금 징렴(徵斂)과 부역(賦役) 등이 균등하지 않아 민생이 도탄에 빠져있으니 이를 깊이 새겨 민생을 살필 것을 당부하고 있다. '부역'은 조세 전반을 말한다. 김육은 충청 감사의 임기를 1639년 7월에 끝내고 8월에 조정으로 되돌아왔다.

「가장」에 따르면, 김육은 "그해 농사 상황을 밝게 살펴 조세를 거두었고, 황정(荒政)에 관한 조항들을 모두 아뢰지 않음이 없었으니, 혹 두세 차례 청하기를 마다하지 않았다." 흉년의 굶주림 대책인 황정은 민생 안정책의 중심을 이루며, 김육도 중시했다. 그런데 "오히려 온 도의 굶주린 백성을 모두 살리지 못했다고 여기며 이를 자신의 잘못으로 생각하였다." 김육도 도민 모두를 살리려고 노력했으나, 맬서스 법칙이 작용하는 전근대에는 그것이 불가능한 과제임을 몰랐다. 김육이 충청도 감사로 올린 서장(書狀)은 『잠곡유고』 권8에 수록되어 있다. 1638년 흉년이 들어 김육은 "흉년 구제책〔救荒策〕은 첫째로 창고를 여는 것이고 둘째로 곡식을 옮기는 것입니다."라며 충청도 각 군의 환곡을 배분하는 방안을 강구했고 통영 등의 곡식으로 흉년이 극심한 해변 지방을 구제하기를 요청했다.

김육은 충청도 대동법을 건의한 서장을 보낸 후의 서장에서 연해 각 고을의 공물을 쌀로 대신 내게 하는 정책에 대해 인민도 원망하고 각사 주인도 원망한다며 폐지를 건의했으며, 재정 충실화를 위한 더 나은 대책은 소금과 철의 이익을 얻는 데에 있다고 했다. 그 무렵 인조가 공물 작미의 과중함을 개선하라고 지시하자, 호조는 무명 1필을 쌀 10두로 잡은 것이 과중하니 8두로 줄이자고 건의했다. 인조가 따랐다.[9] 김육은 서장을 올려 1필의 시세는 2두에 불과하니, "이처럼 큰 흉년에는 모든 조세를 줄여야 마땅한데, 도리어 곧 죽게 될 백성에게 4배를 더 거두니, 이것이 어찌 차마 할 일이겠습니까."라고 재고를 요청했다. 이처럼 안민에 적극적인 자세는 당시 관료의 공통점이다.

「가장」에 따르면, 김육은 "위로 경비를 생각하면 창고가 텅 비어 있고, 아래로 민사(民事)를 살펴보면 기근으로 인해 흩어져 떠돌고 있습니다. 징세를 독촉하는 것과 곡식을 풀어 진휼(賑恤)하는 것은 형세상 동시에 수행할 수 없습니다. 지금 국가에서 비록 농지세(田租)를 다 거둘 수 없는 상황이니, '하하(下下)'에 따라 거두는 것이 마땅합니다."라고 건의했다. 김육은 늘 재정 충실화의 부국과 민생 안정의 안민 사이에 고심했는데, 여기에서도 그것을 볼 수 있다. 1장 6절에서 언급했듯이, 세종 때 만든 공법에서 풍흉에 따른 9등급으로 나뉜 농지세가 갈수록 낮게 책정되어 1634년 최하등급인 쌀 4~6두로 고정되는 영정법이 시행되었다. 이것은 재정 악화를 낳았는데, 김육이 기근 대책으로 하하 등급의 4두로 거두자고 건의한 점에 유의하자.

김육은 1638년 "논밭이 없는 백성이 혹 묵은 땅에 농사지어 먹기도 합니다. 그러나 한번 농지대장(田案)에 등재되면 조세를 감당하기가 어렵기 때문에 감히 개간하지 못하고 있습니다. 지금 만약 별도로 사목(事目)을 만들되, 원장(元帳)에 기재된 원전(元田) 외에 묵은 땅을 개간한 것은 따로 농지 대장을 하나 만든 다음, 경작할 때는 조세를 거두고 묵힐 때는 조세를 면제하여 그들로 하여금 임의대로 부쳐 먹게 한다면, 묵은 땅이 많이 개간되어서 세입도 많아질 것입니다."라고 조정에 건의했다. 이것은 개간을 장려하는 유효한 대책이라 하겠다. 김육은 "이것이 실로 공, 사 양쪽에 편하다."라고 했는데, 인민과 국가에 모두 유리한 정책의 개발에 힘썼다.[10]

사신의 왕래, 진상품과 조공품의 운반 및 지방관 교체 때에 사용하는 관용의 말을 쇄마라 한다. 그것은 본래 역호(驛戶)에게 부담지우다가, 1608년 민결(民結)의 농지에서 거둔 조세로 충당했다. 김육은 1638년 "수령을 보내고 맞이하는 데에 사용하는 쇄마의 일정한 숫자가 없어 민폐를 크게 끼치고 있습니다. 등급에 따라 주(州), 부(府), 군현(郡縣)에서 정식을 만들고, 조정에 보고하여 법령을 밝혀 전국에 거행하십시오."라며 쇄마가(刷馬價)를 법제로 정하자고 건의했다. 1624년 삼도 대동법이 쇄마가를 포괄했으나, 폐지되었다. 김육은 1638년 쇄마가도 포괄한 대동법을 올렸으나 뜻을 이루지 못했고, 효종 때 충청도 대동법에서 대동미로 쇄마가를 지급하게 규정했다. 그런데 중앙 재정의 악화로 대동미의 지방유치미가 줄자, 대동미만으로 쇄마가를 충분히 마련할 수 없게 되었다. 그래서 민고(民庫)를 만들어 대동세로 포괄하지 못한 각종 잡세를 충당했다. 정약용은 『목민심서』에서 민고의 폐단을 통렬히 고발했다. 쇄마 문제는 조세 제도의 정비와 문란의 역사를 집약하고 있다.

1518년 동지중추부사(同知中樞府事) 김안국(金安國)은 "온역질(瘟疫疾)이 전염되기 쉽고 많은 사람이 그로 인해 죽기 때문에, 『벽온방(辟

瘟方)』은 세종조에서 생명을 중히 여기고 아끼는 뜻에서 한글로 번역하고 인쇄하여 전국에 배포하였습니다. 지금은 희귀해져 신이 또한 언해를 붙여 간행하였습니다."라고 했다.[11] 1554년 진휼청(賑恤廳)은 "세종대왕께서는 이미 『구황벽곡방(救荒辟穀方)』을 저술하시고 또 흉년에 대비하는 물건을 『경제대전(經濟大典)』에 실어 놓아 만세토록 창생을 구제하게 하셨으니 지극하다 하겠습니다. 근래 해마다 큰 흉년이 들었는데 경상도와 전라도가 더욱 심하였습니다. 국가가 관리를 파견하여 구제하고, 또 흉년 구제에 가장 긴요한 것들을 뽑아 모아서 하나의 방문(方文)으로 만들어서, 한글로 번역하여 이름을 『구황촬요(救荒撮要)』라 하고 인쇄하여 전국에 배포하여 집집마다 알게 하였으니, 이는 실로 인민을 구제하는 좋은 방책입니다."라고 보고했다.[12] 김육은 1638년 기근에 대처하는 방법을 적은 『구황촬요』와 전염병 치료의 처방을 모아 엮은 『벽온방』이라는 한글로 번역된 두 책을 모아 거듭 손질하여 『구황촬요급벽온방(救荒撮要及辟瘟方)』을 간행하고, 조정에 올려 다른 도에 반포할 것을 청했다. 인민을 굶주림과 질병으로부터 구제하는 정책은 전근대에 가장 절실한 일로 안민의 기본을 이룬다. 이 책의 출간은 김육이 12세 때 품은 인민을 구제하려는 포부를 실천한 사업 중의 하나이다. 「연보」에 따르면, 인조가 교서관(校書館)에 명하여 이 책을 간행해서 나라에 반포하게 했다. 이와 같이 흉년과 질병에 대처하는 한글 책자를 간행했다는 점에서 김육은 세종의 업적을 계승했다.

김육은 1643년 7월 도승지로서 내의원(內局) 제조를 겸임했는데, 침술의 요지를 적은 『신응경(神應經)』이 병란 후에 드물어지고 내국에도 없는 사실을 확인하고 활자를 모아 인쇄했다. 그 발문에 "병들어 부모를 애타게 부르면서 구해 주기를 바라고 있는 자들이 장차 이에 힘입어서 다 살아나게 될 것입니다. 그러니 이 책이 태평세월에 장수하는 교화에 도움이 되는 것이 어찌 적다고 하겠습니까."라고 적었다.

김육은 1638년 각 읍에 명하여 중국의 기술을 도입해서 수차(水車), 곧 물레방아를 만들어 농사를 권장하고 가뭄에 대비했으며, 또한 전국에 보급하도록 건의했다. 수차는 원형으로 이어진 나무판들을 회전시켜 물을 끌어올리는 장치이다. 조선 시대에 수차의 보급을 건의한 사람은 많았고, 사용한 적도 적지 않았다. 그런데 수차는 조선 말까지 널리 보급되지는 않았다. 한반도에서 수차의 보급을 제약한 근본 원인은 단기간에 비가 집중하여 강수량이 많지 않은 기후, 그리고 물이 잘 빠져나가는 토양이 수차의 효율성을 낮춘 점이다.

김육이 충청도를 순찰하면서 지은 시 「연산(連山)」에서는 "나라를 걱정하는 마음은 풍년 들길 기원하누나."라는 구절이 있다. 「태안의 염분(鹽盆)」에서는 "멀리 소금 만드는 우물 위에 연기 꼈는데, 관청에 바칠 숫자는 이미 정해졌네. 만리에 공급하느라 번거로운데, 이웃집 불빛은 밤 깊도록 밝기만 하네."라고 읊었다. 김육이 연해 각 고을을 순시하면서 올린 서장에는 "바닷가를 출입하고 험한 길에 말을 달려 돌아다닌 탓에, 감영으로 돌아온 뒤에는 병세가 점차 심해졌습니다."라는 구절이 있다. 관찰사직은 조정과 공문을 주고받으면서 도내 수령을 감독하면서 도민을 다스리고 관할 지역을 순찰하는 격무였던 것이다.

(4) 충청 감사로 재직하면서 충청도 대동법을 건의하다

1638년 6월 충청 감사로 임명된 김육은 9월 충청도 대동법을 건의했다. 그 배경을 살펴보자. 중종 대에 조광조는 전세의 세율이 30분의 1에 불과하나 공물은 과다하고 방납이 성행하여 민생이 날로 곤궁해지고 있으니, 공안을 개정하자고 제안했다. 공안 개정의 기본 원칙은 토산 공물의 임토작공과 용도 절약이었다. 그 논의가 본격화되어 1518년 5월에는 각 관서와 각 도 감사의 보고를 들은 후에 다시 논의하기로 했는데, 11월에 벌어진 기묘사화로 논의는 진전되지 못했다. 이것이 공물 제도 개혁 논의의 출발을 이루었다. 김육의 대동법 추진은 선조인 기묘명현의 정책을 발전적으로 계승한 것이기도 했다.

16세기 관료 기강이 해이해지면서 공물의 부담은 증대 추세였다. 1결당 공물 부담이 쌀 수십 두에 달한 곳이 많았다. 그래서 방납자의 폭리와 횡포를 막기 위해 지방관이 직접 농지를 단위로 쌀이나 직물로 받아 공물을 조달하여 납부하는 현상이 나타났다. 지방관 재량의 사대동(私大同)은 대동법의 선구였다. 1569년 34살의 교리 율곡은 즉위 초기의 선조에게 처음 올린 종합적 국정 개혁안인 「동호문답(東湖問答)」에서 안민의 방도를 논하는 가운데 해주의 사대동을 모범으로 삼아 1결당 쌀 1두를 거두어 공물을 조달하자는 수미법(收米法)을 제안했다. 율곡은 이후 공납제의 문제점을 계속 지적하면서도 수미법을 더 이상 말하지 않고, 공안의 개정을 줄곧 주장했다. 공안 개정이 공납제를 유지한 개선책이라면, 수미법과 대동법은 제도 개혁이었다. 공안 개정론은 대동법을 반대하는 대안이 된다.

1594년 영의정 유성룡은 「시무를 아뢰는 차자〔陳時務箚〕」에서 전란기에 가능한 제도 개혁을 역설한 가운데 수미법을 주장하여 시행했다. 유성룡은 풍전등화의 위기를 맞아 부국강병에 앞서 민심을 얻는 일이 우선이라고 주장했는데, 수미법은 민심을 얻는 방책이기도 했다. 유성룡은 농지세는 낮은 반면 공물의 부담은 불공평하고 무거운데, 관리의 농간과 중간 수탈이 심하여 백성에게는 심한 고통인 반면 재정으로 흡수되는 부분은 적다고 지적했다. 그래서 공물 징수 대신에 1결당 균일하게 쌀 2두를 거두어 각사 관원으로 하여금 국가 물자를 시전에서 구매하도록 하자고 주장했다. 유성룡은 수미법이 군량미 조달을 위한 불가피한 조치였음에도 불구하고 "방납하던 모리배가 온갖 계책으로 방해하고 식견이 모자라는 사대부들이 동조하니, 폐지되고 말았다."라고 파악했다.[13]

「가장」에 따르면, 1656년 김육은 율곡이 해주의 사례를 본받아 1결당 쌀 1두를 거두자고 제안한 수미법이 곧 대동법이라고 했다. 남인인 정약용은 "문충공(文忠公) 유성룡이 말한 바가 곧 대동법이었으니, 대동의 논의는 그로부터 시작되었던 것인가."라고 보았다.[14]

1608년 영의정 이원익은 경기도의 공납제 폐단이 특히 심하니 대동법을 시행하자고 건의하여 채택되었다. 대동세를 담당하는 관서로 선혜청을 설립했다. 경기도가 특히 공물과 요역 부담이 무거웠던 원인은 사신 접대와 산릉(山陵) 공사 때문이었다. 1결당 16두를 거두어 14두로 공물을 조달하기 위해 방납인에게 "시세보다 넉넉히 지급하여" 조달하게 했다. 2두는 수령의 공, 사 비용으로 삼고, 사신 왕래 접대비를 추가로 지급하기로 했다. 대동세로 "거둔 쌀 외에는 인민에게 한 되라도 더 거두는 것을 허락하지 말되, 오직 산릉과 조사(詔使)의 일에는 이 제한에 구애되지 말고 한결같이 시행하도록" 했다. 경기도 대동법은 공물 등의 부담을 균등하게 줄이는 안민책일 뿐만 아니라 산릉과 사신 접대의 비용을 조달하는 방안이기도 했다. 그런데 1결에 2두로는 지방 경비를 충당하기 어려웠다. 그래서 "법 외에 추가로 징수해도 금지할 수 없다."라고 했다. 이런 한계가 있으나, "경기도민의 농지세 부담은 이 제도로 조금 개선되었다."[15]

경기도 대동법은 반년 정도 지나 그 폐지 여부가 논의될 정도로 심한 반대에 부딪혔다. 1610년 선혜청은 가장 괴로운 민폐인 공납제를 개혁한 대동법에 대해 "인민이 다행으로 여겨 즐거워함은 당연합니다."라고 전제한 다음, 이 법을 "지난날 방납하던 모리배는 모두 원수로 여기고 있을 뿐만 아니라, 각 읍의 향리와 수령도 좋아하지 않습니다. 각사의 하인과 경영(京營)의 하인, 그리고 전결(田結)이 많으면서 역(役)을 적게 내는 양반 세력가도 모두 좋아하지 않습니다. 대동법을 큰 다행으로 여기고 매우 편하게 여기는 자는 가난한 양반과 소민뿐입니다. 좋아하지 않는 무리의 떼 지은 비방과 논의가 날로 서울 안에서 치열하게 벌어지고 있으니, 저 빈궁한 여염집들의 소원이 어떻게 다 조정에 도달될 수 있겠습니까."라며 대동법의 반대 세력을 종합적으로 제시했다.[16] 이런 반대는 유성룡의 수미법부터 나타나 이후에도 계속되었다.

1623년 3월 인조는 반정으로 즉위한 지 열흘 지나 영의정 이원익, 호조 판서 이서(李曙) 및 호조 참판 권반(權盼)을 만나 "오늘날의 급선무는 민생 안정, 인재 등용, 군비 정비 등의 일"이라고 했다. 4월에 호조는 대동법이 경기도에서 성공했으니, 두세 도에 확대 시행하자고 주장했다. 이원익은 광해조에 이어 인조조 대동법 시행에 최대 공로자였다.

이후 대동법 시행을 둘러싼 논의가 진행되는 가운데 선혜청 사무를 관장하던 이조 정랑 조익(趙翼)은 9월 3일 안민 부국을 위한 대동법의 정책 이념을 완성한 소를 올렸다. 그 내용을 소개한다. 맹자가 말한 천하의 공정한 10% 세는 농민이 모두 곡식으로 바치며 그것을 받은 제후가 토산 공물을 천자에게 바친다. 요컨대 농민에게 토산 공물을 받는 조선의 제도는 『맹자』, 『서경』 등 유학 경전에 맞지 않는다는 것이다. 이것은 경전의 탐구를 통한 조선 공납제의 임토작공 이념에 대한 최초의 비판이다. 보통의 논이 1결당 벼 20~30석을 수확하는데, 전조는 거의가 4두, 드물게 6두를 내니, 세율은 2~2.5%에 불과하다. 그 반면 공물은 방납 등 폐단이 많고 무겁다. 그래서 인민이 살아가기 어렵고 국가 재정은 파탄 지경에 이르렀다. 그 구제책으로 대동법을 시행하여 농지에 부과되는 조세가 모두 쌀 20여 두라 해도 세율이 10% 미만으로, 맹자가 말하는 이상 시대의 어진 정사에 부합하여 인민이 풍족해진다. 대동법은 호세인(豪勢人)과 소민 사이에, 그리고 지역 간에 조세를 균평하게 부과하는 방도이기도 하다. 대동법은 방납과 중간 수탈을 배제하고 과세의 공평과 효율을 기하여 인민의 부담은 가벼워지면서도 국가 재정은 더욱 충실해진다.[17] 조익의 상소에 힘입어 23일 삼도 대동청(三道大同廳)이 설립되어 충청도, 전라도, 강원도에 대동법이 시행되었다.

1624년 3월 삼도 대동청은 1결당 16두를 거두어 지방 경비를 경기도의 2두보다 늘려 4두로 잡았는데도 지방관이 추가로 징수하고 공물도 대동법 외에 추가로 거두어 불평이 난다고 우려했다. 8월 대동사목(大同事目)을 개선하여 "충청도와 전라도에서는 15두를 받고 강원도에서는 16두를 받되, 10두는 선혜청에서 거두어 각사의 갖가지 공물과 기인(其人), 조례(皁隸)의 예조 진봉지(禮曹進俸紙), 관상감 일과지(觀象監日課紙) 등의 역을 모두 장만하고, 그 나머지는 본도에 남겨주어 진상 방물(進上方物), 본색 공물, 내의원 약재, 관수, 쇄마와 본도에서 어쩔 수 없이 부담하는 역을 제공하게" 했다. 대동세 이외의 추가 징수가 없도록 대동법의 포괄 범위를 넓힌 것이다. 그래서 지방 경비도 5두로 늘렸다.[18]

1624년부터 대동법 반대론이 거세졌다. 그 중요한 주장을 소개한다. 5월 최명길은 농지의 정확한 측량이 대동법의 선행 조건이라고 말했다. 6월 산림 김장생은 충청도와 전라도 대동법이 지방 경비의 부족으로 추가 징세가 불가피하고 경기도와 달리 운반 문제가 있고 양전도 제대로 되어 있지 않기 때문에, 오히려 인민에게 더 큰 고통을 줄 것이라며 거듭 반대했다. 그는 먼저 공안을 개정하여 재정 지출을 절약한 다음에 대동법을 시행하자고 주장했다.[19] 김장생은 스승인 율곡이 제시한 공안개정론과 수미법의 선후 관계를 설정했다.

대동법에 찬동하던 우의정 신흠도 12월 충청도, 전라도의 농지가 많은 부자들이 대동법을 고통스럽게 여긴다는 여론을 전하면서 "어떤 이는 '소민(小民)은 편하게 여기는데 달갑지 않게 여기는 쪽은 호족들이다.'라고 합니다. 이 말이 이치에 가까운 듯합니다만, 대가와 거족이 불편하게 여기며 원망한다면 이 또한 쇠퇴한 세상에서 우려할 일입니다."라며 우려했다. 그래서 인조가 영의정 이원익의 의견을 구하니 "방납을 방지하고 조세를 균평하게 하여" "인민을 편하게 하려고(便民)" 만든 제도인데 "불편하다는 설이 이루 헤아릴 수 없이 분분하므로" "당초의 소견만 고집하며 중론을 막을 수 없으니" 조정에서 다시 논의하기 바란다고 했다. 인조는 지방 경비 5두를 거두지 말라고 하여 대동법에 대한 신뢰를 접기 시작했다.[20]

1625년 1월 3일 철원 유생들이 상소로 대동법을 폐지하지 말 것을 청했다. 1624년 12월 논의 이후 조정의 의사가 삼도 대동법의 폐지로 기울었음을 알 수 있다. 삼도 대동청은 강원도민이 대동법을 매우 편하게 여긴다는 사실을 확인하고서 1625년에는 대동법을 유지하기로 했다는 조정의 결정을 언급했다. 12일 승지 조익이 대동법을 폐지하지 말기를 청했으나, 인조는 따르지 않았다.[21] 10일이나 11일에 강원도를 제외한 충청도, 전라도 대동법이 폐지된 것이다. 농지만을 기준으로 대동미를 부과하면 농지를 많이 가진 부자에게 불리하여, 농지가 많은 충청도, 전라도에서는 시행이 어려웠으나, 농지가 적고 공물 부담이 무거운 강원도에서는 도민이 원하여 대동법을 살릴 수 있었다.

13일 삼도 대동청은 충청 감사 윤이지(尹履之)의 성책을 보면, 14두로 "도내의 제역(諸役), 각 고을의 수요, 각영에 납부하는 것, 각종 진상방물, 제로(諸路)의 쇄마가 등 민결(民結)에서 내는 것을" 모두 충당할 수 있다고 주장했다. 인조는 그 보고를 신뢰하지 않았다.[22] 충청도, 전라도 대동법이 비록 폐지되었으나 중앙과 지방의 각종 경비를 포괄하도록 대동사목이 점차 정비되고 있었음에 주목할 필요가 있다.

이후에도 대동법 시행 주장은 꾸준히 제기되었다. 명신 권근의 후손인 권반(權盼)은 1626년 충청 감사로 부임하여 "조세가 많고 무거운 것을 보고 헤아려 공안을 만들었는데" 시행되지 못했다. 1638년 김육은 충청 감사로 부임하여 권반의 책을 보고 '인민을 풍요하게 하는 방도가 여기에 있다'고 생각하여 제도를 더욱 정비하여 다음과 같이 충청도 대동법을 요청했다.

> 대동법은 실로 인민의 구제에 절실합니다. 경기도, 강원도에 이미 시행하였으니 충청도에 어찌 행하기 어려울 리가 있겠습니까. 신이 도내 결부(結負)의 수를 모두 계산해 보건대, 1결마다 각각 면포 1필과 쌀 2두씩 내면 진상물과 공물의 값과 본도의 잡역인 전선(戰船), 쇄마 및 관청에 바치는 물건이 모두 그 속에 포함되어도 오히려 남는 것이 수만입니다. 지난날 권반이 감사일 때 도내 수령들과 더불어 이 법을 시행하려다가 하지 못했습니다. 지금 만약 시행하면 한 사람도 괴롭히지 않고 번거롭게 호령도 하지 않으며 면포 1필과 쌀 2두 이외에 다시 징수하는 명목도 없을 것이니, 지금 굶주림을 구제하는 데에 이보다 좋은 것은 없습니다.[23]

김육의 건의에 대해 비변사는 "이 상정(詳定)은 권반이 일찍이 상세하게 만든 것인데 미처 시행하지 못했으니, 식자들이 지금까지 한스럽게 여깁니다. 만약 지금 시행한다면 국가와 인민 모두가 이로울 것이고[公私兩利] 서울과 지방이 모두 편할 것이니, 호조로 하여금 낱낱이 상고하여 결정하게 하소서."라고 아뢰어, 인조의 허락을 받았다. 김육의 제안에서는 1결당 쌀 7두에 불과하여 삼도 대동청의 최종안의 절반이니, 충청도 양전으로 국가가 파악한 농지가 늘었고 김육이 실정을 소상히 파악하여 제도의 효율성을 높였다고 보인다. 이후 우의정 심열은 서울의 방납자와 농지가 많은 사람이 김육의 제안을 싫어하고 1결당 포 1필과 쌀 2두로는 경비 조달에 부족하다며 반대했다. 우부승지 이명웅(李命雄)은 경기도 대동법도 방납인 등의 반대가 심했으나 지금 여론이 매우 편하다고 하고, 김육을 만나 마련한 단자를 보았는데, 1결당 포 2필이나 쌀 10두로 늘려 삼남에서 거두면 경비를 충당하고도 7~8만 석 정도가 남을 것이니, 인민에 편하고 재정을 넉넉히 하는〔便民裕國〕 데에 최상이라고 했다. 그래서 조정은 김육에게 다시 물어보기로 했다.

김육은 11월에 서장(書狀)을 올려 "작은 고을의 백성 가운데 1결의 전지를 가지고 있는 자의 역가(役價)가 8~9필이나 됩니다. …… 큰 고을의 백성은 8결에서 단지 5필만 낸다고 합니다. …… 충청도에서 큰 고을은 단지 충주, 청주, 공주, 홍주뿐입니다. 그 나머지 50개 고을의 백성이 기뻐하는 일을 이 네 고을의 백성이 기뻐하지 않는다는 이유로 그 법을 시행하지 않아서야 되겠습니까."라며 시행을 촉구했다. 도내에 공물 부담이 가벼운 고을은 1결당 4두, 무거운 고을은 40두로 10배의 편차가 있었으니, 농지가 많은 고을이 반대하는 이유는 있었다. 이에 대해 비변사는 "1결에서 징수한 무명 1필과 쌀 2두로는 공물을 준응(准應)하는 이외에 허다한 잡역은 반드시 손을 쓰지 못할 형편이며, 국가의 법을 이처럼 자주 고치는 것이 부당합니다. …… 공안을 개정하면 공물 부담이 자연 균등해질 것이니 이와 같이 된 뒤에야 대동법을 의논할 수 있습니다."라고 논의를 모았는데, 김장생의 의견이었다. 인조는 "대동법을 시행하면 공안을 굳이 개정할 필요가 없다."라고 보는 점에서는 김육과 같았으나, 수용 불가의 비변사 의견을 따랐다.[24]

「가장」에 따르면, 김육은 김좌명에게 편지로 "이미 대동법을 시행할 수 없게 되었다. 감사로도 백성을 구제할 수 없게 되었으니 돌아가야겠다."라고 하고, "연이은 사직소를 올렸으나, 조정의 제공(諸公)이 편지로 말렸다."(519) 김육은 이때에도 정책 구현에 관직을 걸었던 것이다.

(5) 개성부 유수

김육은 1647년 4월부터 2년간 개성부 유수(開城府留守)로 재직하면서 안변 도호부사 때처럼 북부 지방의 상대적으로 뒤떨어진 교육의 진흥에 힘썼다. 「가장」에 정리된 내용을 살펴보자. 김육은 근무지에 도착하여 먼저 성균관 유생, 서원의 원생, 그리고 아동의 교육에 힘썼다. 백성 가운데 똑똑하고 배울 만한 자는 그 달 초하룻날 개성부에 와서 문장을 짓거나 경전을 강독하거나 경문을 베껴 쓰는 일로써 시험을 보게 했다.

1647년 개성부 성균관의 동무와 서무를 개조하면서 지은 상량문에서 "10년 동안의 병란 끝에 문물이 하루아침에 공허해졌다. 학교는 적막하여 봄날에 글 읽는 소리와 여름철에 거문고 타는 소리가 더욱 게을러졌다. 양무(兩廡)는 무너져 위에서 비가 새고 옆에서는 바람이 들어와 걱정이었다. 이 때문에 많은 선비가 탄식하면서 여러 공인

(工人)을 모으고 힘을 함께하였다."라고 적었다. 이 성균관의 교육을 통해 "유풍이 크게 진작되고 사습(士習)이 날로 새로워져서 시를 외우고 책을 읽어 사람들이 정자와 주자의 학문을 극진히 하고, 집에서는 효도하고 밖에 나가서는 공경하게 하소서. 선비가 모두 어진 사람이 되어, 포은의 절의를 백세의 사표(師表)로 삼아 사모하고, 온 고을의 사우(斯友)가 되어 화담의 연원을 찾고, 나아가 국가의 주춧돌과 같은 신하가 되어 우주를 떠받치는 동량의 기개를 지니게 하소서."라고 기원했다. 또한 사마시에 합격한 생원, 진사 가운데 문장과 행실이 있는 자를 교관으로 발탁하여 과목을 맡아 가르치게 했다. 상량문의 시에서 김육은 정몽주가 "의를 취하고 인을 이루어 공자와 맹자를 본받았다."[取義成仁師孔孟]라고 평가했다. 김육은 정몽주가 순절한 선죽교 옆에 성인비(成仁碑)를 세우고 부민이 그 정신을 본받게 했다.

김육은 1647년 『효충전경(孝忠全經)』, 『논어정문(論語正文)』, 『동몽선습(童蒙先習)』, 『사략』 등을 간행하여 재주 있는 아동을 뽑아 공부를 권면했다. 개성부는 고려 왕조의 수도인데도 여러 차례 병화(兵火)가 발생하여 문헌으로 징험할 수 없었다. 이에 고사를 참조하고 성종 때 노사신 등이 각 도의 지리, 풍속 등을 적은 『동국여지승람(東國輿地勝覽)』, 고려 말 이제현(李齊賢)이 지은 『역옹패설(櫟翁稗說)』에 실려 있는 내용 등을 모아 1648년 『송도지(松都志)』를 편찬하여 개성부의 역사, 지리, 인물, 풍습 등을 수록했다. 『송도지』는 개성부민의 문화적 자긍심을 높였음에 틀림없다. 조식과 퇴계에게 배운 예학의 대가 정구(鄭逑)는 1580년 창녕 현감에 임명된 이후 부임하는 지역마다 교화 등을 목적으로 읍지를 만들었는데, 김육은 그런 자세를 계승한 것이었다.

『송도지』는 초기 읍지로서 사료적 가치가 높다.

조선 초에 북부는 남부에 비해 경제적, 문화적으로 후진적이었다. 그런데 조선 후기 북부는 인구의 증가, 상업의 발달 등으로 남부와 경제적 격차를 줄였고, 나아가 교육의 발달 등으로 인한 문과 급제자 배출 등에서 남부와 문화적 격차를 줄였다. 김육과 같은 유능한 지방관의 활동이 지역 간 문화의 균등한 발전에 이바지했던 것이다. 1647년에는 상소를 올려 동전의 통용을 요청했는데, 이것은 앞으로 언급한다.

「가장」에 따르면, 개성부 민호(民戶) 5천여 호를 빈부 차에 따라 18등급으로 나누어, 매달마다 쌀을 차등 있게 모두 100여 석을 거두었다. 이를 '대동미(大同米)'라고 불렀다. 이것으로 관청의 각종 수요에 응했다. 김육은 농민을 대상으로 행하는 대동법을 도시인 개성부에 적용한 것이다. 김육이 김우명에 보낸 편지에는 "대동미를 거두는 일은 하루에 1부(部)씩 마쳐 4일에 4부를 거두어 혹 40~50석, 혹 15석이 되기도 하는데, 1승도 거두지 못함이 없으니, 이는 매우 유쾌하지만 인민의 원성은 더욱 심하다."라고 하였는데(98) 개성 유수 시절의 일로 보인다. 그런데 갑자기 텅 비어 미리 끌어 쓰는 것을 면치 못했는데, 김육은 관청에 머물면서 함부로 가져다 쓰지 못하게 하여 용도를 절약했다. 또한 해당 감(監)이 매일 사용량을 기록하게 하니 수개월에 남은 쌀이 100여 석에 이르렀다. 그러면 다음 달 그만큼 거두지 않았다. 1년에 줄어든 양이 항상 3~4개월치가 되었다. 1648년 김육은 개성 유수로서 양로연(養老宴)을 하면서 지은 시의 서문에 따르면, 자주 오는 사신들을 접대하기 위해 동전을 지불하고 노동력을 징발했다.

개성 유수로서 조세를 거두는 김육의 마음가짐은 「수적(收糴)」이라는 시 세 수에 드러나 있는데, "아전들이 노하여 호통치니, 농부가 몹시 두려워하네.", "조세를 적게 거둠이 밝은 정사네."라는 구절이 있다.

1649년 3월에 임기가 만료되어 서울로 올라가는데, 부민(府民)이 서로 나서서 여러 날 동안 호위했다. 떠나는 수레를 둘러싸고 호위하여 출발할 수 없었다. 노인은 부축하고 어린아이는 이끌고 가서 10리에 이르도록 끊이지 않았다.

1573년에 개성 유수 남응운(南應雲)이 유림과 협의하여 정몽주와 서경덕의 충절과 덕행을 추모하기 위해 선죽교 위쪽에 문충당(文忠堂)을 창건했다. 1575년에 왕명으로 숭양(崧陽)서원으로 승격되었으며, 1668년에 김상헌, 1681년에 김육과 조익, 1784년에 우현보(禹玄寶)를 배향했다. 김육의 배향은 개성 유수로서의 업적 때문이다. 이 서원은 대원군의 서원 철폐령을 피해 존속한 47개 서원에 포함될 만큼 개성 지역을 대표하는 서원이었다. 숭양 서원 인근에는 김육의 선정비가 있다.

5 인조 대 중앙 관료로서의 활동과 업적

(1) 대간 활동

사간원은 임금의 동정을 살피고 시정(時政)이나 인사의 잘못을 논하고 간(諫)하는 기관이며, 사헌부는 시정을 논하고 백관의 잘못을 규찰하며 풍속을 바로잡는 기관이었다. 사간원과 사헌부의 관리를 대간이라고 했다. 조선 시대 대신을 임금의 팔과 다리에 비유하고, 대간을 임금의 눈과 귀에 비유했다. 그래서 대간은 귀와 눈 역할을 하는 이목의 관료(耳目之官)라 불렸다. 여기에 홍문관을 더해 삼사라고 불렀다. 삼사의 언관은 유교 이념과 법 제도에 입각하여 국왕에 간언을 할 수 있었다.

　김육은 문과에 급제한 후 경관을 대간직부터 시작했다. 『잠곡유고』 7권의 앞에 수록된 여섯 계사(啓辭)는 그의 언관 활동을 보여 준다. 1625년 2월 지평 김육 등은 세자와 친한 정백창(鄭百昌)이 시강원에 들어간 일을 철회하기를 요청한 것에 대해 인조가 전교를 내려 뜻을 꺾자, "세자는 지금 한창 나이로, 전하께서 교도함에 있어 마땅히 공평무사한 도를 보여야 합니다."라고 간했다. 『승정원일기』에 따르면, 인조가 온당하지 않다는 비답을 내리자, 16일 김육은 자신의 파직을 요청하는 계사를 올렸으며, 이 일로 조정이 계속 논의했다. 『승정원일기』는 『잠곡유고』보다 훨씬 풍부한 언관 활동을 보여 준다. 1626년 3월 4일 김육은 여러 궁가(宮家)에 속한 개펄의 폐단을 아뢰었으나, 인조가 한결같이 거부하자, "이것을 어찌 군주가 사사로이 준 물건이라고 사가(私家)가 차지하려 합니까."라고 아뢰고, 궁가들이 불법으로 면세한 것을 조사해 복구하자고 간했다. 궁가를 사가로 규정한 것은 조선 시대의 공(公) 이념이다. 인조는 면세가 오래된 관행이라며 거부했다. 이후 김육은 궁가의 유사한 폐단을 집요하게 거론했으며, 3월 17일에는 궁가와 아문(衙門)이 산림과 개펄을 함부로 차지하는 폐단을 거론했다. 김육은 공 이념에 입각하여 군주에게 직언하는 직무를 수행한 것이다.

　『잠곡유고』7권의 두 번째로 나온 계사에서 김육은 "국가에서 이목의 관료를 둔 것은 위로는 임금의 잘못을 바로잡고 아래로는 관원들의 잘못을 규찰하기 위한 것입니다. 그 관직은 비록 낮으나 법도로써 맡기고 그 직위는 비록 천하나 예로써 대우한 다음에야, 조정이 높아지고 기강이 서며 곧은 기운이 신장되고 간사한 자들이 두려워하는 법입니다. 이것은 다스리는 도에 있어서 가장 긴요합니다."라는 언관의 역할에 대한 일반론을 개진한 다음 "근래에 대신(臺臣)이 간쟁한 바는 모두가 국가를 위하고 백성들을 위한 것입니다. 그런데 혹 몇 달을 서로 버티면서 윤허를 받지 못하기도 하고, 혹 한마디 말이 거슬린다고 해서 갑자기 견책을 가하셨습니다."라며 사직을 청했다. 인조는 사직하지 말라고 했다. 1642년 대사간에 임명된 김육은 사직을 청하는 상소에서 "삼가 조정의 여러 관직 가운데에서 어느 것인들 사람을 가려 뽑아야 할 직책이 아니겠습니까만, 잘 가려 뽑아야 함이 간관(諫官)보다 더 앞서는 자리는 없습니다. …… 대관은 관원들의 잘못을 규정(糾正)하고 간관은 임금의 잘못을 지적하는 자리입니다."라고 했다. 대간직을 중시하는 조선 왕조 통념을 김육도 공유한 것이다.

(2) 군정과 국방의 건의

　13세부터 임진왜란의 참상을 체험한 김육은 부국강병의 목표를 잊지 않았다. 김육은 조호익의 행장에서 스승이 1602년 여진족(女眞族)의 침입에 대비하기 위해 "모름지기 지형이 험한 곳에 성채를 쌓아 대비하여야만 보전할 수 있을 것이라고 하였는데, 정묘호란과 병자호란에 이르러서 이것이 증명되었다."라고 적었다. 여진족의 누르하치는 명과 조선이 임진왜란으로 힘든 기회에 세력을 넓혔으니, 조호익은 시세 판단이 빨랐다.

김육은 1624년 음성 현감으로 올린 상소에서 민생 안정이 고국(固國)의 근본 방도라고 했는데, '고국'은 내우외환에 흔들리지 않는 굳건한 국가를 의미한다. 김육은 민생 안정이 근본적인 국방책이라고 보았고, 이런 관점을 이후 일관되게 견지했다. 김육은 안민과 부국을 동시에 달성하는 방책을 추구했는데, 안민 부국은 국방 강화의 토대가 된다.

「가장」에 따르면, 1626년 11월 김육이 다시 지평에 임명되었을 때, 조정은 경전을 외우는 시험에서 떨어진 사족(士族)을 모두 군적(軍籍)에 넣었다. 김육이 사헌부 관원의 의견을 수렴하여 작성한 「교생의 고강을 논하는 계(論校生考講啓)」를 21일에 인조에 올렸다. 여기에서 "낙강(落講)한 교생을 군역에 충당하는 것은 참으로 조종조의 법제입니다."라고 전제하고 평민보다 조금 위나 사족에 미치지 못한 자를 그렇게 해도 되겠으나, "사족이 낙강하면 단지 벌포(罰布)만 징수하고 군역에는 충당하지 말아야 한다고 생각합니다."라고 주장했다. 인조는 "너희는 모두가 법을 담당하는 관원인데, 법을 무너뜨리려고 하니 괜찮은지 모르겠다."라고 말했다. 22일 사헌부 관헌들은 김육이 작성한 계사를 올려 파직해 줄 것을 청했는데, 인조는 사표를 받지 않았다.[25]

이런 주장은 김육을 포함한 사헌부 관원의 특별한 견해가 아니라 당시 사족의 통념이었으나, 오늘날 관점에서는 세족(世族)인 사족과 하급 사족을 구분하여 신분제를 더욱 위계화하고 군역 면제의 특권을 제도화하는 문제점을 가졌다. 상하, 존비의 명분 고수는 조선 시대 유가의 일반론이었다. 그런데 군주의 관점에서는 사헌부의 주장이 국가 본래의 제도와 다를 뿐만 아니라 군역 자원을 줄이는 문제점이 있었다.

그 전인 윤6월 24일 김육이 개인적으로 올린 계사는 낙방한 유생을 군적에 올리는 일을 당연시했다. 사족의 특권 옹호가 김육의 강한 지론은 아닌 것으로 보인다. 그 주장의 논거를 살펴보자. 11월 22일 계사에서 "우리나라 사족과 노비의 제도는 참으로 천하에 없는 것입니다만, 상하의 계통이 있고 존비가 정해져서 국가가 실로 이에 의지하여 유지됩니다. 병란(兵亂)을 당해서도 사족은 모두 명절(名節)을 지켜 나라를 배반하고 적에게 투항한 자가 전혀 없었으니, 임진왜란에 삼남의 의병이 모두 사족 출신이었습니다."라며 사족을 육성해야 한다고 주장했다. 이것도 사족의 통념이다. 21일 계사에서는 낙강 사족을 군역에 충당하면, "국가가 인재를 양성하는 방도에 크게 흠이되고 수천 명의 허약한 군졸을 얻게 되나 허다한 사족의 마음을 잃습니다."라고 주장했다. 이들은 인구 5% 미만의 세족을 군역에 충정함은 편익보다 비용이 크다고 주장했다. 이 주장은 16세기 사족이 군역면제의 특권층이 되면서 군사력이 약화된 사실을 성찰하지 못한 것으로 보인다.

사헌부가 11월 21일 계사에서 낙강한 사족에게 군졸로 편입하는 대신에 포를 징수하자고 건의한 점에 주목할 필요가 있다. 이 무렵 군역에 징발되는 대신에 포로 대신하는 관행이 널리 퍼져 가고 있었다. 사족의 주요한 특권이 군역의 면제, 이어서 군포의 면제가 되는 만큼, 낙강 벌로 포를 징수하는 것은 군정의 대책이 될 수 있었다. 김육은 다음 해인 1627년부터 병농 일치 제도를 개혁하여 직업 군인과 농민을 분리하자고 주장했고, 1654년 놀고 지내는 사족에게도 포를 징수하여 군정의 재원으로 삼자고 주장했다. 직업 군인제의 도입을 염두에 두고 낙강한 사족에게 군역 대신 포를 징수하자고 주장했다면, 사족 특권의 옹호가 아니라 의미 있는 군정 개혁안이 된다.

이후 김육은 사족제와 노비제를 옹호한 적이 없고 노비도 백성이니 배려해야 한다고 주장했다. 김육은 『종덕신편』에서 미미한 생물도 사랑하는 마음가짐을 평가했는데, 그런 마음을 미루어 노비에 대해서도 배려하는 자세를 확충했다고 볼 수 있다. 그리고 대동법 등 김육의 경제 정책은 특권층이나 부자보다 가난한 서민을 위한 것이었다. 사족과 노비의 제도에 대한 김육의 견해가 완전히 달라지지는 않았더라도, 사족 특권과 노비 차별을 완화하는 방향으로 변한 것으로 보인다.

1624년 최명길은 호패법을 시행하여 놀고먹는 사족까지 포를 징수하는 것이 최상의 부국책이라고 주장했다. 호패(號牌)는 신분을 증명하기 위해 16세 이상의 남자가 차고 다닌 패로서 인구수의 파악, 그리고 군역을 중심으로 하는 신역의 철저한 부과에 도움을 준다. 호패법은 태종대 처음 시행되고 세조대 보법(保法)의 시행과 더불어 강화되었다. 그 후 군역 제도의 문란과 더불어 호패법도 와해되었다. 임진왜란의 충격을 받고 광해조는 군역자의 확보를 위해 1625년 호패법을 시행하여 그것을 어기는 사람을 엄벌했다. 호패법의 시행으로 103만 명이던 남자 장정[男丁]이 1626년 226만 명으로 급증했다.[26]

1627년 1월, 금나라의 침입 때에 평양 주민이 성벽에다 호패를 걸어 두고 도망쳤다. 20일 문학 김육은 그 소식을 듣자마자 사서(司書) 조경과 함께 호패법을 혁파하여 민심을 수습할 것을 건의했다. 인조는 사헌부의 건의를 수용했고 21일 호패법 폐지를 지시했다. 폐지 반대론도 만만치 않았다. 병조 판서를 역임한 적이 있는 서성(徐渻)은 "호패와 문적(文籍)을 이미 불살라 버렸으니 나중에 어떻게 백성을 호령할 수 있겠습니까. 사람들은 모두 신이 호패를 주장한다고 하지만 신의 본의는 다만 부국강병에 있는데, 이제 이 지경이 되었으니 통분을 금치 못하겠습니다."라고 아뢰니, 인조는 "오늘날의 상황으로 말한다면 호패를 없애는 것은 어쩔 수 없다."라고 했다.[27] 1674년 신역의 개혁 방안을 논의할 때, 영부사 허적은 "우리나라는 인구수를 모르고 있으니, 호패법을 시행하여 인구수를 안 다음에 일을 할 수 있습니다."라며 "양반과 상민을 가리지 말고 모두 베 한 필씩" 거두자는 이유태(李惟泰)의 주장에 동의한다고 했다. 이에 대한 반론도 있었다.[28] 인구수의 정확한 파악과 신역의 철저한 부과에 필요한 호패법에 대해 민심이 좋아할 수 없었다. 호패법은 지속적으로 건의되고 간간이 시행되는 데에 그쳤다. 조선 국가는 세조 때 철저한 호구 조사 이후 인구수를 정확히 파악하지 못한 한계를 가졌는데, 음성 현감 시절 김육은 호적의 철저한 조사에 힘썼다.

김육은 정묘호란이 일어난 1627년의 6월에 직강으로서 장문의 「황해도, 평안도에서 마땅히 실행할 일을 논하는 소〔論兩西事宜疏〕」를 올렸다. 이 상소는 여러 중요한 정책 제안을 담았는데, 국방에 대한 깊은 관심도 보여 준다. 김육은 "민심이 떠나 버리면 아무리 금성탕지(金城湯池)의 성곽이 있다고 하더라도 지켜 낼 수가 없는 법입니다."
라며 민심의 수습과 안정을 최우선의 과제로 보았다. 이것은 김육이
평생 견지한 지론이다. 그래서 이 지방에 사신을 보내지 말며 노방산
군졸을 벌주지 말 것을 건의했다. 그리고 "도에서 몹시 험하여 지켜
낼 만한 성을 택해 가까운 곳에 있는 고을의 사족과 평민(土民)이 온
가족을 이끌고 그곳으로 들어가 보전하게 하는 것만한 방도가 없습
니다."라고 주장했다. "명도(名都)와 거진(巨鎭)을 모두 버려 두고 산골
에 있는 작은 산성만 지켜서 적들로 하여금 직로로 곧장 진격하게 하
다니, 이것이 어찌 적을 막는 방책이겠는가."라는 반론에 대하여 "명
도나 거진이라는 이름이 있어서 성을 쌓는 공력을 허비하고 방어하
는 병기를 낭비했다가 한번 패했다 하면 장수와 군사가 모두 죽고 백
성이 모두 도륙당하고 맙니다. 이것은 얼마 전에 이미 경험해 본 일
입니다."라고 반박했다.

　김육은 또한 우리나라는 병사와 농민이 분리되지 않아 전쟁에
동원된 농민은 강한 적들의 상대가 되지 못하니, 황해도와 평안도에
서 군명(軍名)을 가진 자 중의 10% 정도를 뽑아 정예한 직업 군인으로
만들어 역을 면제하고 둔전을 만들어 군량을 조달하자고 했다. 장교
를 동원할 구체적 방안도 제시했다. 유성룡은 임진왜란 때에 조선의
농민군이 일본의 직업 군인에 무력하다며 직업 군인인 훈련도감의
창설을 주도했는데, 이 병농 분리 정책을 김육이 계승한 것이다.

　인조는 김육의 산성 수축론을 '어리석고 망령된 소견'으로 평가
했으나, 이귀는 "김육의 상소를 보건대 어느 하나 현재의 병폐에 절
실하지 않은 것이 없습니다. 이런 사람을 등용하지 않으면 반드시 나

라가 망할 것입니다."라고 평가했다. 그런 이귀도 호패의 혁파는 잘못된 일로 보고 이원익도 후회하고 있다고 했다.[29] 비변사는 김육의 주장을 논의했으나, 채택하지 않았다. 그 후 병자호란 때 경기도 쌍령 전투에서는 조선군 4만 명이 청나라 기병 300명에게 크게 패했다. 조경의 김육 묘지명에 따르면, "훗날 인조가 좌우의 신하들에게 '김육의 말이 진실로 이치가 있었다.'라고 말하였다. 병자호란을 겪고 나서 사람들이 모두 '만일 김육의 계책을 썼다면 어찌 오늘의 대패가 있었겠는가.'라고 말했다."

김육은 1627년 상소에서 "이 적들의 뜻은 산해관(山海關)을 엿보는 데 있으니 반드시 동쪽을 약탈하는 짓을 다시 하지 않을 것입니다. 오랑캐의 마음은 비록 화친을 중요하게 여기지 않으나, 평안도와 황해도의 사람과 가축은 거의 다 약탈당하여 지금 비록 다시 쳐들어오더라도 반드시 소득이 없을 것입니다. 따라서 지금은 우선 화친한다는 것으로 우리나라를 위협하면서 뒤를 칠 걱정을 없게 할 것이니, 이것이 적들이 바라는 계책입니다."라고 하여 후금이 명나라를 목표로 삼으면서 조선을 위협하여 배후를 안정하려 할 것이라는 것을 정확히 내다보고 있었다. 청이 다시 침략하여 김육이 틀렸다고 할 수도 있지만, 조정이 외교를 현명히 했다면, 맞았을 것이다.

(3) 동전 통용의 건의

김육은 1627년 「황해도, 평안도에서 마땅히 실행할 일을 논하는 소」에서 "우리나라는 물산이 많지 않은데 여러 나라의 물화를 통하지 않고 단지 쌀과 직물만을 쓰고 있어서 다시는 유통되는 화폐가 없습니다. 국가와 민간인이 모두 궁핍한 것은 참으로 이 때문입니다."
라며 처음으로 동전 주화의 통용을 주장했다.

동전 주화의 통용책은 대동법보다 오랜 역사를 가진다. 고려와
조선의 국가는 화폐가 백성을 부유하게 하고 재정을 넉넉하게 한다
는 부민 이국론(富民利國論), 그리고 화폐와 같이 중요한 이권을 국가
가 가져야 한다는 이권 재상론(利權在上論)에 입각하여 금속 화폐, 지폐
의 발행과 통용을 추진했다. 물품 화폐인 직물은 마모되기 쉬운 데다
가 민간 소비를 그만큼 감소시켰으므로, 금속 화폐의 통용은 백성을
부유하게 한다고 간주되었다. 그래서 고려는 996년에 철전의 통용
을 시도하고 물품 화폐로 기능한 몹시 거친 삼베인 추포(麤布)의 사용
을 금지했다. 그런데 물품 화폐에 익숙한 농민이 금속 화폐를 불편하
게 여겼으므로, 금속 화폐는 유통 범위가 한정되었고 게다가 삼베를
비롯한 물품 화폐에 점차 압도당했다. 1097년 동전 통용이 시도되었
으나, 성과를 거두지 못했다. 1101년 은병(銀瓶)이 주조된 이후 은화
는 제한된 범위에서 지속적으로 사용되었다. 고액의 거래에는 모시,
은화가, 소액의 거래에는 쌀이 사용되었다. 주된 거래 수단은 삼베였
다. 원 간섭기에는 중국의 지폐가 사용되었다. 은화의 유출로 14세기
후반 그 유통이 거의 이루어지지 않게 되었다.

고려 공민왕 때부터 이권 재상론이 부상하면서 화폐 발행책이
추진되었다. 조선 태종 때인 1401년 저화(楮貨)라는 지폐를 통용하기
로 했다. 원나라에 복속한 때 원나라 지폐인 보초(寶鈔)가 유통된 것
을 염두에 두었겠지만, 보초는 원나라에 통용되니 원나라가 지불 보
증을 한 셈이었다. 게다가 조선 왕조로 전환되는 국면에 조공 체제의

강화로 사무역이 일절 금지되고 토산 공물의 현물 재정이 시장 교환을 대체하여 시장이 더욱 위축되었다. 그로 인해 지방의 정기 시장이 소멸되었다. 그래서 민간인이 소재 가치보다 훨씬 낮은 명목 가치를 가진 저화를 불신하는 것은 당연한 일이어서, 태종의 강력한 저화 통용책은 좌절했다. 애당초 저화의 태환보증책을 마련했으나, 그것은 지역적으로 제한되고 일시적으로 추진되었을 따름이어서, 저화를 가진 사람은 손해를 보아 화폐 통용책에 대한 불신이 생겼다.

1423년 세종은 포화 교역을 인정하고 나아가 동전을 발행하여 저화와 겸용하기로 결정했다. 저화와 달리 동전을 즐겨 사용할 것이라는 위정자의 예상과 달리 동전 통용책도 좌절했다. 화폐 통용책이 거듭될수록 손해 보는 사람이 늘고 그 불신은 커졌다. 시장의 성장만이 그 악순환을 막을 수 있었다.

유형원은 1670년 완성한 『반계수록』에서 "지금 추포로써 교역함을 보면 다른 말을 기다리지 아니하고 동전이 반드시 유통될 것임을 알게 되어 의심치 않"았는데, 이미 996년에 고려 국가는 철전의 원활한 유통에 추포가 애로로 작용한다고 인식하고 있었다. 그리고 15세기 조선 수준의 문명을 가진 다른 나라는 훨씬 일찍 금속 화폐를 사용했으니, 애당초 태종이 저화가 아니라 동전을 통용하는 정책을 추진했더라면, 강력한 태종과 현명한 세종은 통화 정책에서 성공했을 것이다.

임진왜란이 끝나는 1598년에 명나라 장수 양호(楊鎬)가 동전의 주조, 유통을 제의했다. 1603년 호조가 '인민을 부유하게 하고 재정을 넉넉히 하기(裕民足國)' 위해 동전 주조를 주장하고 동전 유통을 위한 사목(事目)을 마련하여 조정에서 논의했다. 2품 이상 관원의 의견을 들으니, 찬성 14명, 반대 17명이어서 주전하지 않았다.[30]

신흠의 「산중독언(山中獨言)」에 따르면, "임진왜란에 이르러 숭국이 은을 우리나라에 내려 주고 군대의 양식과 상도 모두 은으로 사용하니, 이로 인하여 은화가 크게 유행하여 …… 시장에서 매매하는 무리가 다른 재화를 쌓아 두지 않고 오직 은으로 가치를 정했다." 1609년 일본과의 국교가 정상화된 후 일본 은이 조선에 대량으로 유입되었다. 그 대부분은 중국 비단과 명주실의 결제물로 유출되었지만, 상당 부분은 조선에 남아서 화폐로 기능했다. 은화는 무게와 순도에 따라 가치가 결정되는 칭량 화폐이다. 명나라 은화는 1냥(兩)이 10전(錢), 100분(分), 36.9g이며 청나라 은화는 1냥이 10전, 37.3g이었다.[31] 은화의 통용은 동전 통용책에 대한 자신감을 불어넣었다.

세종 대에 중단된 동전 통용책은 인조반정 직후 다시 추진되었으나, 성공하지 못했다. 1627년부터 다시 동전 유통을 시행하기로 했으나 정묘호란으로 중단되었다. 김육은 그것을 아쉬워하고 건의했다. 김육의 동전 통용 주장은 특별한 내용이 아니지만, 김육이 관직에 진출한 지 얼마 지나지 않은 1627년에 동전 통용, 은광 개발, 그리고 국제 무역의 확대가 인민을 부유하게 하고 재정을 넉넉하게 하는 방안이라고 생각하는 넓은 시야를 가진 점은 주목된다.

1625년 이후 북인 김신국(金藎國)이 호조 판서를 오래 역임하면서 동전 통용책을 담당했다. 1634년 9월 경연을 마친 후에 최명길은 "이번 전화(錢貨)의 사용에 대하여 김신국은 꼭 행해야 한다고 하였고 심열은 절대로 행할 수 없다고 했으며, 김시양은 그 중간 입장에 있었습니다. 그런데 김신국이 지금 호조 판서에 제수되었으니, 어쩌면 행할 수 있을 듯도 합니다."라고 보았으며, "먼저 개성에 시행한 뒤에 확대하여 전국에 이르게 하는 것이 가장 좋습니다."라고 아뢰어 허락을 받았다.[32] 김신국은 인조조 호조 판서로 가장 오래 재직했고 최고의 경제 정책 전문가로 평가받고 있었던 것이다. 1634년 동전 통용책은 재개되었고 1635년 잘 정리된 여섯 조목의 정책이 채택되었으나, 지지부진한 가운데 1636년 병자호란이 일어나 다시 중단되고 말았다.

병자호란 후에 동전 통용책의 신념을 포기하지 않고 줄기차게 추구한 인물은 김육이었다. 1644년 9월 대사성 김육은 원손 보양관으로 중국에 다녀온 직후 수레의 사용, 동전의 통용 등을 요청했다. 동전 통용책은 점포를 설치하여 동전을 사용하게 하고, 동전을 국가에 지불하는 수단으로 사용하고, 개성에 이미 동전이 유통되고 있으니 사람의 왕래가 많은 황해도, 평안도에 우선 시행해 보고, 호조에서 주조해 둔 동전과 중국에서의 조달로 동전을 공급하는 등의 방안을 담았다. 병자호란 이전의 동전 통용책은 개성에서 성공하여, 김육은 황해도, 평안도에 시범으로 시행해 보자고 주장할 수 있었다. 인조 때에 김육은 동전 통용책을 세 차례 건의했는데, 1644년의 건의만 『조선왕조실록』에 나온다. 중국 사신으로 다녀오면서 그 견문에 입각하여 건의한 김육에 대해 인조와 비변사가 배려한 것이다.

동전 유통, 점포 개설 및 수레 사용은 모두 상업 내지 시장의 발달을 도모하는 정책이다. 박제가처럼 시장이 발달한 중국 견문이 시장 발달을 도모하는 정책론을 낳았다고 보인다. 김육은 자신의 주장을 "여러 사람에게 두루 물어본 결과 신의 생각과 같았던 사람들에 대해서는 기뻐 마음에 기억하고 있습니다. 수레 사용의 편리함에 대해서는 평안도 감사 김세렴이 말했고, 화폐 사용의 편리함에 대해서는 숙천 부사(肅川府使) 홍효손(洪孝孫)이 발했으며, 섬포 설치의 편리함에 대해서는 봉산 현감(鳳山縣監) 홍주일(洪柱一)이 말했습니다. 수레 타는 편리함에 말하니, 성천 부사(成川府使) 노협(盧協)도 매우 좋은 계책이고 자신이 시험해 본 일이라고 하였습니다."라고 아뢰었다. 정책의 논의와 협력에 적극적인 김육의 자세를 보여 준다.

인조는 "묘당(廟堂)에서 의논하여 처리하라."라고 명했다. 역대 왕과 왕비의 위패를 모신 종묘와, 왕실 의례와 정치가 행해진 명당(明堂)의 합성어인 묘당은 조정을 의미했다. 조선시대에는 국정 논의와 결정의 최고 기구로서, 의정부 서사제에서는 의정부, 비변사 체제에서는 비변사를 지칭했다.[33] 비변사는 "수레를 사용하는 제도와 동전을 사용하는 규정에 대해서는 종전에도 그것을 말한 사람이 매우 많았으나, 아직도 시행하지 못하는 것은 필시 그 요령을 얻지 못해서 그럴 것입니다. 시험 삼아 황해도, 평안도의 감사에게 길가에 점포 설치와 수레 사용과 동전 사용에 대한 편리 여부를 잘 헤아려서 보고하여 거행하겠습니다. 왕자와 대신 이외에 그 이하 사신들에게는 모두 편히 앉아 갈 수 있는 뚜껑 있는 수레를 타고 다니도록 한다면, 마필의 숫자를 줄일 수 있는 방도가 이보다 나은 방도가 없습니다."라며 긍정적으로 판단했다. 인조는 그 판단에 따랐다.[34]

그해 10월 평안 감사 김세렴은 "김육의 소로 인하여 수레 사용과 점포 설치의 편리 여부를 도내에 두루 물어보니, 모두가 사용할 수 있겠다고 했습니다. 수레 제도는 자세히 알 수 없으니, 의주부(義州府)

가 봉황성에서 수레 한 대를 사다가 그 양식에 따라 제작해 놓고 사신이 행차할 때를 기다리도록 해야겠습니다. 그리고 동전을 사용하는 일은 반드시 먼저 시험 삼아 사용해 본 다음에야 시행할 수 있는지의 여부를 알 수 있으니, 호조가 많은 동전을 보내 주어 시험 삼아 사용해 보는 기초로 삼도록 하소서."라고 보고했다. 인조가 이 장계(狀啓)를 비변사에 내려 의논하도록 했다. 비변사는 "사신이 수레를 타는 일과 점포를 설치하는 일과 돈을 사용하는 일들을 만일 시행하게 된다면 참으로 다행이겠습니다. 남아 있는 동전 꿰미는 호조로 하여금 모두 보내 주도록 하겠습니다."라고 답했다. 이에 인조는 수레 사용 건의를 수용하면서도 "동전 사용하는 일은 천천히 의논하여 처리하라." 며 유보했다.[35] 앞서 김육은 잘못된 소문을 전해 김세렴의 이조 전랑의 천거를 막았다가 실수를 인정했는데, 이제 두 사람은 정책 논의를 함께 하며 동전과 수레 사용에 의견의 일치를 보고 협력한 것이다.

김육은 1647년 12월 개성 유수로서 「황해도, 평안도에서 동전 사용을 청하는 소〔兩西請用錢疏〕」를 올렸다. 개성의 동전 통용이 갈수록 진전되고 주변 지역으로 확산되어, 김육은 그것을 보고 동전 통용에 대한 신념을 갈수록 굳혔음을 알 수 있다. 조정은 이 건의를 수용하지 않았다.

개성부의 직책에 있은 지 이미 1년이 지났는데, 백성이 동전을 쓰는 것을 보니 중국과 차이가 없습니다. 크게는 농지와 가옥과 장획(臧獲)으로부터 작게는 땔나무와 마초(馬草), 채소, 과일 등을 모두 동전으로 매매하며, 가까운 곳으로는 강화, 교동, 풍천, 장단, 연안, 배천 등의 사람이 모두 동전을 사용하고 있습니다. 이에 어린아이가 시장에 가더라도 조금도 속이지 못하는 바, 동전 사용을 반드시 행할 수 있다는 것을 알고는 신은 속으로 기뻤습니다. 비록 온 나라에 다 통용하지는 못하더라도 황해도와 평안도에서 사용하게 하면 그 백성에게 반드시 모두 이익이 될 것이며, 나그네들이 양식을 싸 가지고 다니지 않아도 될 것입니다. 이제 황해도, 평안도의 감사와 병사들로 하여금 먼저 영(營)에 저축해 둔 것을 꺼내어 대장간을 설치하고 동전을 주조한 다음 각자 의견에 따라 편리한 방법으로 민간에 나누어 주게 하소서. 그런 다음 벌금을 징수하거나 조세를 낼 때 쌀 대신 납부하게 하소서. 그럴 경우 호령(號令)을 번거롭게 내리지 않더라도 동전이 저절로 통용될 것입니다. 황해도, 평안도의 감사들은 모두 나이 젊고 재주 있으며 국사에 많은 관심을 가지고 있습니다. 지난날에 신이 그들과 더불어 이 일을 얘기해 보니, 모두 시행할 수 있다고 하였으니, 오직 국가에서 명령을 내려 시행하는 데 달렸을 뿐입니다.

(4) 김육의 은광 개발론과 설점수세제

임진왜란 당시 명나라 장수는 조선의 재정 확충을 위해 동전 유통, 은광 개발 등을 권했다. 임란 이후 군수(軍需) 광업이 성장하여 군사 관청은 광산의 개발을 촉진하기 위해 광산을 발견, 보고한 자를 해당 광산의 감관(監官)으로 임명하여 광산을 관리케 했다. 김육은 1627년 상소에서 동전 통용을 주장한 다음 구절에 "나라의 여러 산에는 은광이 아주 많습니다. 만약 민간의 채굴과 사용을 허락하고 관청이 조세를 거둔다면, 민간의 힘을 허비하지 않고서도 재정이 저절로 넉넉해질 것입니다."라며, 민간의 은광 개발을 허용하여 조세를 거두자고 주장했다. 김육은 관영 사업보다는 민영을 육성한 다음 조세 징수로 재정을 충실화하기를 바랐다. 이것은 시장 중시론에 통한다. 은이 당시 화폐로 사용되고 있었으므로, 은광 개발론은 동전 통용론에 통한다. 김육의 이 건의는 수용되지 않았다.

김육이 영의정으로 정책을 주도하던 1651년 6월 비변사는 중국 외교 경비의 조달이 어려우니, 서울 근처 은광에서 채굴을 희망하는 자에게 허락하여 수세하자고 하여 효종의 허락을 받았다. 그 성과를 확인한 다음 호조에게 채은관(採銀官)의 규정을 마련하게 했다. 그래서 8월 비변사는 "우리나라는 경제력이 부족하고 요역이 무거운데, 매양 국력으로써 채광하니 노력과 비용이 너무 많이 듭니다. 채은관으로 하여금 광혈(鑛穴)을 얻어 개발한 연후에 인민을 모집하여 채광을 허가하고 조세를 거두되, 광세의 크기를 적절히 정하면, 관에서는 재력(資力)을 들이지 않고 세입은 저절로 많아질 것입니다."라고 건의하여, 효종의 허락을 얻었다.[36] 채은관이 되는 부유한 상인에게 군직(軍職)을 인센티브로 제공했다. 은광 경영의 민영화로 효율성을 높여 재정에 보탬을 주고 상인을 육성하자는 경제 합리적 제도 개혁이었다. 이것은 김육의 1627년 건의와 같은 내용이니, 영의정 김육이 주도한 건의로 보인다. 그런데 부유한 상인의 참여를 유도하는 데에 실패하여 호조의 설점수세제(設店收稅制)가 성과를 거두지 못했다. 민간인이 광산을 개발하고 국가가 수세하는 방식은 17세기 말 이후 대세를 이루었다. 그래서 민영 광업이 성장했다.[37]

(5) 수레 사용의 건의와 추진

1644년 9월 김육은 대사성으로서 동전의 통용과 더불어 수레의 사용을 건의하고, 수레를 사용하는 구체적인 방안을 다음과 같이 제시했다. 사신으로서 중국 견문에 힘입었음이 드러난다.

북경에 가는 마부와 말이 장차 서로 이어서 출발할 것이니, 신은 삼가 생각건대, 중국에서 수레를 사용하는 제도를 따른다면 이것 또한 큰 도움이 되리라고 여깁니다. 혹자는 '우리나라는 길이 험해서 중국과 같지 않으니, 결코 수레를 사용할 수 없다.'라고 말하기도 하나, 신도 일찍이 중국의 길을 다녀 보았지만, 중국의 길이라 해서 어찌 다 평탄하겠습니까. 의주와 요동 사이에 있는 회령과 청석, 두 고개는 모두 우리나라 평안도에도 없는 험준한 고개입니다. 그런데도 물품을 수레에 싣고 넘어 다니는데, 우리나라에서 어찌 수레를 사용하지 못할 리가 있겠습니까. …… 왕자와 대신 이외에 사명을 받든 신하들에게는 모두 편히 앉아 갈 수 있는 뚜껑 있는 수레를 타게 한다면, 평탄한 길에서는 말이나 나귀 한 필만으로도 충분히 끌 수 있고, 한데서 자는 경우에도 장막을 쓰지 않고 수레 안에서 그대로 잘 수 있으니, 또한 매우 편리하고 좋을 것입니다. 또 한두 필의 공마(空馬)를 준비한다면, 고갯길 험한 곳에서는 또한 수레를 놔두고 말을 탈 수도 있을 것입니다. 대체로 역마(驛馬)란 나라 안에서 명령을 전하는 도구입니다. 그런데 지금 삼남 지방의 역마를 모두 북경 가는 행차에 쓴다면, 역마가 장차 다 죽어 버려서 명령을 전할 수 없게 될 것입니다. 그러니 만일 수레 타는 제도를 이용한다면, 역마까지 꼭 쓸 필요가 없고 보통 잘 걷는 정도의 말만으로도 쓸 수가 있습니다.

「가장」에 따르면, 김육은 솔선하여 수레를 타고 1644년에는 평안도 의주에, 1646년에는 중국에 왕래했다. 그때 수레는 햇볕을 가리기 위한 일산(日傘)도 설치했다. 1649년 3월에 개성 유수의 임기가 만료되어, 수레를 타고 서울로 올라갔음은 「가장」과 「송도를 떠나다(發松都)」에 나온다. 조선 시대에 수레 사용을 주장한 인사는 많았으나, 정책으로 실천한 인물은 드물었다.

김육은 다음과 같이 수레의 사용을 위해 "변통할 만한 계책을 다 아뢰라."라는 과거의 책문(策問)을 출제한 적도 있다.

천하에는 수레를 쓸 수 없는 땅이 없는데 우리나라에서만 유독 쓰지 않는 것은 어째서인가? …… 현재 황해도, 평안도에서 일이 많아 사신의 행차가 잇따르고 있다. 그런데 무거운 짐을 지고 먼 길을 가는 것을 오로지 말에게만 의지하고 있는 탓에, 관과 민간의 말이 잇달아 쓰러져서 역로가 끊어져 장차 명령을 전할 수조차 없게 되었다. 어떤 사람은 중국에서 수레를 쓰는 제도에 의거하여 사신들 역시 수레를 타게 한다면, 만분의 일이나마 도움이 있을 것이라고 한다. 그러나 세속에서 쓰는 데 익숙하지 않아 사람들이 모두 수레 타기를 싫어하기 때문에 이런 말을 한번 들으면 여럿이 비웃으면서 비난을 한다. 어떤 기발한 생각과 좋은 계책으로 이 폐단을 구할 수 있겠는가?

한국에서 수레를 사용한 역사는 오래되었다. 삼국 시대 전쟁에서 수레가 활발히 사용되었다. 예컨대 662년 김유신 등은 수레 2000여 량에 쌀 4000석과 벼 2만 2000여 석을 싣고 평양으로 갔다고 한다. 우마차 하나에 13석씩 싣고 간 셈인데, 이때 1석은 45리터로 오늘날 1석의 4분의 1 부피이다. 그런데 평화의 시대에는 상업, 운반용으로 수레가 활발히 사용되지 않았다. 1435년 세종은 수레를 제작하여 여러 종친과 신하에게 나누어 주며 사용하게 했다. 그런데 신하들이 불편하다고 주장하여 중단되고 말았다. 김육의 수레 보급책도 성과를 거두지는 못했다.

『북학의(北學議)』에 의하면, "원산 상인이 말에 미역, 건어물을 싣고 서울에 가서 판 뒤 사흘에 돌아오면 조금 남고, 닷새가 걸리면 본전이고, 열흘 머물면 크게 손해 본다."라고 했듯이, 교통은 시장 발달에 직결된다. 조선 후기 도로망이 조밀했는데, 인구와 농촌시장의 밀도가 높았기 때문이다. 그런데 도로의 폭은 좁고 그 상태가 좋지 않았다. 수레가 거의 이용되지 않았고 육로 수송의 주된 수단은 소, 말, 지게, 봇짐이었으므로, 힘들여 길을 넓히거나 포장할 필요가 적었기 때문이다. 수레가 대도시와 함경도를 제외하고는 거의 이용되지 않았는데, 고개가 많고 목재가 비싸고 육로를 통한 원격지 유통이 활발하지 않았기 때문이다. 그리고 강이 많은 반도라는 국토 환경은 육운 개선의 필요성을 줄였다. 조선총독부의 조사에 따르면, 20톤 또는 30섬, 조선 시대 단위로는 50섬 이상 실은 배가 다닐 수 있는 하천의 물길은 총 2341킬로미터였다. 조그만 배가 다닐 수 있는 지류를 포함하면 총연장은 훨씬 늘어난다.

(6) 교육 보급의 건의

김육이 안변 도호부사와 개성 유수로 재직하면서 교육의 보급에 힘썼음은 앞서 언급했다. 교육 보급은 도덕심 함양과 인재 양성을 위해 필요했다. 임진왜란으로 교육이 와해되어 조정은 어린이 교육제도를 복원하고자 노력했다. 1625년 각 도마다 교육을 관장하는 제독관(提督官)을 2~4명 두고, 3~6고을마다 훈도 1명을 두어 돌아다니며 가르치도록 하는 구상이 제기되었다.[38] 그래도 교육 보급이 효과적이지 못한 가운데 김육은 1645년 11월 예조 판서로서 다음과 같은 교육 보급책을 건의했다.

서울에는 교관이 4명만 있다 보니 두루 가르칠 수 없어서 외진 곳에 살고 있는 어린이는 매번 스승이 없어서 걱정하는 형편입니다. 전례에 사교관(私教官)과 사훈도(私訓導)를 두어 곳곳에서 가르쳤습니다. 오늘날에도 이 전례에 따라 오부에 각기 한두 명을 둔 다음, 생원, 진사, 유학(幼學)을 막론하고 품행이 좋고 문장에 능한 사람을 선발하여 분교관(分教官)이라는 이름을 붙여 주고, 전국의 어린이가 어느 곳에서나 배울 수 있도록 하되, 반드시 『소학』과 『대학』 등의 책을 먼저 읽어서 효제(孝悌)와 예양(禮讓)의 도리를 익힌 뒤에 유교 경전, 역사책, 제자백가서, 개인 문집(經史子集)을 배우게 하소서. 그리고 매월 고강(考講) 때에는 분교관 역시 어린이들을 거느리고 와서 고강을 받되, 많이 성취한 자는 장부에 적어 놓았다가 교관의 결원이 있을 경우에는 실교관(實教官)으로 승진시키고 결원이 없을 경우에는 다른 보직으로 별도로 서용하여 처음 관직에 들어가는 길로 삼도록 하소서.

인조는 대신의 의견을 구했다. 우의정 이경석이 동조하여, 인조가 따랐다.[39] 분교관 제도는 조선 말까지 존속했다. 앞으로 언급할 김육의 서적 출간 사업도 교육을 통한 인재 양성과 관련된다.

(7) 서울의 준천 사업 건의

조선 왕조가 한양으로 천도했을 때, 24개 물줄기가 도성 안에 흐르면서 합류하고 있었다. 비가 오면 개천이 넘쳐 민가에 피해를 주었다. 그래서 태종은 1406년 궁궐 축조를 위해 동원된 인부 3000명 가운데 600명에게 개천을 파내는 공사를 시켰다. 이것은 임시방편의 공사여서 장마철에 민가가 물에 잠기는 폐단이 계속 발생하여 1411년 5만 2800명의 인부로 한 달간 개천을 팠고 다리는 모두 돌로 만들었다. 이때 4만 석의 곡식으로 인부의 보름간 식량으로 삼았다. 그런데 개천 지류는 자연 그대로여서 홍수 피해를 막지 못하여, 세종은 1422년부터 1434년까지 농한기를 이용하여 지속적으로 개천을 준설하고 다리를 보수했다.

그 후 개천 준설 작업이 이루어지지 않은 가운데, 김육은 1641년 승지로 있으면서 다음과 같이 서울의 개천을 정리하여 위생을 개선할 뿐만 아니라 장마의 피해를 막자고 건의했다.

서울의 개천은 성안의 뭇 물이 모두 모여드는 곳입니다. 그런데 근래에 개천이 막혀 모래톱이 되어 밭을 만들어 채소를 심기까지 하고 있으며, 시내가 평평해져 육지가 되어 길이 도리어 개천보다 낮아졌습니다. 심한 가뭄이 끝난 뒤에는 반드시 장마가 질 것인데, 가을비가 때맞춰 내려 물살이 불어날 경우, 시냇가에 사는 백성이 물에 휩쓸리는 걱정을 면하기가 어려우니, 이것을 염려하지 않아서는 안 됩니다. 지금 바로 방내(坊內)의 백성을 징발하여 진흙을 파내어 양쪽 길에 높게 쌓아 하류가 막히지 않도록 해야 합니다. 그리하여 물이 시내 가운데로 흘러가게 하면, 재변을 구하고 환난을 막을 수 있어 일거양득입니다.[40]

김육의 이 건의는 조정의 호응을 받지 못했으나, 후대 왕들 때에 시행되었다. 김육이 시내 가운데로 흐르게 개천을 정비하자고 한 사업은 실현되어 청계천이 되었다.

도성 내외에서 계속 증가하던 서울의 인구는 임진왜란 때에 격감했다가, 이후 급증하여 1669년에 이미 19만에 달해 있었다. 인구 증가로 목재와 땔감 수요가 증가함에 따라, 서울 사방 산은 나무가 없어 민둥산이 되었다. 그 후 모래와 돌이 흘러내려 도랑을 메워 물길이 막혀, 날씨가 가물고 건조하면 축축한 데에서 더러운 냄새가 나고, 비가 오면 물이 불어 평지에 범람해서 근방의 인가에 미치게 되었다. 김육이 준천 사업을 건의하던 1641년에 이런 조짐이 나타나고 있었다. 그런 현상이 갈수록 심화되어 1710년 한성부(漢城府)는 도랑 주변에 사는 백성으로 하여금 각자 그 집 앞을 다스려서 차츰 파내게 하고, 인가가 드문 곳은 부근의 방민(坊民)의 노동력을 징발할 것을 청했다. 그래서 숙종은 오부의 관리에게 명하여 도랑[溝渠]을 파내게 하

였다.[41]

　준천 사업을 가장 정력적으로 추진한 군주는 영조였다. 균역법이 성취된 1752년 이후 준천 사업이 건의되었다. 영조는 1758년 순천에 관한 여론을 파악한 다음 1759년 홍봉한(洪鳳漢), 이창의(李昌誼), 홍계희(洪啓禧)를 준천 당상(濬川堂上)으로 삼고, 그 절목(節目)을 강정(講定)하라고 명했다.[42] 1760년 58일간에 걸쳐 한성부민 15만 명과 임금노동자 5만명의 인력을 동원하고 동전 3만 5000냥과 쌀 2300석을 투입하여 준천을 행했다. 영조는 이 사업을 마친 후 준천 업무를 담당할 준천사(濬川司)를 설치하고 『준천사실』을 간행하여 그 업무와 조직을 기록했다. 정조와 순조 때에도 준천 사업은 이루어졌다.[43]

　수도 경관에 관련된 김육의 다른 정책 건의도 소개한다. 1642년 사간원이 올린 계사로 인하여 도성 안에 곡식을 심는 것을 금했다. 그러자 김육은 대사간으로서 계사를 올려 "건국 초에 도읍을 세울 때 성안에는 반드시 민전(民田)이 많았을 터인데, 집들이 다닥다닥 들어서서 땅값이 비싸진 다음에야 비로소 농지가 없어지게 되었습니다. 성안에 곡식을 심는 것이 무엇이 해롭겠습니까. …… 더구나 옛터에 곡식을 심지 않을 경우에는 쑥대가 무성하게 자라고 가시덤불이 우거져서 벌레와 뱀, 여우와 토끼가 뒤엉켜 살아 피해를 끼칠 것인데, 어찌 보기에만 좋지 않을 뿐이겠습니까. …… 한성부로 하여금 방민들에게 두루 알려서 큰길 가 이외에는 모두 예전대로 곡식을 심게 하여 가난한 백성이 조금이나마 생활할 바탕으로 삼게 하소서."라고 건의했다. 녹봉을 받는 사대부에 대해서만 금지하자고 부연했다. 인구가 증가하면 주택 수요가 늘고 땅값이 올라 농지가 택지로 변하니 농사일을 금지할 필요가 없다는 경제 합리적 판단이다. 게다가 민생 안정에 도움이 되는 제안인데, 인조는 온당치 못하다며 받아들이지 않았다.[44]

6 인조 대 외교 활동과 업적

김육은 인조 때에 세 번 중국을 사신으로 왕래했고, 외교 분야에서도 능력을 발휘했다. 선조의 부마인 윤신지(尹新之)는 1647년 쓴 「잠곡유고서(潛谷遺稿序)」에서 중국 사신으로서 훌륭한 업적을 쌓아 추앙을 받는 인물로 오윤겸, 김상헌 그리고 김육을 들었다.

김육은 57세이던 1636년 3월에 동지 성절 천추 진하사(冬至聖節千秋進賀使)로 임명되어 6월에 출발하여 명나라 수도에 갔다가 다음 해 4월에 병자호란 소식을 듣고 귀국하여 6월 조정에 복명했다. 동지사는 원래 정2품 위 고관의 파견이 원칙이었으나, 정3품의 김육이 파견된 것은 청나라가 사행로를 점령하여 위험한 바닷길로 가야 했기 때문이다. 김육은 조공 사절이 가는 해로를 덜 험한 길로 바꾸는 일, 정묘호란 이후 금지된 군수 물자인 염초(焰硝)의 수입을 재개하는 일, 활에 사용되는 백사(白絲) 무역을 허락받는 일, 그리고 서책 무역을 허가받는 일이 조선뿐만 아니라 명에도 유리하다며 적극 요청했다. 명 조정은 이를 허락하지 않았는데, 김육은 조선에 대한 불신을 가장 중요한 요인으로 보았다. 김육은 조선이 정묘호란에 항복한 사정을 설득력 있게 변호했고 조선의 존재가 청의 세력 억제에 중요한 역할을 한다고 주장했다. 김육은 조선 조정에게 승승장구하는 청나라 군대와 기강이 해이하고 부패한 명나라 관료와 군대의 실상을 보고하고 청에 대한 방어책도 올렸다. 조선이 병자호란을 당해 청에 항복하고 이후 청나라 군대와 연합하여 명나라 군대를 공격하여 명나라 조정의 조선에 대한 불신이 커졌다. 그런데도 "김육의 지혜로운 처사로 당시의 위급한 상황을 타개했고, 한 명의 인명 피해도 없이 명군의 호위를 받으면서, 심지어 명군에 잡힌 조선인마저 전부 데리고 귀국할 수 있었다. 또한 수많은 명의 인사들에게 조선에 대한 우호적 감정을 심었으며 조선과 명이 245년간 유지한 사대 관계의 마지막 장을 원만하게 장식했다."[45] 김육은 첫 사행으로 외교관으로서 명성을 쌓았다. 김육의 사행 기록인 『조경일록(朝京日錄)』과 『조천록(朝天錄)』은 당시 관료와 오늘날 역사학자의 높은 평가를 받았다.

1637년 6월 김육은 인조에게 복명했다. 인조가 "천조의 치란(治亂)은 어떠한가?"라고 물으니, 김육은 "중국은 물력이 풍부하므로 갑자기 위급한 상황을 당하지는 않을 듯합니다만, 조사(朝士)의 탐욕하는 버릇이 날로 심해지고 환관이 교만하고 방자한 짓을 억제하지 못하고 있습니다. 나라 안의 도둑이 벌떼처럼 일어나는데, 소굴은 없으나 모이고 흩어지는 것이 무상하여 이미 고질이 되었습니다."라고 아뢰었다.[46] 『조경일록』에는 명나라 관리의 부패상과 군인의 무능함이 기록되어 있다. 신익성은 『조경일록』을 높게 평가한 글 가운데 김육이 명나라의 "은혜를 받들고 돌아와 복명한 뒤에 바로 이 『조경일록』을 지은 것은, 끝내 잊지 않겠다는" 뜻이라 했다. 당시 사대부는 김육이 대명 의리를 잘 지킨 일을 칭송했지만, 오늘날 관점에서는 외교적 실익을 거두고 명나라 실정을 객관적으로 보고하고 중국에서 배울 바를 구한 것을 평가할 수 있다.

1643년 12월에 원손 보양관의 자격으로 소현세자의 장남인 원손을 모시고 세자를 알현하러 청나라의 심양에 가서 다음 해 8월에 돌아왔다. 1644년 12월에 청나라는 소현세자의 귀국을 허락했다. 대신과 볼모도 돌려보냈는데, 사신을 파견하여 호송해 왔다. 김육은 원접사(遠接使)가 되어 청나라 사신을 접대했다. 청나라 사신이 봉황성(鳳凰城) 책문(柵門)에 도착하여 김육이 원접사가 되었다는 말을 듣고, 정명수(鄭命壽)가 노하여 "이 사람은 나이가 많고 성질이 편협하여 우리와 서로 친하지 않은데, 또 어째서 종사관도 대동하지 않고 온단 말인가."라고 말했다. 김육이 일찍이 보양관으로 원손을 모시고 심양에 갔을 때 정명수 무리와 서로 친하게 지내지 않았기 때문이다.[47] 정명수는 종이 낳은 얼자로 청나라 포로로 석방되어 황제의 신임을 얻고 조선 사정을 밀고하고 병자호란 때에 통역으로 온 인물이었다. 사교적이지 않고 강직한 성품의 김육이 외교관으로서 유능했다는 사실은 흥미롭다. 「가장」에 따르면, "명나라에 사신으로 갔을 때 중국 관리는 아버님의 외교적 처신이 절도에 맞고 조용하고 기품이 있는 것을 보고 모두 주목했다."(558) 그리고 실무를 소상히 알고 명분과 실리를 모두 고려하면서 정성껏 임무를 수행하면서 원칙에 따라 행동했기 때문에, 외교 성과를 거둘 수 있었다. 김육은 1645년 3월 반송사(伴送使)로 칙사를 돌려보냈다.

1646년 2월 사은 부사가 되어 북경에 갔는데, 이경석이 상사(上使)이고, 유심(柳淰)이 서장관(書狀官)이었다. 4월에 북경에 도착했고,

6월에 조정으로 돌아왔다. 이때의 일화가 『잠곡필담』에 나온다. 산해관 북쪽 10여 리의 각산사(角山寺)를 보러 험준한 산을 올랐는데, 유심이 "부사 어른은 연세가 거의 70세인데 혈색이 좋은 백발의 모습으로 험준한 산길을 부축도 받지 않고 지팡이도 짚지 않고 평지를 걷는 것처럼 올라가니" '장관'이라고 말하여, 이경석이 맞장구를 쳤다. 김육은 잠곡에서의 10년간 농민 생활로 체력을 다졌고 부친의 유훈을 받들어 술을 절제하는 등 건강 관리를 잘 하였기 때문이다. 효종 때에도 김육은 청나라 외교를 담당하여 대청 관계의 안정화에 이바지했다. 이에 대해서는 8절에서 언급한다.

김육은 중국에 다녀올 때마다 중국과 서양의 우수한 문물을 관찰하고 국내에 그것을 도입하고자 노력했다. 『잠곡필담』에 따르면, "1636년 나는 북경 사행 길에 중국 문물을 처음 보고 마음으로 몹시 기뻐하여 그 새로운 일마다 본받고 싶었으나, 실현하지 못했다. 그중에도 수레와 동전의 사용이 인민에게 가장 편리하여 한마디만 하면 모두가 웃었다." 김육은 1636년 중국에 가서 해시계인 지평일구(地平日晷)의 제작법을 얻어 훗날 시헌력의 도입에 이바지했다. 중국인 마순상(麻舜裳)으로부터 양잠과 목화의 재배법을 들은 것을 기록했다. 정두원(鄭斗源)이 중국 사신으로 다녀오면서 서양 사람이 만든 자명종을 가져왔지만, 그 운용법을 몰랐다. 김육은 1636년 북경에서 자명종을 구해 보고 그 묘한 기술에 감탄했지만, 그 원리를 파악하지 못했다. 그 후 밀양의 뛰어난 기술자 유흥발(柳興發)이 일본에서 자명종을 구입하여 궁리 끝에 그 운용 원리를 파악했다며, 그 내용을 설명했다. 김육은 「고평 가는 길에(高平道中)」라는 시에서 "지금에야 비로소 천지 모양을 알았으니 하늘뿐만 아니라 땅도 둥글구나."라고 했다. 그 앞에 「상사(上使) 백헌(白軒)에 차운하다」라는 시가 있는 것으로 보건대, 김육은 1646년 사은 부사로 북경에 가서 시헌력을 배우는 과정에서 지구가 둥글다는 지구설을 조선에서는 처음 수용했다. 김육은 명·청 중국의 선진 문물과 중국에 도입된 서양의 선진 문물을 적극적으로 배우고자 했던 점에서, 실학으로서 북학의 선구자라 할 수 있다.

7 효종 즉위 직후 정치 지형의 변화와 김육의 부상

(1) 김육의 예조 판서 임명

효종 대에 김육과 산당의 부상은 정치사적으로 중대한 의미를 가진다. 인조 대의 김육은 경관, 지방관 및 중국 사신이라는 폭넓은 경험을 통해 정책 역량을 함양할 수 있었다. 그런데 그는 형조 판서와 예조 판서를 짧은 기간 맡아, 정책 업적이 클 수 없었다. 지방관으로서 관할 지역을 잘 다스렸으나, 대동법과 동전 유통과 같은 중대한 시책을 건의할 수 있으되, 추진할 수가 없었다. 효종 때에 와서 김육은 최고위직인 우의정, 좌의정, 영의정을 역임하면서 정책을 주도할 수 있게 되었다. 김육이 정승의 지위에 올라 추진하거나 완수한 대동법의 확대 시행, 동전 통용책, 시헌력 등은 인조 때의 지론이었다.

김육이 정승에 오르는 배경을 살펴보자. 1637년 인질로 세자빈과 함께 청나라로 끌려간 소현세자는 청나라와 원만한 외교 관계를 유지하는 데에 이바지했다. 1644년 청나라가 북경을 점령하자 북경으로 따라간 소현세자는 예수회 선교사이자 천문학자인 아담 샬과 교류하며 천구의(天球儀)와 천문서, 전수상 능을 선물로 받기도 했다. 소현세자와 아담 샬이 주고받은 편지는 라틴어로 번역되어 전해지는데, 그 편지에서 소현세자는 서학(西學)을 보급할 의지를 드러내기도 했다. 아담 샬은 소현세자가 편지에서 "성경은 마음을 닦고 덕을 기르는 데에 적합하다."라고 했다고 회고했다. 인조는 소현세자 부부가 청나라 고위 인사와 우호적 관계를 유지했고 포로로 잡혀간 조선인에게 둔전을 경작하게 하여 비축한 곡식으로 관소(館所)에서 진기한 물품과 교역한 일을 못마땅하게 생각했다. 인조는 청나라가 소현세자로 왕을 교체할까 우려하기도 했다. 인조는 소현세자가 귀국하면서 아담 샬에게서 받은 선물을 가져온 것을 질책했다고 한다. 인조의 총희(寵姬)인 조소용(趙昭容)은 소현세자와 세자빈을 헐뜯었다. 1645년 2월 귀국한 소현세자는 4월에 병을 얻어 수일 만에 죽었다. 세자의 온 몸이 검고 이목구비에서 선혈이 나와, 세자의 염습(斂襲)에 참여한 진원군(珍原君) 이세완(李世完)의 아내는 독약을 먹은 것 같다고 사람들에게 말했다.[48]

김육은 1645년 4월 소현세자의 묘소 제조로 임용되었고, 6월에 지은 소현세자 애책문(哀冊文)에서 "다행히 원손은 재지(才智)가 뛰어나서 종묘의 제사를 의탁할 데가 있는 것이 기쁘고, 억조창생의 큰 기대가 달려 있으니, 국운이 오래도록 이어질 줄을 알겠다."라는 기대도 담았다. 윤6월 인조는 차남인 봉림대군(鳳林大君)을 세자로 삼았다. 대신과 중신이 세손(世孫)이 있다며 반대했으나, 허사였다. 김자점

(金自點)만 인조의 장단에 맞추었다.

1646년 1월 조소용은 소현세자 부인 강빈(姜嬪)이 인조를 독살하려 했다고 말하자, 인조가 강빈을 후원(後苑)에 유폐했다. 2월 3일 인조는 대신과 중신이 가만히 있는 데에 불만을 토하면서 군부(君父)를 해치려 하는 죄로 강빈의 사형을 정하는 공문서를 작성하라고 명하자, 영의정 김류가 대표로 거듭 선처를 요청하다 인조의 미움을 샀다. 4일 인조는 김류를 공격한 일로 귀양 간 이중형(李重馨)을 석방하는 하교를 승정원에 내리자, 김류가 두려워 국정 회의실인 빈청(賓廳)을 나갔다. 예조 판서 김육은 "다른 재신들 또한 어떻게 감히 태연히 있을 수 있겠습니까."라고 말했다. 우의정 이경석이 "진퇴를 경솔히 할 수 없을 듯하니 조용히 상의하여 처리하자."라고 해도 여러 사람의 의논은 모두 나가는 것을 옳게 여겼다. 이경석은 저지하지 못하고 선인문(宣仁門) 밖에 나가 명을 기다렸다. 이에 노한 인조는 6일 빈청을 가장 먼저 나간 판중추부사 이경여(李敬輿)의 죄를 물었다. 인조는 또한 "독을 넣은 일에 관한 논의를 대관이 제기하였으면 약방제조(藥房提調)는 빨리 들어와 그 음식을 들었는지 여부를 물어보았어야 할 터인데도 시종 묵묵한 채 와서 물어볼 의사가 없었으니, 임금을 섬기는 인정과 예의로 볼 때 어찌 감히 이렇게 할 수 있겠는가. 그때의 제조를 그 직임에 그대로 둘 수가 없으니, 도제조(都提調) 김류와 부제조 김육을 교체하라."라고 명령했다. 김육이 문안하지 않았을 뿐만 아니라, "강빈을 비호하는 데에 노하였고, 1643년 8월 도승지로서 원손의 보양관을 겸임하였으므로 더욱 비호하는가 의심하였기 때문이다."[49] 이어서 김육은 예조 판서까지 그만두고 호군이 되었다.

김육은 2~6월간 사은 부사로 중국에 다녀왔는데, 압송한 임경업 장군의 부하가 도망간 일로 7월에 관직을 박탈당했다. 8월 잠곡보다 멀리 떨어진 수리재에 들어가 살다가 다시 삼곡의 옛 집으로 돌아왔고, 10월 평구에 집을 지었다. 이런 행보로 보아 67세인 김육은 벼슬길에 은퇴한 후 마지막 여생을 준비했음이 분명하다. 수리재까지 들어간 것은 조정을 완전히 떠나려는 마음을, 이어서 평구로 돌아온 것은 조정에 대한 미련을 보여 주지 않을까? 12월 대호군에 임명되었으나 이후 김육은 인조 때에 더 출세하지 못하고 한직에 머물렀다. 그런 점에서 인조의 승하와 효종의 등극은 김육에게 정승으로 출세하는 길을 열었다. 인조가 5년 정도 더 살았다면, 고령의 김육은 정승에 오르기 힘들었을 것이다. 설사 오른들 힘든 사업을 성취할 시간이 부족했다.

강빈은 3월에 사약을 마시고 죽었다. 역적으로 몰린 강빈의 집안도 큰 화를 입었는데, 강빈의 부친으로 우의정까지 오른 강석기(姜碩期)는 김장생의 문인이었다. 공신 세력의 대표로서 정국을 끌어오던 김류, 최명길 등은 강빈의 사사에 반대하다가 왕의 미움을 사서 실각한 후 곧 사망했다. 그 반면 왕의 총희와 내통하여 강빈의 사사를 유일하게 지지하던 김자점은 영의정에 올라 인조가 사망할 때까지 3년간 권력을 농단했다. 김자점도 반정에 참여한 공신이었다. 그는 자신의 손자인 세룡(世龍)을 인조와 조소용의 소생인 효명옹주(孝明翁主)와 혼인시켜 궁중과 유착했다. 또한 청나라 사신, 그리고 역관 정명수 무리들과 결탁해 청나라의 후원을 얻어 권력의 기반을 삼았다. 그는 1646년 청나라가 포로 임경업 장군을 보내자, 고문하여 죽였다.

1649년 5월 8일 인조가 승하하자, 세자는 좌의정 이경석의 추천을 받아 비어 있는 예조 판서로 김육을 임명했다. 이것은 인조 사후 첫 인사 조치였다. 김육은 빈전도감(殯殿都監)과 국장도감(國葬都監)의 제조를 겸하게 되었다. 좌의정 이경석이 행장을 지어 바치고, 대제학 조경이 묘지문을 짓고, 대사헌 조익이 시책(諡冊)을 지어 바쳤는데, 이들은 모두 김육과 밀접한 관련을 맺은 인물이다.

어떻게 김육은 예조 판서로 추천될 수 있었던가? 첫째, 김육은 예조 판서를 역임한 적이 있고 예학의 권위자인 조호익의 제자여서, 중대한 국장의 실무를 관장할 적임자였다. 둘째, 추천자 이경석이 김육의 인품과 역량을 잘 알았다. 앞서 언급했듯이, 1645년 예조 판서 김육의 교육 보급책은 우의정 이경석의 동조로 채택되었다. 김육이 1646년 2월 사은 부사가 되어 중국에 가서 6월에 조정으로 돌아왔을 때, 이경석이 상사였다. 그때 이경석은 김육이 고령이지만 강한 체력을 가졌음을 알았다. 이때부터 이경석과 주고받은 시 여러 편이 『잠곡유고』에 실려 있다. 명신 이경석은 강빈 옥사로 물러난 청렴하고 유능한 인물을 조정에 복귀시켜 권력을 농단한 김자점을 견제하고 국정을 쇄신하려는 뜻도 가졌을 것이다.

(2) 충청도 산림의 조정 진출과 산당의 형성

1649년 5월 14일 대신들은 명망이 높은 원로인 김상헌을 불러들이고, 김집, 송준길(宋浚吉), 송시열, 권시(權諰), 이유태(李惟泰) 등이 유명한 학자이니 등용하자고 건의하여 효종의 허락을 얻었다. 김상헌은 인조의 조정에서 좌의정을 사직하여 영돈녕 부사(領敦寧府事)의 직함을 가졌다. 시임(時任) 대신의 최고직이 영의정이라면, 최고 원임(原任) 대신은 영돈녕 부사였다. 효종은 "이들은 모두 선조(先朝)가 불러들이기 어려웠던 사람들인데 어찌 나를 위하여 오려 하겠는가. 더구나 송시열은 지난날 나의 사부(師傅)였으므로 그리운 생각이 마음속에 간절하니 이런 내용을 갖추어 서술하여 최온(崔蘊)과 함께 부르라."라고 하교했다. 같은 날 사헌부도 김상헌을 조정에 부르기를 청하니, 효종은 승지를 보내어 권했다.[50]

율곡의 제자인 김장생은 반정의 명분을 확보해 주면서 인조의 부름에 응했다. 인조의 조정은 산림 가운데 김장생을 가장 우대하여 1624년 공조 참의, 정묘호란 직후에는 형조 참판까지 제수했는데, 김장생은 참판에 임명된 지 한 달 만에 사직해 향리에서 학문과 교육에 전념했다. 김장생은 아들 김집을 비롯하여 송준길, 송시열, 이유태, 윤선거 등 쟁쟁한 학자를 제자로 거느렸다. 송시열은 김집도 스승으로 섬겼고, 송준길 및 이유태와 형제처럼 지냈다. 이들은 가장 큰 영향력을 가진 재야 산림이었다.

6월 8일부터 김집을 위시하여 그 제자들은 모두 왕명을 받들어 잇달아 조정으로 왔다. 9일 효종은 김집을 예조 참판에 제수했다. 김집의 중용이 인사 제도를 벗어나서, 이조는 반드시 문신 중에서 예부(禮部)의 관원을 등용해야 한다며 법전을 들어 아뢰니, 효종은 "옛것을 상고하고 글을 읽은 사람을 부른 것은 장차 등용하기 위해서이니, 상규(常規)에 얽매일 것이 아니다."라고 답했다. 10일 김집은 "예조 참판의 관직은 반드시 문관(文官)을 등용함이 바로 금석(金石)과 같은 전장(典章)입니다."라며 연이어 사직의 소를 올렸다. 20일 김집을 공조 참판으로 삼았다.[51] 인조의 조정은 반정의 정당성을 위해 산림인 김장생, 장현광, 박지계 등을 불러들여 김장생만 수년 후에 형조 참판에 제수했는데, 효종은 곧바로 김집을 예조, 이어서 공조의 참판으로 임명하는 파격적인 인사를 단행했다. 25일 김상헌도 조정에 들어왔다.

『현종실록』 10년(1669) 1월 8일의 기사에서는 "송시열과 송준길에 추종하는 시류의 무리들을 산당(山黨)이라 했다. 산당은 스스로 공정한 의론을 견지하고 있다고 여겼다."라며 비꼬는 표현으로 산당이 사료에서는 처음 등장한다. 이건창(李建昌)은 1910년 출간한 『당의통략(黨議通略)』에서 김집을 영수로 하고 송준길, 송시열 등이 보좌하는 무리가 모두 연산, 회덕의 산골 사람이어서 산당이라 불렸다고 했다. 1699년 유학(幼學) 유장태(柳長台)가 상소하여 붕당의 폐단을 논하는 가운데 산당을 거론했다.[52] 산당은 스승과 제자, 그리고 동문수학의 관계와 그 학풍을 기반으로 형성된 결속력이 강한 붕당이었다. 김집이 조정에서 활동한 기간은 7개월 정도로 짧고 그때 김집 문하의 정치 세력이 형성되고 있었고 붕당 간 대립을 한 것도 아니어서, 산당이라는 이름이 나오지 않았을 것이다. 1658년 송시열이 두 번째로 정계에 진출한 이후 정국을 주도하면서 정치적 대립이 심화되자, 산당이라는 당명이 붙었다고 보아야 한다. 그래도 김집이 조정에서 활동한 기간에 산당이 형성되었다고 할 수 있다.

(3) 인조의 국상례를 둘러싼 김집과 김육의 정책 대결

『잠곡유고』 7권에는 김육이 예조 판서로서 군주에게 올린 계(啓)라는 공문 9건을 수록했다. 그 넷째 계에서는 산릉의 장소에 대해 문제를 제기하는 말을 듣고서 김육은 "대개 풍수설(風水說)은 애매하여 알기가 어렵습니다. 그런데 지금의 술사(術士)들 중에 뛰어난 자가 없어서 각자의 견해를 고집하면서 사람늘의 귀를 현혹하고 있어서 어느 한쪽을 따르기가 어렵습니다. 사대부들 사이에도 이를 이유로 다시 묏자리를 잡아 이전하자는 일이 많으니, 이것은 참으로 오늘날의 잘못된 풍조입니다."라며 풍수설에 현혹되지 말기를 바랐다. 김육의 합리적 사상을 엿볼 수 있다.

『경국대전』 예전의 「의주(儀註)」는 "『국조오례의』를 사용한다."라고 규정했다.『국조오례의』에 따라 인조 국상(國喪)이 시작된 가운데, 6월 24일 김집은 공조 참판직을 사양하면서 올린 「봉사」에서『국조오례의』가『개원례(開元禮)』를 기본으로 삼았는데, 송나라 효종이 고례에 따라 개정하려 했으나 조정의 신료들이 그 뜻을 받들지 못하여 주자가 한탄했다며, 주자의 예설을 위주로 편찬한『고금상례이동의(古今喪禮異同議)』를 올려 국상례의 개혁을 주장했다. 이 책에는 "각 조항마다 먼저 고례를 위주로 하고 다음에는『국조오례의』를 언급하고, 끝에는 자신의 의견을 붙여 정정(訂正)하고, 혹은 다른 예서를 상고해 선택해서 첨가 보충하기도 하였다." 김집은 주자의『의례경전통해(儀禮經傳通解)』를 위주로 고례를 설명했다. 전국시대부터 한나라 초기에 걸쳐 유가는 예치의 국가 제도를『주례』에, 사례(士禮)를『의례(儀禮)』에, 의례 전반을『예기』에 담았다. 이것은 고례라 불린다.

김집 주장의 배경을 살펴보자. 주자는 정이(程頤)의 의리학을 기초로 경전을 연구하다, 41세에 모친상을 치르기 위해 민가에서 통용되는 관혼상제례(冠婚喪祭禮)를 정리한『가례』를 집필했는데, 의리학을 예학으로 구현한 업적이었다. 주자는 49세부터 관직에 종사하여 사례(士禮)부터 왕례까지 다양한 예를 집행해야 했으므로, 60대에 경전 연구의 식견을 담아『의례』를 기본인 경(經)으로,『예기』를 보조의 전(傳)으로 하는『의례경전통해』를 집필했다. 주자학을 결산하는 의미를 가지는『의례경전통해』는 가례, 향례(鄕禮), 학례(學禮), 방국례(邦國禮) 및 왕조례(王朝禮)로 구성되는데, 주자는 가례, 향례, 학례, 방국례를 완성했으나 왕조례를 완성하지 못했다. 방국례와 왕조례는 주자가 만든 개념인데, 풀이하면 국가 의례, 줄여서 국례라 할 수 있다. 중국 고대 3대 예서인『주례』,『의례』,『예기』, 그 후에 나온 오례는 국가 의례를 위주로 했고 송대에 시속(時俗)의 사례가 체계화되었는데, 주자는 고례를 중시하는 정신으로 민간과 국가의 예제를 통합한 체계를 만들었다. 주자 사후에 제자 황간(黃幹)은 장례와 제례를 보충하여『의례통해속(儀禮通解續)』으로 완성했다.

　조선은 태조부터 민간에 주자의『가례』를 시행하려고 노력했다. 서인(庶人)에게도 예가 필요함을 인식했으나, 일차적으로 사대부를 대상으로 했다. 제례를 위한 가묘제(家廟制)를 먼저 정했다. 1390년 대부 이상은 3대, 6품 이상은 2대, 7품 이하와 서인은 부모만 제사를 지내게 했다. 이후 변화하여 1428년 6품 이상은 3대, 7~9품은 2대, 서인은 부모만 제사를 지내는 것으로 바뀌어 그 제도가『경국대전』에 실렸다. 이는 신분적 차별을 두는 취지일 뿐 아니라 경제력에 대한 배려이기도 했다. 18세기 중엽의 실정을 담은『성호사설』에 따르면, 천인도 4대 제사를 모셨다. 예 중에 상례(喪禮)가 가장 중요한데, 15세기에 삼년상은 사대부에게만 강제했고 서인에게는 100일상의 예제를 정했다. 중종대 사림이 활동한 이후에는 천인도 삼년상을 지낼 수 있게 되었다.

『국조오례의』편찬 전인 세종조에 『의례경전통해』가 활발히 논의되었으니, 『국조오례의』는 『의례경전통해』도 참조했다. 16세기에 대두한 사림은 주자의 예학과 고례로 국가의례를 개정하자고 주장하고 예학 연구를 진전시켰다. 퇴계와 조식으로부터 배운 정구(鄭逑)가 1573년『가례집람보주(家禮輯覽補註)』를 저술한 이후, 퇴계학파는 국례와 가례를 하나의 체계 속에 종합적으로 정리하려는 주자의 총체적인 예학을 추구했다. 율곡의 문인인 김장생은 『상례비요(喪禮備要)』를 비롯한 여러 예서로 서인의 예학을 남인과 대등한 수준으로 올렸다.

예학의 진전은 국가의례의 개정 요구를 낳았다. 김육은 셋째 계에서 "『국조오례의』복제조(服制條)에 '국상에 종친과 문무백관은 졸곡(卒哭) 이후에는 백의(白衣)를 입고 오사모(烏紗帽)를 쓰고 흑각대(黑角帶)를 찬다.'라고 하였습니다. 그런데 일찍이 선조 때 대신(臺臣) 민순(閔純)이 소를 올려서 고례를 전거로 삼아 백모(白帽)를 쓰고 베로 각대(角帶)를 싸서 띠고 삼년상을 마치는 것으로 하자고 청하자, 마침내 이를 정식(定式)으로 삼았으며 국휼(國恤)에 그대로 준행하였습니다."라고 했다. 이것은 『국조오례의』를 고례로 개정한 대표적 사례이다.

조선은 건국 후부터 예치를 중시했으나, 예치를 법치의 상위가치로 삼았다고 보기 어려운데, 사림 정치의 성립 이후 상위 가치로 삼자고 주장하는 예학자가 늘었다. 나아가 산당은 조정에 진출하여 예치 국가를 건설하고자 했다. 그 시도로서 김집은 부친이자 스승인 김장생이 발전시킨 예학을 계승하여 국상례의 대폭 개정을 요구하기에 이르렀다. 김집은『국조오례의』의 상례 60조목을 개정하자고 건의했는데, 고례를 중심으로 삼았으되, 시의도 반영했다.

효종은『고금상례이동의』를 주무 부서인 예조에 내려 검토를 명했다. 김육의 다섯째 계는 "국가의 길흉은 반드시『국조오례의』를 준용해서 시왕(時王)의 일정한 제도로 삼습니다. 성인이 예를 만든 본의에 크게 어긋나지 않을 경우 감히 경솔하게 변경하여 함부로 고쳐서는 안 됩니다."라는 구절부터 시작한다. 효종이 김집의 책자를 내리기 전의 일인데, 고례를 중시하는 김집과 달리 시례의 국가 제도를 중시하는 입장이었다.

예조는 김집 개혁론의 중대성을 고려하여 대신의 논의를 요청하여 허가받았다.『승정원일기』에 따르면, 7월 15일 예조는 대신의 논의를 모두 수합하여 보고했다. 좌의정 이경석은 자신의 예설을 적은 책자를 올려 3개는 절충할 수 있고 1개는 찬성이나 당장 시행할 수 없고 1개는 부분적으로 동의하는 데 그치고 5개는 반대하면서 "고금의 시의(時宜)가 다르니 너무 번쇄하면 영구한 전식(典式)이 되기 어렵습니다."라고 했다. 이경석은 전문 예학자에 못지않은 식견을 가진 것이다. 영돈녕 부사 김상헌은 "김집의 말 중에서 명백하여 따라야 할 것만을 골라 행하고 그 나머지는 여러 유신(儒臣)이 다 모여 깊이 강론하여 자세히 처리하기를 기다려 후회를 남기지 않는 것이 마땅할 것 같습니다."라는 의견을 냈다. 우의정 정태화(鄭太和)는 "『국조오례의』를 편찬할 때에 반드시 예문을 널리 상고하고 시의(時宜)를 참작하여 국제(國制)로 정하였을 것이고, 우리 열성(列聖)께서도 이미 준수해 통행하여 오늘에 이르렀는데, 지금 조종조에서도 행하지 않았던 것을 가지고 경솔히 변경 개정하는 것이 어떠할지 모르겠습니다."
라며 몇 조목만 개정을 논의하자고 말했다. 김집의 건의에 대한 대신
들의 소극적 반응을 보고 효종은 예조가 "깊이 강론하여 결정하라."
라고 명했다.

　김육의 아홉째 계가 그 대답이고『효종실록』에 실렸다. 김육은
"예는 인정(人情)에 따라서 천리(天理)에 맞게 질서를 잡으니, 인정에
순응하면 천리에 부합합니다. 그러므로 인정에 따라 예문(禮文)을 세
우고 시대에 따라 알맞게 제정하는 것이 예의 본래 뜻입니다. 삼대의
예도 때에 따라 줄이고 더하였는데, 공자 …… 성인도 시왕(時王)의 제
도를 중시하였습니다. 국초 이후『국조오례의』를 편저(編著)하여 열
성이 준행한 지 300년이나 되었는데, 그사이에 현신(賢臣)과 숙유(宿
儒)가 하나둘이 아니었으되 그것을 고치지 않은 것은 어찌 생각이 없
어서 그러했겠습니까. 그러나 절목 중에 혹 빠지거나 갖추어지지 않
은 것이 있다면 보충하거나 변경하지 않아서는 안 됩니다."라는 원칙
론을 제시한 다음,『국조오례의』인 시례(時禮)를 기본으로 삼고 김집
의 일부 의견으로 보완하는 한 책자를 만들어 항식(恒式)을 삼자고 건
의했다. 산림학자 관료는 예학 소신으로 예제의 개혁을 주장한 반면,
전문 관료는 국가 제도를 기본으로 하면서 예학 연구로 보완하자는
입장이었다. 김육의 보고는 예의 근본 정신과 운용 원리로부터 결론
을 도출한 데에 의의가 있으며, "상(喪)의 예가 넉넉하고 슬픔이 부족
한 것은 예가 부족하고 슬픔이 넘치는 것만 못합니다."라며 예의 정
신을 형식보다 중시했다. 7월 21일, 효종이 대신들에게 다시 논의하
라고 했으나, 회의가 이루어지지 않았다.[53] 대신들이 같은 말을 반복

해야 하니, 기피하였던 것으로 보인다. 김육은 예학의 권위자들이 쟁론하는 가운데 예조 판서로서 원만하게 국장례를 조정했다.

송시열은 6월 8일 이후 조정에 들어와 19일 장령(掌令)으로 임명되었으나 26일에 사직소를 올리고 떠났다. 그리고 8월에 쓴 「기축봉사(己丑封事)」에서 첫째 건의로 상례가 왜란 이후 점차 폐습으로 물들었다고 규정하고 "예가 정비되면 나라가 잘 다스려지고 예가 문란해지면 나라가 문란해진다."라는 정자의 말을 인용했다. 이어서 김집의 주장을 다음과 같이 옹호했다.

참판 김집 같은 이는 학문의 연원이 있어 조예가 깊으니, 참으로 사문(斯文)의 종장(宗匠)이며 사림의 영수인데, 일찍이 예서를 가지고 고금(古今)을 인증하여 글을 지어 올렸습니다. 이는 구변과 억측으로 창출한 것이 아니고 단연코 주공, 공자로부터 아래로 정자, 주자에 이르기까지 일일이 근거한 바가 있으니 백세를 두고 보더라도 의심할 게 없습니다. …… 이 책은 김집의 설이 아니고 바로 주공, 공자, 정자, 주자의 설이니, 두찬(杜撰)한 『국조오례의』보다는 월등히 낫습니다. 그런데 무슨 병폐가 있기에 시행하지 않는지 모르겠습니다. …… 신이 『국조오례의』를 상고해 보니, 복제(服制)가 가장 문란합니다. …… 김집이 그 그릇됨을 역설했음에도 불구하고 따르는 자는 극소수이니, 그들이 예법을 경멸하는 습속은 매우 한심합니다.

예 형식의 엄밀화를 추구하고 주자설을 위주로 하여 중국 성현

의 고례를 철저히 회복해야 한다는 김집과 송시열의 입장이,『국조오
례의』라는 국가 제도를 기본으로 삼고 공자의 예 정신을 중시하는 김
육의 입장과 대립한 것이다. 산당은 예치국가론을 견지했다면, 김육
을 포함한 유가 전문 관료들은 국가 운영에 국가 제도의 법치를 기본
으로 삼고 예치를 조화하자는 입장이었다. 경세제민관에서도 김육은
공자설에, 산당은 주자설에 충실하고자 했는데, 여기에 대해 앞으로
언급할 것이다. 예치를 절대시하는 송시열은 김육의 사망 직전 조정
에 다시 진출하여 조정과 재야에서 강력한 영향력을 행사하게 되면
서, 현종 때에 두 차례의 예송(禮訟)이 일어나 당쟁의 회오리바람이 몰
아쳤다. 이경석이나 김육의 입장에 따라 예론을 조정해 갔더라면 예
송이 그렇게 소모적이지는 않았을 것이다.

   비록 김집의 주장이 인조 국상례에 부분적으로 채택된 데에 그
쳤지만, 효종은 김집의 건의에 대해 대신들의 의견을 물었고, 대신들
과 예조 판서 김육이 다른 견해를 제시했음에도 불구하고 다시 논의
할 것을 지시했으니, 김집을 예우했다.『고금상례이동의』는 송시열
의 영향력이 강화된 현종대 이후 큰 영향을 미쳤으며, 영조 33년에
간행된『국조상례보편(國朝喪禮補編)』에 대폭 채택되었다.[54]

(4) 산당의 국정 구상

   76세 김집은 6월 올린「봉사」에서 종합적인 국정 구상을 담았
다. 김집은 군주의 성덕(聖德)이라는 목표를 제시한 다음 국정 과제로
서 "천하의 큰 근본이 하나 있으니 전하의 한 마음(一心)입니다. 오늘
의 급무(急務)가 여섯 있으니 덕량(德量)을 넓히고 기강을 진작하고 궁

위(宮闈)를 엄히 단속하고 현량(賢良)을 등용하고 백성의 고통을 구휼하고 실효를 달성하는 것입니다."라고 요약했다. 군주 마음을 바로잡는 요체는 털끝만큼의 사사(私邪)도 없애는 일이고, 덕량을 넓혀 바른 말을 잘 수용하여 어진 이가 모이게 하고, 반드시 공로자는 상 주고 죄인은 벌주어 기강을 세우고, 왕궁을 엄히 단속하여 외척이 정사를 해치는 일을 막고, 정사가 인재에 달렸으니 아첨하는 이를 막고 강직하게 국사에 진력하는 인물을 등용하는 등의 일이었다. 효종은 "일곱 가지 일은 진실로 오늘날 우선해야 하니, 그 절실함에 탄복하지 않을 수 없다. 다만 모두 원칙만 제기하고 구체적인 내용을 담지 않았으니, 경은 나를 잘 가르쳐 달라."라고 답했다.

43세 송시열의 8월 「기축봉사」는 스승 김집의 「봉사」보다 종합적인 국정 구상과 구체적인 정치 과제를 담았다. 효종이 김집의 봉사에 대해 구체적 내용을 요구한 데에 대한 응답으로 보인다. 송시열은 이 봉사에 제시된 구상을 계속 견지했다. 인조의 부름을 받은 김장생과 달리, 그의 제자로서 효종의 부름을 받은 김집과 송시열은 처음부터 정치의 포부를 가지고 청사진을 제시했다. 김집은 정치가가 아니라 학자의 성향으로 보이나, 정치적 능력과 포부를 가진 제자 송시열이 뒷받침한 것으로 사료된다.

송시열은 주자가 1188년 봉사를 송나라 효종에게 올렸음을 거론하고 "신은 항상 송나라 세력이 강하지 못했던 것은 처음에 주자의 말을 듣기 싫어하였기 때문이고 송나라가 망하지 않은 것은 결국에 좋아하였기 때문이라고 여깁니다."라고 했다. 송시열은 "전하께서 일찍이 서연(書筵)에서 사마광(司馬光)이 주자보다 우수하다."라고 한 말을 들었는데 "사마광은 충신(忠信)하고 독후(篤厚)한 자질로 왕안석이 독을 유포할 때를 당하여 너그럽게 잔학을 제거하고 은혜로써 포악을 대신하자, 천하의 인심이 흔연히 그에게로 향하였으니, 그 상업(相業)의 성대함은 참으로 볼 만한 것이 있으나, 그 학문과 도덕은 어찌 감히 주자를 바라볼 수 있겠습니까."라고 평가했다. 송시열은 공자 이후에 주자가 가장 훌륭하고 완벽하다고 생각했다. 그래서 송시열은 공자와 주자의 가르침만 높이 받들고, 나아가 주자와 다른 학설을 내면 유학을 어지럽히는 죄인인 사문난적(斯文亂賊)으로 몰았다.

송시열은 "한(漢), 당(唐) 시대는 항상 공리의 담론에 눌렸고 송 효종도 처음에는 그것을 기쁘게 들었으나," 주자가 "내가 평생 배운 것은 다만 정심성의(正心誠意) 네 글자뿐"이라며 "고명(高明)하고 순수한 성학"을 건의하여 결국 공리 담론을 혐오하게 되었다고 했다. 이어서 "후세의 속학(俗學)은 …… 정심성의로 근본을 삼을 줄 모르고 한갓 사공(事功)의 말단에만 치중하니 잘못"이고 "그 때문에 예로부터 전해 온 제왕(帝王) 심법(心法)의 요체가 끝내 무용지물이 되어 버렸으니 오늘날 참으로 한탄할 일입니다."라고 아뢰었다. "그러므로 신이 올리는 글은 모두 전하의 한 마음을 위주로 하였으니, 진실로 한가히 궁중에 계실 때 마음을 함양하고 사람을 쓰고 일을 처리하는 사이에 성찰하신다면, 천하가 비록 넓고 백성이 아무리 많더라도 다스리는 것은 여기에 벗어나지 않는 것을 알게 되고 요(堯), 순(舜), 주공, 공자가 서로 전한 요법을 참으로 얻을 것입니다."라고 자신했다. 공리를 배격하면서 마음을 바로잡아 성의를 다하면 국가가 저절로 잘 다스려진다는 송시열의 핵심 주장이며, 조선 시대 주자학자 대부분이 그것을 신봉했다.

조선 왕조는 관료제와 법과 유교, 공 이념을 통치 원리로 삼지만, 군주가 주권자여서 이런 것을 무시해도 막을 제도적 장치가 없었기 때문에, 군주의 도덕적 무장을 요구하는 유가의 공통된 견해는 역사적 의미를 가졌다. 앞으로 언급하겠는데, 김육은 군주의 마음 다스림도 중시했으나,「호서대동절목서(湖西大同節目序)」에서 갈파했듯이, 정심성의만 하면 경세제민이 저절로 성취된다고 보지는 않았고, 공리를 고려하고 사공을 성취하는 정치 역량과 행정 역량을 중시했다.

송시열은 첫째 과제로 예제, 특히 상례의 중요함을 들고 김집의 예론을 채택할 것을 주장했는데, 앞서 언급했다. 그리고 주자의 『의례경전통해』 간행을 건의했다. 둘째 과제인 '학문에 힘써 마음을 바르게 하는(正心) 것'은 천리를 온전히 갖추고 인욕을 없애는 주자의 방법이었다. 공리를 추구하는 관중과 상앙의 설과 같은 이단과 속학을 배척하고, 왕실의 민유지 탈취도 없어야 한다고 했다. 셋째 과제인 수신(修身)과 제가(齊家)를 설명하면서 외척의 횡포를 경계했다. 넷째로 아첨꾼을 밀리하고 충직(忠直)한 이를 가까이하는 과제를 설명했다. 다섯째로 '사은(私恩)을 억제하고 공도(公道)를 넓히라'라는 과제에서는 왕궁과 관부가 일체라는 제갈량의 말을 넣고 김자점의 탄핵을 막은 일을 지적하고 훈구(勳舊)의 문제점을 지적했다.

'적임자를 정선하여 체통을 밝히라.'라는 여섯째 과제에서 주목되는 구절은 "군자가 도를 행하는 데도 반드시 영수(領袖)가 있고 소인이 악을 행하는 데도 반드시 영수가 있으니, 군주는 반드시 한 어진 정승을 얻어 모든 관료의 영수로 삼은 다음에야 일의 통서(統緖)가 있고 기강이 문란하지 않게 된다."라는 옛사람의 말이다. 주자의 군자 붕당론을 국정 운영 원리로 삼으라는 취지였다.

'기상을 신작하고 풍속을 쇄신하라.'라는 일곱째 과세를 위해서는 예를 중시해야 하고, "오직 전하께서는 의(義)를 숭상하고 이(利)를 버리는 것을 우선하는 데에 달려 있습니다."라고 말했다. "내수사(內需司)는 사(私)와 이를 가르쳐 원망을 낳는 기관"이라며 "내수사의 재물을 호조에 돌려보내고, 소속 사람을 병적(兵籍)으로 돌려보내며, 모속(冒屬)된 것을 본 주인에게 돌려주"기를 권했다.

'재용(財用)을 절약하여 나라의 근본(邦本)을 굳건히 하라.'라는 여덟째 과제는 유학의 경제 정책 이념이다. 송시열은 "백성의 곤궁과 재물의 고갈이 이때보다 심한 적이 없다."라며 조세의 과중함, 그리고 관리와 권세가의 수탈을 문제로 삼았다. '검덕(儉德)을 숭상하여 사치를 없애라.'라는 열째 과제도 유가라면 빼놓지 않는 주장이었다.

'공안을 개정하여 인민의 힘(民力)을 펴라.'라는 아홉째 과제에서는 1501년 연산군 조정에서 사치로 공물을 늘린 문제점과 방납의 폐단을 거론하였다. 송시열의 정신적 지주인 율곡이 거론한 내용이었다. "대체로 읍리(邑吏)가 이미 10배의 값을 가지고 월리(月利)를 내어 방납을 도모하고 그 읍(邑)에 돌아가서는 또 수십 배를 인민에게서 징수하니, 인민이 지탱할 수 없다."라고 했다. 그래서 김육이 충청도 감사 때에 대동법을 시행하려 했으나, 서리의 반대로 좌절했으니, 일찍이 "조식(曺植)이 '우리나라는 서리에게 망한다.'라고 말한 것이 참으로 일리가 있습니다."라고 아뢰었다. 그런데 서리도 공납의 책임 등으로 지쳐 살아가기 어려워 그런 것이니, 근본적인 대책이 필요하다고 아뢰었다. 공안 개정이 기본이고 대동법도 반대하지 않는 견해이다. 양전도 호족과 서리가 반대함을 지적했다.

'정사를 닦아 이적(夷狄)을 물리치라.'라는 열두째 과제의 출발점은 임진왜란 때에 조선을 구한 명나라에 대한 의리와 청나라에 당한 치욕을 새겨 두는 것이다. 문화적 대책은 유학의 '대경대법(大經大法)'의 수호이다. 군사적 대책으로 당장 청나라를 정벌할 수는 없더라도 "오늘날 급선무는 오직 군사를 훈련하고 장수를 택하고, 군량을 비축하고 군율(軍律)을 엄격하게 하는 데 있을 뿐입니다."라며 군사력 정비를 주문했다. 와신상담하여 문화적, 군사적으로 무장하면서 중국의 형세를 관찰하되, 설사 "비록 창을 들고 죄를 문책하여 중국을 쓸어 말끔히 우리 신종 황제의 망극한 은혜를 갚지는 못한다 하더라도, 오히려 혹 관문(關門)을 닫고 조약을 끊으며 명분을 바르게 하고 이치를 밝혀 우리 의리의 편함을 지킵니다."라고 아뢰었다. 조정에서 처음 제기된 북벌론으로 보이는데, 문화적 북벌을 우선하면서 군사적 북벌의 준비와 신중을 주문한 점이 주목된다. "성상께서 계책을 반드시 마음속으로 벌써 정하고 계실 줄 아오나"라는 구절이 있는데, 송시열은 왕위에 오르기 전 효종의 스승으로서 북벌 의지를 엿본 것으로 판단된다. 이런 일은 청나라가 모르게 비밀로 해야 한다고 했다. 끝으로 효종이 군사(君師)의 책임을 맡으셨으니 좋은 정치의 세상(治世)을 이루기를 당부했다.[55]

송시열의 국정건의서는 유학에 충실한 체계적인 수기치인론이며 조선 주자학자 상소의 모범을 제시했다. 11월 효종의 구언(求言) 분부가 있자, 송시열은 8월에 쓴 「기축봉사」를 올리면서, "정자와 주자가 소장(疏章)을 모두 첩황(貼黃)하였"음을 상기하면서 "대일통(大一統)으로 대의(大義)를 밝히는 것을 첫째 건으로 하는" 기밀 사항이 있어 종이로 첩한다고 아뢰었다. 김집의 상소는 북벌론과 같은 기밀 사항이 없는데 봉사로 한 것은 존경하는 주자를 본받은 것이다. 효종은 "나에게 사부(師傅)의 구의(舊誼)가 있으니 정의(情意)가 다른 사람과 같지 않다."라며 각별한 정을 보였다.

효종이 "어떤 사람은 지금 마땅히 일체를 개혁[更張]하여야 한다고 말하는데 어떻게 생각하는가?"라고 묻자, 송시열은 지금 국가가 마치 중병의 환자와 같은데, "성상께서 참작하시어 중용을 얻는 데 달려 있습니다. 송나라 신종(神宗)과 왕안석이 후세에 개혁하는 자의 경계가 되는데, 만약 적임자를 얻어 맡기면 염려할 바가 아닙니다."라고 아뢰었다. 그리고 송시열은 "방납이 오늘날의 큰 폐단"이라고 아뢰었다.[56] 김육이 충청도, 전라도 대동법의 시행만 건의한 상태인데, 효종이 그를 의식하고 물었는지는 확실하지 않다. 송시열은 8월 쓴 봉사에서는 김육의 대동법에 호의적이었으나, 11월 효종에게 왕안석을 경계하면서 중용의 개혁을 주문한 것은 김육의 대동법 주장을 견제한 것으로 보인다.

북송 때에 왕안석은 북방의 침략에 대비하기 위해 부국강병의 제도 개혁을 강인하게 추진했다. 소공권은 왕안석의 신법이 1898년 무술변법(戊戌變法)보다 800여 년 앞서 전제군주제 아래 처음 이루어진 군신 공치의 제도 개혁이고 무술변법보다 효과가 훨씬 컸다며, 왕안석을 '대정치가'의 반열에 올렸다.[57] 왕안석은 국정을 주도한 9년간 부국강병의 제도 개혁을 성취하여 유지했으나, 공리에 부정적인 유가와 기득권을 침해받은 사대부의 공격으로 그의 개혁은 폐기되었다. 주자 노선의 『대학연의』는 신법당의 영수인 왕안석을 간신의 표본으로 삼았다. 『대학연의』는 태조 때부터 경연의 중요한 교재여서, 그 왕안석관은 조선에 영향을 미쳤다. 왕안석에 대한 비판 의식을 가진 송대 정주학으로 무장한 사림이 대두함에 따라, 왕안석에 대한 부정적 관념이 확고해졌다. 그래서 16세기 왕안석이 소인이자 간신의 대표적 인물이라는 통설이 성립했다.[58] 그 설을 송시열이 계승한 것이다. 제도 개혁을 적극 주장하고 성취한 율곡, 유성룡, 이원익 및 김육은 모두 왕안석 같다고 비판받았다. 조선 엘리트의 왕안석관은 공리에 소홀하거나 부정적인 조선 학풍의 편협함을 보여 준다.

(5) 김자점 일파의 몰락

1649년 5월 13일 대제학으로서 효종의 즉위 교서를 지은 조경(趙絅)은 6월 9일 대사헌에 임명되었다. 조경이 지휘한 사헌부는 9일 근래 온갖 폐단이 일어났으니 폐정(弊政)과 그 개혁 방안을 정리한 책자를 만들자고 건의하여, 효종이 따랐다. 국왕의 즉위 초기에 이런 관행이 있었고, 그러한 가운데 대동법도 추진되었다. 산당이 조정에서 활동을 개시하기 전인 16일 이후 정권을 농단한 김자점(金自點)에 대한 탄핵 건의가 봇물처럼 터졌다. 16일 집의 김홍욱(金弘郁), 장령 이석(李晳)은 "영의정 김자점이 원훈 대신(元勳大臣)으로 선조(先朝)의 지우(知遇)를 입어 총애가 비할 데 없었으니 힘과 충성을 다해 보답하기를 생각해야 마땅한데도 공의의 중함을 생각하지 않고 오로지 사리사욕만을 꾀해 저택의 크고 화려함이 참람하게도 공궁(公宮)에 비길 만하며,

전장(田庄)이 온 나라 안에 널려 있고 뇌물이 그 문으로 폭주하며, 대단한 권세로 조정을 유린하여 관원들을 마치 노예처럼 꾸짖고 모욕합니다."라며 탄핵을 요정했다. 사헌부, 사간원 및 홍문관의 대부분 관원이 동조했다. 효종은 "선왕께서 승하하신 지 얼마 되지 않아 갑자기 선왕 때의 대신을 논핵하는 것이 이미 매우 불가한데, 하물며 공적이 한 시대에 뛰어난 사람이겠는가."라며 김홍욱과 이석의 관직을 교체했다. 22일 사헌부와 사간원은 함께 계를 올려 김자점을 탄핵했다. 그러자 효종은 "아, 내가 보위(寶位)를 이은 지 겨우 한 달이 지났는데 선조의 대신을 탄핵하는 소장(疏章)이 갑자기 이에 이른 것은 오로지 나의 성효(誠孝)가 미덥지 못한 소치이다."라며 소극적인 태도를 취했다. 양사가 계속 탄핵하자, 효종은 김자점을 파직했다.[59]

김자점이 궁중 세력과 결탁하고 청나라의 후원을 얻어 권력을 농단한 데에 관료 집단의 반감이 폭넓게 형성되어 있었음이 드러난다. 대신들은 김자점을 견제하고 정치를 쇄신할 명망가인 김상헌, 김육, 그리고 산림 인사들을 조정에 불러들이면서, 김자점을 몰아낼 의도도 가졌다. 그런 점에서 인조의 사망이 김자점의 운명을 결정지었다 해도 좋다.

양사가 김자점의 죄명을 누차 보태어 귀양 보내기를 계속 건의하여, 김자점은 1650년 2월 죄인이 되고 봄에 광양현에 유배되었다. 인조가 총애한 후궁인 조소용이 김자점의 손자 김세룡에게 시집간 딸 효명옹주와 짜고 자신을 구박한 자전(慈殿)을 저주한 사건이 1651년에 발생했다. 이어서 김자점의 아들 김익(金釴)이 수어청 군사와 수원 군대를 동원해 원두표, 김집, 송시열, 송준길을 제거하고 숭선군(崇善

君) 이징(李澂)을 추대하려는 역모가 폭로되었다. 산당이 김자점 일파의 공격 선봉에 섰음을 보여 준다. 이 역모로 김자점과 그의 아들과 손자는 사형을 받았다. 조소의는 사약을 받았다. 그녀가 낳은 효명옹주, 숭선군 및 낙선군(樂善君) 이숙(李潚)은 교동으로 유배되었다.

봉림대군으로 세자를 교체하고 강빈을 죽이려는 인조의 처사에 김자점만 호응하여 그의 권세가 하늘을 찌를 듯 올랐으나, 인조 사후에 김자점 일파는 고립무원의 처지에 빠져 청나라의 도움을 받으려 했다. 광해조 인목대비의 폐위를 주도하여 김자점처럼 권력을 농단한 이이첨 일파는 인조반정으로 처참한 말로를 맞았다. 정변이 없었더라도 새로운 왕이 등장하면, 이이첨 일파도 무사하기 어려웠을 것이다. 김자점은 이이첨처럼 모후를 폐하거나 명종조 윤원형처럼 사화를 일으키지 않았고 효종이 왕위에 오르는 데에도 공헌했지만, 그를 탄핵한 것은 조정의 건강함을 보여 준다.

이중환은 『택리지(擇里志)』에서 이런 조선조 정치 구조를 지극히 요령 있게 설명하고 있다. 삼공육경이 정사를 관장하지만, 이조와 병조가 인사를 관장했다. 이조 전랑은 후임자 추천권뿐 아니라 사헌부, 사간원, 홍문관의 청요직을 선발하는 통청권을 가져, 공론을 수렴하는 삼사의 언관을 지휘할 수 있었다. 그래서 사림의 공론이 위력을 발휘한 사림 정치기에는 이러한 권력 구조로 권력을 휘두르는 삼공육경의 간신이 나오기 어려웠던 반면, 이조 전랑직을 둘러싼 쟁탈전은 당쟁을 격화시켰다.[60] 그런데 김자점의 탄핵은 언관들의 활동뿐만 아니라 대신들과 중신들의 뜻이 같았고 군주가 결단코 반대하지는 않았기 때문에 가능했던 점을 놓쳐서는 안 된다.

1655년 11월 효종이 효명옹주를 좋은 곳으로 옮기라고 지시하자, 김육은 "신이 옥사를 다스릴 때에 이 사람의 심한 흉역을 목격하였는데 그만을 좋은 곳으로 옮긴다."라는 명령이 무낭하다고 거듭 아뢰어 관철했다.[61] 1658년 5월 효종은 천륜을 거론하여 효명옹주를 서울 가까이 살게 하여 부양해 주려고 했다. 대신은 모두 동의했으나, 죽음을 넉 달도 남기지 않은 김육은 그녀가 반역을 도모하고 대궐에서 저주한 중죄를 저질렀는데도 "전하께서는 법을 굽혀서 은혜를 펴 오히려 그의 목숨을 보전하게 하셨습니다. 이것만으로도 이미 심하게 형법을 잃었는데, 어찌 지금에 와서 방환하여 나이 어려서 실정(實情)을 몰랐던 이징과 이숙에게 비교해서야 되겠습니까."라며 반대했다. 이들의 심문에 참여한 김육은 효명옹주가 "교화하기 어려운 편벽된 성품을 가지고 있는 탓에 오직 어미와 남편이 있는 줄만 알았습니다."라고 했는데, 효종은 어미와 남편 때문에 죄지은 이복동생 효명옹주를 가련하게 생각했는지 모른다. 효명옹주는 9월 사망했는데, 효종은 신하들의 반대를 무릅쓰고 후하게 장례를 치러 주었다. 조소용이 소현세자빈을 모함하여 죽게 만들고 그로 인해 그녀의 세 아들을 유배시켜 두 명을 죽게 하고 김자점의 정권 농단을 후원한 데에 대해, 김육 등 문신들은 강한 반감을 가졌다. 김육이 효명옹주에 대한 효종의 관대한 처분에 가장 강경하게 반대한 것은 법의 엄정한 집행을 중시하는 철학 때문이기도 했다.

(6) 산당의 격탁양청 활동

산당의 정치 활동은 군주의 덕을 바르게 하기 위해 경연 운영을 강화하는 데서 출발하여, 나아가 조정에서 악한 소인배를 몰아내고 선한 군자들을 장려하는 격탁양청에 주력했다. 이들은 김자점 세력에 대한 공격에 가세하여 큰 힘을 보탰다.

산당의 격탁양청 활동은 전문 관료보다 한 걸음 더 나아가 김자점과 교분이 있는 인물까지를 대상으로 삼았다. 1649년 9월 집의 송준길은 김자점에 빌붙거나 그와 친분이 있는 자들이 선비의 품위와 조정을 더럽혔다며 모두 처벌하기를 건의했다. 여기에 김육과 친한 신익성의 아들이자 김좌명의 처남인 신면(申冕)이 중요한 공격 대상이었다. 신면은 탄핵받을 때 부제학이었다. 김집과 그 제자들이 조정에 처음 나올 때, 『당의통략』에 따르면, 신면은 이들이 재야에서 봉황새처럼 날개를 펼 수는 있으나 정계에 나와 뭇 잡새와 섞이다 보면 아녀자의 웃음거리밖에 안 된다며 조롱했고, 이 말을 들은 산당은 크게 노했다.[62]

송준길의 건의에 사헌부 관원이 대부분 동의했으나, 대사헌 김남중(金南重)은 "만약 자세히 구별하지 않고 일체로 모두 물리치면 지나칠 염려가 없지 않다."라며 신중론을 내세웠다. 의론이 통일되지 않은 가운데 효종은 송준길의 편을 들었다. 신면에 대한 옹호론이 나오는 가운데 송준길은 "신면이 원래 길사(吉士)가 아닌 데다가 당원(黨援)을 맺기 좋아해 조정의 권한을 흔들고자 행문(倖門)에 부탁하고 안팎으로 성세(聲勢)를 이루었습니다. 김홍욱이 장차 김자점을 논하려 하자 극력 늦추려 했으나 성공하지 못했고, 공의가 이미 발한 후에는 갖가지로 선동하고 시비를 현란시켜 비단 정성껏 섬기는 정도만이 아니었습니다. 이는 그들과 함께 패할까 염려해서였습니다."라며 더욱 강력히 비판했다. 10월 24일 효종은 신면 등 5명이 "지난번 대론(臺論)으로 인해 대략 가벼운 벌을 시행했으니, 마땅히 고개를 움츠리고 자취를 거두어 공의를 기다리기에 겨를이 없어야 했다. 그런데 이에 감히 발론한 사람을 배척하여 사사로운 분을 풀고자 하여 거리낌 없었으니, 근래 조정이 조용하지 못함은 오로지 이에서 말미암은 것이다."라며 이들을 멀리 귀양 보내라는 명령을 내렸다.

25일 송시열은 "모두 지나치다고 하는" 여론을 효종에게 아뢰었다. 영의정 이경석은 "송준길이 이 사람들을 논한 뜻은 좋았지만 그 논핵은 과격하였습니다. 신이 일찍이 송준길과 김집을 만나 말했더니, 신의 말을 옳게 여겼습니다."라며 처벌의 경감을 건의했다. 이어서 대사헌 김집과 장령 송시열은 사헌부의 계문을 올려 "다섯 신하의 죄는 본디 몸가짐을 조심하지 않아 명분과 행실을 무너뜨렸기에 조금 바로잡지 않을 수 없었으며 원래 중한 죄로 다스리려 한 것이 아닙니다."라며 처벌 경감을 아뢰었으나, 효종은 "이런데도 다스리지 않으면 국가 기강을 수습할 수가 없게 된다."라며 뜻을 굽히지 않았다. 영돈녕 부사 김상헌도 신면의 처벌을 경감해주기를 요청하여, 효종은 받아들였다.[63] 결국 신면은 아산으로 귀양 갔다.

1650년 4월 영의정 이경여는 효종에게 신면이 "명문가 자손이니 군이 김자점과 친히 지낼 이유가 없지만 김자점이 언제나 명사(名士)와 교류하고자 하였기 때문에 왕래하지 않을 수 없었던 것입니다. 이를 가지고 신면을 김자점의 당으로 지목해서는 안 됩니다."라고 아뢰어 신면이 관직에 복귀되어 중용되었다.[64] 이경여는 7월 산림 인사의 조정에서의 공리적 효능을 평가하면서 이들이 격탁양청을 자신의 임무로 삼아 너무 엄하게 신면을 공박했지만 "구원(丘園)에 있는 선비로서 어찌 일찍이 신면 등에게 쌓인 원망과 깊은 노여움이 있기에 고의로 죄에 빠뜨릴 계획을 하였겠습니까."라며 아뢰었다.[65] 이경석과 이경여와 같은 대신들은 균형감을 가지고 효종을 보좌하여 조정을 이끌었던 것이다.[66]

산당이 문신 관료의 도덕성을 무엇보다 중시하여 엄격한 잣대로 인물의 시비를 가리자는 격탁양청에 주력했을 때, 기개가 넘친 신진 관료들은 대부분 그 선명한 명분에 공감했을 것이다. 이경석이나 이경여와 같은 노숙한 고위 관료는 관직 생활의 오랜 경험을 통해 흑백 논리와 지나치게 엄격한 잣대로 도덕성 시비를 가리는 격탁양청 활동의 부작용을 우려했다. 앞으로 언급하겠지만, 김육이 요구하는 공직자의 도덕성은 이경석이나 이경여보다도 덜 엄격했고, 그 대신 김육은 직무 수행 능력을 누구보다 중시했다. 그렇다고 해서 이경석, 이경여 및 김육이 도덕적 하자가 있는 인물은 결코 아니었다. 이들은 모두 고결한 인격자였다.

1651년 12월 김자점 일파의 역모를 추궁하는 가운데 김세룡은 신면도 참여했다고 말했다. 김익을 추궁하니, 신면이 역모를 말하지는 않았으나 "나를 시켜서 이형장(李馨長)을 통해 청나라에 통보해서 그들로 하여금 군사를 거느리고 와서 변경을 압박하고 산인(山人)들을 묶어 가게 하였는데, 제가 그 계책대로 하였습니다."라고 말했다. 대사성 신면은 그 사실을 부정했다. 국청(鞫廳)은 신면이 "억울한지 여부를 억측하여 가볍게 의논하지 못하겠습니다. 오직 성상의 결정에 달렸습니다."라고 아뢰자, 효종은 "비단 두 역적의 입에서 거론되었을 뿐만 아니라, 이 일은 또한 후환(後患)에 관계되니, 증거가 없이 놓아준다는 규정을 적용하기 어려울 듯하다. 계속 형벌로 심문하라." 라고 지시했다. 신면은 곤장을 맞다가 죽었다. 그러자 효종은 김세룡의 말을 기정사실화했다. 조선 시대의 법정에서 흔히 일어날 수 있는 일인데, 신하가 역모의 혐의조차 갖지 말라는 경고일 수가 있다.

1652년 1월 지경연 이후원(李厚源)은 이상진(李尙眞)도 신면을 논핵했던 공로자라 했다. 이상진은 1653년 김육을 겨냥하여 산림 명사와 화합하지 못하고 대동법을 시행하여 물의를 일으킨다고 비판했다. 3월 오준(吳竣)은 신면이 쓴 인열왕후(仁烈王后)의 시책(諡冊)을 왕명으로 다시 쓰면서 신면이 "김자점의 당으로 빌붙어 절친하게 지내면서 조정 논의[朝論]를 마음대로 주도하였고" "사면되어 청요직에 복귀하고는 …… 기필코 산림 인사들을 모두 제거하려 하였다."라고 적었다.[67] 산당도 효종처럼 김세룡의 말을 기정사실화한 것이다.

김집은 1649년 7월 2일, 그리고 8월 20일 대사헌에 임명되었는데, 사직소를 세 차례 올리자 효종이 수용하는 일이 반복했다. 8월 23일 김집은 조정의 여러 문제점을 거론하며 "조정이 바르지 못하고 공의(公議)가 신장하지 못하는 것은 옛날보다 도리어 더욱 심합니다. 그래도 기대하고 우러러 믿는 바는 오직 전하의 한 마음뿐입니다."라는 상소를 올렸다. 25일에는 "영부사 김상헌이 차자로 이조 판서 심액이 사정(私情)을 부린 죄를 논핵한 것으로 인하여, 마침내 심액과 친한 두세 명의 대간들에게 모욕을 당했으니, 신은 통탄합니다."라며 언관이 잘못을 규찰하지 않았다고 상소를 올리자, 효종은 이미 죄를 주었다며 앞으로도 국사를 거리낌 없이 말하라고 했다.

6월 24일 사헌부는 김자점이 낙당(洛黨)의 중심이라면, 호조 판서 원두표가 원당(原黨)의 중심이라며 파직을 관철했다. 7월 13일 부교리 조복양(趙復陽)은 사헌부 동료들이 원두표를 거론할 때 자신은 '이른바 낙당, 원당에 대한 설이 비록 그 명목은 있지만 실제 자취가 드러나지 않았다.'라며 동조하지 않았다고 아뢰었다. 효종은 8월 26일 조경을 이조 판서로 임명했다. 9월 2일 공조 좌랑 이유태(李惟泰)는 상소에서 대인(大人) 김상헌을 비방한 언관들을 엄하게 처벌하기를 건의하고 친구인 송시열을 우대하기를 요청했다. 그리고 "조경이 발끈 화를 잘 내고 자신을 사랑하는 인물로 …… 조정에 온 지 오래되어 명성에 도취했고 경전의 가르침을 억지로 끌어들여 간언(奸言)을 꾸몄으므로, 벼슬이 비록 높지만 사림이 비루하게 여깁니다."라고 비난한 다음, 조경이 김상헌의 추천으로 대제학이 된 조석윤(趙錫胤)을 원당으로 지목하다가 사헌부 관원 한두 명이 변호하여 그만두었다며 규탄했다.[68] 이에 조경이 사직을 여러 번 요청하자, 4일 효종은 허락했다. 6일 이시백(李時白)이 이조 판서, 조경이 예조 판서가 되었다. 김집, 이어서 이유태의 상소는 산당이 김상헌 세력과 연대함을 보여 준다. 1657년 효종은 이유태가 조경을 공격한 것이 부당하다고 밝혔는데,[69] 상소 당시 산당과 김상헌을 예우하는 차원에서 그를 문책하지 않았다고 보인다.

여기에서 김육의 묘지명, 그리고 김육의 고조인 김식의 신도비명을 지은 조경에 대해 살펴보자. 조경은 동인 가문에 속하면서 서인 윤근수(尹根壽)를 스승으로 삼았으며, 당색에 구애받지 않고 친교하며 직언하는 강직한 성품이었다. 윤근수는 김육 증조인 김덕수의 문인이었다. 조경은 인조조에 언관 등 요직을 역임하다가, 강빈 옥사에 반대했음에도 불구하고, 인조의 신임이 각별하여, 대제학, 대사간, 도승지, 형조 판서, 이조 판서를 역임했다. 조경이 인조의 묘지문에 이어 효종의 즉위교서도 지었을 때, 관료들은 그가 효종의 조정을 이끌 인물이 되리라고 예상했을 것이다. 효종은 조경을 대사헌, 이어서 이조 판서로 임명하여 조정의 기강을 잡아 주기를 바랐다. 이조 판서는 인사권을 주관하여 육조의 판서 중에도 가장 요직이고 정승에 오르는 전 단계의 관직이니, 효종은 조경을 정승 재목으로 보았음이 분명하다. 조경이 김상헌의 제자 조석윤을 원당으로 지목하여, 산당 이유태가 조경을 공격하여, 조경은 서인 주류와 대립하게 되었다. 앞으로 언급하겠지만, 조경은 예조 판서직 때문에 청나라의 요구로 1650년 3월 이후 관직을 가질 수 없게 되었다. 1660년 조경은 1차 예송에서 송시열을 비판하다 유배 가는 윤선도를 옹호하다 송시열 진영과 결정적으로 대립했다. 조경은 계축옥사로 김육처럼 은거할 때 남인 허목과 친분을 가졌는데, 허목의 예론에 동조한 것이다.[70]

효종은 김집을 10월 20일 세 번째로, 11월 16일 네 번째로 대사헌으로 임명했다. 놀랍게도 효종은 11월 19일 김집을 이조 판서로 임명했다. 김집의 연보에 따르면, 김상헌이 여러 번 차자를 올려 큰 책임을 맡길 것을 청하여 파격적 인사가 이루어졌다고 했다. 김집은 부친이자 스승인 김장생의 후광, 자신의 명망, 그리고 송시열 등 쟁쟁한 제자의 후원도 받았다. 김상헌과 그 제자들은 산당과 연대했으니, 산당에 포괄될 수도 있겠다. 이들이 노론의 원류였다. 효종은 김집을 꼭 조정에 두어 경연에서 강의를 듣고 국정에 참여시킬 마음이어서, 12월 6일 경연에서 "경이 들어오면 듣지 못한 말을 들을 수가 있으니, 매우 추운 날이 아니면 자주 들어오라."라고 권했다. 김자점의 세력이 와해된 조정에서 김집이 이조 판서로 임명된 시점에는 산당은 최대 정파로 부상했다.

산당의 격탁양청 활동의 귀결은 무엇인가. 산당은 격탁양청을 통해 김자점과 친분을 가진 인사들도 공격 대상에 포함했는데, 그들과 대립한 신면이 중요한 표적이었다. 그리고 조석윤을 탄핵한 조경을 소인배로 몰았다. 앞으로 언급하겠지만, 김육은 이조 판서 김집이 제안한 첫 인사 정책을 반대하고 조카상을 당한 김집의 행동을 문제로 삼아, 김집을 물러나게 만든 일로 산당의 공격을 받았다. 송시열은 병자호란 때 부득이 항복한 사실을 기록한 삼전도비문(三田渡碑文)을 쓴 이경석을 비판했다. 현종 때 송시열 진영은 송시열과 다른 예론을 지지한 인사, 김만균 사건에서 송시열과 다른 견해를 내는 인사를 공격했다. 송시열은 주자와 다른 학설을 제시하면 사문난적(斯文亂賊)으로 몰았다. 산당의 격탁양청 활동이 완벽히 성공하면, 조정은 송시열을 지지하고 주자의 학설만 신봉하는 인사들로만 채워진다. 산당은 이것이 바로 주자의 군자 붕당론을 실현하는 일로 생각했을 터이다. 산당과 연계한 김상헌은 인조반정 직후 군자 붕당론에 입각하여 서인만으로 조정 인사를 채울 것을 주장한 적이 있었다.

산당의 격탁양청 활동은 선악의 흑백 논리에 입각한 주자의 군자 붕당론이 도덕적 독선(獨善)에 빠질 수도 있는 문제점을 보여 준다. 김자점처럼 명백한 간신도 있지만, 대부분 관료는 성인군자가 아니어서 도덕적 책무 의식을 가지면서도 사적 이해와 감정의 영향을 받는다. 신면과 조경의 탄핵은 산당이 사적 감정을 배제하고 공명정대한 마음으로 격탁양청을 했는지에 대한 의문을 낳는다. 이경석, 이경여 등 원숙한 고관들은 산당의 지나친 격탁양청 활동을 우려했다.

1652년 1월 13일 대사간 이시해(李時楷)는 호조 판서 이시방이 김자점 당파라며 유배 보내기를 건의했다. 사람들은 이시해와 친밀하고 이시방과 사이가 나쁜 원두표의 모의로 의심했다. 16일 영의정 정태화와 좌의정 김육은 대간의 공세를 막기 위해 호조 판서의 교체를 요청했는데, 효종은 대간이 사심(私心)으로 비판한다며 이시방을 두둔했다. 그러다가 효종이 이시방을 멀리 유배 보내라고 명하자, 23일 김육은 형률이 지나쳤다고 논하면서 "송준길 등이 김자점 및 원두표의 집에 친밀하게 빌붙었던 사람들을 논할 적에 이시해도 그 논의에 포함되었으니, 이번 논의를 주장할 수는 없을 듯합니다. …… 이른바 낙당(洛黨)이라는 사람들 중에 남아 있는 자가 거의 없는데, 저들 무리가 시기를 틈타서 반드시 제거해 버린 뒤에야 그만두려고 합니다. 그 역시 '차례로 솎아내어 다스리겠다.'라고 말했는데, 만약 이시해의 죄를 다스리지 않는다면 조정이 장차 편안할 날이 없게 될 것입니다."라며 그를 변방으로 유배 보내기를 주장했다. 김육은 "이시해의 행위는 실로 임금을 농락한 일에 관계됩니다. 그저 자기의 당파만 심을 줄 알았지 군부(君父)가 있는 줄 모르고 있으니, 아무리 대간의 명분이라도 중률(重律)을 적용하지 않을 수 없습니다."라고 아뢰었다. 김육은 격탁양청이 지나쳐 당파 싸움에 이용되는 데에 누구보다도 경계하여 단호한 대처를 바랐다. 여기에서 산당이 신면을 김자점 일파로 몰아간 격탁양청을 김육이 부정적으로 보았음을 알 수 있다. 효종은 김육의 솔직한 견해를 평가하면서 원두표와 이시방이 모두 존중하는 중신이라 하고 이시해에게 지정한 장소를 벗어나지 못하게 하는 형률인 중도부처(中途付處)를 명했다. 이에 대간들은 효종의 허물이라 하고 영의정은 의견이 다르다며 사퇴하려 하자, 김육은 사직을 요청하며 "사람들이 언관을 벌준 것을 비난합니다만, 아무리 언관이라 하더라도 벌줄 만한 일이 있으면 어떻게 벌주지 않을 수 있겠습니까."라고 말하여 효종의 동의를 얻었다. 효종은 이시방을 파직하는 선에서 사태를 무마했다.[71] 효종의 조정에서도 지나친 언관 활동은 당쟁을 낳을 소지를 가졌는데, 김육이 중심을 잡아 당쟁을 예방할 수 있었다.

효종은 스승인 윤선도를 좋게 보아 1652년 승지, 이어서 예조 참판으로 임명했다. 11월 윤선도는 상소로 원두표는 "재주가 많으나 덕이 적으며, 이득을 좋아하고 의리가 없으며, 사납고 교활하며, 포학하게 화심(禍心)을 감추고 있으므로, 거리 사람들은 장차 화를 면하지 못할 것이라 말하고, 원대한 안목이 있는 사람은 잘 죽기 어려울 것이라고 염려합니다. …… 바라건대, 전하께서는 빨리 원두표를 먼 지방에서 한가히 살도록 명하여 한가롭게 놀게 하다가 나라의 형세가 굳어지고 조정이 안정된 뒤에 그가 새로워지거든 다시 등용하소서."라고 건의했다. 효종은 내용이 괴상망측하다며 예조 참판을 그만두게 했다. 남인 윤선도를 처벌하자는 서인 관료의 의견이 비등하고 영의정 정태화도 가세했는데, 효종은 "윤선도의 상소에는 별로 긴요한 말이 없는데 이토록 논계하니, 내가 그 뜻을 모르겠다."라며 주저했다. 김육은 효종의 처사에 동의했다. 효종은 비등한 여론을 감안하여 관직을 삭탈하여 윤선도를 도성 밖으로 내보냈다.[72] 김육은 왜 이시해의 이시방 공격과 윤선도의 원두표 공격에 다르게 대응한 것일까. 이시해는 반역당의 연루 혐의라는 중대 범죄설을 제기한 반면, 윤선도의 공격은 인격 비방이어서 관직을 그만두게 하는 정도로 그칠 사안이었기 때문이다. 사실 김육이 건재한 효종의 조정은 안정되어 있어서, 윤선도는 원두표를 걱정할 필요가 없었다.

(7) 효종은 왜 김육을 우의정에 임명했는가

임진왜란 이후 비변사가 국정 운영의 최고 기구로 정착하자, 정승의 위상이 하락했으나, 김육은 정승이 되어서야 소신의 대동법, 동전 통용책, 그리고 시헌력을 추진하여 실현할 수 있었다. 효종은 탄핵당한 영의정 김자점을 파직하고 1649년 8월 4일 이경석을 영의정, 김상헌을 좌의정으로 삼았다. 우의정 정태화는 그대로였다. 17일에 늙고 병들었다는 이유로 사직을 요청하는 김상헌을 다시 영돈녕 부사로 삼고, 20일에 정태화를 좌의정, 조익(趙翼)을 우의정으로 삼았다. 이경석은 1650년 3월 청나라의 압력으로 조경과 함께 백마산성에 구금될 때까지 영의정이었다. 이경여는 이경석에 이어 영의정이 되었다. 강빈 옥사 이전에는 이경여가 이경석에 앞서 우의정이 되었다. 여기에서 드러나듯이, 효종은 즉위 당시 이경석, 이경여, 김상헌, 조익, 그리고 정태화를 대신으로 삼을 구상을 해 두었다고 보인다.

김육은 8월 28일 대사헌으로 자리를 옮긴 직후인 9월 1일 정태화가 모친상을 당하자, 우의정에 임명되었다. 효종은 김상헌 등의 비판으로 이조 판서직을 사직한 심액(沈詻)의 후임으로 8월 26일 조경을 임명한 것으로 보면, 조경을 정승 후보 1순위로 삼은 것으로 보인다. 1647년 3월 이조가 형조 판서 후보를 처음 올린 3인 중에 김육이 있었는데, 인조가 추천을 거듭하게 하여 조경으로 낙점했다.[73] 7월 조경은 이조 판서로 임명되면서 관직 서열에서 김육을 앞서게 되었다. 1646년 인조는 김육이 소현세자의 부인과 아들을 비호한다고 생각하여 예조 판서를 그만두게 하고 한직으로 보냈다. 1649년 5월 16일 인조 행장의 찬집관(撰集官)으로 조경이 김육에 앞서 나열되었다. 조경은 인조의 묘지문과 효종의 즉위 교서까지 지었다. 예조 판서를 지내다 8월 28일 대사헌으로 옮긴 김육은 70세 고령으로 관직 생활의 마지막 국면에 접어들었다고 생각했는지도 모른다. 김육은 1649년 10월 우의정을 사직하는 차자에서 그 이유 중 하나로 "반열과 차서가 아래인 신을 순서를 무시한 채 제수하신" 일을 들었다.

정만조 선생은 효종이 왕세자 시절부터 의지한 이경석이 김육을 우의정에 천거했을 것이라는 심증을 가진다고 필자에게 말한 적이 있다. 이경석은 인조의 승하 직후 좌의정으로서 김육을 예조 판서로 추천했고, 9월 영의정으로서 김육을 우의정으로 천거할 수 있는 위치에 있었다. 이경석은 김육뿐 아니라 조경도 높이 평가했는데, 조경보다 6세 연장인 고령의 김육에게 정승의 길을 먼저 열어 경륜을 펼치게 하는 것이 좋겠다고 생각했을 수 있다. 조경은 1646년 도승지로서 "김육이 경전과 역사에 널리 통달해" 중용해야 한다고 건의했으니,[74] 김육의 우의정 임명을 기뻐했을 것이다. 이후 조경은 정승에 오를 기회를 잡지 못했다. 이경석은 사람을 알아보는 지인(知人)의 역량을 갖추었고 효종대 초기 조정을 원만히 이끌었으니, 명신의 자격을 갖추었다. 훗날 이경석은 김육의 신도비명을, 조경은 김육의 묘지명을 지었다.

효종이 70세인 김육을 우의정에 임용한 것은 인조조 김육이 지방관으로 치적을 쌓고 사신으로서 업적을 가지고 경관으로서 경세 역량을 인정받았기 때문일 것이다. 효종이 즉위한 무렵에는 양란의 피해와 청나라의 과도한 조공 물자 요구로 재정이 궁핍했다. 게다가 청나라의 조선에 대한 불신이 해소되지 않아 대청 외교가 어려운 과제였다. 경세와 외교의 역량을 가진 김육을 필요로 하는 시점이었다.

(8) 한당의 실체를 어떻게 볼 것인가

이건창은 『당의통략』에서 산당을 설명한 다음 신면, 이어서 김육이 당수(黨主)인 그룹은 한강가의 서울 근교에 살아 한당(漢黨)이라 부른다고 했다. 박세채(朴世采)는 젊을 때(少時) 들은 '붕당의 화(禍)'로서 1649년 이후원(李厚源)이 충청도 세력을 이끌고(力主) 김육이 한서(漢西) 세력을 보호(心護)하여 그 대립은 대를 거치면서 붕당의 화를 낳고 마침내 정권 교체를 초래했다고 했다.[75] 그런데 김육이 한서 세력을 보호한 일은 없다. 김장생의 제자인 이후원은 1649년 9월 함경 감사, 1650년 4월 대사간에 임용되었으니, 김육과 김집이 대립할 때 정국을 주도할 위치에 있지도 않았다. 이후원은 1647년 김육의 손자 김석주를 사위로 맞았으니, 김육과 대립하기 어려운 인연이었다. 박세채는 1649년 진사가 되어 성균관에 들어갔고 1651년 김상헌과 김집의 문하에서 수학했는데, 이 무렵 김집의 지지층 사이에 떠돈 소문으로 보인다. 훗날 김육 자손과 송시열 진영의 대립은 이 소문에 생명력을 불어넣었다. 박세채는 송시열의 손자를 사위로 삼았으나, 송시열과 대립한 윤증을 두둔하고 훗날 소론의 영수가 되었던 것으로 보아, 김육의 평판을 손상한 소문은 산당과 노론을 넘어 파급되었다고 보아야 한다. 이런 전승이 『당의통략』의 당쟁사로 체계화되었다.

'한당'은 '산당'과 달리 관찬 사료에 나오지 않고 구전되다가 『당의통략』에서 처음 기록되었을 수 있다. 신면이 "조정 논의를 마음대로 주도하였다."라는 1652년 오준의 규정은 신면을 한당의 영수로 간주하는 중요한 논거가 되었음이 분명하다. 신면은 1643년 이조정랑, 1644년 부제학, 1649년 예조 참의로 임명되었다가, 부제학으로 다시 자리를 옮긴 해에 송준길의 탄핵을 받았다. 신면은 명문가 출신인 이조 정랑, 부제학으로 세력을 규합했을 수 있으나, 정국을 주도하는 지위에 오르지는 못했다. 게다가 신면이 규합한 세력의 역할이 뚜렷이 드러나지 않으므로, 한당을 설정하여 신면이 당수라고 규정한 이건창의 견해는 붕당 정치를 극적으로 표현한 감이 없지 않다. 1650년 4월 이경여가 신면을 김자점의 당인으로 지목해서는 안 된다고 말한 것은 신면이 독자적 당을 규합하지 않았음을 드러낸다.

김육은 신면의 세력을 흡수하여 자신의 세력 기반으로 삼지 않았다. 아니 김육은 자신의 당파를 규합한 일이 없다. 군자 붕당을 긍정하는 산당과 달리 김육은 붕당이 나라를 망친다는 신념을 실천했다. 김육은 당색을 초월하여 정책 지향을 같이하는 사람과 협력하여 정책 구현에 노력했고, 명망과 경세 경륜을 갖춘 대신들과 고위, 중견 관료들이 김육의 정책을 지지했다. 이들은 당파로 결속되지 않았다. 김육의 정책을 후원한 남인 명사들도 있었다. 1649년 김육과 김집은 당쟁으로 부를 수 없는 소신의 정책 대결을 했다. 여기에 송시열, 김상헌 등이 가세한 정도이지 당간 대립은 아니었다.

'한당'이라는 용어는 나오지 않으나, 그 존재감을 드러낸 ⁋ 일한 사건은 김육의 사후 조야에서 강한 영향력을 행사한 산당이 1663~1664년간 김육의 정책 지향을 계승한 관료군과 공의, 사의 논쟁을 벌일 때였다. 이것은 당쟁이 아니라 정책 논쟁이었다. 이에 관해 앞으로 언급한다. 이때에도 한당은 산당과 달리 느슨한 결합체여서 그 소속 인물의 범위조차 확정하기 어렵다. 한당과 산당에 관한 논의의 시사점은, 당쟁사에 압도된 우리 선조와 그것을 부각한 식민 사관의 굴레로부터 벗어나 자유롭게 정책사라는 넓은 시야로 조선시대를 조망하고 필요하면 당쟁사와 연계하는 자세를 요청하는 것이 아닐까.

(9) 경세 재상의 전통과 김육

정책사의 관점에서 김육을 이해하는 데에 중요한 사실은 그의 당색이 아니라 그가 덕망과 학문과 경세제민 역량을 갖춘, 삼공육경을 중심으로 하는 재상의 전통을 계승하고 발전시킨 점이다. 이러한 경세 재상들이 조정에서 김육의 부상과 정책 수행을 도왔다.

신면의 조부이면서 영의정까지 올라간 신흠은 주자학에만 구애되지 않고 제가백가 사상까지 흡수하고 정책 역량의 사공을 중시하여 신익성, 최명길, 장유 등에게 영향을 미쳤다. 김육은 이들과 친했으니, 신흠 사상의 영향도 받았다고 하겠다.[76] 김육은 『잠곡필담』에서 "완평부원군 이원익이 청렴, 검소하기로 근대 제일이다."라는 구절부터 시작해 이를 보여주는 사례로 첫째, 둘째 일화를 삼고, 대동 법을 추진할 때 꿈에 이원익을 보고 감격한 사실을 적어 둘 정도로, 이원익을 각별히 존경했다. 『잠곡필담』에는 선조조 명신인 영의정 이항복의 전제 개혁론, 영의정 이덕형의 동전 유통론, 좌의정 윤두수 가 후한 덕으로 인민을 구제한 일, 오윤겸의 뛰어난 경세 역량 등이 거론되고, 조헌(趙憲)과 곽재우 등의 의병 활동이 나온다. 김육은 이 원익의 대동법, 이덕형의 동전 유통론, 그리고 이항복의 양전론을 계 승했다. 김육은 조헌의 시에 차운하면서 "조중봉 선생은 나의 스승 으로, 홀로 재주 품은 채로 세상 구제 못했다오."라며 존경심을 나타 냈다. 조헌은 율곡과 성혼의 문하로 김육의 학통과 깊은 관련을 가진 다. 이들 중 이원익, 이덕형, 그리고 곽재우는 동인이다.

김육이 존경한 인물들은 대부분 임진왜란이라는 국난 극복을 위 해 활동했다. 이때 국정을 주도한 인물은 유성룡이었다. 김육은 안민 뿐 아니라 부국강병도 중시하고 대동법, 병농 분리, 그리고 둔전법을 추진한 점에서 정책적으로 유성룡을 가장 닮았다.

경세 재상의 전통을 소급해 보자. 958년 이후 과거제가 시행되 고 고려 후기 사대부가 성장하여, 관료 역량이 증진되었다. 원나라에 유학한 이색이 성균관 대사성을 맡은 이후 학문 수준이 높아지고 여 말선초의 격변기에 경세 역량을 기른 인물이 다수 배출되었다. 그 대 표적 인물은 정몽주, 조준, 정도전 등이었다. 왕조가 교체되지 않았 더라면, 정몽주는 국정 개혁 역량을 발휘할 수 있었을 것이다. 조준 은 농지 제도 개혁의 필요성을 훌륭히 제시하여 역성혁명의 명분을 제공하였다. 정도전은 조선 왕조 제도의 청사진을 훌륭하게 설계하여, 조선은 고려보다 한 차원 높은 국가 제도를 수립하여 15세기 중엽 세계에서 선진적인 정치 체제와 통치 원리를 확립했다. 유학에 정통할 뿐만 아니라 사공(事功)의 기술학도 중시하여 정치 이론과 행정 실무의 역량을 겸비한 재상의 집단이 여말 선초에 나타났던 것이다.

조선 전기에는 사(士)가 경학(經學), 즉 윤리와 철학의 공부에 힘쓰되 기술학도 중시해야 한다는 주장이 만만치 않았다. 태종 때에는 기술학을 우대하여 모든 관료에게 특기에 따라 응시케 했다. 세종은 산학(算學), 과학, 기술의 발달에 이바지했다. 세조는 "의학, 산학과 같은 잡학까지도 모두 정통하지 않으면 안 된다."라고 천명하면서[77] 기술학을 진흥했다. 이런 문화는 경세 재상의 양성에 유리했다. 다른 한편, 세조의 정변 이후 공신과 외척의 영향력이 강화되면서 명신의 전통이 약화되었다.

중종 대 이후 사림의 성장과 선조 대 이후 사림 정치의 성립은 명신의 전통에 양면적 효과를 낳았다. 유학의 이상 정치의 열망이 강하고 기개가 넘치고 학문적으로 진전된 사림의 대두는 명신의 성장에 우호적이었다. 그 반면 주자학 영향력의 강화로 공리를 배척하고 기술학을 경시하는 풍조가 확산된 것은 명신 재상층의 양성에 불리했다. 초기에는 긍정적 효과가 우세하고 양란의 충격도 작용하여, 사림 정치가 성립한 선조대부터 김육이 생존한 효종 대까지 명신 재상들이 가장 울창했다. '목릉성재'라는 말에 드러나듯이, 선조 때에 명신을 포함하여 인재가 가장 많았다. 그다음으로 효종 때에 명신들이 크게 활약했다.

유학은 도덕적 수양을 하면서 학문을 닦은 인사가 통치자가 되어 경세제민을 구현할 것을 가르치고, 조선 시대 유학의 소양을 가진 문신이 정치와 행정을 했다. 이들은 넓은 의미로 학자 관료, 좁은 의미로 전문 관료라 할 수 있다. 다른 한편 소수의 뛰어난 학자는 학문과 제자 양성에만 전념했다. 15세기 중엽 서경덕, 조식 등은 선구적 인물로 처사(處士)라 불렸고, 임진왜란 이후 정인홍 등 재야 명망가 학자는 산림이라 불렸다. 산림으로서 조정에 나아간 인물도 있는데, 산림 관료라 부를 수 있다. 산림이 결성한 붕당은 산당이 유일하고, 산림으로서 가장 큰 정치적 족적을 남긴 인물은 송시열이다.

현종 대의 예송과 숙종 대의 환국으로 당파간 대립이 고질화되고 주자학만 숭배한 송시열과 그 추종자의 영향력이 강화되면서 공리 배척과 기술학 경시의 풍조가 심화되어, 명신 전통은 약화되었다. 정조의 사후 세도 정치기에 명신 재상의 전통은 더욱 약화되었다.

김육의 대표적 저술 업적인 『해동명신록』은 관직에 나아가지 않은 서경덕, 조식 등 학자도 포함하니, 넓은 의미의 신하를 수록했다. 통일신라의 설총과 최치원, 고려의 최충, 안유, 정몽주, 길재, 그리고 조선의 296명을 수록했다. 1권에는 유학, 그중에도 도학의 도통(道統)을 이은 인물부터 나와, 도학이 가장 중시되었다. 김육은 사림 정치의 성립에 이바지한 백인걸의 신도비명을 썼는데, 여기에서 백인걸의 스승인 조광조를 성리학의 선구자로 보면서 백인걸이 조광조의 문묘 종사에 힘쓴 사실을 적었다.

김육은 평산 서원(平山書院)에 봉안하면서 올린 제문에서 고려 건국의 공신인 신숭겸(申崇謙)에 대해 "삼국을 통일했으니 으뜸가는 공에다 큰 절개이네."라고 평가했고, 고려 말의 대학자이자 대신인 이색(李穡)에 대해 "절의와 문장을 갖추고 도덕에 뿌리박았네. 만고토록 영원할 강상 윤리가 이분에게 힘입어 부식되리라."라고 평가했는데, 이들은『해동명신록』에서 빠졌다. 조선 건국기 국가 제도를 설계하는 데에 최대의 공로자인 정도전과 조준도 빠졌다. 조준은 과전법을 낳은 전제 개혁과 조선조 첫 법전인『경제육전』의 편찬을 주도했다. 그 대신 고려에 절의(節義)를 지킨 정몽주와 길재가 포함되었다. 정몽주에 대해서는 "동방 이학(理學)의 원조로 추앙된" 일, 그리고 고려 왕조에 절개를 지킨 일을 적고는『대명률』과 고려 법령을 종합한 법전을 편찬해 공양왕에게 올린 일은 수록하지 않았다. 정책사의 관점에서 가장 아쉬운 점은 정도전이 빠진 일이다. 여기에서 드러나듯이,『해동명신록』의 선정 기준은 절의를 사공의 정책 업적보다 중시하여, 일반 주자학자의 관점과 다르지 않았다.

율곡은 1권의 도학 도통 차원에서 수록했고, 그의 정책으로 사창의 설치와 공안 개정론을 소략하게 설명하면서 대동법과 노비종모법 제안을 넣지 않았다. 김육은 유성룡의 대동법, 둔전, 그리고 병농분리론을 계승했는데, 유성룡의 정책 업적으로는 군대 교련 규칙의 반포 정도가 보인다. 이원익에 관해서는 경기도, 강원도 대동법을 적었다. 김육이 힘쓴 제도 개혁과 부국강병의 업적에 관한 설명은『해동명신록』에서 매우 소략하다.

조선 시대 사대부는 거의가 병자호란 때 외교적 해결에 공헌한 최명길보다 끝까지 항전을 주장하여 명나라에 절의를 보인 김상헌을 높게 평가했고 소수가 달리 보았다. 오늘날 학계는 최명길의 공로를 더욱 높게 평가한다. 김육의 인물 평가 기준은『해동명신록』에서 최명길을 뺀 데에서 드러나듯이, 조선 시대 통념과 크게 다르지 않았다. 청나라에 끝까지 저항할 것을 주장한 정온도 실렸다. 김상헌이 실리지 않은 것은 효종대인 1652년 사망했기 때문이다. 김육은 김상헌의 제문에서 "선생의 큰 절개에 중국과 오랑캐가 놀랐네. 백대를 흘러가도 감동할지니."라고 찬양하면서 자신의 스승이라 했다. 잠곡에 찾아온 최명길 외에 절친한 인사인 장유와 신익성은 실렸다. 국정을 잡은 신하가 인조에게 강화를 권했는데, 신익성이 세자의 인질 등 요구를 거부하여 청나라에 저항하며 명나라 조정과의 관계를 유지하자고 주장한 사실을 평가했다. 그러니 강화를 권한 최명길이 빠질 수밖에 없었다. 그런데 강화 조건이 부당하다는 신익성의 항전론의 명분을 수록했으나, 국가가 망해도 정(正)을 지켜야 한다는 정온의 항전론 명분은 수록하지 않았다. 그 대신 정온이 자결을 시도한 의열(義烈)을 평가했다.

조선 시대 사대부는 김육의 인물 평가 기준이 도학, 절의 및 사공의 정책 업적에 균형감을 갖추었다고 생각했겠지만, 필자의 예상과 기준보다 도학과 절의가 강조되고 사공이 경시되었다. 따라서 김육이 발전시킨 경세 관료의 전통을 『해동명신록』의 수록 인물과 내용만으로 파악하기 어렵고 김육의 사상을 담은 글, 그리고 사업의 내용과 추진 방식을 보면서 판단할 필요가 있다.

관료로서 김육은 사공을 중시하고 공리를 추구한 점에서 김상헌보다 최명길을 닮았다. 그리고 김육이 1627년 상소에서 청나라와 화친하면 침공하지 않을 것이라 전망하고 전쟁이 나면 산성에 들어가 방어만 하자고 주장했으며 효종의 북벌 정책에 반대한 것으로 보건대, 병자호란이 났을 때 남한산성에 있었더라면, 강화론을 지지했을 것으로 추측된다. 김육은 강화가 현실적 방안이라 보나, 의리와 명분을 내세우고 절개를 지킨 인물을 높이 평가했다.

　김육이 도학과 절의를 중시하면서 경세제민의 사공에 주력한 사실은 그의 성장 배경에서 이해할 수 있다. 김육은 기묘명현의 후손이고 어릴 적 스승인 조호익과 성혼은 주자학자였으니, 도학과 절의관의 중시는 유년기와 소년기에 뿌리내렸다. 김육은 12세 때에 『소학』을 읽다가 경세제민의 포부를 품은 것은 사공을 중시하는 관점을 보여 준다. 1610년 성균관 유생으로서 오현의 문묘 종사 운동에 적극 참여한 것은 도학을 중시함을 보여 준다. 계축옥사 이후 김육이 벼슬길의 포부를 접고 은거한 것은 절의를 중시함을 보여 준다. 잠곡에서 10년간 독서하고 농사를 지으면서 농민에 실질적 도움을 주는 사공을 생각하게 되었다. 김육은 관직에 나아가 오래 근무할수록 사공을 더욱 중시하게 되었다. 김육은 거의 모든 사족처럼 주자학으로부터 출발했으나, 개방적인 학풍과 경세제민의 실천의식 덕분에 사업 성취를 위한 사공도 중시하고 경제 합리적 제도 개혁도 추진하여, 경세 관료의 전통을 발전시켰다.

　경세 재상의 전통은 학맥과 당색을 초월하여 정책을 계승하는 자세였다. 예컨대, 남인 유성룡은 서인 율곡의 수미법을 시행했다. 이원익은 유성룡의 수미법을 계승하려는 의식으로 대동법을 처음 시행하였고, 서인 김육은 남인 이원익의 대동법을 계승하려는 정신을 가졌다. 대동법뿐만 아니라 동전 통용책과 균역법도 정파를 초월하여 이룬 성취였다.

(10) 수도권 관료의 개방적 박학과 김육

투철한 주자학자인 산당은 충청도 산골 사람인 반면, 경세 재상은 수도권 사람이 많아 한당이라는 말이 나왔으니, 거주지는 학풍에 영향을 미쳤다. 여말 선초에 사족(士族)과 이족(吏族)이 분화되면서 이족은 읍성(邑城)에, 사족은 성외 촌락에 거주하게 되었다.[78] 사족은 거주지로 서울을 가장 선호했다. 학문은 많은 사람이 모여 교류하는 도시, 특히 수도에서 발달하기 마련인데, 조선사의 특징 중 하나는 농촌 학자의 역할이 큰 것이다. 세조 정변 이후 정치 혼란기에 조정을 떠나 농촌에서 학문을 닦는 인사가 늘었고 그 가운데 영남 사림이 성장했다. 재야 명망가 학자는, 산림이란 명칭에서 드러나듯이, 농촌에 거주하며 활동했다. 송시열의 시대는 산당인 농촌 학자가 정국을 주도했다.

농촌의 사족은 주류의 주자학만 배워 주자학풍을 벗어나기 어려운 반면, 서울에는 중국 학술 등 새롭고 다양한 지식이 모이는 가운데 개방적 박학의 인사들이 적지 않았다. 서울은 정치 중심지여서 정책이 활발히 논의되고, 상업 중심지여서 이익 추구의 인정(人情)을 용인하는 학풍이 성립했다. 수도권은 주자학의 상대화를 낳는 힘이 있어서 실학을 기른 중심지였다.[79] 수도권에서 생장하지 않더라도 중견 관료, 고위 관료가 되어 서울에 거주하고 활동하면, 주자학에만 매몰되지 않을 수 있다. 서경덕은 주자학자이면서 이익 추구의 인정을 용인했는데, 개성이라는 상업 중심지에서 태어나 활동한 사실과 관련이 있다.

한당이 성립하기 전인 17세기 초 서울에는 한당과 비슷한 학풍을 가진 인사들이 당색을 가리지 않고 교류했다. 유희경(劉希慶)은 양반과 여종이 낳은 얼자이나 서경덕의 문인인 박순(朴淳)과 남언경(南彦經)으로부터 배운 시와 예의 조예로 유명했다. 그는 자기 집 뒤의 시냇가에 돌을 쌓아 침류대(枕流臺)를 만들어 유명 문인들과 시로써 화답했다. 여기에 한문학의 4대가인 이정구, 신흠, 장유 및 이식뿐만 아니라 이수광, 유몽인, 김상헌, 최명길, 윤방, 한준겸 등 명사들이 모였다. 개방적 박학풍의 인물이 많았다.[80] 서인이 중심이지만, 유희경은 남인 유성룡의 제자인 정경세와도 친분이 깊었다. 김육은 침류대 학사(學士) 다수와 교류했다. 김육의 개방적 박학은 수도권 학풍에 힘입었다.

김육의 사후 산당과 더불어 주자학의 영향력이 강화되고 17세기 후반에 당파간 대립이 고질화됨에 따라, 침류대 학사처럼 당색을 초월하여 박학풍의 학자와 관료가 시를 매개로 교류하는 풍토가 약화되었다. 18세기 후반에 정약용을 비롯한 경기학인(京畿學人)과 정조는 주자학의 정합적 인식 체계에다 고증과 실사를 중시하는 중국 고증학의 장점을 수용한 사조를 수립하였다.[81] 18세기에는 노론 내에서 호락논쟁(湖洛論爭)이 전개되는 가운데 호론보다 사상적으로 유연한 낙론의 일부 사상가들이 서울의 도시적 분위기 속에서 선진적인 북학 사상을 양성했다. 1768년 박지원이 백탑 부근으로 이사하자, 그 주변에 살던 문인들이 모여 문학 활동을 하다가, 이용후생의 북학 사상을 발전시켰다. 여기에도 당색과 적자와 서자의 차별이 없이 모였는데, 재상으로 오른 인물은 이서구(李書九)와 서유구(徐有榘)였다.[82]

정약용은 유배지에서 두 아들에게 편지로 "도성의 문(門)에서

30리 정도만 벗어나도 문명이 미치지 못하니 …… 사대부의 가법(家法)은 …… 만약 벼슬에서 떨어지면 빨리 서울에 살 자리를 마련하여 문화의 안목을 잃지 않아야 한다. 나는 지금 죄인의 명부에 적혀 있어서 너희들에게 우선은 시골집에서 숨어 지내도록 하였다만, 뒷날의 계획은 오직 도성문으로부터 10리 안에서 거처하는 것이다."라고 훈계했다. 18세기 중국 선진 문명의 자극을 받은 수도와 그렇지 못한 농촌의 문화 격차가 커졌음을 보여 준다. 그런 가운데 경화세족(京華世族)이 정계를 장악하는 현상이 나타났다. 조선 후기 농촌은 주자학풍에서 벗어나지 못한 반면, 수도권에서는 실학 사상이 발전했다. 김육의 후손은 수도권에 살아 초기 개화 관료인 김윤식을 배출할 수 있었다.

8 효종의 신임을 얻어 충청도 대동법과 동전 통용책의 시행을 관철하다

(1) 김육이 우의정에 부임하여 대동법의 확대 시행을 건의하다

김육은 1649년 9월 1일 사직의 계(啓), 3일과 5일 사직 차자를 올려 효종의 만류를 받은 후에 우의정 일을 보았다. 당시 중책을 맡으면 으레 수차례 사직을 요청하는데, 김육의 경우 정계를 은퇴할 나이인 70세로 고령이라는 점을 거론한 것이 주목된다. 「가장」에 따르면, 인조의 발인(發引) 기일이 촉박하자, 김육은 직무를 보았다. 11일 상여의 깃대가 부러져, 김육은 당초 감독한 예조 판서를 맡은 처지로 사죄했으나, 효종은 하급 관원과 수공업자의 잘못이라고 했다.

김육이 고령인데도 우의정에 부임한 데에는 인조 때에 주장하거나 추진하던 숙업 사업인 대동법의 확대 시행, 농전 봉봉, 그리고 시헌력의 시행이라는 포부가 작용했다. 김육은 이중에도 민생 안정에 절실한 대동법의 확대 시행을 최우선 과제로 생각하고 있었다. 김육은 「귀산거부(歸山居賦)」에서 "지난날 내가 품은 뜻이 있었으니, 이 시대의 어려움을 구제하려 생각하였지. …… 슬프게도 창생을 구제하지 못하였으니, 어찌 다시 조정에 참여하겠는가."라며 경세제민의 포부를 실현하지 못함을 안타까워했던 것이다. "시대를 도울 밝은 지략이 없기에 비방과 꾸지람만 불러왔네."라는 구절로 보아, 「귀산거부」는 김집과 대립하여 비방을 받아 1650년 1월 우의정 사직을 요청하고 평구에 내려와 쓴 것으로 보인다. "황혼의 나이에 오직 염치를 지키려 힘쓰겠노라."라는 은퇴 심정과 경세제민 포부의 갈등을 보여 준다.

사헌부가 국가의 병폐와 그 개혁의 청사진을 마련하자고 건의하기 하루 전날인 6월 8일 효종은 연천군(延川君) 이경엄(李景嚴)의 상소를 묘당에서 논의하라고 지시했다. 15일 비변사는 이경엄이 제안한 충청도, 전라도, 경상도 대동법이 중대 사안으로 육조의 참의 이상과 삼사의 관원의 의견을 받아 보자고 건의하여 허가받고, 이어서 먼저 빈청에서 대신이 회의하자고 건의하여 허가받았다. 7월 10일 비변사의 보고에 따르면, 좌의정 이경석은 인조 때에 대읍과 대지주의 반대로 좌절했던 점을 거론하면서 충청도에 먼저 시험해 보자고 건의하고 예로부터 제도 개혁은 이익이 10배로 예상되지 않으면 경계한다는 신중론을 내세웠다. 우의정 정태화도 인민을 편하게 하는 대책으로는 대동법이 최상이나, 반대론이 있고 신중을 기해야 하니 충청도에 먼저 시행해 보자고 아뢰었다. 영돈녕 부사 김상헌은 처음 정사를 할 때 크게 경장하고 변통하여야 하는데, "만약 일이 잘 통하지 않아 행하기 어려운 폐해가 있으면 반드시 좋아하지 않는 자의 비방이 있을 것이니, 수개월 기다렸다가 국장 뒤에 논의하자."고 건의했다. 효종은 김상헌의 건의를 따랐다.[83] 비변사가 정책 결정의 중심 기구인데, 사안이 중대하면 그 이상으로 의견을 수렴할 수 있었고, 간편히 대신들의 회의가 의사 결정을 내릴 수 있었던 것이다. 광해조와 인조조 즉위 초에 국가 폐단을 구제하는 민생 안정책으로 대동법이 건의되어 경기도와 강원도에 각각 시행되기에 이르렀는데, 효종조에도 같은 상황이 전개된 사실은 흥미롭다.

9월 1일 좌의정에 임명된 조익은 인조 때부터 대동법의 지론을 일관되게 견지한 인물이었다. 형조 판서로 임명된 이시방(李時昉)은 공물제도의 개혁에 관심과 식견을 가진 인물이었다. 1645년 조복양의 제안으로 우의정 이경석의 책임 아래 호조 참판 이시방과 부제학 조석윤이 재생청(裁省廳)을 이끌고 인조 초 삼도 대동법 때 마련된 자료에 기초하여 공안에서 불필요한 공물을 줄이고 1결당 쌀 2~3두를 거두어 공물을 조달하게 했다. 서울로 보내는 공물에 국한된 정책이었다. 1646년 7월 호조 참의 이시방의 건의로 3두미의 제도화가 이루어지려다가 최명길이 흉년이 끝날 때까지 기다리자고 하여 성사되지 못했다.[84] 영의정 이경석은 신중한 입장이나 경세 역량을 가졌으니, 김육이 우의정으로 임명된 시점은 대동법을 시행할 적기라고 할 수 있다.

「가장」에 따르면, 9월에 삼남 대동법을 청하는 자가 있었다. 김육은 전라도와 충청도의 백성이 과중한 조세와 노동력 징발로 힘들어하니 효종의 정치가 시작되는 조기에 힘든 백성을 구제하는 대동법을 시행해야 한다며 동조했다. 하지만 조정은 어렵게 여겼다. 김육은 질병을 이유로 10월 18일, 25일, 그리고 11월 5일 사직 차자를 올리고 10월 19일부터 11월 6일까지 여덟 번 직접 사직 의사를 아뢰었다. 대동법의 실현이 어려운 것이 사직의 근본 이유로 보인다. 효종은 사직을 만류하면서 안심하고 조리하라고 했다. 『승정원일기』는 효종이 10월 26일 도타이 타이른 것으로 기록했는데, 「가장」에 따르면, 승지를 보내 "경의 문장과 행실은 일찍부터 스스로 몸을 단속하여 귀함이 지극하다. 정승과 판서〔卿相〕가 그 덕을 벼슬에 초연한 선비〔布衣〕같이 본다. 이것이 내가 기대하는 것이다. …… 경이 바야흐로 민생을 안정시키고 조세를 고르게 부과하는 방책을 말했는데, 여러 사람들의 논의와 절충하여 보니 시행해야 한다고 한다. 경이 반드시 그 책임을 맡지 않을 수 없다."라고 도타이 타일렀다고 한다.

효종의 신임을 확인한 김육은 11월 5일의 세 번째 사직 차자에서 다음과 같이 충청도와 전라도에 대동법을 시행하기를 요청했다.[85]

왕도 정치는 민생 안정〔安民〕보다 우선하는 일이 없으니 민생이 안정된 연후에야 국가가 안정될 수 있습니다. …… 군주가 재변을 만나면 두려워하며 몸을 숙여 수성(修省)하는 일에는 별다른 방도가 없고 오직 인민을 보호하는 정사를 행하여 그들이 편하게 살게 해줄 뿐입니다. …… 대동법은 조세를 고르게 부과하여 인민을 편하게 하니〔均役便民〕 실로 시대를 구할 수 있는 좋은 계책입니다. 비록 여러 도에 두루 행하지는 못하더라도 경기도와 강원도에 이미 시행하여 힘을 얻었으니 만약 또 충청도, 전라도에 시행하면 민생을 안정시키고 국가에 유익한〔安民益國〕 방도로 이것보다 더 큰 것이 없습니다.

그러면서 대동법의 구체적 내용을 다음과 같이 별폭(別幅)에 써서 올렸다.

민간의 온갖 조세〔役〕가 모두 전결(田結)에서 나오니, 이는 바로 맹자가 말하는 경계법(經界法)입니다. 국가에 일이 많다 보니 민역(民役)이 날로 무거워져, 1년에 마땅히 행하는 역으로 1결당 소용되는 비용이 거의 무명 10여 필이나 되고 적어도 7~8필을 밑돌지 않는데 뜻밖에 마구 나오는 역은 여기에 들어 있지 않으니, 백성이 어찌 곤궁하지 않겠습니까. 지금 만약 대동법을 시행하면 1결마다 봄에 무명 1필, 쌀 2두를 내고, 가을에 쌀 3두를 내면 모두 10두가 되는데, 전세(田稅) 이외의 진상물과 본도의 잡역, 본읍에 납부해야 할 것이 모두 그 가운데 있어 한번 납부한 후에는 1년 내내 편안히 지내도 됩니다. 경기도에서 선혜청에 봄과 가을에 8두씩 1년 16두를 바치는 것에 비하면 역시 매우 너그럽습니다. 충청도, 전라도의 전결이 모두 27만 결로 무명 5400동(同)과 쌀 8만 5000석을 거둘 수 있으니, 유능한 사람에 맡겨 계획하여 조치하면 쌀과 직물의 남는 수가 반드시 많아서 국가 재정과 민간 저축이 모두 충족하여 뜻밖의 역도 응할 수가 있습니다. 다만 탐욕스럽고 교활한 아전이 그 색목(色目)이 간단함을 혐의하고 모리배들이 방납하기 어려움을 원망하여 반드시 헛소문을 퍼뜨려 교란시킬 것이니, 신은 이 점이 염려됩니다.

여기에서 역(役)은 넓은 의미이고 조세 전체를 말한다. 앞서 김집과 송시열의 봉사를 보았는데, 유교 도덕의 강조에서 시작하여 정사로 나아가는 순이며, 조선 시대 신하가 왕에 올리는 중요한 상소는 거의 이러한 형식과 내용이었다. 김육이 정승으로 임명되어 정책 소신을 처음 밝힌 이 차자는 그의 상소와 차자 중 가장 중요한 의미를 가진다. 그것이 다른 상투적 구절을 일절 넣지 않고 오직 안민의 왕도정치, 더 나아가 안민 부국의 정책 이념에 입각하여 대동법을 시행하자는 주장만을 담은 점에서 이채롭다. 김육의 다른 소차도 유가 관료의 일반적 소와 달리 상투적 구절이 없고 구체적 내용으로 채웠다.

송시열의 스승 김집은 1649년 6월 조정에 나와 먼저 예제 개혁을 주장한 반면, 9월 우의정에 임명된 김육은 충청도, 전라도 대동법의 시행을 주장했다. 산당과 김육의 정책 우선순위가 달랐던 것이다.

김육은 별단(別單)에다 대동법 시행 외에도 1627년 건의한 병농 분리를 주장하고 어영군(御營軍)을 병사에게 소속하는 것이 편하고 강화도와 남한산성에 군량을 저축하는 것이 편하고 삼남의 전세(田稅)를 강화도에 저장하는 것이 편하고 경상도의 전세를 무명으로 받는 것이 편하고 황해도의 전세를 각산에 수송하는 것이 편하고 충청도, 전라도에서 염철사(鹽鐵使)의 소금 판매를 폐지하는 대신 민간 염업에 조세를 거두자는 모두 7조목을 논했다. 부국강병책으로 집약된다.

효종은 김육의 차자를 읽은 다음 7일에 승지를 보내 "경은 세상일에 뜻이 없어서 한결같이 겸양하여 물러나려는 생각을 마음속에서 풀지 않았다. 지금 차자를 보니, 집에 있다고 생각하지 않고 국사를 위한 간절한 충성이 이에 이르렀으니, 감탄을 금치 못하겠다. 경은 모름지기 다시 사임하지 말고 빨리 나와서 치도(治道)를 논하여 민생을 구제하라."라며 관직 복귀를 권했다.

(2) 김육의 대동법 건의에 대한 조정의 논의

효종은 김육의 건의를 논의하라고 명했다. 8일에 비변사는 이경석이 7월에 개진한 신중한 시행론을 견지하고 김상헌의 견해가 여전히 부정적임을 확인하고, "김육이 출사하기를 기다려 전하의 앞에서 논의하기를 청합니다."라고 아뢰어 효종이 따랐다.[86] 「가장」에 따르면, 10일 김육이 병이 회복되지 않은 상태로 조정에 오자, 효종은 김육에게 대동법의 장단점을 물었다. 김육은 명을 받들어 대동법의 절목을 2책으로 만들어 올렸다. 김육은 1638년 충청도 감사로서 전임자인 권반의 시안을 보고 그 개선안을 마련한 적이 있어서, 대동법 시행을 위한 만반의 태세를 갖추고 있었던 것이다.

14일 좌의정 조익은 차자를 올려 정자(程子)가 다스리는 이념인 도(道)와 제도인 법(法)이 있고, 치도(治道)에는 근본[本]과 일[事]이 있다고 했으니, 이것이 '정치의 긴요한 방법'이라 했다. 정치의 근본이 없으면 "모두 정당함을 잃게 되고," 그 일이 없으면 "인민의 이(利)가 흥(興)할 수 없고 해(害)가 제거되지 않아 혜택이 인민에게 미치지 않으니, 민생이 어디를 말미암아 이루어지며 민덕(民德)이 어디를 말미암아 바르게 되겠습니까."라고 했다. 다스리는 도의 요점으로 입지(立志)를 바르게 하는 것, 그리고 백술(擇術)을 자세히 하는 것을 들었다. 조익은 인조반정 후 벼슬한 10여 년간 아뢴 바를 임금의 학문을 진전하는 방법과 덕을 닦는 요령, 전역의 폐단과 군역의 괴로움, 그리고 과거(科擧)에서 배강(背講)하는 폐해로 집약하고, 이를 담은 상소와 차자 6편을 한 책으로 만들어 바쳤다. 그것은 『논어』, 『대학』 등 경학을 다룬 글, 선혜청, 대동법, 군제, 과거제를 다룬 소차였다.[87] 조익은 정치의 도리에 부합한 사공을 추구하였다.

효종은 11월 18일 대신과 비변사의 신하들을 모아 대동법을 논했다. 먼저 김육이 주장을 편 다음, 효종의 질문에 조익과 김육이 답했다. 효종이 경기도, 강원도에 시행된 대동법이 충청도, 전라도에 시행되지 못한 까닭을 묻자, 조익은 충청도와 전라도가 경기도, 강원도에 비해 농지가 많고 토호의 세력이 강했기 때문이라 답했다. 이어서 효종이 중신들의 의견을 묻자, 조익과 연양군(延陽君) 이시백은 행하는 것이 편하다고 하고, 호조 판서 이기조(李基祚)와 호군 정세규(鄭世規)는 불편하다고 했다. 이기조는 공물 주인의 불평을 거론했다. 김육이 조석윤을 업무 담당자로 추천하자, 대사간 조석윤은 사양하면서 소민에게는 편하나 부호가 싫어한다면서 공안 개정론을 내세웠다. 호조 참판 남선(南銑)과 이기조도 부호가 부담이 많아져 싫어한다고 했다. 김육은 "삼남에는 부호가 많습니다. 이 법의 시행을 부호들이 좋아하지 않습니다. 국가가 영(令)을 시행하는 데 있어서 마땅히 소민의 바람을 따라야 합니다. 어찌 부호들을 꺼려서 백성에게 편리한 법을 시행하지 않아서야 되겠습니까."라고 아뢰었다. 효종은 "대동법을 시행하면 대호(大戸)가 원망하고, 시행하지 않으면 소민이 원망한다고 하는데, 원망하는 대소가 어떠한가?"라고 물으니, 모두 "소민의 원망이 큽니다."라고 말했다. 효종은 "대민과 소민의 의견을 참작하여 시행하라."라고 명했다.[88] 인조대 신흠이 거론한 부호의 반발은 효종대 대동법의 시행에도 중대한 장애 요인이었다.

효종은 대동법이 난관에 부딪힌 인조조 전례를 의식하여 줄곧 신중한 입장이었다. 12월 3일 효종이 주재한 비변사 회의에서 조익이 "왕도 정치 가운데 대동법보다 큰 것이 없는데 어찌 한두 일이 불편하다고 행하지 않습니까."라고 말하자, 김육은 가세하여 "대동법은 지금 모든 조례(條例)를 올렸으니, 전하께서 옳다고 여기시면 행하시고 불가하면 신을 죄 주소서."라며 주장을 굽히지 않았다. 이때 김육은 인조 때 주장한 시헌력의 시행도 함께 건의했다.[89]

13일에 효종은 대신과 비변사 여러 신하가 모인 자리에서 "대동법은 이미 상정(詳定)했는데, 여러 의견은 어떠한가?"라고 물으니, 영의정 이경석은 신중한 자세로 "먼저 충청도부터 시행하여 그 이해를 안 연후에 다른 도에 시행해야 한다고 여깁니다."라고 했다. 김육이 효종의 결단에 달렸다고 아뢰자, 이경석은 그렇지 않다며 인조 때에 "정승 이원익이 편리 여부를 민간에 물어서 차자를 올려 파하기를 청한 것"을 환기했다. 그러자 조익은 "당시 여러 의논이 시끄럽게 들끓어서 심지어 왕안석에게 비교하기까지 했기 때문에 이원익이 부득이 파한 것이지 본래의 뜻은 아니었습니다."라고 아뢰었다. 회의 후에 김육은 계문으로 자신의 개혁안이 유학의 이상인 10%세보다 가벼운

데도 불평을 가지는 것을 이해할 수 없고, 경각사(京各司)도 공가(貢價)를 넉넉히 받아 유리하니 시정(市井)의 모리배와 향곡(鄕曲)의 호세가(豪勢家)가 싫어하는 것을 어쩔 수 없다며, 저술 계획의 별단을 올리기를 청하자, 효종은 다시 논의하자고 했다.[90]

우의정 김육과 이조 판서 김집은 대동법의 시행 여부로 대립했다. 김육은 12월 3일 회의 후에 산당의 영수인 김집을 찾아가 의견을 물었다. 김집의 제자이자 산당의 핵심 인물인 송준길은 11월 상소에서 대동법의 시행을 바랐으며, 다른 핵심 인물인 송시열은 「기축봉사」에서 공안의 개정을 기본으로 삼으면서도 김육이 충청도 감사로 대동법을 건의한 일을 좋게 보았다. 그래서 김육은 김집을 찾아가 그의 의사를 확인하고 가능하면 지지를 구하려 했던 것으로 보인다. 그런데 김집은 신중히 헤아려야 하며 지금 시행하기 매우 어렵다고 대답했다. 김집은 6일 효종을 만난 자리에서 대동법이 좋은 제도인지 모르겠고 반드시 전국적으로 충분한 논의를 거쳐 다 반대하지 않을 때 시행해야 한다고 주장했다. 팔도의 공물을 균등하게 배정하는 대안을 제시하면서 대동법의 시행으로 민심을 잃어서는 안 된다고 아뢰었다. 효종은 대동법에 대한 김집의 의견이 지당하다고 했다.[91] 김집이 양송과 상의하지 않고 효종을 만나 대동법 반대 의사를 밝히지는 않았을 것이다. 대동법 시행은 산당까지 반대하고 효종도 김집에 동조하여, 불가능해졌다.

산당의 대동법 반대 이유는 무엇일까? 김집은 1623~1624년에 대동법을 거듭 반대한 부친 김장생의 주장을 견지했다. 1651년 대제학 조석윤은 대동청의 당상(堂上)을 고사한 이유로 공안 개정을 먼저

해야 대동법이 소란스럽지 않다고 주장했다.[92] 유계(俞棨)는 유배에서 풀려난 후인 1653년경 쓴 「강거문답(江居問答)」에서 시행 초 충청도 대동법의 장점을 열거하면서도 경기도 대동법에서 1결당 20두나 거두는데 지방 경비를 추가 징수하는 폐단이 있으니 그 폐단이 재연될 수 있고, 대동미 운반선이 침몰하면 다시 징수하게 된다고 했다. 그리고 공안 개정이 근본적인 대책인 반면 대동법이 일시 변통책에 불과하여 공안 개정을 통해 지출 규모를 줄인 다음에 시대를 구제하는 대책인 대동법을 시행해야 성과를 거둘 수 있다며 스승 김장생의 견해를 재천명했다. 유계는 경기도 대동법을 바로잡은 후에 다른 도에 확대하자고 주장했는데, 김육은 충청도 대동법으로 지방 경비를 포괄하는 과제를 완수한 다음 경기도 대동법을 개정하려 했다.

그러면 양송이 애당초 대동법 추진에 부정적이지는 않았던 이유는 무엇일까? 김장생이 대동법의 한 선결 조건으로 삼은 양전이 이루어진 점, 그리고 경기도, 강원도 대동법의 평판이 확고한 점이 작용했을 것이다. 그러니 산당이 반대한 다른 이유를 찾을 필요가 있다. 필자는 김육과 김집의 대립의 본질은 공안 개정의 선행 여부라기보다 우선적인 개혁 과제에 대한 인식 차로 판단한다. 김육은 안민 부국을 위한 대동법의 시행에 자신의 정치적 생명을 걸었다. 그 반면 산당은 격탁양청 활동으로 조정에서 소인배를 군자로 교체하여 예치국가를 확립함을 지상과제로 삼았다. 김집은 6월 「봉사」에서 민생 문제를 구체적 방안이 없이 간단히 언급하는 데에 그쳤고, 송시열은 「기축봉사」에서 13건의 건의안 중에 10번째로 공안 개정을 두었고, 송준길은 장문의 상소 중에 공안의 폐단이 고질적이고 대동법 시행을 바란다는 정도의 언급만 했다. 산당에게 대동법 시행은 군자가 정국을 주도하는 예치국가를 확립한 다음의 과제였다. 만약 대동법이라는 중대하고도 힘든 제도 개혁이 추진되면, 산당은 정국 논의의 수도권을 잡기 어려워져 그들의 철학대로 개혁을 추진하기 어려워지는 것이다. 김집은 6월 국상례 개혁의 주장에 대해 김육이 예조 판서로서 동조하지 않은 일이 섭섭했을 것이고, 산당은 연대하는 김상헌이 대동법에 부정적인 데에도 영향을 받았을 것이다.

(3) 이조의 인사 제도 개혁과 인사 행정을 둘러싼 김육과 김집의 대결

김집은 12월 6일 효종에게 대동법을 반대한 동시에 인사 제도의 문제점을 지적했다. 김집은 이조의 인사 규정에 맞게 하려면 인재가 부족한데, 이조 판서도 "승품(陞品)이나 초계(超階)를 마음대로 할 수 없고 반드시 성상의 하교가 있어야만 가능합니다."라고 아뢰자, 효종은 "이조 판서가 매우 좋은 말을 했다. 종2품 및 그 이하 승품할 만한 인물이 있으면 대신에게 말하여 그를 골라 이조로 보내도록 하라."라고 했다. 이 경연에 김좌명도 홍문관 관원으로 배석했다. 15일 김집은 조종고사(朝宗故事)에 의거하여 국가 인사 제도를 초월하여 인재 등용의 길을 넓히자는 차자를 올렸다.[93] 효종은 묘당에게 논의하게 하겠다고 답했다.

김육은 17일 차자를 올려 "김집이 경연 석상에서 대신들로 하여금 문신 재신(宰臣) 가운데 규정을 뛰어넘어 발탁할 자를 천거하게 하자고 진언하였으며, 어제 또 차자를 올려 일반적인 규례를 뛰어넘어 조용(調用)하고자 하였습니다."라고 김집의 주장을 요약한 다음, "발탁하여 등용하는 은혜는 마땅히 임금의 명에서 나와야지 결코 신하가 감히 할 수 있는 일이 아닙니다."라며 반대했다. 김육은 조정의 인재가 충분한 때에 인사 규정에 따라 승진하면 되지, 그런 제도를 무시하는 것이 바람직하지 않다고 했다. 그 전 11월 김육은 서울 거주자가 주로 관직에 오르니 지방 인재를 천거하는 향천(鄕薦)을 마련하자고 제안하여, 효종이 수용했다. 그래서 김육은 비변사의 계문을 만들어 수령이 추천하여 감영을 거쳐 올라오면 이조가 시험하여 의정부에 올려 인재를 선발한 다음 빈자리가 생기면 채우자고 건의했다. 향천제뿐만 아니라 각 고을에 학교를 세워 학장(學長)을 두어 선비를 양성하자고 건의했다. 김육은 11월 결정된 향천 제도가 추진되고 있으니, 지방 추천을 받고 서울에서도 추천을 받아 수령직을 감당할 만한 인물을 뽑자고 건의했다.[94]

군주가 인사의 최종 결정권을 장악하기보다는 이조 판서의 인사권을 강화하고 대신도 인사권을 행사하는 것이 우리에게는 더 민주적으로 보일 수도 있다. 만약 군주가 자기 마음대로 관료의 임명과 승진 권한을 행사한다면, 김집의 손을 들어 주어야 한다. 그런데 당시 관료의 임명과 승진은 제도화되어 있었고, 군주는 법제의 근원으로 그 수호자로서 임무를 가진다. 김육이 인사권을 군주의 권한이라고 했을 때, 그것은 군주 주권을 옹호하는 취지라기보다는 인사 규정에 따라 과거 급제하여 관직을 받아 관료로서 업적과 경력을 쌓아 승진하는 인사 제도를 옹호한 셈이다. 군주의 주권은 산당도 부정할 수 없는 전제였다. 김집의 인사 제도 개혁안은 이조 판서인 자신과 대신 김상헌이 협력하여 도덕적 군자를 파격적으로 발탁하여 고속 승진시킬 것을 노렸고, 김육은 그에 반대하여 전문 관료제의 인사 제도를 견지할 것을 주장한 셈이다. 앞서 언급했는데, 6월 효종이 산림 김집을 예조 참판으로 임명하자, 이조는 반드시 문신 중에서 예부의 관원을 등용해야 한다는 법전의 규정을 들어 문제로 삼았는데, 효종은 상규(常規)에 얽매이지 말자고 했다. 김집은 이러한 효종의 자세를 확충하여 제도화하고자 의도했던 것이다. 김육은 그것이 인사 제도를 손상하고 관료의 전문성을 무시한 발상으로 보았을 것이다.

송시열의 「기축봉사」에서 드러나듯이, 산당은 군자 붕당론을 견지했다. 산당의 격탁양청은 조정에서 소인배를 몰아내는 활동이라면, 김집의 인사 개혁안은 그 대신 군자로 조정을 채우고 군자를 인사 규정을 초월하여 승진시키는 방안이었다. 김육은 인조 때에 '미관말직'에 올린 「시사를 아뢴 상소(陳時事疏)」에서 "붕당 두 글자는 조정에 화를 부르는 근본"이라고 했으니, 군자 붕당론에 반대했다. 여기에서 관료의 공적 기강을 중시하고 부정한 관리를 엄벌로 처벌하자고 했다. 김육은 군자 붕당이 아니라도 언관 등의 관료제와 법으로 국왕의 잘못을 견제하고 관리를 감찰할 수 있다고 판단했다. 요컨대, 산당은 격탁양청과 인사 제도의 개혁으로 군자 붕당이 주도하는 예치 국가를 건설할 구상을 추진한 데에 대해, 김육은 붕당 망국론에 입각하여 관료제의 법치를 중시한 것이다.

문신 인사 정책을 둘러싼 정책 대결로 "두 사람은 화협(和協)하지 못했다."[95] 그 직후 전최(殿最)를 하는 도목정사(都目政事)의 인사 행정이 이루어지는 마당에 김집이 조카의 상(喪)을 당해 내려갔다. 12월 25일 이조는 김집이 동성 3촌 조카의 복제(服制) 전이라 정사를 할 수 없다고 아뢰었다. 그러자 김육은 '성상께서는 현재 상중에 계시면서도 오히려 만기(萬機)의 번거로움을 살피고 계신다. 현재 허다한 수령을 미처 다 차출하지 못하고 있다. 다른 도의 수령도 그러한데, 하물며 황해도, 평안도 수령 자리가 10여 자리나 비어 있지 않는가. 상을 당한 일이 비록 극히 참혹하나, 복제가 이미 이루어졌다. 그런즉 성상보다 아랫사람의 상(喪)을 이유로 나라의 도목정사를 폐해서는 안 된다.'라고 생각하여 "원로들과 의논하고 영상에게 통문한 다음 문안을 드리던 날에 대궐 뜰에서 초계(草啓)를 올려" 26일이면 성복(成服)이 지나니 정사를 하자고 아뢰었다. 이 건의를 수용하여 효종은 도목대정(都目大政)을 오래 미룰 수 없으므로, 조카의 상에 성복을 마치면 즉시 정사에 나오라고 명했다. 그러자 김집은 그 명을 받들지 못하고 소를 올려 "예(禮)에는 경(經)과 권(權)이 있으니, 인정에 따라 의(義)를 만들 적에 권을 맞게 써야만 비로소 의와 일치되지 인정에 어긋난 일이 의와 일치될 수는 없다고 봅니다. 신이 조카의 상을 당한 지 겨우 3일째인데, 형제의 자식은 내 자식과 같아 지극한 정은 하늘로부터 유래합니다. 따라서 겨우 염빈(殮殯)을 마치고 그 몸이 아직 식기도 전에 슬픈 감정을 억누르고 직무에 임한다는 것은 정으로 보아도 차마 못할 일이고, 예율(禮律)도 또한 엄하여 어길 수가 없습니다. …… 공을 먼저 하고 사를 뒤로 미룸(先公後私)은 신도 모르지 않지만, 인정이 앞서고 또 병까지 깊어 신으로서도 어찌할 수가 없었습니다."라며 사직을 청했다. 도목정사를 둘러싸고 김육은 관료의 공적 처신과 국가 기강을, 김집은 인륜의 사정(私情)을 내세운 것이다. 오늘날 가치관은 김육을 옹호할 것이나, 조선은 유교의 영향력이 세계사에서 가장 강한 왕조였고, 이것이 특히 강한 시기에는 김육을 "헐뜯는 말이 분분하게 나오고 비방하는 의논이 크게 일어났다."[96] 김육과 김집의 이러한 대립은 4장 2절에서 언급할 현종대 한당과 산당 사이의 공의, 사의 논쟁의 예고편이었다. 2장 6절에서 살펴보았듯이, 친족을 위한 김육의 지극한 마음은 김집과 다를 바 없었으니, 이 대립은 인륜의 예와 공적 처신을 어떻게 조화하는가의 문제였다.

(4) 효종의 김육 신임과 산당의 재야 복귀

김육은 1650년 1월 조상묘에 성묘하려고 평구에 내려가 6일에 우의정의 사직을 요청하는 첫 소를 올렸다. 고령으로 기력이 부족하여 집무를 보기 힘들다는 것이 이유였다. 10일 올린 두 번째 사직의 소에서는 대동사목을 올려 비방을 받은 사실을 들고 "70세에 벼슬을 그만둠은 고금(古今)에 통하는 의리이다."라는 송나라 소식(蘇軾)의 말을 사직 명분으로 내세웠다.

12일 세 번째 사직의 소에 대해 효종은 승지를 보내 "내가 경을 돌기둥(砥柱)처럼 보는데, 경은 급류처럼 물러나려 한다. 내 비록 성의가 부족하여 다른 사람을 감동시키지 못하지만, 경은 어찌하여 지나치게 겸양만 하여 국사는 생각하지 않는가. 널리 구제할 책임과 믿고 의지하는 중함이 모두 경에게 있으니, 경은 하루라도 나를 버리고 가지는 말라."라며 신임을 보냈다. 14일 올린 네 번째 사직의 소에서 하는 일이 없이 녹봉만 축내는 자신을 파면시키기를 요청했다. 둘째와 넷째 소는 김육이 사명으로 삼은 충청도, 전라도의 대동법을 시행하지 못하는 것을 사직 이유로 거론한 셈이다.

김육은 17일 올린 다섯 번째 사직의 소에서 "신의 집안은 대대로 유학자 집안으로 시와 예(詩禮)의 공부를 업으로 전해왔습니다. 그런데 고조인 김식은 기묘사화에 걸렸고 족조(族祖)인 김권은 광해조 귀양지에서 죽어, 가문이 쇠락해져 쓸쓸한 한족(寒族)이 되었습니다. …… 한번 화를 당한 가문 출신인 신과 같은 사람은, 활에 다친 새가 굽은 나무만 보아도 지레 놀라듯 하는 마음을 항상 지니는 것은 감히 다른 사람에 비할 바가 아닙니다."라며 산림과 대립하여 비난을 받아 우려하고 있음을 아뢰었다. 19일 올린 여섯 번째 사직의 소에서는 김집이 함께 성균관 유생이 된 40년 지기이며 친교가 두터운 사이라 했다. 그런데 김집의 인사 개혁안에 반대하고 도목정사에 직면하여 조카상을 당한 김집의 처신에 대해 다른 견해를 낸 후 그에 대한 비방이 크게 일어난 사실을 말하고서 "신이 한 번 화를 당한 가문이라고 아뢴 것도 실로 이러한 근심이 있었습니다."라고 아뢰었다.

1월 21일에는 김집이 사직의 소를 올리고 고향 연산으로 내려갔다. 사직소에서 김육의 대동법에 반대한 사실을 거론한 다음 도목대정에서 "처신한 허물을 다른 사람은 말하지 않는데 유독 우상이 잘못을 논한다니 그것은 신을 너무 사랑해서라고 하겠습니다. 그리고 우상이 패초(牌招)를 청한 것은 다 국가를 위한 일이며 신이 그 패초에도 불구하고 나오지 않은 것은 태만하여 법령을 따르지 않은 것입니다. 우상에게 무슨 비방이 있었는지 모르겠으나, '당대에 꺼리는 일을 저촉하였으니 죽기를 구해도 부족하다.'라는 우상의 말을 읽고 나니 두려워져 스스로 진정할 수 없었습니다."라고 적어, 김육의 여섯 번째 소가 자신이 사직을 요청한 계기를 드러냈다. 김집은 이조 판서로서 처음 제시한 인사 개혁안이 관철될 전망이 보이지 않고, 그와 정책 대결한 김육이 내려가 여러 차례 사직의 소를 올리는 데에도 효종의 신임이 확고하고, 김육의 여섯 번째 사직의 소에서 도목대정으로 인해 비방을 크게 받았다는 소를 올리니, 사직의 소를 내고 조정을 떠났다.

21일 경연에서 송시열은 "근래 조정이 화합하지 못합니다. …… 김집은 우의정 김육의 상소 내용 때문에 부득이 갔습니다."라고 아뢰었다. 효종은 "우의정의 상소에는 별로 공척(攻斥)하는 말이 없었는데 어찌하여 이처럼 결단코 갔는가?"라고 묻자, 송시열은 "대동법에 관한 의논이 맞지 않아서 우의정이 불평하는 마음을 가졌습니다. 그러나 모두 공(公)을 위한 마음에서 나왔는데 이제 와서는 이처럼 격해졌습니다."라고 아뢰었다. 송시열도 김집처럼 대동법 반대에 대한 불평으로 김육이 김집을 공격한다고 보고 있었다. 그러자 효종은 사관을 보내어 김집을 만류하게 했다. 효종의 마음이 김집보다 김육으로 기운 것을 느낀 송시열은 다음 날 "신은 김경여(金慶餘), 송준길 등과 격탁양청 활동을 망령되이 하였는데, 그로 인하여 돌고 도는 사이에 뜬소문이 서로 충동하고 비방하는 의논이 무리지어 일어나 사우(師友)에게 누가 미치고 결국 원로(元老)에게까지 미쳐서 꼭 떠나고야 마는 상태가 되고 말았습니다."라고 말하고 김육을 비난한 다음 "이제 또 사우(師友)와 의리상 거취를 달리할 수 없게 되었으니, 같이 물러가는 이외에 다른 도리가 없습니다."라고 아뢰었다. 효종은 만류했으나, 송시열은 귀향했다. 송시열이 격탁양청 활동을 반성한다기보다는 그런 좋은 취지의 활동이 적을 샀다는 뜻으로 보인다. 24일 경연을 마치고 지평 김시진(金始振)은 "송준길과 송시열 등이 악을 미워하고 선을 선양하는 행동을 하였기 때문에 헐뜯는 말이 많은데, 혹 그를 좋아하지 않는 자가 이런 기회를 노릴까 염려됩니다. 이번에 우상이 공박하여 배척함이 너무 지나쳤습니다. 우상도 사류(士類)인데 어찌 그 지경에 이르렀는지 모르겠습니다. 김상헌도 물러가려 하므로, 여정(興情)의 실망이 너무 큽니다. 전하께서는 비록 양편의 중간에 서는 것으로 화합시키는 바탕으로 삼으려 하시지만 일이란 본디 옳고 그름이 있기 마련이니 둘 다 옳을 수는 없습니다. 삼가 바라건대 전하께서는 분명하게 분별하시어 처리하소서."라고 아뢰었다. 김시진은 김육도 격탁의 대상으로 삼은 것이다. 효종은 잠자코 말이 없었는데, 김육을 지지한 것이다.[97]

김집이 연산으로 돌아갔다는 말을 듣고, 김육은 22일 올린 일곱 번째 사직소에서 "만약 어진 이를 업신여기고 변법(變法)을 하였다면서 왕안석에 견주어서 신을 공격한다면, 전하께서 아무리 신을 구원하고자 하여도 안 될 것입니다."라고 적었다. 명망가인 산림과 반목하면서 경제 개혁에 적극적인 자신을 사림 정치가 성립한 이후 간신의 전형으로 간주된 왕안석과 같은 자로 몰아붙일 수 있다는 김육의 걱정은 기우라고만 생각되지는 않는다. 인조 때 대동법을 추진하던 이원익도 왕안석에 비유되어 비난받았고, 송시열은 두 달 전 기축봉사를 올리면서 효종에게 왕안석과 같은 개혁 방식을 경계한 바 있다. 김육은 산당의 영수이자 서인 사림이 가장 높이 받드는 김집을 공박했으니, 이원익보다도 더한 자로 공격받을 수 있었다. 기묘명현이 많은 적을 만들면서 임금의 심기까지 불편하게 하는 조급한 개혁으로 처형된 일의 교훈, 그리고 집안을 일으키라는 부친의 유훈 때문에, 김육은 각별히 조심하지 않을 수 없었다. 여덟 번 사직의 소를 올린 것은 김육의 신중한 처신을 보여 준다.

일곱 번째 소를 올린 후, 김육은 송시열도 떠나고 영돈녕 부사 김상헌이 김육을 비판하는 차자를 올린 것을 알고 24일 여덟 번째 사직의 소를 올렸다. 여기에서 스승으로 섬기는 김상헌의 차자에서 미안한 말을 들었고, 오랫동안 서로 존경하며 교제해 온 김집이 자기 때문에 떠났고, 형제처럼 생각한 송시열의 논박을 들었다고 했다. 「가장」에 따르면, 김육은 부친과 함께 공부한 김상헌에 대해 자제의 예로 대했다. 이 무렵 김육이 김우명에게 보낸 편지에서 "지금 김집이 내려갔다는 말을 듣고 나의 생각은 결정되었다. …… 김상헌의 차자와 송시열의 계문에서 매우 심하게 배척했으니, 어찌 조정에 나갈 수 있겠는가."라고 적었다.(196) 김상헌의 문집에는 김육의 시에 차운한 시가 네 편, 김육에게 준 시가 두 편 있다. 김육은 1644년 청나라 심양에 잡혀 있는 김상헌에게 『종덕신편』을 보여 주자, 김상헌은 그것을 보고 써 준 글에서 김육이 "어려서부터 늙을 때까지 낮은 자리를 거쳐서 높은 자리에 올랐는데, 역임한 관직마다 모두 자상함으로 소문이 났다. 그러니 그 차마 못하는 마음의 덕을 입은 자들이 참으로 이미 많을 것이다. 그런데도 그 마음은 급급해하면서 마치 미진한 점이 있을까 염려하는 것만 같았다. 이에 자기 자신이 이미 행하고서 다시 그 자손들을 가르쳐 그 뜻을 잇게 하였다. 세상에 어찌 씨를 뿌리고서도 거두지 못하는 경우가 있겠는가. 나는 백후씨의 후손들이 끝내 끝이 없는 복을 받을 것임을 안다."라며 김육의 글과 처신을 평가했다. 이런 김상헌의 배척은 김육에게 가슴 아픈 일이었다.

10개월 후의 『효종실록』에는 "김육이 대동법과 동전 통용법을 행하고자 하였는데, 김상헌과 김집이 앞장서서 불가하다고 하고, 이경석과 조석윤도 실행하기 어렵다고 하였다. 드디어 김육은 떠나기를 청하였다."라고 기록했다.[98] 김육의 사직을 결심한 직접적 계기는 자신에 대한 비방이었지만, 근본 계기는 대동법의 실현이 어려워진 사실이니, 실록 편찬자는 김육의 의중을 잘 파악했다. 1650년 1월 이전에 동전 통용책을 건의한 기록을 찾지 못했는데, 김육이 중국 사절로 파견되어 4월에 건의한 사실을 착각했는지 모른다.

김상헌은 1649년 8월 19일 심액을, 11월 7일 이시백을 비판하여 이조 판서직에서 물러나게 했다. 그사이 조경이 이유태의 상소로 이조 판서를 그만둔 배경은 이유태가 산당의 일원이고 김상헌 문인을 옹호했기 때문이다. 11월 11일 임담은 이조 판서직을 사직하면서 김집에게 양보할 것을 효종에 아뢰었다. 11월 19일 산림 김집은 조정에 들어온 지 5개월만에 이조 판서로 임명되었는데, 김상헌의 추천도 작용했다. 김집의 연보에 따르면, 12월 6일 대동법 반대와 인사 개혁을 아뢰는 김집을 효종은 전폭 신뢰했다. 그 반면 효종은 12월 3일 김육의 강력한 대동법 요청을 승인하지 않았다. 효종이 대동법을 애당초 어렵게 여겼으니, 이런 일들로 비교가 어렵지만, 12월 6일까지는 효종의 김상헌이나 김집에 대한 신망은 김육보다 덜하지 않았다. 1650년 1월 21일 김집, 22일 송시열이 조정을 떠난 시점에서 효종은 김육과 산당 모두 중에 어느 편을 선택할 처지에 놓였다. 효종이 존중하던 김상헌도 김육을 비판하는 차자를 올리고 물러갈 조짐을 보였다. 그런데 놀랍게도 효종은 김육을 선택했다. 김육의 놀라운 뚝심은 산당과의 정책 대결에서 드러났다.

효종은 김집의 12월 15일 인사 개혁 차자와 17일 김육의 반대에 대해 가부를 표현하지 않았는데, 유보하거나 반대한 셈이었다. 그리고 26일 예정된 도목정사에서 이조 판서 김집의 처신을 문제 삼은 김육의 말을 들어 효종은 패초를 내어 김집을 불렀으니, 김육의 편을 들었다. 그러니 김육의 문제 제기와 우의정 사직의 소로 물러나는 산당을 효종은 바람직하게 보지 않았다. 그리고 효종은 김육의 대동법 추진 건의에 이경석보다도 신중한 입장이었으나, 소신의 정책 수행에 관직을 걸고 헌신하는 김육의 자세를 좋게 보았음이 분명하다. 그래서 우의정에 임명된 이후 김육에 대한 효종의 신임은 갈수록 깊어갔다. 효종은 김육의 사정을 헤아려 1월 25일 사직을 허락하고 영중추부사로 임명했다. 영중추부사는 물러난 대신을 예우하는 명예직의 최고 자리이다. 산당의 격탁양청은 김육을 대상으로 한 데에 성공하지 못하고 멈추었다.

김육의 차남 우명의 장인 송국택(宋國澤)은 송시열처럼 은진(恩津)이 본관이고 김장생의 제자였다. 김육이 우의정 사직의 소를 두 번째 올린 다음 날인 1650년 1월 11일 효종은 송국택을 승지로 발탁했다. 효종이 송국택을 승지로 임명해 사직하려는 김육에게 보내 타일렀다는 말이 김육의 후손에게 전해온다. 「연보」에 따르면, 김육이 22일 일곱 번째 사직의 소를 올리자 승지를 파견하여 조정 복귀를 권했는데, 송국택일 가능성이 있다. 1651년 1월 11일 효종이 김육을 영의정에 임명했으며, 16일 김육의 두 번째 사직의 소를 보고 좌승지 송국택을 보내어 빨리 조정에 오라고 권했다. 1651년 7월 효종은 김우명의 장녀이자 송국택의 외손녀를 왕세자빈으로 삼았다. 송국택이 1659년 사망하자 송시열이 묘지문을 지었다.

1장 2절에서 언급한 김육의 졸기는 "다만 자신감이 너무 지나쳐서 처음 대동법을 논의할 때, 김집과 의견이 맞지 않자, 김육은 불평을 품고 여러 차례 상소하여 김집을 공박하였다."는 것을 유일한 단점으로 들었다. 현종 초에 정국을 주도한 송시열 진영이 『효종실록』 편찬을 주도했던 사정을 보여 주지만, 서인 대부분은 그렇게 생각했다고 보인다. 조정에서 김육의 대동법 건의는 지지자보다 반대자가 많았다. 이조 판서와 대신이 인사 제도에 구애받지 않고 인재를 천거하는 권한을 갖자는 김집의 주장은 유가가 호감을 가질 내용이고, 그 부작용을 간파할 수 있는 원숙한 인물이 많지 않았다. 근대적 가치관을 가진 우리는 조카 상례가 일단락된 후 국가의 중요한 정사를 미루지 않고 처리해야 한다는 김육의 주장에 공감하겠지만, 인륜을 중시하는 조선 시대의 유가는 대부분 조카상을 당한 슬픈 마음으로 그러지 못한 김집의 처신에 공감했다. 그래서 사림의 대부분은 김육의 공박을 지나치거나 감정적 보복으로 보았다.

김육이라는 인물을 잘 모르는 정치학자가 1649년 11월 김육의 대동법 건의 이후부터 1650년 1월 산당의 재야 복귀까지를 분석한다면, 김육이 정치적 승부수를 던져 놀라운 성공을 거두었다고 볼 것이다. 그런데 이 책을 통해 드러나겠지만, 김육은 자신의 정책에 반대한 데에 불만을 품어 비판하는 사람은 아니었다. 김육이 김집의 인사 개혁안에 반대한 것은 정치 철학 때문이었고 김집의 도목정사의 처신을 논한 것은 공직 수행 자세를 중시했기 때문이다. 김육은 효종 때 대신으로 소신의 정책을 추진하고 국정을 운영하면서 누구보다 활발히 정책 공방을 벌였는데, 정책 논쟁을 벌인 누구와도 사이가 벌어지지 않았다. 후에 김육은 김집과도 원만한 관계를 유지했다.

(5) 산당 정계 활동에 대한 평가

김집의 이조 판서 활동을 지켜본 조경은 1650년 1월 4일 경연을 마친 후 "조종조의 사람을 쓰는 방도는 비록 다섯 현신〔五賢臣〕과 같은 경우에도 처음에는 참봉(參奉)으로 임용하기도 하였는데, 이는 현명한 점을 확인한 뒤에 쓰려는 뜻이었습니다. 지금은 시험해 보지도 않고 자급을 뛰어넘어 등용하는 자도 있으니 옳지 못한 듯합니다."라고 아뢰었다.[99] 김집 등 산림의 파격적 임용과 승진, 그리고 이조 판서로서 김집의 인사 정책안과 처신을 비판한 것이다. 산당이 1649년 정사에 참여하기 전에 신면이 그들의 정책 역량이 부족할 것임을 풍자적으로 비꼰 바 있었다.

산당이 물러난 직후 1월 28일 영의정 이경석은 "대동법은 본래 백성을 편하게 하려는 것이니, 널리 많은 의견을 들어 보려는 것은 상세하고 신중하게 하려는 데에 있는 것으로 당초 고의로 충돌한 것이 아닙니다. 그런데 말이 돌고 도는 과정에서 동료 정승이 사퇴하게 될 줄이야 어찌 생각하였겠습니까. 결국 이조 판서가 낭패하여 돌아가기에 이르렀는데, 신은 동료 정승에게 다른 뜻이 없었다는 것을 알지만, 이조 판서는 어찌 떠나지 않을 수 있었겠습니까."라며 원만한 수습책을 바랐다.[100] 이경석은 김육이 불만으로 김집을 공격했다고 보지 않았다. 김집이 '낭패하여 돌아갔다'라고 표현한 것은 정책 대결에서 밀렸다고 평가한 셈이다.

10월 부제학 민응형(閔應亨)은 효종에게 "산림 인사〔山人〕는 뜻이 크지만 재주가 소략하고, 먼저 격탁양청을 하여 도리어 조정의 의논을 흩어지게 하였습니다."라고 아뢰고 충청도 대동법을 건의했다.[101]

7월 영의정 이경여는 "옥백(玉帛)의 예의를 갖추어 어진 이를 부르는 것은 명철한 왕이 우선할 바입니다."라고 하면서, 선조조 퇴계, 성혼, 성운(成運) 및 조식을 부르고 이항(李恒), 민순(閔純) 등을 불러서 대관(大官)으로 높여 주기도 한 일, 그리고 인조조 산림 김장생, 장현광 등을 부른 일을 들었다. 이경여는 "두세 명의 석사(碩士)를 모두 좌우에 두고 정치의 도리를 묻고 고문(顧問)에 대비하여 선왕의 뜻을 따르면" 공적이 많아질 것이라고 했다. 구체적으로는 "성덕(聖德)이 증진되고 조정의 정치에 유익하고 사림에 모범을 삼을 바가 있고 조정의 신하가 공경하고 꺼리게 되므로" "조정이 매우 기뻐하고 세도(世道)가 유망합니다."라고 했다.[102] 앞으로 소개하겠지만, 김육의 마지막 건의도 이경여와 같은 취지의 내용을 담았다.

이처럼 국정 경험이 풍부한 일부 고관들은 인조 때처럼 두세 명의 명망가 산림을 불러 정치의 자문을 받게 하고 세자의 교육을 담당하게 하던 방식이 바람직하다고 보고 산림이 이조 판서까지 올라 직접 정치를 하는 것에 회의적이었다. 1649~1650년, 산당의 드러난 정책 성취가 없음에도 불구하고, 산림을 중용하려는 효종의 생각은 바뀌지 않았다. 주자학에 투철한 신진 관료도 일반적으로 산림을 받들어 유학의 이상 정치를 구현하려는 포부를 가졌다. 그래서 김육 사후 송시열이 부상할 수 있었다.

(6) 효종의 절대적 신임을 바탕으로 동전 통용책과 충청도 대동법의 시행을 관철하다

효종은 즉위 직후인 1649년 5월 20일 강빈 옥사에 반발한 처벌로 이루어진 이경여의 위리(圍籬)를 철거하고 7월 19일 아산으로 유배지를 옮기고 1650년 2월 11일 이경여를 석방하여 영중추부사로 임명하고 불렀다. 그래서 김육은 판중추부사로 내려왔다. 「가장」에 따르면, 이경여는 곧바로 김육을 불러오길 청했다. 김육은 상소로 사양하고 조정에 나아가지 않았다.

효종 즉위 후에 권세를 잃고 귀양간 김자점은 심복 역관인 이형장(李馨長)을 시켜 청나라에게 새 왕이 옛 신하들을 몰아내고 청나라에 적대적이라고 모함했다. 1650년 2월 청나라는 칙사를 파견했는데 이형장이 변심하여 김자점의 잘못을 말해 칙사의 태도가 누그러졌다. 칙사는 "일본의 위협을 핑계로 성지(城池)를 보수하고 무기를 정비하고자 하는데, 앞으로 무엇을 하려는가?"라며 의심했다. 칙사는 청나라와 항전을 주장한 김상헌을 다시 중용한 일, 조제(弔祭)에 관한 의주(儀注)를 즉시 알려 주지 않은 예조 판서 조경, 그리고 대사헌 김집을 거명했는데, 모두 김자점의 탄핵에 중심적 역할을 했다. 칙사는 인조 사망 때 황제와 황부왕(皇父王)이 모두 조제(弔祭)했는데, 예의에 어긋나게 사표(謝表)와 방물(方物)을 왜 각각 하지 않았던가를 추궁했다. 그리고 칙사는 사표의 두 단어가 전례를 따르지 않은 점을 추궁하고 예조 판서에게 작성자는 누구이며 묘당 신하들이 보았는가를 물었다. 조경은 잡아떼지 못하고 작성 후 묘당 신하들이 보았다고 했다. 이경석은 영의정으로서 모든 책임을 졌다. 조경은 사표 작성에는 참여하지 않았으나, 예조 판서로서 책임을 졌다. 청나라는 이경석과 조경을 바로 백마산성에 감금했는데, 12월 이경석과 조경을 석방하면서 이경여를 포함한 세 사람에게 영원히 관직을 주지 말라고 요구했다. 이경여는 3월 11일 이경석 후임의 영의정이 되어 있었다. 1654년 7월 청나라 칙사는 조정의 구제 요청에 대해 "이경여는 강남(江南)과 교통했으니 본조를 거역한 죄이며, 조경은 표류해 온 한인(漢人)을 왜국으로 놓아 보낸 죄이며, 이경석은 이러한 죄명을 모두 스스로 도맡았으니" 허락하지 못한다는 이유를 밝혔다.[103] 효종은 의지한 세 명신을 중용할 수 없는 타격을 입었는데, 김육이 그 자리를 메워 주었다.

이런 일로 3월 5일 청나라 칙사가 서울에 들어와 인심이 흉흉하자, 김육은 대궐에 나아갔다. 이 사태가 안정되자, 김육은 9일에 차자를 남기고 평구로 갔다. 10일 효종은 김육을 진위 진향 정사(進慰進香正使)로 임명하고 불러, 김육은 11일 도성으로 들어와 효종을 만났다. 25일 김육은 영중추부사 겸 봉상시 도제조에 임명되었다. 26일 효종은 김육에게 "날씨가 점점 더워지니, 만 리 먼 길을 어떻게 갔다 돌아오겠소."라며 위로했다. 김육은 "국사(國事)가 이와 같으니 신하로서 마땅히 어려운 일을 담당하는 의리를 다해야 합니다."라고 아뢰었다. 4월에 김육은 의주에 도착해서 병이 났다. 수행원이 머물기를 청했으나, 김육은 말을 재촉하여 나아갔다.

김육은 중국으로 가는 길의 평양에서 황해도, 평안도에서의 동전 통용책을 건의하고, 자신의 노자를 아껴 중국 동전 15만 문(文)을 사서 돌아오면서 의주에서 "이 동전을 평양과 안주의 도회지에 나누어 누고 먼저 시범적으로 사용하여 통용할 만하거든 광산에서 즉시 동전을 주조하여 계속 통용하는 것이 편리하겠습니다."라고 건의하여, 6월 25일 효종의 허락을 받았다.[104] 김육은 개성 주변의 동전 통용 거점을 먼저 평양과 안주의 대도시로 넓히고 나아가 황해도, 평안도로 확장하며, 결국 전국 통용을 실현하려는 전략을 세운 것이다.

김육이 귀국하던 6월 8일 대사간 민응형이 주도하여 사간원은 "정치에는 민생 안정(安民)보다 중대한 일이 없는데, 그 근본은 무엇보다 먼저 조세의 균등화(均役)입니다."라며 경기도, 강원도, 황해도는 이미 대동법이 시행되어 공적 부담이 균등화되었으니 충청도 대동법을 묘당에서 논의하자고 아뢰어 허락을 받았다. 10일 경연에서 우의정 조익은 요역이 불균등하여 백성이 원망하니, 형조 판서 및 호조 판서와 함께 그것을 고르게 하겠다고 주장했다. 효종은 "말하기는 매우 쉽지만 하기는 매우 어려운 것이다. 이 논의가 있은 지 60년이 되도록 바로잡지 못한 것은 무엇 때문인가. 지난번에 대동법을 시행하려고 하였는데 서울과 지방의 백성이 다 불편하다고 하여 정지하였다. 그 명칭은 비록 균역이지만 실은 대동법과 다름이 없다. 오늘의 나라 형편은 마치 큰 병을 앓고 난 사람 같아서 개혁이 불가능할지도 모르겠다."라며 형조 판서와 호조 판서의 의향을 물었다. 호조 판서 이기조(李基祚)는 "충청도는 농지가 적은데 역이 무거우며 전라도, 경상도는 농지가 많은데 역이 가벼우니, 역을 고르게 하는 것이 어찌 아름다운 뜻이 아니겠습니까. 그러나 역이 준 자는 기뻐하겠지만, 증가한 자는 반드시 원망할 것입니다."라고 말했다. 그 반면 형조 판서 이시방(李時昉)은 편하다는 의견을 제시했다. 11일 이시방은 3두의 쌀을 거두어 서울 납부 공물로 삼아 조세 부담을 고르게 하자고 건의했는데, 1646년에도 건의한 바 있었다. 12일 비변사는 시무에 밝은 형조 판서 이시방이 충청도, 전라도, 경상도의 공안과 전결수를 참작하여 조세 부담을 고르게 하도록 하자는 건의를 했다. 그리고 이시방의 3두미안에 조익, 병조 판서 이시백, 그리고 민응형이 동의하고, 영의정 이경여가 점진적 개혁을 주장하고, 대사헌 이후원, 해은군(海恩君) 윤이지(尹履之), 이조 판서 한흥일(韓興一), 그리고 이기조는 반대하여. 논의를 뒤로 미루었다. 그러나 그 논의가 이루어지지 않았다.[105] 이때에도 대동법의 확대 시행은 어렵게 보였다.

6월 26일에 김육은 효종에게 귀국 보고를 했다.「가장」에 따르면, 김육은 평안도 역참(驛站)의 부담이 끝이 없고 가뭄에 곤충의 피해가 더욱 심하니 백성 구제책을 강구해 주기를 청했다. 그리고 벼슬을 그만두기를 청했으나, 효종은 "경은 어찌 이렇게 말하고 갑자기 떠나려 하는가. 시사(時事)가 비록 편안할 때도 경과 같은 대신은 물러가 쉴 수 없거늘 하물며 이와 같이 어렵고 근심스러운 날이겠는가. 고금이 다르듯이 시세도 또한 다르다. 모름지기 나랏일을 생각하여 이 같은 말을 하지 말라."라며 만류했다. 김육은 "신이 비록 교외로 나가지만 만약 위에서 자문하는 일이 있다면 지혜를 다하여 우러러 아뢸 것입니다. 지난번 상소에서 마음과 힘을 다해 신의 뜻을 아뢰었습니다. 신이 이미 물러가기를 결심하였으니 다시 들어갈 수 없습니다."라고 말하자, 효종은 "경이 머무는 것은 마음대로 할 수 있으나, 벼슬을 그만두는 것은 결코 허락할 수 없다."라고 했다. 김육은 다음 날 평구로 돌아가 잇달아 다섯 번 소를 올려 벼슬을 그만두게 해 줄 것을 요청하였으나, 효종은 "결단코 그렇게 할 수 없다."라며 허락하지 않았다.

10월 16일 녹봉을 사양하며 사직을 요청하는 소와 23일 두 번째 소가 『잠곡유고』에 실렸는데, 후자에서 "늙고 병들어 결코 힘을 쏟아 일을 할 가망이 없습니다."라는 이유를 적었다. 11월 4일에는 기상 변괴를 만나 건의책을 구하는 왕명에 응하여 외척 경계의 간언을 받아들이고, 여러 궁방이 어염(魚鹽)과 산림의 이익을 독점함을 금지하라는 등의 직언을 했다.

11월 13일 효종은 대신 및 비변사 여러 신하들을 만났다. 호조판서 원두표는 "김상헌, 김육과 같은 조정의 노성(老成)한 신하들이 모두 이미 물러나 돌아갔습니다. 요즈음 듣자 하니, 조익도 장차 서울을 떠난다고 합니다. 이런 어렵고 근심스러운 때를 당해서는 더욱 숙덕(宿德)의 노신을 머물도록 면려하여 일에 따라 자문을 구해야 할 것입니다."라고 아뢰자, 효종은 동감했다. 한흥일은 "김육이 젊었을 적에 매우 가난하여 몸소 농사를 지어 자급하다가 반정 후에 비로소 과거에 급제하였습니다. 나이 일흔이 되면 바로 사직해야 한다고 항상 말했습니다. 오늘날 그가 떠나간 것이 비록 본의지만 실은 그의 말이 쓰이지 않는 데서 연유합니다."라고 아뢰었다. 그러자 효종은 "조 정승과 김 판부사의 처소에 모두 사관을 보내 돌아오라는 뜻으로 효유하라."라고 명했다.[106]

효종은 14일과 17일 잇달아 사관(史官)을 보내어 조정에 오라고 권유했으나, 김육은 18일에 "신은 늙고 병들어 쓸모없는 사람으로서 자리에 앉아 있으면서 어진 자가 진출하는 길을 막고 있기에 몹시 두려워하고 있습니다. 그러므로 시골에 물러나 엎드려 있으면서 선성(先聖)의 예법을 준행하려고 합니다. 지금 만약 엄한 명에 내몰려서 마음과 생각을 바꾸고 지켜 온 바를 잃어버린 채 나아간다면, 한갓 비웃음을 사는 구실거리만 될 것입니다." 등의 내용을 담은 사직소를 올렸다. 자전(慈殿)이 불편하여 시약청(侍藥廳)을 설치했기에, 김육은 26일에 서울로 들어왔다가, 12월 2일에 평구로 돌아가면서 차자를 남겨 대죄했다. 효종은 "경과 영중추부사 조익이 이미 서울로 들어왔기에 마음속으로 의지할 데가 있다고 여겨 기뻐하면서 몹시 다행스럽게 여겼다. 그런데 며칠이 안 되어 도로 돌아가기를 이처럼 황망하게 하니, 내 마음의 쓸쓸하고 서운함을 어찌 다 말할 수 있겠는가. 편하게 몸조리한 다음 속히 올라와서 나의 지극한 그리움에 부응하라."라고 답했다. 김육은 사직이 수리되지 않았기 때문에, 중요한 국사에는 잠깐씩 조정에 복귀했던 것이다.

12월 효종 동생인 인평대군(麟坪大君) 이요(李㴭)가 동지사(冬至使)로 북경에서 "안치한 두 신하 이경석과 조경을 황제가 이미 방환하도록 허락하였는데, 영의정 이경여를 영원히 등용하지 말고 시골에 물러나 살게 하라고 하였습니다."라고 보고했다.[107] 1651년 1월 청나라 사신이 와서, 김상헌과 이경여가 청나라에 죄를 지었다는 이유로 모두 시골로 추방하게 했다. 1월 11일 효종은 김육을 영의정, 이시백을 좌의정, 한흥일을 우의정으로 삼았다. 광해조 대동법에 이바지한 한백겸의 아들인 한흥일은 인조반정 이후 이원익, 이성구(李聖求)에 이어 세 번째 정승에 오른 남인이었다.

21일 김육이 세 번째 사직의 소를 올리자, 효종은 사관 조사기(趙嗣基)를 파견하여 "국가가 이런 때를 당하였는데도 경이 이처럼 나오지 않고 있다. 이것은 비록 나의 성의가 부족해서 그렇기는 하지만, 이는 실로 특별한 일이니, 경은 잘 생각해야 한다. 배고프고 목마르듯이 우러러 믿는 나의 마음에 대해서는 이미 앞서 보낸 유시(諭示)에서 다 말하였는바, 지금 길게 말하지는 않겠다. 청나라의 사세가 예전과는 판이하다. 지금 칙사가 오고 있으니, 경은 모름지기 나와 있으면서 세 사람이 물러나 떠난 실제 자취를 보여 저들로 하여금 의심이 없게 해야만 할 것이다. 날짜가 이미 닥쳐 왔는데도 이와 같이 고사하고 있는데, 이쪽의 사정을 청나라에서 어찌 알겠는가. 끝내 나오지 않을 경우에는 국사가 몹시 염려가 된다. 경에게 설령 나오기 어려운 사세가 있다고 하더라도, 어찌 오늘날의 국사에 비길 수가 있겠는가. 이는 거짓으로 꾸며 대는 말이 아니다. 그러니 경은 다시 사직하지 말고 모름지기 오늘 즉시 들어와서 홍제원(弘濟院)에서 칙사를 맞이하는 데 나가라. 이런 말이 억지로 몰아붙이는 듯하여 늙은 신하를 우대하는 예에 있어서 흠이 있는 듯하지만, 일이 이 지경에 이르렀기에 부득이해서 그렇다. 경은 시사(時事)의 망극함을 생각하여 지극한 뜻을 저버리지 말라."라고 전유(傳諭)했다. 김육은 다음 날 서울에 들어와 23일 사은숙배(謝恩肅拜)하고 서교(西郊)로 나가 칙사를 만났다. 1651년 청나라 사신이 네 차례 잇달아 왔는데, 모두 김육이 접대했다. 김육이 김우명에게 보낸 편지에는 칙사 이야기가 종종 나오는데, "칙사 행차가 오늘이나 내일 반드시 압록강을 건널 터인데, 처음에 어떤 일이 벌어질지 알 수 없어 그 우려를 이루 말할 수 없다."

라고 적었다.(204) 청나라의 압박에 대해 대신들이 번갈아 책임을 져 물러나고, 다른 원로가 대신 지위를 맡거나 바꾸면서 협력하여 외교적 마찰을 극복하고 국정을 안정적으로 운영했다. 효종 대에 대청 관계의 외교적 안정에 최대의 공로자는 김육이다. 1651년 12월에 선임 정승 정태화가 모친의 삼년상을 마치고 조정에 복귀하자, 김육은 좌의정으로 내려갔다.

효종은 즉위 이후 여러 일을 겪으면서 김육에 대한 신임이 갈수록 깊어졌다. 그래서 1651년 1월 영의정에 오른 김육은 2월에 인조실록 편찬의 총재관에 임명되었다. 7월에는 차남 김우명의 장녀가 왕세자빈으로 선정되었다. 앞으로 보겠지만 김육은 영의정 업무를 시작한 1651년 1월 23일부터 사망한 1658년 9월 4일까지 7년 7개월여 동안 오래 염원하던 많은 사업을 실현했다.

김육은 영의정으로 있을 때 비변사의 논의를 주도하면서 충청도 대동법의 시행을 관철했다. 민응형은 1651년 6월 1일 예조 참판으로 임명되어 효종을 알현한 자리에서, 1년 전 자신의 대동법 건의가 발단이 되어 추후 논의하기로 한 3두미제를 충청도, 전라도에 시행할 것을 건의했다. 3일 효종과 비변사 신하들이 만난 자리에서 김육이 민응형의 제안을 논의하자고 하여, 효종은 의견을 물었다. 김육은 차선책인 3두미제를 논의하다가 기회를 보아 대동법으로 나아갈 전략을 세운 것이다. 형조 판서 이시방은 동의하며, 호조의 의견에 달렸다고 했다. 호조 판서 원두표는 3두를 거둔 다음 경비 부족으로 추가로 거둘 때 인민이 원망할 것이라며 우려했다. 형조 참판 허적은 충청도와 전라도의 부담을 고르게 하려다 부담이 늘어난 전라도민이 원망할 것이라며 우려했다. 효종은 운반 도중 조세미의 침몰 사고를 우려했고 원두표가 맞장구쳤다. 이 때에도 대동법은 어렵게 보였는데, 그로부터 1달 반이 지나지 않아 충청도 대동법의 시행이 결성되었다.[108]

　20일 예조 참판 민응형은 충청도의 공물 부담이 전라도, 경상도보다 무겁고 우도와 좌도가 불균등한 것 등의 대책을 강구하는 소를 올렸다. 21일 비변사는 민응형의 여러 제안 중 공물의 개혁에 주력하여, "충청도민에게 부역이 편중되어 이를 고르게 하도록 개혁하는 조처를 시급히 해야 하는데, 어떤 사람은 3두씩 쌀을 거두어 한 도 공물의 역을 대신하면 백성의 힘이 조금 풀린다고 하지만, 다른 명목의 역이 많이 남아 있어 이중으로 징수하는 폐단을 면하기 어렵습니다. 이 두 가지 중에 하나를 선택한다면 대동법이 마땅히 선행되어야 할 것인데, 일찍이 이 법을 충청도, 전라도에 병행하려고 했기 때문에 논의가 모순되어 쉽게 합의되지 않았습니다. 이번에 충청도에만 시행한다면 반대가 없을 듯하니, 나중에 뵙고 품의하여 결정하겠습니다."라고 아뢰었다. 1649년 11월 충청도와 전라도의 대동법을 건의하다 좌절한 김육은 이제 대동법 시행 결정을 이끌어 내기 위해 충청도에만 시행하는 전략으로 수정한 것이다. 효종은 조세 균등화로 인민을 편하게 하려면(均役便民) 서울의 사주인(私主人)과 지방의 인민을 동일하게 대우해야 하니(內外之民一也) 서울 각사의 사주인의 원통함이 없도록 하라고 지시했다.[109] 사주인은 서울의 중산층 시민일 뿐만 아니라 방납의 수입으로 각사의 경비에 보탰으므로, 효종은 이들의 불만에 깊은 관심을 가졌던 것이다.

7월 9일 한홍일은 황해도, 평안도에서 동전 주화 제도를 먼저 시행하면서 민간의 사주(私鑄)를 허용하며, 삼남에 대동법을 시행할 것을 청하니, 효종은 비변사로 하여금 의논하게 했다. 한홍일이 1년 사이에 대동법 지지로 바뀐 데에는 충청도 사족의 상소도 작용했다. 비변사는 모두 한홍일의 차자에 따라 행하기를 청했다. 효종은 "3두미법을 이미 충청도에 먼저 시행하도록 했으니, 그 이해를 살펴보고 나서 다른 도에 행해야 할 것이다."라고 반대했다. 그리고 사주에 대해 좌의정과 영중추부사의 의견을 들어 보라고 하니 좌의정 이시백은 찬성하고 영중추부사 이경여는 의견을 널리 수렴하자고 하였다. 효종은 사주를 허락했다.[110]

13일 효종은 비변사 회의를 주재하면서 3두미법에 대해 의견을 물었는데, 김육은 이 법을 시행하면 편리하겠다며 효종의 뜻에 맞추었다. 이시방은 충청도에서 3두미로는 공물 조달 경비가 부족하니 대동법이 더욱 낫다고 주장했다. 허적은 충청도가 농지 14만 결이고 전라도가 19만 결인데도 충청도의 부담이 전라도보다 오히려 무거우니 충청도의 경우 3두미법이 대동법만 못하다고 하면서 "대동법은 일시에 모든 것을 세미(稅米)로 바친 뒤에는 여러 가지의 잡역이 없기 때문에 모두 편하게 여깁니다."라고 아뢰었다. 그래도 효종이 대동법에 유보적인 입장을 취하자, 김육은 "3두미법을 이시방과 허적이 전적으로 관장하게 하여 임무를 살피게 하소서."라고 건의하여 효종이 허락했다.[111] 이시방은 1646년 3두미제를 제안했다가, 1650년 6월 대동법이나 3두미제 모두 좋다고 보았다가 1651년 7월에는 대동법으로 확고히 의견을 굳혔다. 한홍일과 허적도 대동법 지지로 입장을 바꾸었다. 이런 변화는 김육이 영의정으로 국정을 주도할 때 일어났다.

16일 비변사는 충청도 대동법의 시행 허가를 받았다며, 이시방과 허적의 사부가 매우 많아 조석윤에게 주관 당상을 맡길 것을 청하여 허락받았다. 13일 회의 이후 김육이 이시방, 허적과 3두미제를 검토한 다음, 효종을 만나 설득한 것으로 보인다. 이전에 충분한 논의가 있었고 비변사 신하들의 대세가 동의하여, 별도의 비변사 회의가 없이 16일 아니면 그 전날에 효종의 허락을 받아 결정한 것으로 보인다. 삼남 중 충청도가 선택된 것은 대동미 수송이 가장 편리하고 인민에게 제공할 조세 부담의 혜택이 전라도보다 커서 도의 민심이 크게 호응할 것이 예상되었기 때문이다.[112]

1623년 이원익이 경기도 대동법을 정할 때 '방납인'에게 시세보다 높게 공가를 주기로 했다.[113] 김육은 1650년 12월 경각사에 공가(貢價)를 넉넉히 지급하는 점을 아뢴 적이 있는데, 1651년 7월에 각사의 운영비도 부담하는 사주인에게 후하게 배려하는 정책 방향을 제시하여, 효종이 충청도 대동법을 승인했을 가능성이 있다. 1654년 『호서대동절목』 열네째 조목에서는 "인민을 편하게 하는 정사는 서울과 지방을 동일하게 대우해야 하는 바(便民之政所當京外一視)"라고 효종이 사주인을 배려한 취지를 내세우며 1623년 상정(詳定)보다 8,084석 늘었다고 했다. 대동법에서는 공물 주인에게 공가를 시세보다 훨씬 높게 지급했다.

9 충청도 대동법의 시행과 정착[114]

(1) 충청도 대동법의 시행 배경

광해군, 인조, 그리고 효종의 즉위 직후마다 대동법 논의가 활성화된 것은 흥미로운 일이다. 민생 안정을 위한 조세의 경감과 균등화는 중요한 국가 과제였고, 대동법이 그러한 과제에 부응한다고 믿은 인물은 새 왕이 의욕적으로 출발하는 시점을 적기로 보아 개혁을 요구했기 때문이다.

광해조와 인조조에서 대동법은 별 논란 없이 시도되었으나, 모두 심한 반발을 받았다. 1625년 삼도 대동법이 좌절된 이후 그 시행 주장은 꾸준히 있었다. 오랜 기간 대동법이 논의되는 가운데 대동법의 지지자가 늘었으나, 삼도 대동법의 좌절로 신중론을 견지하는 인물은 훨씬 많았고, 대동법을 삼남으로 확대하는 데에 반발은 거셌다. 효종조에서 정책 결정에 참여하는 신하들은 인조조 좌절 경험 때문에 매우 신중하게 접근했다. 효종은 충청도 대동법이 초래할 다방면의 저항을 이전의 사례로부터 예상했기 때문에 그 시행에 주저했다. 충청도는 경기도, 강원도보다 농지가 훨씬 많아서 양반 지주들의 반대가 더욱 강했다.

그래서 대동법은 충청도처럼 힘들게 시행이 결정된 적이 없다. 아니, 충청도 대동법보다 힘들게 시행 결정이 관철된 제도가 있는가? 김육이 아니라면 충청도 대동법은 효종 대에 시행되기 어려웠을 것이다. 충청도 대동법의 시행 결정은 김육의 확고하고도 집요한 소신과 영의정으로서 신중하고도 노련한 리더십의 결실이다. 물론 김육만의 공로는 아니었다. 조익과 그 아들 조복양, 민응형, 이시방, 한흥일 등이 시행에 힘을 보탰다. 효종은 이경석, 김육, 송시열 등 소수의 신하를 절대 신뢰하여 밀어주었는데, 이런 군주의 자세도 큰 힘이었다. 효종은 김육을 알게 될수록 신임이 깊어져 대동법과 동전 통용책의 시행을 밀어주었다.

대동법 반대의 이념적, 경제적, 제도적 논거가 약화되고 있었던 것은 충청도 대동법의 시행과 정착을 지원했다. 인조 초 최명길과 김장생은 대동법의 시행에 앞서 농지 조사인 양전과 공안 개정이 필요하다고 주장했는데, 1634년에 삼남의 양전이 시행되고 공안이 개정되었다. 임진왜란 후 개간의 진전, 국제 무역의 번영 등에 힘입어 도시와 농촌의 시장이 성장하여 공물의 시장 조달 여건이 개선되었다. 시장의 성장과 방납의 성행은 대동법을 반대하는 중요한 무기로서 임토작공 이념을 약화시켰다. 1638년 행부사과(行副司果) 최유연(崔有淵)은 부국 이민의 방책을 제시한 소 가운데 대동법을 지지하면서 "중국과 외국은 모두 균수(均輸)의 창고를 가져 국가에 바치는 수용품을 모두 사서 사용하니" 인민을 괴롭히지 않는 좋은 제도라고 평가했다.[115] 1650년에는 대동법 시행에 신중한 영의정 이경여도 "우리나라의 공물은 토산물로 정한 뜻을 이미 잃어버려서 모두 쌀과 베로 수납한다."라고 하여,[116] 충청도 대동법이 시행되기 이전에 임토작공의 원칙이 붕괴되어 있음을 인정했다. 물론 효종조에도 임토작공에 입각한 공안 개정론이 제기되었다.

(2) 충청도 대동법의 정착

김육은 충청도 대동법의 시행 결정을 힘들게 얻어 냈을 뿐 아니라 그것을 힘들게 완수했다. 김육처럼 대동법과 동전 통용책을 강인하게 추진한 사례는 태종의 저화 통용책, 그리고 영조의 균역법 정도가 아닐까 생각된다. 효종의 승인을 얻은 김육은 실무 역량이 뛰어난 형조 판서 이시방과 형조 참판 허적에게 일을 맡기고 호조 판서 원두표와 상의하여 대동법을 추진하기로 했다. 효종의 승인을 얻은 후에도 대동법 추진은 쉽지 않았다. 1651년 7월 16일 대동청 당상(堂上)에 임명된 조석윤은 17일 대동법을 추진하려면 충청도와 전라도 동시에 해야 하며 대동법보다 공안 개정이 쉽고 백성을 동요시키지 않는다는 이유로 사양하는 소를 올려, 23일 허락받았다. 8월 14일 경연에서 조석윤은 대동청 당상을 사직한 이유로 공안을 개정하지 않고 대동법을 추진하면 분란이 많아진다고 주장했다.[117] 이로써 김상헌 제자인 조석윤의 참여로 김상헌 계열과 산당의 대동법 지지를 얻으려하던 김육의 시도는 좌절되었다.

지방에서 대동법에 대한 비방이 그치지 않아 효종에게 좌의정 이시백이 원하지 않는다고 아뢴 사람이 있었다. 7월 24일 김육은 차자를 올려 "좌상은 이럴 리가 만무합니다. 매번 신과 더불어서 이 일을 논하면서 항상 혹시라도 이루어지지 못할까 걱정하였으며, 동생인 이시방에게도 항상 이에 대해 말하였습니다."라고 아뢰었다. 그리고 "1결당 10두로 계산하면 도합 8만 5200석이고, 무명 납부는 연해 고을과 산골 고을을 나누어 편의에 따라 차등을 두었는데, 이는 백성이 무명 납부에 어려울까 염려한 때문입니다. 그 가운데 중앙 정부에

3만 2100석 올라오고 본도에서 1만 7200석 사용하여 도합 4만 9000여 석이며, 진상하는 방물의 가미(價米)는 대략 5000여 석입니다. 그 나머지 쌀이 3만 석이니, 이것으로 본노의 쇄마 값과 삽봉(雜用) 값으로 쓴다면, 비록 그 숫자를 분명하게 정할 수는 없지만, 반드시 부족한 걱정은 없습니다."라며, 인민이 편하고 재정도 넉넉해질 것이라며 효종을 안심시켰다.[118]

8월 3일 김육은 "호조 판서 원두표는 본래 남을 이기기 좋아하는 병통이 있어 자기 마음에 싫은 것은 반드시 하지 않으려고 합니다. 어찌 다른 사람이 없기에 이 사람에게 오래도록 이익을 관장하는 권한을 전담하게 하십니까? 대동법의 시행 결정 이래 한 번도 신을 찾아와 논의한 적이 없습니다. 체통이 이처럼 무너져서야 무슨 일을 할 수 있겠습니까."라고 아뢰니, 효종은 "이 사람이 자못 계려(計慮)가 있기 때문에 대신할 인물을 구하기 어려워 오래 임용하고 있다."라고 답했다. 8일 효종은 원두표의 거듭된 사직 요청을 허락하고, 그를 대동청 당상에 임명했다. 11일 대동법을 지지하는 이시방이 호조 판서를 맡게 되었다.[119] 9일 홍문관의 응교 홍명하(洪命夏), 교리 이석(李晳), 수찬 오정위(吳挺緯), 부수찬 정언벽(丁彦璧)과 민정중(閔鼎重)은 정치의 문제점을 논하는 가운데 효종에게 대동법에 대한 반대 의견도 포용하여 경청하기를 주문했다.[120]

앞서 언급했듯이, 1652년 1월 대사간 이시해가 호조 판서 이시방이 김자점 당파라며 공격한 데에 대해, 김육은 이시방을 보호하고 이시해의 처벌을 주장했다. 김육은 이시해의 배후에 있는 원두표를 내직에 두어서는 안 된다고 주장하여 개성 유수로 내보냈다. 김육과 가장 많이 충돌한 원두표가 "호조 판서를 그만둔 지 얼마 지나지 않아 김육과 친하고 좋아하는 사이가 되어, 그를 비난하는 사람이 많았다."[121] 김육은 치열하게 정치 공방을 했지만, 간신이 아니라면 공방한 누구와도 좋게 지냈다.

1651년 8월 24일 『효종실록』에 의하면, "충청도 대동법을 비로소 정하였다. …… 영의정 김육이 대동법을 힘껏 주장하였다."라고 전하고, 그 내용을 설명하기를 "도를 통틀어 1결마다 쌀 10두를 거두되, 봄가을로 나누어 각각 5두를 징수한다. 그리고 산골 고을은 쌀 5두 대신에 무명 1필을 거둔다. 대읍, 중읍, 소읍으로 나누어 관청의 수요를 제하여 주고, 또 남은 쌀을 각 고을에 헤아려 주어서 도 전체의 역(役)에 응하게 하고, 그 나머지는 선혜청에 납부하여 각사의 역에 응하게 한다."

이렇게 제도를 정하면서 김육은 "제사에 쓰는 생노루를 각 고을에서 공물로 바치는 것은 옛 규례인데, 상처가 없이 잡아서 먼 길에 실어다 바치는 것은 그 형세상 쉽지 않으며, 부득이 서울에서 사서 바치게 되면 노루 한 마리 값이 무려 무명 60단(端)에 이르니, 그 폐단이 큽니다. 『예기(禮記)』에 1년 된 송아지니, 2년 된 송아지니 하는 설이 있으니, 지금부터는 생노루 대신에 송아지를 쓰는 것이 타당할 듯합니다."라고 제안했다. 이에 대해 효종은 "조종조의 옛 규례〔(祖宗朝舊例)를 경솔하게 고칠 수 없으니, 다른 대신과 의논해서 처리하라."라고 명했다. 영중추부사 이경여가 반대하고, 영돈녕 부사 김상헌도 "조종의 일정한 제사의 예에 관계되는 것은 감히 다른 물건으로 대신 사용하지 못할 것 같습니다. 『예기』에는 '이미 거행한 것은 감히 폐지하지 못한다.'라고 하였습니다."라고 아뢰고, 이경석도 어렵게 보았다. 김육의 제안은 채택되지 않았다.[122] 민폐의 제거를 위해 예의 형식에 구애받지 않은 김육의 자세를 여기에서 엿볼 수 있다.

왕실에 대한 진상물의 조달은 공물과 사체가 달라, 충청도 대동법의 시행 직후부터 대신과 담당 신하들이 고심하여 충청도 감영이 납부하는 방안, 서울의 관청에서 조달하는 방안 등을 거론하고 있었다. 효종은 1651년 8월 경기도 대동법처럼 서울에서 무역하면 될 것이라고 하여 그렇게 결정되었다. 1653년 선혜청이 '막중한 상공물(上供物)'의 다양한 조달 방안을 조심스럽게 아뢰자, 효종은 "제전(諸殿)에의 진상물을 경기도에 귀속하면 민폐가 매우 많을 것이고, 사주인에게 위임하면 낭비가 또한 많을 것이고, 사용원 등 외원(外院)을 따로 설치하면 폐단이 반드시 시전에 미칠 것이다. 어쩔 수 없다면 제전의 진공(進供)에 마땅히 들어가는 값만큼 대략 수효를 정해 따로 대궐 빈 곳에 저장해 두고 중관(中官)이 관장하여 수시로 사들이면, 중국의 고례를 따를 뿐만 아니라 민생의 고혈(膏血)을 낭비하는 걱정도 없어질 것이다. 다시 대신들과 의논하라."라고 명하니, 대신들이 따랐다.[123] 효종은 충청도 대동법 시행 논의에 참여하면서 진상 제도의 개선에 이바지한 것이다.

1652년에 정언 이만웅(李萬雄), 전 장령 안방준(安邦俊), 그리고 지평 이상진(李尙眞)이 김육을 비판한 소를 연이어 올렸다. 이만웅은 "오늘날 조정의 큰 정책이 동전과 대동법이고 오늘날 조정이 믿는 바는 대신과 일을 맡고 있는 신하"라면서 두 정책 추진의 문제점을 들었다. 김홍욱이 1651년 10월 3일 충청도 감사로 "임명된 것은 특별히 입법 본의를 상세히 알기 때문인데" 실책이 많아 대동세를 "전세(田稅)와 함께 일시에 독촉하면서 명령은 느슨하게 하고서 기한은 다그쳐 각박하게 하니, 본래는 백성을 편하게 하기 위한 것이었는데 백성이 도리어 원망하고, 본래는 조세를 고르게 부과하기 위한 것이었는데 도리어 무겁게 되었습니다. 부자도 오히려 감당하지 못할 판이니 피폐한 백성은 결국에 유망(流亡)하고 말 것입니다."라고 비판했다. 대사헌 허적은 소신이 없이 책임지지 않으려 기회주의적으로 행동하고, 우의정 이시백은 충청도민이 올린 글을 조정에 진달하지 않았으며, 영의정은 대동법 추진에 맞지 않은 말을 했고 동료 정승이 담당한다며 수수방관한다고 비판했다. 이 상소는 4월 1일 효종에 전달된 것으로 보인다.

2일 김육은 차자를 올려 모두 자신의 잘못이라고 한 다음에 다음과 같이 해명했다. 집에 물러가 있는 영의정 정태화와 의논하니 "이 일이 편리한가의 여부는 실로 분명하게 알지 못하겠다. 그러나 잘 시행한다면 백성이 이에 힘입을 것이다. 더구나 지금은 이미 결정하였는데 어찌 별다른 의견을 내겠는가."라고 말했으며, 그 후에도 "일은 사람마다 각각 주장해서는 안 된다. 마땅히 공(公)에게 맡기고서 공을 따를 뿐이다."라고 했으며, "동전 사용에서도 그의 뜻이 그러하였습니다."라고 아뢰었다. 이어서 "허적은 직무에 밝고 대처에 민첩하여, 이시방과 더불어 종시토록 헤아려서 사목을 정하였습니다. 이시방이 떠나간 뒤에는 형세가 아주 외로워져 신을 볼 적마다 "이것은 이미 결정된 일인데도 지방의 의논이 아직도 시끄러우니 몹시 염려가 된다."라고 말하였습니다. 이에 신이 "지방의 의논은 처음부터 그러하였다. 시행하여 성과가 있으면 안정될 것이다."라고 말하였습니다. …… 김홍욱은 전부터 같이 일을 하였는데, 집이 충청도에 있어서 신은 반드시 물정을 잘 알 것으로 여겼고, 법제도 상세히 알았습니다. 이에 탑전에서 하문(下問)을 받고 감사로 추천하여 의망하기까지 하였습니다. 그런데 어찌 하는 일마다 잘못하여 전도되게 하기를 이와 같이 해서 한 도를 소요시킬 줄을 생각이나 하였겠습니까. 이 역시 신이 사람을 제대로 알아보지 못하고 잘못 천거한 죄입니다."라고 아뢰었다. 김홍욱은 1652년 9월 24일 승지로 관직을 옮겼다. 10일 허적은 소를 올려 대동법이 정해질 때 "이 법의 설치는 비록 인민을 편하게 하는 취지라도 시행하는 데에 장애되고 불편한 점이 많을 것이라고 아뢰었고," 대동법이 시행된 후에는 "진상물의 종류를 자세히 결정하여 그 절목을 강구한 데에는 대신에게 상의하지 않은 것이 없습니다. 삭선(朔膳)과 방물만은 서울에서 봉진해야 한다는 일에 대해서 재차 탑전에서 아뢰었는데 대신과 동료의 의견이 신의 견해와 다른 면이 없지 않아서 신은 저의 견해를 접어 두고 그들을 따랐는데 그것은 역시 자신할 수 없었기 때문입니다."라며 이만웅의 소가 사실과 다름을 지적했다. 효종은 이만웅에게 답하지 않고 김육과 허적에게 신임을 표명했다.[124] 여기에서 좌의정 김육이 대동법을 주관하고 이시방과 허적이 실무를 맡으며, 영의정 정태화가 전적으로 동의하지는 않아도 김육을 믿고 그에게 맡기는 대동법 추진 체제가 드러난다. 호조 판서 이시방은 1월 대간의 탄핵을 받아 자리에서 물러나, 대동법 추진에 지장을 받았으나, 5월 복귀했다.

5월 안방준은 "요역을 가볍게 하려다 요역이 더욱 무거워지고,

국가를 풍족하게 하려다 국가가 더욱 가난해져 한갓 인심을 잃고 국가를 망하게 하는 근본이 되고 말았습니다."라며 대동법을 기획, 추진한 김육, 그리고 그것을 막지 못한 신하들을 비방했다. 모두 자신을 찾아와 대동법을 막아 달라고 호소한다고 했다. "근래 국가 기강이 더욱 문란해지고 보니 대체로 호령 한마디만 하면 비록 무식한 천예(賤隷)라도 반드시 서로 '조선의 공사(公事)는 3일이면 중지된다.'라고 말하니, 어리석은 신은 이 법도 오래지 않아 역시 정파해야 할 것이라고 봅니다. 어리석은 백성에게 비웃음을 사느니보다는 차라리 그 일을 하지 않는 것이 나을 듯싶습니다."라고 주장했다. 그는 김육이 추진하는 둔전의 폐단을 논하면서 "오늘날의 김육은 곧 옛날의 유성룡이다."라고 규정했다. 안방준은 김육이 존경한 조헌의 문인(門人)으로 절의를 숭상하고 언론을 좋아했다. 서인이라는 당 의식이 강한 안방준은 1610년 성균관 유생으로서 도학의 관점에서 성혼의 신원을 주장하여 자신을 흡족하게 하던 후배 문인 김육이 이후 유성룡처럼 변했다고 보아 실망한 것이다. 김육이 사직소를 올렸으나, 효종은 허락하지 않았다.[125]

10월 24일 이상진은 상소에서 김육이 "선류(善類) 사이에 혹 서로 화합하지 못하고 …… 포용하는 도량도 없습니다. …… 대동법의 설립이 본디 국가를 이롭게 하고 인민을 편하게 하는 것이라면 행하는 자도 공심(公心)이고 혹 불편할까 염려하여 망설이는 자도 공심입니다. 견해가 다르더라도 그 공심은 마찬가지인데, 국가 일이 한 집의 일이 아니라면 어찌 그 사이에서 사사로운 기쁨과 분노가 있겠습니까. 신은 좌의정을 위해 안타깝게 여깁니다. 영의정 정태화와 우의정 이시백은 그 사이에서 수수방관하고 조정하여 서로 도울 생각을 하지 않습니다."라고 아뢰었다. 김집이 대동법에 반대한다고 김육이 그를 공격했다는 산당의 주장을 반복한 것이다. 이상진은 1650년 정언이 된 후 신면의 공격에도 앞장섰다. 이만웅과 안방준의 상소에 답하지 않던 효종은 이상진의 상소에 대해 유념하겠다는 답을 내렸다. 산당의 조정 진출을 바랐기 때문일 것이다. 김육은 26일 첫째 사직 차자를 올렸다. 27일 효종과 비변사 신하들이 모인 자리에서 선임 대신인 이경석, 이경여, 그리고 정태화가 모두 용납하자고 권했는데, 김육은 한사코 물러가겠다고 했다. 11월 2일 올린 두 번째 사직 차자에서는 "평생 배운 바는 임금을 사랑하고 인민을 걱정하는〔愛君憂民〕일뿐인데, 일은 시의(時宜)에 어그러지고 말은 남이 꺼리는 것을 건드려, 인민에게 고루 혜택을 입히려는 뜻을 부강(富强)의 도모로 보고, 붕당을 거부하는 마음을 겉치레라고들 말합니다. 뭇사람의 노여움과 시새움이 한꺼번에 일어나니, 놀라운 기틀이 이미 시작되어 낭패가 반드시 이를 것입니다."라고 적었다. 효종은 이상진의 그릇되고 경망함을 안다며 김육이 나와 정사를 보라고 말했다.

원두표를 공격한 윤선도를 엄하게 처벌하자는 여론이 비등한 가운데, 11월 12일 효종은 "이제 윤선도를 죄준다면 이상진도 어찌 홀로 면할 수 있겠는가."라고 말하자, 대사헌 홍무적(洪茂績)은 "이상진의 말은 공심에서 나왔으니, 어찌 윤선도와 견주어 같게 여길 수 있겠습니까."라고 반발했다. 효종은 "어찌 그렇겠는가."라고 말했다. 영의정 정태화가 윤선도를 처벌하자고 말하자, 김육만이 반대하면서 "이상진이 임금의 요청에 응한다는 명분으로 오로지 신을 공박하였으니,

무슨 공심이 있겠습니까."라고 아뢰었다. 효종은 대다수의 중책론과 김육의 반대를 절충하여 윤선도를 파직하고 서울 밖에 내보냈다. 효종은 김육과 홍무적이 물러간 후 대사헌이 잘못이고 경솔하다고 말하고, 이상진을 파직했다. 14일 김육이 차자를 올려 "이상진을 파직하라는 명을 거두어 신의 마음을 편안하게 하소서."라고 아뢰니, 효종은 이상진의 "의도가 해괴하므로 가벼운 벌을 조금 준 것이다. 경의 사연이 이러하니 윤허하여 경의 아름다운 뜻을 이루게 하지 않을 수 있겠는가."라고 답했다.[126] 효종은 판단력과 정치력이 있었다.

효종이 김육을 비판 여론으로부터 보호하지 않았다면, 충청도 대동법은 좌초했을 것이다. 충청도 대동법이 성공으로 기울자, 그 비판은 사라졌다.

1653년 2월 호조 판서 이시방은 "병자호란 뒤로 공물을 재감(裁減)한 탓으로 매양 부족할까 걱정입니다. 봉상시(奉常寺)는 제향(祭享)을 관장하는 중요한 곳이니 더욱 미안합니다. 경기도, 충청도, 강원도는 모두 대동법을 시행하여 민결(民結)에서 징수함이 부당하니, 단지 대동미를 지급함이 편하겠습니다."라고 건의했다. 효종은 대신에게 의논하게 했다. 이경석, 영의정 정태화, 그리고 좌의정 김육은 "재감한 뒤에 부족한 걱정은 봉상시뿐만 아니니, 이것 때문에 결코 지방에서 더 징수해서는 안 된다. 호조가 꼭 써야 할 가장 긴급한 물건 가운데 부족분을 대동 여미(餘米)로 사서 쓰되, 값을 넉넉하게 논하는 정식으로 주인 무리가 원망하지 않게 해야 한다."라고 건의하여 효종이 따랐다.[127] 대신들은 각사의 부족한 경비를 대동미로 지급하는 길을 열면 결국 추가 징수가 불가피하여 대동법의 신뢰를 상실할 수 있다고 보아, 국가가 절약하여 대동법을 지키자고 판단했던 것이다.

1653년 3월 1일 김육은 또 사직을 요청했는데, "처음 대동법을 시행할 적에 불편하게 여기는 논자들이 많았고, 또 농래에서 구리를 사다가 동전을 주조하여 사용하려고 하자 백성이 모두 싫어하면서 재화가 유통되지 않을 것이라고 말하는 사람이 많았기 때문"이다. 효종은 "김육이 정승이 된 3년 동안 늘 의지하고 신임하여 왔다."라며 허락하지 않았다. 4일 홍문관은 "국가의 형세가 날로 위태로워지고 하늘의 노여움이 날로 심해져, 가뭄이 들지 않는 해가 없고 재변이 없는 달이 없습니다. 1월 25일 지진이 발생한 변이와 2월 7일 음산한 무지개가 해를 가로지른 변괴가 발생했는데, 이는 실로 이전에도 드문 일입니다."라며 국정의 문제점을 거론한 가운데 동전 통용책의 부작용을 우려한 반면, 충청도 대동법이 '선정(善政) 가운데 가장 큰 것'이라 평가했다.[128] 충청도 대동법에 대한 조정 관료의 여론이 1653년에 호전되기 시작한 것이다.

1653년 5월 선혜청은 "충청도의 크고 작은 민역은 모두 대동미 10두에 들어 있으므로 추호도 민결에 더 부과할 수가 없습니다. 이것이 법을 제정한 본래 뜻인데, 홍주(洪州)에서는 금년의 춘등미(春等米)를 법대로 징수한 뒤에 또 1두 3승을 추가했습니다. 전임관이 대여한 창곡(倉穀)을 충당했다고는 하지만, 본청에 알리지도 않은 채 멋대로 독촉하여 징수함으로써 이런 춘궁기를 당하여 또 백성의 원망을 불러들였으니, 목사 유경집(柳景緝)은 먼저 파직시키고 난 후에 추고하소서. 그리고 정신옹주(貞愼翁主)를 예장(禮葬)할 때의 역군(役軍)의 역가(役價)는 마땅히 대동의 여미로 지급해야 하는데, 감사가 또한 품의

(稟議)하지도 않은 채 곧장 민호에 따라 분정(分定)함으로써 백성으로 하여금 법을 불신하게 만들었으니, 감사 조형(趙珩)을 추고하소서." 라고 건의했다. 효종은 목사가 수령의 통상적인 작태를 행하고 감사가 법외 징세를 했다며 심문하려 하자, 대신들이 힘껏 말렸다. 그래서 효종은 모두 귀양을 보내라고 명했다. 이에 김육은 영의정과 공동 명의 차자로 "신들은 모두 선혜청에 있으면서 앞에서는 사목에서 빠뜨렸고 뒤에서는 분부하는 것을 잘못하여 이 사람으로 하여금 중한 죄에 빠져들게 하였으니, 이는 실로 신들의 죄입니다. 법 적용이 죄에 합당하면 백성이 두려워하면서 승복합니다. 그러나 만약에 지나칠 경우에는 어찌 원통함을 품지 않겠습니까."라며 죄를 감해 줄 것을 청했다. 그런데 효종은 "감사는 중대한 임무로 그 책임도 가볍지 않다. 지금 조형은 전혀 살펴보지 않아서 국가를 저버리고 백성에게 해를 끼친 것이 많다."라며 입장을 바꾸지 않고 1년간 유배를 보냈다.[129] 조정은 대동법에 규정된 외의 수취에 대해 엄벌한다는 조세 법정주의 취지를 철저히 집행할 자세를 견지했던 것이다. 18~19세기에 이런 기강이 갈수록 해이해진다. 인조 대의 삼도 대동법은 추가 징수가 빈발하여 좌초했는데, 효종 대의 충청도 대동법에서 이런 사례가 드문 것은 제도가 잘 기획되었음을 보여 준다.

1654년 4월 크게 가물어 온 나라가 걱정하고 뒤숭숭했다. 『잠곡필담』에 따르면, 김육이 효종과 함께 기우제를 지내기로 하고 비변사에 묵고 있던 밤 꿈에, 이원익이 나타나 가뭄 걱정을 했다. 김육이 "충청도 대동법이 어떻게 되겠습니까?"라고 물으니, 이원익은 빙그레 웃으며 대답이 없었다. 흉년이면 쌀로 납부하는 대동법에 대한 저항이 커질 우려가 있다. 당시도 김육은 충청도 대동법이 성공할지에 확신을 가지지는 못하고 있었던 것이다. 김육은 몹시 감동하여 「꿈에서 완평공 이원익을 보다(夢見完平)」라는 시를 지었다.

임금 사랑과 국가 걱정에 생사를 같이하였지.
요행히 오늘 밤 꿈에 이원익 공을 뵈었네.
당시 왕안석 같다는 무한한 비방을,
지금까지 아이들이 전해 외우누나.

1654년 5월 김육은 "충청우도에서 시행한 대동법에 대해서 인민이 매우 편하게 여기고 있습니다.(民甚便之) 다만, 산골 고을에서 무명으로 납부하는 것에 대해서 혹 고통스럽게 여기는 자도 있습니다."라며 동전을 대신 납부하는 방안을 제시했다.[130] 이 무렵에야 김육은 충청도 대동법의 성공을 자신했던 것으로 보인다.

김육은 1654년 3월 『호서대동절목』을 편찬했다. 이 책은 김육의 서문과 82조의 사목으로 되어 있다. 그 내용을 보자. 경기도, 강원도, 충청도 3도의 대동청을 합한 선혜청을 설립했다. 1결당 쌀 10두를 거두되 운송 사정을 고려하여 산골 고을은 무명으로 납부하게 했다. 절목에 규정된 정식 외에 추가로 징세하지 않음을 '법을 제정한 본래 뜻(立法本意)'으로 삼아 '대동의 이상을 구현하여 인민을 편하게 하는(大同便民) 실효'를 거두겠다고 천명했다. 세수로 중앙 상납은 왕실과 중앙 관부의 경비, 지방에 남겨 둔 부분은 지방 관청의 경비에 사용하게 했다. 1652년에는 과세지 13만 1419결에서 복호면세

6673결을 빼고 모두 8만 3164석을 거두어, 58.5%를 중앙에 상납하고 38.6%를 지방에 남겨 두고 4.7%를 선박과 말을 이용한 수송비로 삼았으며, 형편에 따라 비율을 적절히 조절하게 했다. 세입과 균형을 맞추어 중앙·지방 관부의 다양한 지출을 망라하여 세밀하게 기획했고, 군현의 농지량에 따라 부담의 형평을 도모했다. 공물을 방납하면서 중앙 관청에 각종 부담을 지는 사주인을 공인으로 삼아 쌀과 무명을 섞어 지급하여 풍흉에 따른 상대 가격의 변동에 대비하면서 시장 가격보다 훨씬 넉넉히 지급하여 국가 수용 물자를 조달하게 했다. 불시의 수요나 흉년에 대비하기 위해 여미를 마련하고, 1년에 4회 보고하는 감독 체계를 마련했다. 관수미도 넉넉히 지급하고 이전에 정식이 없던 관청 잡물도 고려하여 지방관의 추가 수탈이 없도록 했다. 이 대동법으로 지방 재정의 제도화가 크게 진전된 것이다. 대동법에 포함되지 않은 잡세가 있으나, 일의 편의나 민원에 따른 것이고 그 부담이 무겁지는 않았다. 이 절목을 처음 연구한 한영국은 닭, 꿩, 얼음 등등 수종을 여전히 지방관이 규정 외에 징수할 수 있게 하는 한계는 있으나, '기획적'이고 '매우 합리적인 제도'라고 평가했다. 충청도 대동법은 경기도, 강원도보다 부담이 훨씬 가벼우면서 진상과 요역, 그리고 지방재정의 포괄 범위를 넓혔다. 그래서 규정 외 추가 징수를 금지하는 실효를 비로소 거둘 수 있었다.

대동법의 제도적 완성은 다음처럼 오랜 과정이었다. 율곡이 1569년 황해도에서 시행되는 수미법의 제도화를 건의했고, 유성룡이 1594년 그것을 처음 시행했다. 그 제도의 문제점에 대한 한백겸의 지적을 수용하여 이원익은 1608년 경기도 대동법을 성취했다.

1623년 삼도 대동법이 진행되면서 제도가 개선되었다. 김육은 1638년 충청도 관찰사로 재직하면서 전임자 권반이 더욱 개선한 제도안을 보완하여 충청도 대동법을 건의했으나, 뜻을 이루지 못했다. 1649년 우의정 김육은 대동법을 건의하면서 절목의 책자를 만들어 올렸다. 그 후 여러 차례 수정, 보완하여 마침내 『호서대동절목』이 편찬된 것이다. 『호서대동절목』의 체제와 내용은 이후 다른 도에서 대동법을 시행할 때 참조되고 각 도에 맞는 책자로 간행되었다. 김육은 충청도 대동법을 추진하면서 많은 비방을 받았는데, 『호서대동절목』의 서문에서 "율곡 선생의 만언소(萬言疏)에서는 공안을 고치고 폐법(弊法)을 개혁하는 것에 대해 앞뒤에서 여러 차례 말하였다. 지금 경전을 빌려 시비를 논하는 자들은 과연 고금을 뛰어넘는 식견을 가지고 있는가."라며 율곡의 개혁론을 계승했음을 천명했다.

김육은 『호서대동절목』의 서문에서 다음과 같이 충청도 대동법이 관료의 협력과 효종의 지원의 산물이라 했다. 김육은 관료 간 협력 역량을 최대로 끌어올린 인물이었다.

호조 판서 이시방, 예조 판서 남선 및 예조 참판 허적이 시종일관한 마음으로 온갖 조세를 고르게 정하면서, 일에 따라 변통하고 문제점을 곧바로 해결하여, 봄가을로 거두는 공부(貢賦) 외에 다시는 제도 외 징수가 없어졌다. 이에 국가와 민간[公私]이 모두 편안해져 농사철을 놓치지 않고 농사짓게 되었다. 충청도민은 저절로 이득이 있고, 경상도민과 전라도민은 모두 늦게 시행하는 것을 원망하게 되었다. 그러자 당초에 이의를 제기하였던 사람들 가운데 자못 깨달아서 마음을 돌리는 이가 생겼다. …… 일을 시작하자는 처음의 말은 비록 내가 꺼냈지만, 제공들이 적절히 변통하지 않았다면 중간에 막혀서 시행되지 못하였을 것이다. 제공들이 비록 잘 변통하기는 하였으나, 실로 성상께서 홀로 결단을 내리고 뜻을 확고히 정해 마침내 이루어졌다.

1657년이 되면, 대동법의 성공을 누구도 부인할 수 없게 되었다. 그해 조복양은 효종에게 충청도 대동법이 "시행된 지 얼마 지나지 않아 인민이 편안해졌을 뿐 아니라 재정도 충실해졌습니다."라고 아뢰었다.[131] 대동법의 역사에서 김육의 공헌은 대동법 설계를 완성한 다음 그 전국적 시행에서의 최대 난관인 충청도 지역에 대동법을 성취한 일이었다.

1647년 병조 판서 이시방의 보고에 따르면, 전국의 공물 값이 9만여 석이고, 경기도, 충청도, 전라도, 경상도는 5만여 석에 지나지 않았다. 서울의 각사 공물 주인이 전부터 미리 그 값을 받아 겨울이 되기 전에 여러 물건을 사들여 비축했다가 바쳤는데, 그해 조정에서 지레 민결(民結)에서 거두는 것을 허락하지 않기 때문에 이번 칙행(勅行)을 당해 지탱할 수 없어졌다.[132] 이시방이 대동법을 지지하게 된 중요한 동기는 어려운 공물 재정의 타개였다. 『호서대동절목』에 일곱째 조목에 따르면, 1652년 실결 12만 4746결로부터 쌀 8만 3164석을 거두어 서울로 4만 8280석을 상납했다. 1652년 충청도 대동미의 서울 상납이 1647년 경기도, 충청도, 전라도, 경상도 공물값과 비슷해졌으니, 대동법이 요역과 잡세도 포괄하는 점을 감안하더라도 재정을 크게 넉넉히 했다. 1663년 경기도 양전 후에 실결 총계가 5만 6645결이고, 1결마다 12두의 쌀을 징수하면 4만 5316석이 되며, 그 중 서울도 3만 식을 상납하게 되었다.[133] 선라노 내통법의 상납비는 약 6만 9500석으로, 경기도, 충청도, 전라도 대동미의 상납은 약 15만 석에 달하여, 1647년 전국 공물값의 1.6배였다. 1800년 전후 선혜청, 호조의 원공가(元貢價)는 모두 약 26만 석이었다.[134] 대동법이 세입을 크게 늘렸으니, 안민뿐 아니라 부국에도 이바지했다.

10 경기도 대동법의 개정 논의와 양전, 그리고『전제상정소준수조획』

기본적으로 호를 대상으로 부과되던 공납제를 농지세로 전환한 대동법이 효과를 충분히 거두기 위해서는 농지 측량의 양전이 이루어져야 했다. 농지가 정확히 측량되어야 농지세가 공평해지고 늘어난다. 임진왜란으로 황폐화된 농지가 많았다. 1600년부터 추진된 양전 사업은 중앙에서 양전사를 파견하지 않고 경작지와 묵은 땅을 각 읍이 조사하여 감사를 통해 중앙에 보고하고 재상경차관(災傷敬差官)이 호조에서 추첨한 각 도 1개 읍을 조사하는 임시방편적 방식이었다. 그래서〔표 1〕에 따르면, 농지세를 거둘 수 있는 실결(實結)이 30만 결에 불과했다. 1611년 양전 사업으로 실결이 54만 결로 증가했으나, 전란 전의 절반 정도였다. 인조 원년인 1623년부터 대동법과 더불어 양전의 논의가 대두했다. 삼도대동법에 대한 비판적 견해가 확산되는 가운데 1624년 이조 참판 최명길은 농지를 철저히 파악하는 양전 사업 이후에야 대동법으로 재정을 넉넉히 할 수 있다고 주장했다. 이어서 호조 판서 심열(沈悅)은 "국용(國用)의 부족이 지금보다 심한 때가 없으니" "풍년이 되면 양전을 해야 합니다."라고 주장했다. 얼마 후 심열은 "부국의 방도는 먼저 농지 경계(田界)를 바르는 하는 것이 제일입니다."라고 주장하니 인조는 "전야가 다 개간된 뒤에 양전하는 것이 옳겠다."라고 말했다.[135] 이러한 논의 끝에 1634년에 임란 이전의 수준을 회복하는 것을 목표로 삼남에 양전을 했다. 이때 조사된 삼남의 농지는 모두 89만 5489결인데 경작지는 54만 860결이고 나머지 35만 4629결은 경작되지 않는 진전(陳田)이었다. 국가가 파악한 농지의 급증은 김육의 충청도, 전라도 대동법 추진을 지원했다.

세종은 1444년 공법(貢法)을 시행하면서 전제상정소(田制詳定所)를 설치했다. 토지 비옥도를 감안하여 전조를 징수하게 위해 농지를 6등급으로 나누어 1결의 면적을 조정했다. 이때 농지 등급에 따라 측량하는 자의 길이를 달리했다. 이것이 수등이척법(隨等異尺法)이다.[136] 그런데 1634년 양전 사업에서는 농지 6등급에 모두 같은 자를 사용했다. 동일한 면적으로 1등전이 100부(負), 곧 1결이라면 2등전은 85부, 3등전은 70부, 4등전은 55부, 5등전은 40부, 6등전은 25부로 정했다. 이 동척제(同尺制)는 그 후 양전에서 계승되었다. 정약용은 이러한 제도 변화를 『경세유표(經世遺表)』에서 높게 평가했다.

선조 때 영의정 이항복은 중종 대에 세 창고의 비축곡이 230만 석이었는데 임란왜란이 일어날 무렵 50여 만 석으로 줄었으며, 조선 초 세입이 40여 만 석이었는데 전란으로 결수가 줄고 모두 연분이 하하등이 되어 지금은 20만 석에 불과하니, 양전이 비록 폐단이 있더라도 하지 않을 수 없다고 말했다. 김육이 『잠곡필담』에서 이 말을 수록한 것은 동감했기 때문이다.

「가장」에 따르면, 김육은 1624년 음성 현감 시절에 "왕도 정치는 반드시 경계(經界)를 바르게 하는 데로부터 시작된다. 호적과 양안(籍案)을 교활한 아전의 손에 맡기면 어떻게 그 실상을 얻을 수 있겠는가."라고 하면서 직접 논밭의 경계를 세밀히 조사했다. 양안(量案)은 농지의 위치, 결부수 및 경작자와 소유자를 기재한 토지 대장이다. 맹자는 "인정(仁政)은 반드시 경계를 바르게 하는 데로부터 시작된다."라고 하면서 정전법으로 인민에게 항산을 제공하자고 주장했다.(『滕文公上』 3장) 정전법을 시행할 수 없다고 생각하는 조선의 위정자들도 맹자의 이 구절을 자주 거론하면서 경계를 명확히 하고 농지를 정확히 측량하는 양전 사업으로 공평한 농지세를 부과하는 것을 정책 이념으로 삼았다. 그런데 농지의 면적뿐 아니라 비옥도 등도 고려하여 결부(結負)를 파악하는 방법이 어려운 데다가 농지와 호구를 조사하는 아전이 농간을 부려, 조선 국가는 농지를 정확히 파악하지 못했다. 호적에 오르는 인구수는 전체의 절반에 미달했다. 특히 임진왜란 직후 농지가 황폐화되고 인민의 유망이 심해, 농지와 호구가 제대로 파악되지 않았다. 그래서 세입은 줄어들고, 국가는 조세 징수를 더욱 독려하여 인민이 유망하는 악순환이 이루어지고 있었다. 그 반면 힘있는 토호는 탈세를 했다. 그런 가운데 아전이 농간을 부렸다. 그런 상황에서 김육이 농지와 호구의 파악을 아전의 손에 맡기지 않고 직접 세심하게 조사한 사실은 평가할 만하다. 김육은 농지와 호구의 정확한 파악을 통해 토호의 탈세와 아전의 농간을 막고 농지세를 공평하게 부과하고자 했던 것이다. 김육은 이런 자세로 효종 대에 양전 제도를 정비했다.

임진왜란 직후인 1602년에 훈련도감에서 포수(砲手), 살수(殺手), 사수(射手)를 훈련하기 위하여 평안도와 함경도를 제외한 6도에서 1결당 삼수미(三手米) 2두 2승을 거두었는데, 1634년 양전 사업으로 실결수가 대폭 증가한 후에는 삼수미를 1두 2승으로 줄였다.

1608년 처음 성립한 경기도 대동법에서는 1결당 쌀 16두를 거두어 2두만 지방 경비에 사용하게 했다. 경기도는 충청도보다 대동미를 훨씬 많이 거두면서 지방의 몫이 적어 대동미 이외에도 지방의 각종 경비를 추가로 징수하지 않을 수 없었다. 경기도민의 1결당 부담이 충청도민보다 훨씬 무거웠던 주된 원인은 농지 측량이 부실하여 국가가 파악하는 결수가 과소평가되었기 때문이다.

1653년 8월 김육은 "경기는 근본이 되는 도인데 결부(結負)의 수가 태반이 줄었으므로 양전을 서둘러 거행하지 않을 수 없습니다."라며 경기도 양전을 건의했다. 그 시행 방안으로 "양전이라는 명목으로 따로 균전사(均田使)를 내어 다시 측량하는 일을 한다면, 지금은 그 시기가 아니므로 백성이 반드시 동요할 것입니다. 신의 생각으로는 올해의 농지세는 한결같이 지난 전례에 따르고, 각 고을의 관원이 거느리는 자를 줄이고 회계하는 서리만 데리고 전지(田地)를 출입하며 자호(字號)를 살펴 전결을 만들어 이해 안으로 끝내게 하면, 백성이 음식을 내는 비용이 없이 일이 끝날 것입니다. 이미 측량한 뒤에는 본도(本道)의 도사(都事)에게 살피게 해 그 잘하고 못한 것을 심사해서 상주고 벌주며, 쓸 만한 것은 쓰고 고칠 만한 것은 고쳐서 내년 춘등(春等)부터 신결(新結)을 쓰도록 해야 할 것입니다."라고 제시했다. 양전으로 "결수(結數)가 많아지면 대동미 16두를 거두던 것을 10두로 줄일 수 있을 것"이라고 효과를 제시했다. 비변사가 이 건의의 시행을 청하니, 효종이 따랐다.[137]

그런데 경기도에 심한 흉년이 들어, 조정은 경기도 양전을 연기하기로 결정했다. 그러자 9월 김육은 경기도의 농지가 2만 6000결인데 양전을 하면 2~3배 늘어나 대동미를 1결당 16두에서 10두로 줄이고 전세조(田稅條)로 내는 공물과 칙사의 행차를 맞이하고 전송하는데 들어가는 비용도 대동미에 포함할 수 있어서, 흉년을 구제하는 차원에서라도 양전을 시행해야 한다고 주장했다. 그리고 "가을에 거두는 대동미 8두 가운데에서 5두는 쌀로 거두고 3두는 동전으로 거두되, 봄에도 이와 같이 한다면 흉년에 쌀이 비쌀 때 백성이 반드시 편하게 여길 것입니다. 동전도 이로 인하여 전국에 크게 통행할 것이며, 부족한 쌀에 대해서도 역시 조처할 만한 방도가 반드시 있을 것입니다."라며 인민에 혜택을 주는 동전 통용책을 겸하여 제안했다.[138] 김육은 늘 정책의 효율을 도모하고 효과를 극대화하는 구체적 방안을 제시했다. 동전이 통용된 이후 흉년에는 인민에 혜택을 주는 차원에서 대전납(代錢納)이 확대되었다.

경기도 양전을 추진하기 위해 호조는 1653년 9월 양전 사업에서 준수할 사항을 적은 『전제상정소준수조획(田制詳定所遵守條劃)』을 발간했다. 규장각에 소장된 이 책자에서 농지 측량에 사용되는 주척(周尺)은 20.6cm였다. 정약용은 『경세유표』에서 이 책이 김육의 주도로 경기도 양전을 위해 만들었다고 했다. 김육은 1654년 『호서대동절목』도 편찬했는데, 사업을 하면서 제도를 정비하고 그것을 담은 책자를 편찬하는 전통을 남겼다.

경기도 양전을 위한 김육의 노력에도 불구하고 연이은 흉년, 농지 측량 역량을 갖춘 아전의 부족, 노비 추쇄 사업, 청나라 사신의 방문 횟수의 감소에 따른 경기도민 부담의 경감 등으로 효종 대에 시행되지 못했다. 1662년 경기도 양전을 결정하여 다음 해에 마무리한 다음, 1664년 1월 선혜청은 양전의 실결 총계가 5만 6645결이고, 1결마다 12두의 쌀을 징수하면 4만 5316석이 되며, 그중 서울로 3만 석을 상납하면 경비를 모두 충당할 수 있다고 했다. "그 전에 쌀 16두의 징수에 비해 4두를 이미 줄였고 또 규정 외에 징수를 금지하면, 인민은 실질적인 혜택을 받을 것입니다."라고 아뢰었다.[139] 김육은 경기도 대동법의 개선에 이바지한 것이다. 이후 1720년까지 양전이 전국적으로 확대되면서 국가가 파악한 농지가 크게 늘었다. 그 결과 재정이 더욱 충실해졌다.

1663년 현종이 비변사 회의를 주재할 때, 부제학 유계는 경기도 대동세로 효종조에 10두를 거두겠다는 "성교(聖敎)를 가지고 말했더니, 경기도민이 듣고 고무되었습니다. 지금 들으니 12두로 정했다 하니, 이는 백성에게 크게 믿음을 잃습니다."라고 주장했다. 병조 판서 김좌명은 "12두 쌀을 거두면 민역이 편해질 수 있기 때문에, 신들이 12두로 정하자고 청하였습니다. 지금 유계가 믿음을 잃는 일이라고 말합니다만, 효종 때 양전을 청한 자도 신의 아비요 10두가 편하겠다고 한 자도 신의 아비였습니다."라고 아뢰었다.[140] 김좌명은 부친 김육의 뜻이 1결당 10두를 고집하는 것이 아니라 충청도 대동법 수준으로 공물과 진상, 그리고 지방경비를 포괄하여 대동세를 납부하면 다른 잡다한 조세를 납부할 필요가 없게 하는 것이라 보았다. 산낭유계의 주장대로 하면, 추가 징세를 피할 수 없으니, 경제 합리성이 부족하다. 12두 안이 채택되었다.

11 동전 주화의 통용을 위한 공헌

(1) 행전의 추진과 절반의 성공

동전을 통용시킨다는 뜻의 조선 시대 용어는 행전(行錢)이다. 동전 사용과 동전 주조의 조선 시대 용어는 용전(用錢)과 주전(鑄錢)이다. 5절에서 언급했듯이, 인조 대의 김육은 세 차례 행전을 건의했다. 효종 대의 김육이 대동법만큼 노력을 기울인 사업은 행전이다. 고려시대부터 조선 시대까지 동전 등의 화폐 유통을 바라지 않은 위정자는 없었다. 1515년 대사헌 권민수(權敏手), 사간 이행(李荇) 등이 "옛날 하나라 우(禹)임금이 도산(塗山)에서 주조하고 주나라가 구부(九府)를 설치한 이래 중국에 유통되어 지금까지 폐해가 없는 것이 동전입니다." 라며 행전을 건의하면서, 동전은 오래 사용할 수 있고 운반이 편리한 등의 이점을 가진 돈인 반면 당시 민간인이 거래 수단으로 사용하는 추포는 큰 폐단이라고 말했을 때, 이 견해에 반대하는 위정자는 없었다.[141] 추포는 거칠고 성글게 짜서 옷감으로 사용할 수 없었는데, 고려 때부터 화폐로서 기능하면서 철전과 동전의 통용을 방해하고 있었다. 김육도 1647년 행전을 건의하면서 "천하에서 모두 행하는 구부의 제도를 어찌 유독 우리나라에서만 시행하기가 어렵겠습니까." 라고 말했다. 그는 1655년의 「호조, 병조와 함께 행전 일을 논의하도록 청하는 차자(請令戶兵曹同議行錢事箚)」에서 "옛 성인이 만든 법제를 천하가 공통으로 행하는데 우리 동방에만 쓰이지 않고 있으므로, 그 법을 시행하여 국가를 부유하게 하고 인민을 편안하게 하기(裕國便民) 위해서"라고 행전의 취지를 밝혔다. 모든 위정자가 중국의 옛 성인이 만든 제도이고 여러 편리한 점을 가진 동전을 통용하고 싶었지만, 김육의 행전 건의가 쉽게 수용되지 못한 것은 장구한 세월의 행전이 모두 실패하여 재정 부담을 안기고 인민의 신뢰를 상실했기 때문이다.

『잠곡필담』에 따르면, 1651년 1월 김육이 영의정에 임명되어 평구에서 조정으로 복귀하던 무렵 서울 안팎의 백성이 모두 추포를 화폐로 삼고 금지해도 멈추지 않았다. 1월 10일 청나라의 압박으로 영의정을 사직한 이경여의 건의로 추포의 사용은 금지되었다. 2월 비변사는 호조가 쌀과 콩을 각각 1000석, 상평청(常平廳)이 쌀 1000석을 내어 추포를 사서 제대로 된 옷감을 만들자고 건의하여 왕의 허락을 받았다. 물품 화폐인 추포를 근절하는 합리적 방안이고 영의정 김육의 고안으로 보인다. 효종은 김육에게 대동법을 관장하는 선혜청과 행전을 관장하는 상평청을 주관하게 했다. 3월 10일 사헌부는 의주, 안주, 평양 등지에 각각 관향곡(管餉穀) 1000여 석을 내주어 그것으로 동전을 사서 통행하자고 건의하니, 효종은 따랐다. 13일 비변사는 황해도, 평안도에서의 행전을 이미 알렸는데, 동전량이 적어 호조 판서 원두표와 상의하여 은으로 동전을 중국에서 수입하는 편이 낫겠다고 건의했다. 호조의 은 비축이 많지 않은 것을 확인한 효종은 "안주와 정주 등지에서 지금 곡식을 방출하여 동전을 사고 있으니, 점차 통용해 보아 시행할 만하다는 것을 안 다음에 사오는 것도 늦지 않다."라고 지시했다.[142] 1650년 4월 효종이 김육의 건의에 따라 황해도, 평안도에서 동전을 통용하는 정책을 허락한 결정은 여전히 유효했던 것이다.

1651년 4월 상평청은 추포를 금지하여 동전을 사용하는 것이 서울 주민을 편하게 하는 조치이며 서울 시민도 행전을 원하는 자가 있으니 동래에 수입된 일본의 동철(銅鐵)을 가져와 주전하자고 건의했다. 효종은 동래 동철로 주전하는 일을 허락하면서도 사업을 점진적으로 추진하자며 서울 행전을 허락하지 않았다.[143] 6월에는 형조판서 이시방이 추포를 짜는 사람을 엄하게 처벌하자고 건의하여 허락을 받았다.[144] 7월 김육은 추포를 획일적으로 금지하면 인민의 생계에 타격을 준다며 상평청의 쌀 3000석으로 5만 필을 구매하면 남아 있는 추포가 얼마 되지 않을 것이며, 그 구입한 추포를 서울 주민에게 나누어 주어 직물로 짜게 하여 그 반을 거두어들이고, 추포 대신에 동전을 화폐로 통용하자고 건의했다.[145] 효종이 이 경제 합리적 건의를 수용하여, 서울 행전의 발판이 마련되었다. 7월 우의정 한흥일이 차자로 황해도와 평안도의 동전 유통을 위해 민간인의 사주(私鑄)를 허락하자고 건의했는데, 비변사와 좌의정 이시백이 동의하여 효종은 허락했다.[146]

10월에는 상평청이 이미 서울 행전을 정했다며 황해도, 평안도에서 쌀 1되의 값을 동전 3문(文)으로 잡았으니 서울에서도 동일하게 하자고 건의하면서, "반드시 관청에다 납부하는 길을 연 다음에야 백성이 모두 동전을 사들일 것입니다."라며 "죄를 범하거나 금법을 범한 자가 원하면 동전으로 납부하게 하고 …… 허통(許通)이나 면천(免賤), 노직(老職), 공명첩(空名帖) 등의 경우도 모두 동전으로 바치는 것을 허락하소서."라고 아뢰었다. 효종은 승인했다. "화폐가 중단 없이 유통되어 물가가 오르지 않아야 상평이라는 이름에 합당하다."라고 한 것으로 보아, 동전의 명칭은 상평통보(常平通寶)였다.[147] 숙종 대 이후도 사용되는 상평통보의 명칭은 물가 안정책인 상평법, 더 소급하면 평준법(平準法)에서 유래하여, 동전 주화의 발행으로 물가를 안정시켜 서민의 경제 생활을 보호하겠다는 정책 이념을 담았다.

「가장」에 따르면, 7월에 김육은 동래에서 동철을 무역하여 훈련도감에서 동전을 만들게 한 뒤에 상평창으로 옮겨 두고, 무게가 1냥인 십전통보(十錢通寶)를 만들어 소전(小錢) 10매(枚)의 가치로 통용하자고 건의하여, 효종이 승인했다. 1냥은 37.5g이다. 1678년 상평통보가 주조되었을 때, 하나의 무게는 2전, 즉 7.5g이었는데, 김육이 발행한 동전의 중량도 그 정도였을 것이다.

11월 김육은 황해도, 평안도에서 형벌의 보속으로 동전을 바치는 정책이 동전 유통에 이바지하니, 서울에도 시행하자고 건의하여, 허락을 받았다.[148] 12월 김육은 비변사를 움직여 무과 신출신(新出身)에게 동전 10관으로 변방 수역(戍役)을 면제받는 조치를 얻어냈다.[149] 김육은 동전을 국가 지불 수단으로 사용해야 널리 통용할 수 있다고 판단하여 정책 초기부터 역점을 두어 추진하고 점차 확대해 갔다. 이 무렵 훈련도감이 동전을 만들어 황해도와 평안도에 넉넉히 공급했는데,[150] 김육은 훈련도감 도제조를 겸임하고 있었다.

김육은 충청도 대동법의 시행을 관철한 1651년 7월 이후 대동미의 일부를 동전으로 대신 납부하는 전략으로 두 정책의 동반 성공을 도모했다. 상평청과 비변사는 잇달아 경기도의 가을 대동미 1두를 동전으로 대신 받아들이자고 건의했으나, 효종은 내년을 기다려 다시 의논하라고 명했다. 그래서 1652년 1월 김육은 선혜청의 계문을 만들어 "서울 시전 상인(市民)이 모두 동전을 쓰려고 앞다투어 상평청에서 내는 동전을 받아가 현재 통용하고 있습니다. 다만 반드시 관이 민간인의 동전을 받게 된 다음에야 바야흐로 서울과 지방에 유통시킬 수가 있어서, 막혀 통용되지 않는 걱정이 없게 할 수 있습니다. 그리고 땔감, 꿀, 채소, 과일 등 각종 잡물(雜物)을 가지고 서울 시장에 와서 파는 경기도민이 동전을 얻어서 대신 납부한다면, 쌀을 내는 어려움과 쌀을 운반하는 데에 따른 폐단도 없을 것입니다. 또한 본청은 받은 동전으로 다시 쌀을 사면, 관과 민간의 교역이 끊임없이 순환할 것입니다. 그러면 비록 시골의 어리석은 백성일지라도 동전을 쓰는 이로움을 알 수 있습니다. 동전을 통용하려면 이것이 좋은 계책입니다."라며 다시 건의했다. 효종이 영의정에게 물어보니, 정태화는 아직 동전이 부족하여 경기도민이 일시에 동전으로 납부하는 데에 폐단이 따르니, 1653년에 시행하자고 건의하여, 효종은 승인했다.[151]

이때 행전이 강력히 추진되어 서울 시전은 동전이 아니면 쌀을 살 수 없었다. 2월 12일 수리도감(修理都監)은 부역 승군(赴役僧軍)이 무명을 가져와 동전이 아니어서 쌀을 살 수 없는 문제점을 보고했다. 7일 경연에서 효종이 "근래 서울 동전 통용책의 이해관계가 어떠한가?"라

고 묻자, 허적은 막혀서 유통되지 않아 발생하는 폐단을 강력히 말했
으며, 윤순지(尹順之)는 매우 편리하다고 아뢰었다. 효종은 "지금 동전
을 주조하느라 들어간 비용이 이미 많다. 모름지기 민정(民情)을 살펴
과연 막혀서 유통되지 않는 일이 있거든, 강행하지 말고 다시 논의하
여 정하는 것이 좋다."라고 지시했다.[152]

　　앞서 언급한 사건인데, 1652년 1월 대사간 이시해가 호조 판서
이시방을 김자점 당파라며 귀양 보내기를 요청하자, 김육은 이시해
가 당파심으로 한 일이라며 처벌을 요구했다. 김육은 언관을 관장하
는 대사간을 탄핵한 일로 비판받자, 사직을 청했다. 효종은 2월 13일
김육을 조정에 머물게 하는 차원에서 "황해도, 평안도에서 이미 행전
에 따른 폐단이 없다 하니, 자연히 온 나라에 대대적으로 시행할 수
있을 것이다. 나도 원래 동전을 사용하고 싶었는데, 이미 시험해 보
도록 하였으니 지금 중도에 그만둘 수는 없다. 그러나 옛 성인들이
새로운 법을 행할 때에도 반드시 장구하게 기일을 잡았으니, 오랜 기
간 조용히 참고 기다리면 행해지지 않을 이치가 어디에 있겠는가."라
며 말하자, 김육은 기뻐하여 "신도 허적에게 의논하여 반드시 서서히
도모하려고 할 뿐입니다."라고 아뢰었다. 여기에서 김육이 행전을 건
의하자 효종이 바로 허락한 이유가 드러난다. 효종은 "정고(呈告)하고
사직하는 일도 우리나라의 고질적인 폐습인데, 요즘 들어 더욱 심해
졌다. 입시한 여러 경들은 각자 근무에 충실하고 실속 없는 겉치레만
본받지는 말라."라며, 빈번히 사직을 요청하는 김육을 본받지 말라고
주문했다.[153]

　　4월 정언 이만웅은 신하들이 행전이 어려운 줄 알고도 김육을

견제하지 못한다며 비판했다. 허적은 한홍일의 제안으로 행전이 논의되고 시행되던 때에 참여하지 못했고, "다만 주상을 모신 자리에서 먼저 서울에 시험해 보고 서서히 지방에 확대하자는 뜻을 대략 아뢰었고 또 동전의 주조가 무역보다 편하지 않다고 아뢰었습니다. 그 후 신이 좌의정 김육에게 동전 사용 방도는 미곡전(米穀廛)부터 시작해야 한다고 말하자, 좌의정이 상당히 어렵게 여겼지만 신이 강력히 요청하였습니다. 시전 상인의 원망이 실로 신 때문에 일어났습니다."라고 해명했다.[154]

1652년 여름부터 백관의 녹봉도 매등(每等)에 동전 50냥을 첨가하여 지급했다.[155] 1652년 11월 효종은 가을에 내는 "경기의 대동미 중 1두를 동전으로 대납하게 했으나 서울의 공물 주인이 원망할 것이다."라고 말하자, 좌의정 김육은 "경기는 흉년이 그렇게 심하지 않고 명령이 내린 지 이미 오래되었으니, 다시 고치지 말아야 합니다."라고 아뢴 반면, 호조 참판 허적은 "동전이 이미 장만된 고을은 그대로 바치도록 허락하고 그렇지 못한 고을은 멈추어야 합니다."라고 아뢰었다. 효종은 김육에게 "행전을 독촉해서는 안 된다."라고 명했다.[156] 1653년 1월 경기 선혜청은 봄에 내는 대동미를 동전으로 내라고 명했는데, 김육의 건의로 동전이나 쌀을 형편에 맞게 납부하게 했다. 김육은 경상도, 전라도의 구리로 국(局)을 설치하고 각 영(營)에서 동전을 만들자고 건의했는데, 영의정 정태화는 민폐를 걱정하면서도 동의했다.[157]

1653년 1월 지진, 2월 무지개가 해를 관통한 재변이 일어나, 3월 4일 홍문관은 기상 재변에 따른 국정 문제점을 건의하는 가운데 '동전 통행은 재화를 넉넉하게 하는 방도'인데 동전을 넉넉히 공급한 후에 통용할 수 있다며 "혹 급박하게 독촉하여 신뢰를 갖기도 전에 강요한다면 아마도 재화가 넉넉해지기도 전에 인민이 먼저 힘들어집니다."라며 우려했다. 추포 금지령을 경솔히 내려 어리석은 백성이 법을 어기는 풍습을 조장했다고 아뢰었는데, 행전에 관련된 문제였다. 그 직후 승지 이행진(李行進) 등은 행전으로 미전(米廛)이 거래를 중단하는 철시(撤市) 조치를 했다며 평시서 봉사〔平市奉事〕 김세필(金世泌)의 파직을 건의했다. 효종이 조사를 명했는데, 국기일(國忌日)로 인하여 관례에 따라 시장 거래를 중단한 조치였다. 당시 동래에서 구리를 사다가 동전을 주조하여 사용하려고 하자, 인민이 싫어했다. 그래서 동전이 유통되지 않을 것이라고 말하는 사람이 많았다. 힘들게 결정된 충청도 대동법은 갈수록 평판이 좋아져 잘 정착하고 있는 반면, 쉽게 결정된 행전은 갈수록 심한 반발에 부딪치고 있었던 것이다. 행전에 대한 여론이 나빠지는 상황에서 김육은 3월 1일부터 차자 등으로 다섯 번 사직 의사를 밝혔다. 효종은 승지를 보내기도 하여 간곡히 만류하여, 4월 태묘의 제사에 김육은 관직에 나아갔다.[158] 김육의 빈번한 사직 청원은 효종의 신임을 확인하는 과정이기도 했다.

1654년 3월 경연에서 교리 김수항(金壽恒)은 황해도, 평안도에서 목격한 일로 상평청에서 동전 50개를 차고 다니지 않는 사람에게 죄를 주는 법을 새로 시행하니, 행전 별장(行錢別將)의 강압적 행전으로 폐단이 많다고 지적했다. 김수항은 "동전은 비록 좋은 제도이지만 인민이 원하지 않는데 어찌합니까."라고 아뢰었다. 김상헌의 손자인 김수항은 송시열을 계승하여 노론의 영수가 되었고, 그의 후손은 노론의 핵심을 이루고 안동 김씨 세도 가문이 되었다. 효종은 행전청에서 의논하도록 명했다. 좌의정 김육은 김수항이 반대 의견만 들었다고 보고했다. 김육은 그 대책으로 도사(都事)가 수관하여 유통하게 하고 평안도도 황해도처럼 전세미(田稅米) 1두를 동전으로 대신 납부하게 했다.[159]

1653년경 김육은 이서 정문호(鄭文豪)와 역관 이승훈(李承訓)을 동전 통용의 실무자로 삼고, 이시방과 상의하여 행전 별장으로 임명하여 황해도, 평안도에 파견했다. 김육은 역관 이승훈을 오랫동안 알았고, 정문호를 본 적이 없으나 계책이 있어서 쓸 만하다는 말을 들었던 것이다. 김육이 양반 관료가 아닌 중인층을 실무자로 삼은 까닭은 행전과 같은 "경영은 사대부와 더불어 논하기가 어렵습니다. 분주히 일하면서 그 재화를 늘리고자 하면 모름지기 저잣거리의 사람을 써야만 합니다."라고 판단했기 때문이다. 김육은 문신 관료의 경제 정책 역량의 한계를 인식한 인물이었다. 정문호는 동전 7만 냥과 은화 2000냥을 받아 1년 동안 본전 외에 이자 쌀 8000석을 얻었다. 이승훈도 은 2000냥을 받아 본전 외에 이자 1000냥을 얻었다. 김수항이 말한 행전 별장은 이들일 것이다.[160]

1654년 5월 김육은 충청우도에서는 대동법에 대해서 "인민이 매우 편하게 여기고 있다."라고 하고, 산골 고을에서는 무명으로 납부하는 것에 대해서 혹 고통스럽다는 자도 있는데, 그 전부나 절반 또는 3분의 1을 동전으로 납부하자고 건의했다. 그러기 위해 충청도 각지에서 동전을 주조하게 하자고 주장했다. "서울의 행전은 근래 이루어질 가망이 있습니다. 그러니 각사에서 공물의 값을 받아들이면서도 마땅히 10분의 1이나 2를 동전으로 받아들이다가 점차 확대해서 반 정도를 받아들여야 합니다."라고 건의했다. 그리고 자신의 권유로 경상 감사가 동전을 주조하고 있다며 강원도에서도 주조하자고 건의했다. 이 건의를 선혜청에 내려보냈는데, 회신은 발견되지 않는다.[161] 이 무렵부터 김육의 행전을 위한 건의가 잘 채택되지 않았다.

『효종실록』에 따르면, 1655년이 되어서도 "동전이 적어 쓰기에 부족하여 황해도, 평안도의 의주로 가는 큰 길의 읍들에만 겨우 사용되었으나 널리 사용되지 않았다. 효종은 듣고 우선 서서히 추진할 것을 명하였다."『효종실록』의 편찬자는 행전에 부정적 시각으로 일관하여 액면 그대로 믿을 수는 없으나, 동전량의 부족으로 행전이 애로에 직면한 사실은 분명하다. 7월 영돈녕 부사 김육은 병조 판서 원두표 및 호조 판서 허적과 행전법을 의논하겠다고 청하니, 효종이 허락했다. 12월 13일 김육은 행전법을 다음과 같이 개정하고 보고하여 채택되었는데, 동전의 국가 지불 수단화, 그리고 동전 가치를 은과 쌀에 연계한 것이 중심을 이루었다.[162]

경기도의 1결마다 거두는 쌀 8두에서 1두는 동전으로 대신하되 미곡이 비싸면 2두를 동전으로 대신한다. 점포를 경기도, 황해도, 평안도에 설치해서 가까운 데로부터 먼 곳에 미쳐 전국적으로 통행하도록 한다. 호조, 형조, 한성부, 장례원의 속포(贖布)는 동전과 직물을 절반씩 내는 것을 허락하고 각사 공물가의 5분의 1, 각사의 고역(雇役), 그리고 호조, 병조의 요포(料布)의 3분의 1은 모두 동전으로 대신 납부한다. 동전 값은 고정하지 않고 수시로 조절하는데 은

(銀)을 기준으로 은 한 냥이 동전 600푼[文]의 가치이다. 쌀과 직물은 은 가치를 기준으로 하여 쌀 1되[升]의 값은 동전 4푼, 은 1냥의 값은 쌀 1섬으로 한다.

『효종실록』은 이어서 다음과 같은 비판을 수록했다.

이때 동전의 훼손을 금하는 법이 비록 엄하였으나, 주장(鑄匠)의 무리는 동전이 반드시 통행하지 않을 것이라며 민간인을 선동하여 헐값에 동전을 사들여 몰래 산속에 들어가 그릇을 주조했다. 이로 말미암아 동전은 나날이 더욱 줄어들었으므로 상평청에 저축된 동전과 흩어져 밖에 있는 것을 합해도 수십만 관(貫)에 미달하였다. 겨우 중산층 열 가구의 재산쯤 되는 양을 가지고서 온 나라에 두루 시행하려 했기 때문에 시행이 어려웠던 것이다. 김육은 동전이 적어서 시행되기 어려운 것을 알지 못한 채 법이 정립되지 않아서라고 탓하여, 법 조목을 다시 정하며 갈수록 가혹하고 세밀하게 하니, 한 번씩 변경할 때마다 인민은 번번이 손해를 보았다. 의논하는 자들이 모두 그르다 하고 임금도 싫어하고 힘들어했으나, 김육은 견지하기를 오히려 굳건히 하였다.

보통 1관은 동전 1000개로 10냥인데, 상평청이 저장하고 전국에 산포한 동전량을 수백만 냥으로 보면 너무 많다. 1관을 동전 100개로 헤아리는 셈법도 있다. 절충하여 100만 냥 내외가 주조되었다고 보자. 그러면 쌀 10만 석 이상 구매력이니, 당시 중산층 열 가구가 아니라 수백 가구의 재산이다.

김육은 행전법의 개정안을 올리기 직전인 12월 11일에 효종의 인재 추천 명령을 받들어 "박수진(朴守眞)은 계책이 많고 능력이 있지만 과거에 급제하지 못해서 직위가 없으므로 재능을 가지고서도 펼치지 못한다고 사람들이 말하니 상평 관전 낭청(常平管錢郎廳)으로 임명하고 평시관(平市官)의 일을 겸직시켜 시전 상인을 지휘하여 계책을 세워 동전을 통행하게 하소서."라고 건의했다. 행전에 대해 "10년을 기한으로 삼으라는 하교를 눈을 감기 전에는 감히 잊을 수 없다."라며 "신, 호조 판서 허적 및 병조 판서 원두표에게 전적으로 책임을 지우시고 박수진이 시행하게 하소서."라고 건의하여 효종의 허락을 받았다. 실록 편찬자는 박수진이 "서울 사람으로 본래 용렬하고 비루했으며 몹시 가난했다."라고 했는데, 『북학의』를 저술한 박제가의 종고조였다. 그는 곧 질병으로 사망했다.[163]

1656년 4월 경기 감사는 행전 별장들이 폐단을 일으키니 처벌해야 한다고 건의하여, 효종은 따랐다. 그러자 김육은 정문호와 이승훈이 평안도, 황해도 행전에 이바지하고 이자를 많이 불렸다는 공적을 지적한 다음 이들이 이자 수입으로 "관향청에 쌓아 둔 곡식과 바꾸어서 경창(京倉)으로 수납한 것이 지금 이미 3년이나 되었습니다. 이는 상평청의 새 쌀을 받은 것이 아니고 관향의 옛 쌀과 바꾼 것입니다. 그런데 비변사가 곡절을 상세히 모르고 경기 고을에서 감사에게 보고한 말만을 믿고 이들에게 죄를 돌렸습니다. 이들이 비록 상류(常流)라고는 하지만 조금은 사리를 아는데, 한 자급이 승진되어 국가의 후한 은혜를 받고서 이미 그들의 힘을 다 바쳤습니다. 그런데 그에 대한 보상은 받지 못하고 감옥에 가두는 벌을 받았으니, 또한 원통하지 않겠습니까."라며 이들을 변호했다. 효종은 김육의 차자를 보고 죄를 주지 않겠다고 했다. 실록 편찬자는 이 사실을 대략 적은 다음 "김육은 성급하고 고집 센 성품으로 하려는 모든 일을 반드시 성취시키고 말았다. 비록 온 세상이 그를 그르다 하여도 돌보지 않으니, 사람들이 그의 강인함을 칭찬하였다. 다만 자기와 같이하지 않는 사람을 그때마다 배척하니, 이 때문에 공론(公議)이 그를 비난하였다."라고 적었다.[164] 사업 수행으로 공적을 가져도 조그만 물의를 빚으면 처벌하는 자세, 달리 말해 공과 과를 종합적으로 판단하지 못하는 자세가 조선 왕조의 사업 수행 역량을 약화시켰다. 이 기사는 사대부 '공론'의 주관성을 드러낸다.

1656년 9월 25일 효종은 행전을 중단할 의사를 밝혔다. 당시 『조선왕조실록』과 『비변사등록』의 기사를 종합하여 서술한다. 효종이 연성군(延城君) 이시방을 불러 "충청도 대동법에 대하여 경의 생각은 어떠한가?"라고 묻자 이시방은 "바닷가 고을에서는 모두 편하게 여기지만 산골 고을에서는 불편하게 여기는 자가 있다고 합니다."라고 대답했다. 이시방이 "행전하면서 시전 상인에게 나누어 준 1000여 석은 아직 수합되지 않고 있으니, 앞으로의 일이 지극히 우려됩니다."라고 아뢰자, 효종은 "행전 일이 저렇게 되어 국가의 재산만 점차 잃고 있는데도 경들은 어찌하여 결정을 짓지 않는가? 만약 잘 할 수 없다면 속히 정지하는 것이 좋겠다."라고 말했다. 이시방은 "지금 영부사 김육 역시 행전의 어려움을 알고 있어서 경기도에서 거둘 쌀 8분의 1을 동전으로 거두어들일 일을 이미 정지하였으므로, 공물 주인에게 동전을 나누어 줄 수 없습니다."라고 아뢰니, 효종은 "김육의 고집스럽고 막힌 병통은 죽은 뒤에야 그만둘 터이므로 마음이 흔들릴 리가 결코 없을 것이다."라고 말했다. 효종이 "행전이 지금 몇 년째인가?"라고 물으니, 도승지 정치화(鄭致和)는 "지금 6년째입니다. 행전의 본뜻이 비록 재정을 넉넉히 하고 백성에게 편의를 주자는 데서 나오기는 하였으나, 인정(人情)이 불편하게 여기기 때문에 시행하기가 어려울 듯합니다."라고 아뢰었다. 효종은 "행전이 6년 되는데도 아무런 효과는 없이 국가의 재정만 날로 위축되고 있으니 이런 때에 진작 변통하지 않을 수 없다. 동전 주화 제도를 폐지하는 것이 타당한지의 여부를 묘당이 의논하여 처리하라."라고 명했다. 그러면서 "통행하는 화폐로는 은화만 한 것이 없는데 은화조차 지방 농촌(鄕村)에서 사용할 수 없으니, 하물며 동전이겠는가."라고 말했다.

26일 비변사는 "당초 행전을 발의할 때 이미 시행하기 어려운 점을 말하는 자가 있었고, 한두 해 지나 이제 3년에 이르러서도 아무런 효과를 거두지 못하자, 모두가 폐지하는 것이 좋다고 말합니다. 그러나 다만 대신이 지성으로 담당할 것을 건의하므로 이미 10년의 시한을 정하였기 때문에, 신 등도 감히 자신의 의견대로 처리하지 못하고 민망함과 침묵으로 오늘날에 이르렀으니 여론의 비난을 면치 못하겠습니다. 이제 이시방이 아뢴 바를 보건대, 주관하는 대신 역시 행전의 어려움을 알았고, 또한 타당한지의 여부를 의논하여 처리하라는 하교가 있었으니, 신 등이 어찌 다시 엉거주춤한 말로 우러러 대답할 수 있겠습니까. 선혜청으로 하여금 중지 및 폐지하도록 하고, 동전 사용으로 인하여 뿌려진 재물 중 돌려받아야 할 것들을 일일이 뽑아

재가를 받아 돌려받는 것이 어떻겠습니까?"라고 아뢰어, 효종은 인가했다.

　과연 효종의 말대로 김육은 행전 신념이 조금도 흔들리지 않아 10월 2일 차자를 올려 10년 기한의 효종 지시를 언급하면서 "신도 시행하기 어렵게 여긴다니, 이것이 무슨 말입니까? 황해도, 평안도에서는 말을 세내는 값을 모두 동전으로 지급하고 있으며, 소, 말, 농지, 주택을 매매할 때에도 혹 동전으로 하고 있습니다. 그리고 벽지 고을에서 역참에 인부를 내는 값과 오가는 행인들에게 지급하는 노자 역시 대부분 동전으로 밑천을 삼고 있습니다. 서울에서는 논의가 여러 갈래라서 비록 시행할 수가 없지만, 이미 시행하고 있는 황해도, 평안도까지 어떻게 아울러 혁파할 수가 있겠습니까. 시전 상인에게 빌려 준 쌀은 애당초 동전으로 갚도록 약속하였습니다. 지금 동전을 폐기하여 사용하지 않고 비싼 쌀로 곧장 갚도록 한다면, 이것은 인민을 속이는 일입니다. 이는 모두 신의 죄이니, 무슨 낯으로 도성에 들어가서 서울 주민을 보겠습니까? 전에 황해도, 평안도에서 이자로 받아들인 곡식이 8000석이나 되는데, 그 가운데 반은 쓰고 반은 남겨 두었습니다. 그런데 어찌 1000여 석을 거두어들이지 못한 것을 가지고 앞으로 몹시 우려된다고 할 수가 있겠습니까? …… 신은 죄가 매우 무거워 성 밖에 물러나 엎드려 있습니다."라고 했다. 김육은 행전에 대한 인민의 신뢰가 중요한 점을 지적했다. 3일 효종은 김육의 조정 복귀를 권하면서, 상평청이 내어준 쌀에 대해 쌀로 징수하되, 기한을 넉넉히 주라고 명했다. 3일 효종이 대신 및 비변사 신하들을 모아 '동전을 사용하는 편리 여부'를 논의하여, 반대론이 대세임을 확인하고

"우리나라는 구리가 생산되지 않으니 어떻게 동전을 주조하여 유통시킬 수 있겠는가."라며 동전 사용의 중단을 결정했다. 중국으로부터의 동전 수입도 중단했다.[165]

김육은 내의원과 훈련도감과 상평청의 도제조를 사직하는 차자를 올리고 성 밖에 물러나 있었는데, 행전의 중단을 듣고서 참담한 심정을 「파전(罷錢)」이라는 시로 토로했다.

> 국가를 위한 충성은 하늘에서 나왔기에
> 홀로 밤에 걱정 깊어 눈물이 쏟아지네.
> 인민을 줄곧 괴롭힌 건 모두 내 죄이니
> 입 다문 채 동전에 대해 말하지 않노라.

10월 15일 정언 민유중(閔維重)은 국가가 "봄철에 시전 상인에게 쌀을 나누어 주면서 가을에 동전으로 갚도록 약속을 했는데, 지금 동전을 폐지한 뒤에 그들이 바쳐야 할 동전을 놔두고 이미 흩어 준 쌀을 도로 징수하게 명하셨으니, 처음에 살피지 않았다가 마침내 신뢰를 잃게 되었습니다. …… 차라리 2000석의 쌀을 잃을지언정 백성에게 하루라도 신뢰를 잃어 인민의 원망을 사서는 안 됩니다. 애당초 약속한 명령대로 그들로 하여금 동전으로 바치도록 해야 합니다. 그런 뒤 조사(朝士)의 녹봉으로 나누어 주기도 하고 송도로 보내기도 하여, 이리저리 바꾸어 쌀로 환산하는 바탕을 삼는다면 1~2년이 지나지 않아 저절로 모두 쓸 수 있으니 처리하기 어려운 일이 아닙니다."라고 건의했다.[166] 이 건의는 채택되지 않았다. 산당 민유중은 대동법을 반대했으나 행전을 반대하지 않았으니, 모두 소신에 따랐다.

「가장」에 따르면, 동전 유통이 중단된 후 의주 부윤 김휘(金徽)와 평안 감사 유심은 다음과 같이 보고했다.

신이 서울에 있을 때 행전이 해롭기만 하고 이로움은 없다는 말을 많이 들었습니다. 이제 본도에 도착하여 보니 서울과 달랐습니다. 산골 고을이나 궁벽한 읍에서는 잘 유통되지 않지만, 의주, 안주, 평양 등의 읍에서는 동전으로 교역하는 것이 은이나 직물과 다르지 않습니다. 크게는 농지, 소, 말, 작게는 식량, 땔감 모두 동전으로 삽니다. 길가 각 참에는 날로 통용이 진전하여, 품삯을 나눠 줄 때 인민이 다투어 동전을 쓰고 있습니다. 동전 폐지령이 나오자마자, 많은 인민이 와서 관에서는 동전을 사용하지 않더라도 만약 금지하지 않는다면 개성에서처럼 동전 사용을 허용해 달라고 말하고 있습니다. 여기에서 민정(民情)을 알 수 있습니다.(549)

이 보고를 받고 효종은 "조정의 동전 폐지는 실로 부득이한 데서 나왔다. 서울과 같이 시행하기 어려운 곳은 결코 할 수 없다. 그런데 의주 등지에서 널리 유통하면 사용하도록 인도하지 무엇 때문에 법령으로 금지하겠는가."라며 황해도와 평안도에 동전 사용을 허가했다. 동전을 강제로 통용하지는 않더라도 동전이 자연히 통행하면 허락하겠다는 정책이다. 이 중요한 사실이 관찬 사료에 실리지 않은 것은 사관들과 『효종실록』편찬자들이 김육의 동전 통용책을 싫어하고 그 의의를 과소평가했음을 드러낸다.

김육은 1657년 1월 15일 올린 「상평청 동전 1만 관을 황해도와 평안도에 보내기를 청하는 차자(請送常平廳錢萬貫于西路箚)」에서 "온 마음을 다하여 생각한 것은 오직 국가를 부유하게 하고 인민을 편안하게 하는 것(裕國便民)"이라며 "다행히도 성상께서 통촉하심에 힘입어 황해도와 평안도민이 쓰는 것을 도로 허락하신바, 신은 참으로 감격하여 기쁜 마음에 잠을 이룰 수가 없었습니다."라고 심정을 적었다. "황해도, 평안도에서 주조한 동전이 매우 많은데" 주전용으로 사용한 은 1500냥은 회수했으니, "신은 잃은 것이 없다고 생각합니다."라고 했다. 그리고 지금 상평청에 남아 있는 동전 9800여 관과 서울 주민에게 준 800여 관을 "모두 동전을 쓰고 있는 황해도, 평안도에 넘겨주기를 청"했다. "서울 주민에 내어준 1300여 석의 쌀은 가을이 되면 납부하게 하고 남는 동전으로 시가에 따라 은이나 포를 구입하여 상평청에 받아들이면, 평안·황해도는 동전을 쓰는 데에 여유롭고 상평청의 저축은 조금도 잃지 않을 것입니다."라고 건의했다. 효종은 승인했다. 정책에 대한 인민의 신뢰도 회복하고 상평청 재정도 축나지 않고 황해도, 평안도의 동전 유통을 원활히 하여 유국 편민을 도모하는, 김육이 선호한 다목적 대책의 방식이었다. 가을 무렵 김육은 「식전과 여미를 황해도, 평안도에 지급해 주고, 방민들에게 전가(錢價)를 거두지 말기를 청하는 차자(請以息錢餘米給西路勿收坊民錢價箚)」에서 "지난 겨울에 신이 황해·평안도에서 동전 사용을 폐지하지 말기를 간절하게 요청한 것은 백성의 재산을 보태 주려는 것이었습니다. 금년 봄에 또 상평청에 있는 동전을 보내기를 청하여 먼저 남은 이자를 취해 서울 주민의 쌀을 상환하고, 1100석의 쌀을 마련하였습니다. 그런데 바람은 거세고 바닷길은 멀어서 미처 쌀을 실어 오지 못하였습니다. 이 쌀로 청천강 이남과 이북의 쇄마가(刷馬價)에 보태고 서울 주민이 가진 동전을 모두 거두어 황해도와 평안도에 보태어 주소서. 그럴 경우 이는 실로 황해도민, 평안도민에게 편리합니다.”라고 아뢰었다.

인조반정 직후부터 병자호란까지 세 차례 추진한 행전은 좌절했으나, 개성과 그 주변에 통용 거점을 확보했다. 그에 힘입어 김육의 주도로 추진된 행전은 1651~1656년 사이에 황해도, 평안도로 통용 지역을 확대했다. 이것은 이후 전국 유통을 위한 기반을 조성했다.

(2) 행전을 어렵게 만든 요인

김육이 행전을 강인하게 추진했으나, 왜 그렇게 힘들고 절반의 성공에 그쳤던가? 우리나라보다 화폐 통용책을 오랫동안 빈번히 실패한 나라는 없는 것으로 보인다. 조선보다 경제 수준이 낮은 지역들도 오래전부터 금속 화폐를 사용하고 있었는데, 왜 우리나라는 오랜 실패를 거쳐 1678년 이후에야 동전을 전국으로 통용할 수 있었을까?

행전에 대해 시종일관 신중하던 이경여는 1654년 차자에서 동전 통용이 어려운 사정을 논리 정연하게 제시했다. 그는 먼저 “전화(錢貨)는 멀리 삼대부터 천하에 통용하는 보화(寶貨)가 되었기에, 생민의 옷과 음식 이외에 따로 한 화폐를 만들어 가진 것과 없는 것을 통하게 하여 구제하였으니, 인민을 편하게 하고 국가를 이롭게 하는〔便民利國〕 것으로 무엇이 이보다 더 크겠습니까. 영의정은 임금이 알아주어 대우하는 은혜를 받고서 ‘경제’의 책무를 맡아 옛 제도를 따르고 모방하여 기필코 통행하려 하니, 그 뜻은 좋으며 그 애쓰는 것도 지극합니다."라며 행전 취지를 인정했다. 그런데 "동방에 국가를 세운 지가 단군과 기자 이래 4000~5000년인데, 그 사이" 뛰어난 군주와 신하들이 화폐의 이점을 알고 추진했다가 모두 실패한 데에 다음의 까닭이 있다며 "정교(政敎)로써 징발하여 억지로 할 수가" 없다고 했다.

구리가 국내에서 생산되지 않아 외국에서 취하여 온 나라에 통행하려 하니, 첫째 어려움입니다. 우리나라 백성은 가난하여 집에 남은 재산이 없어서 농사지어 밥을 먹고 길쌈하여 옷을 입습니다. 공업과 상업을 직업으로 삼는 자가 있어도 흙, 나무, 가죽으로 만든 기물과 일상으로 쓰는 무명, 삼베, 곡식에 지나지 않습니다. 서로 없는 것을 교역하여 겨우 자급을 하는데도 오히려 굶주리고 떨면서 이리저리 떠도는 백성이 있는데 어떻게 남은 재산을 축적하여 동전을 모아 10%의 이익을 꾀하겠습니까? 이것이 둘째 어려움입니다. 시골 백성과 주점을 하는 일반 백성은 오직 한 되나 한 말의 쌀을 구하여 아침과 저녁 식사의 다급함을 구제할 생각뿐인데, 그의 부모와 처자가 한창 배가 고파 먹기를 바랄 적에 동전을 가지고 집에 돌아온들 삶을 구제하는 데 무슨 도움이 되겠습니까? 이것이 셋째 어려움입니다.

이경여는 "영상이 국가 정사를 맡아 성의를 다하여 강구하지 않은 계책이 없어서, 언제나 인민을 편하게 하고 국가를 이롭게 하는 방도를 이른 아침부터 밤중까지 부지런히 애써 몸이 여위도록 충성을 다하였습니다. 신도 평소 이를 훌륭히 여겨 왔는데," 아랫사람은 인민이 고통을 받고 동전이 잘 통용되지 못하는 실상을 영의정에게 전하지 못하고 있다고 했다. 그래서 "신의 이 글을 영의정에게 사문하고 조정에 있는 여러 재상과 삼사, 대각의 신하에게 자문해 가부를 명백히 하고 즉시 변통하는 것도 한번 민심을 위로하는 데에 큰 도움이 될 것입니다."라고 아뢰었다.[167] 이경여는 김육보다 다섯 살 아래이나 선임 영의정으로 경륜이 풍부한 인물이고, 죽기 3년 전의 충언이었다. 효종은 비변사에게 의논하게 했다. 그래도 김육은 주저 없이 행전을 추진하려 했는데, 효종과 다른 신하들은 주저하게 되었다.

인조 대 이후 행전을 정밀하게 연구한 송찬식은 이경여의 견해를 타당하게 여겼다. 필자는 이경여의 견해가 일리가 있으나, 충분하지 않다고 생각한다. 동의 공급이 부족하여 행전이 성공하기 어렵다는 것은 조선 초부터 효종대까지 통설이었다. 1603년 영의정 이덕형 등이 행전을 주장할 때, 우의정 유영경(柳永慶)은 동이 국내에 생산되지 않는다고 하여 좌절시켰다. 여기에 대해 김육은『잠곡필담』에서 우리나라 식기가 모두 유기이고 요강까지 유기인데, 유기는 동으로 생산되지 않는가 하며, 유영경의 견해를 잘못으로 보았다. 동 공급의 부족이 행전의 중대한 장애 요인일 수가 있었는데, 김육은 대수롭지 않게 여겼던 것이다. 그런데 동이 부족하면 동전을 중국에서, 구리를 일본에서 수입할 수 있었다. 일본에서는 17세기 초부터 동광 개발이 활발해져 동의 생산이 증대했다. 1609년 일본과의 국교가 정상화된 후 공무역으로 일본 동이 해마다 3만 근 가까이 들어왔다. 1633년 호조 판서 김신국은 일본 동의 수입으로 행전 여건이 조성되었음을 말했다. 그런 점에서 원료 부족이 행전을 힘들게 한 결정적 요인은 아니었다.

1652년 이만웅은 행전을 비판하면서 인민의 불신을 지적했다.

어리석은 백성은 곡식이 먹는 것이고 포백(布帛)이 입는 것인 줄 알 뿐, 동전이 옷과 음식의 근원이 된다는 것을 모르고서 '동전이란 물건은 배고플 때 먹을 수 없고 추울 때 옷으로 입을 수 없는데, 어찌 반드시 사용하려는가? 유행하는 재화를 말하면 추포도 돈의 종류이지만 입거나 먹을 수 없는 것은 같다. 그런데 하필 얻기 어려운 것을 행하고 얻기 쉬운 것을 금지한단 말인가?'라고 서로 말을 주고받으며 의심하여 시장에서 교역이 거의 이루어지지 않았습니다. 그래서 잠시 동안 추포의 금지를 완화하여 동전과 함께 사용토록 하자, 백성은 모두 동전을 사용하지 않고 추포를 사용하면서 '속담에 고려의 정령(政令)은 3일을 넘기지 못한다고 하였는데, 과연 그렇다.'라고 말하였습니다.[168]

앞서 언급했듯이, 1655년 "동전의 훼손을 금하는 법이 비록 엄했으나, 주장(鑄匠)의 무리가 동전은 결코 시행되지 않는다며 민간을 선동하여 헐값에 동전을 사들여 몰래 산속에 들어가 그릇들을 주조했다." 여기에서 드러나듯이, 화폐 통용책의 거듭된 실패로 그에 대한 불신이 누적된 것이 행전을 저해한 최대 요인으로 판단된다.

이만웅의 지적처럼 물품 화폐의 선호가 뿌리 깊은 사실은 행전책 불신과 상호 작용하여 동전 통용을 어렵게 했다. 삼베, 무명과 쌀은 기초적 소비재이고 조세 부과의 주된 대상이라는 사용 가치를 가졌을 뿐 아니라, 상당한 정도로 내구성을 가지고 비교적 동질적이고 분할이 편하여, 금속에는 미치지는 못하지만, 양호한 상품 화폐였다. 태종 대에 저화의 강제 통용을 시도했을 때, 민간에서는 그것을 쌀, 삼베라는 물품 화폐와는 달리 "굶주려도 먹을 수 없고 추워도 입을 수 없는 한 조각의 검은 자루에 불과한 것"으로 인식했다.

조선 시대 화폐사에서 원나라 간섭기와 달리 국제 화폐로 기능하지 않는 지폐를 시장이 위축된 태종대에 통용하려는 정책은 결정적인 실수였다. 저화 통용책의 좌절 직후 시행된 행전도 참담하게 실패했다. 이후 국가가 발행한 화폐를 보유하면 가치 하락으로 손해보는 현상이 계속되었기 때문에, 동전 통용책의 거듭된 좌절로 그 불신은 커져 갔다.

1634년 경연이 끝난 후에 인조가 "세상의 모든 나라〔天下萬國〕가 동전을 사용하는데 유독 우리나라만 사용하지 못하는 이유는 무엇인가?"라고 묻자, 김신국은 "과거의 역사를 상고해 보건대 공민왕 때에 저화를 많이 사용하였는데, 이 법이 통행된 뒤로 동전의 사용이 더욱 어려워졌습니다."라고 대답했다. 인조는 동전이 사용되지 않는 "다른 이유가 없고 이 법이 인민에게 불신을 받기 때문이다."라고 보았다.[169] 김신국과 인조는 행전이 실패한 이유를 정확히 파악하고 있었다. '천하만국'이라 해도 중국 역대 왕조와 일본 정도였을 것이다.

이만웅이 언급한 '고려의 정령은 3일을 넘기지 못한다.'라는 속담은 언제 나왔는가? 저화 통용책이 실패한 직후인 1406년 과거 시험 일자를 변경하자는 주장이 나오자, 태종은 "속담에 '고려 공사〔公

事)는 3일에 불과하다.'라고 하니, 이 또한 남에게 업신여김을 당하는 것이다."라며 경계했다.[170] 세종의 행전이 좌절된 후인 1434년 사간원이 "국가에서 해마다 사신을 보내어 군용(軍容)을 순행하여 점검함은 국가를 위하여 불우(不虞)를 방비하는 상경(常經)입니다. 그런데 지난해 수재와 한재로 벼가 잘 익지 못하여, 백성이 먹기가 어려워 거의 굶주리게 되었으니, …… 전하께서도 전례에 좇아 권도(權道)로 그 도의 감사로 하여금 군용을 겸하여 점검하게 하시고 대신을 나누어 보내는 명을 거두시면 민생이 다행이겠습니다."라고 아뢰었다. 세종은 "그대들의 말은 좋으나, 대신들과 의논하여 자손 만대의 계책을 삼은 것인데, 근일 사헌부와 식견 있는 이들이 모두 불가하다고 말하고, 이제 그대들의 말이 또한 이러하니, 만약 흉년 때문에 정지하였다가 가령 내년에 또 흉년이 든다면, 어떻게 할 것인가. 법을 세운 지 얼마 되지 아니하여 이내 또 고치면, 이는 이른바 '조선 공사는 사흘을 지나지 않는다'는 것이다. 국가의 큰 일을 어찌 흉년 때문에 폐지할 수 있으랴."라고 말했다. 1436년에도 세종은 "대저 처음에는 근면하다가도 종말에 태만해지는 것의 사람의 상정이며, 더욱이 우리 동인(東人)의 고질이다. 그러므로 속담에 '고려 공사가 3일이라'고 하는데, 이 말이 정녕 헛된 말은 아니다."라며 국방에 필요한 연대(烟臺)를 반드시 배치하라고 명했다.[171] 우리나라 정책이 3일 지나면 중단된다는 말은 아마도 태종 때 저화 통용책의 실패로 처음 나오고 이후 행전의 계속된 좌절로 확산되었을 가능성이 있다. 조정은 이런 말을 경계했으나, 쉽사리 사라지지 않았다.

인조대 행전이 개성에서만 성공한 것은 시장의 미발달이 동전 통용을 어렵게 만들었음을 드러낸다. 이경여는 인구의 대다수가 잉여가 없어 동전을 필요로 하지 않는 점을 지적했는데, 전근대에 인구의 대다수를 차지하는 농민은 어느 나라에서도 절대 빈곤에 허덕였는데도 금속 화폐가 널리 사용되고 있었다. 도시 시장과 무역 시장이 금속 화폐를 요청했고, 국가나 영주가 조세나 지대를 금속 화폐로 받으면 농민도 그것을 사용하게 되었다. 그런 점에서 김육이 상업이 발달한 황해도, 평안도를 동전 통용의 거점으로 삼은 것은 현명한 정책이었다. 서울과 서로(西路)가 상업이 가장 발달했음은 『택리지』의 다음에서 엿볼 수 있다.

한곳에 거주하여 재물을 부려 남쪽으로는 일본과 통하고 북쪽으로는 북경에 통하여 여러 해로 천하의 물자를 실어들여서 간혹 수백만 금(金)을 모은 부유한 상인이 있다. 이런 자들은 서울에 많이 있고 그다음은 개성이며 또 그다음은 평양과 안주이다. 모두 북경에 통하는 길에 있어서 거부(巨富)를 이루었다. 이것은 배를 통해 얻은 이익과 비교할 바가 아니며, 삼남에서는 이러한 또래는 없다.

서울의 시장이 황해도나 평안도보다 발달했는데도 효종 대에 행전이 황해도, 평안도에서 성공한 반면 서울에서 좌절한 이유는 무엇일까? 이것이 전국 행전의 좌절을 낳은 주된 이유였다. 첫째, 종전 화폐 유통책이 서울을 중심으로 시행되어 서울 사람이 이번에도 손해볼까 우려했을 것이다. 둘째, 서울 시장이 충분히 성숙하지 못했다. 1651년 서울의 추포는 쌀 3000석을 구매할 수 있을 정도로 소량이었다. 시장이 성숙하면 동전 주화를 요구하게 됨은 1678년 이후에 드러난다.

이상으로 보건대, 추포를 비롯한 물품 화폐의 뿌리 깊은 사용 습관, 동전 원료의 부족, 동전 정책에 대한 민간의 누적된 불신, 엘리트층의 비협조와 비판, 그리고 시장의 미성숙이 종합적으로 작용하여 김육 정책의 좌절을 낳았던 것이다.

(3) 동전 주화 제도 정착의 최대 공로자 김육

김육은 동전을 황해도, 평안도에만 통용한 데에 그치지 않고, 다음의 점에서 1678년 이후 전국 통용에 공헌했다. 첫째, 황해도, 평안의 동전 통용은 이후 전국으로 확대되는 기반을 이루었다. 현종 때인 1664년 강화유수 조복양(趙復陽)은 "강화부는 개성부와 근접해 있어 동전을 통용할 수 있습니다. 호조와 상평청에 있는 동전을 모두 본부에 옮겨 지급하여 시험 삼아 무역하는 데에 쓰도록 하는 것이 어떻겠습니까?"라고 건의하여, 상평청이 보관한 십전통보 20관과 호조가 보관한 동전 100여 관을 모두 보내 주었다.[172] 조복양은 김육의 대동법뿐만 아니라 행전도 지원했다. 울산 지방에서는 김육의 행전이 중단된 이후 동전이 통용되고 있었다. 울산 사족은 구강(鷗江)서원의 설립을 위해 1659년에 벼 151석과 동전 1080냥을, 1664년에 벼 150석과 동전 730냥을, 1666년에 벼 231석과 동전 1840냥을 모았다. 1659년에는 벼를 팔아 동전 940냥을 마련했고, 동전 233냥으로 담배를 구입해 두었다. 1660년에는 소금 170석을 296.27냥으로 사서 1661년 782냥으로 팔았다. 곡물을 팔아 모은 동전으로 1663년 노비를 구입했고, 1666년에는 상선(商船) 9척으로부터 북어 8337동과 소금 275석을 구입하기도 했다. 이후에도 구강 서원이 곡물을 팔아 모은 봉선으로 각종 성미를 시출하고 병태, 소금, 남배를 서래하는 기록이 나온다.[173]

둘째, 김육에 힘입은 대동법의 확대 시행은 시장을 성장시켜 동전의 전국 통용을 지원했다. 1651년 충청도에, 1658년 전라도 연해 고을에, 1662년 전라도 산간 고을에, 1678년 경상도에 대동법이 시행됨에 따라, 대량의 쌀과 무명이 서울로 와서 공인에 지급되고, 공인은 그것으로 국가가 필요한 물자를 시장에서 조달했다. 조선이 중국과 달리 물화가 유통하지 않으므로 온갖 물건을 만약 서울에서 사면 비록 값을 넉넉히 쳐 주어도 물화가 모이지 않을 것이라는 혹자의 주장에 대해, 김육의 대동법을 목격한 유형원은 종전에 공물을 시장에서 조달하지 않았기 때문에 물화가 유통되지 못했으나 무비주인(貿備主人)을 모집하여 가격을 후하게 치러 각 관청의 수용 물자를 구입하면, 인정(人情)이 이익을 추구하므로 서울의 물화 유통이 활발해질 것이라고 예상했다.[174] 17세기 후반 대동법의 확대 시행과 무역의 성장이 낳은 시장의 급성장은 1678년 이후 동전 통용책의 성공을 뒷받침한 기본 요인으로 판단된다. 서울 인구는 17세기 중엽 급증해 1669년에 이미 19만 명에 달했다. 서울 시장은 성장하여 1664년 "온갖 물건이 모여드는 곳이어서 제값을 주면 물건이 다리가 없이도 다 몰려온다."라고 할 정도로 수급 기능이 활성화되었다.[175] 동전 유통은 시장을 성장시켰다. 김육은 17세기 후반 시장의 괄목한 성장에 크게 공헌했다.

셋째, 1678년 이후 동전의 전국적 통용을 성공한 주역인 허적은 김육 때에 정책 경험을 쌓았고 김육의 손자 김석주는 그 정책을 관찰했다. 그래서 벌금, 조세, 환곡의 모곡 등을 동전으로 대신 납부하고 동전을 쌀, 무명, 은화의 가치와 연계하고 행전 별장을 파견하는 등의 정책이 계승되었다.

12 시헌력의 시행

「가장」에 따르면, "김육은 천문, 지리, 산수(算數), 병가(兵家) 등에 대해서도 두루 섭렵하여 통달했다. 매번 한밤중에 일어나 정원을 산책하며 별자리를 우러러보아 더욱 역산(曆算)에 밝아졌다." 이런 자세가 시헌력(時憲曆)의 시행에 이바지했다.(559~560)

시헌력을 이해하기 위해 역법 전반을 간단히 설명한다. 천체의 주기적 현상에 따라 시간 단위를 정하는 체계를 역(曆)이라 하고 역의 원리와 제도를 역법이라 한다. 중국 고대부터 제왕은 하늘을 관측하여 백성에게 시간을 내려 주는 임무가 있었다. 절기를 정하는 일은 농업 등 인간 생활에 밀접한 영향을 끼친다는 실용적인 목적도 있었다. 한반도의 왕조도 이 문화를 받아들였다. 일 년과 한 달의 주기를 어떤 기준으로 하느냐에 따라 순태음력(純太陰曆), 태음 태양력(太陰太陽曆) 그리고 태양력(太陽曆)으로 나눌 수 있다. 순태음력은 달의 삭망 주기에만 주목하여 만든 역인데, 평년이 354일로 짧기 때문에 윤년을 두어야 한다. 순태음력은 계절의 변화와 관련성이 약하여 5~6월에 눈이 내리기도 하고 1~2월에 더위로 시달리기도 한다.

기원전 104년 한나라에서 태초력(太初曆)이 성립했다. 이슬람의 회회력(回回曆)은 흰새토 쓰이고 있는 순대음력이다. 이 회회력은 원나라에 들어와 수시력(授時曆)이 되고 명대에 미미한 수정을 거쳐 대통력(大統曆)으로 개명되었다. 조선은 종주국인 중국의 시간을 따라야 했고, 중국은 조선에 역서(曆書)를 내려 주어 그것에 나온 날짜에 따라 외교 일정이 잡혔다. 조선은 고려가 중국의 역법을 학습하여 자체의 역서를 제작하여 사용한 전통을 계승했다. 세종 2년인 1430년부터 이순지(李純之), 김담(金淡) 등은 수시력을 연구, 습득하여 1442년『칠정산내편(七政算內篇)』을 편찬했다. 이로써 조선은 한양의 위도를 기준으로 하는 역산 체계를 완성하여 일식과 월식을 예측하는 등, 이슬람권과 중국 다음으로 천체 위치의 계산과 그에 따른 천문 현상의 예보가 가능해졌다. 그 결과 한양의 위도에 맞춘 역서를 만들어 사용했다. 조선의 자체 역서 제작은 종주국이 용인하지 않는 일이어서, 조선은 명나라에게 그런 일을 숨겨 왔다.

1628년 명나라 예부 상서 서광계(徐光啓)는 황제에게 아뢰어 당시 통용되는 대통력이 세월이 지나면서 오차가 커져 최근 일식과 월식을 계산하면 거듭 맞지 않으므로, 서양 역법으로 개정하자고 요청했다. 1600년 서양 선교사의 북경 주재가 허락되어 서광계가 아담 샬을 통해 서양 역법을 접했기 때문이다. 서양 역법의 도입 여부를 둘러싼 논란이 이루어지는 가운데 청나라가 북경을 점령했다.

병자호란 이후 조선은 청나라에게 역서를 받게 되었다. 청나라의 세조는 중국을 통일하자 1644년 아담 샬에게『신법서양역서(新法

西洋曆書)』103권을 편찬케 하여 그다음 해부터 태음력에 태양력의 원리를 적용한 시헌력을 시행했다. 그 후부터 청일전쟁 이전까지 조선은 청나라에게서 시헌역서를 받아 왔다. 1644년 청나라 군대를 따라 북경으로 옮긴 소현세자는 아담 샬에게서 서양 문물에 관한 서적과 물건 등을 받고서 역법 개정의 필요성을 언급했다. 한흥일은 훗날 효종이 되는 봉림대군을 수행하면서 북경에 가서 아담 샬이 펴낸『신력효혹(新曆曉或)』이라는 책을 얻어 와, 1645년 6월 시헌력의 검토를 건의하여, 인조가 수용했다.[176]

그래서 예조 판서 김육은 12월 관상감(觀象監) 제조로서 다음과 같이 시헌력의 시행을 건의했다. 역법의 역사와 개정의 필요성이 잘 정리되어 있다.

황제(黃帝) 이래 고력(古曆)은 육가(六家) 이후 한 무제 때에 이르러서 낙하굉(洛下閎)이 태초력을 만들었습니다. 그것은 동한 말까지 무려 세 번이나 고쳤고, 위나라로부터 수나라까지 또 고친 것이 열세 번이며, 당나라의 책력도 여덟 번이나 고쳤습니다. 또 오대(五代)의 책력은 여덟 종류가 있으며, 남북조와 송은 책력을 열한 번이나 고쳤습니다. 이는 책력이 오래됨에 따라 시각(時刻)의 차가 나서 그러할 뿐만 아니라, 사람의 소견이 각기 정추(精粗)의 차이가 있기 때문에 책력의 개조가 이처럼 빈번하였습니다. 원나라 초기에 이르러서는 곽수경(郭守敬), 허형(許衡) 등이 역법에 밝아서 시각의 차를 정한 것이 매우 정밀하여 …… 1281년을 역원(歷元)으로 삼았는데, 오늘날까지 사용하여 무려 365년이나 되었지만 일식과 월식이 별로 착오가 없으니, 후세의 정교한 책력이라 할 만합니다. 그러나 천체의 운행이 매우 활발함에 따라 쌓인 차가 날로 더 많아져, 초저녁과 새벽에 나타나는 별자리의 위치가 조금씩 틀립니다. 전체 운행의 수가 이미 찼으므로 책력을 고쳐야 하는데, 서양의 책력이 마침 이러한 시기에 나왔으니 이는 참으로 책력을 고칠 기회입니다. 다만 한흥일이 가져온 책은 의론(議論)만 있고 입성(立成)이 없어서, 이 책을 작성할 수 있는 자라야만 제대로 알 수 있지, 그렇지 않고서는 10년을 탐구한다 해도 그 깊은 원리를 알 수 없을 것입니다. 중국이 1636~1637년간에 이미 역법을 고쳤으니, 내년의 새 책력은 필시 우리나라의 책력과 크게 다를 것입니다. 새 책력 속에 만약 잘 맞아떨어지는 곳이 있다면, 당연히 옛것을 버리고 새것을 만들어야 합니다. 그러나 외국에서 책력을 만드는 일은 중국에서 금지하는 일입니다. 비록 사람을 보내어 배움을 청할 수는 없다 하더라도, 이번 사행 때에 일관(日官) 한두 명을 데려가서 역관을 시켜 흠천감(欽天監)에 탐문해서 근년 책력 만드는 실마리를 알아내어 그 법을 따져보아 의심나고 어려운 곳을 풀어 온다면 거의 추측하여 알 수 있을 것입니다."

『신력효혹』에는 질문에 대답한 '의론'만 있고, 천체 운행과 절기에 관해 계산하고 이해하기 편리한 각종 수표(數表)인 '입성'이 없었다. 인조는 금년 시헌력을 고찰한 뒤에 결정하자고 답했다. 이어서 관상감은 역서만으로 역법을 연구할 수 없으니, 수학을 잘하는 사람을 북경에 보내 배우게 하자고 건의하여, 인조가 허락했다.[177] 청나라가 시헌력을 채택한 해에 조선이 그 제작을 시작한 것은 신속한 대응이었다. 인조의 조정은 서양이 오랑캐라고 그 역법을 배척하지 않았고 서양 역법이 우수하다면 아무런 주저 없이 도입을 추진했다.

1631년 정두원(鄭斗源)이 인솔한 조선 사절단은 서양 선교사 로드리게스를 만나 유럽 대포, 세계 지도, 망원경, 자명종 등을 기증받아 돌아왔다. 이들은 유럽의 천문학, 지리학에 감탄하여 "중국의 바깥에서 이런 인물, 이런 도덕, 이런 기술이 어떻게 나올 수 있단 말인가?"라며 놀랐다. 그래서 이들이 중국이 세계의 중심인가라는 의문을 가지게 된 데에 대하여, 로드리게스는 "지구로 말하면 나라마다 중심이 될 수 있다."라고 대답했다. 진주사(陳奏使) 정두원이 기증받은 물건들을 바치니, 인조는 적의 방어를 위한 대포를 가져온 것이 가상하다고 칭찬했다.[178] 서양 문명의 충격이 가해지기 시작한 것이다.

김육은 1636년 명나라 사신으로 갔을 때 해시계인 지평일구(地平日晷)의 제작법을 얻는 등 천문 역법에 관심을 가졌다.『잠곡필담』에 따르면, 1646년 김육은 사은 부사로서 북경에 가면서 일관을 데리고 가서 시헌력을 아담 샬에게 배우고자 했다. 그런데 그의 거처에는 출입이 엄금되어 들어갈 수가 없었다. 그래서 은화로 책을 사가지고 돌아와서 관상감 관원인 김상범(金尙范) 등에게 연구하게 하여 그 내용을 대강 터득했다. 그런데 김육이 1646년 7월 파직되자, 이 사업은 추진력을 잃었다.

1649년 12월 김육은 우의정으로서 대동법의 확대 시행과 더불어 역법의 개정을 주장했다. 효종은 유보적인 태도로 검토를 지시했다. 1650년 관상감은 "지난해 일관을 북경에 보내어 아담 샬을 만나

보게 했습니다만, 글자를 써 가면서 질문하느라 제대로 뜻을 표현하지 못한 채 다만 해가 궤도를 운행하는 도수의 법만 배웠습니다. …… 최상의 방책은 일관 중에서 총명한 자를 가려 신역법을 배우되 날마다 과정을 더해 그 이치를 깨닫게 한 다음 노자를 주어 북경으로 보내 의심나는 곳을 질문하여 바르게 하는 것입니다."라고 건의하여 허락을 받았다.[179] 그렇게 해도 일관이 완전히 이해하지 못해, 『잠곡필담』에 따르면, 1651년 김육은 김상범에게 많은 뇌물을 가지고 북경에 가서 배워 오게 했다. 1652년 3월 관상감은 "천문학관(天文學官) 김상범이 북경에 들어가 시헌역법을 배워 왔는데, 바로 오늘 밤부터 그 방식대로 추산해 속히 지어 올리게 하는 한편, 많은 관원을 뽑아 그에게 배워 익히도록 했습니다. 다만 생각하건대 반복해서 탐구하려면 반드시 몇 개월이 걸릴 것이고, 또 우리나라 일출 시각은 중국과 차이가 있는 만큼 우리나라의 옛 역법을 또한 참고해서 자세히 정해야 할 것인데, 책력을 간행할 시기가 이미 박두하여 제때에 이루지 못할 형편입니다. …… 따라서 1653년의 책력은 예전대로 간행하고, 새로운 책력이 완성되면 깨끗이 써서 바치게 한 다음 북경에서 역서가 오기를 기다려 서로 맞추어 대조하는 한편, 측후(測候)하는 기구들을 정비하여 하늘의 운행과 징험해 본 다음에, 1654년부터 새로운 책력을 간행하여 반포하는 것이 온당하겠습니다."라고 아뢰어 허락을 받았다. 9월 관상감은 "동지사가 갈 때에 또 일관을 보내어 전수해 배워 오게 하여 한꺼번에 고치소서."라고 건의하여 허락을 받았다. 1653년 1월 관상감은 "시헌력이 나온 뒤에 이를 우리나라의 신조력(新造曆)으로 대조해 보니, 북경의 절기와 시각이 시헌단력(時憲單曆)과 일일이 서로 합치되었고, 우리나라의 단력(單曆)은 시헌력에 들어 있는 각성(各省)의 횡간(橫看) 및 조선의 절기, 시각과 또한 서로 합치되었습니다. 사소하게 순차를 바꾸어 놓은 곳은 있었습니다만 또한 그렇게 어긋나지 않았습니다. 그래서 1654년부터 일체 신법(新法)에 의거하여 추산해서 인행(印行)하는 것이 마땅하겠습니다. …… 일관 김상범이 북경에서 돌아와 여러 달 동안 추산한 끝에 다행히도 알아내었는데, 술업(術業)에 환히 달통했을 뿐 아니라 마음을 다하여 성취시킨 공이 있습니다."라고 보고했다.[180] 그리하여 1654년부터 시헌력이 제작, 시행되었다. 이 시헌력은 1태양년의 길이를 365.2422일 또는 365.2423일로 정하여 지금까지의 모든 역에서 쓰던 값보다 더 정확한 값을 썼다.『잠곡필담』에 따르면, 그래도 천문 운행의 계산법을 알아내지 못해, 1655년 김상범을 또 파견했는데, 불행하게도 중도에 사망했다.

현종대 국가 중요 제의(祭儀)가 대통력으로 시행되었고, 일시적으로 대통력으로 회귀하기도 했다. 안동의 사림인 송형구(宋亨久)는 1660년, 1661년, 1669년 세 차례 대통력으로의 복귀를 건의했는데, 김석주 등이 막았다. 노론은 19세기까지도 명나라 대통력을 존주론(尊周論)의 관점에서 숭상했다.

시헌력은 대통력이나 수시력의 전통 역법과는 완전히 다른 서양 천문학에 입각했다. 시헌력에는 지구설에 기초한 서양의 우주론, 프톨레마이오스와 코페르니쿠스의 행성 운동 이론, 서양 기하학, 망원경 등이 적용되었다. 그래서 조선의 천문학관이 충분히 습득하는 데에 상당한 시간을 필요로 했다. 숙종 때 관상감 천문학자 허원(許遠)의 노력으로 시헌력의 이해가 진전되어 1707년에는 시헌력의 칠정법(七

政法) 계산이 가능해졌다. 그런데 조선의 천문관원은 역서 제작에 필요한 기술적 지식의 습득에 주력했지, 그 바탕에 있는 서양 천문학이론에 관심이 없었다. 중국과 조선의 학자들은 여전히 지구(地球)를 우수의 중심에 놓는 티코 브라헤의 우주론에 기초하여 태양과 달의 행도를 계산했다. 아무튼 조선은 계속적인 노력으로 1760년대에는 중국과 비슷한 수준의 역서를 만들 수 있다는 자신감을 갖게 되었다. 조선의 천문학자들이 시헌력의 계산법을 완전히 터득한 것은 18세기 말이었다. 그래서 정조는 북경과 한양의 경도차를 반영한 조선 독자의 역서를 갖고 시행하기도 했다. 그런데 청나라와의 외교 관계를 고려하여 본국력이 정착하지는 못했다.[181]

1791년 관상감 제조 서호수(徐浩修)는 정조에게 "인조조 고 상신 김육이 처음으로 시헌력을 쓸 것을 요청하였고, 효종조에 이르러 비로소 신법(新法)으로 해와 달의 운행을 추산했고, 숙종조에 이르러 비로소 신법으로 오성(五星)의 운행을 추산하였으며, 영조조 초년에 와서 비로소 시헌력 후편의 법을 썼습니다. 그러나 술법을 처음 만들고 술서(術書)에 익숙하지 못해 팔도에서 태양이 운행하는 시각과 절기의 조만(早晚)에 대해서는 아직 별도로 입성해 역서에 기록하지 못했으니, 실로 미비한 제도 중에 큰 것이라 할 수 있습니다. 신이 전후로 연석에서 팔도에서 해가 뜨고 지는 시각과 절기를 북경의 시각과 혼동해 쓰는 것은 크게 잘못된 것이므로 바로잡지 않을 수 없다는 분부를 여러 차례 받았습니다. 신은 삼가 관상감 생도들과 함께 『역상고성(曆象考成)』의 신법에 따라 추산하고 확정하여 상께서 열람하시도록 준비하였습니다."라고 보고했다.[182] 서호수는 실학자 서유구의 부친이다.

고종 황제의 조칙(詔勅)에 의해 개국 504년 11월 17일을 양력 1896년 1월 1일로 하고, 이날부터 태양력을 채택하고 연호를 건양이라 정했다. 태양력이 채택되었으나 시헌력도 참용(參用)되었다. 지금까지도 시헌력은 음력이라는 이름으로 사용된다.

13 김육의 군사 제도 개혁안과 사회 질서 구상

(1) 조선의 군사 제도와 김육의 개혁안

고려는 세계 최강의 몽고를 맞아 장기간 항전했다. 1259년 고종은 세자에게 화친 문서를 주어 몽고로 보냈다. 남송을 정벌하던 쿠빌라이는 폐물을 받들고 길가에서 배알하는 세자에게 "고려는 일만 리의 국가이다. 당 태종이 몸소 정벌했으나 복속시킬 수 없었다. 지금 세자가 스스로 오니 이는 하늘의 뜻이다."라고 했다.[183] 1593년 명나라 병부 관리인 유황상(劉黃裳)은 선조에게 "귀국은 고구려 때부터 강국으로 불렸으나, 이후 사대부와 평민이 농사와 독서만 일삼아 이 변란을 초래했습니다."라고 말했다.[184]

약한 국력과 재정은 조선의 군사력이 약한 근본 요인이다. 조선의 국내 총생산은 고려보다 많아졌는데, 군사력이 도리어 약해진 이유는 무엇인가? 유황상이 말한 문치의 숭상, 부병제 이상의 고수 등을 거론할 수 있다. 중국 당나라는 농민을 병사로 삼는 병농 일치의 부병제를 시행했다. 부병제의 전형에서는 21~59세의 정남(丁男)가운데 3명당 1명이 3년에 한 번씩 군대에 징집되었다. 부병은 병기, 장비, 식량을 스스로 마련하고 그 반대급부로서 정남 1인에게 100묘(畝)의 농지를 지급하는 균전법을 시행했고, 군에 복무하는 기간에는 조용조 등의 조세를 면제했다. 이런 제도가 항산을 제공하고 군사로 동원하라는 맹자의 사상에 부합하여, 유가에게 이상적으로 평가받았다. 세월이 흘러 균전제를 유지할 수 없게 되면서 부병제는 조용조법과 함께 무너졌다. 당나라는 749년 병농 분리의 모병제를 채택했다.

조선의 건국 주체는 고려 군사 제도를 부병제로 파악했다. 그런데 고려는 균전제를 시행하지 않은 채 농민군만으로 군사력을 강화할 수 없었기 때문에, 군인 전시과를 받는 세습적 전문 군인층을 두었다. 전문 군인이 농민군 병사를 지휘하는 군제였다. 조선 건국 세력은 당나라가 균전제를 시행하여 조용조법과 부병제를 시행한 것을 이상으로 삼아 1388년부터 전제 개혁으로 균전제를 추구했으나, 과전법에서 경작자만이 농지를 점유하는 제도를 마련하는 데에 그쳤다. 이어서 농지 매매와 소작 제도가 허용되면서 위정자는 균전제의 이상을 포기하게 되었다.[185] 그런데도 조선은 고려보다 조용조법과 부병제의 이상에 더욱 접근하고자 의도했다. 그래서 노(奴)를 제외한 모든 국민을 군역 대상자로 삼았다. 과전법에서 전문 군인에게 농지세를 징수할 수 있는 수조지를 주는 제도를 축소했고, 직전법의 시행 즈음에는 군전(軍田)마저도 소멸되고 말았다. 고려에서는 건장한 노가 최고의 무반직에 오를 수 있었으나, 신분제 명분이 강화된 조선에서는 그러지 못했다. 전문 군인층의 약화는 조선이 고려보다 군사력이 약해지는 중요한 요인이었다.

조선은 당나라처럼 군역자에게 농지를 줄 수 없었으므로, 봉족(奉足)을 두어 군대 복무 비용을 부담하게 했다. 세조는 1459년 호패법(號牌法)을 시행하여 인구와 군정의 철저한 파악을 위한 준비를 하고, 1461년 호적과 군적을 개정하고, 1464년 5결을 1정(丁), 2정을 1보로 삼아 군사를 징발하는 보법(步法)을 시행하고, 누락자에 대한 처벌을 강화했다. 그 결과 군호(軍戶)가 충청도에서는 2만 호에서 11만 호로, 경상도에서는 4만 호에서 30만 호로 급증했다. 신체가 건강하고 재산이 있는 자를 정병(正兵)으로 삼아 교대로 군인으로 징발하고, 2인을 1보(保)로 삼아 정병을 부양하게 했다. 조선 초에 군액(軍額)이 증가 추세여서 1475년에는 갑사(甲士) 1만 4800명, 정병 7만 2100명 등 14만 8449명이었다. 이들이 교대로 복무했으니, 복무 군인은 1~2만 명 정도였다. 15세기에는 군사력이 강하여 왜구와 여진의 침략에 대해 방어할 수 있었다.

갑사는 정예 중앙군으로 군대 복무 때에 녹봉을 받았는데, 16세기 재정난으로 대우가 나빠져 군사력이 약해졌다. 16세기 군역을 포납부로 대신하는 관행이 확산했다. 1594년 장부에는 정병 약 5만, 보인 약 9.6만이었으나 군대 가는 대신 직물을 내는 사람이 대부분이어서 동원할 병력은 적었고 그나마도 제대로 훈련받지 않았다.

부병제는 오늘날 국민개병제에 접근하는 국민적 징병군제라는 점에서 이상적인 제도이나, 농민이 궁핍해지면 군역에 응하기 힘들었고 농사일과 군역의 충돌 문제가 있었다. 그래서 중국과 조선은 부병제로 강한 농민군을 만들지 못했다. 도요토미 히데요시는 1588년 농민 반란을 방지하고 사무라이(土)층의 농민층에 대한 확고한 지배를 구축하기 위해 사무라이 외 백성의 무기 소지를 금지하는 병농 분리를 단행했다. 그 결과 사무라이는 군역을 독점하면서 관직을 장악하고 녹봉을 받는 세습 특권층이 되었다. 유럽 절대 군수제에서도 봉병이 중심적인 역할을 했는데, 무장한 농민을 복종시키기가 어렵다고 판단했기 때문이다. 대혁명 이후 프랑스, 그리고 메이지 유신 이후 일본은 강한 국민적 징병군을 유지할 수 있었다.

조선은 임진왜란을 겪고 자신의 무력한 군사력과 조총 사용의 필요성을 절감했다. 1593년 유성룡의 건의에 따라 훈련도감이 창설되어 직업 군인이 포수, 살수, 사수로 조직되었다. 유성룡은 "우리나라의 상번하는 제도 역시 당나라 부병제의 유의(遺意)를 본받아 오늘날에 이른 것인데, 모두 전진(戰陣)에는 하나도 쓸모없는 농사꾼들이라며" 병농 분리를 건의했던 것이다.[186] 초기 훈련도감군은 약 1000명으로 추정된다. 1602년 평안도, 함경도를 제외한 6도에 삼수미로 1결당 쌀 2승 2두를 거두게 되어 2000여 명으로 늘어났다. 이후 후금과의 관계가 악화되어 있던 병자호란 직전에는 5000명을 넘었다. 삼수미는 1634년 삼남에는 1두를 줄였고 경기도는 병자호란 후에 면제했다. 훈련도감군은 재정 부담으로 5000명을 잘 넘기지 못했고, 조총 외에 병기가 빈약했다. 그래도 국가가 훈련도감의 관리에 힘쓴 사실은 1628~1881년 사이에 작성된 91책의 『훈국등록(訓局謄錄)』의 내용에서 드러난다.

임진왜란 때에 무력한 오위제가 폐지된 후 수도 방어를 위한 군영이 설립되어 1682년에는 오군영 체제가 성립했다. 오군영에는 훈련도감의 직업 군인을 제외하면 교대로 복무하는 정병이 있고, 복무

중 정병 1명당 군복과 군량을 지급하는 보인이 3명 정도 배정되었다. 임진왜란 때에 군인을 총동원하기 위해 설치된 속오군(束伍軍)은 난후 중심적 지방군제가 되었다. 천민도 포함한 속오군은 거주지 근처의 부대에 배속되어 자신의 마을에서 훈련을 받았다. 17세기 중앙군은 증가 추세여서 1702년 원군 10만 2714명, 보인 18만 8259명이었다. 원군의 정병도 17세기 후반 점차 포를 납부하는 존재로 변했다. 그래서 훈련도감이 수도방어군의 주력이었다. 1627년 이후 무신인 영장(營將)이 속오군의 훈련과 단속을 맡는 체제가 마련되었고, 속오군액은 1636년 8만 6000명에서 1702년 18만 8000명으로 늘었다. 속오군의 처우가 개선되지 않는 가운데 양인은 포를 납부하게 되고 속오군은 점차 천인으로만 충원하게 되었다. 군인은 병기가 빈약하고 훈련도 부실하여, 조선 후기에도 군사력은 빈약했다.

오군영의 정병과 보인을 유지하는 데에 많은 양정(良丁)이 필요했다. 재정 수입을 증대하기 위한 목적도 작용하여, 숙종대 30만이던 군정(軍丁)은 균역법을 제정한 1750년 직전에는 50만으로 늘어났다. 군포 징수는 1670년 44.5만 필, 1677년 60만 필, 1723년 100만 필로 늘었다. 균역법이 제정되던 1750년에도 100만 필이었다. 그런 가운데 사족층은 군역을 기피하여 마침내 1627년에는 사족을 군인으로 충원하는 정책이 공식적으로 폐기되었다. 또한 공명첩(空名帖)을 구입하거나 교생이나 유생이 되어 군역을 회피하는 양인은 증가했고, 18세기 유학(幼學)으로 호적에 올려 군역을 피하는 평민이 급증했다. 군역은 경제력에 무관하게 인정(人丁)을 단위로 부과되었고, 일부 양인에게 편중되었고, 군문마다 경쟁적으로 재원을 확보하여 부담이 달랐고, 중복 부담의 문제가 나타났다. 인조대부터 군역자수가 줄어들면, 군현의 크기에 따라 배분하여 수령에게 책임지게 하는 세초(歲抄)가 시행되었다. 그 결과 어린이와 노인, 숙은 이, 진속과 이웃에게 군포를 징수하는 폐단이 나타났다. 게다가 양역 부담은 호당 1~3필로 편차가 심해졌다.[187]

17세기에 대동법이 공물의 폐단을 개혁하자, 군역이 인민의 가장 힘든 부담이 되었다. 김육의 군정 개혁 방안은 병농 분리로 정예한 병사를 양성하고 그 재원을 위해 군포 제도를 개혁하고 둔전을 설치하자는 것이었다. 유성룡 이후의 대표적인 종합적 구상이었다.

임진왜란 중에 농민군의 허약한 군사력을 절감한 광해군은 1618년 이후 병농 분리의 의지를 밝히고 추진하려 하였으나, 비변사는 농민이 병사를 기를 힘이 없다며 반대했다. 김육은 정묘호란을 당한 직후 1627년 올린 「황해도, 평안도에서 마땅히 실행할 일을 논하는 소」에서 "우리나라는 병사와 농민이 나누어지지 않았습니다. 이에 매번 사변이 있을 적마다 농민이 호밋자루를 놓고 출동해서 말 타고 싸움하기를 잘하는 강한 적들을 대적하는데, 적군의 상대가 되지 못할 것은 뻔합니다."라고 보았다. 그래서 "비록 전국적으로 병과 농을 다 나눌 수는 없다고 하더라도, 신은 평안도와 황해도에서 우선 먼저 시험적으로 나누어 보아야 한다고 생각합니다. 평안도의 원삼수(元三手), 정초군(精抄軍), 장무대(壯武隊), 수영패(隨營牌)와 황해도의 부서군(赴西軍), 별승군(別勝軍), 연무대(演武隊), 무학대(武學隊)는 이미 군명(軍名)을 정하였습니다. 이 무리를 10분의 1 정도 추려내어 정예 병사를 뽑은 다음 역을 면제하고 장수를 정해 훈련시킵니다. 그리고 나머지 사람은 모두 다 농민으로 귀속시킵니다. 그럴 경우 크게 손을 쓰지 않고서도 병사와 농민을 구분할 수 있습니다."라고 제안했다. 김육은 직업 군인의 재원 마련책으로 "그들로 하여금 공한지(空閑地)에 둔전을 만들게 하고 땅을 갈 소와 종자로 쓸 곡식을 줍니다. 그럴 경우 한 해 농사를 지은 다음에는 관가에서 양식을 지급해 주지 않아도 양식이 자연 풍족해질 것입니다."라고 보았다. 점진적 병농 분리를 하고 둔전으로 그 재원으로 삼자는 김육의 건의는 수용되지 않았다. 김육은 대동법, 둔전법, 병농 분리론에서 유성룡의 지론을 계승한 셈이었다.

김육은 1649년 11월에 충청도와 전라도 대동법의 시행을 요청한 차자와 더불어 올린 별단에서 1627년 개진한 병농 분리를 견지한다고 밝히면서 감히 다시 논하지는 않겠다고 했다. 1654년 11월 김육은 북벌 정책의 폐단을 거론하면서 사임을 요청하는 차자에서 병농 분리로 정예한 병사를 양성하자는 지론을 다시 주장했다.

김육은 1651년 1월 영의정으로 임명되면서 훈련도감과 군자감의 도제조를 겸임했다. 영의정이 되면 내의원과 훈련도감의 도제조를 겸임함이 관례였다. 12월 훈련도감은 강계(江界)와 갑산(甲山) 사이에 토질이 기름져 오곡의 재배에 알맞은 땅이 여진인과 가까워 폐허가 되어 있는데, 근래 출신 이의(李嶬)가 둔전 별장(屯田別將)이 되어 개간하고 철을 채굴하겠다는 의견을 전하면서 그렇게 하자고 건의했다. 김육이 주도한 건의로 보인다. 효종의 신중한 입장으로 실행되지 못했다.[188]

12월 정태화가 다시 영의정이 되면서 김육은 좌의정으로 내려온 후 훈련도감 도제조의 자리를 영의정에게 넘기기를 요청하는 차자를 올리면서 군량의 부족을 걱정하여 둔전 개발을 건의했다. 1653년 8월 김육은 차자 가운데 "강원도 여러 고을에는 유민이 많이 모여 오로지 산을 일구어 먹는 것을 생업으로 삼고 새나 짐승처럼 옮겨 다니므로 통제하기 어려운 백성이 되었고, 들판은 버려지고 명산은 날로 헐벗으니, 이것은 큰 걱정입니다. 빈 땅에 둔전을 설치하고 별장을 가려 정하여 수십 명이나 수백 명을 거느리고 산밭을 일절 금하고 그 들판을 죄다 개간하되, 3년 안에는 조세를 거두지 않으면, …… 백성은 일정한 마음을 갖고 국가는 그들을 보존하는 혜택을 베풀게 될 것입니다."라고 건의했다. 농지 개간과 산림 보호와 민생 안정을 도모하면서 군사 재원을 확보하는 다목적 방책이었다. 달리 말해 안민과 부국과 강병을 함께 도모하는 정책안이었다. 비변사는 그 시행을 요청하여 효종의 허락을 얻었다.[189]

1654년 1월 김육은 둔전 설치를 수령들 거의가 배척하여 몇 군데만 시행했을 뿐이니, 이는 기강을 떨치지 못한 때문이라고 차자로 보고했다. 다만 "연안에 둔전을 설치하여 거의 1000석을 씨 뿌렸는데도 연안의 백성이 괴로움을 말하는 것을 듣지 못하였습니다."라며 둔전의 성공을 자신했다. 연안의 황무지에 둔전을 설치하여 300여 석을 파종했으나, 수확량이 파종량보다 조금 더 많았다. 그래서 김육은 11월 차자를 올려 "신이 마음과 힘을 다하여 연안의 둔전을 설치하였습니다. 그런데 장차 헛되이 내버려지게 되어 한 도의 원망만 불러 왔으니, 이는 신의 죄입니다."라고 했다. 1655년 1월 김육은 연안 둔전의 사례로 보건대 황무지 개발은 어려운 과제임을 상기하면서 "새로 개간한 공전과 사전은 3년 지난 후 비로소 조세를 거둡니다. 그런데 이 둔전은 첫해부터 조세를 거두었는데, 관에서 경작했기 때문입니다. 금년에도 관에서 경작한다면 모집자가 반드시 많을 것입니다. 이들이 각자 힘껏 농사지어 농사철을 놓치지 않고, 모두 개간한 뒤 3년간 수확량을 헤아려서 수세법을 정하면, 반드시 수확하는 바가 있을 것이며 공전과 사전의 법례에도 합당합니다."라고 건의했다. 그 직후 김육은 연안의 황무지에 둔전을 설치하고 둑을 쌓고 도랑을 파서 개간할 것을 건의했다. 효종은 호조에 명하여 관원을 보내어 살펴보고 도형을 만들어 올리게 했는데, 강화도 군량미에 보충하려고 했다.[190]

1656년 2월 사헌부는 "연안에 둔전을 설치한 일은 실로 군국(軍國)의 중대한 일인데, 별장 박증(朴增)은 범람한 짓을 많이 하여 장물을 자기 것으로 하고 번번이 인근의 강성하고 교활한 무리와 함께 소를 잡고 술을 가지고 사찰을 횡행했습니다. 그밖에 폐단을 지은 정상은 낱낱이 거론하지 않아도 족합니다. 400석의 종자를 받아 내고서 가을에 거두어들인 것은 105석뿐이라고 도감에 속여 보고하였는데, 어찌 수확량이 도리어 파종량에 미치지 못하겠습니까. …… 박증의 관직을 올려준 명을 도로 거두고 유사를 시켜 잡아들여 죄를 정하소서."라고 건의해 효종이 따랐다. 이에 대해 김육은 4월 올린 차자에서 "한 해에 풍년이 들지 않은 일로 박증에게 죄를 돌려 관직을 올려준 은혜로운 명을 도로 삭탈하고, 2년 동안 수고한 공로를 헤아리지 않은 채 옥에 가두고서 죄를 주었습니다."라며 변호했다.[191] 그 후에도 효종의 조정에서 둔전의 폐단은 수차 거론되었다.

1654년 1월 좌의정 김육은 훈련도감 제조로서 군역의 불균등하고 무거운 부담을 시정하고 군비 재원을 확보하면서 군정을 개혁하는 방안을 담은 차자를 효종에게 올렸다. "군사는 정예로워야지 많을 필요가 없다."라는 지론을 제시하고 "국가의 재력이 이미 고갈되어 군사를 기르기가 몹시 어려우니, 수도 방위군을 5000명으로 정한 다음, 늙어 병들면 면제하고 궐원이 생기면 보충해서 정원 수만 유지하면 그만입니다."라고 했다. 포수 5000명에 대해 보인 1만 5000명이 포 4만 5000필을 납부해야 하니, 5000명 이상의 훈련도감은 재정 부담으로 곤란하다고 말한 것이다. 군사 재원의 조달 방안을 제시하기를, 공경대부(公卿大夫)의 아들부터 평민에 이르기까지 직역이 없거나 생원이나 진사가 아닌 21∼50세의 모든 남자에게 해마다 군포 1필씩을 거두자고 주장했다. "근래 이에 대해서 말하는 자는 많으나, 원망을 들을 각오를 하고 시행하기를 청하는 자가 없으니, 신은 몹시 분합니다."라며, 이 개혁이 이루어지면 서민의 부담을 줄일 수 있다고 했다. 김육의 개혁안은 대부분 사족도 군역을 부담하는 점에서 사족 전체에게 군포를 부과하자는 호포론(戶布論)의 선구일 뿐 아니라, 군역 부담을 1필로 줄여 균등화하는 점에서도 의의를 가진다. 1626년 사족의 군역 면제를 주장한 상소에 동참하던 김육은 이제 군포 징수에서 사족 특권을 없애자고 하고 '하늘은 모두를 고르게 대우한다'는 이념을 제시한 것이다. 효종은 이 차자를 비변사에 논의하게 했으나 김육의 군역 개혁론은 끝내 시행되지 않았다. 효종은 1년 후에 "이 일은 참으로 어려운데도 김육이 또한 하려 했다."라고 회상하면서 노비 추쇄로 재원을 마련하려고 했다.[192] 군역 개혁의 실패는 군역 면제라는 사족 기득권의 침해에 대한 반발 때문으로 보인다. 김육은 군역 개혁론을 다시 거론하지 않았는데, 대동법의 확대 시행과 동전 통용이라는 어려운 과제를 수행하면서 그것을 함께 주장하고 추진하기는 무리한 일이었다.

관직이 없는 사족에게도 군포를 거두자는 유포론(游布論)은 이전에 김육과 절친한 최명길이 주장한 바 있다. 1624년 최명길은 호패법을 시행하여 조사(朝士), 생원, 진사가 아닌 모든 사족에게도 포를 징수하는 것이 대동법보다 재정 충실화에 더욱 효과적이라고 주장했으며, 1625년 건장한 장정으로 군대를 조직하고 나머지는 포를 징수하자고 제안했다.[193] 1654년 김육은 최명길의 유포론을 1필 균등 부담으로 구체화했다. 최명길은 호패법을 통해 장정을 철저히 파악한 후에 군포를 거두자고 한 반면, 김육은 호패법의 폐지론자여서 군포를 납부할 인적 자원을 어떻게 철저히 파악할 것인가라는 과제를 남기고 있었는데, 1627년 군적에 입각하여 양정을 뽑자고 건의한 바 있었다.

(2) 김육의 건의 이후 군역 개혁 논의

군역 개혁론을 중심으로 하는 양역 변통론은 1670년 대기근 이후 본격화되었다는 설이 있고, 그보다 앞당겨 1659년 유계의 주장부터 본격화되었다는 설도 있는데, 필자는 1654년 1월 12일 김육의 개혁 건의 이후 본격화되었다고 본다. 1월 22일 장령 심총(沈揔)은 충청도와 전라도에서의 대동법 시행과 아울러 직역이 없는 사대부의 자제에게 해마다 직물 1필씩을 징수할 것을 청하는 소를 올려, 효종은 그것을 비변사로 보냈다. 2월 9일 정태화는 전라도 대동법의 시행이 곤란하다고 하면서도 사대부 한정(閑丁)에게 직물을 징수하는 것은 '조종조 구법(祖宗朝舊法)'이라고 아뢰었다. 효종은 웃으면서 "비록 선왕이 제정한 법〔成憲〕이라도 이것은 정말로 호패를 시행하기 어려운 것과 같다."라고 말했다. 병조 판서 원두표는 "이 일은 결코 시행할 수 없습니다."라고 아뢰었다.[194] 여기에서 효종이 김육의 군역제 개혁안을 어렵게 생각했음을 알 수 있다.

김집의 조카인 대사헌 김익희(金益熙)는 1654년 10월 병사와 농민을 분리해야 강병을 양성할 수 있고, 병농 분리를 위해서는 명문 사대부의 자제일지라도 학문이 과거 응시에 부족한 자는 하는 일 없이 놀지 못하게 하여 한민(閑民)을 없애야 한다고 주장했다. 효종은 "경의 말은 시무를 안다고 이를 만하다. 그러나 갑자기 시행하기는 불가하다."라고 말했다. 11월 김익희는 상소 가운데 우리나라는 가난하여 군대를 기를 수 없다며 병농 일치제로 주장을 바꾸었다. "멀리는 성주(成周)의 제도를 모방하고 중간의 당나라 제도를 참작하고 가까이는 조종조의 옛 제도를 복구하는" 제도로서 30세 이상의 권세가 자제, 충의(忠義) 품관(品官), 향교 학생, 양반 서얼, 그리고 과거 공부를 하지 않은 25세 이상 남자에게 해마다 정포(正布) 2필씩을 거두면 1년에 70~80만 필을 얻을 수 있을 것이니 10만 군사를 양성할 수 있다고 건의했다. 효종은 김익희가 시무에 매우 밝다고 칭찬하면서 시행할 뜻을 표명했다.[195]

김익희가 제시한 군포 2필은 당시 평균 부담량이었으나, 김육은 그 절반을 제시해 민생 안정도 도모했다. 김육은 관직이 없는 사족 모두에게 포를 거두자고 주장한 점에서 나이를 높게 잡고 과거 공부하는 사족을 면제하는 김익희의 주장보다 군포를 부담하는 사족의 포괄 범위를 넓혔다. 사족의 특권을 더욱 제한한 셈이었다. 방어용의 강병을 염두에 둔 김육은 도성의 직업 군인을 5000명으로 하자고 주장한 반면, 북벌을 염두에 둔 김익희는 병농 일치제 아래 10만 병사의 양성을 주장했다. 10만 농민이 교대로 번상하여 군역을 담당하는 조선 초의 체제였다. 율곡의 십만양병설이 만약 사실이라면, 김익희의 제안과 같은 성격이었을 것이다. 유성룡이 그것에 반대한 것이 사실이라면, 재원 조달의 구체적 방안이 부족하고 직업 군인을 선호하기 때문이었을 것이다.

1656년 효종이 비변사 회의에서 국가 경비의 부족을 언급하니, 병조 판서 원두표는 "1호당 포 1필씩을 징수하면 군국의 비용을 공급할 수 있다."라고 주장했다. 여기에서 사족을 명시하지는 않았으나, 포함한 것으로 보이니, 사족을 포함한 모든 호에 포를 징수하는 호포론이라 하겠다. 효종은 "경의 말이 옳은 듯하지만 이미 호패법이 없으니, 필시 균일하게 거두지 못할 것이다."라고 말했다.[196]

김육의 사후인 1659년 2월 11일 김장생의 문인인 병조 참지 유계(兪棨)는 상소하여 "군포 징수가 너무 무거워 백성의 피땀을 이미 다 짜낸 데다 노인, 약자, 도망자, 죽은 사람까지 탕감하지 않고 분담시켜 친족 이웃 사람이 아울러 혹독한 피해를 당하고 있으니, 이런 경우는 실로 고금천지를 통해 봐도 일찍이 없었던 큰 폐단입니다. 만일 이 상태로 두고 폐단을 변통하지 않으면 2~3년 못 가서 나라 안엔 양정이 남아 있지 않을 터이니, 아무리 100만 명의 이름만 실린 쓸데없는 장부가 있더라도 단지 백성의 원망과 분노만 쌓을 뿐이므로 결코 하루도 늦출 수 없는 다급한 바람입니다."라며 군정의 폐단을 아뢰었다. 유계는 그 개혁책으로서 "위로는 조정의 모든 벼슬아치에서부터 전함(前銜)과 생원, 진사, 유학, 품관, 과거 합격자, 서얼로서 허통(許通)된 자에 이르기까지 일체 군역에 합당하지 못한 부류로서 나이 60세 이하에서 아내가 있는 사람 이상은 무명 1필을 바치도록 윤허하소서."라고 건의했다. 효종은 "상소 내용이 여느 것과 비교가 안 되니, 내 마음에 가상히 여기고 기쁘다. 마땅히 묘당에 의논해 처리하라고 명하겠다."라고 말했다. 효종이 긍정적으로 변한 것은 힘든 충청도 대동법과 전라도 연해 대동법을 완수했기 때문에 개혁 자신감이 생겨, 그 다음으로 중요한 과제의 포부를 품었기 때문이리라.

유계는 양반도 모두 무명을 납부하는 호포론을 처음 뚜렷한 형태로 제시했다. 그것은 병농 일치를 유지한 점에서 김익희의 안과 같고 군포 1필로 정한 점에서 김육의 안과 같다. 김익희는 강병을, 원두표는 군사비 마련을, 유계는 민생 안정을 위해 개혁안을 마련한 반면, 김육은 민생 안정과 군사비 재원과 강병이라는 다목적을 추구했다. 이후 양역 변통론의 주된 목적은 민생 안정이었다.

13일 효종은 비변사 회의를 주재해 의견을 물었는데, 찬반이 팽팽히 갈렸다. 그러자 효종은 "모든 일을 반드시 대신이 담당한 후에야 도모할 수 있는데, 만약 서로 미루기만 하고 결단을 내리지 못하면 임금도 어떻게 혼자서 잘 운영하겠는가. 대동법은 김육이 혼자 스스로 맡아서 처음부터 끝까지 흔들림 없이 시행하였기 때문에 성공할 수 있었다."라며 김육과 같은 대신의 부재를 아쉬워했다. 그리고 "이 일은 명목이 매우 중대하므로 갑작스럽게 시행하기는 어려울 것

같다."라고 결정했다.[197]

13일 회의에서 이조 판서 송시열은 "이 일에 대해서 벌써 유계와 서로 의논하였으니, 유계에게 우선 사목을 골라내서 실시하기 편리한가의 여부를 살펴보게 하소서."라고 아뢰었다. 김육의 사후 산당이 군역제 폐단의 개혁을 주장하여 중요한 정책 과제로 삼고 있었음은 주목된다. 이 시점에서 송시열은 대동법을 지지했다. 송시열의 북벌론의 군사적 측면은 호포제 재원으로 10만 병사를 기르는 구상에 직결된다. 1649년 조정에 진출한 산당의 영수 김집은 인사 문제 등 조정의 도덕적 기강 강화와 국례 개혁에 주력하고 민생 안정을 위한 방책을 제시하지 못했으나, 김육의 민생 안정책이 효과를 거두고 평판을 얻은 것은 1657년 이후 다시 조정에 진출한 산당이 민생 안정의 구체적 대책에 힘쓰도록 자극했다고 볼 수 있다. 김육은 충청도와 전라도 대동법을 성취함으로써 민정 안정을 위해 그다음으로 중요한 군역 개혁을 위한 논의의 물꼬를 텄다. 김육은 균역법의 성립에도 이바지한 것이다.

(3) 직업이 전문화되고 상공업도 발달한 사회의 지향

김육의 병농 분리론과 유포론을 사회 질서 전반의 구상과 결부하여 고찰해 보자. 조선은 양인과 천인으로 나누는 법제를 가졌고, 천인, 서얼, 이서, 상인을 제외한 양인은 문과에도 응시할 수 있었다. 조선 전기에는 사족이 사실상 문신직을 독점하는 세습 신분이 되었으나, 임진왜란 이후 천인도 무과에 응시할 수 있었다. 16~17세기 노비가 인구의 3분의 1에 달할 정도로 증가했으나, 18세기에 격감하고, 19세기에 노비제가 폐지되었다. 서얼 차별도 서서히 완화되었다. 조선의 신분제는 과거 관료제인 점에서 전근대 국가 중에 개방적인 편이나, 노비제와 서얼 차별이 있고 상인 후예가 과거를 보지 못하고 양반 사족층이 세습적이어서 명나라, 청나라에 비해 폐쇄적이었다. 조헌은 1574년 명나라를 다녀와 올린 「동환봉사(東還封事)」에서 명나라는 문벌을 따지지 않고 인재를 등용하는 문이 넓다며 천민을 양인으로 삼고 서얼과 재혼녀의 아들도 관직 진출의 길을 열어 주자고 건의했다. 유수원은 『우서』에서 상인의 자손이 문신이 되지 못하는 현실을 비판했다.

앞서 언급했듯이, 1626년 11월 김육은 지평에 임명되어 대사헌 장유 및 집의 강석기와 함께 임진왜란 때 의병을 일으킨 사족의 우대책으로 경전을 외우는 시험에서 떨어진 사족을 군역에 충정하지 말고 이들에게 벌포만 징수하자고 주장했다. 이후에도 김육은 지식층이자 치자의 원천이고 국가의 중추 세력인 사족을 중시하는 관념을 계속 견지했고, 양천제를 부정하지 않았다. 그러면서 효종 대에 김육은 신분적 특권을 줄이는 정책을 제안, 추진했다. 1654년 김육은 사족의 특권을 줄이는 군역 개혁안을 주장했다. 김육이 가장 역점을 둔 대동법은 균평한 과세로 대민의 부담을 늘리고 소민의 부담을 줄이는 개혁이었다. 김육은 1655년 이후 추진된 노비 추쇄를 하지 말거나 완화하기를 계속 요청했고, 1656년 "노비도 백성이고 백성도 노비가 될 수 있으니(奴亦民也 民亦奴也)" 그들을 배려하기를 요청했다.[198]

김육은 직업 전문성을 중시하여 그 신분적 차별성을 완화하는 지향을 보였다. 김육은 1627년부터 직업 군인 제도로 군사적 기예를 갖춘 강한 군대를 만들자는 주장을 펼쳤다. 이처럼 군인의 전문성을 중시하면서 군대의 기강 단속도 주장했다. 1652년 김육은 훈련도감과 더불어 중앙 군대의 핵심을 이루는 어영군(御營軍)이 4만 명을 넘었는데 "교만하고 사나움이 습속을 이루어 도적들의 소굴로 투속하는 자가 많습니다."라고 우려하며 "옛 사람이 '군대는 불과 같다'고 하였습니다. 단속하지 않으면 장차 자신을 태워 버릴 것입니다."라며 기강 단속을 주문했다.

1장 7절에서 언급했듯이, 조선 시대 관료제는 근대적 특성을 상당한 정도 충족했는데, 김육은 그 인사 제도를 옹호하면서 관료의 전문성을 높이고 신분성을 약화시키고자 했다. 9절에서 언급했듯이, 산당의 영수 김집은 이조 판서에 올라 1649년 12월에 이조의 격식에 구애되어 인재 등용이 제대로 이루어지지 못한다며 대신이 규정을 뛰어 넘어 인재를 천거할 수 있도록 하자고 건의하자, 김육은 등용할 인재가 넘쳐 나는 때에 인사 규정에 따라 천거하자며 관료 인사 제도를 옹호했다. 김집이 관료의 도덕성을 중시했다면, 김육은 전문성을 중시했기 때문이다.

1653년 4월 조정은 동반(東班)의 3품 당하관으로서 일찍이 삼사를 거친 사람, 서반(西班)으로서 병사, 수사, 목사, 부사를 거친 사람, 그리고 통정대부로서 일찍이 동반의 본 품계의 실직(實職)을 거친 뒤 지금 서반에 있는 사람 가운데 인재를 천거하는 별천법(別薦法)을 시행했다. 그때 김육은 좌의정으로서 참여했다. 천거가 이루어진 후 대사간 홍명하는 "각기 자기와 친한 사람을 천거했기 때문에 태반이 잡스러워 다시 가려 뽑아서 도태시키지 않을 수 없었으므로, 양사가 논계하여 윤허를 받았습니다. 그런데 대신이 그 일을 담당하려고 하지 않으면서 원망과 비방을 피하였으니, 이것도 또한 공도(公道)에서 나온 것이라 할 수 있겠습니까."라며 비판했다. 여기에 대해 김육은 사직을 요청하는 차자를 올려 "천거한 바가 친애(親愛)에 치우쳤을 경우, 드러나는 바에 따라서 일일이 거론하여 탄핵하는 것은 대간의 임무입니다. 제대로 도태시키지 못한 것이 어찌 유독 신들만의 죄이겠습니까."라며 대간의 탄핵이 지나침을 지적했다. 그리고 "한 세상에 인재가 부족할 경우 장점을 취하고 단점을 버려 재주에 따라서 직임을 맡기는 것이 인재를 임용하는 방도입니다."라는 원칙을 제시했다.[199]

군자란 전인격을 갖추어야 하며 그런 군자를 등용하는 것이 유학의 관직 임용 원칙이다. 사림 관료는 이런 원칙을 철저히 지키고자 했고 산당이 그런 의식이 강했다. 김육은 『종덕신편』을 저술한 데에서 드러나듯이, 도덕성을 중시했고, 그러한 군자가 언관이 되어 공정한 자세로 사정 활동에 종사하고 이들이 고위 관료가 되어 국가를 다스려야 한다고 보는 점에서는 보통 유가와 다르지 않았다. 그런데 김육은 전문성과 실무 역량을 갖춘 기술 관료도 양성하고자 한 점에서 그들과 달랐다. 김육은 전문성을 가진 인물도 관료로 등용하기를 바라면서 엄격한 도덕성을 요구하지는 않았다. 그리고 문벌이 없는 사람을 적극 등용했다. 김육이 등용한 기술 관료가 모두 문신 관료와 사관(史官)의 비난을 받은 것은 『조선왕조실록』에 기록되어 있다.

1653년 7월 김육은 사족 송광일(宋光一)이 "병서를 많이 읽어 진법에 대해 잘 알고 있었습니다. 이에 시험 삼아 그가 가진 재주를 살펴보니, 지려가 다른 사람보다 뛰어난 듯하였습니다. 그런데도 자격과 문벌이 없는 탓에 궁핍하게 지내면서 굶주림을 면치 못하고 있습니다."라고 건의하여 관직을 주었다. 이 추천에 대해 여론은 "송광일은 요괴(妖怪)하여 민중을 현혹하였는데 천거되니 듣는 자가 놀랍게 여겼다."라고 비판했다. 11월 유학 김수두(金壽斗)가 송광일이 음모를 꾸몄다고 고하여 송광일은 곤장을 맞고 죽었다. 그 직후 무고임이 드러났다.[200]

앞서 언급했듯이, 김육은 1653년 동전 통용과 같은 일들의 "경영은 사대부와 더불어 논하기가 어렵습니다. 분주히 일하면서 그 재화를 늘리고자 하면 모름지기 저잣거리의 사람을 써야만 합니다."라고 판단하여, 이서 정문호와 역관 이승훈을 동전 통용의 실무자로 천거하여 효종의 허락을 얻어 행전 별장으로 삼았다. 조선 시대에 유학 공부만으로 문과에 급제한 관료는 일반적으로 전문성과 실무 역량과 사업 추진력이 부족했다. 치자가 되는 사족과 실무 역량을 갖춘 말단 관리인 이족 사이에 넘을 수 없는 신분적 장벽이 있었고, 이것은 기술 관료제의 발전을 저해했다. 김육은 조선 시대 관료제의 이러한 한계를 인식하고 전문성을 갖춘 기술 관료를 양성하고자 당시로서는 파격적으로 인재를 천거했는데, 양반 사족은 그런 김육에 비판적이었다. 그래서 김육의 지향은 계승되지 못했다.

조선 시대에 이서는 신분적 제한으로 하급 관료를 벗어날 수 없었고, 정규 급료가 없어 구조적으로 부정을 저지를 수밖에 없었다. 성호 이익은 인사 평가의 고과제를 논의하는 가운데 이서에게도 고과제를 실시해 출세할 수 있어야 한다고 주장했다.[201] 김육의 인사 정책을 제도화하면, 중인의 고과제에 의한 승진으로 나아간다.

김육이 등용한 사족이 아닌 기술 관료들은 모두 문신의 탄핵을 받아 감금되어 처벌을 받을 처지가 되었다. 김육은 이들을 변호하면서 중상모략임을 지적하고 박증에 대해 "한 해 풍년이 들지 않은 것을 가지고 박증에게 죄를 돌려, 관직을 올려 준 은혜로운 명을 도로 삭탈하고, 2년 동안 수고한 공로를 헤아리지 않은 채 옥에 가두고서 죄를 주었습니다. 앞으로 한결같이 오늘날처럼 할 경우, 이 뒤로는 비록 사람을 모집해 농사를 짓는 일을 한다 하더라도, 정문호나 이승훈, 박증의 일에 징계되어 아마도 다시는 국가를 위하여 힘쓸 사람이 없을 것입니다."라고 주장했다.[202] 사업 추진자의 비방 여론에 민감하게 반응하여 쉽게 처벌 결정을 내리는 조선 조정의 성향이 드러난다. 그래서 지방관이나 중앙 관료는 사업을 추진하기보다 관행에 따라 무사안일로 처신하는 것이 유리했다. 그래서 지역 개발이 부진하고 국가적 사업 성취가 부족했다. 반면 김육은 장기간 사업 추진 기회를 제공하여 공과 과를 종합적으로 판단하는 방식을 추구했다. 사업의 추진에는 잡음이 나고 비방이 일어나기 쉬운데, 조선 조정의 일반적 처리 방식은 사업의 효과적이고 지속적인 추진에 지장을 초래할 수가 있었고, 김육의 방식은 그런 한계를 극복할 수 있었다.

김육은 군인의 기예와 관료의 전문성을 중시했을 뿐 아니라, 농민과 수공업자와 상인도 전문화되어 기술력을 갖추기를 바랐다. 김육은 보통 양반 사족과 달리 상업과 상인에 우호적이었다. 인민이 토산물로 납부하는 공납제를 쌀과 직물로 거두어 공인에게 주어 시장에서 구입하거나 제조하여 납부하게 하는 대동법으로 전환한 것은 시장을 중시하는 정책이었다. 김육은 1658년 전라도 대동법의 시행 방안을 논의할 때 "제향(祭享)이 나라의 큰일이니, 토산물을 써야 마땅하지 교역해서는 안 된다."라는 주장에 대해 "유청(油清), 미면(米麵), 어육(魚肉), 포해(脯醢)는 곳곳에 다 있습니다. 그런데 어찌 먼 곳에서 가지고 온 것은 귀하고 가까운 곳에서 가지고 온 것은 천하겠으며, 어찌 조세로 거둔 것은 좋고 값을 주고서 산 것은 나쁘겠습니까."라며 반박했다.[203] 김육은 1627년 「황해도, 평안도에서 마땅히 실행할 일을 논하는 소」에서 "우리나라는 물산이 많지 않은데 여러 나라의 물화가 통용되지 않으며, 단지 쌀과 직물만을 쓰고 있어서 다시는 유통되는 화폐가 없습니다. 국가와 민간 모두가 궁핍한 것은 참으로 이 때문입니다."라며 동전 주화의 통용책을 건의했으니, 국제 무역의 활성화도 국가와 인민을 부유하게 한다고 인식했다. 그가 건의한 동전 통용뿐 아니라 수레 사용도 시장의 발달을 도모하는 정책이었다.

1641년 다음의 일화는 "물건을 매매할 때 교묘한 말로 기만하여 자기에게 이익이 돌아오게 하는" 상행위를 유교의 엄격한 도덕률로 재단하여 처벌하지 않고 용인하는 김육의 사상을 보여 준다.

경상도 함양군의 백성 원연(元連)이 곤궁하여 살아갈 수 없게 되자, 처자를 거느리고 옛 절터 옆에 토굴을 만들어 살고 있었다. …… 하루는 땅을 파는데 쇠가 부딪치는 소리가 들려 파 보니, 오래된 항아리가 기와로 덮여 있었고 그 위에는 '일천 년'이 적혀 있었다. 뚜껑을 열어 보니 대략 수십 개쯤 되어 보이는 황적색 물건이 들어 있었는데, 그중 한 개의 표면에 '의춘대길(宜春大吉)'이란 글자가 있었다. 원연은 그것이 금인 줄은 몰랐는데, 같은 군에 사는 사람이 금인 줄을 알고서 원연에게 주석(錫)이라고 속여 말하자, 원연이 그 말을 믿고 즉시 헐값을 받고 내주었다. 그 사람은 말이 누설될까 두려워하여 전라도로 이사했다. 전주 부윤이 그의 행적을 의심하여 체포하려 하자, 면하기 어렵다는 것을 스스로 헤아리고 10여 냥쯤 싸가지고 호조에 가서 "듣건대 국용(國用)이 탕갈되어 세폐(歲幣)로 보낼 금을 마련할 계책이 없다고 하니 이것을 바치고자 합니다."라고 말했다. 이에 호조 판서 이명(李溟)이 보고하여 상을 주려 했는데, 얼마 안 되어 전주, 함안 등의 지방관은 "그 사람이 기화(奇貨)를 탈취했다가 자기의 죄를 모면하려고 약간의 금을 덜어 내 호조에 가서 바쳤으니 정상이 가증스럽다."라고 했다. 이에 그 사람을 의금부에 가두고 나머지 금을 모두 징수하니 130냥이었는데, 그 사람이 모두 내놓지 않았다고 의심하여 오래도록 형장으로 때리면서 조사했다. 이때 우승지 김육은 "물건을 매매할 때 교묘한 말로 기만하여 자기에게 이익이 돌아오게 하려는 것은 장사치의 일반적인 행태로서 시장 사람이 모두 이런 부류인데, 어찌 이것 때문에 중하게 죄줄 수 있겠습니까. …… 이것은 국가의 물건을 훔쳐 낸 것도 아니고 먼 지방 백성이 스스로 얻어 저들끼리 매매한 것이며, 국가에서 이미 값을 주고 금을 사용하였는데, 그 사람을 또 의금부에 가둔다면 억울하다는 원성이 있을 뿐만 아니라 왕정의 대체에도 손상이 있을 듯합니다."라고 아뢰었다. 인조는 "이 사람은 사실이 발각된 뒤에 그 죄를 모면하려고 국가를 속였다. …… 그러나 대체에 손상된다는 말은 옳다."라고 답하고, 그날로 석방하라고 명했다. 그 뒤 인조가 그 금을 청나라에 보내자, 청국은 그 금을 되돌려주면서 칙서에

"신라 때의 오래된 황금이 이미 조선의 소득이 되었는데, 왕이 사사로이 갖지 않고 사람을 시켜 보내 왔으니, 사대의 정성을 충분히 알겠다. 그리고 '의춘대길'과 '일천 년' 등의 말은 상서(祥瑞)인 것 같은데, 왕이 얻은 것은 곧 짐이 얻은 것이다."라고 적었다.[204]

1648년 김육은 개성 유수로서 양로연(養老宴)을 베풀면서 지은 시의 서문에서 두 차례 호란으로 시장 교역이 이루어지지 못한 점을 개성부민의 중요한 고충으로 보았다. 1654년 좌의정 김육은 "경강의 배가 공조(公漕)와 사운(私運)으로 멀리 충청도 아래로 나가는데, 나가지 않은 배는 매어 놓고 내보지 아니하고 이미 나간 배는 공문을 보내어 돌아와 정박하도록 하니, 강과 바다가 떠들썩하고 원망함이 무리로 일어나 먹여 주기를 바라는 사람들이 기대할 만한 곳이 없고, 고기잡이하는 백성이 장차 그 시기를 잃어버리게 되었습니다."라며 그 대책을 강구할 것을 건의했다.[205] 이처럼 김육은 상인을 보호하는 정책에도 소홀하지 않았다.

김육은 1649년 충청도와 전라도 대동법의 시행을 요청하면서 올린 별단에서 10년 전 충청도와 전라도에 염철사(鹽鐵使)를 두어 소금을 판매하는 일이 바닷가 고을의 큰 폐단이 되고 있고 국가가 장사꾼과 이익을 다투는 것이 명분상 옳지 않다고 주장했다. 그래서 본도와 본 고을로 하여금 염분을 상세히 조사해 명부를 작성해 조정에 올린 다음 수세하자고 건의했다. 5절에서 언급했듯이, 김육은 은광의 설점수세제를 시행했다. 김육은 민간 염업과 광업의 육성을 도모하면서 세입을 늘리는 방안을 추진한 것이다.

김육은 김우명에 보낸 편지에서 일기책에 중국 직기(織機)의 규격을 그려 두었고 도감과 관상감에 목재가 많고 장인이 직기를 만늘 수 있으니, 송과 하인에게 연습하게 하여 옷감을 짜라고 지시했다.(228) 김육은 수공업 기술에도 관심이 컸고 중국의 선진 기술을 도입하고자 의도했던 것이다. 김육은 중국의 수차, 수레, 직기의 도입을 추진하고 중국의 양잠법과 목화 재배법을 기록해 두고 서양 자명종을 만든 밀양의 기술자를 각별히 여겼다. 농업과 수공업의 기술을 중시하는 관점이었다.

이상으로 보면 김육은 관료, 군인, 농민, 수공업자, 상인이 전문역량을 높이는 사회를 구상했다. 달리 말해 농업뿐 아니라 상공업이 발달하고 시장이 활성화된 경제를 지향했다. 김육은 전문성을 가진 중인도 관료로 중용했으니, 신분 차별을 완화하는 입장이었다.

14 효종의 북벌 정책과 김육의 견제, 그리고 산당의 2차 정계 진출[206]

(1) 효종의 북벌 정책과 김육의 견제

효종은 즉위하면서 청나라에 당한 치욕을 씻을 북벌을 차근차근 준비했다. 청나라는 1644년 북경을 함락했지만, 한족의 저항을 받고 있어서 효종이 북벌을 발상할 수 있었다. 그런데 즉위한 효종이 동원할 수 있는 중앙군은 훈련도감 4000여 명, 친위 금병(禁兵) 600여 명에 불과했다. 이괄의 난을 계기로 어영군이 창설되었는데, 효종이 즉위한 1649년에 번갈아 어영군에 동원되는 정병이 1만 2000명이었다. 1651년 6월 효종은 어영군의 정병을 2만 1000명으로 늘려 도성에 상주하는 병력을 1000명 확보했고, 이완(李浣)을 지휘관으로 삼았다. 북벌 준비의 첫 사업에 대해 김육은 심각한 재정난을 들어 반대했다. 1627년 속오군의 훈련을 관할하기 위하여 설치한 진영에 정3품 당상직 장관인 영장(營將)을 두었으나, 그 후 조신의 반대와 청나라의 압박으로 폐지했다. 영장은 지방 군사의 훈련과 지휘를 지방관으로부터 독립시킨 제도였다. 1652년 박서(朴遾)가 영장의 부활을 건의하자, 효종은 수용하려 했으나 김육의 반대로 무산되었다. 효종은 1654년 병조 판서 원두표의 건의를 수용하여 영장 제도를 부활하고 북벌을 위한 전위대로 삼고자 했다.

원두표는 1653년 7월 병조 판서로 임명되어 1656년 12월 우의정으로 승진할 때까지 북벌 정책의 중심적 임무를 맡았다. 충청도 대동법의 시행 결정 직후인 1651년 영의정 김육은 호조 판서 원두표가 "한 번도 신을 직접 찾아와 의논한 적이 없었습니다. 체통이 이처럼 무너지고서야 무슨 일을 할 수 있겠습니까."라고 공격하니, 효종은 "이 사람이 자못 계려가 있기 때문에 그 대임을 구하기 어려워서 오래도록 재임시킨 것이다."라고 답했다. 이때 효종이 이미 원두표를 북벌 정책 담당자로 구상하고 있었다고 보인다. 원두표의 할아버지 원호(元豪)는 수군절도사로 임진왜란 때 순국했고, 부친 원유남(元裕男)은 조정에서 부국강병책을 주장한 산림 박지계(朴知誡)의 제자였다. 효종은 친위병인 금군 600명을 모두 기병으로 만들었고, 1655년에는 1000명까지 늘렸다. 무예를 단련한 조총군은 1654년과 1658년

청의 요청으로 파병되어 러시아군의 격파에 공을 세웠다.

효종의 북벌 정책을 견제한 중심 인물은 김육이었다. 1654년 11월 김육은 북벌 정책의 폐단을 거론하면서 사직을 요청하는 차자를 올렸다. 여기에서 "지금 크게 두려워해야 할 세 가지는 하늘과 적(敵)과 인민인데, 인민이 가장 두렵습니다."라며 북벌을 위해 민생 안정을 해쳐서는 안 된다고 주장했다. 그리고 "병사와 농민이 나누어지지 않았는데 갑자기 영장을 설치하여 전부(田賦)의 과세와 조련(操鍊)의 거조가 번번이 모순됩니다."라고 지적하고 "각 고을에서 염초(焰硝)를 굽는 폐단이 또 개성에까지 미치고 있습니다."라고 아뢰었다.[207] 1655년 효종은 대신과 비변사 신하들과 함께 구체적인 강병책과 방어 전략을 논의했다. 병조 판서 원두표가 "강화도를 지키려면 격포에 진을 설치해야 합니다."라고 아뢰어 그 방안이 채택되려는 참에 좌의정 김육은 "신은 옳지 않다고 생각합니다."라고 아뢰고 "평안도와 황해도에는 혹 관방(關防)을 둘 수 있겠으나, 전라도는 무사한 곳인데 백성이 곤궁하고 재물이 다 없어진 이때에 어찌 가벼이 움직여 일을 일으킬 수 있겠습니까."라며 다시 반대했다. 효종은 언짢아하며 "각자 소견을 지키는 것도 괜찮겠으나, 지금 천재(天災)와 시변(時變)이 매우 심하여 앞날의 근심이 말할 수 없는데, 어찌 손을 묶고 앉아 사전의 대비를 전혀 잊을 수 있겠는가. 감사는 영문(營門)에 머물러 계책으로 호응하고 병사는 군사를 거느리고 임금에게 충성을 다해야 옳다."라고 말했다. 원두표가 "신이 늘 김육을 보면 민심을 잃지 않는 것을 상책으로 삼고 백성을 움직여 일을 일으키는 것을 그르게 여깁니다."라고 아뢰자, 김육은 "인심을 잃으면 금성탕지가 있더라도 지킬 수 없을 것입니다."라고 응수했다. 원두표는 "민심을 얻더라도 군사를 쓸 바탕이 없으면 또한 어찌할 수 없을 것입니다."라고 되받았다.[208]

1655년 1월 호조 판서 이시방이 각사 노비안에 등록된 19만 명 중 2만 7000명만 신공(身貢)을 납부한다고 보고하자, 효종은 노비추쇄도감의 설치를 지시했다. 병조 판서 원두표와 대사헌 김익희가 적극 동조했다. 김육은 상소로 "태종조 노비변정도감을 설치했고, 성종 10년(1479)에 추쇄도감을 설치했으며, 중종 9년(1514)에 또다시 설치했고, 명종 11년(1556)에 또 설치했습니다. …… 1566년 이후 …… 100년 동안 버려 두었던 법을 수개월 안에 다시 닦아 거행하면서 형벌을 엄하게 하여 핍박할 경우, 죄가 있든 없든 간에 억울하게 죽는 자가 얼마나 많을지 모릅니다. 임진년 이후 여러 번 전란을 겪은 데다가 전염병이 돌았으며, 이어서 기근이 들어 죽은 자가 매우 많고 문부(文簿)가 다 없어져 버렸습니다. …… 열 사람의 어사가 다섯 도(道)로 달려 나가면 백성이 임금의 명에 분주하느라 지쳐서 농사철을 놓치게 될까 염려됩니다."라며 반대했다. 효종은 "국가 대사이니 경은 막지 말라."라고 명했다. 며칠 후 효종은 "그 할아버지부터 혹 급제하였거나 생원이나 진사가 되어 그 아들과 자손이 그대로 법을 어겨 양인이 된 자는 특별히 탕척하는 법을 써서 그대로 양인이 되는 것을 허가하라."라는 등 추쇄 정책을 완화하는 명을 내렸으나, 김육의 민생 안정 차원의 취지와는 달랐다.[209] 추쇄 사업은 1655년 2월부터 남부 5도로 축소하여 시행되고 1657년까지 추진되었다.

한나라 고조는 흉노 정벌에 나섰다가 패배하여 굴욕의 화친 조약을 맺었다. 무제는 군사력을 길러 흉노를 정벌했으나, 인민의 부담과 재정의 궁핍을 낳아 후회했다. 북벌 의사를 가진 효종은 무제의 흉노 정벌을 누누이 칭송했는데, 내치와 안민에 힘쓴 문제와 경제를 칭송하던 일반 유자와 다른 입장이었다. 송대 이학자는 무제를 폭군이라 비난했다. 1655년 7월 효종이 가뭄을 당해 반성의 윤음을 내리자, 김육은 "한나라 무제가 진나라 전철을 벗어난 것은 「추풍사(秋風辭)」의 후회에 힘입은 것"이라며 감격의 눈물을 흘렸다.[210]

이처럼 김육은 효종의 북벌 정책을 사사건건 반대했다. 그래서 원두표와 갈등하고 효종의 불만을 샀다. 김육은 진자앙(陳子昻)의 감우시(感遇詩)에 차운한 시에서 "우리 임금의 원수를 없애고 싶네."라는 설욕의 마음이 없지는 않았다. 그런데 김육은 1636년 명나라에 사신으로 가서 지은 「감우(感遇)」에서 청나라 군대가 강성하여 명나라가 평정하기 어렵다고 적었으니, 청나라에 싸워 이길 전망을 비관적으로 보았다. 설사 한나라 무제처럼 치욕을 씻을 수 있다고 하더라도 그로 인해 민생이 당할 고통이 커서, 김육은 북벌을 동의하지 않았을 것이다.

김육이 강병을 바라지 않은 것은 아니었다. 2장 15절에서 언급했듯이, 1656년 지은 재산루의 기문은 무예 수련의 뜻을 담았다. 그는 서장관 유심의 시에 차운하면서 "300년 동안이나 병략(兵略)을 몰랐으니, 명나라 운명이 숭정(崇禎)에서 끝날 줄을 어찌 알았으랴."라며 전쟁 대비를 중시했다. 김육은 병농 분리로 정예 병사를 기르고 둔전법과 양반에 대한 군포 징수로 그 재원을 충당하자는 중요한 제안을 했으나, 그것은 방어용이었다. 김육은 배중령(裵中令)의 운에 차운한 시에서 "민생을 안정시켜 농상(農桑)에 힘쓰고, 적병들을 제압하여 전쟁 없애리."라고 읊었는데, 경제의 충실화로 외침을 막는 강병을 추구했다. 김육은 강병을 위해서는 재정이 넉넉해야 하고, 재정 확대의 전제이자 근본책은 민생이 안정되고 나아가 인민이 부유해지는 것이라 보았으니, '안민→부민→부국→강병'이라는 유가의 모범적 구상을 가졌다. 김육은 보통 유가와 달리 안민과 부국을 동시에 달성하는 방안의 개발과 추진에 힘썼다. 김육이 추진한 대동법과 동전 유통책은 민생을 안정시키고 인민을 부유하게 하고 나아가 재정을 충실하게 하는 정책이었다. 김육은 효종의 뜻을 거슬러 북벌 정책을 시종일관 반대하거나 견제하면서도 효종의 지원을 받아 대동법과 동전 통용책을 추진했다. 조선 시대에 군주와 신하의 협력과 견제가 잘 이루어진 일로 효종과 김육의 관계 이상을 찾기 어렵다.

(2) 효종의 북벌 정책 좌절과 산당의 2차 정계 진출

조선 왕조의 많은 군주와 관료, 정치가와 경세가가 군사력 강화를 논했지만, 성과를 거두지 못한 근본 요인은 빈약한 재정이었다. 효종의 북벌 정책을 제약한 근본 요인도 재정이었고, 재정 빈약의 근본 요인은 약한 경제력이었다. 김육이 북벌 정책을 반대한 중요한 이유도 인민이 가난하고 재정이 빈약하다는 것이었다.

효종의 북벌 의지는 1656년 이후 잦은 기상 이변, 거듭된 흉작 등으로 인해 약화되었다. 1656년 2월 효종이 대신 및 비변사 신하와 정사를 논의할 때, 영돈녕 부사 김육은 "요즘 천재(天災)가 매우 심하여 성상께서 직언을 구하는 분부를 내리셨는데 …… 지금의 급선무로는 민생 안정만 한 것이 없습니다."라며 영남의 속오군에게 보인을 주는 조처를 폐지하고 황해도와 평안도의 추쇄를 중지하자고 주장했다. 그리고 안흥과 격포에 진을 설치할 계획에 대해 안흥의 형세가 성을 쌓을 만한 곳이 아니며 이 사업으로 충청도민의 힘이 이미 고갈되어 원망과 고통이 날로 심해지고 있다고 아뢰었다. 효종은 "하는 바 없이 속수무책으로 그냥 있다가 혹 화란이라도 있으면 장차 어디로 가겠는가."라고 응대했다. 병조 판서 원두표는 "김육이 황해도와 평안도의 추쇄를 중지하자고 청한 것은 신의 뜻도 그러하며, 또한 충분히 민심을 위로하는 한 방도가 될 것입니다."라고 아뢰자, 효종은 따랐다.[211] 1656년 8월 전라 우수사 이익달(李益達)이 각 읍의 전선(戰船)을 통솔하여 바다로 나아가 수군을 조련시킬 무렵에 비바람이 크게 일어 전선이 모두 떠내려가거나 침몰되어 죽은 수졸(水卒)이 1000여 명이었다.[212] 9월 서남쪽에 일어난 바람과 천둥의 변고에 대해 김육은 "이번 변고는 막중한 재해로 역사서에도 나타난 기록이 없고 듣지도 못한 것입니다."라며 우려하고 속오군의 보인과 안흥의 진 사업을 그만두고 영장을 다시 만들지 말고 노비추쇄법을 더 완화하기를 요청했다. "호남의 침몰된 전선이 13척에 이르며, 그외 파손된 병선(兵船)과 협선(挾船)도 몇 척인지 모르는데, 만약 내년 봄 이전에 다시 갖추게 한다면 해변 백성의 힘이 고갈될 것이니 …… 크게 변통하여 구제함이 있어야 하겠습니다."라고 건의했다. 심각한 재해와 수많은 전선의 파괴로 북벌의 의지가 약화된 효종은 "차자의 내용을 살펴보니 내 마음에 더욱 두렵게 여겨진다. …… 차자 가운데서 논한 몇 가지 일은 혼자서 결단하기 어려울 듯하니 묘당과 의논하여 조처하겠

다."라고 답했다.[213]

기상 이변과 재해가 1657년에도 이어지자, "이와 같은 변괴는 매양 쇠란(衰亂)의 시대에 있다."라는 이만웅의 4월 진언에 효종은 얼굴빛이 변하기까지 했다.[214] 1657년 5월 참담한 가뭄에 대해 신하들의 의견을 구하는 효종에게 김육은 "성상께서 수성하는 실제를 다하고 기도하는 정성을 다한다면 하늘의 돌보심을 믿을 수 있을 것이니, 늦게라도 비가 내리면 가을에 수확을 거둘 가망이 있다."라는 사람들의 말에 동의하지 않음을 밝히면서 "오늘날 재변을 구제하는 계책은 오직 백성을 구원하는 데 있습니다."라는 지론을 다시 펴고 영장의 폐지, 노비 신공의 감소 등 종전 주장을 반복했다.[215] 효종 사후 점차 수령이 영장을 겸임하게 되었다.

1650년 1월 산당이 재야로 물러간 뒤에도 효종은 김집을 11월 대사헌, 1652년 4월 이조 판서, 1653년 12월 좌참찬, 1654년 9월 판중추부사로 임명했으나, 김집은 모두 사양했다. 1649년 11월에 이조 판서로 초고속 승진한 김집이 김육과 정책 대결에 밀려 조정을 떠나지 않았다면, 조만간 정승에 올랐을 것이다. 효종은 송시열과 송준길을 집의, 승지 등의 벼슬로 불렀고 1655년 2월 송시열을, 1656년 송준길을 이조 참의에 임명했으나, 양송은 계속 사양했다. 효종은 산림을 중용할 초심을 버리지 않은 것이다. 왜 양송은 효종의 부름에 응하지 않았을까? 한편에서는 김육이 대동법과 동전 통용책을 추진하고 다른 한편에서는 효종이 원두표를 담당자로 삼아 북벌을 추진하는 조정에서 양송은 존재감을 발휘할 수 없는 상황이었다. 게다가 김육과 대립하여 물러난 스승이 살아있지 않는가.

1656년 윤5월 김집이 사망했다. 1657년 8월 16일 송시열은 찬선의 사직소와 아울러 「정유봉사」를 올렸다. 총론은 "오늘날 폐단이 없는 일은 하나도 없는데 이것은 모두 근본이 단정하지 않은 데에서 비롯되었습니다. …… 근본이 저절로 단정해지는 것은 아니고 이른 바 '마음을 바르게 한다.'라는 것이 바로 행할 일입니다. …… 대개 마음이 바르게 되면 자신으로부터 조정, 조정으로부터 주현(州縣)에 이르기까지 모두 바르게 되어서 인심이 믿어 복종하고 국가의 형세가 저절로 강성해질 것입니다."라는 지론이었다. 이어서 제시된 19조목 가운데 셋째로 대명 의리를 천명했고, 다섯째로 군정보다 민심을 얻는 것이 우선이며 그러기 위해 경비를 절감하여 조세 부담을 줄이자고 건의했고, 여덟째로 사설(邪說)을 배척하여 대통(大統)을 분명히 하고, 열한 번째로 성학으로 덕성을 함양하고, 열넷째로 군대 규율이 해이함을 지적했고, 열다섯째로 이유태와 유계의 사면을 건의하고, 열아홉째로 주자가 효종에게 복수의 의리를 아뢰면서 "마음을 바루고 사욕을 극복하여 조정을 바로잡으시면 거의 진실한 공효가 점점 이를 수 있습니다."라고 했다.[216] 1649년 「기축봉사」와 기본적으로 같은 내용이고 그보다 치인의 비중이 높았다.

「정유봉사」는 2차로 정계에 진출하는 산당의 국정 구상이고, 그 제출은 산당의 2차 정계 진출의 기점이라 하겠다. 18일 송준길은 찬선의 지위로 조정에 왔다. 효종은 9월 18일 송시열을 이조 판서로, 송준길을 대사헌으로 중용했다. 송준길은 조정에 온 지 5개월 동안 자신의 주장이 모두 수용되지 않자, 물러갔다. 효종은 송시열의 건의를 수용하여 10월 15일 강빈의 무죄를 주장하다 죽음을 당한 김홍욱의 자손과 친속에 대한 금고령을 해제했으며, 9월 12일 유계에, 1658년 1월 8일 이유태에 관직을 주었다. 회덕에 머물면서 효종 알현과 상소로 정치 활동을 재개한 송시열은 1658년 7월 조정에 들어왔다. 10일 후 송준길도 다시 조정에 왔다.[217] 양송이 조정에 들어와 산당의 정치 활동이 본격화된 것이다.

효종이 산림을 다시 중용한 배경은 1657년 11월 다음의 하교(下教)에서도 엿볼 수 있다.

아, 근래 재이(災異)의 참혹함이 달마다 나타날 뿐만 아니라 거의 없는 날이 없다고 할 만하다. 미미한 나 소자가 벌벌 떨며 깊은 연못에 임한 듯 얇은 얼음을 밟는 듯한 심정으로 밤낮으로 근심하고 두려워하여 감히 편안할 겨를이 없는데도, 인자한 하늘은 경계하고 노여워함을 더욱 심하게 하니, 어찌된 일인가? 단지 스스로 두려워하기만 하고 하늘을 공경하는 도리를 모르는 것은 아닌가? 단지 스스로 부지런히 수고는 하지만 학문을 하는 근본을 모르는 것은 아닌가? 한마음으로 다스려지기를 구하여 거의 10년이 다 되어 가는데, 공들인 효과는 더욱 까마득하고 날로 위태롭고 어지러워지기만 한다. 근래 산림의 선비를 맞이하고 방문하여 큰 명을 맞이해 이어 나갈 바탕을 마련하고자 하는데, 겨울 천둥의 변이가 또 이런 때에 나타나 번쩍거리고 우르르 쾅쾅거려 한여름과 다를 바 없으니, 편치도 않고 아름답지도 않다.[218]

효종은 자신이 아무리 노력해도 흉년에 많은 백성이 굶주리는 것을 피할 수 없다는 맬서스 법칙, 그리고 자신의 노력과 기상 재변이 무관한 과학적 사실을 몰랐다. 유가는 이 천인 감응설로 주권자 군주를 견제할 수 있었다. 아무튼 유가인 효종은 정치의 근본과 하늘을 공경하는 도리를 깨우치는 데에 부족함이 있어서 기상 이변과 재해가 빈발한다고 생각하고 그 면에 자문해 줄 산림을 절실히 필요로 했던 것이다. 게다가 효종이 신임한 조익은 1655년에, 김익희는 1656년에, 이경여는 1657년에 죽었고, 김육은 죽음을 목전에 두고 있었으므로, 허전해진 조정에서 군주를 보좌할 새로운 명망가들이 필요했다. 북벌 정책도 차질을 빚어 효종은 1649년 봉사로 자신과 다른 북벌 방식을 제시한 송시열과 논의하고 싶은 마음도 있었는지 모른다. 송시열은 집권 세력인 서인 가운데 가장 명망이 높은 산림일 뿐만 아니라 조정과 재야에 지지 세력을 가장 많이 가진 인물이었다. 송시열의 지지는 효종 조정의 정치적 안정화에 중요한 일이었다.

양송은 왜 다시 조정에 진출했을까? 충청도 대동법이 성공적으로 정착하고 산당은 대동법을 지지하기로 하여, 이 문제를 둘러싼 갈등이 사라졌다. 김육도 죽음을 앞둔 조정에서 송시열은 정국을 주도할 위치에 있었다. 효종의 북벌 정책도 좌초하고 있었다. 그런 상황에서 효종의 신임 위에서 유학의 이상인 삼대의 정치를 구현하고 북벌의 방향을 바르게 설정하는 포부를 펼 기회가 왔던 것이다.

효종은 송준길 및 송시열과 군비 논쟁을 벌였다. 1658년 9월 양송은 굶주림 구제에 적극적이기를 주문한 다음 병사를 늘리는 일이 재정 부담이 된다며 중지하기를 권하자, 효종은 "훈련도감병이 4000여 명뿐이므로 지금 더 뽑아서 5000명을 채우고자 한다."라며 뜻을 굽히지 않았다. 10월 홍문관 관원들도 상소로 재해 입은 백성을 구휼해야 하는데 수도 방위군 700명이 국고 소비를 늘린다고 간했다. 효종은 "아, 내가 덕이 없어서 천심에 부합하지 못하여 재이가 거듭 생기고 흉년까지 들어, 허덕이며 뿔뿔이 흩어진 우리 백성이 얼마나 많은지 모르겠다. 세상의 괴로움이 갖가지이지만 무엇이 배고픔보다 더하겠는가. 가만히 생각하니 내 몸이 아픈 것과 같아 책상을 대하면 나도 모르게 탄식이 나온다. 기근을 구제하는 일이 불에서 구해 내고 물에 빠진 자를 건지는 것보다 더 급하므로 참으로 생각과 마음을 다하며 인색한 바 없다만, 국가에 저축이 없으니 어찌 한단 말인가. 스스로 애태우고 있을 뿐이다."라고 한탄했다.[219]

양송은 군주의 도덕적 수양에 입각한 민생 안정을 최우선 과제로 내세운 반면, 효종은 민생 안정과 군비 강화를 병행하고자 했다. 양송은 효종이 군비 강화의 사공(事功)에 힘쓰는 것이 수기의 성학에 미흡한 탓이라고 보았다. 이런 입장 대립은 끝까지 메우지 못했다. 그래도 효종은 양송이 특히 강조한 마음을 바르게 하는 공부를 위해 『심경(心經)』을 애독했다.

김집과 송시열은 봉사에서 성의정심의 근본을 강조했다. 1654년 김육은 「호서대동절목서」에서 성의정심만 잘 하면 국가를 잘 다스릴 수 있다는 주장을 비판하고 시무의 사공에 힘써 인민과 국가에 유용한 사업을 추진하기를 주문했다. 그 후 부제학 홍명하가 "재이를 그치게 하는 방법은 실덕(實德)을 힘쓰는 데에 달렸을 뿐입니다."라는 일반론을 아뢰자, 효종의 북벌론에 부응한 병조 판서 원두표는 "유신(儒臣)들이 항상 성의정심을 아뢰지만 사무에 착실한 공이 없으니 우활(迂闊)하다 하겠습니다."라며 공리에 소홀한 유신을 비판했다. 이에 효종은 "성정(誠正)은 본이고 사공은 말이라 그 본이 다스려지면 말도 다스려진다."라고 유학의 본말관에 따르면서도 "본과 말을 어느 한쪽도 버릴 수 없다."라고 말했다.[220] 1656년 재이의 원인으로 김수항(金壽恒), 이경여, 홍위(洪蔵) 모두가 효종이 공리의 사공을 급선무로 삼은 탓으로 돌렸다.[221] 1658년 송시열은 조정에 다시 진출하여 효종에게 10년간 정사에 효과가 없었다며 성의정심으로 수신하는 것이 근본이라고 했다. 이어서 양송은 기근 구제에 힘쓰라고 권했다.[222]

효종은 보통 신하보다 사공을, 산림은 성의정심을 더 중시했는데, 국가를 다스리거나 학문을 닦는 처지를 반영한다. 개인도 처한 환경과 문제의식이 달라지면, 수기의 도덕과 치인의 사공 사이의 강조점이 달라지기도 했다. 효종 즉위 초에 관료 기강의 확립이 급선무였고, 수기를 강조하는 산당이 여기에 부응했다. 격탁양청을 하는 산당과 대동법을 주장하는 김육 중에 효종이 김육을 선택하여 국사를 맡긴 것은 김자점 세력의 숙청으로 조정이 깨끗해진 상황에서 민생 안정의 과제에 나설 시점이 되었기 때문이다. 효종은 북벌 정책을 추진하면서 사공을 더욱 중시하게 되었다. 북벌 정책이 여의치 않은 데다가 천문 이변, 기상 이변, 자연재해가 겹치면서 수기의 과제가 대두하여, 효종은 양송에 크게 의존하게 되었다. 김육은 수기를 중시한 투철한 유가인데, 관직이 올라가고 정승이 되면서 치인의 사공을 더욱 중시하게 되었다.

양송은 민생 안정과 내정을 우선하는 점에서 김육과 통했다. 그러나 김육은 안민과 부국을 동시에 도모하는 방책을 적극 개발한 반면, 양송은 안민 지상주의자로서 그러하지 못했다. 효종은 부친인 인조가 청나라에 치욕을 당한 데에 대한 복수 의식이 강했다면, 송시열은 야만국인 청이 임진왜란 때 조선을 구제한 중화 문명의 명을 무너트린 데에 대한 복수 의식이 강했다. 효종과 김육은 군사력을 강화하는 유효한 방책을 도모하자는 뜻이 같았는데, 효종은 북벌용, 김육은 방어용이었다. 송시열은 청을 오랑캐로 배척한 조선 중화주의자였던 반면, 효종은 김육처럼 시헌력, 군사 제도 등 청나라의 우수한 문물을 수용한다는 입장이었다. 효종은 군사적 북벌론과 공리적 북학론을 견지했고 송시열은 대의명분적 북벌론을 견지했다면, 김육은 북벌론에 반대한 북학론자였다.

1658년 10월 좌의정 원두표가 "오늘 시급한 일은 먼저 인재를 얻는 것입니다."라고 아뢰자, 영중추부사 이경석은 "이조 판서 송시열과 이조 참판 송준길이 모두 인망이 있으니, 시종 위임하여 성공을 책임 지운다면 치적을 이루는 데 무슨 어려움이 있겠습니까."라고 말했다. 송시열은 "쓸 만한 사람이 있더라도 혹 자격에 구애되거나 혹 햇수에 구애되어 마음대로 할 수 없으니, 이것이 한스럽습니다."라고 아뢰고, 송준길은 "대체로 조정을 바르게 하는 길은 인재를 모으는 데서 벗어나지 않는데 쓸 만한 사람은 또한 재야에 많이 있습니다."라고 아뢰었다. 효종은 구애되지 말고 하라고 답했다.[223] 이처럼 양송은 1649년 12월 김집의 인사 개혁안을 재론하였으나, 김집처럼 인사 제도를 개혁하려고 하지는 않았다.

1659년 1월 효종은 대신들과 비변사 신하를 만나 충청도, 전라도의 진휼책을 논의했다. 송시열이 "정자는 1년에는 1년에 할 공부가 있다고 말했습니다. 성상께서는 즉위하신 이후로 몇 년의 규모를 얻으셨습니까?"라고 물었다. 효종은 탄식하며 "국사가 성취되지 못한 모양이 갈수록 심해지니, 이러한 거조로는 실로 큰일을 해내기 어렵다."라고 답했다. 원두표는 "성상께서 송시열에게 위임한 바는 예삿일이 아닙니다. 이 때문에 송시열도 스스로 국사를 담당하기를 자기 임무로 여기고 잠자고 먹을 새도 없이 마음과 힘을 다 쏟았지만 성과가 없었습니다. 단기간에 실로 갑작스레 변화할 수 없기 때문에 그런 것입니다. 이리하여 그친다면 앞으로의 일도 가망이 없을 것입니다."라며 송시열도 성과가 없고 성과 낼 전망도 어둡다고 보았다. 효종은 "나도 해내지 못한 처지에 남을 책망할 수 있을까만, 오늘날의 고질적인 폐단은 핑계 대고 미루는 데에 있다. 국가를 위해 충성을 다하는 일을 어찌 유독 이조 판서만 그렇게 해야 되겠는가. 대신과 여러 재상도 서로 핑계하여 미루지 말고 모름지기 스스로 경계하고 두려워하며 각기 힘써야 할 것이다."라고 말했다.[224] 효종은 다른 성향의 신하들이 협력하여 국사에 힘써 성과를 거두도록 격려하는 취지인데, 고도의 정치성을 가진 발언으로 보인다.

효종은 김육을 중용하여 경세제민의 정책을 도모했고, 자신의 포부인 북벌도 추진해 보았고, 송시열을 중용하여 요순의 정치를 실현하고 싶었으니, 업적의 욕심이 많은 군주였다. 효종 대에 정책 논의가 활발하고 의사 결정이 신속한 것은 효종의 성취욕, 그리고 김육의 부지런함에 힘입은 바 컸다.

15 전라도 대동법의 시행 결정과 대동미 해운 방안의 모색

(1) 전라도 대동법의 시행에 혼신의 힘을 기울이다[225]

1654년 1월 장령 심총(沈摠)은 대동법을 전라도에도 시행하자는 등의 소를 올려, 2월 효종은 비변사 회의를 주재하여 논의했다. 영의정 정태화는 이 건의가 "비록 균역의 뜻에서 나왔지만, 만일 형세가 곤란하다면 애당초 시행하지 않는 것만 못합니다."라고 아뢰었다. 효종이 여러 신하의 의견을 묻자, 좌의정 김육은 찬동했다. 대사간 이행진은 "심총이 감히 세상에 아부하여 스스로 재능을 과시하고 있습니다. 그는 사람됨이 어리석으면서 스스로 총명한 척 행동하기를 좋아하니, 그 직위를 다른 사람에게 넘기소서."라며 파직하기를 주장했다. 김육이 자신을 지적하여 비판한 것으로 판단하고 사직을 요청하자, 효종은 만류하면서 "일찍이 신천익(慎天翊)이 삼남에 대동법을 시행하는 것을 염려하였으니, 또한 민심이 즐거워하지 않는 것도 알 수 있다. 이 때문에 서서히 관찰하여 처리하려는 것이다."라며, 충청도 대동법의 성과를 본 다음에 결정할 의사를 드러냈다. 김육이 거듭 물러날 의사를 밝히자, 효종은 "경이 만일 물러나 돌아간다면, 동전을 유통시키고 둔전을 설치하는 등의 일들을 누가 다시 책임지겠는가."라며 만류했다. "이행진과 원두표는 어려서부터 친구 사이"였는데, 김육이 당시 북벌론을 둘러싸고 원두표와 대립한 연장선에서 이행진과 대동법에서 대립했던 것으로 보인다.[226] 11월 김익희는 관직이 없는 사족에까지 포를 거두어 10만 군인을 양성하자고 건의하여 효종으로부터 칭찬을 들었는데, 그때 충청도를 제외하고는 "고락이 반반이고 논의가 분분한 대동법"을 시행하지 말고 공안을 개정하는 것이 "백성을 편하게 하는 급선무"라고 아뢰었다. 북벌론자와 산당은 1654년에도 여전히 대동법에 대해 부정적이었다.

1656년 7월 전라도 유생이 상경하여 두 편의 상소를 올려 대동법을 전라도에로 확대하기를 요청했다. 이들은 충청도의 대동미보다 전라도의 공물 부담이 훨씬 무거운 것을 알게 되었기 때문이다. 대동법의 실시를 원하는 전라도민의 뜻이 조정에 전해지지 않은 것은 토호들의 반대 때문이고 토호들은 산골 고을에 많이 사니, 대동법 시행을 원하는 고을부터 시행하자고 건의했다. 비변사는 중대사로 천천히 논의해 결정하자고 의견을 모아 효종의 윤허를 얻었다.[227]

8월 비바람이 크게 일어 훈련 중의 전선이 떠내려가고 침몰되어 죽은 수졸이 1000여 명이었다. 이어서 기상 이변이 이어지자, 효종의 북벌 의지는 한풀 꺾였다. 그때 김육은 북벌 정책을 재고하기를 요청하면서 "신이 일찍이 충청도에 실시한 대동법으로 구설수에 올라 곤욕을 치르고, 감히 전하 앞에서 이 뒤로 다른 도에 대해서는 결코 시행하자고 말하지 않겠다고 아뢰었습니다만" "지난번에 전라도의 사민(士民)이 거듭 상소로 충청도와 같이 시행해 주기를 청원했지만" 뜻을 이루지 못하고 있다며 호남에 대동법을 시행하면 "도민이 모두 기뻐 날뛰며 그 근심을 잊을 것입니다."라고 아뢰었다.[228] 그 직후 효종은 이시방에게 충청도 대동법에 대한 의견을 물으니, "바닷가 고을에서는 모두 편하게 여기지만 산골 고을의 경우는 불편하게 여기는 자가 있다고 합니다."라고 답했다. 그때 효종은 동전 유통책을 중단할 의사도 밝혔다.[229] 이처럼 1656년에는 충청도 대동법이 성공적으로 정착하여 조정의 대동법에 대한 평가가 긍정적으로 변했을 뿐 아니라 이웃한 전라도민도 대동법 시행을 바라게 되었다. 김육은 동전 유통책의 부분적 성공에 아쉬워하면서 전라도 대동법의 시행에 마지막 남은 힘을 쏟았다.

1657년 7월 3일 효종은 종전에 산림으로 대사간에 임명된 바 있던 신천익이 전라도 대동법을 실시할 수 없다고 한 반면 지금 전 참봉 최익(崔瀷)이 전라도에 대동법 시행을 요청한 일을 묻자, 호조 판서 정유성(鄭維城)은 신천익이 당시 대동법의 효과를 보지 못했기 때문이라고 답했다.[230] 효종이 전라도 대동법에 관심을 보이고 호조 판서가 긍정적이자, 11일 김육은 충청도 대동법을 성공한 자신감을 바탕으로 다시 전라도 대동법을 다음과 같이 건의했다.

전에 전라도민이 대동법을 시행하자고 전후 연달아 청하였으나 조정이 허락하지 않고 승정원도 그 소를 올리지 않았는데, 신은 참으로 이해가 안 갑니다. 신이 끝까지 이 말을 하는 것에 대해 사람들이 반드시 비웃을 것입니다만 신이 이 일에 서두르는 것은, 대체로 전라도는 국가의 근본인데 재해를 매우 많이 입었으므로 민심이 쉽게 떠날 것이기 때문입니다. …… 어떤 사람은 백성의 마음에 모두가 했으면 하는데 수령이 원하지 않기 때문에 시행할 수 없다고 말하고 있습니다. 그런데 전라도민은 이루 헤아릴 수 없이 많고 수령은 불과 50여 명밖에 안되는데, 50여 명이 반대한다고 수많은 백성이 크게 바라고 있는 바를 시행하지 않아서야 되겠습니까. 현재 본도에서 1결에 대한 조세로 거두는 쌀이 거의 60여 두에 이른다

합니다. 10두를 거두어들인다면 백성에게서 다섯 배나 적게 거두지만 그래도 국가의 쓰임에는 부족한 바가 없는데, 무엇을 꺼려 이를 시행하지 않는단 말입니까. 지난번 충청도의 수령들도 모두 이를 시행하지 않으려고 하였으나, 시행한 지 두어 해 동안 시골 백성이 고무되고 개들은 관리를 보고 짖지 않았으므로 인접한 도에게 큰 부러움을 샀습니다. 이것은 이미 시행해 본 분명한 효과로서 서울이나 지방 모두가 편하고 위아래가 서로 편안하게 여기고 있습니다. 10두를 제외하고는 모두 백성 자신이 먹는 식량입니다. 구휼하는 방안이 이보다 좋은 것이 무엇이 있겠습니까. 창고의 곡식을 풀지 않고도 나라에 굶어 죽거나 야윈 백성이 없을 것입니다.

여기에서 김육은 대동법이 민생 안정책에서 나아가 흉년의 진휼책이 될 수 있다며 강한 자신감을 드러냈다. 흉년이 들면 산당을 비롯한 일반 유가 관료는 바로 국가 창고 곡식을 풀기를 건의하나, 김육은 조세 제도의 개혁 등 가능한 한 재정에 부담을 주지 않는 방안을 찾았다. 지방관이 대동법을 반대하는 이유는 지방 재정의 제도화로 자의적으로 경비를 거두어 지출할 여지가 사라지기 때문이었다. 효종은 비변사에서 논의하겠다고 답했다.[231]

23일 효종은 대신과 비변사 신하들을 만난 자리에서 "김육의 차자에 언급된 전라도 대동법을 실시하는 것에 대한 편리 여부를 어떻게 생각하는가?"라고 물었다. 영의정 정태화는 전라도민의 의견이 갈려 있으니, 전라 감사로 하여금 여러 고을에 물어보게 하자고 건의하면서 많은 곡물의 운송 폐단을 염려했다. 예조 판서 이후원(李厚源)

은 작년 전라도를 왕래하면서 바닷가 고을의 수령 두세 명에게 모두 편하게 생각한다는 말을 들었다고 했다. 호조 판서 정유성은 전라도 민의 마음에 순응해 시행해야 한다고 주장했다. 이시방은 시행의 지론을 밝혔다. 이조 판서 홍명하는 "일이란 반드시 장애가 되는 점이 있기 마련이니 불가불 자세히 검토해야 할 것입니다."라고 했다. 대사헌 정치화는 "충청도에 대동법을 실시한 뒤로도 바다에 인접한 고을에서 생산되는 전복 등의 물건도 서울에서 사들여 납부하고 있습니다. 만일 전라도에 대동법을 시행한다면 귤이나 유자 및 남녘에서 생산되는 것들이 대부분 이와 비슷하게 될 것이니 가볍게 의논하기 어려울 듯합니다."라며 부정적인 의견을 냈다.[232]

9월 6일 조복양은 효종에게 충청도 대동법이 "시행된 지 얼마 지나지 않아 인민이 편안해졌을 뿐만 아니라 재정도 충실해졌습니다."라고 아뢰었다. 그러면서 전라도 "연해 13군이 대동법을 행하기 청하는 상소를 올렸는데, 승정원이 막아 민정(民情)이 매우 침울합니다. 이것은 실로 삼대의 이상적 제도이니 규정을 정밀히 정하여 민생을 안정시키고 국용을 넉넉히 할 수 있습니다."라고 아뢰었다.[233]

20일 효종은 대신들과 비변사 여러 신료들을 만난 자리에서 전라도 대동법을 실시할 뜻을 밝히고 그 방안을 자문했다. 효종은 충청도 대동법과는 달리 전라도 대동법의 시행에 적극 나섰다. 우의정으로 승진한 이후원은 수상 운송의 불편함을 아뢰었다. 병조 판서 허적은 "이 일이 백성에게는 편하겠지만 또한 불편한 점도 있습니다. 현재의 대신들은 거의가 어렵게 여기고 있고 꼭 시행하고자 하는 사람은 오직 김육과 이시백, 이시방 형제 몇 사람뿐입니다."라는 부정적인 의견을 제시했다. 그러자 이후원은 "해안 고을에서는 원하고 있으나 산간 고을은 원하지 않고 있으니 이 점이 실로 난처합니다."라고 아뢰었다. 산당이면서 김석수의 장인인 이후원은 전라도 대동법에 우호적이면서도 문제점을 객관적으로 지적했다. 허적이 충청도 대동법의 폐단이 생길 것을 우려하자, 효종은 "법이 오래면 폐단이 생긴다."라고 말했다. 효종은 전라도 연해 고을과 산골 고을의 의견이 갈리는데, "조정의 의견이 일치되지 않아 끝내 시행하지 못한다면 크게 백성을 실망시킬 것이다."라고 우려했다. 그러자 정태화는 "충청도 대동법을 실시할 적에 허적이 직접 담당했고 정유성은 그때 호조의 장관이었으니 허적과 정유성에게 절목을 의논해 결정하게 한 다음에 본도에 묻는 것이 옳겠습니다."라고 하니, 효종이 따랐다. 정유성은 "충청도 대동법을 시행한 뒤로 본도가 봉진하는 약재를 서울에서 사서 납부하는데, 그 품질이 좋지 못한 데다 그로 인해 각 고을에서 약재를 캐던 사람들이 하던 일을 팽개치고 있다."라고 폐단을 아뢰어 변통하기로 했다.[234] 1657년의 조정에서도 충청도 대동법을 우려하는 주장들이 만만치 않았음이 주목된다. 10월 효종은 조극선(趙克善)을 불러 충청도 "대동법을 시행한 뒤로 백성이 편하게 여기고 있는" 사실을 확인했다.[235]

11월 김육은 "전라도 감사의 장계를 살펴보니, 수령과 아전과 도민의 실정을 모두 알겠습니다. 대략 말하건대 53개 고을 중에 대동법 시행을 바라는 곳이 34곳이고, 어찌할지 결정을 내리지 못한 곳이 16곳이고, 시행하기를 바라지 않는 곳이 13곳입니다."라며 다수가 시행을 바람을 지적하고, "각 읍에서 가혹하게 조세를 거두는 일이 또 반드시 시작될 것이니" 조속히 "가을에 5두를 거두는 것으로 급히 고시하고 차례차례 절목을 충청도 대동법에다 가감하면 한 해가 다 가기 전에 법이 완성되어 1658년 봄에는 반포할 수 있습니다."라고 아뢰었다.[236] 12월 효종은 전라도 대동법의 이해득실을 조사하는 일을 주관할 인물을 묻자, 영의정 정태화는 김육, 이시방, 호조 판서 정유성 및 병조 판서 허적을 추천하여 윤허를 얻었다.[237]

1658년 2월 김육이 차자를 올려 전라도 대동법을 논하자, 효종은 의정부와 의논하여 조치하겠다고 답했다. 9일 효종은 대신과 비변사 당상을 만나 조세의 균평한 부담[均役]을 위해 전라도 대동법을 시행해야 한다며, 쌀 12두나 13두로 정하자고 주장했다. 호조 판서, 병조 판서, 형조 판서가 그것을 주관하기로 했다. 그 후 효종은 비축의 여유를 갖도록 13두로 정해도 무방하겠다고 했다. 호조 판서 정유성이 운반의 어려움을 말하여, 해결 방안을 논의했으나 결말을 보지 못했다. 13일의 회의에서 좌의정 원두표는 연해민은 13두를 거두어도 좋지만 산골 백성은 많이 원망할 것이라고 했다. 효종과 원두표도 해운의 어려움을 거론했다. 여기에서 전라도 사족이 통문으로 대동법 찬동 의사를 수렴했음이 드러난다. 정유성은 경상도는 일본인 접대 경비인 왜공(倭貢) 때문에 대동법을 시행할 수 없지만 영남민도 대동법을 원한다는 서신을 받았다고 했다. 효종은 영남은 운송로가 더욱 힘들어 김육도 어렵게 생각한다고 말했다. 그 후 김육은 차자를 올려 규례를 아뢰면서 쌀을 더 거두어 충청도와 달리하는 것은 옳지 않으며 10두로도 부족하지 않을 것이라고 아뢰었다.[238]

3월 25일 효종은 전라도 대동법의 내용을 결정하기 전에 공문을 보냈다며 선혜청 당상인 허적의 파직을 명했다. 26일 김육은 차자로 다음과 같이 해명하면서 대죄했다. 탑전(榻前) 회의 이후 "호조, 형조 및 병조는 사무가 복잡한 곳인 데다 마침 칙사를 영접하는 때를 만났으므로 회의할 겨를이 없었습니다. 그리고 신은 그즈음에 말미를 받아 지방에 나가 있다가 열흘 만에 돌아와 보니,(김육은 효종의 허락을 얻어 2월 27일부터 3월 6일까지 조정을 떠나 생애 마지막으로 조상 산소를 참배했다.) 그에 대해서는 아무런 말도 들을 수가 없었습니다. 이에 신은 즉시 낭료(郎僚)들을 불러서 '논의가 정해지지 못한 사이에 지방에서는 어떻게 할지를 모르고서 잘못된 예전의 규례를 그대로 따를까 몹시 염려가 된다. 우선은 6두를 거둔다고 백성에게 알려서 그들로 하여금 상납하게 하고, 부족할 경우에는 봄철에 7두를 거두고 남을 경우에는 조금 감해 주는 것이 역시 옳다. 칙사의 행차가 돌아간 뒤에 그 양을 정해서 조용하게 회계하여, 관가로 하여금 함부로 거두지 못하게 하고, 백성들로 하여금 의혹하지 않게 하는 것이 역시 좋지 않겠는가.'라고 말하였습니다. 그러고는 마침내 이 뜻으로 비변사에서 의논하였더니, 여러 대신들 역시 그렇게 하는 것이 좋겠다고 하였습니다. 이에 허적으로 하여금 초고를 작성해서 보내게 했던 것입니다. 그 뜻은 실로 이런 데서 나왔으나, 신은 국가를 위하여 깊이 염려하였을 뿐 다른 속셈은 없었습니다. 본디 인민을 속이고자 하지 않았는데, 먼저 임금을 속일 리가 있겠습니까." 효종은 "차자를 보고 뜻을 다 알았다. 경은 마음 편히 먹고 대죄하지 말라."라고 답했다.

4월 12일 영중추부사 이경석의 건의로 조정은 전라도민에게 조세 공평화 개혁〔變通均役〕, 곧 대동법을 하려는 뜻을 알리기로 했다.

13일 이시백은 효종을 만나 "전라도 연해의 모든 고을이 대동법 시행을 원하고 있으므로, 속히 예단(睿斷)을 내려서 민정(民情)에 부응하여야 한다고 적극 아뢰니, 효종은 좋게 받아들였다."[239]

6월 10일 김육이 차자를 올려 전라도 대동법을 논하고 알현하자, 효종은 "전라 감사가 마치 방관하는 듯하니 그 뜻을 모르겠다."라고 말했다. 11일 김육은 효종을 알현해 전라도 연해 지방의 대동법 시행을 의논했다. 18일 효종은 말에서 떨어져 크게 다쳤다. 7월 3일 비로소 김육은 대궐로 가서 효종을 문안할 수 있었다.

이 무렵 전라 감사 권우(權堣)가 사직의 소를 올려 7월 8일 효종이 보았다. 이 상소를 도승지 김좌명이 효종에게 전달했다. 사직소와 더불어 올린 것으로 보이는 장계(狀啓)에서는 전라도 "대동미를 10두보다 더 거두는데 본색(本色)이 또 많아서 인민이 낙담하고 있습니다. 불편한 점이 많아 도리어 원망만 받게 되었습니다."라고 보고했다. 10일 김육은 차자를 올려 "암행어사가 올린 서계(書啓)에는 '15두나 20두를 거두는 것도 역시 시행하기를 바라고 있다.'라는 말이 있습니다. 어사는 각 마을을 돌아다니면서 민정을 살펴본 것이고, 감사는 단지 수령들이 올린 문보(文報)와 관리들의 말에만 의거해서 올린 것으로, 백성의 마음과 관리의 마음이 참으로 이와 같이 다릅니다."라며 전라 감사를 논박했다. "본색이 또 많아서 백성이 고통스럽게 여기고 있다는 말이 옳다."라며 "유자, 죽순, 해의, 해태, 생복, 전복 이외에는 모두 본색으로 납부하는 것을 면제하여야 합니다. 그래야 대동법을 시행하는 실제 혜택이 됩니다."[240]라고 건의했다. 김육은 대동법 외에 현물 징수를 최대한 줄이려 노력했던 것이다. 효종은 이 차자를 읽은 다음 날 조정 회의를 열어 김육의 건의를 논의했다.

12일 효종은 다시 조정에 들어온 송시열을 처음 만나니, 송시열은 성학을 주문했다. 이때 효종은 "충청도 대농법을 백성이 어떻게 생각하고 있는가?"라고 물으니, 송시열은 "편하게 여기는 사람이 많으니, 좋은 법이라고 하겠습니다."라고 아뢰었다. 1년 전에 송시열은 충청도 대동법의 폐단을 보완하는 대책을 아뢴 바 있었다.[241] 송시열은 훗날 스승 김집이 대동법을 잘 몰라 반대했다고 술회했다.[242]

23일 효종은 여러 대신을 침전에서 만났다. 「가장」에 따르면, 효종은 김육을 보고 "경은 어찌하여 이처럼 수척한가?"라고 물으니, 김육은 "종사 신령의 은밀한 도움에 힘입어 성상의 건강은 이미 차도가 있으니 신민의 경사가 이보다 큰 것은 없습니다. 미천한 신하의 질병을 어찌 거론하겠습니까."라고 사례했다. 그리고 앞으로 나아가 어상을 부여잡고 "올해 농사는 다시 추수할 가망이 없는데, 전라도와 충청도가 더욱더 심합니다. 전라도에서 조세를 고르게 부과하는 것은 바로 백성을 구하는 데 있어 급선무입니다. 그런데 주상의 건강이 편찮으셔서 아직까지도 여쭈어 결정하지 못하고 있습니다. 산골 고을과 바닷가 고을로 나누어 어떤 곳에서는 시행하고 어떤 곳에서는 시행하지 않으면, 왕도 정치에 있어서 어찌 이처럼 구차스러울 수 있겠습니까. 쌀 11두를 거두어도 부족할 걱정이 없습니다. 성상께서 결단하시기 바랍니다."라고 아뢰었다. 효종은 "나의 병으로 인해 아직도 시행하지 못하고 있었다. 경이 국사를 염려하여 이와 같이 말하니, 마땅히 여러 신하들과 곧바로 의논하여 조처하겠다."라고 말했다.

「연보」에 따르면, 25일 효종은 삼공 및 선혜청의 당상을 불러 만

나서 대동절목을 의논해 정했다. 한 대신이 올해 전라도에 큰 흉년이 들었으니 먼저 진휼하고 다시 풍년을 기다렸다가 논의하여 이 법을 거행할 것을 아뢰었다. 효종은 "정사는 굶주림을 구하는 것이다. 그래서 이 법을 시행하여 백성을 살리고자 한다. 어제 영돈녕 부사가 나를 보고 일을 말하는 것을 보니 간절하여 마지않았다. 국사를 근심 걱정하는 일을 모두 영돈녕 부사처럼 한다면 어찌 오늘과 같은 지경에 이르렀겠는가."라고 했다.[243]

그 후 효종은 전라도 각 고을에서 올린 성책(成冊)을 보고 "대신들이 면대해서 품의하라."라고 명했다. 김육은 병으로 조정에 나아가지 못했으나, 대동법의 규례를 적은 차자를 올렸다. 이 차자에는 "국법을 시행함에 있어서는 반드시 믿음을 위주로 하여 백성의 뜻을 안정시킨 다음에야 백성에게 미덥게 되어 오랫동안 시행할 수 있기 마련입니다. 충청도에서 시행한 법은 이미 여러 해 지났는데도 백성이 모두 좋아하고 있습니다. 그런데 요즈음 듣건대, 내국(內局)에 바치는 약재를 이번 가을부터는 직접 바치라는 명령이 있어서 백성이 모두 우려하고 있다는데, 다른 법마저 이로 말미암아 틈이 생겨나 무너질까 염려됩니다. 만약 스스로 납부하게 한다면 지방의 백성이 반드시 서울에 와서 비싼 값을 주고 살 것입니다. 그렇게 되면 의사(醫司)의 하인들이 값을 세 배는 더 받을 것이고, 약재가 반드시 이로 말미암아서 좋아지지 않을 것이며, 백성이 몹시 고통스럽게 여길 것입니다."라는 내용도 있다.[244]

8월 5일 김육은 차자로 병세가 심해져 문안하지 못한 것을 대죄하면서, 전라도 대동법에 대해 논하기를 "권우는 전에 충청 감사일

적에 매번 이 법에 대해서 헐뜯는 말을 하였으며 …… 이에 그의 뜻을 알고 있는 수령들은 감히 다른 말을 하지 못하였습니다. 그런데 부안 현감 허정(許珽)만 홀로 장계에서 '본 고을은 백성이 산약한데 요역이 특히 고달파 이 법을 시행하지 않을 수 없다.'라고 이미 보고하였고, 또한 영하(營下)의 수령들이 모두 모이는 자리에서 이 법의 편함에 대해서 말하였습니다. 권우가 이를 크게 미워하여 조그만 구실로 허정을 해직"했다고 아뢰었다. 효종은 "도의 일은 모두 감사에게 달려 있는데, 감사의 뜻이 이러하니 일을 그르치고 말겠다. 더구나 자신의 마음에 들지 않는 자를 중상모략함이 이와 같으니, 다른 일을 알 수 있다."라며 권우를 파직했다.[245] 김육은 자신이 죽은 후 전라도 대동법의 성공을 위한 정지 작업을 수행했던 것이다.

효종은 김육의 장남 김좌명을 중용하여 1653년 9월 대사간, 1654년 2월 대사성, 1656년 윤6월 도승지, 7월 이조 참판, 1657년 5월 대사헌 등으로 임명했다. 1658년 8월 16일 효종은 도승지 김좌명에게 김육의 병환이 어떠한지 물었다. 17일 김육은 대궐에 나아가 마지막 문안을 했다.

8월 26일 설사가 다시 심해진 김육은 손자 김석주에게 받아 적게 하여 올린 차자에서 "신의 병이 날로 깊어지기만 하니 실낱같은 목숨이 얼마 못 버티다가 끊어지겠지요. 아마 다시는 전하의 얼굴을 뵙지 못할까 생각되어 궁궐을 바라보며 눈물을 비 오듯이 흘렸습니다. …… 전라도 대동법은 신이 이미 서필원(徐必遠)을 추천하여 맡겼습니다. 신이 만일 갑자기 죽으면 하루아침에 도움이 없어져 일이 중도에 폐지될까 염려됩니다. 그가 하직 인사할 때 전하께서는 힘쓰도

록 격려하여 보내시어 신의 뜻을 마치도록 해 주시기 원합니다."라고
했다. 효종은 "경의 차자를 살펴보니 매우 놀랍고 염려된다. 진술한
말은 모두가 지극한 의논이었다. 깊이 생각하지 않을 수 있는가. 전
라도 일은 이미 적임자를 얻어 맡겼으니 우려할 것이 있겠는가."라고
답했다.[246]

　1651년 7월 정언(正言) 서필원은 시행이 결정된 충청도 대동법에
대한 지방의 우려를 효종에게 아뢰었다가 김육의 배척을 받아 사직
을 요청했으나, 효종이 허락하지 않았다.[247] 1652년 1월 김육이 대사
간 이시해를 비판할 때, 서필원은 대간으로서 김육의 반대 진영에 섰
다. 그 후 서필원은 김육의 정책 계승자로 성장했다. 서필원은 1656년
6월 이조 정랑으로 올랐다가 8월 충청도 감사가 되어 1657년 10월
승지가 되었는데, 충청도 감사의 경험은 전라도 대동법의 시행에 자
산이었다. 남인 허적은 김육의 정책마다 소극적이거나 회의적이었는
데, 김육은 실무 역량이 뛰어난 허적의 협조를 얻어 내어, 사업을 성
취했다. 훗날 허적은 김육의 동전 통용책의 포부를 완성했다.

　9월 1일 효종은 전라 감사 서필원을 불러 본도 대동법의 편리 여
부를 묻고서 "경은 영의정과 상의한 뒤에 조정을 떠나라."고 분부했
다.[248] 「가장」에 따르면, 제공(諸公)이 와서 병문안을 했는데, "전라 감
사 서필원이 오자 간절하게 전라도 대동법의 시행과 안면도 창고의
설치를 부탁하였다." 9월 3일 김육은 영의정 정태화에게 심부름꾼을
보내 "전라도 일은 성상의 뜻이 이미 결정되었으니, 상공께서 끝까지
힘써 주기 바랍니다."라고 당부했다.

　서필원이 부임하기 전에, 전라도 흉작이 심한 가운데 산골 고을

주민이 대동법을 원하지 않는다는 여론이 전달되었다. 조정은 연해 고을만 시행하라고 지시했다. 서필원은 충청도 산골 고을에서도 대동법이 큰 성과를 거두었고 흉년에 무명을 내면 혜택이 되니 전라도 전역에 시행하고, 아울러 안면도에 창고를 설치하자고 요청했다. 효종은 서필원의 상소를 비변사에 보냈다. 비변사가 두 건 모두 반대 의견을 올리니, 효종은 따랐다. 비변사는 풍년이 들면 무명이 쌀에 비해 비싸져 산골 주민이 대동법을 원망할 것이라며 서필원이 깊게 생각하지 못했다고 보았다. 이 내용은 『승정원일기』에 실려 있다. 김육이 부재한 조정의 대동법 추진력이 약해진 것이다. 서필원은 7일 전라도로 내려가 대동법을 연해 27개 읍에 시행하는 데에 그쳤다.

서필원의 상소에 대해 비변사가 의견서를 효종에게 올리는 4일 저녁에, 김육은 "전라 감사의 상소에 대한 회계가 어떻게 되었는가?" 라고 묻고 숨을 거두었다. 1651년 8월 충청도 대동법이 시행된 직후 우레가 진동하자, 김육은 두 차례 사직 차자를 올리면서 "재주와 힘을 다하면서 직무에 온 힘을 쏟다가 쓰러져 죽기를 기약하는 것이 신의 평소 뜻이었습니다."라고 했는데, 평소 뜻을 이루었다.

(2) 대동미 해운 방안의 모색

전라도 대동법의 시행에 중대한 난관은 대량의 대동미를 해운으로 서울에 수송하는 문제였다. 기선이 없던 조선 시대에 해로는 육지에 접근해 있었다. 서해안에는 태안반도의 안흥량과 황해도의 장산곶은 물길이 험했다. 안흥량은 서울과 전라도, 경상도의 해상 연락에 장애물이어서, 조세를 운반하는 조운선(漕運船)의 난파 사고가 고려 때부터 빈발했다. 1134년에 태안반도의 잘록한 허리 부분인 굴포에다 인부 수천 명을 동원하여 운하 건설을 처음 추진했다. 그런데 10여 리를 굴착하고서 불과 7리 정도를 남긴 채 중단하고 말았다. 고려 말기인 1391년에 다시 착공했으나, 준공하지 못했다. 물밑 암석을 부수어 굴착하기 힘든 데다 조수의 왕래로 파는 대로 개펄의 진흙이 밀려와 이를 메워 버렸기 때문이다. 이러한 운하 건설 사업은 조선에 계승되었다. 태조의 조정이 공사를 검토했으나, 암석 때문에 어렵다는 이유로 시행하지 못했다. 1412년 재상 하륜(河崙)의 발의로 다음 해에 근방 주민 5000명을 동원하여 새로운 굴착 방식으로 운하 굴착에 신속히 성공했다. 그런데 수량이 부족하여 운하로서 제대로 기능하지 못했다. 1414년 전라도 조운선 66척이 침몰하자 다시 운하 건설이 논의되었으나 실행되지 않았다. 세조 때인 1461년에 굴포의 운하 건설이 다시 논의되어 착공되었다. 그런데 물길이 바르지 못하고 갯벌로 진흙이 무르고 파는 대로 메워지니[隨鑿隨塡] 성공하기 어렵다는 인식에 도달했다. 중종 때인 1522년에 안흥량 근방의 의항에 운하 건설이 추진되었으나, 반대가 심하여 완공되지 못한 채 중단되었다. 의항의 협곡은 습지까지 합쳐도 10리 정도에 불과했다. 그러다가 권력자 김안로(金安老)의 주장으로 1537년에 5000여 명을 부역에 동원하여 6개월 만에 준공을 보았다. 그런데 준공한 다음 해에 운하가 메워져 허사로 돌아가고 말았다.

1536년에 좌의정과 우의정이 태안반도의 운하 건설을 주장하면서 중국은 500리라도 굴착하는데 조선 사람은 심지가 약하여 운하 건설을 어렵게 여긴다고 했다. 국력의 현격한 격차로 중국보다 대

규모 공사를 어렵게 여긴 것은 사실이지만, 태안반도의 운하 사업이 좌절된 결정적 요인은 조수로 인해 밀려드는 토사로 굴착한 곳이 곧바로 메워지는 섬이었다. 소자가 세계석으로 큰 서해에서노 아산만의 평균 조차는 8.5m로 가장 크다. 참고로 부산은 1.2m, 동해안은 0.2~0.5m에 불과하다.

임진왜란 이후 태안반도의 조운 대책을 처음 제시한 인물은 김육으로 보인다. 전라도 대동법의 시행 전망이 높아진 1657년 7월 이후 조정의 회의에서 대동미 해운의 어려움이 꾸준히 제기되었다. 1658년 4월 김육은 차자를 올려 "조운은 국가의 일 가운데 가장 중요한 일이며" 안흥량에서 난파하는 일이 왕왕 있음은 충청 감사로 재직하면서 목격했고, 예로부터 걱정거리였다고 했다. 충청도 선비로부터 운하 건설 사업이 큰 바위 때문에 실패한 사실을 들었는데, 근래 남쪽에서 미곡을 싣고 경강에 올라온 오랜 경험을 가진 선원들에게서 상세한 실정을 듣고 안면도에 창고를 지어서 배를 바꾸어 서울로 운송하면 난파하는 폐단이 없을 것이라고 보았다. 현지 실정을 중시하는 김육의 자세를 엿볼 수 있다. 효종은 비변사와 의논해 조치하겠다고 답했다.

6월 22일 김육은 차자를 올려 병환으로 문안하지 못했음을 사죄한 다음 "남쪽과 북쪽 포구 사이의 거리가 겨우 6~7리인데, 옛날의 창고 터가 있다. 강화도의 연미정과 서로 마주보고 있어서 돛에 바람을 한 번만 받으면 도착할 수가 있다. 그리고 포구의 주변에는 평야가 넓고 지세가 평탄해서 수백 채의 집을 지을 수가 있다. 이에 충청우도 사람들이 모두 이곳에 창고를 지어 안흥의 험한 뱃길을 피했으면 한다."라는 서산 사람의 말을 근거로 다시 주장했다. 효종은 "어려운 점이 많다. 김포에 포구를 파는 일도 이 일과 같은 것인데, 옛 사람 역시 어렵게 여겨서 포기하지 않았던가."라는 비답을 내렸다.[249] 조정은 김육이 창고 설치를 넘어 운하 굴착을 시사한 것으로 보고 있었다.

강화의 손돌항도 물길이 험하여 선박의 난파가 빈번했다. 그래서 손돌항을 피하면서 조운 거리를 단축하기 위해 인천 앞바다와 행주 서쪽의 한강을 연결하는 운하 건설 사업이 추진되었다. 1234년에 강화 천도를 단행하여 몽고에 대항하는 데에 주도적인 역할을 했던 권력자 최이(崔怡)가 운하를 굴착하고자 했으나 성공하지 못했다. 조선 시대에는 태안 운하의 건설을 추진했던 권력자 김안로가 다시 시도했으나 굴착 도중에 중단되었다. 김포 운하의 건설에 관해서는 더 이상 밝혀진 바 없다. 그 좌절 이유를 알 수 없으나, 태안반도의 운하처럼 설사 전 구간이 굴착되었다 하더라도 서해안의 강한 조수로 인해 쉽게 매몰되고 말았을 것이다. 인천의 평균 조차도 8.1m로 매우 컸던 것이다.

8월 26일 병이 깊어진 김육은 효종에게 올린 마지막 차자에서 "안면도에 창고를 설치하는 일은, 신이 묘당의 반대로 시행하지 못하였습니다. 지금 막 사람을 보내어 그곳의 물정과 형편을 상세히 살펴 오게 하였습니다. 신이 비록 미처 다시 여쭙지 못하고 죽더라도, 서필원이 일찍이 충청 감사를 지냈으므로 이 일에 대한 사정을 잘 알고 있으며, 충청도와 전라도 모두에 편한 일입니다. 이 일은 국가의 물력에는 조금도 손상이 없고 조운하는 데에 영구히 이로울 것입니다."라며 이 사업에 대한 집념을 접지 않았다. 김육의 집념은 효종을 움직여, "조목별로 절목을 만들어서 충분히 논의한 다음 품의하여 시행하라는 분부가 있었다." 그래서 김육은 8월 충청도 수영(水營)에 공문을 보내 "금년에 이미 전라도에 내동법을 시행하여 4~5만 석의 쌀이 올라올 것이니" 그 안전한 수송책을 마련할 필요가 있으므로, "지금 도제조의 군관 1명을 파견하여 그로 하여금 지세를 살펴보고, 또 백성의 생각을 물어 오"게 했다. "창고의 건립에 들어가는 재목은 마땅히 본영의 배를 만드는 목재 가운데 짧은 나무를 빌려 쓸 것이다."라 하고, 수영이 "계획을 잘 헤아려 그에 대한 편부를 논하되, 조목별로 첩문을 올려 보고하여 가을 추수가 끝나기 전에 헤아려 시행할 수 있게 하라."라고 지시했다. 이 공문에서 "서산과 태안 두 군 사이에 산을 통과하는 석맥(石脈)이 있어서" 운하 개착에 성공하지 못했다고 하고, "포구에서 창고 앞까지 7~8리에 불과하니, 말 한 필당을 세내는 값은 쌀 6~7되만 주면 되"므로 비용이 적게 들 것으로 예상했다.

9월 1일 전라 감사 서필원이 찾아오자, 전라도 대동법의 시행뿐만 아니라 안면도 창고의 설치도 당부했다. 앞서 언급했듯이, 서필원은 부임하기 전에 전라도 산골에도 대동법을 시행하고 안면도 창고를 설치하자는 소를 올렸으나, 수용되지 않았다. 서필원은 창고 건립의 비용 조달, 주민 거주책, 운반 대책 등을 제시했으나, 비변사는 모두 어렵게 보았다. 서필원은 수영 회신을 참조했는지 모른다. 흥미롭게도 이 일은 1669년 송시열의 건의로 실행되었는데, 4장 2절에서 설명한다.

16 활발한 저술 및 출판 활동과 인쇄 사업의 공헌

(1) 활발한 저술 및 출판 활동

조선은 유교 사회여서 학문을 숭상했다. 철저한 유가인 김육은 부지런히 여러 정책을 마련하여 추진했을 뿐 아니라, 부지런히 학문을 닦아 저술하고 출판 활동에 종사했다. 앞서 언급하기도 했으나, 김육의 저술과 출판 활동을 정리해 본다.

1634년 가문 선조의 유고를 모아『청풍세고(淸風世稿)』를 간행했다. 1635년 6대조 태상공(太常公)의 셋째 아들인 풍암(楓岩) 김종필(金終弼)의 유고를 모아『풍암집(楓巖集)』을 간행했다. 1637년 중국 사신으로 가서『청풍김씨족보』를 완성했다. 이후부터 가문을 넘어 국가적 의의를 가지는 저서를 활발히 저술하고 간행했다.

1636년 동지 성절 천추 진하사로 임명되어 6월 출발하여 다음 해 6월 조정에 복명했는데, 이때의 사행 기록으로『조경일록(朝京日錄)』과『조천록(朝天錄)』을 남겼다. 조선 시대 사신이나 그 수행원이 남긴 중국 여행기는 500종이 넘는데,『조경일록』과『조천록』은 당대의 인물뿐 아니라 오늘날 역사가의 높은 평가를 받았다.

1638~1639년 충청 감사로 재직할 때『구황촬요급벽온방』,『기묘팔현전(己卯八賢傳)』,『기묘천과방목(己卯薦科榜目)』,『중간풍암집(重刊楓巖集)』,『체소집(體素集)』을 인쇄하여 간행했다. 이 중『구황촬요급벽온방』은 조선 시대 때 굶주림과 질병의 구제에 이바지했다.

1640년『황명기략(皇明紀略)』을 저술했다. 김육은 멸망 직전에 이른 명나라 역사를 통해 교훈을 얻고자 했을 것이다.

1642~1643년 사이에 백과사전적 지식의 유서(類書)인『유원총보』를 저술했다. 김육은『유원총보』의 서문에서 저술 동기로 "우리나라는 본디 문헌이 많아 실정을 알기 충분하니 또한 내내로 중국과 통하여 문장의 성대함이 중국을 능가하였다. 불행하게도 수십 년 이래 병란이 계속 일어나 서책은 거의 사라졌다. …… 비싼 책을 사 오던 북경 시장으로 가는 길도 끊어졌다."라고 밝혔다. 편집 방법으로서『사문유취(事文類聚)』를 "초록하여 번잡한 것을 빼 버리고 그 요지만을 남겼다. 그리고『예문유취(藝文類聚)』,『당류함(唐類函)』,『천중기(天中記)』,『산당사고(山堂肆考)』,『운부군옥(韻府群玉)』등의 여러 책에서 표제에 따라 넣고 빼고 하여 빠뜨려진 것을 보충하고 문장을 가다듬었다."

『유원총보』는 천도문(天道門), 천시문(天時門), 지도문(地道門), 제왕문(帝王門), 관직문(官職門), 이부, 호부, 예부, 병부, 형부, 인륜문(人倫門), 인도문(人道門), 인사문(人事門), 문학문(文學門), 필묵문(筆墨門), 새인문(璽印門), 진보문(珍寶門), 포백문(布帛門), 기용문(器用門), 음식문(飮食門), 관복문(冠服門), 미곡문(米穀門), 초목문(草木門), 조수문(鳥獸門), 충어문(蟲魚門), 그리고 부록의 구성이다. 모두 47권인데, 관직문부터 형부까지 정부에 관한 내용이 11~24권에 걸쳐 비중이 컸다. 미곡, 포백, 음식, 관복, 조수, 충어, 초목, 진보 및 기용의 35~46권은 경제에 관련된다. 이치에 부합되지 않는 허황되고 망령된 설은 취하지 않았다. 7권 지도문, '관시(關市)'조를 예로 들면, 도성을 건설할 때 조정 뒷면에 시장을 설치한다는『주례』의 내용, 시장을 잘 감독하되 과세하지 말자는 맹자의 주장, 가격 정책, 공정하고 청렴한 관리에게 시장을 감독하게 하는 중국의 고사 등 시장에 관한 유용한 지식이 풍부하게 수록되어 있다. 그래서 시장 정책의 수립에 이바지할 수 있는 내용이다.

『유원총보』는 이수광이 1614년 편찬한 『지봉유설(芝峯類說)』에 비해 중국의 문헌만 활용한 한계를 가지나, 백과사전적 지식을 제공하는 취지에는 더욱 충실하다. 그래서 허성도, 김창환, 강성위, 이영주, 이남종은 『유원총보 역주』의 서문에서 "우리나라 최초의 본격적인 유서라는 역사적 의의뿐 아니라 형식이나 내용 면에서도 대표성을 지니고 있다."라며 그 가치를 높게 평가했다. 『유원총보』는 "중국 유서의 편찬 기준을 따르면서도 우리의 처지와 실정에 따라 분류 항목과 세부 서술 방식을 변화"했다.[250] 영조 때에 『유원총보』가 주목을 받았으며, 균역법 설계의 공로자인 홍계희가 이 책을 높게 평가하고 정책에 활용했다.

1644년 『종덕신편』을 저술했다. 만물을 사랑하는 마음으로 인민을 구제하라는 『소학』의 가르침에 입각하여 도덕 함양을 목적으로 지은 책이다. 선행을 베풀고 물욕에 초연한 인물들의 미담을 소개했다.

1647년 4월부터 2년간 개성부 유수로 재직하면서 『효충전경(孝忠全經)』, 『논어정문(論語正文)』, 『동몽선습』, 『사략』 등을 간행하여 교육에 힘썼다. 『송도지(松都志)』를 편찬했다. 읍지는 16세기 후반부터 편찬되어 갈수록 늘어났는데, 인조 대까지 편찬된 현존하는 읍지는 8종에 불과하다. 『송도지』는 초기에 나왔고 내용이 풍부하여 사료적 가치가 높은 읍지이다. 김육은 그 서문에서 "송도는 500년 동안 고려의 왕업이 있었던 곳이니, 지(志)가 없어서는 안 된다. 그런데 여러 차례 병란을 겪어 문헌을 상고할 수가 없으며, 옛 자취를 찾아 물어도 아는 사람이 없어서 내가 몹시 개탄하고 있었다. 장연 군수를 지낸 조신준(曺臣俊)은 80세인 유로(遺老)이다. 그가 지은 『송도잡기(松都雜記)』는 옛 역사를 잠고하고 간간이 세간의 풍속을 기술했다. 나는 이 책을 가져다 보고 또 『여지승람(輿地勝覽)』에 실려 있는 것을 주워 모아 이 『송도지』를 만들었다. 국가의 흥망과 교화(敎化)의 득실, 인재의 성쇠, 고금의 풍속을 간략히 기록했으며, 음풍농월한 시문이나 잡다하고 쓸데없는 말과 같은 것에 이르러서는 빼 버리고 기록하지 않았다."라고 적었다.

1650년 김육은 스승 조호익이 주자의 『가례』의 어려운 부분을 고증하여 풀이하고 자신의 견해를 붙인 『가례고증(家禮考證)』을 경상 감사 민응협(閔應協)에게 위촉하여 간행했다.

연보에 따르면, 1652년 "『고사증산(攷事增刪)』을 저술하고 『해동 명신록』을 짓기 시작하였다." 김육은 1651년 1월 영의정에 임명된 후 관직 생활로 바빴으므로, 1646년 예조 판서로서 파직된 때부터 영의정에 임명되기 이전 한가한 때에 저술 준비를 했을 것이다. 『해동명신록』은 통일 신라 이후 활동한 302명 명사의 행적과 업적을 다루었다. 여기에서 '신'은 넓은 의미의 신하로, 관직에 나아가지 않은 서경덕, 조식 등의 인물도 포괄한다. 인조 대에 활약했다가 1652년 사망한 김상헌이 나오지 않는 것으로 보아, 인조 대에 생존한 인사까지를 대상으로 했다.

『해동명신록』의 1권과 2권에는 학문과 덕행으로 저명한 인사 66명을 수록했다. 1권 전반부에 설총(薛聰), 최치원(崔致遠), 최충(崔冲), 안유(安裕), 정몽주, 길재(吉再), 김굉필, 조광조, 퇴계, 율곡, 서경덕 등 유학의 도통을 이은 학자들을 수록했다. 성혼과 그의 부친인 성수침(成守琛)이 여기에 포함된 반면 북인의 정신적 지주인 조식이 2권에 들어간 점에서, 서인의 관점이 반영되어 있다. 3권부터 8권까지는 조선의 문신을 수록했다. 마지막 9권에는 종실 12명, 충절을 발휘한 무신 25명을 수록했다. 1977년 『해동명신록』의 원문과 번역문을 묶어 간행할 때 해설을 쓴 홍순옥(洪淳鈺)은 "동인계는 유성룡, 김성일, 이원익, 이덕형, 정온 등만 보여 …… 서인계 명신록"이라 평가했다. 남인 이익은 『성호사설(星湖僿說)』에서 "김육은 『해동명신록』을 지었으나 취사(取舍)하면서 빠진 것이 또한 많으니 완편(完編)이라 할 수는 없다. 우리 8세조 병조 판서 경헌공(敬憲公) 이계손(李繼孫)은 세조조 명신이었다. 국사와 야사에서 사적이 비등하게 나타났는데도 여기에는 실리지 않았으니 그는 견문이 넓지 못했던가 보다."라며 비판적이었다. 『해동명신록』과 비슷한 시기에 간행된 『국조명신록(國朝名臣錄)』은 김육의 저술로 추정된다. 여기에 수록된 367명은 도학, 사업 및 충절로 분류되었다.[251]

성호는 1753년 윤유장(尹幼章)에게 보낸 편지에서 김육이 조경에게 『해동명신록』의 서문을 부탁했으나, 계축옥사 때 역모죄로 심문을 받다가 인목대비의 사주로 궁녀들이 의인왕후의 유릉(裕陵)에 저주한 혐의를 시인하는 태도를 취한 박동량(朴東亮)을 포함했다며 거절했다고 했다. 그래서인지 『해동명신록』의 서문이 없다. 조선 시대 학자나 지금 학자들은 『해동명신록』에서 빠진 인물이나 넣지 않아도 좋을 인물을 쉽게 지적할 수 있다. 필자도 정치 업적의 관점에서 이색, 정도전, 최명길 등이 빠진 점이 아쉽다. 그런데 이런 작업은 누가 해도 완벽하기 어렵다. 조선 시대에 이만한 작업은 달리 없다. 아니 지금까지 이만한 작업이 달리 있는가? 필자는 오늘날 김육의 위인전이 없어 아쉽다. 『해동명신록』에 적지 않은 문제가 있더라도 큰 업적임을 부정해서는 안 된다. 이익의 제자인 안정복은 『동사강목(東史綱目)』이라는 한국사 책에서 『해동명신록』을 참고 자료로 활용했다.

1657년경 김육은 자신과 다른 사람들의 흥미로운 일화를 적은 『잠곡필담』을 만들어 집안에 보관했는데, 김육의 활동, 사상, 존경하는 인물 등을 파악하는 데에 유용하다.

1658년 정월 『삼대가시전집(三大家詩全集)』을 편찬했다. 「가장」에 따르면, 김육은 고문(古文) 가운데 당나라 두보, 이백, 한유의 글을 수집하고 새롭게 증보했다. 이들은 김육이 본받고자 하는 문장가이리라. 김육은 이 책의 서문에서 문장을 배우려는 사람은 세 대가를 배워야 하고 한유의 역량, 두보의 규모, 그리고 이태백의 기백을 취하라고 했다. 문학의 의의로서는 "세 대가의 시를 읽으면 진실로 그들의 임금을 사랑하고 국가를 근심하는 정성, 세속을 초탈하고 사특함을 억누르고 바른 도를 부지하는 의지를 가슴속에 한결같이 가지게 된다."라고 적었다. 김육이 이런 자세로 공부하여 문장가로 평가받았음은 윤신지의 『잠곡유고』 서문에서도 드러난다. 필자는 문학을 모르나 김육의 글은 전달하려는 뜻이 명확하고 기백과 호소력이 있다고 생각한다.

이상에서 살펴보았듯이, 김육은 저술 업적만으로도 한국사에 족적을 남겼다. 김육의 저술 중 수기의 도덕에 관한 대표적인 것은 『종덕신편』이고, 치인의 경세에 이바지하는 대표적인 것은 『해동명신록』과 『유원총보』이다. 『해동명신록』은 한국학에 이바지하고 『유원총보』은 백과사전류여서, 실학의 저술로 평가할 수 있다. 김육은 성리학의 대가인 성혼을 스승으로 삼고 그의 선조인 기묘명현을 성리학의 선구자로 평가하면서도 성리철학에 관한 저술을 남기지 않았다. 또한 예론의 대가인 조호익을 스승으로 모셨지만, 그의 저서인 『가례고증』을 편찬하는 데에 그쳤다. 그는 오늘날 관점에서 실생활과 정책 수립에 유용한 저술을 많이 남겼던 것이다.

(2) 인쇄 사업의 공헌

1434년 세종의 명으로 갑인자(甲寅字) 약 20만 자를 주조하고 인쇄를 시작하니 하루에 40여 장이나 되었다. 활자 모양이나 인쇄 방식이 이전보다 훨씬 반듯하고 수월해졌다. 이 갑인자는 선조, 광해군, 현종, 정조 등 후대 왕들에 의해 여러 차례 개주(改鑄)되면서 조선 말까지 서적의 인쇄 출판에 크게 이바지했다. 임진왜란으로 활자가 모두 흩어지고 많은 서적이 사라졌다. 난후 활자의 정비와 서적의 출간은 중대한 사업이었는데, 인력과 자재를 많이 보유한 훈련도감이 임란 전의 인쇄본을 그대로 나무 활자로 만들어 출판하였다. 이 훈련도감의 활자가 인조 말까지 그대로 사용되었다. 효종 중반에 새로 행서체의 나무 활자가 제조되었다.

김육은 인조 대에 출판 사업에 참여하고 효종 대에 출판 사업을 주도했다. 김육은 1634년 『청풍세고』를 간행할 때, 판각을 하여 보관했다. 인쇄를 중시한 것이다. 「가장」에 따르면, 김육은 서운관(書雲觀)과 내의원의 제조가 되어 약의 조제방법을 기록한 방서(方書)를 인쇄했으며, 훈련도감에 재직할 때도 서적을 널리 온 나라에 반포했다. 김육은 "모두 손수 교정을 보았고 말을 타고 가서 일을 하였다." 1643 년 도승지 김육은 내의원 제조를 겸임하면서 침술의 요지를 적은 『신응경(神應經)』을 직접 교정보아 교서관(校書館)의 나무 활자로 인쇄했다. 그는 효종과 자전의 건강을 걱정하여 1656년 『증보만병회춘(增補萬病回春)』을 교서관 나무 활자로 인쇄했다. 1658년 『삼대가시전집』을 교서관 나무 활자로 출간하면서 쓴 서문에서 "삼국 시대 이래 작가가 배출된 것은 중국과 다름이 없다. 그런데 불행하게도 병란으로 인해 서적이 다 흩어져 어려운 가운데 부지런히 공부하는 무리들이 그 재주를 다 펴지 못하였다. 이에 내가 그들을 위해서 민망하게 여겨 지난해에 경서를 인쇄하고 지금 또 이 책을 인쇄해 반포하게 되었다."라고 밝혔다. 김육의 목판 인쇄 사업은 금속 활자 인쇄의 징검다리를 놓았다.

1668년 김육의 장남 김좌명은 호조 판서로서 수어사를 겸임했을 때, 호조와 군문의 물자를 융통하여 난후 처음으로 금속 활자인 무신자(戊申字)를 주조하여 『잠곡선생유고』 등을 간행했다. 김좌명의 아들 김석주는 사비로 당대 명필인 한구(韓構)의 금속 활자를 주조했다. 1695년 국가가 그것을 구입하여 사용했다. 김육은 동전 통용책을 추진하고 그 사업을 김좌명과 김석주가 계승했으므로, 이들은 동을 다루는 기술에 정통하여 금속 활자를 만드는 사업을 추진할 수 있었다. 무신자와 한구자는 훌륭한 금속 활자여서, 1782년 정조의 어명으로 8만여 금속 활자가 주조될 때까지 국가의 서적 인쇄사업에 사용되었다. 김육-김좌명-김석주 3대는 임진왜란 후 인쇄 문화를 부흥한 주역이었던 것이다.[252] 인쇄 사업은 문화 발달과 인적 자본 축적에 이바지한다.

(3) 국사 편찬 사업 참여

김육은 역사를 중시하고 역사에 대한 조예가 깊었다. 『황명기략』은 명나라 역사서이며, 『유원총보』는 역사적 내용을 풍부하게 담았다. 『해동명신록』은 한국 인물사이다. 그가 개성 유수로서 편찬한 『송도지』는 개성의 역사를 담았다.

조선 왕조가 창건한 1392년에 정해진 문무백관의 관제 가운데 예문춘추관(藝文春秋館)이 국사 등의 일을 관장했다. 중국의 수나라, 당나라 이전부터 자국사를 국사로 불렀는데, 이 용어가 한반도에 들어왔다. 조선 시대 때 가장 중요한 국사는 『조선왕조실록』이었다.

김육은 1625년 병조 좌랑 겸 춘추관 기사관에 제수되어 『광해군일기』의 편찬 사업에 참여했다. 이어 『선조실록』의 수정에도 중요한 역할을 했다. 『선조수정실록』에 수록된 채유후(蔡裕後) 후기는 『조선왕조실록』, 그리고 김육의 실증적 국사 편찬을 보여 준다.

1643년에 이르러 대제학 이식(李植)이 상소하여 속히 수정해서 별도로 한 질을 완성한 뒤 사고(史庫)에 부장(附藏)할 것을 청하니, 인조께서 마침내 영의정 김류에게 그 일을 관장토록 명했는데, 실제로는 이식이 주관하였다. 사관의 시정기(時政記)와 주서(注書)의 일기를 모두 수합하고 그중 유실되거나 누락된 것은 집에 보관되어 있는 통보(通報), 야사, 잡기 및 여러 사람의 장지(狀誌)에서 찾아내어 보충하고 재정리했다. …… 그런데 일을 마치기도 전에 이식이 죽으니 이 일도 드디어 오랫동안 중단되고 말았다. 1657년에 우의정 심지원이 효종께 그 일을 마칠 것을 청하니 드디어 경덕궁(慶德宮)의 승정원에서 개국(開局)하고 영돈녕 부사 김육에게 이를 총관케 하는 한편 윤순지(尹順之), 이일상(李一相) 및 유후 등에게 나누어 명하였는데, 한결같이 이식이 지은 범례에 의거하여 곧 이를 완성했다. 대개 개수한 뜻은 모두 이식의 소에 드러나 있으므로 다음에 아울러 수록하여 후고(後考)에 대비한다. 돌아보건대 선조는 42년 동안 재위하셨는데 이식이 수정한 것은 1567년부터 1596년까지 30년간이고, 이번에 속찬한 것은 1597년부터 1608년까지 12년간이다. 우리 동방에 문헌이 많았지만 제가(諸家)의 기록이 대부분 전후의 변란에 일실(佚失)되었다. 그러나 1597년 이전은 그래도 보존된 것이 있었으므로 이식이 편수한 것은 꽤나 상세히 갖추어진 것 같다. 하지만 그 후는 연대가 조금 떨어지고 서적 또한 적은데, 무사(誣史) 중 특히 근거가 없는 것에 대해서는 약간의 유기(遺記) 및 이목이 미치는 바의 사실만을 가지고 이를 논증하면서 끝내는 '실록을 살펴보건대'로 예를 삼았다.

이식은 "국(局)을 설치하지도 않고 또 대신이 총재(摠裁)하는 일도 없이 2~3명과 함께 관청에서 수정했는데," 여기에 김육도 참여했다. 이식은 서인 당 의식을 가진 인물이어서 북인 주도로 편찬된 『선조실록』의 수정 편찬을 추진했다. 김육은 1651년 1월 영의정에 임명된 다음 2월 『인조실록』 총재관을 겸직하였다. 10월 대사헌 조석윤이

『인조실록』을 혼자 작성하기를 청하자, 효종은 당파심이라며 귀양을 보냈다. 「가장」에 따르면, 10월 효종은 김육과 전 판서 조경이 함께 국사를 편찬하게 할 것을 명했다. 그리고 1657년 효종은 김육에게 『선조수정실록』을 감수하여 완수하도록 명했다. 김육이 고령 등을 이유로 사양했지만, 효종은 허락하지 않았다.[253] 효종은 국사의 편찬과 감수에는 김육이 가장 적임자라고 판단하고 있었다. 역사에 관한 식견뿐 아니라 당파에 기울지 않은 공정한 사관을 평가했기 때문일 것이다.

17 김육과 이순신

1604년 선조는 임진왜란 때 자신의 거가(車駕)를 따른 사람을 호성공신(扈聖功臣)으로 삼아 3등급으로 포상했고, 왜적을 친 제장(諸將)과 군사와 양곡을 주청(奏請)한 사신(使臣)은 선무공신(宣武功臣)으로 삼아 3등급으로 포상했는데, 이순신(李舜臣)은 권율(權慄) 및 원균(元均)과 함께 선무공신 1등이었다. 1603년 조신들이 이순신을 1등, 원균을 2등으로 정하자고 건의했는데, 이순신을 처벌한 적이 있던 선조는 "왜적을 토벌할 적에 원균이 죽기로 결심하고서 매양 선봉이 되어 먼저 올라가 용맹을 떨쳤다. 승전하고 노획한 공이 이순신과 같았는데, 그 노획한 적괴(賊魁)와 누선(樓船)을 도리어 이순신에게 빼앗긴 것이다. 이순신을 대신하여 통제사가 된 원균이 재삼 장계를 올려 부산 앞바다에 들어가 토벌할 수 없는 상황을 극력 보고했으나, 비변사가 독촉하고 원수가 윽박지르자 원균은 반드시 패전할 것을 환히 알면서도 진 (鎭)을 떠나 왜적을 공격하다가 드디어 전군이 패배하게 되자 그는 순국하고 말았다. 원균은 용기만 삼군에서 으뜸이었던 것이 아니라 지혜도 또한 지극했다."라는 비망기를 내려 원균을 1등으로 올렸다. 『선조실록』의 편찬자는 이 기사의 끝에 "원균은 주함(舟艦)을 침몰시키고 군사를 궤멸시킨 죄가 매우 컸다."라는 사관의 논평을 실었다.[254]

선조는 1591년 이순신을 전라도 좌수사로 규정을 초월하여 승진시킨 분부에 대한 사간원의 반대를 막았는데, 1597년 자신의 잘못된 명령을 이행하지 않는 등의 죄목으로 이순신을 가혹하게 심문했다. 이순신은 우의정 정탁(鄭琢)의 변호로 목숨을 부지했다. 그전에 유성룡과 이원익이 이순신의 파직을 반대했다. 1597년 원균의 수군이 크게 패하여 조정과 민간이 모두 크게 놀랐는데, 병조 판서 이항복은 경림군(慶林君) 김명원(金命元)과 더불어 "지금의 계책으로는 이순신을 다시 통제사로 삼아야만 합니다."라고 건의하여 선조가 따랐다.[255] 1592년 선조가 서울을 떠나면서 유성룡에게 남아 지키라고 명했는데, 도승지 이항복은 유성룡이 없어서는 안 된다고 건의하여 관철했다. 이항복은 유성룡이 서울에 머물러 역량을 사장하는 것을 막고 이순신의 통제사 복귀를 건의한 것만으로도 큰 공을 세웠다.

이순신 장군의 사후 1598년 12월 비변사는 "국가를 회복시킨 공에 있어서 이 사람이 제일입니다. …… 사당을 좌수영 본진에 설립하여 봄가을로 제사를 올리게 하는 것이 좋을 듯합니다."라고 하여 선조가 따랐다. 1598년 10월 유성룡이 영의정에서 물러난 후 이원익이 영의정, 이덕형이 좌의정, 그리고 이항복이 우의정이 되었는데, 이들

명신(名臣)이 주도한 건의였다. 이어서 이덕형은 남쪽 해변 주민의 이순신 추모 열기로 원균의 이순신 비방이 거짓임을 확인하고 이순신의 공적을 적은 다음 "이순신이 나라를 위하여 순직한 정상은 옛날의 명장에게도 부끄러울 것이 없었습니다. 포장(褒奬)하는 거조를 조정에서 각별히 시행하소서."라고 건의했다.[256]

1600년 영의정이 된 이항복은 「고 통제사 이공 유사(故統制使李公遺事)」에서 다음과 같이 썼다. 1601년 선조는 이항복에게 "고 통제사 이순신은 왕실에 마음을 다하다 끝내 왕사(王事)로 죽었으므로, 내가 그를 총애하며 가엾게 여긴다. 그러나 아직껏 사당을 세우지 못했으므로, 이 때문에 그대를 명하여 그의 공적을 밝히게 한다."라는 교서를 내렸다. "그래서 신 항복은 명을 받들고 감격스럽고도 두려운 마음으로 역마를 타고 바닷가에 이르러 여러 장수들과 함께 그의 충성을 표창하고 덕을 기록하여 무궁한 후세에 길이 보일 것을 모의했더니, 모두가 승낙하였다." 이항복은 전남 여수에 충민사(忠愍祠)를 만드는 일을 마치고는 조정에 그 사실을 고하고 묘액(廟額)을 청해 내려서 그 일을 영광되게 했다. 1609년 전라 감사 박승종(朴承宗)은 충민사를 방문한 후 「충민사기(忠愍祠記)」를 짓고, 순천부에 명하여 노비와 논밭을 내려 주었다.

1614년 이항복은 「통제사 이공 노량비명(統制使李公露梁碑銘)」도 지어 "옛 임진년에 남쪽 왜구가 제 힘을 헤아리지 못하고 전함을 줄줄이 띄워 바다를 건너왔는데, 조령(鳥嶺)으로부터 충청도까지의 병폐는 한산이고 경계는 노량이고 요충지는 명량이었으니, 만일 한산을 잃고 노량을 지키지 못하여 곧바로 명량을 압박해 온다면 경기 일

대 민심이 동요할 지경이었다. 그런데 이때 누가 능히 공을 이루어 삼도의 적을 막아 내었던가. 그가 바로 원후(元侯) 통제사 이공이었다."라고 칭송했다.

이항복은「율곡선생 비명(栗谷先生碑銘)」과「서애 유사(西厓遺事)」에서도 서인과 남인의 영수인 선배 명신들의 공적을 합당하게 평가했다.「서애 유사」의 마지막 구절을 보면, 유성룡이 1598년 "가을에 탄핵을 받고 동교(東郊)에 있었다. 내가 방문하니 공이 나와 맞이하며 웃으면서 '공은 일찍이 내 집에 온 적이 없었는데, 다만 평양에서 나를 한 번 방문하였고 두 번째 여기에 방문하였구려. 공은 반드시 남이 오지 않을 때에 왔으니 우습구려.'라고 말하였다. 그리고 종일토록 담론하면서 조금도 숨김없이 속마음을 다 토로했는데, 한 번도 그 화난 기색을 볼 수가 없었다." 유성룡의 통솔 아래 이원익, 이덕형, 이항복 등 명신이 협력하여 국난의 극복에 이바지했고, 유성룡이 실각한 후에 이들 세 명신은 영의정을 차례로 역임하면서 공정하고 현명한 처신으로 조정을 이끌었다.

김육은 왜란과 호란을 겪어 강병에 깊은 관심을 가진 만큼 무장을 평가하는 입장이었다. 그는 장사(將士)들을 보고 "휘하에는 재주 있는 인재가 많은데, 슬프구나 알아볼 이 그 누구인가."라며 무장이 제대로 평가받지 못함을 아쉬워했다. 그는『해동명신록』에다 소수 무장을 포함했는데, 더 많이 포함하지 않아 아쉽다.

김육은 이순신 장군의 신도비명을 작성해 달라는 요청을 받고 "내가 늙어 나이 80에 가까워 붓과 벼루를 멀리하였다. 공의 기개와 공훈을 참으로 만분의 일도 감히 표현할 수가 없다. 그런데 공의 깨끗한 충성과 큰 절개를 내가 사모해 우러러보고 마음으로 따른 것은 어렸을 적부터였다. …… 이에 감히 사양하지 않고 서술한다."라고 허락했다. 「이통제충무공 신도비명(李統制忠武公神道碑銘)」은 "우리나라가 200년 동안이나 태평을 누린 탓에 백성이 병란을 알지 못하다가, 총을 쏘고 칼을 멘 도적이 갑작스레 동남쪽으로 쳐들어왔다. 이에 서울, 개성, 평양을 모조리 빼앗기고 일곱 도가 도탄에 빠지게 되었다. 이러한 때 도원수 권율이 서울 근처에서 왜적을 노려 큰 도적을 잡았고, 통제사 이순신이 바다에서 활약하여 큰 공을 세웠다. 그러니 이 두 분이 아니었더라면 명나라의 육군과 해군이 무엇을 믿고 힘을 썼을 것이며, 종묘사직의 무궁한 국운(國運)이 어디에 힘입어 다시 이어졌겠는가. 그런데 도원수의 무덤에는 이미 큰 비석이 세워졌건만, 통제사의 무덤에는 아직도 사적(事蹟)을 기록한 비문이 없으니, 이 어찌 사대부들에게 남은 유감이 아니겠는가."라는 구절부터 시작한다. 김육도 유성룡처럼 오랜 평화가 군사력의 약화를 낳았다고 보았다. 김육은 이순신의 공적을 상세히 적고, 마지막 구절에 "평생 경모(景慕)하였다."라는 마음을 표현했다. 이순신은 나라를 위해 전쟁터에서 공을 세우고 목숨을 바쳤다면, 김육은 인민과 국가를 위한 일념으로 죽는 날까지 소신의 정책을 실현하려고 힘써 성과를 거두었다.

유성룡이 이순신을 천거하고, 전란 중에 유성룡, 이원익, 이항복, 그리고 정탁이 이순신을 보호했다. 난 후 이원익, 이덕형, 이항복, 그리고 김육이라는 명신은 이순신이 합당한 평가를 받도록 노력했다. 여기에 군주들이 호응했다.

김육은 사망하기 석 달 전인 1658년 6월 "조정에서 현재 절의를 숭상하고 장려하는 은전을 시행하고 있습니다만, 우리나라에서 충신으로 드러나 칭송할 만한 이는 고 통제사 이순신만 한 이가 없는데도, 묘소에 아직까지 조그만 표석(表石)조차도 없으니, 이는 자손들이 미약한 소치입니다. 조정에서 본도로 하여금 표석을 세우게 한다면 풍성(風聲)을 수립하는 도리에 크게 도움이 될 것입니다."라고 아뢰었다. 이 건의 직전에 「이통제충무공 신도비명」을 썼다면, 공문서를 제외하고 마지막 글이다. 효종은 그 건의를 수용하고 이어 그 자손들을 등용하도록 명했다. 효종은 북벌 정책을 추진하던 1653년 이완(李浣)이 성익(成釴)을 재주가 있다며 추천하자, "지금 세상이라고 해서 어찌 유독 사람이 없겠는가. 이를테면 이순신도 유성룡의 천거로 발탁되어 마침내 큰 공을 이루었다. 오늘날의 사람들이 반드시 인재를 알아보지 못하기 때문일 것이다."라고 말한 데에서 드러나듯이, 이순신을 높이 평가하고 있었다.[257] 효종이 재위하던 1659년 조정은 남해 전쟁터에 이순신의 비문을 세웠다. 현종은 1663년 노량과 통영의 이순신 사우(祠宇)에 충렬(忠烈)이라고 사액(賜額)했다. 숙종은 1704년 충청도 유생의 건의로 이순신이 생장한 아산에 사우를 짓고 1707년 현충(顯忠)이란 호(號)를 내리고 1710년 사액했다. 1795년 정조는 『충무공이순신전서(忠武公李舜臣全書)』를 발간했고, 친히 제문(祭文)을 지어 통제사에게 명하여 통영의 충렬사에서 제사를 올리게 했다. 『난중일기(亂中日記)』는 『충무공전서』 5~8권에 수록되었다.

임진왜란 때부터 일본에서 이순신의 명성은 높았다. 도요토미 히데요시가 이순신을 높게 평가한 사실은 『징비록』에 나온다. 일본인은 대적한 군인이라도 뛰어나면 존경하고 배우는 장점을 임진왜란 때에 이미 가지고 있었다. 그런 자세는 무장들이 험난한 전국 시대에 살아남는 데에 도움을 주었기 때문이다. 명치유신 이후 일본은 근대 해군을 양성하면서 해군에게 이순신 장군을 배우게 하고 그에 당한 패배를 되풀이하지 않으려는 각오를 다져 러시아 함대를 격파했다. 이순신이 세계 제1의 해군 장군이라고 평가하는 일본 해군 장교들도 있었다. 일제 강점기에 일본 해군은 해마다 이순신 사당을 찾아 참배했다. 해전사 연구자인 발라드 제독은 영국의 넬슨 제독에 견줄 수 있는 유일한 인물로 이순신을 꼽았다.

김육은 임진왜란과 병자호란 때에 공을 세우거나 순국한 인물을 높이려는 각별한 사명감을 가지고 실천했다. 김육은 1652년 차자로 임진왜란 때에 강원도 조방장(助防將)으로서 전공을 세우고 순절한 원호에 대해 홍명구(洪命耇)와 더불어 "시호를 하사하고, 아울러 한 사우(祠宇)에서 향사(享祀)하게 하여 숭상해서 권장하는 뜻을 보임으로써 풍교(風敎)를 수립하소서."라고 건의했다. 김육은 1653년 다시 건의하여 뜻을 이루었다. 김육은 증조 김덕수의 제자인 원호에 대해 "신보다 더 잘 아는 사람이 없습니다."라고 했는데, 원호는 원두표의 조부이다. 1670년 현종은 홍명구의 사우 편액을 의열사(義烈祠)로, 원호의 사우 편액을 충렬사(忠烈祠)로 하사했다.[258] 1651년 9월 전라도 남원의 진사 김지명(金之鳴) 등이 상소하여 임진왜란에 순절한 황진(黃進)과 이복남(李福男)의 향사(鄕祠)에 사액을 요청하고 포증(褒贈)의 은전을 받지 못한 구례 현감(求禮縣監) 이원춘(李元春)에게 증전(贈典)을 내려 주기를 요청하였다. 효종은 대신에게 의논하도록 명했다. 이때 김육이 허가하자고 의견을 모아 올린 수의(收議)의 글이 『잠곡유고』 8권에 수록되어 있다. 효종은 이 건의에 따랐다.[259] 김육은 최진립(崔震立)의 청백(淸白)과 순절을 포상하여 증직하고 남정유(南挺蕤) 부자와 김효남(金孝男)의 부인을 정려(旌閭)하고 한순(韓楯)의 사설(死節)을 보상하여 녹공하고 김덕함(金德諴)과 정홍익(鄭弘翼)에게 시호를 내리자고 의견을 올렸다. 1658년 조복양이 경연에서 김덕함과 정홍익의 시호를 내리기를 건의하자, 효종이 대신의 의향을 물어 김육이 의견을 올린 것이다. 1659년 김덕함과 정홍익에게 시호를 내렸다.[260] 이들 중 이순신, 원호, 황진 및 최진립은『해동명신록』에 올랐다.

임진왜란에서 공을 세우고 병자호란 때 순절한 최진립에 대해 김육은 "무릇 국가에서 포상하는 은전을 내림에 있어서는 단지 그 사람이 의를 행하고 공을 세운 것만 볼 뿐입니다. 어찌 그 사람의 지위가 높고 낮은가나 문관으로 발신(發身)하였느냐 무관으로 발신하였느냐를 따지겠습니까. 최진립이 세운 공을 보면 비록 시호를 추증하는 은전과 청백리의 선발에 참여되더라도 부끄럽지 않습니다."라는 의견을 올렸다. 무장인 최진립의 후손은 선조의 향사 사액을 발판으로 경주의 유수한 사족 가문으로 성장했고, 그 후손 가운데 만석군인 경주 최부자 가문이 출현했다.

18 왜 김육은 업적이 많고 탁월할까

김육은 충청도 대동법의 완수, 전라도 대동법의 시행 결정,『전제상정소준수조획』, 동전 통용책의 부분적 성공, 시헌력, 광업의 설점수세제, 수레 사용, 군역제 개혁안, 인쇄 사업, 저술 등 업적이 많았다. 모두 경제와 문화의 발전에 이바지하는 업적이었다.

김육의 업적이 많고 탁월한 데에는 여러 요인이 작용했다. 첫째, 그는 중앙 관부의 요직, 지방관, 사신 등의 다양한 경험을 쌓고 효종 때에 정국을 주도할 수 있는 정승의 지위에 올랐다. 그는 79세까지 살았고 1649년 이후 9년간 대신으로서 국왕의 신임을 얻었다. 이런 풍부한 관직 경험과 정승의 역임이 중요한 자산이지만, 조선 시대 이만한 경력을 가진 사람은 많았다.

둘째, 부지런하고 강한 정신력이다. 2장 15절에서 설명했듯이, 김육은 독서, 농사일, 저술, 관직 생활, 그리고 정책의 고안과 실현에 힘썼고 조금도 낭비하는 시간이 없었다. 조선 시대 정승의 지위까지 오른 인물은 거의가 부지런했는데, 김육은 특히 부지런했다.

김육은 10년간 잠곡에서 농사를 짓고 하여 체력이 강한 편이었으나, 그의 사직 요청서를 보면, 잦은 병치레를 했다. 김육은 1641년 12월 승지를 사직하는 상소에서 "본디 앓고 있던 하혈증이 피로로 인하여 더욱더 심해져 현기증이 나 쓰러진 채 병석에 누워 있었다."라고 했는데, 50대나 그 이전부터 치질로 고생한 모양이다. 김육은 1649년 9월 우의정 임명을 처음 사양하는 차자에서 병으로 날마다 누워 있다고 했다. 이후 많은 사직서에서 빈번히 병으로 직무를 감당하기 어렵다고 했다. 김육은 1652년 좌의정일 때 "평소에 앓고 있던 편정풍(偏正風)이 갑자기 어제 또 발작했는데, 무엇으로 머리를 때리는 듯한 두통에 누울 수조차 없어서 이마를 감싼 채 일어나 있으며, 손발이 냉하고 정신이 흐릿합니다. 침을 맞고 약을 먹어도 아무런 효험이 없어서 밤새도록 신음하고 있으니, 형세상 회복되기가 어렵습니다."라며 사직 차자를 올렸다. 1499년 교서관이 간행한 응급 치료서인 『구급이해방(救急易解方)』에서 편정풍은 두통을 지칭했다. 김육이 1657년 4월 개성부 소윤(少尹)인 지포(芝浦) 곽지흠(郭之欽)에게 보낸 편지에는 "노쇠하고 병이 심해졌는데 또 한 살이 많아져 괴롭게 지낸다."라는 구절이 있다. 이렇게 노쇠하고 병든 70대에 대신의 격무를 수행하면서 많은 정책을 기획, 추진하기를 죽기 전까지 지속했으니, 김육은 정신력이 강했다. 1658년 9월 4일 저녁까지 숨을 거두지 않은 것은 전라도 대동법과 태안 창고에 관한 비변사 회의 결론을 듣기 위함이라고 생각된다.

셋째, 김육의 졸기에 드러나듯이, "평생 경제를 자신의 임무로 삼았다." 문과에 급제하여 관직에 나아가고 출세한 사람은 거의가 경세제민을 임무로 삼았다고 보아야 한다. 그런데 "평생 경제를 자신의 임무로 삼았다."라고 『조선왕조실록』에서 평가받은 인물이 드문 점에서, 국가를 잘 다스려 인민을 구제하려는 김육의 사명감 내지 책임의식은 각별했다. 그래서 김육은 관직에 연연하지 않고 대동법 등 소신의 정책 수행에 정치 생명을 걸었다.

넷째, 김육이 추진한 정책이 민생 안정과 재정 개선을 성취했을 뿐 아니라 경제 발전에 이바지한 것은 훌륭한 정책 이념과 사상에 토대를 두고 있었기 때문이다. 김육은 투철한 유학자이면서도 공리(功利)의 경제 합리성을 중시하고 경세의 시무(時務)에 유용한 학풍을 개방적으로 수용하는 박학(博學)을 했다. 김육의 사상에 대해서는 5장에서 자세히 설명한다.

다섯째, 김육은 남에게 열심히 배웠다. 그는 창안한 정책이 없으나, 이미 논의되었거나 추진된 정책과 제도를 공부하면서 정책안을 진전시켰고, 외국의 선진적 제도와 기술을 열심히 배웠다. 대동법과 동전 유통은 종전부터 추진된 정책이었으며, 시헌력, 수차 및 수레는 중국에서 배워 온 것이었다. 김육은 이원익, 권반 등이 마련한 대동법을 더욱 정밀하게 완성시켰다. 김육은 양반 대부분이 오랑캐라고 멸시한 유럽의 과학 기술을 배우는 데에 적극적이었다.

여섯째, 김육은 정승의 지위에 있으면서 실무까지 소상히 파악해 정책 기획력과 제도 설계 능력을 향상했다. 1638년 전임 충청 감사인 권반의 대동법안을 발전시키고 1649년 정승에 올라 더욱 개선해 대동법을 건의했으며, 이후에도 계속 가다듬어 1654년『호서대동절목』으로 대동법을 완성하는 데에 주도적인 역할을 했다. 그의 정책 기획력과 제도 설계력은 꾸준한 노력의 산물인 것이다. 유형원은『반계수록(磻溪隨錄)』을 작성한 후 쓴 글에서 "선비는 도(道)를 밝힐 따름이고 일에 대해서는 대체만 알 따름이다. 그런데 그대가 번잡함을 꺼리지 않고 절목까지 연구하는 까닭은 무엇인가?"라는 질문에 대해, "천지의 이치는 만물에 나타나니, 물이 아니면 이치가 나타날 곳이 없다. 성인의 도는 만사에서 실현되니, 일이 아니면 도가 실현될 곳이 없다."라고 응수했다. 이런 자세로 김육은 실무까지 파악한 제도 설계력으로『호서대동절목』과『전제상정소준수조례』를 편찬했다.

일곱째, 김육은 소신의 정책을 기필코 실천하는 정치인이었다. 김육은 1638년부터 옳다고 생각하여 건의한 대동법을 1649년 정승에 올라 죽을 때까지 추진했다. 그는 동전 통용책을 인조 때인 1627년,

1644년, 1647년 세 차례 건의하고 1650년부터 7년간 강인하게 추진했다. 1645년 예조 판서로서 건의한 시헌력은 1649년 우의정일 때 다시 건의, 추진하여 1654년 시행에 이르렀다.

김육은 정책 소신을 가지면, 어떠한 난관을 만나도 위축되지 않고 강력히 추진했다. 그래서 김육의 졸기에 따르면, "일을 만나면 할 말을 다하여 꺼리거나 두려운 일을 피하지 않았다. …… 그가 죽자 왕은 '어떻게 하면 국사를 담당하여 김육과 같이 확고하여 흔들리지 않는 사람을 얻을 수 있겠는가.'라고 탄식하였다." 김육의 강인한 정책 추진에 비판적인 인사가 적지 않았다. 1655년 12월 김육의 건의로 동전 통용책이 개정되었을 때, 『조선왕조실록』에는 "의논하는 자들이 모두 그르다 하고 임금도 싫어하고 힘들어했으나, 김육은 견지하기를 오히려 굳건히 하였다."라는 평이 실렸다. 1656년 경기 감사의 보고로 구속된 행전 별장 정문호와 이승훈을 김육이 변호한 사실을 두고, 실록 편찬자는 "김육은 성급하고 고집 센 성품으로 하고자 하는 모든 일을 반드시 성취시키고야 말고 비록 온 세상이 그르다고 하여도 돌아보지 않으니, 사람들이 그의 강인함을 칭찬했다."라고 비꼬았다. 김육에게 확고한 소신과 강인한 추진력이 없었다면, 효종 때에 충청도, 전라도에 대동법이 시행될 수 없었고, 동전 주화 제도의 정착은 늦어졌을 것이다.

여덟째, 김육의 정책 추진 방식이 훌륭했다. 김육은 정책을 추진하면서 정파를 초월하여 뜻이 같은 관료, 정치인의 협조를 얻었고 서필원 등 후배를 육성하여 그의 뜻을 계승하게 했다. 김육은 서인이나 남인인 조호익을 스승으로 평생 높이 받들고 남인 제자도 길렀으며, 김세렴, 조경, 한흥일, 허적 등 남인 명사들이 김육이 추진한 정책에 협력하고 후원했다. 김육은 관료간 협력 역량을 최대로 끌어올린 인물이었다. 김육은 사교적이지 않은 강직한 성품으로 정치적 거래를 하지 않았고 세력을 규합하지 않았음에도 불구하고, 확고한 소신에 입각한 추진력을 가지고 정파를 초월해 관료간 협력의 역량을 끌어올리고 공명정대하게 인물을 밀어주고 비판했기 때문에, 정치력을 발휘했다.

아홉째, 김육은 치열하게 정책 공방을 벌였지만, 당파심이나 사적 감정으로 대립하지 않았다. 그래서 그와 공방한 인사와 모두 원만한 관계를 유지했다. 김육이 가장 자주 충돌하고 많이 비판한 인물은 원두표였으나, 원두표와 사이좋게 지냈다. 김육은 김집과 정책 공방을 벌였으나, 후에 그와 원만한 관계를 유지했다. 김집의 제자인 송시열은 김육 사후의 대동법, 태안반도 조운 문제, 군역제 개혁 등 김육의 정책을 계승하기도 했다. 붕당 대립이 발생한 선조 대 이후 당색을 초월해 존경받은 대표적 명신은 이원익, 이덕형, 이항복 및 김육이다.

김육이 훌륭한 사상, 그리고 강한 소신과 추진력을 갖추게 된 것은 그의 자라난 환경과 무관하지 않다. 그는 많은 역경을 겪으면서 그것에 좌절하지 않고 오히려 자신을 갈고닦아 경세제민의 사상과 신념을 구체화했다. 잠곡에서의 10년간 농민 생활도 그의 정책 업적을 위한 중요한 자산이었다. 김육은 학문의 연마와 현실의 가르침을 바탕으로 정책 이념을 정립한 위에 부지런히 인민과 국가에 이로운 정책을 발굴하여 정책을 기획하고 제도를 설계하여 강력히 추진했다. 물론 김육 업적을 개인의 힘만으로 돌릴 수는 없다. 그의 대표적인 업적인 대동법을 보더라도 선배 정치인의 공이 있었고 그의 정책을 지원한 관료, 정치인이 있었다. 그리고 효종의 신뢰와 후원이 있었다.

1 김육의 사후 평가

(1) 김육에 대한 제문, 묘지명, 신도비명

김육에 대한 제문(祭文)은 「연보」에 수록되어 있다. 먼저 지제교 (知製教) 조비(趙備)가 지은 효종의 제문을 보면, 김육의 일생 업적이 다음과 같이 잘 정리되었다.

만물을 사랑하는 마음을 간직하여/ 정성껏 지켜 잃지 않았네.

현달하여 시행한 사업을/ 모두 다 정밀하게 연구하였네.

백가의 여러 기예도/ 꿰뚫어서 마음대로 넘나들었네.

혼란한 광해조 만나선/ 홀로 서서 초연하게 지냈다네.

직접 농사지으며/ 그대로 한평생을 마치려 했네.

……

북쪽 변방을 나누어 맡아서는/ 아전이 겁내고 백성이 편했네.

충청도 관찰사가 되어서는/ 명령이 행해져서 인민 부담을 줄였네.

1636년 중국 조정에 가서는

......

변고에 처해서도 절개를 다하고/ 상황마다 잘 대응하고 주선하였네.

충성심과 신임을 가지고는/ 세 차례 요동과 북경을 다녀왔네.

......

백성의 재물을 맡게 되어서는/ 동전의 통행을 청하였네.

조세를 고르게 부과하는 정사를/ 충청도부터 펴기 시작하였네.

십 년 세월이 지난 지금에는/ 그 혜택이 백성에게 두루 미쳤네.

이 제도를 더 널리 시행하여/ 전라도까지 미치려 했네.

국가를 경영하고 계획하는 일/ 내가 모두 경에게 맡겼네.

지제교 목겸선(睦兼善)이 지은 왕세자의 제문도 내용이 비슷한데, 그 핵심 내용은 "의론을 세워 인민을 편하게 했고/ 마음 다해 조세를 고르게 했네."이다. 김육은 『호서대동절목』의 서문에서 정전법을 지금 다시 시행할 수는 없으나 그다음으로는 대동법보다 좋은 것이 없다고 자부했는데, 기로소(耆老所)의 제문은 그 점을 다시 천명했다.

정승에 제수하는 명을 받자/ 대동법〔平賦〕의 시행을 아뢰었네.

대동법은 어떠한 제도인가/ 정전법의 남긴 뜻이네.〔井田遺意〕

근세 현량한 정승이던/ 이원익이 이 제도를 창제하였네.

공이 그 계책을 확충하니/ 우리나라는 다스려질 조짐이 있었네.

김육의 두 아들은 조경에게 선친의 벗 중에 유일하게 살아 계신다며 묘지명을 부탁했고, 병으로 사양하자 "묘지명을 얻지 못하면 무덤에 묻을 수 없다는 것이 상주(喪主)들의 간절한 뜻입니다."라고 하여 허락을 받았다. 앞서 언급했듯이, 인조반정 직후 조경은 김육과 함께 '학행'으로 6품직을 받았다. 조경은 김육보다 6세 어리나 강빈옥사 이후 앞서 출세하다 산당의 견제, 이어서 청나라의 압박으로 정승에 오르지 못했다. 1649년 9월 김육이 아니라면, 조경이 정승으로 올랐을 것이다. 조경은 1659년 4월 집필한 묘지명에서 김육의 생애를 집약하고서 "군주와 인민을 위하는 마음을 70년간 한결같이 품은 일이라면 거의 천하에서 한 사람이리라. 공은 천성이 단아하고 확고하며 정채가 바로 드러났다. 교유한 사람은 모두 공이 조용히 자신의 지조를 지켰던 점을 인정하나, 깊은 학식과 원대한 사려로 능숙하게 인민을 보호하고 국가를 구한 일을 아는 자는 드물다. 공은 도를 독실히 믿고 스스로 분명히 알아서, 곤궁할 때나 부귀할 때나 일관되게 그 마음을 바꾸지 않았다. 자신이 하는 일이 옳다면 비록 온 세상 사람이 몰려와서 비난하더라도 조금도 동요하지 않았으며, 비록 군주가 의심하고 좋아하지 않더라도 굽히지 않은 채 용감하게 곧장 앞으로 나아가고 자신의 이해와 영욕을 돌아보지 않았다."라고 평가했다. 당대 명사의 평가는 필자가 자료를 보고 느끼던 김육의 상을 명료하게 보여 준다. 왕실 외척이나 "문에 사람이 붐비지 않았고" 정승을 지냈으나 검소하게 살았다는 구절도 있다. 김좌명은 조경에게 5대조 김식의 신도비명도 받았으니, 조경을 높이 받들었음을 알 수 있다.

　이경석은 김육보다 15세 어리나 먼저 정승을 역임하여 효종 즉위 직후 김육을 예조 판서로 천거한 인물이었다. 이경석은 1659년 4월 김육의 시장(謚狀), 1660년 5월 신도비명을 지었다. 이경석은 신도비명에서 김육이 경세제민의 뜻을 이룬 보기 드문 '현명하고 어진 정승(賢相)'이라 평가했다. 중심적 업적인 대동법에 대해 "바야흐로 대동법 논의가 이루어지자 비방이 크게 일어났으나, 산처럼 우뚝하게 흔들리지 않아 마침내 그 실현을 보았다."라고 업적을 기렸다. 그 외에도 여러 업적과 활동을 들었는데, 충청 감사로서 『구황활요급벽온방』을 간행한 일, "일찍이 서양 역법을 논한 일" 등을 적고, "동전 통용과 수레 사용을 건의했으나 시행되지 못해 늘 한탄하고 근심하였다."라는 사실도 적었다.

김육이 우의정이 되어 처음 대동법을 건의할 때, 영의정 이경석은 비변사의 신중론을 주도했다. 김육은 안민과 부국을 동시에 달성하는 방안을 강구했고, 산당은 안민 지상주의자라면 이경석은 중도적인 왕도적 안민론자였다. 이경석은 신중론이었지만 대동법에 반대한 적이 없고, 늘 김육을 후원하고, 충청도 대동법을 성취한 김육을 높이 평가했다. 합리적이고 온건한 명신인 이경석은 김육이 정책 업적을 이루고 효종 대에 조정이 건강하게 기능하는 데에 이바지했다.[1]

(2) 김육을 높이 평가한 효종

효종 재위기에 쟁쟁한 인물들이 조정을 출입했지만, 효종이 가장 믿고 의지한 신하는 김육이었다. 「연보」에 따르면, 김육이 사망한 다음 달에 효종은 이조 판서 송시열과 대화하던 중에 꼿꼿하게 앉아서 공부하는 데에 말이 미치자, "내가 백관의 반열 가운데 오직 김 영돈녕만이 꼿꼿하게 앉아 있는 것을 보았을 뿐이다."라고 말했다. 경연에 들어왔던 신하들이 물러가자 "엄숙 경건하여 늘 꼿꼿하게 앉아 있었고/ 정신은 임종 때도 변하지 않았네."라는 만시(挽詩)를 지었다.

1659년 2월 유계(兪棨)가 군역 개혁안을 제시하여 조정 회의에서 의견이 분열되자, 효종은 "모든 일을 반드시 대신이 담당한 후에야 도모할 수 있는데, 만약 서로 미루기만 하고 결단을 내리지 못하면 임금도 어떻게 혼자서 잘 운영하겠는가. 대동법은 김 영돈녕이 혼자 스스로 맡아서 처음부터 끝까지 흔들림 없이 시행하였기 때문에 성공할 수 있었다."라며 그 자세를 이어받기를 주문했다.[2] 3월 영의정 정태화, 예조 판서 홍명하, 이조 판서 송시열 등과 함께 경연을 마치고 국사를 논의하면서 대신의 중요성에 대한 대화가 오가자, 효종은 "오늘날 한 신하도 국사(國事)를 담당하지 않으니 국사를 끝내 구할 수 없다."라고 말했다. 충청도 대동법을 반대한 적이 있던 민유중은 지난번 대동법을 시행할 때 김육이 시종일관 담당하여 충청도민이 편하게 여기고 있다고 아뢰었다. 그러자 효종은 "확고하여 헛된 여론(浮議)에 흔들리지 않은 인물로 누가 김 영부사만 하겠는가. 한밤에도 주춧돌을 잃은 심정이다."라고 말했다.[3] 효종이 말한 '헛된 여론'의 좋은 사례는 대동법이 공평한 과세인데도 그 실시로 손해를 보는 농지를 많이 가진 부호, 특권 방납인, 지방 관리의 반대 여론이다. 오늘날 제도 개혁에서도 이런 일들을 흔히 본다. 김육은 '헛된 여론'에 흔들리지 않은 대표적 정치가였다.

충청도 대동법은 김육을 지원한 효종의 업적이기도 했다. 효종의 행장에는 "충청도가 임진왜란 때에 병화(兵禍)를 입지 않은 대신에 다른 도의 조세를 부담하였으므로 본디 편중되었다고 일컬어졌다. 1651년 정승 김육의 의논을 써서 대동법을 행하게 되면서 1결에 10두를 거두어 들여 서울과 지방의 비용을 대고 다른 요역을 없애자, 인민이 매우 편하게 여겼다〔民甚便之〕.”라는 내용이 나온다. 충청도, 전라도 대동법뿐 아니라 동전 통용책의 부분적 성공, 그리고 시헌력의 시행이라는 효종대를 빛낸 업적은 김육이 주도하고 효종이 후원해서 이루었다. 조선 시대에 효종과 김육의 사이 이상으로 군신 공치의 성과를 거둔 사례를 찾기는 어렵다.

(3) 충청도민의 추모 열기

김육이 사망하자, 충청도민은 애통한 마음으로 제문을 지어 추도하고, 나아가 부의를 모아 조문했다. 부의를 모으기 위해 충청도 각 읍에 돌린 통문에 따르면, 김 상국이 번다한 잡역을 제거하고 대동법을 시행하여 조세를 줄이고 민생을 구제하여, 충청도민이 8년 동안 편안히 지내 왔으므로, 상국의 별세를 부모상을 당한 것처럼 슬퍼했다. 상가에서 부의를 받지 않자, 각자 제문을 짓고 제수를 마련했고, 영위(靈位)를 모신 자리에 제사를 지낸 사람도 있고, 묘소에서 곡을 하고 떠난 사람도 있었다. 충청도민은 1659년 김육의 공덕을 기리는 비를 삼남으로 통하는 교통의 요지인 소사에 세웠다. 근래 행정 구역이 바뀌어 현 위치는 경기도 평택시 소사동 산 140번지이다.

충청도민이 홍문관 부제학 이민구에게 “조세를 고르게 부과하여 백성을 편안하게 하는 정사는 김 상국의 대동법만 한 것이 없습니다. 도민이 김 상국의 혜택에 감격한 지 9년이 되었습니다. …… 따라

충청도민의
요청으로
이민구가 지은
김육의 충청도 대동법
공덕비.

서 도민이 신분과 나이를 막론하고 각각 쌀이나 옷감을 조금씩 갹출
하여 비석을 세워 공덕을 기리고자 합니다."라며 요청하여 비문이 지
어졌다. 김육은 1636년 이민구의 시에 차운하면서 "평생 가장 친한"
벗이라 부르며 "그대 볼 때마다 기뻐 자주 수심이 사라졌지."라며 깊
은 우정을 드러낸 바 있었다. 이민구는 이수광(李晬光)의 아들로 남인
이고, 김육의 행장도 지었다. 충청도민의 감사하는 마음을 담은 비석
의 앞면에 '조선국 영의정 김공육 대동균역 만세불망비(朝鮮國領議政
金公堉大同均役萬世不忘碑)'라고 적었다. 비문은 김육이 충청도 대동법을
기획한 경위를 다음과 같이 전한다.

지난 1608년에 완평문충공(完平文忠公) 이원익이 처음으로 경기도
에 대동법을 시행하여 경기도민이 소생하였다. 20년 후인 1627년
에 길천군(吉川君) 권반(權盼)이 충청도 관찰사일 때 충청도민이 경
기도민보다 더욱 고통을 당하였다. 권공은 완평공의 뜻을 채택하

여 도 전체의 농지 세입과 지출을 고르게 하여 개혁법을 마련했으나, 일을 끝내 행하지 못하고 서적으로 보관했다. 12년이 지난 1638년에 상국 김공(金公)이 충청도 관찰사가 되어 그 서석을 발견하고 감탄하여 "백성을 살리는 방법은 이 것 이외에는 없다."라고 말하였다. 밤낮으로 잠자지도 먹지도 않고 궁리하여 도면을 그리고 계산하며 주도면밀하게 마쳤다. …… (대동법은) 관청이 농간을 부릴 여지가 없고, 아전이 늘려 받거나 줄이거나 협잡질로 뺏거나 하지 못하고, 그 밖의 또 다른 부과가 없이 일정한 조세뿐이니, 백성은 안심하여 농사짓고 봄가을 두 계절에 맞추어 조세를 바치며, 틈이 나면 노인을 봉양하고 어린이를 기르며 기쁘고 즐거워하여 고을 마을마다 좋은 정치를 노래하였다. 시행한 지 9년간 백성이 편하게 여겼다. 문충공은 대동법을 시작했으나 일부에 그쳤으며 길천공은 계획만 짰을 뿐 시행하지 못했는데, 오직 김 상국이 충성과 부지런함과 과단성으로 성공하였다. 뭇사람이 비방해도 걱정하지 않고, 뭇사람이 방해해도 개의하지 않고 더욱 정밀히 강구하고 더욱 견고히 지켜 만백성의 위급함을 해결하고 온 지방을 늘 편안히 하는 방책을 세웠다.

「연보」에 따르면, 1659년 2월 공조 참판 민응형(閔應亨)은 "조정이 실질적인 혜택을 베풀기 힘쓰면 백성이 모두들 감동하여 떠받듭니다. 근래 충청도 사족과 평민이 정승 김육의 초상을 듣고는 앞을 다투어 부의하였는데, 그 집에서 받지 않았습니다. 그러자 또다시 온 도에 통문을 돌려 경계 지점에 비석을 세웠다고 합니다. 한 정승이 남긴 은혜도 오히려 잊지 못하는데, 하물며 국가가 백성에게 은혜를 베푼다면, 사람들이 깊이 감동하지 않겠습니까."라고 아뢰었다.

군현 단위로 김육의 충청도 대동법의 공덕을 기리는 비석이 적지 않게 남아 있다. 충청남도 아산시 신창면 읍내리에는 1660년 김육의 공적을 기려 세운 비가 있는데, '정승 김육공을 영원히 기억하는 비(相國金公堉永世不忘碑)'라고 앞면에 새기고 좌우로 "대동법을 창설하여 요역을 덜어 백성을 편하게 하다."라는 구절이 있다. 예산군민도 1660년 '영의정 김육공을 영원히 기억하는 비(領相金公堉永世不忘碑)'라고 새겨진 비석을 세웠는데, 대흥고등학교에 여러 비석군과 함께 있다.

「가장」에 따르면, 전라도민은 김육이 전라도 대동법을 건의함을 처음 듣고서, "상국이 어떤 분이길래 어찌 이토록 지극히 우리 인민을 살리려 하시는가. 가까이 가서 볼 수 없다면 혹 멀리서나마 바라볼 수 있을까."라고 서로 말했다. 전북 익산시 함라 마을에는 '영의정 김육공이 조세를 줄여 인민을 보호한 어진 덕을 기억하는 비(領議政金公堉輕徭保民仁德不忘碑)'라고 적혀 있으며, 그 아래 작은 글씨로 김육의 은혜가 산보다 높고 바다보다 깊다는 내용이 새겨져 있는데, 전라도 대동법이 시행된 해에 건립된 것으로 보인다. 익산의 용암면 동헌마당에도 공덕비가 있는데, 영의정 김육이 베푼 대동법의 어진 정사를 영원히 잊지 못한다는 내용이 새겨져 있다. 고창군 객사 동문 밖에 1668년에 '잠곡 김육 대동선혜 불망비(潛谷金堉大同宣惠不忘碑)'가 세워졌다. 전북 옥구군 상평에는 1659년 세운 '영상 김공육 균역편민비(領相金公堉均役便民碑)'라 적은 선정비가 있다. 비명 좌우로 "지금의 대동법은 옛날의 정전법과 같다."라는 구절이 있다. 최근에 향교 앞으로 비석이 이전되었다. 경남 함양군 함양읍 대덕리에 있는 상림공원에 조성된 역사인물공원 안에 '잠곡영세불망비(潛谷永世不忘碑)'가 있는데, 1684년에 만든 것이다. 김육 사후 1678년에 경상도 대동법이 시행되었으나, 경상도민은 김육 덕분임을 알았던 것이다.

(4) 김육이 효종의 배향 공신이 되지 못하다

1676년 7월 2일 숙종이 현종의 묘정(廟庭)에 배향할 신하를 논의하라고 명하자, 영의정 허적은 "최명길은 병자호란의 급한 때를 당하여 국가에 가장 큰 공이 있었습니다. 우리나라가 오늘이 있게 된 것은 그의 힘이 아닐 수 없습니다. 김육은 충성으로 효종을 섬겨 유익한 바가 많아 국가도 그 공에 힘입었고 백성도 그 혜택을 입었습니다. 그런데도 다 함께 빠짐을 면치 못했습니다."라는 전대의 문제점을 지적했다. 국왕이 죽으면 그 위패를 조상신을 섬기는 종묘에 모신다. 종묘 정전(正殿) 맞은 편의 공신당(功臣堂)에는 배향 공신(配享功臣)의 위패가 있다. 그래서 종묘 제사로 이들을 기린다. 공적이 많은 신하로서 종묘의 제향(祭享)에 참여하는 것은 문묘 종사 다음으로 큰 영예였다. 8일 숙종은 허적의 주장에 공감하여 그에게 최명길과 김육이 국왕의 묘정에 배향되지 못한 까닭을 물으니, "최명길은 생사를 걸고 국가가 위급할 때에 몸바쳤으며, 김육은 옛것을 널리 알고 바른말로 간(諫)하기를 좋아하였고 대동법을 실시하여 그 이익이 백성에게 미쳤으니, 요컨대 보통의 정승은 아니었습니다만, 그때 유자(儒者)에게 영합되지 못했기 때문에 마침내 배향에 들어가지 못하였습니다. 식자(識者)들은 모두 지금까지도 한탄하는 바입니다."라고 답했다.

8월 숙종은 "고(故) 상신(相臣) 최명길은 국가를 위한 충성이 옛날의 현명한 신하에 부합하거니와 병자호란으로 300년의 종사와 우리나라 수천 리가 이미 망하였으나, 그가 다시 보전하게 하였으니, 그의 원대한 생각과 훌륭한 계책이야말로 그 어느 것이 이보다 크다고 하겠는가! 고 상신 김육은 학문과 도덕이 일세(一世)에 높이 뛰어나 국가를 위해 민생을 안정시켰으니〔爲國安民〕, 백대(百代)를 가도 존경할 만하다. 이들을 묘정에 배향하여 천추(千秋)에 혈식(血食)함이 옳은데도 함께 참여하지 못하여 내가 마음에 개탄하였으나, 일찍이 추후 배향하는 법규가 없기 때문에 이루지 못하였다. 지금 태종조의 고사(故事)를 보건대, 또한 그런 규정이 있으니, 예관(禮官)으로 하여금 대신들과 의논토록 하라."라고 분부를 내렸다. 그러자 최명길에 대해 반대 상소가 연이어 올라와 숙종은 9월 최명길의 배향을 철회했다.[4] 김육에 대한 반대 상소는 보이지 않으나, 그는 끝내 배향 공신에 오르지는 못했다.[5]

1651년 4월 김육이 영의정일 때 구례에 따라 대신, 육경 및 삼사장관이 빈청에서 회의하여 인조의 묘정에 배향할 신하로 이원익, 신흠, 김류 및 이귀를 올렸다. 얼마 있다가 인조반정의 공신인 신경진(申景禛)과 이서(李曙)를 추가했다. 1651년 6월 좌의정 이시백이 최명길도 배향하는 줄에 넣자고 청하자, 효종은 대신의 의견을 물었다. 영중추부사 이경여는 "이 일은 중대하므로 신중히 하는 것이 사리로 마땅하니, 많은 의견을 널리 채집하여 결정하소서."라고 의견을 냈다. 영의정 김육은 신경진과 이서라는 "두 무신(武臣)을 나중에 함께 넣은 것은 처음에 특별히 분부를 내리시고 또한 공론이 함께 허락한 일이지만, 이번 차자의 말로 인하여 또다시 추가한다면 그와 같은 공이 있는 사람이 어느 누가 위로 임금의 심려를 끼쳐 가며 정하려 하지 않겠습니까. 국가 사체로 보아 섣불리 시행하지 않음이 마땅합니다."라는 의견을 냈다. 영돈녕 부사 김상헌이 병으로 의견을 내지 못하자, 김육의 의견에 따랐다. 사관은 "태묘 배향은 이 얼마나 큰 예인가. 최명길은 선왕에게 우대받아 국사를 도운 공로는 있지만 1636년 이후로는 선류를 해치고 국법을 어지럽혀 사론(士論)에 죄를 얻은 지 오래이다. …… 이시백은 공론을 고려하지 않고 감히 이런 말을 꺼냈으니, 식견이 매우 밝지 못하다."라는 평을 남겼다.[6] 사업 성취를 중시하여 최명길을 배향하자는 주장이 있었으나 의리의 명분을 중시하는 관료들이 최명길의 대청 외교를 높게 평가하지 않고 그의 행적을 문제시하여, 의견이 통일되지 않은 것이다. 그래서 김육은 공론이 허락하지 않는다고 말한 것이다. 북벌의 뜻을 간직한 효종은 사공을 중시했으나 최명길의 주화(主和) 외교를 높게 평가하지 않았는지 모른다.

김육은 시 「지천 최명길과 이별하면서 남기다(留別遲川崔相鳴吉)」에서 "훈명(勳名)과 사업이야 조신 중에 으뜸인데, 국가 위해 몸바치다 되레 화를 당하였네."라며 병자호란에서 조정을 구한 업적을 높게 평가했다. 김육이 영의정으로서 조정의 의논이 통일되지 않은 일로 정쟁의 소용돌이에 빠지지 않게 처리한 것으로 판단된다. 결과적으로 병자호란 때에 외교적 해결로 조선의 조정을 구한 최명길이 인조의 묘정에 빠진 반면, 병자호란 때 청나라에 끝까지 항전하기를 주장한 김상헌은 효종의 묘정에 배향되었다. 김육은 『해동명신록』에서 최명길을 뺐는데, 『해동명신록』에 들어간 여러 인사가 인조의 배향 공신이 되지 못했다. 그러니 최명길을 넣어야 한다는 소신이 허적이나 숙종처럼 강하지도 않았다. 이긍익(李肯翊)의 『연려실기술(燃藜室記述)』에 따르면, 조경은 『해동명신록』에서 최명길이 빠지고 장유가 들어간 부당함을 편지로 김육에게 질책했다고 한다. 현종대 김육보다 사공의 정책 업적을 소홀히 평가한 인사들은 김육을 효종의 배향 공신에 포함하지 않았다.

1661년 구례(舊例)에 따라 대신, 육경 및 삼사의 장관이 빈청에서 회의하여 효종의 묘정에 배향할 신하를 논했다. 영의정 정태화의 설명에 의하면, "권점 대상으로 이시백, 구인후(具仁垕), 김육, 이후원, 김상헌, 이경여, 김집 등 7인을 써 냈는데, 그중 김집은 조정에 들어간 지가 일천(日淺)하지만 유자로서 중한 명망이 있기 때문에 권점에 들어갔다." 그리고 '여론에 따라' 김상헌과 김집을 선정해 현종이 따랐다.[7] 인조의 배향 공신에는 최명길이 빠졌다 하나, 이원익, 신흠, 김류 등 명신들이 포진하여 무난하지만, 김육이 빠진 효종의 배향 공신 명단은 특히 문제가 많아 보인다. 필자는 효종과 김육 이상으로 군신 간 협력의 정책 공적을 거둔 사례를 알지 못한다. 김육이 빠진 것은 그에 반감을 가진 산당이 '여론'을 주도하였기 때문이다. 김상헌은 병자호란 때 주전론(主戰論)을 펴고 청나라에 구금된 6년간 절개를 보여 명나라에 대한 의리를 지킨 대표적 인물이라는 상징성을 가진다. 김집은 부친이자 스승인 김장생의 예학을 발전시키고 송시열 등 쟁쟁한 학자들의 스승인 점에서 공신당에 오른 것으로 보인다. 그래도 정책 업적이 없는 김집이 배향 공신에 오른 것은 제자 송시열의 힘이었다. 그 후 송시열, 민유중 및 민정중이 효종의 배향 공신에 오른 것은 노론의 힘이었다. 효종 대에 숙종비의 부친인 민유중은 부교리, 헌납까지, 민유중의 형인 민정중은 집의까지 올라 공적이 있을 수 없다. 송시열의 산당, 이어서 그를 정신적 지주로 삼는 노론이 정국을 주도하게 되면서 주자 도학의 정치적 영향력은 더욱 강화되었고, 배향 공신 선정의 정치적 편향성이 커졌다.

김육이 배향되지 못한 것을 송시열의 명망과 정치력의 탓으로만 돌려서는 곤란하다. 주자학의 지배력이 강화된 학풍, 그리고 사대부의 공론을 중시하고 수기의 도덕에 절대적 가치를 두는 조선 정치 문화가 그렇게 만들고 송시열을 부상시킨 것이다.

2 김육 사후 정치 지형의 변화

(1) 김육의 사후 정국 구상과 산당의 정국 주도

김육은 죽기 직전인 1658년 8월 26일 효종에게 올린 마지막 차자에서 전라 감사 서필원이 전라도 대동법을 완수하도록 격려해 주기를 요청한 구절 앞에 "제왕의 학문에서 귀중한 바는 마음을 간직하고 하나로 모아 밖으로 치달리지 않게 하는 것을 말합니다."라며 '심학(心學)에 힘쓰기'를 주문하고 "국가의 근본인 세자의 교육은 오늘날 급선무인데, 찬선(贊善)을 맡길 사람은 송시열과 송준길보다 나은 자가 없습니다. 원하건대 전하께서는 시종 공경하는 예로 맞아 성의로 대우하여 멀리하려는 마음이 없게 하소서."라고 건의했다. 이 구절은 양송을 높여 주는 것처럼 보이나, 양송의 역할을 학문과 세자 교육에 주력하도록 분담하는 데에 목적이 있다고 보인다. 김육도 유학 이상을 추구하고 군주 주권의 현실을 전제해, 군주의 마음 수양인 심학을 중시했다. 그래서 김육은 1656년 사망한 김집에 대한 만사에서 "민생과 국가 일을 누구에게 맡기랴. 유학(斯文)이 삭막하니 장차 어디에 의지하리."라며 산림의 정치적 역할을 인정했다. 산림 송시열과 송준길이 수기의 과제를, 정책 경험과 역량을 갖춘 서필원과 같은 관료가 치인의 과제를 분담하기를 바랐다. 앞서 언급했듯이, 산림이 조정을 떠난 1650년 영의정 이경여가 산림의 역할을 잘 설명하면서 두세 명을 불러 정치 자문을 받도록 하자고 건의한 내용과 통한다. 이경여와 김육은 조정에서 산림의 역할을 명확히 설정했다.

송시열은 김육이 병들어 누운 7월 12일 조정에 들어왔고, 효종은 그다음 날 송시열을 송준길처럼 찬선으로 임명하여 세자 교육을 맡겼다. 효종은 9월 18일 송시열을 이조 판서로, 송준길을 대사헌에 중용했다. 산당이 관료의 인사권과 감독권을 장악한 것이다. 김육, 이경여, 이경석, 조경 등 원로 정치가는 산림 명망가가 정치 자문을 하는 정도에 그치기를 요청했으나, 효종은 나아가 그들에게 정치를 주도하는 역할까지 부여했다. 효종은 김육이 사라져 허전해진 마음을 양송으로 채우려 했을 것이다. 김육의 사후 송시열은 학문적 명망과 뛰어난 정치력으로 학풍뿐 아니라 정국도 주도했다. 효종은 김육뿐 아니라 송시열도 역사적 인물로 부상하도록 도왔다.

3장 1절에서 인조가 붕당을 미워하여 조정론을 채택했음을 언급했다. 효종도 붕당을 몹시 미워했다. 1651년 10월 대사헌 조석윤이 인조실록을 한 사람이 전담하자고 건의하자, 효종은 "선왕 실록은 만세의 공론으로 한 사람이 전담할 수 있는 일이 아니다.", "마음먹은 것이 실로 불측하다."라며 그의 당파심을 비판하고 파직했다. 효종은 "임금을 모욕하고 법을 농락한 무리 역시 신하로서 비호할 수 있는 바가 아니다. 전 정언 이경억이 파직만 하는 가벼운 벌을 준 것을 오히려 지나치다고 여겨 감히 성명을 도로 거두기를 청하였다. …… 이 자는 당파를 비호하여 공을 세운 용사(勇士)이니, 더욱더 엄하게 다스려 이러한 습속을 끊지 않을 수 없다. 이경억을 북쪽 변방에 유배하여 국법을 중하게 하고 국가 기강을 엄숙하게 하라."라고 명했다. 효종은 다시 조석윤에 대해 "내가 잘 살피지 못하고 사사로이 가벼운 벌을 내렸으니, 그 당파가 업신여기면서 기뻐 날뛰는 것이 마땅하다. 조석윤 등의 죄상을 의금부로 보내 법에 따라 처치하게 하는 것이 마땅하다."라고 판단했다. 사헌부와 사간원은 처벌이 지나치다고 말해도, 효종은 듣지 않았다. 영의정 김육은 차자로 "전하께서 매번 당파를 비호한다는 것으로 여러 신하들을 의심하고 계시는데, 신들은 진실로 그 죄를 면하기 어렵습니다. 그러나 지금 이 두 신하를 내쫓는 것에 대해서는 안으로는 정원과 삼사, 밖으로는 공경과 대부, 아래로는 시골 선비나 일반 백성이 모두들 지나친 거조로 여기고 있습니다. 그러니 공론이 어떻다는 것을 단연코 알 수가 있습니다. …… 그들의 정상을 살펴 용서해 주시면 허물을 역시 고칠 것입니다."라고 아뢰었다. 그러자 효종은 중도부처로 감형했다.[8] 실록의 내용은 정파의 정통성과 명분에 중대한 영향을 미쳐, 그것이 개수되기도 했다. 산당 조석윤이 인조실록을 혼자 담당하겠다고 청한 것도, 효종이 사적 당파라고 격노한 것도 그 때문이었다. 김육은 효종의 비판이 합당하나 처벌이 지나치다는 공론을 거론하며 영의정으로서 용서를 청한 것이다. 김육이 말한 공론을 주도한 세력은 서인이었다. 효종의 분노와 처벌이 합당하다고 옹호한 인사는 없었던가? 효종의 단호한 태도는 당쟁을 억제했다. 효종은 자신이 힘을 실어 준 송시열의 산당이 김육 사후 정국 주도권을 장악하여 당쟁의 시대를 열리라고는 예상할 수 없었다.

산림 학자인 송시열은 조정에 들어온 지 얼마 지나지 않아 어떻게 정국을 주도할 수 있었을까? 첫째, 효종은 송시열을 매우 존중하여 김육 사후에 가장 크게 의존했다. 1659년 1월 원두표가 "성상께서 송시열에게 위임한 바는 예삿일이 아닙니다."라고 말한 데에서도 드러난다.[9] 둘째, 송시열은 당시 서인 중 가장 유명한 주자학자였다. 유생이나 신진 관료는 주자학을 벗어나기 어려워서, 선명한 주자학자인 송시열을 개방적 박학풍의 김육보다 선호하는 경향이 있었다. 셋째, 송시열은 1657년 9월 이조 판서에 임명되었다가 1659년 6월 좌참찬이 되었고, 송준길은 송시열의 후임으로 이조 판서에 임명되었다가 1660년 1월 사직을 허락받았는데, 양송은 인사권을 가진 이조 판서를 역임하면서 정치적 영향력을 키웠다. 넷째, 송시열은 김집이나 송준길과 달리 정치력이 뛰어났다. 송시열이 쓴 수많은 신도비명, 묘지명, 행장 등은 지지 문중을 양산했다. 다섯째, 지배 당색인 서인 가운데 산당이 유일하게 강한 응집력을 가진 세력이었다.

산당은 외척인 김육 자손을 견제했다. 1659년 헌납 민유중(閔維重)은 김육의 묘소에 수도(隧道)를 쓴 사실이 신하의 예에 벗어난다며 상주인 김좌명의 처벌과 김육 묘소의 개장(改葬)을 요구하고 나섰다. 당시 수도를 쓰는 일은 행세하는 사대부 집안에서 드문 일이 아니었다. 앞서 1649년 김집과 송시열의 봉사에 나온 국정 구상을 보면, 이들은 외척의 발호를 막는 일을 중시했다. 외척 견제는 사림의 일반적 지향이었다. 그래서 산당은 대신의 자손이고 왕세자빈의 가문인 훈척(勳戚)을 견제하는 일이 대의명분에 부합한다고 생각했음이 분명하다. 효종은 개장을 허락하지 않고 김좌명에게 잘못을 묻는 추고(推考)의 처벌을 내렸다. 민유중은 송시열의 문인으로서 산당의 선봉에 선 인물이었으므로, 김육의 자손은 산당에 좋은 감정을 가질 수 없었다.[10]

송시열의 위상은 현종 즉위 직후 더욱 높아졌다. 현종이 부친 효종의 유지를 받들어 효종보다 송시열을 우대했기 때문이다. 현종은 즉위 석 달 후 교서로 "요순의 도는 효제(孝悌)일 뿐이니, 요순과 같은 지극한 정치를 이루려면 당연히 효제의 도리를 다하여 수신을 이루는 근본을 삼아야 한다. 선왕께서 평소 세상일을 개탄해서 예를 갖추어 어진 이를 초빙하여 심복으로 발탁해 두시고는, 서로 도의를 강마하며 이 시대를 삼대로 만회하고 천하에 대의를 펴려 하셨으니, 이것이야말로 탁월하게 수립하신 굉장한 규범이요 원대한 모범이었다. 그런데 이경석이 지어 올린 행장에는 이러한 뜻이 매우 소략하니, 이 사실을 다시 명백히 작성하여 후세에 전하지 않으면 안 된다."라며 좌참찬 송시열에게 그 임무를 맡겼다.[11] 현종은 모범적 유가이고 효종보다 도의를 중시하여 요순의 이상 시대를 구현함을 목표로 삼았기 때문에 송시열을 극진히 대우했다. 삼대의 이상을 꿈꾸는 유자들의 생각도 현종과 크게 다르지 않아, 송시열을 높이 받들었다.

김육의 졸기에 김집을 공박하여 그를 물러나게 한 일을 그의 단점으로 지적한 것은 산당 세력이 『효종실록』의 편찬 작업을 주도한 사실을 드러낸다. 효종의 배향 공신에 김육이 빠지고 김집이 들어간 것은 현종 초기 산당의 정국 주도를 가장 잘 보여 주는 사례이다. 김좌명은 김육의 정책론을 이어받아 정치력이 뛰어났고 효종 대에 고위 요직을 맡았는데, 산당은 현종 전반기 외척 견제의 명분으로 그의 요직 임용을 방해했다. 김좌명의 아들로 1662년 문과에 수석한 김석주도 산당의 견제를 받다가 1670년에 이조 좌랑, 1672년 이조 정랑이 되었다.

1658년 9월 송시열은 다시 정계에 진출하여 만난 효종에게 신민(臣民)에게 신임을 얻지 못했다며 개탄했고, 송준길은 효종이 요순 같은 성인이 되길 바랐는데, 지난일이라 어쩔 수 없다고 했다. 효종은 "두 경은 오래 머물러 천직(天職)에 함께 참여하면서 국사를 구제해야 한다."라고 당부했다. 송시열은 효종이 "10년간 정진하여 절실히 정치를 잘 하려고 했으나 효과가 없었다."라고 평가했다. 효종이 인재를 얻어야 한다고 말하자, 송시열은 군주의 덕이 부족하다고 말하고, 주자가 말한 격물치지, 성의정심의 수신을 주문했다. 1659년 1월에도 송시열은 "정자가 1년에는 1년에 할 공부가 있다고 말했습니다. 성상께서는 즉위하신 이후로 몇 년의 규모를 얻으셨습니까?"라고 물었다.[12] 송시열은 효종 재위 9년 이상 동안 두드러진 업적이 없다고 볼 정도로 포부가 컸다. 송시열은 자신이 추구하는 삼대의 지극한 정치에 비하면, 김육이 정승으로서 효종과 이룬 군신 공치의 성과는 거론할 가치가 없다고 본 것이다. 그러니 산당은 김육이 효종의 배향 공신이 될 자격이 없다고 본 것이다. 김상헌과 김집이 배향된 것은 삼대의 정치를 실현하지는 못했지만, 실현하려고 노력한 대표적 인물로 평가받았기 때문일 것이다.

(2) 1차 예송[13]

조선 시대에 부계 친족의 종법(宗法)이 정착했고 왕도 예의 구속을 받는다는 원칙이 있었다. 예치가 중시되어 1474년『국조오례의』가 제정되었고, 이후에도 예학 연구가 진전되었다. 왕가는 민가와 달리 태종이나 세종처럼 장자가 아니면서 왕통을, 명종처럼 인종의 동생이 왕통을, 광해군처럼 후궁 소생이 왕통을, 인조처럼 반정으로 왕통을 이어받는 일들이 있었다. 효종은 소현세자의 아들인 종손이 있는데도 차남으로서 왕통을 이어받았다. 종법과는 다른 왕가의 특수한 왕위 계승으로 발생한 전례(典禮) 문제는『국조오례의』나 중국의 권위 있는 예서에서도 명확한 지침이 없어서 논란을 낳을 소지가 있었다. 주자『가례』는 사대부를 대상으로 하는 종법의 예제인데, 그 영향력이 강한 조선에서는 그 원칙에 준해 보편적 예를 적용해야 한다는 주장이 대두하면서, 국왕의 종법적 정통성을 확보하기 위해 왕가례의 특수성을 고려해야 한다는 관점과 대치했다. 전례 중에도 상례가 가장 중시되어, 국상례(國喪禮)를 둘러싸고 가장 심각한 갈등을 빚은 예송(禮訟)이 현종 때에 두 차례 일어났다.

1659년 5월 효종은 귀밑 종기에 어의(御醫)의 침을 맞다가 다량의 피를 쏟아 사망했다. 효종의 국상에서 인조의 계비인 조대비(趙大妃)의 상복 규정이『국조오례의』에 없어, 현종은 예학의 권위자인 이조 판서 송시열과 찬선 송준길에게 문의하여 시행하라고 명했다. 대신들은 고례를 잘 알 수가 없지만,『경국대전』의 1년간 기년복(朞年服)이 타당할 듯하다고 말하자, 양송은 고례와 현행례가 달라 가벼이 논할 수 없으나, 대신들의 견해에 달리 말할 수 없다고 했다. 그래서 기년복이 채택되었다.

이 논의에 참여하지 않은 윤휴(尹鑴)는『의례주소(儀禮註疏)』11권「상복(常服)」참최장(斬衰章)에 나오는 가공언소(賈公彦疏)에서 "첫째 아들이 죽으면 적처가 낳은 둘째를 취해 장자로 세운다."라는 구절에 입각하여 3년복을 주장했다. 이 주장을 전달받은 영의정 정태화는 송시열과 상의하자, 송시열은 가공언소에서 그 구절 다음에 나오는 3년복을 입지 않은 사종(四種)을 들면서 '체이부정(體而不正)'인 서자(庶子)가 계승하는 경우에 효종이 해당하고 '불체이정(不體而正)'은 인조 적손(嫡孫)인 소현세자의 아들에 해당한다는 견해를 밝혔다. 역적으로 처형된 소현세자빈의 막내 아들이 생존한 상황에서 송시열의 견해는 효종의 왕위 계승의 정당성 논란으로 이어질 소지가 있었다. 송시열의 입장과 처신은 효종의 왕위 계승이 부당하다는 신념, 유학의 세도가 왕권보다 높다는 관점, 그리고 자신이 세도의 주재자라는 자부심에서 이해될 수 있다. 정태화는 놀라 송시열이 말하지 말게 만류하고 지금까지 준행되어 온『경국대전』에 따르자고 제안하자, 송시열은『대명률』에도 그 조항이 있다며 동의했다.[14] 자신의 설이 채택되지 않은 것을 안 윤휴는『예기주소(禮記註疏)』43권「잡기하(雜記下)」에서 군주복을 위해 내외종이 모두 참최를 입는다는 구절을 들었는데, 송시열은 효종이 신하로 섬겼던 조대비가 신하의 복을 입을 수 없다며 반박했다. 윤휴는「무왕신문모(武王臣文母)」설로 반박했으나, 송시열은 아들이 어머니를 신하로 삼는 법이 없다는 주자의 말로 논박했다.

서인이 최고 학자로 평가하는 송시열은 윤휴의 학문에 탄복하여 그와 오래 교유했다. 그런데 주자를 절대 숭배한 송시열은, 주자를 존경하나 주자의 의문점을 지적하여 수정하는 것이 주자를 따른다고 생각하는 윤휴를 마침내 유학을 해치는 사문난적으로 규정하게 되었다. 1659년 논쟁은 송시열과 윤휴를 완전히 갈라놓았고, 윤휴는 남인이 되었다.[15]

남인을 대표하는 학자인 허목(許穆)은 1660년 3월 16일과 4월 10일 상소로 "효종이 인조 계체(繼體)의 적자로서 이미 종묘를 이어받고 일국의 임금이 되었는데" '체이부정'이라 하여 기년복을 함은 부당하다고 주장했다. 허목은 윤휴의 지적처럼 첫째 아들이 죽으면 적처가 낳은 둘째를 장자로 삼는다는 구절을 중시하고 나아가 그런 맥락에서 예외 규정의 4종에 나오는 '서자'를 첩자로 해석했다. 실록 편찬자는 "이때 신하들[群臣]은 모두 허목의 말을 바꿀 수 없는 정론(正論)으로 생각하면서도 시의(時議)에 저촉될까 두려워 한 사람도 변론하지 않았다."라고 했다.[16] 허목은 춘추 전국 시대의 유학에 깊은 관심을 가져, 주자의『가례』보다 고례의 연구에 치중했는데, 정구의 예학을 계승했다. 현종은 허목의 상소를 받고 10여 일 후 실록에서 전대 사례의 조사를 지시했으나, 참고할 만한 명문을 발견하지 못했다는 보고를 받았다.

5월 윤휴는 허목에게 편지를 보내 동의의 뜻을 전하면서 "명종의 상례에 기대승은 공의전(恭懿殿)이 계체의 복을 입어야 한다고 하여, 퇴계도 그 말을 옳게 여겨 따랐습니다. 이를 탈종(奪宗), 탈적(奪嫡)이라 하며, 일이 상륜(常倫)을 초월하니 왕조례는 사대부례와 다릅니다.”라고 했다.[17] 1544년 인종이 중종의 적장자로 왕위를 계승했으나, 즉위한 지 8개월 만에 사망했다. 그 이복동생이 왕위에 오른 직후, 명종의 생모 문정왕후(文定王后)와 그 남동생 윤원형(尹元衡) 일파는 을사사화를 일으켜 인종비인 공의전, 곧 인성왕후(仁聖王后)의 외척을 제거했다. 그래서 인종은 왕실의 원묘(原廟)인 문소전(文昭殿)에 부묘(祔廟)되지 못했다. 윤원형 일파가 몰락한 후인 1569년 인종은 문소전에 부묘되어 왕통과 종통(宗統)을 회복할 수 있었다. 부묘의 방식을 둘러싸고 이준경 등 사림계 관료들은 인종과 명종을 부자 관계의 의리가 있다고 주장했으나, 혈연상 명실(名實)에 어긋난다고 보는 다수설이 채택되었다. 명종이 죽자, 형수 공의전의 상복을 정하는 문제가 제기되었다. 퇴계는 공의전이 남편의 동생으로서 왕위를 계승한 명종에 대해『가례』의 규정에 따라 소공복(小功服)이 합당하다는 의견을 올렸다. 이에 대해 기대승은 형제간에 왕위를 계승하면 부자간 의리가 생기므로, 공의전은 명종에 대해 어머니가 장자를 위해 입는 자최(齊衰) 3년복을 입어야 하고 이를 ‘계체(繼體)의 복’이라 했다. ‘계체’란 왕통의 계승을 의미한다. 그러자 퇴계는 기대승의 3년설에 승복했다. 이것이 관례가 되어 공의전의 장례에도 선조는 자최 3년복을 입었다. 윤휴는 허목설이 이 결정에 부합한다고 본 것이다.

인조는 반정을 통해 광해군을 축출하고 할아버지인 선조를 계승하게 되었으니, 인빈(仁嬪) 김씨의 셋째 아들인 부친 정원군(定遠君)을 왕통에 끌어들이는 어려운 문제에 직면했다. 반정 직후인 1623년 5월 인조가 정원군의 사당에 제사할 때 어떤 호칭을 할 것인가라는 문제가 발생했다. 조정에 진출한 산림 김장생은 왕조례의 특수성을 늘어 선조를 아버지로, 정원군을 백숙부(伯叔父)로 불러야지 소종(小宗)을 대종에 합쳐서는 안 된다며 선조에 이은 인조의 종통을 주장했다. 이것이 다수설이었다. 산림 박지계는 왕실의 예도 민가와 다를 바 없으니 정원군이 선조와 인조의 사이를 이어 대통을 바로 세워야 한다고 주장했다. 정경세, 이정구 등 관료는 정원군의 왕통 계승을 인정할 수 없지만 친속 호칭을 버릴 수 없다고 하여 이 견해가 채택되었다. 명종상례에 기대승과 퇴계가 왕조례의 특수성을 인정한 '계체의 복'설에 합의하고, 인조 때 김장생이 그것을 이어받았다. 현종 대의 예송에서는 이 예론을 송시열과 대립한 허목이 이어받아 흥미롭다. 송시열은 군주가 바라지 않을 예론을 견지한 점에서 스승 김장생과 공통된다.

윤휴는 이시백을 통해 송시열과 논쟁을 벌였지만, 남인 허목은 군주에게 소를 올려 예론은 조정 차원의 문제로 비화되었다. 이제 송시열은 논쟁에서 밀리면, 학문적으로뿐 아니라 정치적으로도 위상이 타격을 받을 형국이 되었다. 4월 16일 예조는 대신의 의견을 보고했는데, 이경석, 정태화, 심지원, 원두표 모두가 어느 편도 들지 않았다. 송시열의 변론은 16일과 24일에 보고되었다. 송시열은 가공언소에서 "서자는 첩자의 호칭이고 둘째 적자도 서자라 부른다.〔庶子妾子之號, 嫡子第二子同名庶子也〕"라는 구절로 보아, 서자는 첩의 아들뿐 아니라 중자(衆子)로도 해석될 수 있다고 응수했다. 그리고 조대비가 소현세자의 상례에 장자복을 이미 하였으니 두 번 할 수 없다는 경문을 드는 등 반박을 했다. 그러면서 『의례주소』에 불명확한 점이 많아 『대명률』을 따랐다고 변명했다. 16일 송시열은 허목 예론에 따르면 '적통이 존엄해지지 않는다'며 소현세자와 그 아들에게 적통을 부여했다. 송시열은 효종이 '서자가 되어도 해롭지 않은' '부정'한 존재로서 적통이 없다는 소신을 밝혔으니, 왕조국가 가운데 조선의 언론 자유가 높았음을 보여주는 사례이다.

18일 부호군(副護軍) 윤선도(尹善道)는 상소로 허목의 3년설을 지지하고 양송의 기년설을 조목마다 공박했다. 윤선도는 효종이 "비록 이미 왕위에 올라 종묘를 이어받았더라도 끝까지 적통이 될 수는 없다고 하니 ……송시열은 종통을 종묘사직을 맡은 임금에게로 돌리고 적통을 이미 죽은 장자가 가져야 한다고 생각합니까?"라고 비판했다. 윤선도는 "'적(嫡)'이란 형제 중에서 적우(嫡耦)할 사람이 없다는 칭호이고, '통(統)'이란 물려받은 사업을 잘 꾸려가고 서물(庶物)의 으뜸이며 위에서 이어받아 후대로 전한다는 말"이라고 풀이했다. 예학의 대가로 평가받는 양송이 국가대례를 잘못 처리했다고 비판한 이 상소는 예학 논쟁을 정쟁으로 비화시켰다. 산당은 남인 윤선도를 엄벌할 것을 주장하여, 현종은 여론에 밀려 윤선도를 삼수로 유배하는 선에서 마무리했다. 21일 판중추 조경은 종통과 적통을 통일하려 한 윤선도가 죄가 없다며 적극 옹호했다. 삼사는 조경의 삭탈관직을 요청했다. 산당이 언관을 장악했음이 드러난다. 영의정 정태화와 좌의정 심지원은 조경을 옹호했다. 현종은 조경을 파직하는 선에서 수습했다. 당파를 초월한 조경은 이 예송으로 산당과 대립하여 남인이 되고 말았다.

24일 송시열은 변론에서 "상하를 통틀어 대부(大夫)와 사(士)의 아들이 가문을 이어받고 제사를 맡음은 천자, 제후가 대통을 전수받고 국가를 이어받은 것과 다를 바 없습니다. 이것이 긴요한 대목입니다. 이것은 주소(註疏)에서 이렇게 분명히 했는데도 지금 논자는 민가와 왕가가 다르다는 설을 제시하니, 신은 감히 알 수 없습니다."라고 했다. 예송에 대하여 송시열 진영은 천하 동례(天下同禮)를, 그들과 대치한 허목 등 남인은 왕이 민간인과 예를 달리 한다는 예론을 주장한 논쟁이었다는 학설이 1980년대 제기되어,[18] 이후 통설이 되었다. 송시열은 24일 변론으로 오늘날 한국학계가 그의 예설을 천하동례로 평가하는 명분을 제공했으니, 대단한 정치가이다. 민가에서 장남의 아들이 있다면, 차남이 후사로 적통을 잇지는 않는다. 송시열은 이런 원칙을 왕가에 동일하게 적용하여 효종이 왕통과 종통을 이었더라도, 차남이니 적통을 이은 것이 아니라고 보았다. 장남이나 장손이 아닌 사람의 왕위 계승에 대해 왕위 계승의 예법적 정당성을 온전히 부여할 수 없다는 주장은 천하 동례라기보다 중국의 종법 원칙을 왕조례에 기계적으로 적용한 것이다. 장남을 국왕으로 삼는 제도는 왕권 다툼을 예방하는 좋은 방법이나, 장남이 국왕이 되어야만 정당하다고는 볼 수 없다. 천하 동례가 적합한 개념이라면, 노비의 삼년상과 4대 봉제사의 허용으로 모두가 관혼상제례를 동일하게 하는 것을 지표로 삼아야 한다. 인조의 후사가 된 효종에게 적통도 부여하자는 윤휴와 허목의 주장은 남인은 왕조례의 특수성 내지 차별성을 인정하자는 관점이었다. 윤휴는 군주라면 지위가 높아 적통을 부여해야 한다는 왕조례의 차별성을 주장했다면, 허목과 남인은 효종이 왕통을 이었으니 적통을 부여해야 한다는 왕조례의 특수성을 고려한 관점이었다.[19] 윤휴를 제외하면, 군주를 높이는가 아닌가가 예론의 쟁점은 아니었다.

이후 서인은 거의가 송시열 예설을, 남인은 모두 허목의 예설을 따랐다. 학설 논쟁이 당쟁으로 변한 것이다. 24일 우윤(右尹) 권시(權諰)는 "'선왕이 서자가 되어도 해롭지 않다.'라는 송시열의 말은 심한 오류로 온 세상이 그 잘못을 다 알고 있으면서도 말하지 않습니다. 이것이 바로 윤선도의 참소(讒疏)를 부른 원인입니다."라며 윤선도를 용서하기를 청했다. "민간에서는 송시열과 송준길의 잘못을 말하고 싶어도 감히 못하고, 마음으로는 잘못이라고 비방하면서도 입으로 말을 못하니, 이 어찌 태평의 기상이겠습니까. 신은 성조(聖朝)를 위해 걱정하고 두 사람을 위해서도 걱정하고 있습니다."라는 구절도 있다. 권시는 사돈인 송시열의 진영의 비난을 각오하고 양비론(兩非論)으로 예송을 조정하기를 희망했는데, 송시열 진영의 탄핵을 받아 파직당했을 뿐만 아니라, 반대 진영도 환영하지 않아서 "상소를 말지라도 할 바에는 옳고 그름을 분명히 말해 임금의 사랑과 발탁한 뜻을 배반하지 않아야 옳았을 것인데, 머리와 꼬리를 사리고 어물쩍한 태도로 송시열 무리로부터 씹힘을 면할까 도모했다가 결국 곤경에 처해 죽고 말았다."라고 매도했다.[20] 효종 대와 달리 진영간 대립이 살벌해지고 진영 논리가 국가를 지배하게 되었다.

현종은 다시 재상들을 모아 논의하여 5월에 『경국대전』의 국가제도인 기년복을 기정사실화했다. 이경석, 정태화, 심지원 등 산당이 아닌 서인 대신은 송시열처럼 종통과 적통을 분리하는 데에 동의하지 않고 『경국대전』에 따라 논란을 피하려 했다. 이런 판국에 우의정 원두표가 기년설에서 3년설로 바꾸어 주장했다. 서필원도 1664년 2월 함경도 감사로서 허목과 윤선도의 설을 지지했다. 서인의 적지 않은 명사들이 허목설을 지지하는 소신을 보인 것은 주목된다.

성균관과 지방의 유생도 예송에 가세했다. 1666년 3월 영남 유생 유세철(柳世哲) 등 1000여 명은 주자의 『가례』, 주자 제자가 편찬한 『의례경전통해속(儀禮經傳通解續)』 등 광범한 자료를 인용하고 이전의 예설보다 상세한 「상복고증(喪服考證)」을 첨부하여 기년설을 조문마다 비판하고 3년설을 주장한 소를 올렸는데, 남인 예설의 결정판이라 하겠다. 이 연대 상소는 1세기 이후부터 나타난 만인소의 선구라 할 수 있다. 상소 가운데 『의례경전통해속』 부위장자(父爲長子) 조항에 나오는 정현주와 가공언소를 소개하면서 "이것은 천자로부터 서인(庶人)에 이르기까지 통틀어 적자를 세워 후사로 삼은 자는 모두 장자라 한다는 뜻입니다. 그렇다면 효종대왕은 과연 적자가 될 수 없습니까."라고 주장했다.[21] 이들은 천하동례가 송시열 진영만 독점할 수 없는 구호라고 천명한 셈이다. 서인 관료들은 유세철 등의 처벌을 요구했으며, 각지 서인 유생들이 송시열을 옹호하고 유세철 등을 공격하는 소를 올렸다. 현종은 바로 도승지 김수흥(金壽興)에게 물었으나, 송시열을 존경한 그는 대답하지 못했다. 7월 현종에게 불려간 송시열은 기년복은 자기 설이 아니라 국가 제도를 따른 것인데 영남 유생들이 왜 자기만 공격하는지 모르겠다고 변명했다.

인조반정 이후 남인은 처음으로 제1차 예송을 통해 정국을 주도하는 서인과 논쟁을 벌였다. 송시열의 학문을 절대 숭상하고 산당의 위세에 눌려 있던 현종은 윤선도의 상소 이후 예송이 효종과 자신의 정통성에 직결된다고 생각하여 산당을 견제하고 남인에 우호적인 자세를 보임으로써, 남인의 위상은 높아지고 송시열의 위상은 손상을 받았다. 김좌명과 김우명은 양친의 삼년상을 치르는 중이라 예송에 직접 참여할 처지가 되지 않았으나, 산당은 이들이 삼년상을 지지한다는 심증을 가졌다. 현종은 산당을 견제하고 왕권의 공고화를 위해서도 외척 김좌명을 부상시킬 동기를 가지게 되었다. 반면 김좌명에 대한 산당의 견제는 더욱 거세졌다.

1661년 양친의 삼년상을 마친 공조 참판 김좌명은 고향에서 사직소를 올리면서 전라도 감사로 나가 대동법을 시행해 주기를 요청했다. 현종이 그 소를 비변사에 내리니, 다수가 "이미 비변사에서 유사의 임무를 부여받은 이상 대동법 절목도 여기에서 헤아려 처리할 수 있으니, 반드시 자신이 그 지역에 부임해야만 할 수 있는 일은 아닙니다."라는 의견을 내어, 허락하지 않았다. 이 일을 기록한 사관은 다음과 같이 논평했다.

> 김좌명이 일찍이 그 아비의 묘소에 수도(隧道)를 설치한 일로 민유중으로부터 크게 공격받았는데, 이 일로 계속 송시열 등에게 원한을 품었다. 그러다 윤선도와 조경의 소가 나오자 힘껏 그 예론을 지지하였으며 또 오정위(吳挺緯)와도 서로 친교를 맺었다. 이에 동료들이 그를 크게 의심하여 상복을 벗은 후에도 다시 청직(淸職)에 의망(擬望)하지 않았다. 김좌명이 이를 더욱 한스럽게 여겨 물러나 고

향에 돌아가서는 지방에 나가기를 자원한 것이다.[22]

김좌명이 전라 감사를 자원한 것은 부친의 유지를 완수하기 위함인데, 사관은 산당에 대한 원한 때문으로 간주했다. 비변사를 장악한 송시열 진영은 그렇게 생각하여 김좌명의 요청을 좌절시켰다. 김좌명 형제는 김육과 절친한 조경을 존경하여 김육의 묘지명을 요청했으니, 송시열에 대한 원한 때문에 조경을 지지했다는 설명도 편파적이다. 오정위는 남인이나 김육의 문인이었으니, 친교가 이상한 일이 아니었다. 아무튼 수도 문제와 제1차 예송으로 산당과 김육 자손의 갈등이 깊어졌음을 보여 주는 사평(史評)이다.

(3) 서필원과 송시열의 공의, 사의 논쟁, 그리고 한당의 결집

1663년 11월 김익희의 아들 수찬(修撰) 김만균(金萬均)은 병자호란에서 조모가 순절한 사정(私情)을 들어 청나라 사신을 맞이하는 국왕을 수행할 수 없다며 사직소를 올렸다. 그러자 승지 서필원(徐必遠)은 부모의 경우를 제외하고 사면(辭免)을 허용하지 않은 것이 조정의 전례(前例)라며 벼슬길에 나온 이상 사사로운 인정보다는 국가의 공의가 우선이라며 비판했다. 현종은 이 주장을 옳게 여겨 김만균을 감옥에 가두었다가 처벌을 낮추어 파직하는 선에서 그쳤다. 그러자 1664년 1월 세도(世道)를 자임한 송시열은 김만균이 사의(私義)를 추구했다고 옹호하며 서필원의 주장이 인륜의 대경대법(大經大法)을 망치는 견해라고 공박했다. 조정은 두 견해로 갈라져 1년 이상 논쟁을 벌였다. 유학 경전까지 동원된 수준 높은 정치 논쟁이었다. 서필원도 부모가 순절한 경우 면제를 인정했으니, 유교 인륜을 무시하지 않았다. 그러니 옹호 대상이 유교 인륜을 반영한 공의인가 아니면 초법적 인륜인가 하는 논점으로 귀결된다.

현종은 제1차 예송에서 산당이 왕권을 가볍게 여기지 않은가 하는 의구심을 품게 되어서, 서필원을 옹호하는 처분을 하자, 송시열 진영을 옹호하는 여론이 들끓었다. 이경석, 정태화 등 대신과 허적 등 중신(重臣)은 서필원을 지지했으나, 사림의 다수는 송시열을 옹호했다. 송시열 진영의 공격에 시달리던 서필원이 1월부터 5월까지 다섯 차례 사직소를 올리니, 현종은 6월 서필원의 처지를 생각해 잠시 체직하여 사태를 수습하자는 남구만의 건의를 받아들였다. 서필원의 파직은 송시열의 체면을 세워 주었다. 10월 이단상은 송시열이 조정에 오지 못하는 이유로 예송에서 윤선도의 모함을 받았고 김만균 일로 서필원의 배척을 받았고 김육 장례의 일로 김좌명 형제의 원한을 샀기 때문이라며 이들을 비난했다. 송시열을 향한 현종의 마음은 예송, 공의, 사의 논쟁 등을 겪으면서 서서히 멀어졌다.

송시열 진영이 인륜의 도의를 절대적 가치로 삼고 사림의 여론을 중시하고 군자 붕당을 지지하는 입장이라면, 서필원 진영은 붕당을 비판하고 국가 기강을 중시하는 입장이었다. 산당은 서필원을 지지한 중심 인물을 삼간 오사(三奸五邪)로 지목하여 탄핵하거나 인사상 불이익을 주었다. 이들 중 가장 후배에 속하는 박세당(朴世堂)은 훗날 김좌명, 이경억(李慶億) 등의 묘도문자(墓道文字)를 지으면서, 이 사건 이후 가까운 친구들이 송시열의 위세를 두려워하여 모두 떠났지만 이들만은 서필원과 교유를 유지했다고 회상했다.[23]

정만조는 공의, 사의 논쟁을 통해 서인 내에서 산당이 아닌 "일부 관료의 의견이 처음으로 집단화하여 표출"되었다고 본다. 1649년 이조 판서 김집이 조카상을 당한 슬픔으로 도목대정에 제때 임하지 못함을 김육이 문제로 삼은 일은 공의, 사의 논쟁의 전초전이었으니, 한당은 김육의 정책 이념을 계승한 관료층으로 구성되었다. 송시열과 정치 철학을 달리하는 서인 관료가 결집했으나, 이건창이 말한 한당의 유일한 활동은 공의, 사의 논쟁에서 서필원을 지지한 일이니, 한당이 형성되었다 해도 공고한 당에는 이르지 않았다. 정만조는 "숙종 때 명분 위주의 노론과 현실 중시의 소론이 분립하게 된 인적 요소와 이념적 근거는" 공의, 사의 논쟁 "과정에서 서서히 축적되고 있었다." 라고 평가한다.[24] 송시열이 노론의 최초 영수이자 정신적 지주이고 김육이 소론의 정신적 원류라면, 노론과 소론의 분화는 정책 지향의 차이를 담은 역사적 의의를 가진다.

서필원은 김육이 죽기 직전 전라도 대동법의 실행을 맡길 정도로 정책 역량을 가진 인물이었다. 서필원은 김집의 문하에 출입하여 주자학을 배웠으나, 정치적 성향을 산당과 달리하게 되었다. 그는 1657년 충청 감사로 재임하면서 폐단을 일으키던 도내 서원과 향현사(鄕賢祠)를 정리하고 일부 훼철하자고 주장하다 산당 민유중의 반박을 받아 파직되었으니, 재야 사림의 세력화와 산림의 정계 진출이 낳은 부작용을 우려한 인물이었다. 효종 대와 현종 대에 서인의 서원이 많이 생겨 조정에서 그 폐단을 지적하는 논의가 꾸준히 있었다. 숙종 대 이후 서인과 남인, 이어서 노론과 소론 사이에 당쟁이 일어나, 집권당이 대적한 당파의 서원을 억압하는 일이 여러 번 일어났다. 그러다 1741년 서원 등 사원(祠院) 173개가 훼철되었다. 대원군 집권기 훼철령의 예고편이었다.

서필원은 산당이 정국을 지배할 때 관직 생활이 순탄치 않다가 산당이 약화되면서 점차 관직이 올라가 1669년 형조 판서를 거쳐 1671년 병조 판서가 되었으나 그해 58세로 죽었다. 서필원은 정분이 두터운 김좌명에게 "공이 이조 판서가 되면 내가 논핵하겠다."라고 말할 정도로 강직했다.[25] 공조, 예조, 병조, 호조의 판서를 역임한 김좌명도 1671년에 56세로 사망했다. 서필원과 김좌명은 모두 정책 역량이 뛰어났고 당시 평균 수명을 넘겼지만, 모두 10년 정도 더 오래 살았더라면, 한당이 공고해졌을 것이다. 그래서 산당, 한당 및 남인의 삼각 구도를 이루면서 송시열, 허적, 김석주를 견제했다면, 숙종대의 참혹한 당쟁을 피할 수 있었을지 모른다. 그러면 송시열의 위상이 상대화되고 김육의 모범이 더욱 확산되었을 것이다.

박세당은 정주학풍이 지배하는 "학계와 사상계에서 그 테두리를 벗어나 실증적인 또 자유로운 태도로 고전에 즉하여 공자의 본지(本旨)를 찾아보려고 노력한 학자"였고 "오로지 경전에 입각하여 연구를 계속하던 실사구시적(實事求是的)인 실학자이었다."[26] 박세당은 김좌명의 신도비에서 김육의 "덕망과 사업이 지극히 높다."라고 평가하고, 김좌명이 부친의 유지를 받들어 반대론을 무릅쓰고 전라도 산골 고을의 대동법을 성취한 사실도 적었다. 박세당은 소론의 지도자인 윤증, 박세채, 최석정 등과 교유하여, 소론 사상의 원류를 이루었다.

1669년 3월 현종 부부는 온양 온천에 갔다. 4월 영부사 이경석은 차자로 유행병이 창궐하고 기상 이변이 보이니 조정으로 오기를 촉구하면서 "지난날 조정에는 물러나려는 신하들이 이어지더니, 지금 행궁에는 달려가 문안한 신하가 없다고 합니다. 군주가 병이 있어 멀리 초야에 가 있으면, 신하는 사고가 있거나 늙고 병들거나 먼 곳에 있지 않으면 도의상 이럴 수는 없습니다. 이는 국가 기강과 의리에 관계됩니다."라고 했다. 송시열은 상소로 이경석이 자신을 지목했다고 말하고, 이경석이 병자호란 때 항복한 일을 기록한 「삼전도비문(三田渡碑文)」을 쓴 사실을 조롱하여 '매우 용렬하고 비루한 자'라고 매도하고 자신에게 국가 기강과 의리를 말할 자격이 없다고 말했다.[27] 「삼전도비문」은 청나라의 종용으로 문장가 이경석이 국가의 안위를 위해 여론의 비난을 각오하고 어쩔 수 없이 떠맡은 일이었다. 이경석과 송시열의 대립은 공의, 사의 논쟁의 연장이라 하겠다. 1649년 이조 판서 김집이 조카상을 당한 슬픔으로 도목대정에 임하지 못함을 김육이 문제로 삼은 일은 그 전초전이었다. 김육, 한당, 이경석은 군주를 높이는 것과 다른 차원의 국가 기강을 중시하는 입장이었다. 송시열만큼 군주에 대한 신하의 위상을 높인 인물을 찾기 어려우나, 김육과 이경석은 송시열만큼 군주가 듣기 싫은 바른말을 한 인물이었다.

박세당은 1702년 이경석의 신도비명에서 그를 노성인(老成人)이라 칭하고 봉황으로 비유했던 반면, 군신 간 의리를 행한 이경석을 업신여긴 송시열을 올빼미로 비유하여 송시열 추종자의 분노를 샀다. 박세당은 산당과 같은 이념적 주자 숭배자들과 취향을 달리하여 김육, 이경석 등 사업 성취를 중시한 합리적 관료를 평가했던 것이다. 송시열 문인은 박세당의 『사변록(思辨錄)』이 주자학의 해석을 벗어났다며 유학을 어지럽히는 적이라는 사문난적으로 몰아 죄를 주었다. 『사변록』은 공맹의 본지(本旨)를 밝혀 후대 학자에 훼손된 유학의 가치를 회복하려는 취지로 저술되었다. 1687년 송시열은 주자와 다른 학설을 제시한 윤휴가 사문난적이라는 상소를 숙종에 올린 바 있다. 박세당의 글을 새긴 이경석 신도비는 노론의 위세에 눌려 250년간 땅 속에 묻혀 있어야 했다.

(4) 남인 허적의 정치적 부상과 태안반도 창고 설치를 둘러싼 논란

인조반정 이후 집권한 서인은 여론의 지지를 얻기 위해 권력에 위협이 되지 않는 범위에서 남인과 소북이 조정에 참여하는 것을 용인했다. 서인의 이러한 목표는 성공적으로 수행되다가 예송으로 난관에 봉착했다. 게다가 산당과 제1차 예송에서 대립한 남인과 공의, 사의 논쟁으로 대립한 한당은 서로 가까워졌다. 한당의 일원이고 남인과 가까운 김좌명 형제가 그 접근을 도왔을 것이다. 김좌명 형제는 남인 조경을 존장(尊長)으로 높이 대하고 김육의 묘지명을 요청했다. 남인 이민구는 김육의 행장을 지었다. 김육의 문인 중에 오정위 등 남인도 있었다.

허적도 부친 허한(許僩)을 비롯한 집안의 당색에 따라 남인이 될 수밖에 없었다. 그는 개인적 능력과 최명길의 후원에 힘입어 요직을 거치며 순탄하게 출세의 가도를 달렸다. 효종 때 허적은 김육의 정책을 도우며 긴밀한 관계를 맺었으니, 그 자손과 가까울 수밖에 없었다. 산당이 남인 중에 가장 경계한 인물은 능란한 처세술과 행정과 실무에 뛰어난 역량을 가진 허적이었다. 김육의 사후 송시열 등 산당이 김육의 자손인 외척 세력 및 서필원 등 경세 관료들과 대립할 때,

허적의 정치적 성장은 두드러졌다. 그래서 허적은 1664년 우의정에
올랐다. 허적이 정승의 지위에 오른 것은 그의 정책 역량과 정치력에
힘입었지만, 산당은 김좌명 형제의 후원이 있었다고 의심했다.

현종은 1668년 2월 송시열을 우의정에, 3월 허적을 좌의정에 임
명했다. 공의, 사의 논쟁 이후 산당의 정국 주도를 남인과 한당이 견
제하는 형세가 되어, 현종은 나름으로 탕평 정치를 추진했다. 8월 송
준길의 문인인 김징(金澄)은 사간에 임명되자마자 "왕의 인척이 인사
행정의 권한을 잡으면 반드시 폐단이 있게 됩니다."라고 주장하여,
김좌명은 이조 판서직을 그만두었다. 정승이 되어 조정에 나온 송시
열은 허적을 견제하기 위해 김좌명과 서필원에 접근했는데, 뜻대로
되지 않았다.[28]

우의정에 오른 송시열이 처음 야심차게 추진한 사업은 흥미롭게
도 김육이 방안을 강구하던, 전라도 대동미를 태안반도의 험한 물길
로부터 보호하는 일이었다. 전라도에서 1년간 조세로 거둔 쌀은 조선
초에는 7~9만 석이었고 중종대에는 10만여 석으로 증가했다. 17세
기에 대동법으로 공물 대신에 쌀로 거두자 현종대 조세로 운반하는
전라도 쌀은 16만 석으로 증가했다.

1667년 윤4월 충청도 면천의 유학 이표(李澎)는 상소 가운데 태
안반도 10리에 운하 굴착 공사가 있었으나, "조석이 왕래하여 굴착
하자 바로 메워지고(隨鑿隨塞) 또한 중간에 바위도 있어서 마침내 시
행되지 못하였다."라며 그 대안으로 창고의 설치를 주장했다. 현종은
비변사에 소를 내렸다. 비변사가 시행하기 불편하다는 의견을 올려,
현종이 따랐다.[29] 1668년 8월 27일 현종이 주재한 비변사 회의에서

호조 판서 이경억은 침몰 피해를 막기 위해 태안반도 운하 개착을 주장했는데, 예조 판서 조복양과 좌의정 허적은 동의하고 이조 참판 민정중은 신중한 찬성론이었다. 이경억이 조복양 및 민정중과 함께 현지 답사하기로 했다. 9월 2일 답사 보고의 자리에서 이경억과 민정중은 찬성하고 허적은 입장을 바꾸어 반대했다.[30] 송시열은 9월 4일 조정에 들어왔다.

1669년 1월 6일 경연에서 민정중은 운하 건설을 주장했다. 이어서 송시열은 그것이 어렵다면 이전에 김육이 제안한 태안 창고 설치를 주장했다. 운하에는 모두 반대하자, 현종은 창고 설치로 의견을 정했다. 8일 경연에서 호조 판서 민정중이 태안 창고 설치 방침을 실행하자고 말하자, 송시열은 김육의 제안이었다며 김좌명을 추천했다. 2월 3일 현종이 비변사 회의를 주재한 자리에서 김좌명은 2년 전 이표가 말한 바처럼 조수의 왕래가 운하를 굴착하면 바로 메워질 형세라고 보고하고 창고도 원래의 계획보다 작게 지어 형세를 살피자고 제안하여, 40간의 창고 설치가 결정되었다. 그러자 6일 형조 판서 서필원이 상소하여 "조선(漕船)은 근래 하나도 패함이 없다는 것이 이미 확실해졌고 사선(私船)도 역시 모아서 감독하기로 결정하였으니, 창고를 설치할 필요가 조금도 없는데 이리저리 반복한 끝에 마침내 반만 설립하여 편리한지 여부를 시험하기로 하였으니, 신은 몹시 개탄합니다. …… 지난번 좌의정 허적과 예조 판서 김좌명이 옳지 않다는 것을 분명히 알면서도 감히 논쟁하지도 않은 채, 편해서 가한 면이 반이고 불편해서 불가한 면이 반이라 하다가 마침내 대략 설치하여 가부를 시험하자는 논의로 결정하였으니, 불충(不忠)한 죄를 어찌 모면할 수 있겠습니까."라며 그 결정을 비판했다. 7일 송시열은 "서필원이 태안에 설치하는 창고의 일을 가지고 다른 견해를 제시하는 것은 좋으나 대신을 불충하다고까지 배척하였는데, 불충이란 신하의 극죄입니다."라며 여러 번 사직을 요청했다. 현종은 여러 번 만류했으나, 송시열은 물러났다. 서필원에 대한 송시열 진영의 공격이 격화되어도 현종은 서필원을 물러나게 하지는 않았기 때문일 것이다. 서필원이 불충하다고 말한 대상은 허적과 김좌명이었지만, 그 공격은 제안자인 송시열에게도 향했다. 김육은 누구보다 활발히 직설적으로 정책 공방을 벌였으나, 정책을 다투는 상대에게 '불충'과 같은 심한 표현을 하지는 않았다. 이번 일로 송시열과 서필원은 더욱 화해할 수 없는 사이가 되었다. 김육 및 그 자손과 경쟁 관계에 있던 송시열이 김육의 태안 창고 설치 정책을 계승하고, 김육으로부터 대동법과 더불어 창고 설치를 부탁받은 서필원이 그것에 반대하여 흥미롭다.[31]

1669년 3월 창고 공사가 진행되었음은 확인된다. 송시열과 서필원의 공방 사이에 놓인 김좌명이 부친의 유지를 실천하는 심정은 복잡했을 것이다. 『만기요람』「재용편(財用編)」2, 조전(漕轉), 조규(漕規)에는 효종조 김육이 안흥(安興)에 창고를 설치할 것을 건의한 사실을 적고 "1669년 김좌명이 건의하여 안흥의 좌우에 남창, 북창을 설치하고, 통과하는 세선(稅船)은 다 남창에 납부하여 말이 끄는 수레(車馬)로 북창에 수송하고, 빈 배로 안흥을 통과하게 해서 환난을 피하게 하였으나, 백성의 노고와 비용이 거대함으로써 곧 혁파하였다."라고 적었다. 김육이 만든 수레를 김좌명이 여기에서 사용한 모양이다. 조운선이 남창에다 조세곡을 하역하고 북창에서 다시 싣고 그사이 수레가 운반하는 일은 비용이 많이 들고 노동력을 징발당한 지역 주민의 반발을 초래하여 1년여 시행하다 폐지되었다. 산당을 제외한 거의가 주저하고 김좌명이 사업을 반으로 줄여 시험해 보자는 이유가 여기에서 드러난다. 폐지된 다른 이유는 전라도 대동미의 대량 운송이 이루어지면서 태안반도의 험한 물결을 피해 가는 조선술이 점차 개발되었기 때문으로 보인다. 서필원은 이 점을 지적하고 있다. 뱃사람들은 암초가 많은 연안 항로를 피하여 멀리 떨어진 외양으로 항해하는 방식을 개발하여 해난 사고를 줄였다. 그래도 19세기 충청도에서 발생한 해난 사고 190건 중 3분의 1이 안흥량에서 발생했다.[32] 1658년 김육으로부터 창고 설치를 부탁받은 서필원은 1669년 김좌명과 더불어 이 문제에 관한 최고의 전문가가 되어 있었다.

허적은 1671년 5월 인조반정 이후 남인으로는 이원익, 이성구에 이어 세 번째로 영의정이 되었다. 송시열 진영의 윤경교(尹敬教)가 허적을 심하게 공격했는데, 현종은 윤경교의 상소가 송시열의 뜻에 부합된다고 했다. 그러자 1672년 1월 우의정 송시열은 윤경교 건, 그리고 1669년 1월 서필원이 '자기를 알아주는 벗[知己之友]'인 허적을 불충하다고 논한 상소를 허적이 편안히 받아들였다는 점을 아울러 들며 사직의 소를 올렸다. 송시열은 서필원이 불충하다고 비판하는데도 대응하지 않는 허적에 분개하여 두 사람이 공모해 자신을 공격한다고 본 것이다. 필자는 강직한 서필원과 처세에 능한 허적이 '서로 알아주는 벗'이라는 정황을 발견하지 못했다. 남인으로 보이는 실록 편찬자는 "서필원의 말을 끌어다가 정승의 넓은 도량으로는 반드시 노여워하지 않을 것으로 여겨 불충을 말했다고 하면서, 한편으로는 임금을 속이고 한편으로는 서필원을 공격, 배척하였으니 그 교묘한 말솜씨와 아첨하는 본모습이 이에 모두 드러나고 말았다."라고 평했다. 현종은 사관을 보내 송시열을 만류했다.[33] 이후 허석에 대한 송시열 진영의 공격은 지속되어, 허적은 1672년 5월 판중추부사가 되고, 1673년 7월 다시 영의정이 되었다가, 1674년 3월 영중추부사로 전임되었다. 이런 일로 허적은 송시열과 화해할 수 없는 길로 들어섰다.

(5) 2차 예송

1674년 2월 24일 장유의 딸이자 효종비인 인선왕후(仁宣王后)가 죽자, 조대비의 복제 문제가 다시 제기되었다. 『가례』에 따르고 효종비를 장자부(長子婦)로 보면 기년(1년)이요, 차자부로 보면 대공(大功, 9개월)이었다. 『경국대전』에 따르면 큰며느리든 둘째 며느리든 모두 기년이었다. 예조가 26일 기년복으로 정하자 아무도 이의를 제기하지 않았는데, 송시열의 설에 따라야 한다는 박세당의 편지를 본 예조판서 조형(趙珩)은 송시열을 지지하는 사람의 비난이 두려워 28일 황급히 대공복으로 바꾸어 보고했다고 한다.[34] 송시열 지지자인 『현종개수실록』 편찬자는 박세당의 편지를 언급하여 중자부(衆子婦) 복제의 책임을 박세당에게도 지웠다.

1차 예송으로 1666년 현종에게 불려간 송시열은 기년복은 자기 설이 아니라 국가 제도를 따른 것이라고 변명했다. 그런데 이번에 대공복으로 정한 조치는 효종의 적통을 명백히 부정하여 현종은 불쾌하게 생각했으나, 넘어갔다. 그러면서 현종은 산당의 공격을 받아 충주에 내려가 있던 영의정 허적을 불렀다. 7월 경상도 유생 도신징(都

愼徵)은 상소로 효종을 적장자로 본다면 기년복으로 해야 한다고 주장했다. 현종은 이 상소에 관심을 보이고 영의정 김수홍에게 기년복에서 대공복으로 바뀐 이유를 따져 물었다. 김수홍과 민유중이 국가 제도와 고례를 모두 참고했다고 답하자, 승지 김석주는 송시열이 효종을 인조의 서자로 보고 정한 데에 허목이 이의를 제기했다고 말했다. 이에 현종은 삼공육경 등이 참석하는 회의를 열어 재론하라고 명했으나, 대공복의 입장에는 변화가 없었다. 송시열의 예설을 지지하는 신하에 둘러싸인 현종은 승지 김석주와 힘을 합쳐 효종을 장자로 삼는 복제를 관철했다. 여기에 남인은 참여하지 않았다. 현종은 효종상의 복제가 장자와 중자의 구별이 없는 국가 제도에 따른 것이고 송시열 등의 사사로운 논의에서 그것을 구별하는 고례가 거론되었으니, 근거가 박약한 예조의 대공설을 옳다고 하는 빈청 신료의 주장이 부당하고 군주에게 박하다는 점을 지적하고 국전(國典)의 기년으로 정하라고 명했다. 현종은 송시열계 서인이 권력을 장악하고 공론을 통해 자신을 극도로 견제하는 데에 염증을 느끼고 있었는데, 장자복을 할 결의를 하고 예론 공부를 충실히 했던 것이다. 이어서 현종은 예조 판서 등 예관을 감옥에 가두고 영의정 김수홍을 춘천에서 꼼짝 못하게 하는 처벌을 내렸다. 이에 대해 조신(朝臣)의 반대가 거셌으나, 현종은 이들을 모두 처벌했다. 그 후 현종은 남인을 요직에 많이 기용하면서 처벌한 서인을 용서했다.

필자는 이번 정리를 통해 예송이 소모적인 공리공담의 논쟁이 아님을 알게 되었고, 조선의 예치를 중시하는 문화의 산물로 생각하게 되었다. 그래도 예송을 덜 소모적으로 처리하는 지혜를 발휘하지 못한 점은 아쉽다. 그런 점에서 인조의 국상을 둘러싸고 김집이 고례에 입각하여 시비곡절과 세부 절차를 철저히 따져 예를 바로 세우자고 주장한 데에 대해, 심육은 공사가 천녕한 네의 기본 정신에 충실하되 시왕(時王)의 예를 기본으로 삼고 순리에 맞게 대처하자고 주장함을 상기하자. 김집과 송시열은 근본주의적 예론자, 김육은 합리적 예론자라 부를 수 있다. 예송에서『국조오례의』, 여기에 규정이 없으면『경국대전』을 기본으로 삼은 대신과 중신은 합리적 예론자였다. 이들은 왕조례의 특수성을 고려하여 적통을 왕통과 일치시키자는 입장이었다. 현종이 예론을 양송에게 맡기기보다 대신들이 예학자의 견해를 듣고 잘 판단하여 결정하라고 지시하는 편이 소모적 정쟁을 막는 방안이었다. 이경여, 김육 등 원로 관료가 산림을 정치 일선에 내세우기보다 정책 자문을 받게 하라고 제안한 의미가 여기에서도 드러난다.

(6) 숙종 대의 경신, 기사, 갑술환국[35]

송시열의 산당은 두 차례 예송과 공의, 사의 논쟁을 거치면서 세력이 약화되었으나, 현종대에는 정국 주도력을 잃지 않았다. 온건한 현종이 자신의 뜻대로 복제 개정을 단행한 지 한 달 지난 1674년 8월에 죽고, 강인한 숙종이 14세로 즉위하자마자, 송시열 진영에게 심대한 타격을 가했다. 숙종은 현종의 행장을 짓게 된 대제학 이단하(李端夏)에게 스승인 송시열이 왕조례를 오도(誤導)했음을 명백히 기록하라고 명했다. 12월 13일 현종의 장례가 끝나자, 남인은 제1차 예송에 참여한 송시열, 그리고 제2차 예송 때 빈청 회의의 신료를 맹렬히 공격했다. 만약 송시열과 그 지지 세력이 예치로 왕권을 견제하려는 기개가 있었다면, 병약한 현종이 아니라 전제적 숙종에게 그들의 예론이 옳았다는 주장을 당당히 폈어야 했다. 1675년 1월 송시열은 덕원부(德源府)로 귀양을 가고 남인이 속속 요직에 임명되어, 인조반정 이후 지속된 서인 정권이 남인 정권으로 바뀌었다.

숙종은 1675년 교서에서 "당론이 선조조부터 성하기 시작했고, 효종조에 이르러 송준길과 송시열이 국량이 적은 비루한 무리로 유자(儒者)의 이름을 빌려 산림에 물러나 있으면서 멀리서 조권(朝權)을 잡고는 인물의 진퇴나 크고 작은 정사(政事)도 반드시 이 두 사람에게 먼저 품의(稟議)한 뒤에 상달하였으니, 일이 극히 한심하였다."라며 비판했다. 이에 대해 사관은 "송시열 등이 조정에 있은 것은 1년 미만이고 물러나 돌아간 지가 거의 20년이나 되었으니, 그 권력이 없음을 쉽게 알 수 있다. …… 송시열이 강구한 것은 도학이었고 기약한 것은 경제였으며 보호한 것은 대의였다."라고 옹호했다.[36]

김우명은 1673년 김좌명의 삼년상을 마친 후, 효종의 능침을 여주로 옮길 때 송시열이 표석을 세우자는 전례 없는 주장으로 민력을 낭비하고 선왕을 욕되게 했다고 공격하여 송시열을 물러나게 만들었다. 김우명은 김석주와 협력하여 외손자인 숙종의 왕권을 공고히 하는 일에 전력을 기울였다. 이들은 남인과 협력하여 송시열 세력을 몰아냈으나, 남인이 인평대군의 세 아들인 삼복(三福)과 가까워 세력을 형성하여 왕권을 위협할 소지가 생긴다고 보았다. 효종의 유일한 손자인 숙종에 유고가 있으면, 왕위는 삼복에게 돌아가기 때문이었다. 그래서 1675년 3월 김우명은 복평군(福平君)과 복창군(福昌君)이 궁녀와 사통(私通)하는 혐의를 제기했고 대비도 가세하여 이들을 귀양 보냈다. 김우명은 이 일로 남인의 공격을 받고 숙종의 의심도 받아, 근심하다 6월에 사망했다.[3] 그렇지만 김석주는 숙종의 누터운 신임을 받으며 병조 판서 등 요직을 맡았다. 이 사건은 남인과 삼복의 유대가 왕권의 위협으로 간주될 소지가 있음을 경고하고 곧 닥칠 환국의 전주곡이었는데, 남인들, 특히 정치력이 뛰어나고 정치 경험이 풍부한 허적이 조심하지 않은 것은 불찰이었다.

남인은 병권의 장악을 추진했으나, 숙종은 남인에게 전권을 주지 않고 김석주도 병권에 참여시켰다. 숙종은 남인이 허목, 윤휴 등 청남(淸南)과 허적, 권대운(權大運) 등 탁남(濁南)으로 갈라져 다투는 데에 염증을 느끼게 되었다. 그러던 차에 1680년 3월 허적의 할아버지 허잠(許潛)의 시호를 맞이하는 잔칫날에 비가 내려, 숙종은 왕실의 기름칠한 장막과 차일을 보내고자 했으나, 이미 가져간 것을 알고 크게 노하여 병권을 서인에게 넘기는 전격적인 조처를 단행했다. 김석주는 남인이 인평대군의 세 아들과 결탁하여 세력화하는 것을 우려하여 정탐했는데, 숙종이 남인을 경계한 기회에 허적의 서자 허견(許堅)이 인평대군의 아들인 복선군(福善君)을 옹립하는 역모를 도모했다고 아뢰었다. 복선군은 교수형, 허견은 능지처참을 당했다. 허적은 쫓겨났다. 1680년 경신환국(庚申換局) 이후 김석주는 숙종의 절대적인 신임을 받고 우의정으로 올라 호위대장을 겸직하며 권세를 잡았다. 송시열은 영중추부사 겸 영경연사(領中樞府事兼領經筵事)로 임명되고 또 봉조하(奉朝賀)의 영예를 받았는데, 출사를 청하는 대비의 한글 편지를 명분으로 삼아 들고 조정에 왔다.

인조반정 후에 서인은 외척 견제를 명분으로 삼으면서도 서인 정권의 존속을 위해 '국혼(國婚)을 잃지 말라'는 전략을 추진했다.[38] 서인만 외척을 독점하더라도 서인 외척이 마음대로 권세를 휘두르다가는 서인 정권이 무너질 우려가 있었으니, 명분과 실리를 모두 챙기는 우수한 전략이었다. 산당이 김육 자손을 견제한 것은 좁게 보면 권력 다툼이나 넓게는 이러한 전략의 일환이었다. 숙종의 장인 민유중은 산당의 선봉장이었다. 결국 김육의 손자 김석주와 손녀 명성왕후는 집권 남인에 타격을 가하고 서인을 구제했다. 명성왕후의 외조부와 김석주의 장인 모두가 김장생의 문인이라는 인연도 경신환국에서 작용하지 않았을까? 국왕과의 혼인을 놓치지 말라는 서인의 전략은 힘을 발휘한 것이다.

1682년 김석주는 병권을 장악하면서 어영청을 창설했고, 어영대장 김익훈(金益勳)과 함께 남인 허새(許璽) 등이 복평군을 옹립하는 역모를 꾀했다고 모함했다. 역모 혐의의 주된 내용이 도체찰사부 군사의 동원 문제로 귀착됨에 따라, 이 도체찰사부의 부활을 주장한 인물도 연루되어 허새와 복평군뿐 아니라 허적, 윤휴, 유혁연, 이원정(李元禎), 오정위(吳挺緯) 등 남인계의 중진들이 많이 죽음을 당하거나 유배되었다. 김육은 당리당략에 초연하여 오직 옳다고 확신한 정책의 구현에 전념하여 효종 대의 정치 발전에 이바지했으나, 김석주는 존경한 조부와 처신을 달리 하여 당쟁의 골을 깊게 팠다.

효종이 지극한 우애를 보인 인평대군의 세 아들은 모두 경신환국으로 처형되었다. 다른 한편 효종은 1653년 소현세자의 아들이 병에 걸리자 내의(內醫)를 보내 치료했고, 1655년 생존한 셋째를 유배지에서 석방하여 급료를 지급했고, 1659년 죽기 두 달 전에 소현세자 아들딸 들에게 군(君)과 군주(郡主)의 호칭을 내렸다. 권력과 멀어진 소현세자의 아들은 숙종 대의 정치 파란에서 부사했다. 1654년 황해 감사 김홍욱(金弘郁)은 강빈이 억울하게 옥사했다는 상소 때문에, 효종의 심문을 받아 곤장을 맞다 죽었다. 효종과 숙종은 혈육과 친족에 대한 정이 깊었으나, 왕권에 위협되는 일은 용납하지 않았다. 김홍욱이 기상재변의 대책을 구하는 왕의 교서에 응하다 처벌로 죽는 일은 왕의 과오가 되어서, 신료들이 막고자 노력했으나, 주권자가 분노를 자제하지 못하면 방도가 없었다. 이후 효종의 처사에 대한 간언이 이어지는 가운데, 효종은 점차 분노가 풀어져 1657년 김홍욱의 자제와 친족의 벼슬길 금지령을 해제했다.

1689년 숙종은 장희빈이 낳은 첫 아들을 서인의 반대를 무릅쓰고 원자로 정했다. 송시열이 반대 소를 올리자, 숙종은 서인을 축출하고 송시열에 사약을 내리는 기사환국을 단행했다. 숙종은 허적의 억울한 죽음을 알게 되어 관작, 곧 관직과 작위를 회복했다. 그리고 남인을 무고한 서인 김익훈, 이사명(李師命) 등을 죽였다. 1684년 사망한 김석주는 공신의 호(號)와 관작을 박탈당했다. 이때 김석주의 독자 김도연(金道淵)이 자살하고 부인 황씨는 유배당했다. 외척 김석주는 숙종의 왕권 공고화가 가문에 도움을 준다고 생각했겠지만, 정치 공작으로 가문에 타격을 입혔다.

1694년 갑술환국으로 다시 서인이 정권을 잡자, 송시열은 관작이 회복되고 다음 해 문정(文正)이라는 시호가 내려졌다. 중국에서는 위대한 스승을 공자, 맹자, 정자, 주자라는 식으로 불렀는데, 조선인으로 처음으로 송시열은 송자(宋子)로 불렸고, 이후 그런 호칭을 받은 조선인은 없었다. 갑술환국으로 김석주는 공신의 호를 회복하고 숙종의 묘정에 배향되었다. 숙종은 서인과 남인이 싸우는 가운데, 왕권을 강화했다. 갑술환국 이후 남인은 크게 약화되어 채제공이 정조조에 좌의정까지 오른 것은 이변이었다.

(7) 서인이 노론과 소론으로 분열되다

송시열과 윤선거(尹宣擧)는 모두 김집의 제자였다. 윤선거는 송시열에게 수학한 아들 윤증(尹拯)에게 송시열의 우뚝한 기상을 따라가기 힘드니, 송시열의 장점만 배우되 단점도 알아 두라고 했다. 송시열은 사문난적으로 규탄한 윤휴를 옹호하는 윤선거를 못마땅하게 생각했고, 윤선거는 "옳고 그름을 가릴 따름이지 왜 이편과 저편을 나누는가." 하고 반박했다. 1669년 윤선거가 죽자, 1674년 윤증은 박세채의 행장을 들고 송시열에게 묘지명을 부탁했다. 송시열은 박세채가 칭송했으니, 그 말을 믿고 자신이 더 말하지 않는다고 적었다. 윤증이 고쳐 주기를 청했으나 송시열이 듣지 않자, 사제지간의 의리가 끊어졌다. 윤증은 송시열이 이익 추구의 패도를 극력 배척하나 실제로는 '의리쌍행(義利雙行), 왕패병용(王霸幷用)'이라 비난했다. 1680년 경신환국 이후 조정이 윤증을 불렀다. 박세채가 찾아왔는데, 윤증은 조정에 나가는 명분으로 "송시열의 세도가 변하지 않으면 안 되고 서인과 남인의 원한이 해소되지 않으면 안 되고 세 외척(三戚)인 김석주, 김만기(金萬基), 민정중의 집안의 문호(門戶)는 닫히지 않으면 안 된다." 라고 말해, 박세채는 더 이상 권하지 못했다. 김만기는 숙종 첫째 부인의 아버지요, 민정중은 숙종 둘째 부인의 큰아버지이다.

조익의 손자 조지겸(趙持謙) 등 젊은 삼사의 언관들은 김익훈의 부정 축재, 허새의 역모 사건에서 정탐에 근거를 눈 밀계(密啓) 능을 공격하여 1683년 그를 어영대장직에서 해임시켰다. 송시열은 스승 김장생의 손자라며 김익훈을 보호했고, 송시열 진영은 김익훈을 계속 공격하는 소장 관료를 좌천시켰다. 윤증이 송시열에 비판적인 소장 관료를 이끌자, 서인은 송시열을 영수로 하는 노론과 그에 비판적인 소론으로 갈라졌다. 노론은 주자의 학설을 끌어와 시비를 분별하여 군자의 붕당인 서인이 소인의 붕당인 남인을 조정에서 완전히 몰아내자고 주장했으니, 노론의 전신인 산당이 1649년 처음 조정에 진출하여 격탁양청 활동을 벌일 때 이런 지향이 이미 나타났다. 그 반면 소론은 역모와 무관한 남인, 특히 탁남과 대립한 청남을 벼슬에 조화롭게 임용해야 한다고 주장했다. 소론의 박세채는 율곡의 조제론을 진전시켜, 붕당의 존재를 인정하면서 각 붕당 인사를 골고루 등용하는 조제 보합론(調劑保合論), 그때 군주가 인물의 변별이나 시비의 분별을 하는 황극 탕평론(皇極蕩平論)을 제시했다. 박세채의 황극 탕평론은 숙종, 영조, 정조의 탕평 정치에 이념을 제공했다.

1694년 환국 이후 소론은 장희빈의 아들(훗날 경종)을, 노론은 인현왕후를 섬긴 숙빈 최씨의 아들(훗날 영조)을 보호하여, 당쟁이 영조대까지 이어졌다. 인현왕후의 부친 민유중과 백부 민정중은 산당과 노론의 핵심이었다. 경종이 아들이 없이 짧은 생애를 마치고 영조가 장기 집권하고 그 후손이 왕통을 이어 가자, 노론의 우위가 결정되었다. 인조반정 후의 서인처럼 노론도 노련한 정치력으로 장기 집권을 했다.

현종 초에 산당이 정국을 장악했으나, 현종은 예송과 공의, 사의 논쟁을 겪으면서 그 대항 세력인 한당 인사와 남인을 중용하여 세력 균형을 꾀했다. 숙종은 정권을 장악한 당에 대해 경쟁 당을 활용하여 타격을 가하는 환국을 네 차례 감행한 다음, 탕평 정치를 추진했다. 영조와 정조가 탕평 정치를 발전시켰는데, 인조 대의 조정론을 계승하는 의식도 있었다. 그런데 이들 군주도 서인, 그중 노론의 독주를 끝내 막지 못했다.

인조반정 이후 서인은 율곡과 성혼의 문묘 종사 운동을 끈질기게 벌였고, 그에 대해 남인은 반대했다. 1680년 경신환국으로 서인이 정국을 장악하자, 다시 율곡과 성혼의 문묘 종사 운동을 벌여 1681년 숙종이 수용했다. 1689년 남인이 정국을 장악하는 기사환국이 일어난 후에는 남인의 상소로 율곡과 성혼이 문묘에서 퇴출되었다. 1694년 갑술환국 이후 서인은 다시 운동을 벌여 율곡과 성혼은 다시 문묘에 배향되었다. 송시열은 1681년 숙종에 올린, 예학을 발전시킨 김장생의 「문묘 종사를 논하는 소〔論文廟從祀疏〕」에서 주자가 예서를 경서와 사서보다 각별히 여긴 까닭은 "진실로 예가 잘 정리되면 국가가 잘 다스려지고 예가 문란해지면 국가가 혼란해지기 때문"이라며 1649년 「기축봉사」에 이어 예치 국가론을 내세웠다.[39] 이후 서인은 김장생의 문묘 종사 운동을 벌였는데, 1717년 숙종은 허락했다. 김장생이 문묘에 배향된 후, 서인 노론은 송시열과 송준길의 문묘 종사를 줄기차게 건의했다. 영조는 즉위한 해부터 받은 이런 건의를 계속 거부하다가 1756년 마침내 허락했다. 실록 편찬자는 허락한 날 기사를

"이에 국시(國是)가 비로소 크게 정해졌고 사림이 더욱더 빛나게 되었다."라고 끝맺었다.[40] 1756년 박세채의 문묘 종사 운동이 시작되었고, 1764년 영조는 소론 박세채의 문묘 종사를 결정했다. 영조는 문묘 종사에서도 노론과 소론의 탕평을 도모했다. 1883년 송시열의 스승인 김집, 그리고 율곡과 성혼의 제자인 조헌의 문묘 상소 운동이 일어나 고종은 허락했다. 문묘 종사에 드러난 율곡, 성혼-김장생-김집-송시열, 송준길로 이어지는 도통론은 19세기에도 서인의 주류적 관점이었다. 오현의 문묘 종사는 퇴계와 그의 신봉자의 뜻대로 되었다면, 율곡 이후는 서인의 뜻대로 문묘 종사가 이루어졌다. 송시열의 영향력은 스승 김집과 동료 송준길의 문묘 종사에 결정적이었다. 퇴계와 송시열이 문묘 종사에 지대한 영향력을 행사함에 따라, 주자의 학설에 조금만 벗어나도 문묘에 배향될 수 없게 되었다. 공자를 모시는 문묘에 배향하는 인물을 유학의 지배적 학파이기는 하나 한 학파인 주자학자, 그것도 주자의 학설에 조금도 이론(異論)을 제기하지 않은 인물에 국한한 일은 학문의 다원적이고 창의적 발달을 저해했다.

(8) 김육 사후 정치 풍토의 변화

1651년 3월 14일 효종은 "조익이 지은 해창군(海昌君) 윤방의 시장(諡狀) 중에 역적 강씨를 버젓이 빈궁이라 일컫고 또 글자를 잇대어 쓰지 않고 칸을 띄웠으니, 이는 무슨 의도인가? 승지는 살펴서 아뢰어라."라는 엄명을 내리고 관원 20여 명을 처벌했다. 삼공이 사직을 요청하며 죄를 기다렸는데, 영의정 김육은 사직 차자에서 이들 관원이 나쁜 의도가 없었다며 관대한 처분을 바라고 조익을 의금부에서 처벌하는 것은 온당치 않다고 아뢰었다. 효종은 김육에게 "선조의 실록과 부묘 대례(祔廟大禮) 모두가 국가의 중대한 일인데, 경이 영의정으로서 결코 떠나갈 의리가 없다."라며 만류했다. 20일 사간원 관료는 "그 시장은 곧 이식(李植)이 지은 것으로서 그 사람이 이미 죽어서 입계하는 문자에 이름을 쓸 수 없기 때문에, 본가에서 이미 이루어진 그 초고를 조익에게 보내 대략 수정하여 그 이름을 빌렸다고 하였습니다."라고 해명하고 늙고 병든 대신을 용서해 주기를 요청했다. 효종은 "논한 말이 매우 사리에 맞지 않으므로 매우 유감스럽게 생각한다."라고 대답했다. 조익은 효종의 분노를 예상하면서도 양심상 이식의 글을 고칠 수 없었고, 관련 관원들도 차마 지적하지 못했던 것이다. 5월 11일 효종은 조익이 "손수 짓지 않았으면 자세히 살펴보고서 그의 이름을 썼어야 옳을 터인데, 감히 역강(逆姜)을 빈궁이라 불렀으니, 나의 마음을 시험해 보려는 속셈이 그 속에 있는 것이 아닌가. 감옥에 가두어 모욕을 주고 싶지는 않으나, 또한 다 용서하여 국법을 무너뜨릴 수 없으니, 관작을 삭탈하여 조익을 문외 출송하라."라는 처분을 내렸다.[41] 효종은 조익이 명망의 원로 대신임을 고려하여 분노를 자제했던 것이다. 주권자인 국왕에 영합하기보다는 양심에 따르고 국왕에 직언하는 관료의 문화가 효종의 조정을 건강하게 만들었다. 초지일관 대동법의 소신을 견지한 명신 조익은 1655년 충청도 대동법이 성공하고 있다는 말을 듣고 눈을 감았을 것이다.

이처럼 효종 대의 대신들은 합심하여 국정을 운영했다. 이들은 대화와 타협을 중시하는 합리적 성향이었고 도덕적 독선으로 남을 공격하는 인물이 없었다. 이들 대신이 조정의 중심을 잡고 있었기 때문에, 군주, 삼공육경, 삼사 언관들의 권력 견제와 균형이 원만히 이루어졌다. 조정의 중추적 대신은 이경석, 이어서 김육이었다.

효종조의 대신은 김자점과 원두표를 제외하고 누구도 세력을 규합하지 않았다. 효종 즉위 초에 김자점 세력이 최대 당파라 할 수 있으나, 효종이 비호하지 않으니 언관들과 중신들의 공세를 받고 맥없이 소멸되었다. 그다음인 원두표 세력은 김육의 견제로 힘을 발휘하지 못했다. 사제 관계의 응집력이 강한 산당이 1649년 조정에 처음 진출했으나, 김육과의 정책 대결에 밀려 1650년 1월 떠났다. 그래서 김육이 생존한 효종 대는 당파 간 대립이 없었다.

효종조에 활발한 정책 논의와 대립이 있었는데, 기본적으로 정치 철학의 차이에서 비롯되었다. 그 중심에 김육이 있었다. 효종 대에 조정을 서인이 지배했고 남인이 소수 세력이었는데, 서인과 남인이 대립한 적은 없다. 김육은 여러 남인 명사들과 친했고 남인 관료가 그의 정책을 지지하고 도운 데서 드러나듯이, 당색을 초월하여 교류하고 정책 협력을 구했다. 그래서 그의 신도비를 쓴 이경석은 서인이나 당파심이 없고, 묘지명을 쓴 조경과 행장을 쓴 이민구는 남인이었다. 김육은 당파를 초월한 정책 활동, 소신에 입각한 활발한 정책 공방, 그리고 정책 업적의 성취로 효종 대의 정치 발전에 이바지했다.

송시열이 1658년 조정에 다시 들어온 후 산당은 최대 정파가 되었다. 김육 사후 강한 응집력을 가진 서인 정파인 산당이 정국을 주도하게 되자, 산당과 대립하여 예송을 계기로 남인이 결집하고, 김만균 사건을 계기로 한당이 형성되고, 1680년 환국 이후 남인 처분을 둘러싸고 노론과 소론이 분화했다. 그래서 현종 대와 숙종 대는 당쟁의 전성기였다. 송시열이 윤휴를 사문난적으로 몬 이후, 도덕적 독선의 공격도 강화되었다. 언관 활동은 당쟁을 격화시켰다.

현종 대에 예송, 이어서 숙종 대에 환국을 거치면서 당파 간 대립은 고질화되었다. 이중환은 당쟁에 연루되어 처벌받은 후 떠돌아 다니다 1750~1751년 집필한 『택리지』의 「인심」에서 "조정에서는 노론, 소론 및 남인은 서로 원한이 나날이 깊어져 서로 역적이라는 죄목을 덮어씌웠는데, 그 영향이 지방까지 미쳐 하나의 전쟁터가 되었다. 다른 당색과 혼인하지 않을 뿐 아니라 서로 용납하지 않는 형세가 되었다."라며 절규했다. 그래서 "보통 사대부가 사는 곳은 인심이 고약하게 망가지지 않은 곳이 없다. 붕당을 심어 떠도는 양반을 거두어들이고, 권세를 부려 서민을 침탈한다."라고 한탄했다. 그 결과 김육과 그 부친이 서인 성혼과 남인 조호익을 스승으로 모신 데에 드러난 당파 간 교류의 풍토가 사라졌다. 그리고 효종 대처럼 당색을 초월한 정책 협력이나 건설적인 정책 논쟁의 풍토는 약화되었다.

김육 사후 치열하고 소모적인 당쟁이 있었지만, 김육이 추구한 대동법은 순조롭게 전국으로 확대되었고, 동전 통용책은 1678년 이후 완수되었고, 군역 개혁은 꾸준히 논의되어 1750년 균역법이 시행되었다. 대동법과 군역 개혁은 인민과 국가에 이로운 사업이라는 공통의 인식 아래 당파를 초월하여 추진되었다. 노비종모법은 붕당 대립의 영향을 받은 대표적 개혁이나, 결국 정착했다. 두 차례 예송과 공의, 사의 논쟁은 당쟁과 겹쳤지만, 원래 정책 논쟁이었다. 그래서 필자는 조선 시대 정책사가 당쟁사보다 한층 중요한 의미를 가진다고 판단한다. 이렇게 정책이 진전하여 정책사가 당쟁사보다 중요해진 데에 김육이 공헌했다. 대동법의 확대 시행, 동전 통용책, 그리고 군역 개혁은 김육의 정책을 계승한 것이었다. 김육의 아들 김좌명과 손자 김석수는 고위 관식에 올라 김육의 성책을 추진했다. 산낭노 김육을 본받아 군역 개혁 등 민생 안정의 구체적 방안의 제시에 힘썼다. 김육 손녀의 아들인 숙종과 그 아들인 영조는 김육의 정책을 계승하려는 의식을 가졌다. 이에 대해서는 다음 절에서 살펴볼 것이다.

효종 대는 김육이 업적을 거둔 점에서 정책사의 중요한 시기일 뿐 아니라 산당이 정계에 진출하고 나아가 주도하게 되는 점에서 당쟁사의 중요한 시기였다. 효종은 김육이 정책 업적을 거두도록 후원했을 뿐 아니라 산당, 그중 송시열이 정국을 주도하는 환경도 조성했다. 송시열은 노론의 창시자이며 정신적 지주이나, 노론이 정국을 장악한 숙종 대 이후 효종이나 현종만큼 산림을 중용하여 우대한 군주가 없고 송시열 사후 산림의 정치적 영향력이 크게 약화되어 흥미롭다. 산림의 역할을 제한하자는 이경여와 김육의 주장이 채택된 셈이다. 송시열처럼 국정을 흔든 산림이 다시 나오지 않은 것은 노론의 장기 집권에 도움을 주었다.

3 김육 정책의 계승과 영향

(1) 대동법의 전국 시행과 대동법 체제의 해이

대동법을 시행하는 데에 최대 난관은 충청도였다. 『국조보감(國朝寶鑑)』 37권, 효종 2년 8월조에 따르면, 대동법으로 "충청도민은 마치 물과 불 속에서 벗어난 듯하여 모두 고무되었으며, 너나없이 불편한 제도라고 말하던 자들도 지금 와서는 오히려 입을 모아 좋은 제도라고 하였다." 충청도 대동법의 성공적 정착은 그 전국적 확대를 위한 탄탄한 기반을 닦았다. 그런데 전라도 산골 고을 대동법의 완수는 충청도만하지는 않지만, 쉽지는 않았다.

효종이 승하한 지 네 달 지난 1659년 9월 송시열은 제술한 선왕의 묘지문을 올리고 "신은 봄에 효종이 '전라도 산군(山郡)의 대동법의 시행 여부를 가을에 가서 논의하겠다.'라는 말씀을 기억합니다."라고 아뢰자, 효종은 "전라도 대동법의 일은 만약 경의 말이 아니었다면, 내 어찌 알았겠는가. 논의하여 처리하겠다."라고 답했다.[42] 이유대는 1659년 「기해봉사」를 효종에게 올릴 예정이었으나, 효종의 사망으로 1660년 5월 현종에게 올렸다. 「기해봉사」에는 "전국에 대동법을 고르게 시행하여 1년 동안 어용(御用)에 드는 숫자를 항구적으로 정해 놓고 시장에서 사다 쓰고 먼 곳에서 구해 오지 않는다면, 오늘날의 공안은 고치려고 하지 않아도 저절로 고쳐질 것입니다."라는 건의도 있다.[43] 산당이 대동법의 시행에 나서게 된 것이다.

9월 현종은 전라도 대동법에 관해 영의정 정태화에게 물으니, "연해 27개 읍의 공물 부담이 가장 고되었으므로 대동법을 우선 시행했으나, 산군에서는 원하지 않는 자가 많았고 조정의 논의도 일치되지 않아 일시에 시행하지 못했습니다. 그 후 산군 26읍 중 운봉, 임실, 정읍, 금구, 태인 5개 읍은 대동에 들기를 원하였는데" 효종의 상중이어서 결정할 겨를이 없었다고 아뢰었다. 그래서 다섯 읍만 실시할지 말지에 대해 도민에게 물어보기로 했다. 10월 현종은 대신과 중신이 모인 자리에서 대동법 시행 시기를 1660년 봄으로 하자는 이시방의 안과 가을로 하자는 전라 감사 김시진(金始振)의 안 중에 후자로 정했다. 부담은 1결당 쌀 13두였다. 1660년 6월 현종이 참석한 비변사 회의에서 이조 판서 홍명하가 효종 때에 산군의 대동절목을 강구하여 1결당 무명 2필, 1필당 쌀 7두로 정했는데, 이시방의 건의대로 1필당 6두로 줄일 것인가를 논의하자고 하여, 쌀 13두나 무명 2필로 정했다.[44] 그 사이에 효종 때부터 대동법 지지론자인 조복양과 민응형이 대동법을 건의했고, 정읍의 유생이 시행 상소를 올렸다. 이시방은 대동법 시행을 걱정하면서 1660년 1월 눈을 감았다. 7월 대동법을 시행했는데, 심각한 흉년이 들자, 대동법 연기론이 대두하여 8월 시행이 중단되었다. 허적은 대동법의 장래를 우려했고, 원두표는 산군에 대동법을 시행할 필요가 없다고 했다. 조복양은 연해 지방이 대동법 덕분에 흉년을 이겨 낼 수 있었다며 대동법을 원하지 않은 것은 인민이 아니라 수령 등이라고 했다.[45]

앞서 언급했는데, 양친의 삼년상을 마친 김좌명은 1661년 5월 공조 참판의 사직의 소를 올리면서 전라 감사로 나가 대동법을 시행하기를 요청했으나, 비변사는 허락하지 않았다. 산당은 대동법의 지지로 바꾸었으나, 서필원이나 김좌명이 시행하려는 데에는 협조하지 않았다. 1662년 7월 24일 현종이 주재한 비변사 회의에서 전라도 산군 대동법의 시행을 건의한 예조 판서 김좌명의 계사를 논의했는데, 연기론도 있었으나, 현종은 그 해 시행하기로 결단을 내렸다. 이날 정태화가 경기도 양전을 건의하여, 현종은 재신(宰臣)들 의견을 물어 듣고 결정을 내렸다. 현종은 송시열 세력에 휘둘린 약한 왕으로 평가

되고 있지만, 대동법, 양전, 노비종모법 등에 관해 신하들 의견이 갈린 가운데 개혁을 승인했음에 주목할 필요가 있다. 26일 영의정 정태화가 전라도 대동법 논의를 완결하자고 아뢰자, 현종은 "이시방이 이일을 주관했는데 불행히도 빨리 죽고 말았다. 이제 누가 그 일을 끝낼 수 있겠는가?"라고 물었다. 정태화는 "이 일을 담당할 자는 김좌명밖에 없습니다. 고 상국 김육이 중론을 거슬러 충청도에 대동법을 시행하기로 결정했는데, 김좌명도 일찍이 전라 감사를 자청하여 전라도에 대동법을 시행하려고 하였으니, 지금 그에게 맡기면 반드시 자기 아비의 뜻을 잘 이을 것입니다."라고 아뢰었다.[46] 정태화는 전라도 대동법을 부탁한 김육의 마지막 당부를 명심하고 있었다. 신중한 정태화는 김육의 정책 추진에 대개 소극적으로 지지하거나 위임하는 태도였는데, 전라도 산군 대동법과 경기도 양전이라는 김육의 유지가 완수되도록 적극 도왔다. 김좌명은 전라 감사로 산군의 대동법을 완수했다. 1663년 반포된 『전라도대동사목』은 『호서대동절목』을 본받아 제정되어 세부적인 차이를 제외하고는 내용이 거의 동일하다. 전라도 산군 대동법은 삼년상을 마친 김좌명의 정치적 부상을 보여준 사업이었다.

1663년 12월 전라도 산군 유생의 반대 상소가 올라왔다. 조정이 전라 감사 조구석(趙龜錫)에게 물으니, 여론이 부정적이라고 보고했다. 조정도 의견이 갈렸는데, 무명 1필당 쌀 6.5두로 올린 데에 대한 불만이 계속 전달되었다. 그러자 영의정 정태화, 좌의정 홍명화, 우의정 허적, 송시열 모두가 폐지론으로 입장을 바꾸었다. 1665년 현종은 전라 감사 민유중에게 백성의 실정을 상세히 물어서 보고하게 하니, 민유중은 백성이 불편해하니 전라도 전체의 대동법을 혁파하기를 청했다. 송시열은 조정에 두 번째로 진출하여 효종에게 대동법이 좋은 제도라고 평가했고, 현종에게 전라도 산군 내봉법의 과세를 상기시켰지만, 산당은 전라도 대동법의 시행 후에도 그 제도에 대한 확신이 부족했던 것이다. 1665년 말 산군 대동법만 정지되었고, 연해 고을의 대동미는 1두 줄여 12두로 조정했다.

1666년 전라도 암행어사 신명규(申命圭)는 "전라도 대동법을 산군이 불편하다고 하여 혁파했는데, 지금 염문하느라고 촌락에 드나들다가 비로소 물정을 알게 되었습니다. 큰 읍의 세력가는 폐지한 것을 편하게 여기고, 산골의 가난한 집은 모두 다시 시행하기를 원합니다. 묘당이 충분히 검토하여 처리하기를 청합니다."라고 건의하여, 현종은 그 서계(書啓)를 비변사에 내려 의논하게 했다. 11월 현종은 비변사 회의에서 "백성의 소원이 이와 같으니 산군에 대동법을 다시 실시하는 것이 좋겠다."라고 말했다. 형조 판서 김좌명은 "봄에 연해의 대동법은 1결 13두 중에 이미 1두를 감하여 길이 정식으로 삼았으니, 산군의 대동법도 똑같이 시행하게 하소서."라고 아뢰어 그대로 결정되었다.[47] 전라도 대동법의 성공을 최종 승인한 것은 경기도, 강원도, 그리고 충청도의 대동법처럼 도민의 지지였다. 민유중은 이후 대동법의 확고한 지지자가 되어 1666년 함경 감사로서 건의하여 공납제를 상정법으로 전환하여 농지를 단위로 쌀, 직물, 동전으로 거두게 했다.

1663년 응교(應教) 민유중은 충청도 대동법의 규정 외로 백면지(白綿紙)를 추가로 징수하는 것이 "대동법을 제정한 본래 뜻이 아니"라며 인민의 불신을 낳는다며 반대했다. 우부승지 김시진은 "처음에 1결당 쌀 10두 외에는 조금도 거두지 않는다고 하여 인민이 편하게 생각했으나, 그 후 규정 외의 조세가 점차 증가하여 이것이 불가피한 형세이지만, 인민이 원망하지 않겠는가."라고 말했다.[48] 경비 팽창 법칙이 작용하여, 1673년에는 충청도에서 거둔 대동미 1결당 10두로는 경상 비용이 부족해졌다. 조정은 더 부과하기가 어려워 대동법을 혁파할 것을 논의했다. 그러자 충청도 생원 김민도(金敏道) 등은 "대동법이 실시되기 전에는 1년에 1결당 부과되는 것이 무려 80~90두였으나, 지금 대동법은 1년에 부과되는 것이 다만 10두입니다. 원컨대 전라도, 경기도의 예에 따라 쌀 2두를 더 납부하겠으니 그 법을 혁파하지 마소서."라고 청원했다. 사간원에 근무한 적이 있는 이무(李袤)는 선조조 영의정까지 오른 적이 있던 할아버지 이산해를 변호하는 상소에서 도민 전체(大小士民)가 1670~1671년 수많은 사망자를 낸 대흉년에 목숨을 보전한 것은 대동법의 혜택이라며 대동법 전에는 1결에 60두도 부족했으니 대동법을 결코 폐지해서는 안 된다고 주장했다. 12월 비변사 회의에서 우의정 김수흥과 호조 판서 민유중이 주장하여, 민심에 따라 대동미를 12두로 올리기로 개정했다. 대읍 청주(淸州) 사람인 교리 이인환(李仁煥)은 "만약 추가로 거두면, 실로 혁파와 다르지 않다."라며 반대했다. 김수흥은 "이것도 청주의 의론입니다. 또한 이인환은 젊어 사세(事勢)를 몰라 이렇게 말합니다."라고 했다.[49] 김좌명과 서필원이 사라진 조정에서 산당이 충청도 대동법의 수호에 앞장섰다. 산당도 이전에 사세를 몰라 대동법을 반대했던 것이다.

현종은 1674년 사망했는데, 그 행장에는 "선조(先朝)가 충청도,

전라도 대동법을 시행하여 조세를 고르게 부과함으로써 인민을 편하게 했으나, 전라도 산군에는 미처 시행하지 못했다. 왕은 그 공적을 이어서 더욱 구획(구劃)하여 누루 시행하니, 인민이 매우 편하게 여겼다." 라 하여 전라도 산군 대동법의 시행을 업적으로 들었다.

1677년 5월 대사간 이원정(李元禎)이 상소한 10조목 가운데 경상도 대동법이 있었다. 6월 비변사 회의에서 이원정이 "경상도 조세 부담은 다른 도보다 배나 됩니다. 민정(民情)이 대동법을 목마른 사람이 마실 물을 바라듯이 합니다. 이태연(李泰淵)이 감사가 되어 김좌명과 의논해서 정한 사목 문서가 반드시 감영(監營)에 있을 것이니, 경상도로 하여금 베껴 적어 보내도록 하여 의논해서 결정하는 것이 좋을 듯합니다."라고 아뢰었다. 숙종은 승인하며, 도내의 민정도 수집하여 보고하라고 지시했다.[50] 이태연은 1666년 5월부터 1667년 7월까지 경상도 감사였다. 1666년 12월 전라도 산군 대동법이 확고해졌는데, 이후 김좌명은 경상도 대동법을 준비했던 것이다. 남인 이원정은 서인 김좌명을 계승하여, 대동법의 종반을 초당적으로 장식했다. 관찬 사료에 따르면, 경상도 대동법은 1677년 확정되어 1678년 실행되었다.

상정법(詳定法)은 공물과 잡역을 농지세로 전환하여 쌀이나 직물로 대신 납부하는 점에서는 대동법과 본질적으로 같으나[51] 군현과 농지 종류에 따라 과세량을 달리한 점에서 대동법과 달랐는데, 농지가 척박하고 군현마다 사정이 다른 지역 혹은 변경 지방에서 실시되었다. 1611년 명나라 장수 모문룡(毛文龍)의 요구로 평안도와 황해도에 1결당 쌀 1.5두를 거두어 지원했는데, 1635년 이 서량미(西糧米)와 각종 요역을 농지세로 전환했다. 1627년 황해도, 평안도 공물 작미의 시행을 보여 주는 기사도 있다.[52] 1646년 서량미를 폐지하고 수미제(收米制)로 바꾸었다. 황해도 각 읍은 사대동(私大同)이 시행되어 부담이 고르지 못한 문제의 개선을 위해 1708년 상정법이 시행되었다. 1627년 평안도와 함경도의 공물은 7두의 쌀로 대신 납부되고 있었다. 이들 국경 지역의 전세와 공물 작미는 지방의 군량미로 사용되었다. 1666년 함경도에 상정법이 실시되었고, 대동법을 실시하던 강원도는 1754년에 상정법으로 전환했다.[53] 요컨대 경상도에 대동법이 시행된 1678년에는 전국에 대동법이나 그에 준하는 상정법 또는 공물 작미가 시행되기에 이르렀다. 숙종은 효종과 현종의 행장에 나오는 대동법의 긍정적 평가를 보고 그 전국적 확대를 추진했을 것이다. 『만기요람』재용편 3권, 대동작공(大同作貢)에서는 대동법의 역사를 요약한 다음 "그 방법은 경기, 삼남에는 논밭을 통틀어 1결에 쌀 12두를 거두며, 강원도도 이와 같게 하되 양전하지 않은 읍에는 4두를 더하고 대관령 동쪽에는 2두를 더하며, 황해도에는 상정법을 시행하여 15두를 거두니, 통틀어 대동이라 불렀다."라고 했다.

율곡이 공물 제도의 문란을 낳은 것으로 인식한 1501년 신유공안부터 16년 후에 기묘명현의 공안 개정의 건의로 개선책이 본격적으로 논의된 것은 전근대적 시간으로 볼 때 신속했다. 기묘명현의 개선 논의로부터 율곡이 공납제를 개혁한 수미법을 제안하기까지 52년간은 지체했으니, 그사이 정치적 혼란, 이어서 사림 정치의 성립이 있었다. 율곡 제안 전후 지방관 재량의 사대동이 확산된 것도 평가할 만하다. 율곡이 제안한 수미법을 유성룡이 25년 후에 시행했다. 대동법이 경기도에 처음 실시된 1608년은 유성룡 수미법으로부터 14년

경과한 시점이었다. 가난하고 힘없는 대다수 서민, 곧 소민에게 유리한 대동법이 전국적으로 확산되는 데에 60년, 1708년 황해도 상정법까지로 보면 100년 걸린 것은 조선 국가의 문제점으로 종래 평가받았다.[54] 달리 보면 국민의 일부이지만 부유층, 특권층 및 지방 관리의 강력한 반대에도 불구하고 대동법이 단계적으로 추진되어 마침내 전국적인 보급을 보게 된 사실은 평가받을 만하다. 대동법이 부유하고 힘 있고 여론 영향력이 큰 세력의 반대를 거슬러가면서 가난하고 힘없는 소민의 평가와 바람에 힘입어 꾸준히 진전하여 전국으로 확산된 것은 유학의 위민, 안민 이념 덕분일 것이다. 조선의 위정자는 유학을 종교와 같은 신념으로 여기는 문화 속에서 자랐기 때문이다.

대동미는 공물, 진상물의 마련을 위한 상납분, 그리고 지방 관청의 수용(需用) 및 잡역 경비를 위한 유치분(留置分)으로 나뉜다. 17세기 시행된 대동법은 원래 중앙 재정과 지방 재정이 모두 여유 있도록 기획되었다. 그런데 1713~1807년 사이에는 선혜청, 호조의 공가 지급 총량이 쌀로 환산하여 16.7만 석으로부터 약 23만 석으로 증가하는 등 중앙 관부의 지출이 증가 추세였다. 경비 팽창 법칙이 작용한 결과 18세기 중엽 이후 상납분이 증가하고 유치분이 감소하여 지방재정이 갈수록 궁핍해졌다.[55] 궁핍화된 지방 재정은 결국 잡세로 보충될 수밖에 없어서, 대동법의 근본 취지를 손상하기에 이르렀다. 17세기 후반 이후 『호서대동사목』에서 과외 잡세를 거두지 않는다고 천명한 법제를 지키려는 조정의 의지는 점차 약화된 반면, 잡세가 갈수록 다양해지고 그 부담이 늘어났다.[56]

1680년 영의정 김수항(金壽恒)은 "대동사목이 연호(煙戶)의 역을 일절 금지했으나, 법전이 점차 해이해져 각 읍의 각종 규정 외 역이 모두 연호에 귀결되어 인민이 감당할 수 없습니다.”라고 아뢰었다. 숙종은 “대동사목 외에 부득이한 연호의 부담을 우선 각도 감사에게 조사하여 상세하게 보고하게 한 후에 개선 방안을 강구하라.”고 명했다.[57] 1681년 사간 안후(安垕)는 경기도 각 읍 수령이 왕래할 때의 민부 쇄마(民夫刷馬)의 값을 민간에 추가로 거두는 폐단을 아뢰어, 조정은 수령에게 그것을 금지하도록 지시하고 어기면 처벌하기로 했다.[58] 그 후 쇄마가는 결국 별도로 민간에 부과되게 되었다. 1727년 이조 판서 오명항(吳命恒)은 “대동법에서 쌀을 거두기 때문에 백성의 역사(役事)를 허락하지 않고 있습니다. 그래서 능침(陵寢)의 역사와 담지군(擔持軍)에게 제급(題給)할 적에는 저축된 대동미를 덜어 내 매 1인당 각각 5승씩을 지급하게 되어 있으니, 고 상신 김육이 법을 만든 좋은 뜻을 알 수 있습니다. 그런데 근래 이 법이 점점 폐기되어 대가를 주지 않고 백성을 사역하고 있습니다. 금후로는 일절 막으소서.”라고 아뢰어, 영조는 엄중히 금지하라고 명했다.[59]

대동법 체제가 18세기를 거치면서 문란해진 것은 김육의 대동법 설계의 허점에도 기인한다는 견해가 있다. 충청도와 전라도의 대동사목은 대동미 외에 추가로 거둘 수 있는 8~9종을 명시하고 있다. 내궁방(內弓房)에 납부하는 “꿩 깃(雉羽)은 별로 지방에서 어렵지 않게 구할 수 있기” 때문이라 했다. 달리 말해 공인 조달이 비용이 더 든다는 것이다. 관수(官需)로 사용될 닭, 꿩 각 1마리, 시초(柴草), 빙정(氷丁) 등의 물자도 그런 취지로 별도 징수를 허용했다. 수령이 임기를 채워 교체할 때 비용은 대동미로 지급하나 불시에 교체할 때의 비용은 예측할 수 없으므로, 추가 징수를 허용했다. 식년 호적(式年戶籍)과 연분안(年分案)에 사용되는 종이값을 배제한 것은 대동미량을 더 늘리지 않기 위한 복적인지 모르겠다. 이렇게 지정된 이외의 "과외책징(科外責徵)을 일절 금"했으나, 한영국은 "이러한 규정들이 후일 지방관의 자의 책징을 합법화하는 하나의 계기를 마련하지 않았나 생각"했다.[60] 그런데 8~9종을 남겨 두고 일체의 공물과 요역을 농지세로 흡수하고, 남겨진 것도 명시된 자체는 거대한 진보였다. 일부 현물 징수는 경비 절감, 비용 예측 곤란, 지방관과의 현실적 타협책이었다. 다음 단계는 한 걸음 더 나아가 이러한 과외 규정을 줄이는 방향으로 나아가야 했다. 김육은 『호서대동절목』의 말미에다 미진한 내용은 추후 보완하자고 했는데, 후대에 그 보완은커녕 대동법의 '입법본의'도 지키지 못했다. 과외 잡세의 대거 발생은 대동법 기획자의 잘못이라기보다는 그것을 더 완벽하게 발전시키지 못한 후대의 책임이라고 생각한다. 대동법 체제를 해이시킨 자세라면, 설사 모두를 대동법에 포함했더라도 잡세의 부활을 막을 수 없다.

고석규는 『호서대동절목』이 "지방재정의 충원을 위해 모곡(耗穀) 활용의 길을 터" 놓았다는 허점을 지적했다.[61] 조선 전기부터 환곡을 지방 경비로 사용하는 것이 용인되었고, 충청도 대동법의 성립 이전에 모곡의 30%까지를 호조의 경비로 이전했다. 그런데 고석규도 언급했듯이, 관청 잡물 중 콩과 소금장이라는 소량은 각 읍 창고의 모곡을 활용하고, 칙사가 머물 때 생선과 신선한 꿩고기는 경기도 대동법처럼 상평청에서 사도록 하여 용도를 제한하여 명시했다. 이 규정만 어기지 않으면 되었다. 1651년 효종은 경기도 대동법에 칙사 부담이 들어가지 않았는데, 충청도 대동법은 칙사 잡물을 포함하여 원망이 없도록 하기를 당부하여, 『호서대동절목』은 칙사 잡물 규정에 관한 한 조목을 두었다.[62]

김육은 충청도, 전라도 대동법을 설계하면서 공물과 진상, 잡역, 그리고 지방 경비를 가능한 모두 포함하도록 노력했고, 제외된 부분은 많지 않고, 제외한 경제 합리적 이유가 있었다. 그래서 충청도 대동법은 흠결이 있는 제도가 아니라 시대적 여건에 비추어 거의 완벽한 제도 설계라고 평가하고 싶다.

19세기에 들어가 재정의 악화와 국가 기강의 해이로 인하여 잡세가 더욱 늘었다. 정약용은 1801년부터 오랜 유배 생활 동안 전라도 강진과 인근 지역의 실정을 『목민심서』에 기록했는데, 법정세인 국납(國納), 그 수취, 운송, 납입에 따른 각종 부가세, 지방 재정에 충당될 잡세 등을 포함하면, 수취의 항목은 무려 44종에 달했고, 그 부담은 법정세의 2배를 넘었다. 게다가 애초 농민 구제를 위해 설치된 환곡은 중앙과 지방의 중요한 세원이 되고 농민의 고통스러운 부담이 되어 있었다. 정약용은 『경세유표』 10권의 지관수제(地官修制), 부공제(賦貢制), 방부고(邦賦考)에서 "대동법을 시행하던 당초에 국가는 백성에게 '여러 관청에서 거두던 것을 모두 그만두고 대동미만 한 번 바치면 그해가 다 가도록 편하게 쉴 수 있다.'라고 약속했다. 근래 여러 관청이 거두는 것이 날로 많아졌다. 그중 지방 경비로 남겨 두는 쌀 중에 중앙 회계로 이전하여 줄이는 것이 있고 바로 구걸하는 것이 있다. 군현은 이것을 빙자해서 민고(民庫)를 설치하고 전세와 대동 외에 또 농지를 단위로 동전과 곡식을 불법으로 거두는데, 그 수량이 수 배 이상이다. 이리하여 회계를 거쳐 줄이는 것은 관청 주머니로 돌아가고, 그렇지 않는 것은 아전이 차지한다. 조정은 눈여겨보면서도 구제하지 못하고 수령은 제 마음대로 양을 늘리므로, 백성이 도탄에 빠져 견디어 내지 못한다."라고 한탄했다.

대동법은 합리적 재정 개혁을 위한 조선 국가의 성취를 보여 주었다면, 그 전의 공물 제도와 그 후의 법정외 잡세, 그리고 환곡 제도는 재정 제도가 쉽게 문란해지는 약점을 드러내었다. 왜 그럴까. 조선 시대에는 서유럽과 달리 재산권을 수호하는 의회가 성립하지 않았으므로, 조세 법률주의가 대동법에서 천명되었다 하더라도 불완전했다. 게다가 녹봉을 받지 못하는 아전이 대부분이어서 이들의 부정이 구조화될 소지를 가지고 있었다. 관리에게 인정(人情)으로 돈이나 물품을 지급하는 관행이 광범하고 뿌리 깊어, 성호는 개탄했다. 의회가 없이 국왕이 신민 위에 군림하고 관이 민간 위에 군림하는 정치 체제는 왕실 재정과 지방 재정의 제도화를 저해했다. 19세기 재정이 악화되고 관료 기강이 해이해짐에 따라 규정외 중간 수탈이 확대되었다. 인정(仁政)을 표방하고 사족에 관대한 방침은 관리의 부정을 조장했다. 수령에게 공물과 요역을 징수하는 재량권을 폭넓게 부여하는, 조선 왕조 이전부터 내려오는 전통을 사회 체제가 변혁되지 않은 상태에서 대동법만으로 전면 개혁하기 어려웠다. 요컨대 대동법 체제의 문란은 대동법 자체의 허점 탓이라기보다는 재정 제도를 둘러싼 환경, 곧 조선 사회의 한계에 기인했다.

(2) 동전 주화 제도의 정착과 화폐 제도의 한계

1670년 현종이 참석한 비변사 회의에서 병조 판서 김좌명은 "동전을 쓰는 법은 백성에게 매우 편리하며 또 군문에서 상을 내리는 것도 이보다 좋은 것이 없습니다. 정초청(精抄廳)의 점포에서 시험 삼아 먼저 사용해 보소서."라고 건의하여 허락을 받았다.[63] 1656년 김육의 동전 통용책을 중단할 때 그에 대해 부정적인 견해가 대세였으니, 반대하는 신하가 있을 법하고 군주도 유보적일 법 한데, 별 논란이 없이 승인되었음이 주목된다. 김좌명은 자신이 관장하는 군문의 동전 주조를 추진했으나, 이듬해 사망했다.

김좌명은 전라도 산군 대동법과 태안반도 창고 설치를 완수하고 경기도 대동법의 재정립에 이바지하고 경상도 대동법을 준비하고, 이어서 동전 통용책을 추진하다 사망했다. 그는 임진왜란 이후 처음 금속활자를 주조했다. 「가장」에서 김육의 생애와 정책 활동을 잘 정리한 김좌명은 부친의 유지를 계승하여, 현종 대의 정책사를 빛냈다. 김좌명의 졸기에 따르면, "중요한 일들을 오래 맡아 심력을 기울이다 병들어 죽었다." 김좌명은 현종 묘정에 배향될 공신의 자격을 갖춘 명신이다.

1678년 1월 숙종이 참석한 비변사 회의에서 영의정 허적은 "우리나라에서는 본래 통행하는 화폐가 없었으나 근래 땔감의 값, 채솟값까지도 모두 은화를 사용하고 있습니다. 은은 우리나라 산물이 아니며, 또 사람마다 얻을 수 있는 것이 아닙니다. 은이 나올 길, 곧 공급은 좁은데 은을 사용할 길, 곧 수요는 넓으므로 부정으로 은을 제조하는 폐단이 오늘날에 와서 더욱 심해졌습니다. 동전은 곧 천하에 통용하는 화폐이나 오직 우리나라에서만 막힘이 있어 전부터 여러 번 시행하려 하였으나 할 수 없었습니다. 지금 물화가 잘 유통되지 않으므로 인정(人情)이 모두 동전의 통용을 원하고 있고, 대신과 여러 재신(宰臣)도 모두 편리하고 이롭다고 생각합니다. 이는 시행할 만한 시기인 까닭이니 단행하는 것이 마땅할 듯합니다."라며 동전 통용을 건의했다. 김육의 동전 통용책에 소극적이고 회의적이던 허적은 1678년 동전 통용을 주창하게 되었다. 이어서 좌의정 권대운(權大運)은 "개성의 경우 동전이 통용된 지 오래되어서 인근 읍에 있어서도 모두 통용되고 있으며 사람들은 편리하다 하니 어찌 개성에만 편리하고 다른 곳은 불편하겠습니까? 헛된 여론(浮議)에 동요되지 말고 오래 시행하면 수년 지나지 않아 전국으로 통용될 것입니다."라고 거들었다. '헛된 여론에 동요되지 않는' 김육의 자세를 교훈으로 삼은 것이다. 숙종은 "전화(錢貨)의 통행은 유익하고 해가 없으며, 민정(民情)이 원하고 여러 논의들이 같으니, 단행하는 것이 옳다."라며 확고한 지지 입장을 보였다. 허적은 "호조, 상평청, 진휼청, 어영청, 사복시, 훈련도감에 분부해 동전을 주조하게 하는 것이 마땅합니다."라고 건의하여 그대로 시행되었다.[64] 김석주는 역할이 드러나지 않으나, 조부 김육과 부친 김좌명의 유지를 계승하여 외척 실권자의 힘을 발휘하여 '대신과 재신들'의 합의 도출에 이바지했음에 틀림없다. 1월의 순조로운 의사 결정으로 보건대, 사전에 숙종, 대신 및 비변사 신하들의 의견이 조율되었다. 김석주는 병조 판서로서 어영청의 주전을 담당할 수 있었다.

윤3월의 시행절목은 효종조의 정책 경험을 잘 살펴 나온 세심한 내용이었다. 허적은 1월 동전 통용책을 건의할 때 효종 대 정책의 교훈을 반영하여 "앞서 동전 통용을 논의할 때 전세(田稅)의 반을 동전으로 대신 거두어들이니 시골 백성은 갑자기 동전을 구하기가 어려워 어쩔 수 없이 서울에서 방납하였습니다. 그러므로 민원을 빚게 되어 마침내 중지하게 되었습니다. 이번에 먼저 3사가 속죄로 거두는 것, 그리고 추고(推考)의 속죄로 거두는 무명을 동전으로 거두어 들이고, 점차로 통용되게 하는 것이 어떻습니까?"라고 건의했다. 이는 윤3월 절목에 반영되었다.

1678년 이후 동전의 전국적 통용을 실현한 근본 요인은 동전 통용을 위한 경제적 여건의 조성이다. 17세기에 시장이 빠르게 성장하여, 동전 통용책의 누적된 불신을 극복하도록 도왔다. 그래서 효종대 동전 통용책에 소극적이던 허적이 1678년 "지금은 물화가 잘 유통되지 않으므로 인정이 모두 동전의 통용을 원하고 있다."라며 동전 통용책을 주창한 것이다. 김육이 동전 통용책을 추진할 때에는 동전 사용을 기피한 서울 주민은 20년 지나서 이 정책을 원하게 되었다.

17세기 시장의 성장을 낳은 요인은 다음과 같다. 첫째, 임진왜란 이후 인구가 증가하고 개간이 진전되고 생산성이 높은 모심기법(移秧法)이 보급되어 시장 거래량이 늘었다. 그래서 농촌 정기시, 그리고 서울 등 도시 시장이 성장했다. 둘째, 충청도, 전라도, 경상도의 대동법은 시장을 성장시켰다. 셋째, 일본 은의 수입에 힘입어 대외 무역이 성장했다. 일본 은의 수입은 17세기 후반에 정점을 이루었다. 은은 중국 사신의 행차 경비와 비단 등의 수입 결제물로서 중국으로 대량 유출되었고, 일부는 조선에 남아 화폐로 기능했다. 은화는 17세기 물품 화폐 시대로부터 금속 화폐 시대로 전환하는 출발점을 이루고, 동전이 그것을 완성시켰다. 일본 동의 수입이 1697년까지 증가 추세여서 동전 원료의 공급은 원활해졌다.

금속 주화는 늦게 출발했지만, 빠르게 통용 지역을 넓혀 갔다. 1694년경 동전은 "지나치게 많아 전국에 통행"되었다.[65] 1695~1697년간 대량 주전이 이루어지고 동전이 전국적으로 통용된 후에 동전은 은화로부터 기축 통화의 지위를 탈취했던 것으로 보인다. 1718년 유복명(柳復明)의 지적에 따르면, 야채 파는 노파나 소금 파는 사람까지도 곡물보다는 동전을 요구했으며 동전 없이는 물자를 구하기 곤란한 상태가 되었다.[66] 각종 일기에 따르면, 동전의 사용은 18세기부터 농촌의 일상적 거래에 확산되고, 현물을 교환할 때에도 동전을 계산 단위로 삼아 정산하기도 했다. 동전의 보급은 고리타분한 양반의 경제 관념도 진전시킨 것이다. 19세기의 방랑 시인 김삿갓은 시 「범주취음(泛舟醉吟)」에서 "지금 세상에 영웅이 따로 있나 돈이 바로 항우장사지."라고 읊조렸다. 그는 시 「동전(錢)」에서 "천하를 두루 다녀도 어디서나 환영하네."라며 돈의 위력을 묘사했다.

동전은 국가가 신용을 부여한 주화로서 물품 화폐보다 거래 수단과 계산 단위로 삼기에 편리했으며, 내구력이 강하여 가치의 저장 수단으로서도 유리했다. 그래서 동전의 통용과 더불어 비로소 화폐가 널리 사용되기에 이르렀다. 화폐의 보급은 시장 교환을 활성화해 생산의 증대와 효율화에 기여했다. 그것은 조세 부과와 재정 지출의 화폐화를 낳아 재정의 효율을 높였다. 동전의 통용은 조선 후기 경제 발전을 낳은 중요한 요인에 속하며, 경제의 근대적 전환을 준비하는 소중한 성과였다.

1694년 갑술환국 이후 동전에 대한 부정적 견해가 대두했다. 송시열을 정신적 지주로 삼는 노론 정권이 성립한 결과, 주자학의 정책 영향력이 강화되어 상업을 성장시키는 동전에 대한 부정적 관념이 커졌고, 송시열 세력을 축출한 후에 남인과 김석주가 주도한 정권이 동전 통용책을 실시한 점이 부정적 인식을 강화했다고 보인다. 영조는 동전의 폐지를 의도하여, 1727년에는 동전을 조세 납부 등 공용(公用)에 사용하지 않는 조치를 취했으나, 물화의 유통이 막혀 곧 철회했다. 동전을 대신할 더 나은 거래 수단을 찾지 못하는 가운데 1731년에 심한 흉년을 만나 재원 확보가 필요해지자, 동전을 주조하는 정책으로 전환했다.

동전이 소액권이라면, 은화는 고액권이었다. 1730년대 이후 은 유입이 급감하면서 은화량은 격감했다. 게다가 동전도 오랫동안 주조되지 않아 부족 현상이 심해지자, 영조의 조정은 고액권 주조를 논의했으나, 하지 않기로 결정했다. 그러다 갑자기 1866년 소재 가치와 크게 괴리된 당백전을 주조하여, 그 정책은 참담한 실패를 보았다. 김육이 주조한 십전통보 정도의 고액권이 지속적으로 주조되었더라면, 재정난의 해소와 화폐 경제의 발달에 이바지했을 것이다.

(3) 양역 개혁론의 귀결로서 균역법[67]

현종대 이후 군역이 주종을 이룬 양역의 개혁이 꾸준히 논의되었는데, 간략히 정리한다. 양역 개혁은 당파간 내용의 차이가 있었으나, 초당적으로 추진되었다. 산림 이유태는 「기해봉사」에서 산당의 군역제 개혁안을 체계적으로 제시했다. 인민은 귀천을 막론하고 모두 숙학(塾學)에 입학한다. 15세가 되면 준수한 인재는 대학에 들어가고 나머지는 농민으로 삼아 사(士)와 농민을 분리한다. 농민은 모두 오위에 소속하되, 무기(武技)에 능한 사람을 병사로 삼고, 나머지는 모두 포 2필을 낸다. 이유태의 주장은 유교 이상에 충실한 내용이었으나, 채택되지 못했다. 귀천을 막론하고 모두 소학에서 교육하는 일부터 고대적 이상이나 실현하기 어려운 엄청난 사업이었다. 완전한 부병제로 복귀하는 일도 어렵고, 양반 사족의 기득권을 인정하지 않는 호포제도 거부감을 낳았을 것이다.

송시열은 1668년 우의정에 임명된 이후 공물 재감, 노비종모법, 태안 창고의 설치 등 정책을 제안했는데, 이유태처럼 병농 일치의 번상제로 하여 보인이 정군의 경비를 부담하자는 조선 초의 군제의 부활을 주장했다. 송시열의 주장은 수많은 보인을 필요로 하여, 양역의 폐단을 격화할 수 있었다. 훈련도감의 폐지에 동의하는 사람도 많지 않았다. 송시열은 자신의 건의가 채택되지 않자, 1669년 2월 조정을 떠났다. 그때 사관은 "송시열이 효종의 우대를 받고 산림에서 일어나 국사를 담당하자 한때 중망을 받았다. …… 대체로 송시열은 뜻이 크나 재주가 치밀하지 못해 끝내 성취함이 없었다."라고 평가했다.[68]

숙종이 즉위하자 국정 주도권을 장악한 남인은 어린이와 죽은 이의 군역 부담 등 양역 대책을 최우선 과제로 삼았다. 윤휴는 숙종이 즉위한 다음 해인 1675년 성균관 사복으로 조정에 진출하여 오가통사목(五家統事目)을 건의했다. 이것이 채택되어 양정 파악을 도모했다. 영의정 허적, 좌의정 권대운, 병조 판서 김석주 등이 주도하여

1676년 양정사핵절목(良丁査覈節目)을 만들어 양정을 철저히 파악하고 자 했다. 1677년 허적의 건의로 호패법이 시행되었는데, "재상들 의 논 중에 오직 병조 판서 김석주만 혁파해야 한다고 여겼고 나머지는 모두들 마땅히 시행해야 한다고 했다."[69] 김석주만 반대한 것은 김육 의 견해를 따른 것이다. 호패법이 시행되자 교생, 군관, 양반 서얼 등 이 군역에 충정된 데 반발했다.

1677년 윤휴는 호포법 개혁을 주장했으나, 허적은 어린 임금이 즉위한 지 얼마 되지 않아 민심의 동요를 낳는다며 반대했다. 그에 대해 윤휴는 힘 있는 사족보다 군역 부담으로 고생하는 소민의 처지 를 우선해야 한다고 주장했다. 대제학 김석주는 "호포법을 정해 시행 하되 사람들 말에 꺾이지 않을 수 있다면, 처음에는 비록 원망을 초 래하더라도 결국 반드시 백성을 편안하게 할 것이니, 신은 시행하는 것이 편하다고 생각합니다."라며 동의했다. 김육의 정책 추진 자세를 연상하게 하는 말이다. 이때 김석주는 「의행호포의(議行戶布議)」를 지 어 포를 거둘 수 있는 40만 실호(實戶)를 가족 8명 이상의 완호(完戶)와 7명 이하의 약호(弱戶)로 나누어 60만 필의 경비를 마련할 수 있다고 보았다. 호포론에 대해 신하들의 의견이 갈라지자, 숙종은 "백성의 고통이 이보다 심할 수 없는데, 알면서도 제거할 수 없다면 이것이 어찌 백성의 부모된 도리이겠는가. 이후로는 비록 대론(臺論)과 사람 들의 말이 있더라도 내가 반드시 따르지 않고 결단하여 시행하는 것 이 옳겠다."라고 말했다. 그래도 반대론이 심하여서 허적의 말에 따 라 좌의정, 우의정, 그리고 원임 대신에게 물어서 의논하여 처리하기 로 했다. 이후 조정 회의를 열었으나, 반대하는 신하가 다수여서 시행하지 못했다.[70] 김육의 손자 김석주도 김좌명처럼 대동법, 동전 통용책, 인쇄 사업, 그리고 군역제의 개혁에서 김육의 유지를 계승하려 노력했던 것이다.

1681년 서인이 주도한 조정에서 송시열은 재정이 부족하니, 훈련도감의 직업 군인을 어영청의 번상병으로 대체하자는 지론을 다시 펼쳤다. 이 주장에 김석주, 민유중, 김수항 등은 군사력의 약화를 우려하여 반대했다. 그해부터 호포론이 다시 대두했으나, 좌절되었다.

그 후 명분을 중시한 노론보다 소론이 민생 안정의 양역 변통에 더 적극적이었다. 1702년 우의정 신완(申琓)은 군보(軍保)에게 포를 징수하는 것은 중국에 없는 잘못된 제도이니 폐지하고, 군포 총액을 귀천을 논하지 않고 인구를 기준으로 균등하게 동전으로 부과하는 구전론(口錢論)을 주장했으나, 역시 채택되지 않았다.[71] 이후 군문 혁파와 군액 감축의 개혁론이 대두했다. 숙종은 군사력 강화를 중시하여 양정의 확보에 박차를 가했다. 1704년에는 양역 개혁책을 마련했는데, 다양한 형태의 양역을 6승 40척의 무명 2필로 균일화한 것은 중요한 성과였다.

이경여의 손자인 이이명(李頤命)은 1711년 양반을 포함한 모든 남녀 성인 2인당 1필씩 징수하자는 정포론(丁布論)을 주장했다. 그 효과를 높이기 위해 호적제를 엄격히 운용하고 군제 변통과 노비종모법으로 양민을 증대하고 어염세의 국가 관리로 군사 재정에 보충하자는 등을 주장했다. 이것은 사족수포론의 총결산으로 평가된다. 이 주장도 사족 반란 우려설로 좌절되었다. 1711년 양역변통절목이 마련되었는데, 양역의 보충을 수령이 아니라 마을이 자치적으로 정하는 이정법(里定法)이 시행되었다. 1713년 양역 사정 별단(良役查正別單)은 양역의 정수를 조사해 줄였다.

숙종은 1678년 경상도에 대동법, 1708년 황해도에 상정법을 시행했고, 1678년 동전 통용책을 시행하여 성공했다. 숙종은 또한 즉위 직후부터 양역 개혁을 꾸준히 추진했으니, 외증조부인 김육 정책의 계승 의식이 강했고, 그의 개혁 성향을 이어받았다. 양역 개혁을 한창 추진하던 1713년에 숙종이 김육의 화상(畫像)을 논급하자, 좌의정 이이명은 "문정공(文貞公)이 대동법을 몸소 맡아서 중의(衆議)를 거스르고 시행했는데, 가령 이제는 좋은 법이 있더라도 어찌 문정공과 같이 국사(國事)를 담당할 사람을 얻을 수가 있겠습니까."라고 말했다. 이어서 "지난날에 문정공이 효종대왕을 만나지 못했더라면 대동법도 또한 따라서 시행될 수 없었습니다. 성명(聖明)께서 바야흐로 위에 계시니, 양역을 변통하는 일을 오늘에 미처 도모하지 않는다면 다시 어느 시기를 기다리겠습니까. 신의 전일 상소 중에 있는 구전(口錢), 호포(戶布) 등의 말에 대해서는 진실로 이론(異論)이 많겠지만, 여러 신하 가운데서 골라 그 일을 관장하도록 하고, 성상께서 깊이 생각하여 힘써서 하신다면, 이것도 또한 무슨 어려움이 있겠습니까."라고 말하자, 숙종은 좋게 받아들였다.[72] 공신당에도 오르지 못한 김육을 이이명처럼 원숙한 소수 인물만 제대로 평가했고 후대로 갈수록 그에 대한 기억이 희미해진 데에 문제가 있었다.

숙종은 김육의 초상화를 보고 "여윈 얼굴빛에 하얗게 센 머리이며 신선 같은 풍채로다. 그 모습이 누구신가, 잠곡 정승이로다. 기묘명현의 후손이요 대대로 충효를 전해 온 집안이로다. 엄정하게 조정

영의정 김육의
화상(領議政潛谷金文貞公畫像)

실학박물관 소장
숙종이 찬양한 시가 상단에 적혀 있다.

정사를 행하며 기력이 다할 때까지 국사에 힘쓰셨구나. 마음을 다하여 몸을 국가에 바쳤으니 신명(神明)이 통할진저. 아아, 선대의 어진이여, 소자는 흠숭(欽崇)합니다."라는 시를 지었다. 숙종이 가장 존경한 정승은 김육이 아니었을까. 사료는 숙종이 김육의 어느 초상화를 보고 지은 시인지 알려주지 않으나, 노쇠한 풍모로 정사에 임하는 표현이 영의정 옷을 입은 초상화에 잘 어울린다. 그래서인지 숙종의 시는 이 초상화에 적혀 있다.

1727년 영조가 동전 주화를 폐지하는 일과 아울러 양역의 폐단을 구제하는 방도를 물으니, 영의정 이광좌(李光佐)는 여러 신하의 의견을 듣기를 청했다. 다양한 견해가 제기된 가운데 영조는 '대동의 정사(大同之政)'인 '균역'이라는 이념으로 호포제를 지지했다.[73] 논의가 진전되지 않자, 영조는 호포, 결포, 구전과 같은 근본적인 개혁을 오늘날 인심으로는 결코 시행할 수 없다며 한탄했다. 1734년 좌윤(左尹) 오광운(吳光運)은 호전(戶錢)을 주장했으나, 이종성(李宗城)은 "소민의 마음을 잃을지언정 사대부의 마음을 잃을 수 없다."라며 반대했다. 이광좌와 이종성은 모두 이항복의 후손이고 소론 탕평파였다. 숙종 대 이후 양역자를 정확히 파악하여 군현 간에 균등히 배분하는 정책이 추진되었는데, 1743년 『양역총수(良役摠數)』와 1748년 『양역실총(良役實摠)』의 간행은 그 결산물이었으며, 균역법의 시행을 위한 토대를 닦았다.

1750년 초 전염병과 기근으로 민생 안정이 위협받자, 양역 변통은 시급한 과제로 부상했다. 5월 호조 판서 박문수(朴文秀)는 양역을 없애고 관청과 궁방이 장악한 어업, 염업에서의 조세를 보충하면서 호마다 동전을 거두면 대호에도 5전을 넘지 않는다고 주장하여, 영조는 매력을 느꼈다. 5월 17일 영조는 대신과 비변사 당상에게 의견을 물은 다음, 19일 창경궁 홍화문에서 서울과 지방의 인민 50여 명을 모아 결포와 호포에 대한 의견을 물었는데, 거의 모두가 호포를 선호했다. 그래서 박문수의 호전(戶錢)을 시행하려고 방침을 정하고 보니, 대호는 1냥 5전, 소호는 1냥에 달할 것으로 추산되었다. 호전의 시행이 어렵다는 결론이 모아지는 상황에서 영중추부사 김재로(金在魯)는 군포를 1필로 줄이고 그로 인한 재정 결손의 보충안을 찾자고 주장하여 대세가 되었다. 7월 3일 영조는 다시 홍화문에서 호전에 대한 인민의 여론을 청취했는데, 서울 주민은 찬성했으나, 관료와 유생은 반대했다. 그래서 모든 인민에게 균등하게 양역을 부과하는 '대동의 정사'인 호전제를 채택하지 못하고 감필(減疋)에 그쳤다고 아쉬워하면서 비변사가 그 대책을 강구하라는 교서를 내렸다. 9일 영조는 명정전(明政殿)에서 시임 대신, 원임 대신, 비변사 당상, 육조 당상, 그리고 삼사 신하를 불러 두루 양역 변통의 대책을 듣고서, 양역을 1필로 균등하게 줄이는 제도를 확정했다. 그리고 교서에서는 "이 정사가 1필로 고르게 하는 제도를 전국에 행하니, 대동의 정사와 다르지 않다."라고 천명했다.[74]

이렇게 균역법이 성립한 이후 군포 부담의 감소로 줄어든 재원을 마련하는 대책이 강구되었다. 가계가 넉넉하면서 군역을 피하고 있는 양인을 선무군관(選武軍官)으로 삼아, 시험에 통과하면 군관으로 뽑고 그렇지 못하면 포 1필을 부과했다. 어염선세(魚鹽船稅)를 10만 냥 이상 확보했는데, 그 재원을 장악하던 궁방의 반발이 있었다. 지방 관청의 비공식적 재원인 은여결(隱餘結) 2만 2767결을 확보했다. 1751년 6월 홍계희(洪啓禧)는 1결당 5전을 거두자고 제안하여 영조는 명정전(明政殿)에서 또다시 인민의 여론을 청취했는데, 대부분이 찬성하여 채택되었다. 그래서 평안도, 함경도를 제외한 6도에 대하여 1결당 쌀 2두 또는 동전 5전을 결작미(結作米)라는 명칭으로 부과하여 37만 냥 전후의 수입을 확보했다. 농지에 부과되던 잡세를 균일하게 정리하여 인민에 부담을 주지 않으려는 방침을 취했다. 조정은 사문(私門)이 장악한 어세, 염세와 수령이 사용(私用)한 은결, 여결을 국가의 공적 용도로 돌린다고 천명했다.[75]

이렇게 완성된 균역법은 인정당 부담을 줄인 반면 농지세를 늘리고 어세, 염세를 도입한 점에서 조세 제도를 개선했다. 사족의 반발을 우려하여 호포법이나 결포법을 채택하지 못한 아쉬움은 남지만, 꾸준히 양역 폐단의 개혁을 논의하여 "양반층의 이해관계를 고려하면서 민생을 위해 국가가 취할 수 있었던 최대한의 타협점"을 마련한 점에서 균역법은 의의를 가진다.[76] 대동법을 추진한 인사들은 이상사회인 대동의 초석을 낳기 위한 제도라는 이념을 담고자 했는데, 영조도 균역법을 시행하면서 '대동의 정사'를 목표로 삼았다. 1773년 영조는 재위 50년간의 사업을 탕평, 균역, 준천, 여종의 신공(身貢) 폐지, 서얼의 청직 진출, 그리고 『속대전』의 편찬이라는 순서로 열거했다.[77]

영조는 균역법을 정하고 재원 부족의 보충책을 강구하던 1750년 12월 온천에 다녀오는 길에 소사에 세워진 대동비를 보고 김육을 칭송했다. 1751년 2월 영조는 숙종이 김육 초상화에 읊은 시에 차운(次韻)했는데, 대동법의 도모가 신통하니, "소자는 100년이 지나 흠숭합니다."라 하여, 김육의 대동법 시행 자세를 계승하여 균역법을 추진했음을 드러냈다.[78] 영조는 1758년 「어제종덕신편서」에서 왜 김육의 『종덕신편』을 보는가라는 신하의 질문에 대해 김육이 어린 시절에 『소학』 공부를 통해 대동법을 추진하는 기반(根柢)을 닦았으니 자신도 인민을 구제하는 정사를 생각한다고 답했다. 영조는 1758년 『종덕신편』을 한글로 번역한 『종덕신편언해(種德新編諺解)』를 출간했다. 1767년 친경(親耕)의 교서를 내리면서 "김육은 몸소 논밭을 갈고 밭이랑에서 독서하면서 벼슬이 정승에 올랐다. 그렇지 않았다면 어찌 백성을 위하여 대동법을 실시하려고 힘썼겠는가."라고 했다.[79] 효종은 김육을 깊이 신임해 그 손녀를 세자빈으로 삼았는데, 영조가 1761년 김육의 7세손을 세손빈으로 삼은 이유 중에는 김육에 대한 존경심도 포함될 것이다.

『소선왕소실록』에는 소세를 공병하게 부과하나는 이념의 용어로 '균민역' 23건, '균역' 278건, '균부세' 3건, '균부역' 40건, '균부' 36건, '균세' 32건이 나온다. 역, 부세, 부역은 모두 조세 전반을 말한다. 균평한 과세는 유학, 그래서 조선 왕조의 정책 이념이었다. 대동법, 균역법 및 양전 사업은 모두 '조세를 균평하게 부과하는(均(民)役)' 사업으로 인식되었다. 1625년 비변사는 대동법을 '조세를 공평히 부과하여 인민을 편하게 하는(均役便民)' 정책으로 평가했고, 1649년 우의정 김육이 충청도, 전라도 대동법을 거론하면서 이 목표를 거론했다.

1711년 촌락이 군액을 배정하고 궐액(闕額)을 보충하는 이정법이 시행된 이후, 촌락이 자치적으로 만든 군포계(軍布契)의 이자나 군역전의 수확물로 공동으로 납부하는 관행이 점차 정착했다. 양반의 주도 아래 계 조직을 중심으로 촌락 공동으로 군포를 부담하는 동포제(洞布制)는 19세기 중반까지는 평안도에서 주로 시행되었고 삼남 지방에서 널리 시행된 것은 아니었다. 1862년 삼남 민란은 삼남 지역에도 동포제가 확산되는 계기가 되었다. 동포제는 지역마다 차이가 있었지만 신역의 의미가 퇴색되어 양반층도 참여하게 되어, 1870년 호포제 시행의 기반을 닦았다.[80]

(4) 노비 제도의 개혁[81]

982년 최승로는 유교 통치 이념에 입각한 시무책을 제시한 가운데 '양천의 법'을 '노비와 주인 사이 명분(奴主之分)'으로 합리화했다.

공자는 군신과 부자의 명분을 거론했는데, 유가 지배층은 노주의 명분을 추가한 것이다. 고려 국가는 양인과 천인의 결혼을 막으려 노력하고 채무자의 노비화와 노비의 매매를 규제하는 등 노비 확대를 억제하는 정책을 취했다. 그 결과 노비 인구는 10%를 넘지 않았던 것으로 보인다.

조선 전기에는 고려 시대와 달리 양인과 천인의 혼인이 조장되고 그 자녀는 모두 노비가 됨에 따라, 노비 수가 급증했다. 노비 소유자는 여자 종인 비(婢)의 다산(多産), 그리고 남자 종인 노(奴)의 양인 여자와의 혼인을 장려하여 노비를 증식했다. 태종은 양천 간 혼인을 금지했으나, 사족층의 반대로 그 조치는 15세기 중엽에 무력화되었다. 1414년 양인과 여종의 자녀는 양인이 되는 법을 마련했으나, 양반 관료의 반대가 심하여 1432년 양반 관료와 여종의 자녀만 양인이 되는 방향으로 개정되었다. 1469년 남자 종과 양인 여자의 자녀는 양인이 되는 법이 정해졌으나, 실효를 거두지 못했다. 평화가 오래 지속되어 군사력 확보의 필요가 절실하지 않았기 때문에, 사족이 천인을 늘리는 추세에 대해 국가는 강하게 제동을 걸지 않았다. 노비 확대의 방치는 양반이 농사, 집안일로부터 벗어나 학문과 사교 생활에 전념하도록 배려하는 정책이었다. 15~16세기에는 노비가 증가하여 노비 인구의 비중이 가장 높던 16~17세기에는 전 인구의 30~40%를 차지했다.

『고려사』 형법지(刑法志)는 노비 항목을 두고 그 서문에서 "우리나라에서 노비는 내외를 엄격히 하고 귀천을 구분하여 풍속의 교화를 크게 도왔으니, 예의의 실행이 여기서 말미암지 않은 것이 없다."

라고 했다. 유교의 명분론이 노비의 차별과 노비제의 확대를 합리화한 셈이다. 1420년 천인이 주인을 고소할 수 없는 제도가 마련되었는데, 노비와 주인 사이의 명분을 엄격히 하는 조치였다. 성이천(程伊川)은 장재(張載)의 「서명(西銘)」에 나오는 "민은 나의 동포이고 물(物)은 나의 벗이다."라는 구절이 묵자의 겸애라는 평등애로 흐르지 않음을 '이일분수(理一分殊)'로 설명했는데, 주자는 친소에 따라 정을 달리하고 귀천에 따라 차등한다며 '분수'를 구체화했다. 이것은 노비와 주인의 명분을 합리화하는 논리도 제공했다. 주자의 이 학설을 조선의 여러 학자가 수용했는데, 주자학의 지배력이 강화되는 16~17세기에 노비제가 확산될 수 있는 명분론이 강화된 셈이다. 『주자어류』에는 '이일분수'의 설명이 풍부하고 귀천이 빈부와 짝을 이루면서 자주 나오는데, 공자가 부귀를 정당한 방도로 얻지 못하면 취하지 않고, 부당하게 빈천해져도 탈피하려 노력하지 않는다고 했을 때와 같이 지위 고하의 귀천 개념이다.

율곡은 1569년 「동호문답」에서 어머니가 천인인 경우에 국한하여 노비 신분을 이어받는 종모법을 주장했다. 노비의 증가로 양인이 감소하는 현상을 막아 민생 안정과 군역의 충실화를 도모하는 계책이었다. 율곡은 「이일분수부(理一分殊賦)」에서 "저 인민이 동포라 하지만, 그에 대한 사랑이 나의 가까운 이를 친애하는 것보다 앞설 수 없고, 저 생물이 나와 함께하지만, 인민을 어질게 대하는 일보다 더 급한 것이 없다."라고 하여 천인을 차별하는 논리가 없이 차등애의 인(仁)을 훌륭히 설명했다. 율곡의 설명이 주자의 설명보다 공자와 맹자의 차등애 정신을 더 잘 구현한다고 판단된다. 율곡이 노비종모법을 선구적으로 주장한 사상을 여기에서 엿볼 수 있다. 유성룡은 임진왜란 때에 사천(私賤)을 군인으로 선발하는 정책에 반대하는 유조인(柳祖訒)의 상소에 대해, "천하 공공(公共)의 이치로 말하면 사천만 유독 국민이 아니겠는가."라고 말하고 공리의 면으로도 사천이 많아져 양인 부담이 무거워지고 군사력이 약화되었다고 반박했다.[82] 유성룡의 정책이 실현되어 임진왜란 이후 노는 속오군의 군역을 졌고, 나아가 무과에 응시할 수 있게 되었다. 노비가 사족과 차별 없이 가례를 행하고 군역을 지고 무과에 응시할 수 있게 된 것은 노비제 해체의 기반이 되었다. 유형원은 인도적 차원에서 노비제를 폐지하자고 주장하고 경제 합리주의에 기초하여 임노동제로 전환하자고 제안했다. 그런데 노비제 반대의 근본적인 논거가 될 수 있는, 기본권 개념은 개항 전에 나타나지 않았다. 소수의 명사가 노비제의 개선을 주장하고 양반 거의가 반대하는 데에는 당색의 차이가 없었다.

1653년 7월 영중추부사 이경여는 21개 항을 건의하는 차자 가운데 양민이 적어 군적을 채울 수 없다며, 노비종모법을 건의했다. 다음 날 효종은 비변사 회의를 주재하면서 그 건의를 논의했는데, 공조 판서 원두표를 제외하고 모두 찬성했다.[83] 그런데 효종은 결정을 내리지 않았다. 원두표는 그 직후 병조 판서로 임용되어 효종의 북벌 정책을 담당했는데, 효종과 원두표는 북벌을 위한 일부 재원을 공노비의 신공으로부터 확보할 구상도 하고 있어서 소극적이었던 것으로 보인다. 1656년 효종이 북벌 정책을 위해 도망친 공노비를 잡아들이는 정책을 추진했을 때, 김육은 "노비도 백성이고 백성도 노비가 될 수 있다."라고 하여 노비를 배려하는 정책을 요청하면서 반대했다.

1667년 비변사 회의에서 우의정 정치화는 공노비가 신공이 무거워 견디지 못한다고 아뢰자, 현종은 노의 2필, 비의 1필의 신공을 0.5필씩 줄이라고 명했다. 1669년 1월 4일 경연에서 판부사 송시열은 "이경억(李慶億)이 충청 감사로 있을 때 상소하여 공사천(公私賤)의 양인 처의 자녀는 일체 모역(母役)을 따르게 할 것을 청했는데, 이것은 바로 율곡의 논의였습니다. 그때 묘당이 아뢰지 않아 시행하지 못했습니다만, 지금 양민이 나날이 줄어들고 있는 것은 실로 이 법이 행해지지 않기 때문입니다. 속히 제도를 정하여 개혁하소서."라고 아뢰자, 현종은 대신에게 논하라고 했다. 영의정 정태화는 시행하기 어렵다고 생각했으나 병으로 논의에 참여하지 못했고, 판부사 정치화도 다른 견해를 제시했다. 10일 경연을 마친 후 좌의정 허적이 1638년 판서 김시양(金時讓)이 상소로 노비종모법을 주장한 일을 거론하면서 적극 지지하고 다른 반대자가 없자, 현종은 그 날부터 시행하라고 결정했다.[84] 노비종모법은 한당 이경억에 이어서 산당 송시열이 건의하여 남인 허적이 지지했으니, 초당적으로 결정된 셈이다. 정책이 당색과 무관하게 소신에 따라 결정됨을 보여 주는 사례이다. 현종은 노비종모법처럼 중요한 사안을 대신의 의견이 찬성 2명, 반대 2명으로 갈렸는데도 비변사 회의를 거치지 않고 결정했다. 현종은 1차 예송과 김만균 사건에서 송시열의 주장에 불만을 가졌으나, 송시열을 여전히 우대했다. 현종은 오늘날 관점에서 송시열의 가장 중요한 개혁안을 선뜻 들어주었으니, 안목이 뛰어났던가? 아무튼 현종은 노비 처지의 개선에 두 차례나 적극 대처하여, 역사적 평판을 얻을 만하다.

송시열은 효종 대의 두 차례 봉사에서 노비제를 언급하지 않았고 1668년 이전에 노비제 개선을 주장한 적이 없다. 1655년 1월 공노비의 추쇄 정책이 결정될 때, 대사헌 김익희가 적극 동조한 것으로 보건대, 이경억의 건의 이전에 산당이 노비종모법의 당론을 정한 것으로 보이지 않는다. 송시열은 1659년 홍명하에게 보낸 편지에서 "일신의 이해를 위해 노비와 주인의 명분을 무너뜨리기를 원하지 않는다."라고 했다. 송시열은 노비종모법을 지론으로 삼지 않았으나, 이경억의 상소를 보고서 자신의 정신적 지주인 율곡이 「동호문답」에서 대동법과 노비종모법을 건의했는데, 김육이 대동법으로 평판을 얻었으니, 노비종모법을 자신의 임무로 삼기로 작정한 것으로 보인다. 명분을 특히 중시한 주자학자 송시열이 노비종모법에 앞장선 것은 타계한 김육과 선의의 정책 경쟁을 고려해야 잘 설명될 수 있다. 산당은 2차로 정계에 진출한 후에 민생 안정책으로 군역의 개혁을 주장했는데, 노비종모법으로 양인이 늘어나면 군역 부담을 합리적으로 조정하는 개혁을 지원할 수 있었다.

남인에서 가장 지위가 높은 허적은 1669년 1월 노비종모법이 소신이 아닌데도 송시열을 지지하고 송시열의 주장인 태안 창고 설치가 어렵다고 생각하면서도 반대하지 않았으니, 정국을 주도하는 송시열과 잘 지내려 노력했다. 앞서 언급했듯이, 태안에 창고를 설치하자는 송시열의 주장에 어중간한 태도를 취한 허적과 김좌명에 대해 2월 서필원은 '불충하다'고 비판한 소를 올렸다. 허적을 신뢰하지 않은 송시열은 허적이 불충을 말한 서필원을 비호한다고 의심하여 그를 더욱 미워하게 되었다. 1671년 5월 허적이 영의정이 되자, 송시열 진영은 허적을 계속 공격하여 1672년 5월 허적은 판중추부사로 내려앉았다. 이후 송시열과 허적은 화해할 수 없는 사이가 되었다.

숙종은 즉위 직후 송시열 진영에게 예송에서의 죄를 묻고 허적을 영의정으로 복직시켰다. 1678년 영의정 허적과 형조 판서 이원정은 노비종모법의 부작용을 거론하여, 그것을 폐지시켰다. 이제 노비종모법의 존폐는 서인과 남인 사이의 정책 대결로 변했다. 1680년 경신환국으로 서인이 정권을 잡자, 1681년부터 송시열 등은 노비종모법의 부활을 건의하여 1684년 숙종의 허락을 얻었다. 기사환국으로 남인이 다시 정권을 잡자 1689년 노비종모법이 다시 폐지되었다. 서인은 양인층의 증가를 명분으로 노비종모법을 지지한 반면, 남인은 노비와의 소송을 방지하여 노비 소유주를 보호한다는 명분으로 그것을 반대했다. 1694년 다시 정권이 서인에 넘어가자, 노비종모법의 부활을 주장하는 건의가 이어졌는데, 마침내 영조는 1731년부터 노비종모법을 시행하는 결정을 내렸다.[85] 노비종모법은 당쟁의 영향을 받은 대표적 정책이었다. 양반을 중심으로 하는 노비 소유주의 기득권을 침해하는 노비종모법의 결정은 이후 번복되지 않았는데, 정국을 주도한 서인의 정신적 지주인 율곡, 그리고 노론의 정신적 지주인 송시열이 노비종모법을 주장했던 데에 힘입었다.

15세기 국가가 사족의 노비 확대를 방치하여 조선 전기 노비는 급증했는데, 임진왜란 이후 점차 노비를 보호하고 줄이는 정책으로 전환하여 18세기에 노비는 격감했다. 노비종모법은 양인의 증가를 낳아, 양인 장정을 대상으로 균일하게 포 1필을 거두는 균역법을 지원했다. 공노비 신공은 1755년 다시 0.5필 줄었고, 1774년 비는 면제받았다. 공노의 신공 부담은 양역 부담과 같아진 것이다. 도망한 노비를 찾아내는 추쇄관 제도는 1777년 폐지되었다. 정조 대에는 공노비제의 존속을 둘러싼 정책 논쟁이 있었다. 1801년 윤음(綸音)은 노비제가 유학의 이념과 다르고 숙종과 영조가 그런 문제의식을 가졌으니, "계지술사(繼志述事)는 노비 제도보다 앞서는 것이 없다. 하물며 왕도 정치에는 귀천과 내외가 없고 똑같이 적자인데, 노나 비라 구분함이 어찌 동포를 하나로 보는 뜻이겠는가."라며 궁노비 3만 6974명과 각사노비 2만 9093명을 양인으로 만들었다. 계지술사는 조정의 점진적 제도 개혁 이념이었다. 1886년에는 노비 신분의 세습제가 폐지되었고 1894년의 갑오개혁에서는 사노비제가 폐지되었다. 유학의 명분보다 상위 가치인 인(仁) 이념은 결국 노비제의 해체로 인도했다.

노비제의 쇠퇴는 정책의 진전뿐 아니라 인구의 증가와 농업 경영의 변화라는 경제적 요인에도 힘입었다. 조선 후기 인구의 증가로 농지에 대한 노동력의 가치가 상대적으로 하락하여, 양반은 조선 초와는 달리 노비보다 농지의 재산 가치를 높게 평가하게 되었다. 그리고 인구의 증가는 노동력의 확보를 쉽게 하여 구입과 부양, 감독 비용을 요구하는 노비제를 덜 매력적으로 만들었다. 토지 생산성의 향상으로 노동 집약적 소농 경영이 대세가 됨에 따라 농장의 직영지 비중이 감소하고 병작 지주제(並作地主制)가 성장했으므로, 노비 노동의 수요가 줄어들었다.

(5) 김육과 정조

정조는 왕위에 오른 지 2년이 지난 1778년에 정책 과제를 민생 안정과 부민을 도모하는 민산(民産), 인재의 양성과 선발, 국방, 그리고 재정(財用) 네 가지로 제시했다. 민산을 재용보다 우선한 것은 조선 왕조를 관통하는 정책 이념이었다. 정조는 세입이 세출을 충당하시 못하는 문세섬노 시직했나.[06] 성소는 왕궁을 호위할 성예 부내로 1785년에 장용위(壯勇衛)를 창설했고, 1793년에 장용위를 군영인 장용영으로 확대했다. 내영은 도성을, 외영은 수원 화성을 방위했다. 내영의 군병은 3280명에서 4333명으로 증가하여 다른 군영보다 훨씬 적었으나, 입직군(入直軍)은 600명 내외로 금위영 및 어영청과 비슷하고 훈련도감 800명보다 적었다. 장용영의 재정 규모는 쌀로 환산하여 7만 석 내외였다.[87] 1776년 이후 경각사와 각영이 올린 회계부의 시재를 동전으로 환산한 합계는[88] 1779~1781년 사이에 477만 냥에서 536만 냥으로 늘어 1786년까지 그 수준을 유지하고 이후 감소하여 1795년에는 314만 냥에 불과했다. 1795년 정조는 신하에게 "국가가 중시하는 것은 군정(軍政)이다. 재화를 넉넉하게 하고 양식을 풍족하게 하기 위해서는 쓸데없는 군사를 없애는 일으로부터 시작해야 한다."라며 수어경청(守禦京廳)을 폐지했다.[89] 1796년 이후 시재고가 늘어 1798년 이후 500만 냥을 넘었다. 정조 재위기에 시재고는 약간 늘었다. 영조 대 환곡 총량과 더불어 빈민 구제책인 진휼의 성격이 강한 상진곡(常賑穀)이 증가하는 추세였다면, 정조가 재위한 1776~1797년간 환곡 총량은 870만 석에서 938만 석으로 증가한 반면, 적극적 진휼 정책으로 상진곡은 344만 석에서 251만 석으로 줄어 후대 진휼 대책의 애로를 초래했다.[90]

정조 대에 장용영의 풍부한 재원은 호조의 경상비 부족 등을 메우는 수단이었지만, 정조 사후 다른 용도로의 전용은 대세가 되었다.

정조의 조정은 원년에 노비 추쇄 제도를 폐지했으나, 공노비를 혁파한다는 입장을 실행하지는 못했는데, 재원 문제일 수밖에 없다. 1801년 섭정한 정순왕후는 내노비 3만 6974명과 시노비 2만 9093명을 양인으로 만들었다. 이들 공노비가 부담한 재원 8만 냥을 장용영이 보충하게 했는데, 9월 영의정 심환지는 장용영이 준비한 동전이 3만 냥에 불과하다고 했다. 결국 1802년 장용영은 폐지되었다. 이 결정에 반대가 없을 정도로 재정 형편은 빠듯했다. 다만, 정순왕후가 장용영의 재원을 공재정이 아닌 내수사(內需司)로 이속(移屬)하는 데에 반대하는 대신들이 있었다.[91] 국내 총생산의 0.1% 비중의 쌀 7만 석 정도가 소요되는 정예 군영을 창설한 정조의 사업은 재정 문제로 물거품이 된 것이다. 공노비가 부담한 8만 냥은 쌀 1.5만 석 정도에 해당하는데, 그 부담을 조정이 힘들어했던 것이다.

1791년에 좌의정 채제공의 건의로 육의전을 제외한 시전의 난전 금지권(亂廛禁止權)이 폐지되고 사상(私商)과 더불어 자유롭게 매매하는 통공화매(通共和賣)가 이루어졌다. 한국사학계는 이 신해통공(辛亥通共)이 도시상업의 자유를 확대했다고 평가한다. 1753년에 편찬된 『시폐(市弊)』에 의하면, "많은 시전이 각기 그 자내(字內)에서 수세하는 규정이 있으며" "분세(分稅)는 본전(本廛)이 거두어야 한다."라는 원칙이 천명되었다. 18세기에 시전에 분세를 납부하여 영업하는 관행이 확산되고 그것은 난전의 범주에 포함되지 않게 되었다. 이것은 난전 금지 제도의 완화일 뿐만 아니라, 사상도 상업세를 부담하고 영업하는 제도로 진화함을 보여주는 점에서 가볍지 않은 재정사적 의의를 가진다. 통공화매책을 단행하면서도 18세기 전반에 진전된 원전(原

塵)의 사상에 대한 분세 징수 제도를 "시장을 감독하되 수세하지 않는다."라는 맹자의 왕도정치 이념에 구애되어 정비하지 못했다.[92] 통공발매와 같은 안민책을 추신하면서도 국가 재정의 충실화인 부국도 도모하는 김육의 지향이 정조와 채제공에게 충분히 계승되지는 못했던 것이다.

요컨대, 정조는 탕평책 등 정치를 발전시켰고 규장각의 초계문신 등으로 인재를 양성했고 왕실 재정을 정비했고 수원성을 쌓고 장용영을 창설했고 도시 상업의 자유를 확대했고 출판과 저술 등 문화 발전을 이룬 등 업적이 많으나, 민간과 국가의 부를 증진하는 데, 달리 말해 민산과 재용에 성과가 미흡했다. 그 결과 군사력도 강화되기 어려웠다.

1762년 영의정 홍봉한(洪鳳漢)은 "국가가 인민을 다스리는 것은 전(田), 군(軍), 적(糴)의 삼정인데, 함경도는 이 삼정이 모두 문란합니다."라고 보고했다.[93] 관찬 사료에서 나오는 삼정 문란에 관한 조정의 첫 논의로 보인다. 정조가 즉위한 1776년 집의 이종영(李宗榮)은 자신이 수령으로 있던 태천현의 사례를 들어 삼정 문란을 수습할 수 없게 된 사실을 상소하여 제때에 개혁하라는 명을 받았다. 그는 황무지의 백지징세(白地徵稅), 사망자의 백골징포(白骨徵布), 군역의 허위 기록, 환곡 5만 5000천 석의 오랜 포흠(逋欠)으로 징수 불가, 군마 220여 필 마련 문제 등을 보고했다.[94] 정약용은 『목민심서』에서 삼정 문란을 통렬히 고발했는데, 1818년에 초고본이, 1821년에 완성본이 나왔으니, 정조 대에 삼정의 문제점이 자라고 있었다.

조선 국가는 절약에 힘썼지만, 경비 팽창 법칙을 모면할 수 없었다. 그 반면 세입은 경직적이어서 늘지 않았고 상공업세가 세입의 2~3%에 불과할 정도로 세원은 농지세에 편중되어 있었다. 지속적 재정 개혁이 없으면, 재정은 나빠지게 되어 있었다. 시재고는 1810년 까지 500만 냥을 넘었지만, 홍경래난 이후 급감하여 회복하지 못했다. 19세기에는 논 토지 생산성의 하락, 인구 압박에 따른 생활 수준의 하락 등으로 인해 세입이 감소했다. 1822년 호조 판서 심상규(沈象奎)는 "예로부터 이재(理財)의 논리는 세입을 헤아려 지출하는 것인데 〔量入爲出〕 …… 오늘날 호조 재정의 회계를 살펴보건대 2년의 세입이 1년의 세출을 당하지 못합니다."라고 보고했다.[95] 중앙 재정이 악화 되니, 지방 재원의 상납을 늘려 지방 재정도 악화되었다. 그러자 규정 외 잡세가 크게 늘었고, 인민 구제 목적의 환곡 제도가 수탈의 수단이 되었다. 삼정 문란이 곪아 1862년 삼남 민란이 일어났다.

정조는 세손 시절 김육의 『해동명신록』을 보고서 감명을 받아, 1772년 세자 익위사(世子翊衛司) 이상일(李商逸)과 함께 『해동명신록』의 인물 가운데 191명을 재수록한 『해동신감』을 편찬했다. 정조는 인물을 평가할 때 충성과 절의의 의리를 가장 중시했고, 학문과 정책 공로의 인물도 많이 거론했다. 정조는 의리의 송시열을 특히 칭송했는데, 역사를 치란(治亂)으로, 사람을 선악으로 평가하는 관점에 통한다. 정조는 세손 시절에 주자와 송시열의 말을 모은 『양현전심록(兩賢傳心錄)』을 편찬했으니, 김육의 사업을 배우되 송시열의 의리를 기본으로 삼은 주자학자로 자랐다.[96]

1796년 우의정 윤시동(尹蓍東)은 김육이 대동법을 "정승이 된 후 건의하여 시행했는데, 백성이 지금까지도 그 혜택을 입고 있습니다.

국가에 이러한 공을 세웠으니 문충공(文忠公) 이정귀(李廷龜), 문익공(文翼公) 이덕형 등 여러 사람의 예에 따라 천묘(遷廟)하지 말게 함으로써 그 충성과 노고를 기리도록 하소서."라고 건의하자, 정조는 따랐다.[97] 그 직후 정조는 "재용은 인민과 국가[民國]의 근본이다. …… 조선 건국 초기에는 호조만 있었는데, 그 후 세 군문(軍門)이 생겨나고 또 균역청이 생겨났다. 그러니 백성이 어떻게 쪼들리지 않을 수 있겠으며 국가의 경비가 어떻게 넉넉할 수 있겠는가. …… 우리 동방의 이름난 석학인 김육과 민유중 같은 이는 다 경제를 자신 임무로 삼았고, 근래 이성중(李成中) 같은 이도 이재를 급무로 삼아야 한다는 사실을 알고 있었다. 그런데 오늘날 풍토는 자기만 알고 국가에 대해서는 전혀 관심이 없어서 심지어 재정을 풍족하게 하고 민생을 안정하는 기술 [富國安民之術]을 쓸데없다고 여기기까지 하니, 이래서야 국가가 무엇을 믿겠는가."라며 김육 등을 계승하는 자세를 신하에게 주문했다.[98] 1798년 5월 정조는 "백성을 위해 마음을 다해 경륜과 사업을 크게 펼친 문정공의 봉사손에게 아직까지 음보(蔭補)가 없는 것은 결함이다. 나이가 차려면 아직 멀었다 하니, 유학(幼學) 김만선(金萬善)을 초사(初仕)에 조용(調用)할 일로 먼저 승전(承傳)을 받들라."라는 교서를 내렸다. 9월 정조는 삼남을 담당한 비변사 당상을 만나 "내가 그때 우연히 고(故) 정승 김육의 문집을 보건대 청죽(青竹)과 관련된 폐단을 빠짐없이 설명하면서 대나무 뿌리는 취하지 말도록 청했었는데, 그 말에 과연 일리가 있기에 나도 모르는 사이에 탄복하였다."라고 말했다. 11월 정사에서도 김육의 차자를 언급했다.[99]

1775년 영조는 손수 지어 왕세손에게 넘겨준 『팔순유곤록(八旬

裕昆錄)』에서 "균역법은 곧 나의 큰 사업이었는데, 이미 오래되어 마음도 역시 태만해졌으니 다시 어떻게 바라겠는가."라며 걱정했다.[100] 균역법의 해이는 군정의 문란이었다. 정조가 삼정의 문제를 고민하지 않은 것은 아니었으니, 1796년 환향(還餉) 책문으로 환곡의 폐단에 대한 대책을 물었다. 그래서 상평창제와 사창제의 개혁안이 거론되기도 했다. 그런데 정조는 재정 개선의 근본 대책을 강구하지 못한 채 사망했다. 1862년 삼남 민란이 일어나기까지 근본적 개혁책은 강구되지 않았다. 정조는 정사를 하면서 갈수록 김육에 더욱 끌려 1796년 이후 그를 칭송하는 말과 자세를 여러 번 보였는데, 남은 수명은 5년뿐이었다. 뛰어난 지성과 학식의 정조는 기본적으로 주자학자로서 주자학의 정치적 실천에 힘썼으며 실학자를 포용했으되 그들의 진보적 정책안을 수용할 의사는 없는 만천 명월 주인옹(萬川明月主人翁)이었다.[101] 군주로서는 훌륭한 자세이나, 19세기 삼정 문란과 이후 식민지화의 역사를 아는 후대 역사가에게는 세손 시절부터 김육의 자세를 더욱 평가하는 환경에서 자랐더라면 하는 아쉬움이 있다. 세종이 후대 왕의 모범이 되고, 정조도 후대 왕의 모범이 된 점에서 더욱 아쉽다.

1700년부터 조정에서 정사각형으로 세분화한 도형의 어린도책(魚鱗圖冊)을 활용한 방전법(方田法)으로 양전을 하자는 주장이 대두하여 1701년 숙종은 유집일을 황해 감사로 임명하여 일부 농지를 방전법으로 측량하라고 명했다. 황해도 세 읍의 양전 결과를 보고받고, 영의정 최석정(崔錫鼎)은 애당초 전결이 5배 정도 늘 것으로 예상하였는데, 배로 증가한 데에 그쳐 아쉽다면서 전결이 배증한 지역의 인민이 원망한다고 했다. 그 반대론이 커서 1719년 전국적 양전 사업에서 방전법은 시행되지 않았다. 당시 경지 면적은 100만 결 내외였다. 1720년 양전 전의 일이라 해도 방전법으로 측량하면 배로 증가한다고 했으니, 50만 결 정도 증가할 수 있다. 『만기요람』에서는 국가가 1결에 벼 100두, 쌀로 환산하면 40두를 받는다고 규정했다. 50만 결 증가하면, 쌀 2000만 두, 곧 133만 석의 재정 수입이 생긴다. 당시 중앙 상납이 100만 석 정도, 군사비가 50만 석 정도였다. 방전법으로 경지를 정확하게 측량하면, 과세가 공평해지고 재정을 크게 개선하여 부국강병에 이바지할 수 있다. 그러면 효종조처럼 지방 재정을 넉넉히 책정하여 법정 외 수탈을 철저히 금지할 수 있어서 19세기 삼정 문란을 예방할 수 있었다. 그런데도 방전법이 채택되지 않은 것은 농지세 부담의 배증에 따른 사족을 포함한 인민의 불만이 우려되었기 때문이다. 재정 형편이 괜찮은데, 국가 불만 세력을 크게 키울 수 있는 방전법 개혁을 하지 않은 것은 숙종조 위정자에게는 정치적 합리성이 있다. 그러나 후대 재정 악화나 외침을 대비하지 않은 결정이었다. 안민뿐 아니라 부국도 도모하는 방책을 적극 제시하고 『전제상정소준수조획』의 발간으로 농지 측량법을 중시한 김육의 자세가 조정에서 발전적으로 계승되지 못한 탓으로 판단된다.[102]

5장 김육의 사상과 그 특성

1 개방적 박학의 유학자인 김육

(1) 투철한 유학자인 김육

　김육은 송시열 등 산당 인사와 마찬가지로 투철한 유학자였다. 김육은 1647년 개성부 유수로 재직하면서 『효충전경(孝忠全經)』을 간행했는데, 그 발문에다 "효는 온갖 행실의 근원이다. 효를 다할 수 있다면 충(忠)을 임금에게 옮겨서 할 수가 있고, 제(悌)를 어른에게 옮겨서 할 수가 있어서, 한 몸에 쓰면 남음이 있고, 천하에 미루어서 하면 끝이 없다. 그러니 학문을 하는 도리에 무엇이 이보다 더한 것이 있겠는가."라고 적었다. 김육은 『효경』과 『충경』을 합쳐 『효충전경』이라 부른 데에 대해 "사람들은 항상 충효라고 말하고 있으니, 충이 참으로 효에 앞서는 것이다. 그런데 자네는 어찌하여 『충경』을 『효경』의 아래에 붙였는가?"라는 질문을 받자, "부자(父子)가 있은 다음에 군

539

신이 있는 법이다. 사람이 반드시 부모에게 효를 다하여야만 임금에게 충을 옮겨서 할 수 있다. 나는 배우는 순서를 가지고 선후를 삼은 것이지, 어찌 충이 효에 미치지 못한다고 여겨서 그러했겠는가. 그리고 『효경』은 공자께서 증자에게 전한 책이며, 주자가 잘못된 것을 바로잡은 책이다. 『충경』은 『효경』의 고문(古文)을 모방하여 후대 사람이 지은 책이다. 어찌 후인이 저술한 것을 선성(先聖)이 전한 것의 앞에 놓아서야 되겠는가."라고 답했다. 이것은 유가의 모범적 관점이어서, 물은 사람은 승복했다.

김육은 1657년 지은 「창주조중봉 서원 상량문(滄洲趙重峯書院上樑文)」에서 "선비(士)의 취향이 바름을 얻어 학교가 흥기하고 인민(民)이 항산을 가져 상(桑)과 마(麻)가 번성하게 하소서. 그리하여 군신과 부자의 윤리가 펴져 풍속이 이상적인 요나라에 비할 만하며, 곡식과 직물의 조세가 반드시 고르게 되어 즐거운 마음으로 공물을 바치게 하며, 순박한 향풍(鄕風)이 영원히 보존되어 시끄러운 이언(異言)이 절대로 없게 하소서." 하고 기원했다. 이것은 바로 유가가 염원하는 이상 사회였고 김육 정사(政事)의 목표였다. 김육은 1655년 지은 「공극당기(拱極堂記)」에서 "임금이 덕으로 정사를 하여 운행이 건실하여 쉬지 않는 도를 체득하고, 신하는 한마음으로 위를 받들어 충성을 다해 직무를 봉행하는 정성을 다하여," "모든 관원이 서로 화합하고 모든 인민이 즐거워하고 온 세상이 태평성대에 오르기를" 기원했다. 이것은 바로 유가의 이상적인 정치였다. 김육은 부모에 대한 효성, 가족에 대한 우애, 그리고 군주에 대한 충성이라는 유학의 가르침을 누구보다 충실히 실천했다.

김육은 법가나 불교를 비판적으로 인식했다. 그는 상앙과 이사가 진나라를 망쳤다고 하여 법가를 비판했다. 그는 부처와 신선을 본 사람이 없고 천당이 허무맹랑한 설이라 하여 유교적 합리주의에 입각하여 불교와 도교를 비판했다. 또한 불교가 "인륜을 말살하고 천도(天道)를 무너뜨려 한갓 만고에 혹세무민하는 구실만 하게 되었다."라고 보고, 고려 왕조가 불교의 미혹함에 편향된 점을 아쉬워했다. 그러면서도 석가의 무리들이 인간의 선한 본성을 터득한 뛰어난 인물임을 인정하고 "인의의 단서를 확충하고 예악의 가르침을 행하지" 못한 점을 아쉬워했다. 그는 스님 중에 학문과 인격이 뛰어난 사람을 발견했으며, 속리산 스님을 따라 속세를 떠나고 싶은 심정을 시로 읊조리기도 했다. 김육은 유학의 부정적인 불교관에 충실하면서도 이단에 대해 마음을 닫지는 않았다.

(2) 실천적 동기에 입각한 주자학의 유연한 흡수

투철한 유학인 김육은 주자학과 인연이 깊었다. 그의 고조 김식, 외증백조 조광조는 주자의 도학 정치를 추구한 기묘명현이었다. 김육은 백인걸의 신도비명에다 기묘명현을 성리학의 선구자로 평가했다. 김육은 부자간 은혜와 군신간 의리를 가르쳐 준 스승을 섬기는 것이 천리에 비추어 당연하다고 보았는데, 그의 스승인 조호익과 성혼은 투철한 주자학자였다. 김육은 조호익의 행장과 그의 포증(襃贈)을 청한 상소에서 스승이 『주자대전』을 통한 성리학 공부에 열중했고 경전의 주자 해석을 중시했다고 회고했다.

유학의 2대 과제는 자기를 수양하는 수기가 근본이고 그런 다음 세상을 바르게 다스리고 인민을 구제하는 치인, 즉 경세제민이었다. 주자학자가 성리학과 심학을 중시한 것은 수기에 필요한 공부이기 때문이었고, 예학을 중시한 것은 도덕 실천의 표현이자 도덕 정치의 근본이기 때문이었다. 김육의 스승 조호익은 예학, 성혼은 성리학의 권위자였다. 김육은 주자를 높이 평가하고 성리학, 심학, 예학에 관해 언급했지만, 성리학과 심학의 현학적 관념론, 그리고 예학의 세밀한 규정을 논한 글을 남기지 않았다.

왜 그랬을까? 첫째, 김육은 수기의 학문을 탐구하는 학자의 길이 아니라 치인의 관료, 정치가의 길을 걸었기 때문이다. 김육은 30~31 세이던 1609~1610년에 오현 문묘 종사를 건의한 상소와 스승 성혼의 억울함을 풀기를 청하는 상소에서는 도학 정치의 이상에 불타는 일반 주자학자 사림과 다르지 않았다. 김육은 만년에 저술한『해동명신록』에서 도학의 학문, 절의 등의 덕행, 그리고 경세제민의 사업 성취를 균형감 있게 다루었으니, 도학 이상을 평생 견지했다.

둘째, 김육은 도덕적 수양과 실천을 하는 데에 형이상학적 성리학과 심학, 그리고 세밀한 예학을 깊이 논할 필요까지는 없고 그 기본 정신을 이해하면 된다고 생각한 것으로 보인다. 김육은 1624년 천덕(天德)과 왕도를 묻는 증광시의 책문에 대해 "도는 하늘에서 나와 사람이 그것을 얻어 따릅니다. 천명을 부여받아 인성(人性)이 됩니다. 따라서 하늘과 사람 사이에는 한 이치(一理)가 있을 뿐입니다. 이 때문에 나의 기(氣)가 순하면 천지의 기도 순하고 나의 기가 사나우면 천지의 기도 사납습니다. 서로 감응하는 것이 그림자가 형체를 따르는 것과 같으니, 기상 재해가 어찌 까닭없이 일어나겠습니까."라고 답했다. 이것은 김육이 이기론을 언급한 유일한 글로 보이는데, 하늘 재변과 인간 도덕의 관계를 설명하려고 이기론의 기본만 언급했다. 김육은 1655년 태극정(太極亭)이란 정자를 짓고 지은 기문에서는 "자신의 본성뿐만 아니라 만물의 본성을 지극히 할 수 있어서 당대에 가르침을 밝히고 만세에 도를 행하는 이는 성인(聖人)이요, 자신의 천성을 버려 인욕(人欲)에 빠져 인의중정(仁義中正)의 도에 어두운 …… 이는 중인(衆人)이다."라고 했다. 주자학자는 이기론에 이어서 인욕을 없애 천리를 회복하자고 주장했는데, 그에 상응하는 김육의 글은 이것만 보인다. 역시 기본만 다루었다.

셋째, 김육은 '지행병진(知行並進)'이라는 주자학의 방법을 표방했는데, 덕을 쌓아 선을 행하는 인물의 일화들을 모은 『종덕신편』을 편찬하여 선행을 듣고 보아 도덕심을 일깨우려 평이한 방법을 선택한 점에서 양명학의 도덕 교육 방법에 친화적이었다. 주자는 도덕적 본성의 기초가 되는 우주의 물리를 터득하면서 정심성의를 하라고 가르쳤고, 왕양명은 더 쉽게 인간의 도덕적 본능을 자각하여 도덕을 실천하라고 가르쳤다.

『대학』8조목 중 격물치지는 성리학에, 성의정심은 심학에 관련된다. 수기의 전제가 성의와 바른 마음을 가지는 것인데, 김육은 인성을 갈고 닦아 누구보다도 성의와 바른 마음을 가졌다. 김육은 1643년 홍문관 부제학으로서 기상 이변을 만나 인조에게 올린 차자에서 "먼저 사욕을 이겨 내고 사념을 다스리는 공부를 하소서."라고 아뢰었다. 그는 사망하기 직전 효종에게 마지막 올린 차자에서 "임금의 학문에서 귀하게 여기는 바는 마음을 하나로 모아 간직하는 것"이라고 당부했다. 이처럼 김육은 심학을 중시했지만, 성의정심만 강조하고 그것만 하면 경세제민이 쉽사리 된다고 보지 않은 점에서 투철한 수자학자와 달랐다.

김육은 주자학만 높이 받들어 다른 학풍을 배척한 근본주의자와는 학풍을 달리했다. 그는 주자의 감흥시(感興詩)에 차운하여 1658년 지은 장문의 시에서 "성인이 마음을 쓰시는 바는 천리에 어긋나지 않네."라고 주자를 높이 받들면서도 이기론이나 인성론에 대한 별다른 언급은 없이 "평생 품은 생각은 인민을 위함이 곧 국가를 위함일세." 라는 자세를 천명했다. 김육은 성리학자라기보다 경세가로서의 주자를 높이 평가했던 것이다. 「가장」에서는 "오직 사람을 구제하고 만물에 혜택을 주는 데에 마음을 두어서 남을 위한 학문은 지식과 실천을 함께 진전시킴(知行並進)을 중시하였다."(556)라고 하여, 주자학의 실천관을 중시했다.

김육은 주자학을 유연하게 수용하되, 다음의 점에서 주자학자의 범주에 국한되지 않았다. 첫째, 김육은 주자학자와 달리 보통 인간이 인욕에도 빠져 도덕적으로 완전하게 되기가 어렵다고 보아, 인정(人情)에 순응하는 정책을 선호했다. 둘째, 김육은 치인을 위해 공리의 사공을 중시했다. 셋째, 김육은 개방적 박학풍이었다.

(3) 경세의 시무책에 유용한 개방적인 박학

산당은 수기의 학문에 치중하여 주자학만 높이 받들고, 주자와 다른 학설을 이단으로 배척했다. 그에 반해 김육은 주자학을 편식하지 않았고, 개방적인 자세로 경세의 시무(時務)에 유용한 사상을 폭넓게 흡수했다. 효종을 대신하여 지제교(知製敎) 조비(趙備)가 지은 제문에 따르면, 김육은 백가의 갖은 기예를 꿰뚫었다. 조경은 김육의 묘지명에다, 이경석은 그의 신도비명에다 공통적으로 김육이 박학으로 여러 방면에 능통했다고 적었다. 김육의 박학은 제가백가도 포함한다. 김육은 조호익이 "『주역』에 대해서 가장 심오하였다."라고 했는데, 자신은 역학도 열심히 공부하여 "매번 한밤중에 일어나 정원을 산보하며 별자리를 우러러 관찰하고 더욱 역산에 밝아졌다."(559) 그래서 시헌력의 도입에 이바지할 수 있었다.

주자는 박학을 했으나, 넓은 학문 세계를 의리학 내지 도학에 종속시켰다. 김육이 주자와 달리 도리에 구속되지 않은 유용한 지식을 추구한 것은 시헌력이 기존 역법보다 우수함을 알자마자, 주저없이 그것을 지구설과 함께 수용한 데에서 드러난다. 백과사전인 『유원총보』도 그런 지식을 추구한 산물이었다.

김육은 「우의정 민문경공 신도비명(右議政関文景公神道碑銘)」에서 "사학(史學)이 경학과 비교하여 어떠하기에 민공은 그처럼 좋아하는가?"라는 질문에 대해 "무릇 국가의 치란과 흥망, 인재의 현부와 진퇴에 대해 마음속으로 분명하게 알지 못한다면 어떻게 고문(顧問)에 대비하여 성학을 도울 수 있겠는가."라고 대답했다고 적었다. 김육은 그런 자세로 명나라 역사서인 『황명기략』을 저술하고 한국사의 대학자와 명신을 망라한 『해동명신록』을 저술했다. 그는 『광해군일기』, 『선조수정실록』 및 『인조실록』의 편찬에 모두 참여했다. 김육은 사학의 권위자였다. 사회 과학이 성립하지 않은 조선 시대에는 역사가 그 기능을 맡았다.

김육은 유학에서는 정주학만 공부한 것이 아니라 한대 학문, 송대 왕안석 등의 공리학파, 그리고 명대 양명학 모두에 개방적이었다. 퇴계 이후 주자학자는 양명학을 배척했다. 김육은 양명학 학설을 전개하지 않은 점에서 양명학자라 규정될 수는 없되, 그것을 결코 배척하지 않았고 그 영향을 받았을 가능성이 있다. 그가 농사를 짓던 잠곡까지 찾아올 정도로 친한 최명길과 장유는 양명학에 경도되어 있었다. 김육의 사상은 다음의 점에서 양명학에 우호적인 요소가 있었다. 첫째, 그는 이기론, 인성론 등의 어려운 성리학설을 논하지 않고 마음을 바르게 잡는 수양법을 권고했다. 주자학에서는 천리를 이해한 다음에 도덕적 실천으로 나아가야 한다고 했는데, 왕양명이 물리의 터득에 실패한 데에서 드러나듯이, 과학이 아니라 주자의 방식으로 격물치지인 물리의 터득은 사실상 불가능했다. 그래서 양명학에서는 인간은 도덕적 실천 능력인 양지(良知)를 자각하여 마음을 바로잡으면 된다고 가르친 것이다. 둘째, 김육은 이익 추구의 인정(人情)을 용인하고 그것에 순응하는 정책을 중시했다. 주자학은 물욕에 대한 경계 관념이 강한 반면, 양명학은 이익 추구 인정을 용인했던 것이다.

윤근수(尹根壽)는 김육의 증조 김덕수의 제자여서 벼슬에 오르기 전의 김육을 후하게 대우했다. 16세기 말과 17세기 초 고문(古文) 운동을 주도한 윤근수의 문집 간행을 김육이 도와 그의 학술에 영향을 받았다. 김육과 절친한 장유와 최명길은 고문의 영향을 받은 박학풍이라는 점에서 김육과 비슷했다. 김육은 「호서대동절목서」에서 『대학』의 8조목이 "백성에게 은혜가 돌아가게 하는" 도(道)일 따름이라고 했는데, 수기에 강조점을 두는 송나라 유학자와 다르며 치인을 중시하는 한나라 유학자의 관점이었다. 김육이 1647년 개성 유수로 있으면서 간행하여 교재로 삼은 『효충전경』은 한나라 유학자가 중시한 경전이었다. 그는 한나라 초기 명재상 가의(賈誼)를 모범으로 삼았고 한나라 역사를 종종 언급했다. 주자는 가의가 전국시대의 '잡술(雜術)'에 따랐다며 혹평한 바 있다.[1] 김육은 1649년 지은 「인조대왕 만사」에서 "위의(威儀)는 『주례』를 본받았고 문물은 한나라를 따랐네." 라며 요순 시대에 접근했다고 칭송했으니, 한나라 문물을 높게 평가했다.

퇴계의 관점에 따라 오현의 문묘 종사가 결정된 직후인 1610년 10월 개성부(開城府) 유생 하위량(河偉量) 등이 서경덕의 문묘 종사를 청하는 소를 올리자, 광해군은 대신의 의견을 물었다. 영의정 이원익은 "신처럼 용렬하고 불학무식한 자가 감히 참여할 수 있는 일이 결코 아닙니다."라고 답했다. 좌의정 이항복은 "그가 주장한 담일청허(淡一淸虛)론은 전적으로 일기(一氣)가 영원히 존재한다는 설에 입각하여 나와 기를 이(理)로 인식한 병폐가 있다고 여겨졌습니다. 그래서 서경덕을 공격하여 무너뜨린 퇴계의 논의야말로 그 병통을 깊이 적중시킨 것이라고 생각해 왔습니다. …… 그러나 이런 심오한 의논에 대해서는 신이 말학(末學)으로서 귀로 얻어 듣기는 하였어도 마음으로는 체득하지 못하였으니, 지금 어떻게 감히 뭐라고 망령되이 말할 수 있겠습니까."라며 널리 자문하기를 건의했다. 우의정 심희수(沈喜壽)는 서경덕의 학문과 덕행을 높게 평가하면서 그가 문묘 종사에 빠진 내막이 '이 사람의 학문은 상수(象數)를 위주로 하는 듯한데 너무 지나치게 사색한 나머지 이단의 학설과 비슷하게 되었다.'라는 평가 때문이라며 널리 조정의 의견을 수합하자고 건의했다. 12월 승정원이 서경덕의 문묘 종사에 대해 다시 의견을 수합하자고 건의하여 광해군이 따랐다. 1615년 다시 서경덕의 문묘 종사를 정한 소에 대해, 광해군은 "종사하는 것은 중한 예이니 가볍게 의논할 수 없다."라고 답했다.[2] 퇴계는 서경덕이 기만 내세우고 이를 투철하게 파악하지 못했다며 주자 학설과 다른 점을 비판했다. 퇴계의 이러한 비판은 서경덕의 문묘 종사를 막았다. 율곡은 퇴계가 모방 위주여서 스스로 환하게 깨닫지 못한 반면, 서경덕이 독창적이지만 이가 만물에 관통하고 기가 형질에 국한되는 자신의 경지에는 도달하지 못했다고 보았다. 서경덕의 기에 대한 관념은 퇴계와 율곡의 이에 대한 관념과 유사했다.[3] 오늘날에도 누구의 이기론이 맞는지 과학적으로 논증하기 어렵다. 이원익과 이항복은 학문이 뛰어났지만, 이기론을 알기 어렵다고 솔직히 밝혔다. 서경덕의 배제는 주자학으로 순화한 공로자만 문묘에 종사하는 원칙을 굳혀 학풍의 다양화와 창의적 사유를 억제했다.

김육은 1643년 「임고 서원에 배향하는 위차에 관한 계사(臨皐書院配享位次啓)」에서 정몽주로부터 시작한 동방의 이학(理學)을 전수받은 가장 뛰어난 인물로 조광조와 서경덕을 들었다. 김육은 「화곡 서원 사우를 중창한 상량문(花谷書院祠宇重創上樑文)」에서 서경덕이 "군주에게 충성하고 어버이에게 효도하여 예는 상복(喪服)에 더욱 삼갔고, 이치에 통달하고 명(命)을 알았으니 뜻은 오히려 죽고 사는 데에 편안하였도다."라 하고 주자처럼 이치에 통달했다고 평가했다. 퇴계와 율곡이 사상계를 지배한 시대에 정몽주, 조광조, 서경덕이라는 김육의 도통설에 동의할 사람은 서경덕 학통이 아니라면 개방적 학풍의 소유자였다. 퇴계와 율곡을 무시한 것이 아니라 그들에 앞서 서경덕이 도통을 이었다는 주장이라 해도, 김육의 도통관은 당대 표준과 달랐다. 김육이 율곡을 정신적 지주로 삼는 서인이고 퇴계 제자인 조호익의 제자라는 점에서 이는 놀랍다.

　서경덕의 학풍은 성리학을 기본으로 삼으면서도 개방적이어서 상수학(象數學)이나 도가 사상을 보합, 절충하고 기(氣) 위주의 독창적 이기론을 제시했다. 서경덕은 서인(庶人)의 삼년상이 먹고살 방도를 박탈하므로 인정에 부합하지 않으니 삼월상으로 바꾸자고 주장한 바 있다.[4] 인조의 국상을 당해 세밀한 상례를 제시한 김집에 대하여 김육은 인정에 순응하면 천리에 합치되니 세밀한 내용보다는 슬픈 마음을 넉넉히 가지는 것이 더욱 중요하다고 논했는데, 김육의 인정을 중시하는 예론과 학문적 포용성은 서경덕의 학풍과 상통한다. 조식은 성리학의 관념성과 예학의 번쇄함에 빠지지 않고 그 기본 정신을 중시한 실천적 지식인이라는 점에서 김육과 닮았다. 김육은 시의(時宜)의 실공(實功)을 중시하여 개혁을 추구한 점에서 율곡의 자세를 계승했다. 김육은 성리학과 예학의 세밀한 학설에 구애받지 않고 그 기본 정신을 탐구하여 실천하는 지식인이었기 때문에, 서경덕, 퇴계, 조식 및 율곡 모두에 통할 수 있었다. 김육이 1610년 오현의 문묘 종사 운동을 주동했을 때는 퇴계와 도통관이 다르지 않았다. 그 후 잠곡에서 10년간 농민 생활을 하면서, 그리고 인조반정 이후 정치적 실천을 하면서 갈수록 유연하고도 실천 지향적 학풍을 가지게 되어, 서경덕을 높이 평가하게 된 것으로 보인다.

　신흠(申欽)의 사상적 특질은 유불선의 회통(會通), 상수학에 대한 관심, 한학(漢學)의 재평가와 정주학의 상대화, 제자백가의 적극 수용, 공리의 강조 등으로 볼 수 있다. 신흠에 따르면, 학문이란 현실에 적용할 수 있어야 귀하며 그런 점에서 흉양명이 진정한 유지인데, 세상에서 장구(章句)나 뒤적이는 자들은 걸핏하면 성명(性命)을 끌어대곤 하나 막상 정사를 처리할 줄은 모른다는 것이다. 신흠의 사상은 신익성, 장유, 최명길, 김육 등 경세 관료에 영향을 미쳐, 한당 사상의 원류를 이룬다.[5] 김육의 학풍은 신흠과 닮았으나, 불교와 도교의 색채가 없는 점에서 달랐다.

김육은 이런 다양한 학풍을 원칙 없이 수용한 것은 아니었다. 김육의 인생 목표는 유학의 정신을 탐구하여 개인의 도덕적 실천, 즉 수기, 나아가 정치적 실천, 즉 치인을 행하는 것이었다. 그래서 김육은 성리학, 심학의 관념적 학설이나 예학의 세세한 내용을 따지는 전업 학자가 아니라 경세제민을 이루는 관료, 정치가의 길로 나아가, 개인의 도덕 함양과 경세제민의 정책 이념에 유용한 지식을 탐구했다. 김육은 스승 조호익과 성혼의 세밀한 학설을 추종하기보다는 이들로부터 성리학과 심학과 예학의 기본 정신을 배웠다. 그래서 학파와 당색에 따라 학문을 편식하지 않고 개방적으로 수용할 수 있었다.

1650년 1월 김육이 산당 영수인 김집과의 정책 대결로 사림의 비판을 받아 우의정 사직을 청하는 두 번째 상소의 다음 구절은 김육의 정책 목표를 보여 준다.

신은 몹시 고루하여 기모(奇謀)와 비책(秘策)을 알지는 못합니다. 오직 『서경』의 "서민(小民)을 보살펴 보호하라", 『시경』의 "애처로운

이 외로운 자들이여", 『논어』의 "절약하고 인민을 사랑하라", 『맹자』의 "화합만한 것은 없다.", 『중용』의 "인민을 자식처럼 사랑하라" 및 『대학』의 "대중을 얻으면 국가를 얻는다."라는 구절이 만세에 마땅히 행할 도(道)라고 여겨, 조세를 고르게 부과하고 인민을 편안히 하여 국가의 근본을 굳건히 하고자 할 따름입니다.

평이하면서 절실한 정책 이념이라 하겠다. 김육은 자신의 정책 이념을 『논어』를 중심으로 하는 전국 시대 이전 사서오경이나 십삼경 같은 유학의 기초적 경전에서 구했다. 「가장」에 따르면, 김육은 "일절 세상의 재미에 대해 관심을 갖지 않았고, 오직 고서를 좋아하여 일찍이 잠깐이라도 손에서 책을 놓지 않았다."(558) 이때 '고서'는 13경을 중심으로 하는 유학의 기초적 경전이라고 판단된다.

유학이 주자학과 양명학으로 발전하는 가운데 김육이 춘추 전국 시대 유학을 중시한 의의는 무엇인가? 투철한 주자학자는 주자학 이외의 학풍을 배척하는 배타적 교조주의와 의리, 명분론의 관념주의에 빠지는 경향이 있는 가운데, 김육은 유학 본래의 정신을 추구한 의의를 가졌다. 이것은 기독교가 도그마화된 형식주의에 빠져 종교 권력이 타락하는 가운데 마르틴 루터가 성경으로 되돌아가자며 종교 개혁을 추구하는 정신에 통한다.

김육의 처신과 사상을 이해하는 데에 유학의 원류인 『논어』 이상의 저술은 없다고 생각한다. 김육은 1651년 5월 국상례 논의에서 영의정으로서 "상(喪)에서 애통함이 부족하고 예가 남는 것은 예가 부족하더라도 애통한 마음이 충분한 것만 하지 않다."라는 공자의 정신에 입각하여 처리하기를 건의했고, 1649년 예조 판서로서 김집의 예제 개혁론에 대응한 핵심 논리도 이것이었다. 김육은 공자 이후 많은 예학사의 논의를 알았지만, 공자가 말한 예의 기본 정신에 따르면 되고 세밀한 차이는 지엽말단이라고 보았다. 김육의 안민론 또는 안민 부국론도『논어』에 나온다. 김육은 어릴 적『논어』를 배웠고 자라서 유학의 다양한 학풍, 나아가 유학 이외의 학문을 공부했는데, 결국 자신의 모든 공부의 귀결점이자 삶의 자세와 정치 철학을『논어』에 나오는 본래의 강건한 유학에서 구했다. 김육은 후대의 정형화된 유가가 아니라 공자를 본받아 유연하게 처신했고, 그래서 유학의 모든 유파를 수용할 수 있었다. 그는 공자의 사상을 확충하여,『논어』보다 유연하게 이익 추구의 인정을 인정했고, 서양 문물까지 수용할 태세를 갖추었다.

　김육은 기묘명현의 후손이고 조호익과 성혼이라는 주자학자를 스승으로 삼았는데도 어떻게 주자학에 빠지지 않고 개방적 박학풍을 가지게 되었던가? 첫째, 2장 4절에서 설명했듯이, 김육은 유학의 정치적 실천을 중시하는 성향을 가졌다. 그는 12세에『소학』을 읽다가 "처음 임명된 관료가 만물을 사랑하는 데에 마음을 두면, 반드시 사람을 구제하게 될 것이다."라는 송나라 정호(程顥)의 말에 감동하여 '경제'의 뜻을 확고히 했다. 그리고 관료, 정치인의 길을 걸었으므로, 치인의 실공을 거두기 위해 박학이 필요했다.

　둘째, 김육의 개인적 체험과 시대적 환경이 주자학에 안주하지 않도록 자극했다. 그는 13세에 임진왜란을 맞아 전란의 와중에 부모를 모두 잃고 죽을 고생을 했다. 광해조 대비의 지위가 박탈되자, 김육은 열망하던 벼슬의 뜻을 버리고 34세 때부터 44세 때까지 잠곡에서 농사를 지으면서 살았다. 임진왜란의 쓰라린 체험과 10년간 농민으로서의 체험은 사변철학과 도덕 지상주의에 매몰되지 않도록 자극하고, 민생 안정을 통해 인민을 구제하고자 하는 어릴 적부터의 실천적 포부를 확고하게 했을 것이다. 양란 후 인민과 국가가 모두 궁핍한 시대 상황은 안민 부국론의 관심을 높였다. 그는 안민뿐 아니라 부국강병을 성취하기 위해 공리를 중시하게 되었다. 셋째, 김육은 수도권에서 생장했고 20대 후반부터 태학생으로 서울에서 생활하는 가운데 수도권의 개방적이고 경세 지향적인 학풍의 영향을 받았다.

2 경제 합리적 제도 개혁론

(1) 도덕과 공리의 조화로운 추구

주자학자가 명분과 의리에 절대적 의의를 부여한 도덕 지상주의자였다면, 김육은 도덕과 공리의 조화를 추구했다. 사공은 사업을 성취한 공적으로, 공리는 사공과 그 성과인 이익으로, 경제 합리성은 공리의 효율적 추구로 풀이할 수 있다. 김육은 「재산루기」에서 "무릇 천하의 일은 실질일 따름이다. 명분은 실질로부터 나오고 실사는 명분에 근본을 두니, 실사가 없으면서 명분만 찾는 것은 옳지 못하다."라며 명분에 치중하는 주자학자에 대한 비판 의식을 담았다. 당시 일반적인 상소의 주된 내용은 수기의 유교 도덕과 의리명분론에 관한 것이었으나, 김육이 올린 상소들은 시무(時務)의 정사(政事)가 높은 비중을 차지한 것이 특징이다. 1637년 승지 김육은 "근래에 국가에 일이 많으니 모든 일에 줄이기를 힘쓰는 것이 마땅합니다. 그런데 긴요하지 않은 형식적인 것조차도 오히려 다 제거하지 않고 있습니다."라면서 조신(朝臣)들이 정고(呈告)하여 말미를 주는 제도를 논했는데, "제도 개혁에 관계되어 경솔하게 의논할 수는 없으나, 때에 따라 간략하게 하는 것이 실로 사리에 합당합니다."라고 아뢰었다. 명분에 관련된 형식적 일을 간소화하여 행정 효율을 높이자는 견해였다.

공자는 부귀가 인간의 당연한 욕망이니 정당한 방도라면 그것을 추구하라고 가르쳤으며, 이(利)를 보면 의(義)를 생각하라고 했다. 이것은 『주역』에서 "이는 의의 조화로운 상태"라는 명제에 통한다. 맹자는 공자보다 이익 추구에 소극적이어서, 처음 만난 양혜왕(梁惠王)이 이를 원하자 인의를 근본 가치로 삼는 것이 진정으로 왕에게 유리하다고 설득했다. 주자는 맹자보다 더욱 소극적이 되어 사리사욕의 극복을 수기의 중심 과제로 삼는 성리학을 제시했다. 일반적으로 '이'가 '폐(弊)'나 '해(害)'에 대응할 때에는 긍정적으로, '인의'에 대응할 때에는 부정적으로 사용되었다.[6] 그래서 1657년 첨지 정두경(鄭斗卿)은 「원리편(原利篇)」을 지어 효종에게 올리면서, 맹자는 이를 배척했으나 『주역』에서 이를 긍정했는데, "그 뜻은 한 가지"라고 했다. 군주와 경대부가 탐욕하면 국가가 망하지만, 왕도 정치를 행하면 인민과 영토가 귀속되므로 이롭다고 했다.[7] 『대학』에서는 "국가가 이익이 아니라 정의를 이롭게 여겨야 한다."라고 가르쳤다. 위정자가 사리사욕을 추구해서는 안 되지만, 즐거움과 이익을 인민과 함께하는 공공 이익인 공리(公利)의 추구는 권장되었다. 사리(私利)의 추구는 공직자 윤리로는 용납되지 않았지만, 민간의 사적 영역에서는 용인되었다.

조선 시대 이(利)에 대한 양면적 평가가 있는 가운데, 유교, 그중 주자학이 영향력을 강화하면서 이익 추구에 대한 부정적 관념은 강해지는 추세였다. 양란 이후 부국강병론이 대두하는 가운데 그에 대한 경계심도 커졌다. 1633년 대사헌 김상헌 등 사헌부 관리들은 조세 경감 등 안민책을 적극 추진하되 "이를 말하는 계책을 통렬히 배척해야 한다."라며 부국책을 경계하는 내용을 담은 소를 올렸다.[8]

유성룡 이후 공리의 정책을 추진한 대표적 인물이 김육이라면, 공리를 배격한 대표적 인물은 송시열, 정파는 산당이었다. 김육은 시무의 사공을 성취하기 위해 이익 추구의 공리에 적극적이었다. 김육은 민생 안정과 재정 충실화를 도모하기 위해 대동법과 동전 통용책의 시행에 정치 생명을 건 반면, 효종 즉위년에 조정에 진출한 산당의 영수인 김집은 주자가 중시한 예법의 개혁을 최우선 과제로 삼았다. 산당 등 주자학자는 공리를 경계하면서 대동법과 동전 통용책에 반대하기도 했다. 수기의 도덕을 절대시한 산당은 엄격한 도덕률을 인사정책에 적용하여 소인들을 몰아내고자 했던 반면, 경세 업무의 독자적 의의를 인식한 김육은 도덕적으로 다소 하자가 있더라도 경세 능력을 갖춘 인물을 등용하고자 하여 주자학에 경도된 관료들로부터 비판받았다. 김육은 시헌력을 배우기 위해 중국 관헌에 뇌물까지 썼으나, 주자학자는 이러한 발상을 하기 어려웠다.

김육이 경제 정책을 우선 과제로 삼아 반대 여론이 거센 대동법과 동전 통용책을 굳이 추진하려고 하여 이를 둘러싼 정책 논쟁의 연장선에서 김집을 물러나게 했으니, 산당은 김육을 좋게 볼 수 없었고 정통 주자학자는 산당의 편을 들었다. 1652년 김육은 과세를 고르게 하려는 "균민(均民)의 뜻을 부강의 도모로 보고 당파를 거부하는 마음을 쉳지레라고 발한다."라고 공의의 배척을 받았다며 사직을 청하는 차자를 올렸다.[9]

김육이 1654년 작성한 「호서대동절목서」는 "군자가 이 세상에 태어나 어려서는 힘써 배우고 배워서는 그것을 시행하려는 법이다."라는 구절로 시작한다. 여기에서 김육은 사공을 중시하는 자신에 대해 공리를 추구한다고 비방하면서 내실 없이 명분에 치중하는 풍토에 대한 비판 의식을 숨기지 않았다.

> 성의와 정심을 말하는 세상의 학자는 모두 책에 실린 것을 주워 모아 뜻이 정성스럽고 마음이 바르면 천하와 국가를 잘 다스릴 수 있다고 생각한다. 이들은 단지 담론만 하고 시무를 급히 하는 자를 공리를 도모한다고 비웃으며, 심지어 장의(張儀)나 왕안석 같은 인물이라고 헐뜯기까지 하니, 이 어찌 마음을 합쳐 국가를 위하는 도리이겠는가. 못난 내가 소견이 얕아 비록 학문이 어떠한지 모르지만, 마음을 바르게 간직하여 실질적인 사업을 하며 절약하여 인민을 사랑하며 공적 부담을 가볍게 하기를 원하며, 헛된 이상을 추구하여 내실 없는 글을 숭상하지는 않고자 한다.

송시열의 1649년, 1657년 봉사에서 드러나듯이, 산당을 중심으로 하는 주자학 근본주의자는 수기의 성의정심이 잘되면 경세제민은 저절로 된다고 보아 수기에 절대적인 의의를 부여한 반면, 김육은 수기에만 힘쓴다고 해서 경세의 실사가 저절로 잘된다는 보장은 없고 실사가 잘 되지 못하면 명분은 의미가 없다고 보아 경세론에 독자적 의의를 부여하여 공리를 중시했다. 김육은 1640년 인조를 대신하여 지은 교서에서 "겉치레의 부문(浮文)을 제거하지 못해 상규(常規)를 묵수하면 사공의 실효가 없다."라고 했다.[10] 그 전에 대동법을 건의한 이식은 임금의 마음을 바로잡는 것을 위주로 삼는 대부분의 상소는 듣기 좋으나 결국 공문(空文)이 되어 버리니, 폐정(弊政)의 경장(更張)을 우선 과제로 삼아야 한다는 소를 올린 바 있다.[11] 이처럼 주자학의 의리명분 중시론이 부상하는 가운데 사공 중시론의 반론은 꾸준히 제기되어 왔다.

조선 시대 사람에게는 김육이 공리 중시론자로 보일지도 모르겠으나, 오늘날 관점에서 보면 도덕과 공리의 조화를 도모했다고 생각된다. 김육은 유학 가르침에 따라 모범적으로 도덕을 실천하였고, 그의 『종덕신편』은 도덕 중시관을 보여준다. 앨프리드 마셜은 경제학도에게 경제 합리성의 냉정한 이성(cool head)과 따뜻한 마음(warm heart)을 주문한 바 있다. 유가는 일반적으로 인(仁)의 따뜻한 마음을 가졌으나 경제 합리성이 부족했는데, 김육은 양자를 겸비하여 제도를 설계하고 정책을 추진했다. 대동법은 조세 부담을 균등하게 줄이면서 서민을 배려하고 재정의 충실화도 도모하는, 유학의 안민 이념에 충실하면서도 경제 합리적인 제도 개혁이었다. 당시 주자학자도 대동법의 원래 취지가 안민을 위한 것이라는 사실을 부정하지는 않으나, 경제 합리성의 부족으로 대동법의 편익을 충분히 인식하지 못하여, 반대가 심한 대동법을 추진할 필요를 느끼지 않았다. 충청도에서 대동법이 성과를 거두자, 산당은 그 지지로 선회했다. 공자는 "작은 이익[小利]을 보면 큰 일[大事]을 이루지 못한다."라고 가르쳤는데(『子路』 17장), 김육은 작은 이익이 아니라 큰 이익을 추구하여 인민과 국가에 이로운 대사를 성취했다.

산당이 도덕 지상주의자인 반면 김육이 도덕과 공리의 조화를 추구한 데에는 인성론의 견해 차이가 있었다. 공리를 어느 정도 수용하는가를 결정하는 핵심 요소는 인간의 본성이 도덕적인가 아닌가, 그리고 인간을 완벽하게 도덕적으로 만들 수 있는가 없는가에서 구해질 수 있다. 맹자는 사(士)가 아니고서는 항산이 없으면 항심(恒心)이 없다고 했다.(『梁惠王上』 7장) 그래서 맹자는 생업을 정전법 등 제도로 보장하자고 주장했다. 주자학자는 항산이라는 전제가 없이 천리(天理)로부터 부여받은 인간의 본성이 선하니, 인욕 내지 물욕의 극복을 통한 천리의 회복을 지상 과제로 삼아 수기에 절대적인 의의를 두고 경세론에서도 의리와 명분을 중시하고 도덕의 고양을 우선 과제로 삼았다. 김육은 천성을 다한 성인(聖人)과 달리 보통 사람인 중인(衆人)은 인욕에 빠진다고 보았으니, 성인이 아닌 거의 모든 사람은 항산을 가지지 않으면 항심이 없다고 보았다.

맹자는 욕심을 줄이는 과욕(寡欲)을 가르쳤는데, 맹자보다 인간의 도덕성을 더욱 신뢰한 주자학은 엄격한 도덕률인 물욕의 제거를 요구하였다. 맹자보다 유연한 인간관을 가진 김육은 "인정에 순응하면 천리에 부응한다."라고 보았다. 그렇다고 해서 순자처럼 인간을 악한 존재로 보지도 않아, 법가로 경도되지 않았다. 김육은 이익 추구의 인정을 인정하여 공리를 중시하고 경제 합리적 제도 개혁을 추진했다.

　금을 주석으로 속여 말하고 값싸게 산 인물을 처벌하자는 조정의 논의에 대해 우승지 김육은 "물건을 매매할 때 교묘한 말로 기만하여 자기에게 이익이 돌아오게 하려는 것은 장사치들의 일반적인 행태"라며 반대하여 그 주장을 관철한 일화를 3장 13절에서 소개했다. 김육은 1627년 올린 「황해도, 평안도에서 마땅히 실행할 일을 논하는 소」에서 정묘호란으로 각처에서 무너져 흩어진 군사를 모두 조사하여 죄를 주기로 했다가 부찰사(副察使) 김기종(金起宗)의 건의로 성을 쌓는 일로 속죄하게 하는 조치를 환영하고 나아가 도망을 선창한 사람은 처벌하되 나머지는 용서해 주는 것이 인심의 수습에 필요하다고 건의했다. 그리고 "다른 군으로 흘러 들어가는 백성이 어찌 좋아서 그렇게 하겠습니까. 조세를 피해 가는 것을 금지해서는 안 되고 오로지 과세를 너그럽게 하여 평안히 살게 해야 합니다."라고 주장했다. 김육은 정책도 인정에 순응해야 행해질 수 있다고 본 것이다. 김육은 관료에게도 엄격한 도덕률을 요구하지 않아서, 앞서 언급했듯이, 그가 추천한 기술 관료들은 도덕적 흠을 가져 문관들의 비판을 받았다.

　실학을 포함하여 공리를 중시하는 학풍의 근원에는 공통적으로 인정에 순응하는 것을 중시하는 입장이 있었던 것으로 보인다. 이익 추구의 인정을 중시한 서경덕의 제자인 북인이 인정에 순응하는 정책론을 발전시켰다. 이지함과 유몽인은 국제 무역의 육성을 주장했고 김신국은 동전 통용책의 담당자였다. 유형원은 이익 추구의 인정을 용인하여 물질적 유인을 중시하는 정책론을 발전시켰다.[12] 성호는 욕망을 타고나 이익을 추구하는 인간관을 가져서 유교 도덕과 공리를 조화하는 정책론을 제시했다.[13] 이용후생학의 북학파는 이익 추구를 더욱 긍정했다.

도덕 지상주의자인 산당은 의리와 명분에 절대적 의의를 부여한 근본주의자였던 반면, 이익 추구의 인정을 용인하는 김육은 사업의 성취를 위해 현실의 장벽을 피하기 위해 타협도 할 줄 아는 실용주의자였다. 왕실의 사유 재산이 없어야 한다는 것은 유가 관료의 원칙론이었다. 율곡도 이런 입장을 견지했고, 주자와 율곡을 정신적 지주로 삼은 송시열은 1657년 올린 「정유봉사」에서 왕도 정치에서는 군주의 사(私)가 없어야 한다며 내수사(內需司)의 혁파를 주장했다. 김육은 '미관말직'에 있으면서 인조에 올린 「시사를 아뢴 소〔陳時事疏〕」에서 내수사를 혁파하지 않아 '사'의 허물을 면하지 못했다는 일반론을 아뢰면서도 그것이 자전(慈殿)인 인목대비의 분부를 어기기 어려운 효심임을 지적하고 내수사를 경기도만 남겨 두어 자전의 경비에 보태고 나머지는 혁파하자는 현실적 타협책을 제시했다. 김육은 1627년 올린 「황해도, 평안도에서 마땅히 실행할 일을 논하는 소」에서 같은 자세로 황해도 노전(蘆田)에 둔전의 설치를 건의하면서 "대간이 여러 날 간쟁하는데도 전하께서는 허락하지 않고 계십니다. 신은 전하께서 허락하지 않으시는 이유를 잘 알고 있습니다. 조상의 말씀을 어기지 않으시려는 전하의 효심은 참으로 성덕(聖德)에 있어서 지극한 것입니다. 그러나 국가를 보전하는 방도 역시 막중한 일입니다. 신의 생각으로는 이 땅을 비록 영구히 허락하지는 않는다고 하더라도, 우선 10여 년간 빌려 주어 국가의 저축이 조금 풍족해지고 변방의 걱정이 조금 멈춘

다음에 도로 돌려받아도 무방할 것으로 여겨집니다.”라는 타협책을 제시했다.[14]

(2) 적극적 제도 개혁론

조종조의 구법을 존중하여 경솔히 고칠 수 없다는 것은 고려 왕조와 조선 왕조의 기본 원칙이었다. 고려 태조는 즉위 직후 태봉의 궁예가 옛 제도〔舊制〕를 따르지 않고 과도한 수취를 자행한 것을 비판하고 “지금부터 조세 징수는 마땅히 옛법〔舊法〕을 사용하라.”라고 지시했다.[15] 여기에서 ‘제’나 ‘법’은 같은 의미로 오늘날 법제 또는 제도로 부를 수 있다. 1388년 조준 등이 전제 개혁을 내세운 명분은 조종의 전제가 무너져 바로잡아야 한다는 것이고, 이색은 옛법을 가볍게 고칠 수 없다며 반대했다.

15세기 국가 제도가 정비된 이후 조종조 구법을 존중하여 경솔히 고치지 않는 것이 기본 관점인 가운데, 제도 개혁의 대표적 명분은 ‘법이 오래되면 폐단이 생긴다.〔法久弊生〕’라는 논리였다. 율곡은 법이 오래되어 폐단을 낳아 민생 안정과 부국강병을 저해하니, 제도 개혁을 추진하자고 주장했다. 율곡이 중시한 시의(時宜)의 실공(實功)은 제도 개혁을 통해 성취될 수 있었다. 유성룡과 김육은 율곡에 이은 적극적 제도 개혁론자로서 제도 개혁의 공적을 거둔 대표적 인물이었다. 그 후 유형원부터 정약용에 이르는 실학자가 제도 개혁론을 진전시켰다. 이들과 조선 건국 세력이 제도 개혁을 통해 추구한 목표는 첫째로 민생 안정인 안민, 둘째로 재정 충실화인 부국, 셋째로 강병이었다.

김육은 「황해도, 평안도에서 마땅히 실행할 일을 논하는 소」에서 병농 분리, 동전 사용, 은광 개발 등을 건의하면서 "반드시 가장 못난 세책을 쓰면서 이는 모두가 이미 정해진 일이니 지금 와서 뒤흔들어 고쳐서는 안 된다고 말합니다. 안 되는 줄 알면 신속히 고쳐야 합니다."라며 적극적 제도 개혁을 주장했다. 김육은 「호서대동절목서」에서 대동법을 추진한 데에 대해 "공리를 추구한다고 비웃으며 심지어 장의나 왕안석과 같은 인물이라고 헐뜯기까지 한다."라는 여론을 적었다. 적극적 제도 개혁론자인 율곡과 유성룡도 왕안석 같다는 비판을 받았다. 인조대의 이원익도 대동법을 추진하다 왕안석 같다는 비방을 받았다. 1650년 1월 김육은 우의정을 사직하는 이유로 "만약 어진 이를 업신여기고 변법(變法)을 하였다면서 왕안석에 견주어 신을 공격한다면, 전하께서 아무리 신을 구원하고자 하여도 안 될 것"이라는 점을 지적했다. 김육이 대동법을 건의한 직후인 1649년 11월에 효종이 개혁 주장에 대해 묻자, 송시열은 "송나라 신종과 왕안석이 후세에 개혁하는 자의 경계가 되는데, 만약 적임자를 얻어 맡기면 염려할 바가 아닙니다."라고 아뢴 바 있다.[16]

왕안석에 대한 평가는 공리의 부국강병책과 제도 개혁론에 대한 관점을 보여 주는 지표라 할 수 있다. 부국강병의 제도 개혁에 적극적인 왕안석을 간신으로 보고 주자학과 다른 학설을 이단으로 배척하는 풍조는 조선의 편협한 학풍을 단적으로 드러낸다. 민생 안정의 방도로 인식된 대동법을 추진한다고 해서 공리적 인물로 비방받기까지 하는 현상은 유교적 명분론이 특히 강한 힘을 발휘한 조선의 독특한 현상일 것이다. 주자는 제도가 시대에 따라야 하고 왕안석의 변법도 그러하니 그에 대한 비판이 공평하지 못하고 변법 폐단에 대한 반작용으로 인순(因循)을 당연시하여 폐단이 발생했다고 보는 점에서, 송나라 다른 이학자뿐 아니라 송시열과 그 추종자보다 유연한 사유를 했다.[17] 김육은 왕안석을 비방하는 글을 남기지 않았으며, 『잠곡필담』에서 "집구(集句)하여 시를 짓는 체(體)는 송나라 초기에 시작되어 왕안석, 석연년(石延年) 등에 이르러서 성해졌다."라고 했는데, 왕안석에 대한 편견이 없다고 하겠다.

산당을 비롯한 주자학자가 『국조오례의』를 고례로 개정하자고 주장한 것은 김육의 제도 개혁론과 어떻게 다른가? 이들은 구법을 바꾸는 것이 아니라 춘추 전국 시대 이후 오염된 예제를 고쳐 이전 이상 사회의 구법을 회복하려고 했다. 그것은 주자가 가르친 일이었다. 예법의 개혁은 공리와 무관하고 도덕의 순수화와 고양에 관련되었다.

조선 국가는 광범히 의견을 수렴하면서 제도 개혁의 결정과 추진을 신중히 하자는 것이 기본 방침이었다. 효종 즉위 직후 대동법 논의에서 좌의정 이경석은 "예로부터 제도 개혁은 이익이 10배로 예상되지 않으면[利不十倍] 경계한다."라며 신중론을 내세웠다. 제도 개혁에 대해 이런 신중한 원칙론이 종종 거론되었으니, 다른 예를 들면, 1403년 사간원은 "경전에서 '제도의 개혁과 정령의 변경이 전보다 10배나 이롭지 않으면 할 수 없다.'"라는 논리로 상례의 개정을 반대했다.[18] 여기에서 거론한 '전(傳)'인 『사기』「상군열전(商君列傳)」에 따르면, 상앙(商鞅)이 진나라 효공(孝公)에게 제도 개혁의 변법(變法)을 건의하자 두지(杜贄)는 "100배의 이익이 없으면 법을 바꾸지 않고, 10배의 공이 없으면 기구를 바꾸지 않는다.[利不百 不變法, 功不十 不易器]"라며 반대했다. 제도 개혁을 주장할 때, 편익은 과장되기 쉽고 예상하지 못한 비용이 발생하므로, 이런 신중한 자세는 필요하다.

사대부의 공론을 중시한 조선은 여론을 경청하며 신중하게 사업을 추진하는 강점뿐 아니라 반대론에 의해 사업 추진 동력이 쉽게 상실되는 약점을 가졌는데, 대동법은 그 양면을 잘 보여 준다. 이런 약점을 극복하기 위해 편익이 비용을 압도하는 제도 개혁을 과감하게 결정하여 추진하자는 관점도 있었다. 1626년 지평이라는 언관직을 맡고 호패청 낭청을 겸임한 김육은 인조에 올린 계사에서 "모든 크고 작은 일은 한두 사람이 담당하면 마음이 통일되어 쉽게 이룰 수 있습니다. 수십 명이 회의하면 논의가 여러 갈래로 나와 결정할 수 없습니다. 군적을 토대로 군인을 정하는 일은 자연히 주도자가 있어서, 병조의 네 당상과 여덟 낭청도 이미 많습니다. 그런데 또 호패청의 아홉 당상과 여덟 낭청이 합쳐 참석하면 아마 논의가 모순되어 걸핏하면 서로 견제할 것입니다. 한갓 헛된 형식만 있고 일이 착실하지 않게 되어, 마치 길가에 집을 짓는 데 3년이 되도록 완성하지 못하는 것과 같을 것입니다."라고 아뢰었다.[19] 「가장」에서는 이 구절을 인용했는데, 김육의 정책 추진 자세를 잘 보여 주기 때문이었다. 『시경』의 소아(小雅), 「소민(小旻)」에서는 "집을 지으면서 행인에게 물으면, 이 때문에 결국 완성을 보지 못한다."라는 구절이 나온다. 주자의 풀이에 따르면, 여기에서 "길가에 집을 지으면서 행인들에게 물어 보면 의견이 각각 달라서 3년이 되어도 집을 지을 수 없다.〔作舍道邊 三年不成〕"라는 고어(古語)가 나왔다. 김육은 이 고어를 정책의 과감하고 효율적 추진을 주장하는 한 논거로 삼았다. 1625년 조익은 삼도 대동법의 폐지를 반대한 상소 가운데 "옛날 성현과 호걸이 법을 만들 적에 처음에는 반드시 뭇사람의 의심을 받고" 조그만 폐단이 없을 수 없지만, "이 때문에 회의하거나 구애되는 일이 없이 매우 강력하게 시행함으로써 성대한 효과를 거둘 수 있었습니다. 뭇사람이 보지 못한 것을 홀로 보고서, 이 법이 유익하고 편리한 만큼 반드시 백성을 구제하고 나라를 일으킬 수 있다는 것을 알았기 때문에, 뭇사람의 말에 동요되는 일이 없이 의심하지 않고 시행했습니다. 오직 이와 같았기 때문에 천하의 사업을 성취하여 천하를 잘 다스릴 수가 있었습니다. 만약 그렇지 않고서 법을 제정하는 초기에 이해의 소재를 분명히 파악하지 못한 채 흐리터분하게 일을 결정하거나 이미 시행한 뒤에도 뭇사람들의 말에 동요된 나머지 작사도방(作舍道傍)하는 것 같다면 작은 일도 해낼 수 없을 것인데 하물며 국가를 잘 다스릴 수 있겠습니까."라고 했다.[20] 김육은 조익이 말한 자세로 충청도 대동법을 완수했다. 정약용은 『경세유표』에서 정전제의 시행을 주장하면서 "우리나라에 조금이라도 개혁하는 일이 있으면 삼사의 여러 신하가 반드시 다투어 논쟁하고 발언이 뜰에 가득하여 작사도방하니 먼저 국왕의 뜻을 정함이 마땅하다."라고 했다.

1657년 김육은 효종에게 전라도 대동법의 시행을 결단하기를 요청하는 차자에서 "모의하는 사람들이 매우 많아, 이 때문에 계책이 이루어지지 않는도다. 말하는 사람들이 조정에 가득하니, 누가 감히 그 허물을 책임지겠는가."라는 『시경』, 「소민」의 작사도방 구절의 앞을 인용했다. 이어서 "지난날 전하의 앞에서 논의할 적에 의논이 분분하여 결정하지 못하였으므로, 끝내 본도에 내려 물어 보는 지경에 이르고 말았습니다. 본도에서 이미 아뢰었는데 비변사가 또 면대하여 아뢸 경우, 이 일이 어느 때나 정해질 수 있을는지 모르겠습니다."라며 우려했다.[21] 1528년 대사헌 홍언필(洪彦弼)은 비변사의 논의가 중구난방이라며 『시경』의 이 구절을 인용했다.[22] 1583년 병조 판서 율곡은 「시사를 아뢴 소」에서 국방 강화책이 시급함을 아뢰면서 이 구절을 인용했으며, 그 상소는 『국조보감』에 실렸다.

3 김육의 안민 부국론과 산당의 안민 지상주의론

1장 5절에서 언급했듯이, 인민이 생업에 정착하고, 나아가 부유해지면 재정 수입이 저절로 증대하기를 추구하는 안민 부국론 내지 왕도적 안민론은 유학과 조선 왕조의 경제 정책 이념이었다. 율곡은 왕도적 안민론자인데, 임진왜란 이후 그것은 안민과 부국을 동시에 달성하려는 안민 부국론과 안민 지상주의론으로 분화했다. 공리를 배격하여 의리와 명분을 절대시하는 주자학자, 특히 산당은 안민 지상주의자였다. 그에 반해 김육은 경제 합리주의의 공리를 추구하여 안민 부국의 정책을 진전시켰다. 안민 지상주의가 주자학의 관점이라면, 안민 부국론은 공자, 맹자, 순자의 평균적 관점이었다. 일찍이 한영국은 김육의 정책 이념을 부국 안민으로 집약한 바 있다.[23] 정만조는 김육의 사상을 안민 익국론으로 부르고 안민을 위해 재정 감축까지 요구하는 산당, 그리고 부국강병을 추구하는 북벌파와 대비하여 그 특성을 부각했다.[24] 이남복에 따르면, 민의 부담 경감과 재정 충실은 상충하는 목표인데, 김육은 양자를 동시에 추구한 민국 양익론(民國兩益論)에 입각했다. 이남복은 김육이 인민의 이익에 역점을 두었다가 만년에 올수록 재정을 더욱 중시하게 되었다고 보았으나,[25] 필자는 민생 안정을 통해 국가를 굳건히 함으로써 인민과 국가를 동시에 위하려는 김육의 정책 목표는 변하지 않았으며, 효종대 정승에 올라 안민과 부국을 동시에 도모하는 정책을 더욱 진전시켰다고 판단한다.

　　3장 4절에서 소개했듯이, 김육은 1624년에 처음 단독으로 올린 소「음성현의 폐단을 아뢰는 소」에서 궁핍해진 현민의 구제를 위해 조세의 합리적 부과와 경감을 주장하면서 정책의 목표와 마음가짐을 "국가를 공고히 하는 길은 민생 안정을 근본으로 삼습니다.〔固國之道 安民爲本〕 신이 어찌 백성을 사사로이 사랑하여 국방의 급함과 재정의 중요함을 생각하지 않겠습니까. 저의 마음은 전하가 이 한 고을의 폐단을 미루어 전국에 두루 미쳐 헤아려서, 일족(一族)과 이웃 호가 침해받지 않아 떠돌아다니는 자가 도로 모여들게 하려는 것입니다."라고 집약했다. 그러면 인구가 증가하고 개간이 진전되어 군사력과 재원이 확충된다는 것이다. 여기에서 '국'은 기본적으로 '민'의 대개념으로 통치 기구인 조정을 의미하지만, '민'과 '국'을 포괄하는 정치 공동체의 요소도 가진다. 이것은 안민이라는 유학의 지론으로 볼 수 있지만, 유가, 특히 주자학자라면 인민을 사랑하여 민생 안정을 추구하는 것이 도덕적으로 정당한 국가의 기본 과제였기 때문에, 백성을 사애(私愛)하는 것이 아니고 국방과 재정을 경시하지 않는다고 공리적 관점에서 변명할 필요가 없었다. 『한비자』의 「비내(備內)」에서는 요역을 가볍게 하여 민생이 안정되어야 국가 권력이 공고해질 수 있다고 보았는데, 이 관점은 어떻게 보면 김육의 주장에 통한다. 그런데 김육은 안민을 국가 공고화의 수단으로만 보지 않고 기본 과제로 주진한 점에서 법가가 아니라 유가였다.

　　김육이 민생 안정책을 건의하면서 재정과 국방을 무시하지 않는다고 변명한 배경은 있었다. 민생 안정을 위한 조세 경감책이나 기근 대책은 당장 세입을 줄이고 지출을 늘린다. 인구 증가와 개간 진전이 없으면, 그것은 부국에 역행한다. 실제로 16세기에 전세의 연분이 최하등으로 고착되면서 국가 재정이 궁핍해졌다. 빈약한 재정과 군사력은 임진왜란의 대응에 장애를 초래하여 인민에 엄청난 고통을 안겼다. 그 결과 부국강병의 중요성이 절감되었다. 그래서 김육은 민생 안정을 추구하면서도 국가를 약화시키지 않고 굳건하게 만들겠다는 자세를 드러낸 것이다. 김육이 올린 수십 개의 차자와 소가 모두 '민생을 안정하여 근본을 튼튼히 하는〔安民固本〕' 관점을 반복한 것이라고 그의 장남은 「가장」에다 적었다.(556)

　　김육은 1627년 직강으로서 올린 「황해도, 평안도에서 마땅히 실행할 일을 논하는 소」에서는 정묘호란 직후 민심 수습을 최우선 과제로 삼았다. 그러면서 동전 주화를 통용하여 국가와 민간 모두 궁핍한 현실을 탈피하고, 은광을 개발하여 재정을 넉넉히 하고, 둔전과 병농 분리로 강병을 추구하자고 주장했다. 안민을 기본으로 삼으면서 아울러 부국강병을 도모하는 대책인데, 1624년 상소의 생각이 변했다기보다 처한 관직과 안건에 따라 내용이 변했으되 원칙은 동일했다.

　　대동법은 안민 부국책의 진전에 크게 공헌했다. 율곡이 왕도적 안민론에 입각하여 조세의 균등화와 경감, 그리고 중간 수탈의 배제를 통해 소민을 보호하는 차원에서 수미법을 제안했다면, 유성룡은 수미법을 군량 확보책으로서도 설정함으로써 대동법이 안민 부국책이라는 관점의 원류를 제공했다. 유성룡을 도와 국난 극복에 공헌한 이원익이 1608년 경기도 대동법을 추진한 것은 안민이 기본이지만, 사신 접대와 산릉공사의 경비를 마련할 목적도 있었다. 이원익이 1623년 삼도 대동법을 추진한 중요한 목적은 군량미 등 식량 60만 석의 확보였다. 대동법은 안민 부국책으로 성립한 것이다.

1623년 7월 호조는 동전 주화법을 제정한 초기에 사람들이 그것을 잘 사용하지 않으니 "어떻게 인민을 부유하게 하고 재정을 풍족하게 하겠습니까."라며 그 강행을 요청하여 인조의 재가를 얻었다. 동전 통용책의 목표는 부민과 부국이었던 것이다. 그날 인조는 "반드시 경계(經界)를 먼저 바르게 한 뒤에야 대동법을 시행할 수 있을 것이다."라고 말하자, 영사 윤방(尹昉)은 "양전을 시행하면 수십만 결을 얻을 수 있으니 백성은 편하고 국가는 이로울 것입니다."라고 아뢰었다. 인조가 "백성에게 편하면 반드시 국가에는 이롭지 않고 국가에 이로우면 반드시 백성에게는 편하지 않을 것인데, 어떻게 양쪽 다 이익을 얻겠는가?"라고 묻자, 윤방은 "대동법을 시행하면 방납(防納)의 폐단이 없어지기 때문에 백성에게 편할 것입니다."라고 답했다. 인조는 "정말 편하고 타당하다면 시행하는 것이 좋겠다."라고 말했다.[26]

재정 충실화는 국가의 회피할 수 없는 과제여서 조선의 관료는 이재(理財)를 무시하지 않았다. 그런데 『대학』에서 천명되어 있듯이, 조세 부담의 증대가 안민을 해칠 우려가 크다고 보았기 때문에, 재정 충실화의 이재에 대한 경계감이 강했다. 유학자는 재정 확대책이 인민의 부담 증대로 귀결된다는, 요즈음 말로 하면 제로섬 게임이라고 보았다. 그래서 1623년의 인조처럼 인민과 국가에 모두 이로운 재정 효율화 방안을 발상하기 어려웠다. 그런 점에서 1623년 조정이 안민과 부국을 동시에 달성할 수 있는 방안을 인정한 것은 경제정책 이념의 중요한 진전이었다. 9월 이조 정랑 조익의 상소는 안민 부국책으로서 대동법의 정책 이념을 완성했다. 윤방과 조익 모두 율곡의 제자인 점은 흥미롭다. 김육의 충청도 대동법은 이 주장이 타당함을 증명했다.

김육이 1638년 충청 감사로서 대동법을 건의할 때 1결마다 대동세를 면포 1필과 쌀 2두로 삼도 대동법의 절반으로 줄이면서도 '남는 것이 수만'이라고 하여 대동법을 안민 부국책으로 설정했으나, 부국에 대한 배려가 부족했다. 우부승지 이명웅은 1결당 포 2필이나 쌀 10두로 늘려 삼남에서 거두면 경비를 충당하고 7~8만석 정도가 남을 것이니, 편민 유국(便民裕國)에 최상이라고 했다. 이명웅은 부국을 충실히 배려한 안민 부국책을 제시했던 것이다.

김육이 충청 감사로서 건의한 안민 부국책을 소개한다. "논밭이 없는 백성이 …… 한번 농지 대장(田案)에 등재되면 조세를 감당하기 어렵기 때문에 감히 개간하지 못하고 있습니다. 지금 만약 별도로 사목을 만들되, 원장에 기재된 원전(元田) 외에 묵은 땅을 개간한 것은 따로 농지 대장을 하나 만든 다음, 경작할 경우에는 조세를 거두고 묵힐 경우에는 조세를 면제하여 그들로 하여금 임의대로 부쳐 먹게 한다면, 묵은 땅이 많이 개간되어서 세입도 많아질 것입니다."라고 조정에 건의하면서 "이것이 실로 국가와 인민 양쪽에 편하다.〔兩便於公私〕"라고 했다. 김육은 충청도 연해 각 고을의 공물을 쌀로 대신 내게 하는 것이 인민에게 불리하게 가격이 설정되었다며 반대하면서 시장 가격에 따라 대납하기를 요청하고, "재정을 넉넉히 하는 방도는 전적으로 소금과 철에 달려 있다."라며 세원의 다변화를 통한 재정 확충을 건의했다.[27]

김육은 효종 대에 정승이 되어 안민과 부국을 동시에 도모하는 정책을 적극 설계하여 실행했다. 인조조에는 김육보다 앞선 안민 부국론자들이 있었으나, 김육은 계속 정책 소신을 갈고닦아 70대인 정승 시절 안민 부국론을 선도하게 되었다. 김육은 1649년 우의정에 임명되어 충청도, 전라도 대동법의 시행을 건의하면서 "왕도 정치에서는 민생 안정보다 앞서는 것이 없습니다. 민생이 안정된 후에야 국가가 안정되는 법입니다."라고 전제한 다음 "대동법이 조세를 고르게 부과하고 인민을 편하게 하니〔均役便民〕 …… 안민 익국(安民益國)의 방도로서 이보다 좋은 것은 없습니다."라고 했다. 충청도 대동법은 경기도 대동법 16두보다 적게 10두를 거두고도 추가 징수의 폐단을 줄여 민생 안정에 이바지했다. 『호서대동절목』에 따르면, 모두 8만 3164석을 거두어 서울로 4만 8280석을 상납했는데 선혜청 지출 예산이 4만 6266석이어서 여유가 있고, 충청도 유치미가 3만 922석인데 지출 예산이 2만 2918석이어서 "여미가 8000여 석 있었다." 김육은 충청도 대동법을 안민 부국의 제도로서 완성한 것이다.

김육은 1655년의 「호조와 병조가 함께 동전을 통용하기 청하는 차자〔請令戶兵曹同議行錢事箚〕」에서 동전 통용을 추진하는 목적이 재정을 넉넉히 하고 인민을 편하게 하기〔裕國便民〕 위함이라고 밝혔다. 용어의 배열에서 드러나듯이, 대동법은 안민을, 동전 통용책은 부국을 우선 가치로 삼았다. 1653년 좌의정 김육은 황무지에 빈민을 동원하여 둔전을 개간하고 화전을 금지하여 산림을 보호하면서 민생 안정과 부국강병을 동시에 도모하자고 건의하여 채택되었다. 김육은 둔전처럼 다목적의 경제 합리적 정책을 적극 개발, 추진했다. 김육은 1654년 양인의 군포 부담을 1필로 균등하게 줄이면서 진사나 생원이 되지 못한 사족까지 군포 부담을 확대하자고 제안했다. 이것은 양인에게 안민과 균역의 정책이자 군포 담당층을 늘려 부국책일 수도 있는, 김육이 선호한 다목적 정책이었다.

대체로 보아 안민 부국론자는 대동법과 동전 통용책을 추진하자는 입장이었고, 안민 지상주의자는 그것에 제동을 걸었다. 고려 시대 금속 화폐 통용책에서부터 그 점을 확인할 수 있다. 1102년 숙종의 교서는 동전 통용책의 동기를 "인민을 부유하게 하고 국가를 이롭게 하는 데〔富民利國〕에 동전보다 더 중요한 것은 없다."라고 집약했다. 그에 반해 1002년 시중(侍中) 한언공(韓彦恭)은 "사람을 편안하게 하고 사물을 이롭게 하려면〔安人而利物〕 옛 제도를 항구적으로 따르는 데에 있다."라고 하여 996년부터 시작된 철전 통용책을 비판했다.[28] 김육이 안민 익국책으로 표현한 대동법, 그리고 유국 편민책으로 표현한 동전 통용책에 대한 반대론자는 대동법과 동전 통용책의 취지 자체를 비판할 수는 없었으나, 부과된 공물의 종류와 양을 조정하는 공안의 개정만으로도 충분하며 민간이 무명을 돈으로 사용하는 관행을 존중하면 되는데, 시행하기 힘들고 반발이 심한 제도를 강행하여 안민을 해친다는 이유를 들었다. 정언 이만웅은 1652년 반대 상소에서 대동법과 동전 통용책이 "실로 국가 재정을 넉넉하게 하고 인민의 부역을 고르게 하자는 뜻"이라는 점을 부정하지는 않았다. 그런데 "어리석은 인민은 곡식만을 먹고 포백(布帛)만을 입을 줄 알 뿐, 동전이 옷과 음식의 근본이 된다는 사실을 모르고서" 동전 통용책을 의심하고 그에 따르지 않았는데, "이는 대개 점차적으로 하지 않고 빠르게 만 실시하려 하였고 종전의 정령도 신용을 얻지 못했었기 때문이다." 라고 주장했다. 대동법도 행정적인 실수들로 인해 "본래는 고르게 하려던 조세를 도리어 무겁게 하였으며, 부자도 오히려 감당하지 못할 판이니 피폐한 인민은 결국에 유망하고 말 것이다."라고 비판했다. 그는 대동법과 동전 통용책의 부작용을 과장했다. 대다수에게 편익을 제공하나 일부가 싫다고 하는 정책, 장기적으로 큰 이점을 가지나 단기적으로는 불평을 낳을 수 있는 정책들은 여론을 중시하는 안민 지상주의자에게 좋은 공격 대상이 될 수 있었다. 제도 개혁의 장기적 비용과 편익을 종합적으로 고찰할 수 있는 김육 등 소수의 관료들이 그러한 비판 여론을 무릅쓰고 정책을 추진할 수 있었다.

산업 혁명 이전의 맬서스 시대에 중심적인 안민책은 굶주림을 구제하는 기근 대책, 곧 진휼 정책이었다. 조선 왕조보다 기근 대책에 적극적인 전근대 국가를 찾기는 어렵다. 김육은 재정에 부담을 주지 않거나 그 부담을 최소화하는 기근 대책을 강구했다. 1652년 1월 상평청은 봄에 곡식을 풀어 진구(賑救)하는 데에 시급한 과제로서 "충청도 잔읍(殘邑)은 원곡(元穀)이 100석 미만이고 조금 여유 있는 읍도 겨우 200~300석이어서 빈민이 관조(官糶)를 얻지 못할까 걱정인데, 1만여

석의 대읍(大邑)이 있습니다. 충주의 원곡 2만 2000여 석 중에서 2000여
석을 덜어 내어 단양, 연풍 등 7개 읍에 나누어 준 뒤 추수 때에 7개 읍
이 각자 거두어늘이게 하고, 정수와 홍수노 이 법을 쓰게 한나면, 1년이
지나지 않아 아무리 작은 읍이라도 모두 1000석 정도는 비축하게 되
어, 곤궁한 백성을 기아에서 구출할 수 있으며 국가 비축곡도 증가합
니다. 그리고 대읍에서 덜어 낸 곡식 역시 몇 년이 지나지 않아 모곡(耗
穀)을 수대로 채워 놓을 수 있습니다. 전라도에서도 곡식을 이렇게 나
누어 줌이 마땅합니다."라고 건의했다. 김육이 작성한 정책인데, 효종
이 인가했다.[29]

1653년 김육은 장릉(章陵)의 사초(莎草)를 개수하라는 어명을 받
고 가면서 흉년에 조세 경감을 호소하는 인민을 차마 볼 수 없고 그
들에게 대답할 방도를 모르겠다고 하면서도 경비 부족을 또한 걱정
하지 않을 수 없다고 아뢰었다. 김육은 능소로 가는 길의 천등포(天登
浦)와 절교포(折橋浦)에 매번 나무 다리를 만드는 일로 백성이 괴로워
견디지 못하니 양천과 김포의 증미(拯米)를 각각 100여 석 면제하고
두 군민의 힘을 합쳐 돌다리를 만들게 하면 공사(公私)가 편리하고 자
손 대대로 이익이 될 것이라고 건의했다. 비변사가 그 시행을 요청하
여, 효종이 따랐다.[30] 미국의 뉴딜 정책과 같은 성격이다.

김육과 산당이 모두 유학의 안민론을 기본 정책 이념으로 삼았
으나, 김육은 그것을 적극적으로 해석하여 민생의 안정과 재정의 충
실화를 동시에 도모하는 안민 부국론을 발전시켰던 반면, 산당은 민
생 안정을 재정적 고려에 우선하는 절대적 가치로 설정하여 부국론
으로 나아갈 길을 사실상 봉쇄했다. 산당을 대표하는 송시열이 1649

년 올린 「기축봉사」는 모두 13조인데, 여덟 번째 조목에서 "인의를 행하고 이익을 숭상하지 않아야 풍속을 변화시킬 수 있다."라고 했으니, 부국을 도모하기 어려운 관점이었다. 아홉 번째는 "재용(財用)을 절약하여 나라의 근본(邦本)을 굳건히 하라."라는 제목 아래 수탈을 금지하라고 했고, "공안을 바르게 해 백성의 힘을 펴라."는 열 번째는 조세 경감책이고, 열한 번째는 "검소한 덕을 숭상하여 사치를 제거하라."였다. 송시열이 1657년 올린 「정유봉사」는 19조인데, 다섯 번째 '양민(養民)'에서는 왕실의 사적 재산의 폐지 등 경비를 절감하여 조세를 경감함을 주된 대책으로 삼았다. 송시열은 왕실 재정과 군영의 축소로 세출을 절감하여 조세 부담을 줄이는 방안을 선호했고, 사창(社倉) 등 굶주림 대책에 적극적이었다.[31] 송시열의 이러한 경제 정책관은 산당, 더 넓게 주자학자의 모범적 견해라 하겠다.

송시열은 「정유봉사」 가운데 "대동법은 다만 세입(稅入)을 헤아려 지출해야 되는데, 지금은 지출을 헤아려 세입을 정하는가 하면 또 지나치게 여유를 두어 지금 남은 쌀이 각 고을에 쌓여 있어서 오랫동안 탐욕스럽고 간사한 관리의 모리와 미곡 대부의 거리가 되고 있습니다. 신은 80~90%만 거두라는 주자의 가르침에 따라 남은 수량만큼 거두어들일 수량을 감해 주기를 바랍니다. 그러면 민심이 반드시 크게 기뻐할 것입니다."라고 아뢰었다.[32] 이 상소는 김육이 지향한 안민 부국의 목표를 충청도 대동법이 달성했음을 보여 준다. 송시열은 대동법이 안민책에 국한되어야지 부국책이 되는 것을 반대한 것이다. 그런데 김육이 여유가 있도록 설계한 충청도 대동법은 경비 팽창 법칙으로 시행한 지 20년 후 세입이 지출보다 부족해졌다.

1658년 9월 송준길이 굶주리는 백성을 구해 살리는 일이 급선무라고 하자, 효종은 "국가에 저축이 없으니 어떻게 하겠는가?"라고 반문했다. 송시열은 인민을 사랑하는 마음으로 "국가에서 반드시 강화창(江華倉)과 경창(京倉)의 곡식을 풀어 경비로 쓰고 조세를 크게 줄여야만 백성이 실질적인 혜택을 입을 수 있습니다."라고 아뢰었고, 송준길은 "진실로 황정에 관계되는 일이라면 마치 불을 끄고 물에 빠진 사람을 구제할 때 서둘러 미처 하지 못할까 하는 것처럼 해야 합니다."라고 아뢰었다. 며칠 후에 송준길이 구황 정책의 시급함을 다시 거론하자, 좌의정 원두표는 국가에 비축이 없어 어렵다고 아뢰었다. 12월에 효종은 흉년이 든 충청도 7개 읍도 전라도 9개 읍처럼 조세의 감소를 명했으나, 비변사가 재정 형편을 고려하여 철회를 건의했다. 그러자 이조 판서 송시열은 "재물은 흩어져도 다시 모을 수 있지만 민심은 한번 잃으면 다시 거두기 어렵습니다."라는 주자의 주장 등을 들어 조세의 감소를 관철했다.[33]

　　일반적으로 군주는 신하보다 국가 재정에 더욱 관심이 깊어 안민 지상주의보다는 안민 부국론을 선호했다. 그런데 인조와 효종이 이원익과 김육보다 대동법에 소극적인 이유는 안민 부국책으로서 대동법에 대한 확신이 부족한 때문이었다. 충청도 대동법이 안민 부국책으로서 성과를 보이기 시작하던 1654년에 전라도에도 대동법을 시행하자는 건의에 대한 조정의 논란이 분분한 가운데, 효종은 "만일 대동법을 시행하여 공물을 더 징수하지 않고도 국가의 재용을 지탱할 수 있다면, 그 법이 좋지 않은 것은 아니다."라면서 적극적인 자세를 보여 재위기에 시행 결정을 도출했다.[34] 효종은 안민의 진휼 정책에 적극적이었는데,[35] 인정(仁政)과 애민의 유학 이념에 충실하고 민심 수습을 중시했기 때문이다.

경제학 용어로 풀이하면, 김육은 국가의 한정된 자원의 활용도를 높이면서 최적 배분을 도모하고자 노력했는데, 산당은 안민을 지상 과제로 삼고 공리를 배척하여 경제 합리주의의 효율을 고려하지 못했다. 조선 왕조사가 보여 주듯이, 맬서스 법칙이 작용하는 시대에는 안민 지상주의 정책은 생활 수준을 향상하지 못한 채 재정 궁핍화를 초래할 수 있다. 조선 시대 세종과 정조보다 안민의 기근 대책에 적극적인 군주가 없는데, 그 때문에 비축곡이 줄어들었다. 재정이 궁핍해지면 인민에 대한 자의적 수탈이 불가피함은 16세기와 19세기 조세 제도의 문란이 보여 준다. 그리고 재정이 빈약하면, 외침에 제대로 대응할 수 없다. 김육이 맬서스 법칙은 알 수 없었겠지만, 재정이 충실해야 국방, 기근 대책 등 공공 정책의 재원을 마련할 수 있어서 안민에 이바지할 수 있음을 알았다. 그런 점에서 김육의 안민 부국론이 이후 조정에서 발전적으로 계승되지 못한 것은 아쉽다.

4 김육의 법치 국가관과 산당의 예치 국가관

(1) 산당의 군자 붕당의 세도 주재론과 김육의 관료제 국가론

전국 시대의 유가는 유교 도덕이 군주 주권보다 상위 가치로 구현되는 국가를 지향하고 예치를 중시한 반면, 법가는 주권자인 군주가 법과 관료제로 통치하는 국가를 지향했다. 법가를 채택하여 중국을 통일한 진나라가 단명하자, 한대 이후 법가와 유가 합작의 통치가 성립하여 법치가 성숙했다. 예 등 유교 도덕은 자연법 사상을 제공하게 되었다. 송대까지 유교 통치 이념이 강화되었고, 주자는 유교 통치 이념으로 순화된 도학 정치로 예치 국가를 건설하려는 꿈을 가졌다. 송나라보다 유교 통치 이념이 강한 영향을 미친 조선 왕조는 도학 정치를 실행했다.

이성계가 세도 회복을 역성혁명의 명분으로 삼아 조선은 유교를 통치 이념으로 삼았으니, 조선 시대에는 유교 도덕의 세도를 구현하는 정치를 하자는 합의가 있었다. 그 의식이 특히 강렬한 것은 주자의 도학 정치론이다. 선조 대에 성립한 사림 정치에서 도학은 최고의 권위를 가지는 통치 원리로 자리 잡았다. 논쟁점은 세도를 누가 주재하며 어떤 방식으로 구현하는가였다. 주권자인 군주가 세도 주재자로 자처하려는 것은 당연했다. 그런데 주자는 군자 붕당이 군주를 끌어들여 도학 정치를 하고 세도를 주재하는 주체라고 보았다. 16세기 대두한 사림파는 주자학자여서 대부분 군자 붕당론에 우호적이었다. 기묘명현 이후 사림파는 요순처럼 지극한 정치(至治)를 구현하기 위해서는 군주의 도덕적 수양과 함께 제왕학의 실천뿐 아니라 현명한 신하의 보필이 필요하다고 주장했다. 이들은 군신 공치에 참여하는 신하가 덕망과 능력을 갖추어야 한다고 보고, 그런 인물을 군자라 불렀다. 이상 시대 정치를 재현하기 위해서는 군자가 정계로 나와 치자의 자질이 없는 소인을 축출하여야 했다. 사림파가 훈구척신을 비판할 때에는 이 군자 붕당론이 명분을 가졌으나, 선조 대에 사림파가 정치의 주체가 된 후에 동인과 서인으로 갈라지자, 군자 붕당론의 명분이 약해진 반면 붕당의 폐해는 커졌다. 그래서 붕당 망국론이 다시 대두했다.

1649년 산당이 조정에 진출하여 격탁양청을 활발히 행한 것은 군자 붕당론의 추구였다. 김준석은 산당의 영수인 송시열이 군주의 성학론, 군자와 재상의 세도론을 내세워 왕권을 견제하면서 군신 공치를 주장했다고 보았다.[36] 산당은 도학 정치를 실현하는 세도의 주재자로서 산림과 군자의 붕당이 정국을 주도하기 바랐다. 김육이『효경』과『충경』을 합쳐 간행하면서 효가 충의 근본이라며『효경』을 먼저 수록한 것은 유교 윤리인 세도를 존중하는 관점이다. 그런데 김육은 붕당이 나라를 망치는 원인이라 보고 정책에 대한 사림 공론의 과도한 영향력을 경계했으며, 군주가 정국을 주도하는 현실을 전제로 하면서 비변사와 육조, 대간제도 등 관료제에 의거하여 공 이념과 법치에 입각하여 군주권을 견제하면서 군신 공치를 하고자 의도했다. 요컨대 산당은 주자의 정치론에 충실하게 정치를 개혁하고자 한 반면, 김육은 조선 시대에 진화해 온 정치 질서를 개선하기를 바랐다.

의회 제도가 없던 시대에 조선보다 권력의 자의적 행사를 효과적으로 견제하는 도덕적 규율과 관료제를 발달시킨 나라를 찾기 어렵다. 언론권을 가진 대간과 이조 전랑은 군주뿐 아니라 삼공육경을 위시한 고관의 권력 남용을 견제할 수 있었다. 김육은 군주 주권과 관료 기강, 그리고 권력의 견제와 균형의 관료제가 조화를 가지고 건강하게 기능하도록 노력했다.

송시열은 신하를 높이는 입장인 반면, 그와 대립한 남인과 한당은 군주를 높이려는 입장이라는 견해가 있다. 그런 관점에서 예송을 바라보는 견해가 있으나, 필자는 왕가례의 차별성을 인정하는가의 문제로 본다. 율곡 이후 사림은 진나라의 존군 억신(尊君抑臣)을 비판, 경계했고 송시열은 「기축봉사」에서 그 내용을 남겼다. 조선시대 존군 억신을 지지한다는 인사는 찾기 어렵고, 군주를 높이려는 예론을 내세운 윤휴도 그것을 비판했다. '애군(愛君)'이라는 표현은 빈번히 나온다. 한당의 정신적 원류인 김육은 누구보다도 군주에게 직언을 많이 하여 군주를 높이고 신하를 낮추는 입장이라 하기 어렵다. 필자는 김육의 '애군' 표현을 진심으로 본다. 효종과 김육은 공자가 가르친 대로 "군주가 신하를 예로 부리고 신하가 군주를 충성으로 섬기는" 관계였다. 송시열의 군자 붕당론과 신하 세도론이 기존 질서보다 신하의 위상을 높이는 의론임은 명백하다.

군자 붕당론자의 주장처럼 만약 선하고 공도에 따르는 군자와 악하고 사욕에 따르는 소인을 준별할 수 있다면, 군자의 붕당이 순기능을 할 수 있다. 유교적 인간관은 인간의 본성이 선하고 군자와 소인을 준별할 수 있다고 본다. 그래서 조선 시대 유교 문화에 젖은 엘리트에게 군자 붕당론은 호소력을 가졌다. 그리고 붕당론은 현대의 정당론으로 이어질 수 있는 것처럼 보이기도 한다. 그런데 군자 붕당론은 선과 악의 양분법이라는 도덕 절대주의에 입각하여 상대를 부정하는 점에서 사실상 정당 정치를 부정한다. 그리고 현대의 인간관에 따르면, 인간은 이기적인 존재이므로, 선인과 악인으로 정치가를 양분하는 방식은 문제가 있다. 송시열은 군자 붕당론자로서 자신과 정치 철학이 다른 정치인들, 심지어 주자와 조금만 다른 학설을 주장하는 인사를 소인이나 사문난적으로 배척했다. 그래서 송시열은 대화와 타협의 정치가 아니라 대결의 정치를 했다. 군자 붕당론자가 도덕적 독선뿐만 아니라 당리당략을 추구하면, 그 폐해는 한층 커진다. 3장 7절에서 살펴보았는데, 1649년 산당의 격탁양청 활동이 완벽히 성공하면, 조정은 산당을 지지하고 주자의 학설만 신봉하는 인사들로만 채워진다. 군자 붕당론은 정당 정치에 통하게 보이나, 실상은 일당 독재를 주장한 셈이다. 민주주의의 대의 정치로 국민이 선출한 정치가는 정당 정치를 발전시킬 수 있으나, 조선처럼 의회 제도가 없는 군주 주권 국가에서 정당 정치는 기능하기 어렵다. 그런 가운데 조선의 붕당이 정당 기능도 부분적으로 수행한 것은 평가할 만한데, 이는 6장 1절에서 설명할 것이다.

　　김육은 붕당 망국론을 견지했다. 김육은 인조 때 미관말직에 있으면서 「시사를 아뢴 상소」에서 "붕당 두 글자는 조정에 화를 부르는 근본"이라고 하고 "사(私)로써 공도를 해치는 바"를 경계했다. 그리고 효종 때인 1653년경 정승으로서 올린 「경연에서 한 말 때문에 사직하는 차자(以筵中說話辭職箚)」에서도 "천하의 일은 마음을 같이하는 데에서 이루어지고 다르게 하는 데에서 실패하는 것으로, 예전부터 국가를 망치는 것은 모두 붕당에서 말미암았습니다. 붕당이 오늘날보다 심한 적이 없었습니다."라고 보았다. 그런데 "뿌리박은 붕당이 이미 고질이고 흐른 여파가 이미 만연하였으므로, 이를 제거하고자 하면 온 조정이 텅 비게 될 것입니다. 그러니 오직 어진 자를 가려서 쓰고 심한 자는 제거하여 내쳐야만 합니다. 그리하여 임금이 좋고 싫어함을 분명하게 보여서 공사를 나누면, 비록 붕당을 제거할 수는 없더라도 자연히 서로 조심할 것입니다."라는 대책을 제시했다. 이 주장은 박세채의 황극 탕평론에 통한다.

김육은 인재의 도덕성뿐 아니라 전문적 경세 역량도 중시하여, 관료산 타협과 협력을 중시했다. 그는 당파를 초월하여 소신에 입각한 정책 대결을 치열하게 벌였으나, 당리당략이나 도덕적 독선론으로 상대를 공격하지 않았다. 이런 자세가 송시열의 의리 명분론에 입각한 군자 붕당론보다 정책 논의의 진전에 우호적이다.

(2) 김육의 법치 중시관과 산당의 예치 중시관

김육은 중국 왕조와 조선 왕조의 유가와 법가의 합작인 법치 전통의 발달을 바랐다. 1654년 3월 3일 좌승지 윤득열(尹得說) 등이 대관(臺官)을 후하게 예우하는 차원에서 유창(兪瑒)을 체직하라는 명령을 거둬들이기를 요청하자, 효종은 "내가 비록 약하고 용렬하지만 한 대관의 말만 못한가. 그대들이 군주를 대우하는 것도 너무 야박하다."라며 윤득열을 잡아들이라고 명했다. 4일 대사헌 홍무적과 대사간 민응형이 명령을 거두기를 청하자, 효종은 민응형을 물리치며 윤득열에게 형틀을 씌워 수감했다. 영의정 정태화와 영돈녕 이경석은 형벌이 지나치다고 아뢰었다. 18일 좌의정 김육은 차자를 올려 "나라를 다스리는 중요한 도는 상과 벌입니다. 상이 공에 맞지 않으면 사람들이 권장되지 않고, 벌이 죄에 합당치 않으면 사람들이 징계되지 않습니다."라면서 윤득열이 "왕명을 출납(出納)하는 직책에 있었는데도 뭇사람이 간쟁하도록 만들었습니다."라는 잘못을 인정하면서도 형벌이 지나쳤고 그가 80세나 된 홀어미가 있다는 점을 들어 관대한 처분을 요청했다. 효종은 윤득열에 가한 형벌을 정지하고 의금부가 판결해 올리기를 명했다.[37] 신하에 대한 상벌을 국가 관리의 중요한 원칙으로 삼는 것은 법가의 논리이며 『한비자』의 「이병(二柄)」 등에 제시되어 있다. 김육은 그러한 권한을 인정하면서 군주가 형벌권을 합당하게 행사하도록 간언했다. 노모를 고려한 것도 유가적이다. 이처럼 김육의 국정 활동은 유가와 법가의 종합을 보여 준다.

1640년 승지 김육은 인조를 대신해 작성한 교서에서 "정사에는 관대함이 많고 일은 고식적인 것을 힘쓰니 기강이 진작되지 않는 것이 당연하다."라고 했다. 1643년 부제학 김육은 「홍문관에서 일을 논하는 차자(玉堂論事箚)」에서 "자산(子産)은 정나라 정승으로 엄벌로 관대함의 폐해를 구제하였고, 제갈량(諸葛亮)은 촉나라를 다스릴 때 정사를 엄중하게 하였습니다. 오늘날 정사는 은혜를 베풀고 용서해 주는 일이 많아서 사람들이 법을 두려워하지 않고 있습니다. 이에 죄가 있는 자가 요행히 벌을 면하고 악한 짓을 하는 자가 방자하게 구는가 하면 장오죄(贓汚罪)를 지어도 그대로 관직을 보존하고, 사람을 죽여도 벌을 받지 않으므로 조정의 위엄이 높지 않아 날로 쇠퇴해지고 있습니다. 기강이 이와 같은데 어떻게 나라를 유지할 수가 있겠습니까."라고 했다. 김육은 유교의 인정관(仁政觀)이 사족의 부정부패에 관대한 부작용을 경계했고, 부정부패에 대한 법의 엄정한 집행으로 관료 기강을 바로잡기를 바랐다.

그렇다고 해서 김육이 관리에게 엄형만을 주장한 것은 아니다. 앞서 언급했는데, 1653년 역가(役價)를 대동의 여미로 지급해야 하는데 민호에 분정(分定)함으로써 백성으로 하여금 법을 불신하게 만든 죄를 저질렀다며 효종이 충청 감사 조형을 귀양 보내라고 명하자,

좌의정 김육은 사목에서 빠뜨린 점을 들어 죄를 감해 주기를 요청했다. 그러면서 "법 적용이 죄에 합당하면 백성이 두려워하면서 승복합니다. 그러나 만약에 지나칠 경우에는 어찌 원통함을 품지 않겠습니까."라고 아뢰었다. 1654년 효종이 염초를 굽는 임무를 제대로 수행하지 못한 충청도 수령들을 엄하게 처벌하려는 데에 대해, 김육은 "성상께서 위세로 제압하기만을 오로지하여 인자함으로 용서하는 실제에 미흡한 점이 있을까 염려됩니다. …… 지금 법을 집행하는 관원이 해당되는 율(律)을 아뢰었는데, 전하께서 특별히 엄한 전교를 내려 지나친 벌을 주셨습니다."라며 군주의 자의적 처벌이 아니라 합법적 처벌을 요청했다. 김육은 부정한 관리에게는 엄한 처벌을, 정령을 이행하면서 실수한 잘못에 대해서는 정상을 참작하여 관대한 처벌을 바랐다. 김육은 법가의 엄형론과 유가의 관형론을 종합하여 공평한 법 집행을 지향했다.

김육이 추구한 법치는 법가가 말하는 형벌에 의한 통제라는 낮은 차원에 머문 것이 아니라 법 제도로 사회 질서를 잡는 수준 높은 것임은 대동법에서 잘 드러난다. 김육이 주도하여 1654년 편찬한 『호서대동절목』은 사목에 규정된 외에 추가로 징세하지 않음을 '법을 제정하는 본래 뜻〔立法本意〕'으로 하는 조세 법정주의를 지향했다. 김육이 주도하여 1653년 간행한 『전제상정소준수조획』은 정비된 양전 제도를 담고 있다. 김육은 정승에 올라 대동법, 행전법(行錢法), 역법(曆法), 양전법, 설점수세법 등 형법이 아닌 국가 제도의 정비와 개혁으로 제도적 통치를 지향했다.

사림 정치의 성립 이후 주자의 도학 정치를 추구한 사림 가운데 유가와 법가의 합작인 법치를 유가식 예치로 순화하기를 의도한 인물이 늘었다. 예치파는 『경국대전』의 법치를 전제하면서도 예치를 절대 가치로 삼고자 했다. 율곡은 『성학집요』에서 공자와 주자의 이념에 따라 "예가 잘 다스려져 보존되면 국가가 잘 다스려져 보존되는 반면, 예가 문란해져 사라지면 국가가 문란해져 망한다."라며 예치 지향을 드러냈다. 퇴계와 율곡의 제자들은 예학 연구를 활발히 하여 "예가 잘 정리되면 나라가 잘 다스려지고 예가 문란해지면 나라가 문란해진다.〔禮治則治, 禮亂則亂〕"라는 정자의 말을 인용하는 예학자들이 종종 나왔다. 율곡의 제자 중에 예학을 발전시킨 대표적 인물은 김장생이며, 그의 아들 김집과 제자 송시열 등 산당은 예치파의 핵심을 이루었다. 1649년 송시열은 효종에게 올린 「기축봉사」에서 성현의 고례를 회복한 상례로 개정하자고 주장한 스승 김집을 옹호하면서 "예가 잘 정리되면 나라가 잘 다스려지고 예가 문란해지면 나라가 문란해진다."는 정자의 말을 인용했다. 송시열은 1681년 숙종에 올린 김장생의 「문묘 종사를 논하는 소」에서 이 예치 이념을 다시 거론했다. 여기에서 "전하께서는 더욱 성학에 힘쓰고 더욱 천리를 밝혀서 세도를 더욱 높이고 민생을 더욱 윤택하게 하여, 성조(聖祖)와 신고(神考)의 큰 뜻과 큰 업적을 이루게 하소서."라는 구절도 있다.[38] 예가 유교 도덕의 한 핵심이니, 세도와 성학에서 예치는 핵심이었다.

근대 법이 사회 안정을 위한 최소한 도덕의 준수를 요구하는 것이라면, 예치파는 도덕의 지배를 추구한 것이다. 헤겔은 중국인이 도덕과 법을 분리하지 못해 예치에 의존했다고 비판했다. 헤겔이 예치파의 문제점을 예리하게 파악했으나, 김육 등 법치파는 그런 한계를 탈피하고 있지 않았을까.

(3) 정승 김육의 예론

『잠곡유고』에서 수의(收議)를 수록한 권8에는 예악에 관한 대신 김육의 헌의가 나온다. 1651년 5월 예조는 대상(大祥)과 담제(禫祭)의 중간에 곡례(哭禮)를 두었는데, 많은 사람이 예와 다르다고 한다며 대신들 의견을 묻기를 건의했다. 영의정 김육은 "공자가 '상(喪)에서 애통함이 부족하고 예가 남는 것은 예가 부족하더라도 애통한 마음이 충분한 것 만하지 않다.'라고 하였습니다. 앞으로의 삭망제에 곡을 하면서 제사지내는 예에 대해서는 신 역시 감히 반드시 그르다고 여기지는 못하겠습니다."라고 아뢰었다. 좌의정 이시백의 생각도 같았다. 영돈녕 부사 이경여는 예법과 다르며 예가 지나쳐도 안 된다고 아뢰었다. 효종은 자신만 곡을 하는 것으로 정했다.

그날 예조는 선왕(先王)과 선후(先后)를 태묘에 올려 부묘(祔廟)한 다음 진하(陳賀) 예를 사양하지 말며 다음 날 백관을 불러 모아 중외에 교서를 반포하는 일은 그만둘 수 없다고 아뢰면서, 대신의 의논을 듣기로 했다. 김육은 "지난번에 예조가 진하와 음복을 하자고 청하자 성상께서 윤허하지 않으셨는데, 바깥의 의논은 모두가 상께서 비록 윤허하지 않으셨지만 대신이 잠자코 한마디도 없었다고 비난하였습니다. 신의 생각에는 이 예가 비록 법전에 실려 있고 그전부터 이미 행했던 예라 하더라도 성상께서 윤허하지 않으신 뜻은 특별히 슬픈 마음과 선왕의 뒤를 잇는다는 효심에서 나온 것이므로, 신하로서는 마땅히 그 뜻을 따라야 할 일인데 어찌 감히 반대하여 청할 수 있겠습니까. …… 처음 상을 당해 망극한 가운데 보좌에 올라 하례를 받는 것은 폐할 수 없는 큰 예이니, …… 3년이 지난 뒤에 반드시 재차 하례를 받을 것이 뭐가 있겠습니까. …… 교서를 반포하는 일은 참으로 하지 않으면 안 됩니다. 부묘하는 예는 이 얼마나 큰 일인데 중외에 널리 고하지 않을 수 있겠습니까."라고 의견을 올렸다. 효종은 김육의 의견을 따랐다.[39] 예의 정신에 충실하면 형식의 구속을 완화할 수도 있되, 국정에 필요한 예는 행해야 한다는 김육의 일관된 관점이다.

1653년 효종이 노산군의 묘소에 제사를 지내라고 명하자, 예조는 "노산군을 제사한다면 연산군과 광해군도 제사해야 합니다."라고 아뢰었다. 효종은 대신에게 의논하라고 명했다. 김육은 "마땅히 일체로 시행해야 하는" 의견을 올렸다. 효종은 먼저 노산군과 연산군에게 제사 지내기를 명했다.[40] 권력의 의지에 독립하여 예의 일관된 원칙을 지키자는 견해는 대신들에 공통되었는데, 효종은 부친 인조의 반정을 의식하여 광해군에게만 제사를 명하지 않았다.

1658년 5월 13일 동생 인평대군이 죽자, 효종은 "가인(家人)의 예로 상(喪)에 임했다." 효종이 해가 저물 때까지 상가에 머문다고 하자, 사간원은 "군주가 상에 임함에 나름의 절목이 있어서 …… 이미 죽어서 염습한 이상 결코 해가 저물 때까지 상가에 오래 거둥할 수는 없습니다."라고 아뢰었다. 사헌부도 고례의 제도와 임상의 절목을 거론하며 "슬픔을 억제하고 예를 따라서 속히 환궁을 명하기를" 요청했다. 효종이 따랐다. 군주도 예의 구속을 받은 것이다. 14일 효종이 초상에 가겠다고 하자, 사간원은 "군주가 신하의 초상에 임하는 데에 예법이 있고 출입에 절도가 있으므로, 비록 비통하더라도 정에 따라 곧바로 행동해서는 안 됩니다."라고 간했다. 이번에 효종은 듣지 않고 15일 친림했다. 군주가 예법을 무시해 버리면 방도가 없는 것이다. 이어서 효종은 인평대군의 집에 친림하여 제사를 지내는 일을 예조에게 논의하여 조치하라고 분부했다. 예조는 우리 조종이 행하지 않던 예이고 무더위로 옥체가 상할 우려가 있다면서 막중한 예의 문제라며 대신의 논의를 듣기를 건의하여, 효종이 따랐다. 28일 예조는 이경석, 심지원, 원두표, 이후원이 예제에 없다며 반대했고, 김육과 이시백이 인정상 가능하다고 보고하여, 효종은 후자를 택했다. 김육은 "법은 참으로 마음대로 따라서는 안 되며, 예는 오직 인정을 다하는 데 있습니다.[法固不可以從心, 禮則唯在於盡情] 고금의 예를 신이 상세히 알지 못합니다만, 명나라 태조는 뭇신하의 상에 친히 글을 지어서 제사한 일이 많았습니다. 더구나 성상께서는 천성으로 타고나신 우애로 이미 초상에 두 번이나 친림하셨습니다. 그러니 영원히 이별함에 있어서 어찌 예가 있고 없고를 논하겠습니까."라고 의견을 올렸다. 그러자 사간원과 사헌부는 "조종이 행하지 않았던 예를 행할 수 있겠습니까."라고 반대했다. 효종은 "나쁜 일을 바로잡고 좋은 일을 받들어 따르는 것은 옛 성인의 교훈인데, 이것이 무슨 나쁜 일인가. 나쁜 일이 아니면 받들어 따르면 무슨 안 될 일이기에 그대들이 이처럼 굳이 집요하게 간쟁하여 한갓 임금을 제재한다는 명분으로 삼는가."라며 거부했다. 그래도 많은 신하들이 명을 거두기를 청하자, 효종은 "천륜의 슬픔이란 인정과 천리로 보아 당연한데, 어찌 많은 말을 허비하며 마치 아름다움을 과시하듯 해서야 되겠는가."라며 거부했다. 6월 1일 결국 효종은 친제를 정지한다고 지시했다.[41]

김육은 예학에 관한 독립적 저술을 하지 않았지만, 예학에 밝은 쟁쟁한 인물이 많은 시기의 국례 논의에서 당당하게 예론을 제시하고 그의 의론이 권위를 행사했다. 김육은 예의 정신에 충실하나 형식의 구속을 완화하는 데에 누구보다 진취적이었다. 그런데 교서의 반포 등 국정에 필요한 예를 생략해서는 안 된다고 보았다. 그리고 권력 의지에 영합하여 예를 유연화하지는 않았다.

　　김육은 예의 정신에 충실하되 형식적 구속을 완화한 반면, "법은 참으로 마음대로 따라서는 안 된다."라며 군주가 법을 엄수하기를, 달리 표현해 법의 구속을 받기를 바랐다. 김육은 행동을 규율하는 규칙인 제도의 중심에 법을 둔 반면, 산당은 예를 두고자 했다. 1649년 고례(古禮)로 국상례를 개정하자는 김집의 주장에 대해 김육은 예조판서로서 "예는 인정에 따라서 천리에 맞게 질서를 잡으니, 인정에 순응하면 천리에 부합합니다. 그러므로 인정에 연유하여 예문(禮文)을 세우고 시대에 따라 알맞게 제정하는 것이 예의 본의라고 하였습니다."라며 시례(時禮)를 중시했다. 그리고 "상(喪)의 예가 넉넉하고 슬픔이 부족한 것은 예가 부족하고 슬픔이 넘치는 것만 못합니다."라며 예의 세밀한 형식보다 기본 정신을 중시했다. 합리적 예론과 예 근본주의의 대립이라 하겠다. 산당은 예의 형식에 구속을 확대하고자 했고, 김육은 예의 형식적 구속보다 정신적 실천을 주문했다. 예치파인 산당이 득세한 현종 때에 두 차례 예송이 일어났다. 김육은 법과 안민 이념으로 군주를 견제하는 일에는 송시열보다 덜하지 않았다.

　　공자와 예수가 실증법의 한계를 지적하면서 인류 보편적 도덕의 자연법 사상을 제공한 것은 법의 성숙에 이바지했으나, 산당의 예치론에는 그런 요소를 찾기 어렵다. 조선 왕조의 법치는 유학의 자연법 사상을 바탕에 두었고, 산당의 예치론은 도덕의 지배를 추구하고 명분을 지나치게 중시했기 때문이다. 산당의 격탁양청 활동과 사문난적 공격은 도덕적 독선의 위험을 드러냈다. 세계사에서는 도덕의 지배가 아니라 법의 지배가 진화론적으로 성공했다.

(4) 김육과 산당의 공 관념의 차이

3장 3절에서 소개한, 1640년 국정 전반을 정리한 교서에서 김육은 "군주를 섬기는 도를 충이라 하고, 정사를 보필하는 도를 공이라 한다.〔事君之道曰忠, 輔政之道曰公〕"라는 옛사람의 말을 인용했다. 이유무(李幼武)가 편찬한 『송명신 언행록 별집(宋名臣言行錄別集)』상권6에 나오는 황구년(黃龜年)이 들었다는 말이며, 『송사(宋史)』에도 나온다. 군주가 만약 사심으로 국정을 운영한다면 공으로 복귀하도록 요청하는 것이 충이라 하겠으니, 공은 충의 상위 가치였다. 국정 운영 원칙을 공으로 잘 집약한 말인데, 조선 왕조에서는 김육 외에 달리 인용한 사람을 발견하지 못했다. 김육은 1655년 윤신지의 시에 차운하면서 "평생 국가에 몸 바쳤기에, 죽어도 사(私)를 용납하지 않았네."라며 공에 힘쓰는 마음가짐을 적었다. 그는 1657년 『선조실록』을 세초한 뒤에 이경석이 시에 차운하면서 "공정한 마음〔公心〕 오직 음사(陰私)를 깨는 데 두었도다."라고 하여, 사 일반이 아니라 음흉한 사를 배척했다.

김육은 일반 관료처럼 군주가 공 이념을 준수하기를 요구했다. 1625년 김육은 사헌부의 지평으로서 세자의 이모부가 세자의 동궁관(東宮官)과 보덕(輔德)을 겸한 인사에 대하여 "전하께서는 마땅히 지극히 공정하고 사사로움이 없는 도〔至公無私之道〕로써 세자를 가르치고 지도해야 합니다."라고 간하는 글을 올렸다. 김육은 「시사를 아뢴 상소」에서 군주가 "정령(政令)을 내는 사이에 사(私)로써 공도를 해치는 바가 있는가?"라고 자문하기를 간한 다음 "내수사를 혁파하지 않아서 사사로움을 따른 허물을 면치 못하였습니다."라고 아뢰었다.

1643년 인조의 후궁인 상궁 이씨가 조소용(趙昭容)을 저주한 사건이 있었다. 부제학 김육은 3월 "사헌부와 사간원이 논계(論啓)하여 그 죄인을 외정(外廷)에 넘길 것을 청하였습니다. 그런데도 전하께서는 허락하지 않으셨습니다. 이것이 어찌 왕궁과 관부가 일체가 되는 뜻이겠습니까."라고 간하면서 궁궐에서 발생한 범죄도 사법 관부의 재판에 넘길 것을 주문했다. 인조가 엄한 비답을 내려 양사(兩司)가 모두 언행을 삼갔는데, 김육은 6월 "양사가 조속히 의금부에 회부하기를 청하였는데 이는 공공(公共)으로 법을 집행하려는 것입니다. 전하께서는 외정에 넘기지 않고 사인(私人)이라 하여 사옥(私獄)으로 다스리셨습니다. 조정은 그 진행 사항을 알지 못하니, 성군의 세상에 어찌 이와 같은 조치가 있을 줄 알았겠습니까. 간하는 말을 거절하고 법을 어긴 것은 전하의 실덕(失德)이며 양사는 물러날 혐의가 없습니다."라고 주장하여, 인조가 따랐다.[42] 조정은 왕궁과 그 사무를 처리하는 관서인 내조(內朝), 그리고 그 외 관부인 외조(外朝)로 구분된다. 내정(內廷), 외정으로 구분되기도 한다. 내조와 외조의 구분은 『주례』에 나온다. 궁부 일체라 할 때, 왕궁은 내조, 관부는 외조였다. 김육은 왕궁인 내정이 아닌 관부인 외정이 공의 주체라는 관념을 주장하고 외정을 조정이라 표현했다. 조정의 공 중에도 핵심은 공정한 법 집행이었다.

1장 7절에서 언급했듯이, 조선 초부터 관료제와 법치에 입각한 조정의 통치 원리를 공으로 보는 관념이 발달했는데, 김육은 조선 조정이 발전시킨 공 관념을 견지하면서 진전시켰다. 주자의 도학 정치를 추구한 사림파가 대두하면서 조정으로부터 자립한 사림의 공론(公論)을 중시하는 풍조가 나타났는데, 산당이 활동한 시기가 그 전성기였다. 주자학자의 공론은 법제라기보다는 유교 도덕인 세도를 대변했다. 그래서 김육과 산당의 공 관념이 충돌했다. 1649년 대동법 등에서 김육과 정책 대결을 하던 산당의 영수인 김집은 조정을 떠났다. 이 일에 대해 송시열이 "모두 공을 위한 마음에서 나왔는데 이제 와서는 이처럼 격해졌습니다."라고 아뢰었다.[43] 1653년 이상진은 김육을 비판하며 "선류 사이에 혹 서로 화합하지 못하므로 …… 포용하는 도량도 부족합니다. 이것은 당초에 대동법 문제에서 나온 것에 지나지 않는데, 대동법의 시행이 본디 나라를 이롭게 하고 백성을 편하게 하려는 것이라면 행하려는 자도 공심(公心)이고 혹 불편할까 염려하여 망설이는 자도 공심입니다."라며 조정 정책을 집행하는 김육, 그리고 불만 여론을 전한 김집 모두 공심이라고 했다. 1653년 이행진이 동전 통용책을 비판한 데에 대해 김육은 사직 차자에서 "신의 본심은 한결같이 국가를 위하는 데 있지 조금도 사사로움을 따르는 생각은 없습니다."라며 국가를 위함이 공이라고 했다.

실록 편찬자는 1656년 동전 유통책을 추진하는 김육이 "같이하지 않는 자가 있으면 그때마다 배척했다. 이 때문에 공론이 그를 그르게 여겼다."[44]라고 평했다. 여기에서 사관이 말하는 공론은 도학 정치를 추구하는 군자 내지 사림의 공론을 말한다. 김육은 1651년 올린 계사에서 "외임(外任)을 제수하는 정사(政事)는 때때로 내임(內任)의 제수보다도 중요한 점이 있으니, 전형(銓衡)하는 관원은 십분 살펴서 공론을 두려워해야 됩니다."라며 지방관을 번거로이 먼 길로 이동시켜 민폐를 끼친 이조의 당상과 낭청을 추고하기를 요청했다. 여기에서 김육의 공론은 조정의 공론이었다.

김육은 법과 정책을 의결, 집행하는 조정을 공의 중심 주체로 삼았으나, 재야 사림의 공론을 무시한 것은 아니었다. 그는 충청 감사 때에 서원에 향현(鄕賢)을 향사(享祀)하는 서열을 둘러싸고 분쟁이 발생하자, "온 고을의 공론을 널리 채집하여 조처하는 것이 마땅하다."라고 생각하여 선비들로 하여금 각자의 뜻을 말하게 했다.[45] 1643년 부제학 김육은 「홍문관에서 일을 논하는 차자」에서 인조에게 "위로는 하늘의 재앙을 두려워하고 아래로는 여러 사람의 공론을 두려워해야 합니다."라고 아뢰었다. 여기에서 공론자는 신하와 재야 사림을 포함한다. 주자학자와 산당은 사림의 공론을 국시(國是)로 삼은 반면, 김육은 그것을 반영한 조정의 공론으로 국정을 운영하고자 했다.

오늘날 관점에서 조정의 공론보다 그로부터 자립한 사림의 공론이 더욱 민주적으로 비칠 수 있다. 군자 붕당론이 정당 정치론에 통하는 것처럼 보이는 것과 같다. 그런데 유교 도덕을 국시로 삼은 국정 운영이 국가 법제에 의한 국정 운영보다 우월하다고 보기 어렵다. 그리고 사림은 신분적으로 양반, 이념적으로 주자학에 국한되었다. 시민 사회의 공론장이 형성되지 않은 신분 사회의 공론은 한계를 가진다. 법과 정책을 정해 집행하는 조정이 공의 중심이고 재야 공론이 그것을 견제하는 김육의 구도가 정책에는 유리하다.

사림 공론의 대세는 산당을 지지했으나, 조정에서는 김육의 지지 세력도 있었다. 현종 대의 공의, 사의 논쟁에서 서필원 진형인 한당은 김육 공 관념의 지지 세력이었다. 부제학 이민구는 충청도민이 김육의 공덕을 기려 1659년 세운 비문에다 "그가 정승이 되어서는 오직 국가를 걱정하고 공에 봉사함〔憂國奉公〕을 임무로 삼았다."라고 집약했다. 그는 '봉공'이라는 표현으로 김육의 공 관념을 지지하는 입장을 담았다.

5 민족적 자아의 형성

투철한 유가는 인류 보편의 유교 도덕을 군주의 권력, 나아가 유한한 왕조 이상의 지상 가치로 삼은 세계주의자였는데, 유교 도덕만을 기준으로 문명과 야만을 가르는 화이(華夷)의 편협한 세계관을 가졌다. 다음 절에서 언급하겠지만, 김육은 철저한 유가로서 중화 문명을 숭상하면서도 오랑캐로 간주된 국가의 선진 문물에도 개방적이었다. 김육은 또한 자국 역사와 문화의 독자적 발달에 대한 자부심을 가졌다. 근대 용어로 풀이하면, 김육은 개방적 세계주의와 초보적 민족주의의 균형잡힌 관념을 가지고 있었다. 천관우는 민족적 '자아(自我)의 각성'을 조선 후기 실학의 기여로 들었다.[46]

김육은 1636년 사신으로 중국에 들어가 지은 「등해교부(登海嶠賦)」에서 "오랑캐가 중국을 침범해 비통하네," "이들을 10년내에 토벌하여 누가 이 백성을 구제할 수 있을까?"라고 청나라에 대한 적개심을 표현했다. 그 후 「탁영(濯纓)의 감구유부(感舊遊賦)에 차운하다」에서 "마음 홀로 공자와 주공을 흠모하였다네."라며 중화 문명을 흠모함을 적고 "그 어떤 잡종이 중국 땅을 휘젓는가, 온 천하 사람이 원수로 여기누나."라며 청에 적개심을 드러냈다. 1644년 청이 북경을 함락한 소식을 듣고 「애강남부(哀江南賦)」를 지어 명의 역사를 되돌아보며 슬퍼하고 원에서 명으로의 교체를 오랑캐로 변한 "중화의 옛 풍속을 회복하였네."라고 묘사하여 중화 문명이 회복되기를 기원했다. 그리고 임진왜란 때에 명나라 군대로 "국가와 백성이 소생되었다."라며 고마워하고, 결국 정치의 문란으로 "오랑캐의 옷을 입게 되었다."라고 슬퍼했다. 김육이 중화 문명을 숭상하고 임진왜란 때 명나라의 도움에 감사하고 원나라와 청나라를 오랑캐로 보는 것은 조선 시대의 통념과 다르지 않았다. 그런데 김육이 중국과 대비하여 자국 문화를 평가하고 국난의 극복 요인으로 명나라의 도움뿐만 아니라 조선인의 기여를 인정하고 중국 이외 외국의 선진 문물도 적극 흡수하려는 점에서 주자학자, 특히 산당 인사와 달랐다. 1636~1637년 중국 사신으로 다녀온 후에 명나라 정치 기강의 문란을 국왕과 세자에게 보고하고 이후 명나라가 정치 기강의 문란으로 망한 일을 지적했으니, 사태를 객관적으로 파악했다.

김육은 유가로서 중화 문명을 높이 평가하면서도 자국 역사와 문화의 독자적 발달에 대한 자부심을 가지고 있었다. 그는 1636년 처음 중국 사신으로 가면서 「옥하관(玉河館) 기행의 회포를 써서 서장관(書狀官)에게 보이다」라는 장문의 시에서 산해관의 웅장함, 대도

시의 번화함 등에 감탄하면서도 "삼한(三韓)의 산수는 천하에 이름나고," "예로부터 우리나라는 예의로 일컬어져서, 종전에는 우대하여 법령이 관대하였네."라며 자국의 장점을 기록했다. 그는 「난군선(檀君殿)」에서 "동방의 첫 군장(君長)이니 중국의 요 임금과 같은 시대였네."라며 조선 문명의 독자성을 인식했다. 그는 기자 묘(箕子墓)를 배알하며 지은 시에서 "천 년 동안 북학을 흐르게 했고, 8교(教)로 동방을 교화했네. 주왕조가 장수했다 말하지 말라, 상나라 왕조처럼 길지 못했네. 면면히 이어져 온 마한(馬韓) 왕업은 한과 진이 망하는 걸 다 거쳤다오."라며 기자 때부터 중화 문명을 잘 배워 훌륭한 정치를 이루고 삼국 시대 이후 왕조가 장수한 점을 평가했다.

단군 신화는 『삼국유사』에 처음 나온다. 한나라 역사서에는 기자가 조선에 갔다는 내용이 나오며, 12세기 중엽 『삼국사기』에는 기자 조선이 설정되어 있다. 13세기 후반 이승휴의 『제왕운기』에는 기자 조선이 단군 조선의 다음 단계로 체계화되었고, 1450년경 편찬된 『고려사』에서 단군 조선, 기자 조선 및 위만(衛滿) 조선의 3단계설이 체계화되었다. 단군보다 기자의 숭배가 앞서서 고구려 때부터 기자를 숭배했다. 정도전은 『조선경국전』 앞머리에서 조선이라는 국호를 말한 인물로 단군, 기자, 위만을 거론하면서 기자는 8교를 시행하여 정치와 교화가 성대했다고 평가했다. 그리고 명 태조의 덕이 주나라 무왕에 부끄럽지 않듯이, 우리 태조의 덕도 기자에 부끄럽지 않다고 자부하며 새로운 왕조를 동쪽의 주나라, 달리 말해 중국에 대등한 문명국으로 만들려는 포부를 천명했다. 조선이 건국한 1392년 예조는 "조선의 단군은 동방에서 처음으로 천명을 받은 임금이고, 기자는 처음으로 교화(敎化)를 일으킨 임금이오니, 평양부로 하여금 때에 따라 제사를 드리게 하겠습니다."라고 아뢰었다. 1412년 하륜, 이어서 예조가 동방의 시조인 단군에 제사를 지내자고 건의하여 태종이 따랐다. 1416년 변계량(卞季良)은 "우리 동방의 시조인 단군은 하늘에서 내려왔고 천자가 분봉(分封)하지 않았습니다. 단군이 중국 요임금의 무진년, 곧 기원전 2333년에 내려왔으니, 오늘에 이르기까지 3000여 년이 됩니다."라며 조선 문명의 독자성을 주장했다.[47] 양성지는 1455년 세조의 명으로 『팔도지리지』의 편찬을 주도하면서 단군 묘가 강동에 있다고 기록했고, 세조는 1460년 평안도를 순행하면서 단군전에 제사를 지냈다. 성종대인 1485년 완성된 『동국통감』에서는 변계량이 말한 단군이 '동방 최초의 군장(君長)'이었다는 이야기와 그것을 의심하는 논평을 실었다. 조선 후기에 단군을 믿는 견해와 불신하는 견해가 양립했는데, 김육은 단군을 인정하여 조선 문명의 독자성을 주장한 변계량의 설을 계승했다.[48]

고구려와 고려는 중국처럼 독자적인 중심국이라는 천하 의식을 가졌다. 중국에 대한 군사적 열세가 현저해지고 조공 체제로의 편입이 확고해진 조선 시대에는 천하 의식이 사라졌으나, 유학을 중심으로 하는 문화 수준이 중국에 대등하다는 자부심이 생겼다. 정도전은 조선을 중국에 대등한 문명국으로 만들려는 포부를 가졌는데, 권근은 정도전의 문집인 『삼봉집(三峯集)』의 서문에서 "우리나라가 비록 바다 밖에 있으나, 기자 8교로부터 풍속은 염치를 숭상하고, 문물의 아름다움과 인재의 작흥(作興)이 저 중국과 견줄 만하였다."라고 자부했다. 권근은 정도전의 학문이 중국 정상급이라고 평가한 것으로 볼 수 있다.

율곡은 기자가 공자에 앞서 동방에 유학을 퍼뜨려 그로부터 왕도 정치가 시작했다고 평가했다. 율곡은 순수 시대 이후 세종이 유일하게 군사(君師)로서 왕도 정치를 하여 삼대의 정치에 대등했다고 보았다.[49] 율곡은 주자학자이나 주자학의 좁은 시야가 아니라 유학이라는 넓은 시야로 조선이 중국에 대등한 유학 문명의 중심지라고 자부했다. 송시열과 산당, 그것을 계승한 노론은 주자학을 특히 숭배하여 조선이 유학, 특히 주자학을 잘 계승한 데에 자부심을 가졌고 멸망한 명나라를 대신하여 중화 문명을 계승했다는 의식을 가졌다. 학계는 그것을 조선중화주의로 부른다.

김육은 「고려 태조의 현릉(麗祖顯陵)」에서 "삼한 지역을 통합한 만세에 전하는 공훈"을 기리며 통일된 자국사에 대한 자부심을 드러냈다. 그는 『유원총보』 서문에서 "우리 동방은 본디 문헌이 많아 족히 징험할 수 있는 나라로 알려졌으며, 또한 대대로 중국과 교류하여 문장이 성대함이 바야흐로 중국을 능가하게 되었다."라고 자부했다. 그는 『삼대가시전집(三大家詩全集)』의 서문에다 "삼국 시대 이후 작가가 배출된 것이 중국과 다르지 않다."라고 자부했다. 김육의 문화적 자부심은 주자학에 국한하지 않고 독자성을 의식한 점에서 산당과는 달랐고 권근 및 율곡에 통한다.

김육이 『구황촬요급벽온방』이라는 한글 번역본을 출간한 것은 한글의 효용을 인정한 셈이다. 김육은 김우명에게 보낸 편지에서 종종 한글 내용을 뒤에 적었는데, 아들에게 한글에 대한 관심을 촉구한 것으로 보인다. 김육의 『해동명신록』은 한국학의 중요한 성과였다.

당나라 때에 중국인은 한반도를 중심으로 하는 3국을 '해동 3국'이라 하였고, 발해를 '해동성국'이라 불렀다. 통일 신라인과 고려인은 해동이라 자칭했고, 고려인은 자국을 중국처럼 독자적 문명 중심국으로 여겨 군주를 '해동 천자'로 부르기도 했다.[50] 중국에 대한 사대를 준수한 조선의 조정에서는 일반적으로 '해동'이 아니라 '동국'이라고 자칭했다. 그런데 김육이 고려 이전에 널리 사용된 해동이라는 명칭을 사용한 것은 조선 문명의 독자성을 인식한 발로로 보인다. 동국은 완전히 중국을 중심에 두는 표현이라면, 해동은 '해서'의 중국에 대등한 의미로 간주될 수 있다. 신숙주가 집필한 『해동제국기(海東諸國記)』는 일본, 류큐(琉球)에 관한 기록이니, 조선을 중심에 두었다.

임진왜란의 국난을 극복한 데에 명나라의 도움을 국가 재조의 은혜로 거론하는 위정자와 학자는 많았다. 김육은 이순신 장군의 신도비명에서 "도원수 권율이 서울 근처에서 왜적들을 노려 큰 도적을 잡았고, 통제사 이순신이 바다에서 활약하여 큰 공을 세웠다. 그러니 이 두 분이 아니었더라면 명나라의 육군과 해군이 무엇을 믿고 힘을 썼을 것이며, 종묘사직의 무궁한 국운이 어디에 힘입어 다시 이어졌겠는가."라며 명나라의 원군과 조선의 대응이 합쳐 국난을 극복했다는 균형된 시각을 제시했다.

6 북학 사상의 선구

김육은 조선 문명의 독자성에 대한 자부심을 가졌으면서도 외국 선진 문물의 학습과 도입에 적극적이었다. 주자학자나 김육은 선진 중국을 배우자는 입장에는 다르지 않았다. 주자학자는 주자학을 배우는 데에 주력하여 명나라가 망한 이후 청나라를 오랑캐로 비하하고 조선이 문명의 중심이 되었다고 자부했다. 그에 반해 김육은 주자학, 양명학, 제자백가 등 중국의 다양한 학풍을 개방적으로 흡수하여 경세제민에 이바지하고자 했다. 그리고 외국의 선진적 제도와 과학, 기술의 학습에도 열중했다. 3장 5절에서 언급했듯이, 김육은 중국 사신으로 다녀올 때마다 중국과 서양의 선진적 문물을 관찰하여 도입하고자 노력했다. 그래서 화폐 제도, 수레, 수차 및 시헌력의 도입에 힘썼다. 조선 중화주의자는 청나라를 오랑캐로 보아 배울 것이 없다고 보았으나, 김육은 청나라에 체현된 중국의 선진 문물뿐 아니라 청나라에 도입된 유럽 문물도 적극 배우고자 했다. 시헌력의 도입이 대표적 성과이며, 시헌력을 도입하면서 1646년 조선에서는 처음 지구설을 수용했다. 김육은 자명종 기술에 감탄하여 관심을 기울였다. 김육은 김우명에 보낸 편지에서 일기책에 중국 직기의 규격을 그려 두었고, 도감과 관상감에 목재가 많고 장인이 직기를 만들 수 있으니, 종과 하인에게 연습하게 하여 옷감을 짜라고 지시했다. 김육의 이러한 자세는 북학 사상의 선구로 평가할 만하다.

7 근세 실학의 선구자이자 실천자로서 김육[51]

(1) 실학과 근세 실학이란 무엇인가

조선 시대 때 실학은 한국사에서 활발히 연구된 분야이면서 그 개념의 논란이 분분하다. 필자는 실학이 동아시아의 학문과 근세사를 이해하는 데에 유용하다고 보고 그 개념들의 통합적 이해를 시도한 바 있다. 그 내용을 소개한다. 한중일 삼국에서 유학의 대부분 유파가 실학이라는 용어를 사용한 점에서, 실학은 유학에 관통한 성격이었다. 유학은 인류의 보편적 도덕을 탐구하여 그에 입각한 개인적, 정치적 실천을 추구한 점에서, 실질적인 유용성을 추구하는 학문이라는 실학이라고 자부했다. 칼 야스퍼스가 말한 기축 시대에 공자의 유학은 예수, 석가 및 그리스 철학자와 마찬가지로 인류 보편적 도덕을 추구했는데, 실학이라는 용어로 학술 전반의 지향성을 담는 문화는 보편 도덕의 개인적, 정치적 실천에 봉사하려는 유학에 고유하게 보인다. 실학의 자부심이 특히 강한 정주학(程朱學)은 유학을 학문적으로 발전시켰지만, 도덕 지상주의를 지향하여 관념적인 이기론(理氣論)에 입각하고 사적 물욕을 철저히 부정한 점에서 근대성과는 달랐고, 공리와 물리(物理)의 논의를 도리(道理)에 종속시켜서 공리공담(空理空談)으로 흐르는 경향이 있었다.

명나라 말 이후 중국, 조선 왕조, 그리고 도쿠가와 일본에서의 경세치용학(經世致用學)은 국가 제도, 경제, 과학 기술 등의 유용한 지식에 관한 논의를 진전시켰고 고증학(考證學)은 학문의 실증성을 높여, 유럽 근대화에 이바지한 계몽주의에 통한다. 경세치용학은 공리와 물리에 대한 도리의 구속을 완화하여, 경제 합리주의적 정책과 제도 개혁을 제시하고 서양 자연 과학의 물리를 수용했다. 정주학은 도덕에 봉사하는 학문인 도학이라면, 경세치용학과 고증학은 도학을 해체하면서 유용하고 정확한 지식의 담론을 추구했다. 한국의 역사학계는 그것을 실학으로 불렀는데, 필자는 유가가 말한 실학과 구분하여 근세(近世) 실학으로 부른다. 근세는 근대 초기를 의미하며, 유럽의 근대 형성기이고, 유럽에 의한 세계시장의 형성기이고, 동아시아에게는 근대 전환을 위한 기반 형성기였다. 이 저서에서 실학이라 칭한 것은 모두 근세 실학을 의미한다. 조선의 이용후생학은 경제론, 기술론에서 경세치용학을 발전시켰다. 근세 실학은 유학의 합리성, 논리성 및 실증성을 진전시켰고 정책론으로 근대화에 이바지할 잠재성을 가졌다. 근세 실학은 국가 제도와 경제와 문화 역량의 전반적 발전과 병행했고, 유럽 학문의 자극을 받았다. 근세 실학은 동아시아 근세의 한 측면이었다. 실용에 무관한 진리의 탐구에 소홀한 실학적 사유의 한계로 문호 개방 이전 동아시아는 과학 혁명을 달성하지 못하고 사회 과학이 성립하지 못했으나, 근세 실학은 문호 개방 후 구미 근대 학문의 수용을 위한 기반을 제공했다.

(2) 근세 실학을 정책에 구현한 재상들

종래 연구는 근세 실학이 주로 재야 학자의 산물이라고 보고 조정의 무능한 정책 능력에 대비하여 실학의 개혁론을 부각하는 경향을 가졌는데, 근세 실학을 정책에 구현한 재상들도 주목할 필요가 있다. 이들이 실학의 선구자들이었다. 정도전은 우리 역사상 처음으로 국가 제도론을 체계적으로 집대성했고, 15세기 근세적 국가 제도의 기획과 정착에 이바지하여, 필자는 그를 근세 실학자라 평가한다.

전해종은 율곡이 "정주의 위기(爲己)의 실학관과는 달리 경세치용에 매우 큰 비중을 두었다."라고 보고, 그의 경세치용론이 중국의 황종희와 고염무에 비해 1세기 앞섰고 더욱 구체적이었다고 평가했다. 전해종은 율곡을 근세 실학의 선구자로 보았는데, 천관우는 근세 실학이 "『성학집요』처럼 도덕과 정치의 불가분 관계를 강조하지는 않고, 도리어 독립된 정책론 내지 정치 사상론을 전개하고 있는 수가 적지 않"았다고 본 점에서 율곡이 주자학과 근세 실학의 가교 역할을 했다고 평가한 것으로 볼 수 있다. 금장태는 주자학파에서 "이념적 의리와 현실적 이해(利害)가 괴리되는 현상에 대한 반성으로서 이미 율곡은 양자의 일치와 조화를 주장하였다."라는 점에서 "실학적 면모를 보여" 준다고 평가했다. 필자는 율곡이 시대적 과제를 통찰하여 대동법과 노비종모법이라는 조선 후기 대표적 개혁을 처음 제시한 점에서도 근세 실학자 자격을 갖추었다고 본다.

율곡의 경세론이 주자학에 입각했다면, 유성룡은 주자학에 구애되지 않고 양명학 등 다양한 학풍을 수용하고 나아가 『관자(管子)』 등 제자백가 사상까지 흡수하여, 상업도 중시하는 부국론에 입각하여 재정을 개혁하고 산업과 기술을 육성하려는, 유럽의 중상주의에 접근하는 정책을 추진했다. 정도전, 율곡 등도 부국의 방안을 제시했으나, 유학 경전에 제시된 수준을 뛰어넘는 부국의 유효한 방안을 처음 제시한 인물은 유성룡으로 보인다.

김육을 근세 실학자로 보는 논거를 정리해 본다. 김육은 주자학을 상대화하면서 개방적인 자세로 경세제민의 시무에 유용한 사상을 폭넓게 흡수했다. 그래서 도학에 구속되지 않은 박학을 했고, 서양 문물에 대해서도 개방적이었다. 주자학자가 명분과 의리에 설대적 의의를 부여했다면, 김육은 사공을 중시하여 도덕과 공리의 조화를 도모했다. 김육은 안민을 기본으로 삼으면서 부국도 동시에 도모하는 여러 중요한 정책을 추진했다. 그에게 안민과 부국강병을 실현하는 중요한 수단은 제도 개혁과 기술 발전이었다. 그는 경제 합리주의의 공리를 추구하여 안민 부국의 제도 개혁을 포함한 정책을 진전시켰다. 유학의 경제 정책 이념인 안민 부국론을 국리민복(國利民福)의 정책으로 잘 구현하면, 실학의 실천으로 평가할 수 있는데, 김육의 업적은 그것을 잘 보여 주는 사례이다. 김육은 중화 문명을 숭상하면서도 단군으로부터 이어지는 조선 문화의 독자적 발달에 대한 자부심을 가졌다. 그는 오랑캐로 간주된 청나라에 체현된 중국의 선진 기술과 경제 제도뿐 아니라 청나라에 도입된 서양 과학도 배워 도입한 점에서 북학 사상의 선구자였다. 김육은 기술 관료를 육성하는 등 전문화된 법적, 합리적 관료제를 지향했다. 김육은 직업이 전문화되고 상공업도 발달하고 시장이 활성화된 사회를 지향했는데, 북학파의 이용후생 사상에 통한다. 김육이 공헌한 대동법은 근세적 조세 국가의 성립에 이바지했고, 동전 주화 제도는 시장의 발전에 이바지했다. 그가 공헌한 정책은 조선이 근세로 진입하는 데에 이바지했다. 그가 저술한 백과사전인 『유원총보』와 한국학의 『해동명신록』은 유용한 지식을 추구한 근세 실학의 성과로 볼 수 있다.

서유구는 국정을 주도하지 못한 재상인데, 농업, 공업, 상업 산업 전반의 육성책을 발전시킨 『임원경제지』는 근세 실학의 업적이다. 주자학과 근세 실학의 중간 지대에 있는 관료는 많았다. 박지원 손자 박규수는 중간 지대 관료로 출발했다가 서양 문물의 자극을 받아 근세 실학자로 나아가서 대신으로서 문호 개방에 이바지하고 개화파를 양성했다.

(3) 조선 후기 근세 실학자들의 김육 평가

유형원 이후 근세 실학자는 개혁적 재상의 정책론과 조정의 제도 개혁에 영향을 받고 그 계승적 발전을 도모했다. 유형원이 『반계수록』에서 가장 많이 인용한 인물은 율곡이었다. 김육과 깊은 인연을 가진 김세렴은 정책 역량을 갖추어 호조 판서까지 올랐는데, 유형원의 고모부로 그의 스승이기도 했다. 유형원은 김육의 대동법과 동전 통용책의 추진을 보면서 집필한 『반계수록』에서 대동법의 진전 방안과 더욱 세심한 동전 통용책을 제시했다.

가장 탁월한 상업론과 국부 증진론을 제시한 유수원과 박제가가 김육을 높게 평가한 점은 주목된다. 김육의 행적은 근세 실학자의 개혁론에 영감을 주기도 했던 것이다. 유수원은 『우서(迂書)』에서 김육이 중국 사신으로 왕래하면서 수레를 사용하여 경비를 절감한 것, 그리고 진상 물자를 시장에서 조달하는 장점을 역설한 점을 높이 평가했다. 박제가는 『북학의(北學議)』에서 김육이 평생 고심한 바는 수레와 동전 두 대책이었다고 했다. 박제가는 1786년 정조에게 제출한 「병오소회(丙午所懷)」에서 수레의 사용을 주장했고, 김육이 동전의 사용을 추진할 때 종고조인 박수진이 그 통용책을 담당했음을 거론했다. 앞서 언급했듯이, 박수진은 과거에 합격하지 못한 채 가난하게 살았는데, 김육은 그가 정책적 아이디어가 많고 실무 능력이 있다고 하여 1655년 상평청의 관전 낭청(管錢郎廳)으로 임명했다.

정약용은 『경세유표』의 서문에서 효종 대의 대동법, 그리고 영조 대의 노비종모법과 균역법을 조선 시대 제도 개혁의 대표적인 성과로 들면서 제도 개혁의 필요성을 옹호했다. 정약용은 『경세유표』에서 1653년 양전 사업에서 준수할 규례를 정비한 『전제상정소준수조획』을 김육이 주도하여 발간한 사실을 기록하고, 조정에서 방전법으로 양전 사업을 추진한 경험을 계승했다. 정약용은 이 책의 「방부고」에서 대동법의 역사를 자세히 설명하면서 김육을 비중 있게 다루었다.

(4) 개항 이후 김육의 평가

개항 후 근대 문물이 유입되어 개화 사상이 성립하면서 수구적인 유학에 대한 비판론이 제기되었을 뿐 아니라 유학의 비판적 계승 위에서 근대 문물을 수용하려는 움직임도 있었다. 20세기에 들어 국권을 상실할 위기를 맞이하고 나아가 국권을 상실한 상황에서 조선의 역사를 되돌아보고 반성하고 계승할 점이 무엇인가를 모색하는 움직임이 있었다. 이때 김육도 주목을 받았다. 《황성신문》 1902년 5월 19일자에 실린, 광문사(廣文社)에서 『목민심서』를 간행하는 글에서는 동서 문명의 융합을 주장하고, "김육, 유형원, 성호, 정약용, 박지원 등 네다섯 선배는 경제 정치학으로 모두 뛰어나게 유명하다."라고 했다. 김육의 동전 통용책과 대동법을 평가한 글도 있다. 근세 실학을 계승, 발전하여 근대 학문에 접목하려는 개화기의 조류에서 한국 역사학계가 개항 전 근대 지향적 학풍을 실학으로 부르게 되는 원류를 찾을 수 있다.

일제 시기 조선학이 대두하면서 실학론이 본격화되었다. 여기에서 실학을 실천한 재상도 거론했으며 그 가운데 김육도 포함했다. 조선 시대 학술의 핵심적인 맥을 짚은 정인보(鄭寅普)는 조선의 학술이 실학풍으로 변할 때 이이명의 『소재집(疎齋集)』이 기여한 바를 말하고, "역산의 정미(精微)함과 서술(西術)에 탐색하는 그 학적 예용(銳勇)만 하여도 거의 잠곡 김육 이후의 한 사람으로 족히 불후(不朽)할 만"하다고 평가했다.[52] 조선 후기 실학론을 처음 본격적으로 제시한 정인보는 1935년 발표한 「다산선생의 일생」에서 재상인 "김육, 장유, 최석정(崔錫鼎), 이이명, 이광좌 등이 선후하여 실학으로서 허교(虛矯)를 구하려는 학풍"을 언급했다. 안재홍(安在鴻)도 김육, 장유, 이이명, 최석정 등이 "혹은 역상(曆象), 혹은 실학 수립에 각각 응분의 공적을 기여한 인물들"이라고 평가했다. 여기에서 거론된 실학은 허학이 아닌 실질적인 공효를 가진 학문을 의미하는 것이고 근대 지향성을 의식한 것이었다.

현상윤은 1949년 출간한 『조선유학사』에서 조선 시대 유학사를 3~14장에서 설명하면서 12장에서는 '실학파'라고도 불리는 '경제학파', 14장에서는 서학(西學)을 다루었는데, 그 첫째 대표자로 김육을 들었다. 북한의 과학원 철학연구소가 1960년 출간한 『조선철학사(상)』는 17세기 중엽 이수광, 한백겸, 김육 및 유형원이 실학의 토대를 형성한 선구자라고 자리매김했다. 조지훈은 1964년 출판한 『한국문화사 서설』에서 김육이 대동법과 시헌력을 실행한 점에서 유형원과 더불어 실학의 선구자라고 평가했다. 대동법을 연구한 한영국은 김육에 대해 "안민 부국에 목적을 두어 경제 기구 및 제도의 혁신으로 그 일생을 보냈으"며 시헌력을 도입하고 활자 문화에 기여한 능의 점에서 "김육은 당시 유학자 가운데에서 뛰어난 진보적인 학자인 동시에 혁신적인 정치가이며 문명의 선도자로서 길이 아로새겨지리라 믿는다."라고 평가했다.[53] '문명의 선도자'라는 한영국의 평가는 실학의 선구자라는 평가와 일맥상통한다. 원유한은 화폐 정책에 기여한 김육을 실천적 실학자로 평가했다.

8 경제 성장과 근대화의 지향

조선 시대 연평균 경제 성장률은 0.2%로 추정되며 산업 혁명 이전 세계 평균보다 낮지 않았다. 그래서 조선 시대 사람은 대한민국 사람과 달리 평생 경제 성장을 실감할 수 없었고, 산업 혁명 이전 세계에서 경제 성장 이론은 나올 수 없었다. 그래도 경제 성장에 유리한 문화, 정책 및 제도는 있었다.

교육과 학문 연마를 중시하는 유학 문화는 인적 자본의 형성을 통해 경제 성장에 이바지한다. 김육은 지방관, 그리고 중앙 관료로서 교육의 보급과 인재의 양성에 힘썼다. 김육의 인쇄 사업도 인적 자본에 이바지한다.

유학은 위민, 안민의 정책 발달에 이바지했으나, 다음의 점에서 경제 성장과 근대화에 친화적인 사상은 아니었다. 유학은 민생 안정을 중시했으나, 부국 강병책을 경계했다. 유학은 농업 육성에는 관심이 컸으나, 상업 억제관을 가졌다. 유학은 과학과 기술에 친화적인 사상이 아니었다. 유학은 의리와 명분을 중시하여 공리에 비판적이어서 경제 합리주의에 불리했다. 주자학은 유학을 학문적으로 발전시켰으나, 의리명분을 절대시하고 물욕을 부정하여 경제 성장에 불리한 유학의 성격을 강화했다.

김육은 투철한 유가이면서도 공리를 적극 추구하여 경제 합리적 정책과 제도 개혁을 추진했다. 그는 민생 안정과 재정 충실화를 동시 달성하는 정책을 적극 개발했고 상업에 우호적이었고 외국 선진 기술의 도입에 적극적이었다. 김육은 경제 성장의 지향성을 가진 사상을 가지고 정책을 추진했던 것이다. 대동법은 과세의 공평화, 효율화로 생산에 긍정적 자극을 낳고 공인의 시장 조달을 통해 시장을 성장시킨다. 동전 주화 제도도 경제의 효율화와 시장의 성장을 낳는다. 대동법과 동전 주화 제도는 17~18세기 경제 성장을 낳은 중요한 제도 개혁이었다. 수레 사용도, 박제가가 말했듯이, 시장 발달을 도모하는 정책이다. 광업의 설점수세제는 민영 광업의 발전을 낳은 제도였다.

김육의 개방적 박학은 학문의 다원적 발전뿐 아니라 오랑캐로 간주된 나라의 선진 과학, 기술의 도입에도 이바지했다. 시헌력은 서양 과학을 도입한 대표적 성과였다. 김육은 중국의 수차, 수레 및 직기의 도입을 추진하고 중국의 양잠법과 목화 재배법을 기록해 두고 서양 자명종을 만든 밀양의 기술자를 각별히 여겼으니, 농업과 수공업의 선진 기술을 적극 도입하고자 했다.

1641년 김육은 승지로서 서울 하천의 정비를 주장한 바 있다. 1653년 흉년에 빈민에게 공과금을 면제하는 대신에 돌다리를 건설하게 하자고 했다. 1655년 연안의 황부지에 눈전을 설치하고 둑을 쌓고 도랑을 파서 개간할 것을 건의했다. 이것들은 사회 간접 자본의 구축이다. 조선 국가가 수리 시설, 교통 시설 등 경제 성장을 위한 사회 간접 자본의 구축에 유능하지 못했던 점에서, 김육의 지향은 소중한 의미를 가진다.

문호 개방 이전 중국, 베트남, 류큐의 왕조, 조선 왕조, 그리고 도쿠가와 일본에서 모두 유학, 그중에도 주자학이 지배적인 학풍이었다. 이들 나라의 동아시아는 유교 문명권이라고 일컬어진다. 전근대에 중국의 국가 제도가 가장 선진적이고 조선이 중국의 국가 제도를 잘 수용하고 동아시아가 선진적인 문명을 달성한 데에는 유학의 역할도 작용했다. 동아시아는 세계적으로 교육, 기록 문화, 그리고 국가 제도가 발달한 편이었는데, 유학의 도움이 컸다. 교육과 기록 문화는 인적 자본의 축적, 국가 제도의 발달은 제도 개혁 역량을 낳아 경제 성장에 이바지한다. 그런데 근세에 유럽이 중국을 능가하고 먼저 산업 혁명을 달성한 데에는 유교의 약점과 기독교의 강점이라는 문화적 요인도 작용했다. 동아시아에서 근세 실학이 대두했다고 하나 유럽 종교 개혁의 변혁에는 크게 못 미친 점도 중요하다. 아시아에서 도쿠가와 일본이 경제성장과 서양 문물의 흡수에서 가장 앞선 데에는 조선과 대조적으로 유학을 종교적 신념처럼 수용한 것이 아니라 개방적, 비판적 자세로 수용하고 학풍이 다원화된 점도 작용했다. 김육의 개방적 박학은 경제 성장과 근대화에 친화적일 수 있으나, 주자학만 신봉한 송시열이 모범의 대세가 된 것은 경제 성장, 나아가 근대화에 불리했다. 문호 개방 이후 유학의 지배력이 무너졌는데, 20세기 교조성을 탈피한 유교 문화는 한국인의 교육 발달과 성취 동기 함양으로 경제 성장에 이바지했다. 유교 문화권의 베트남 국민이 불교와 힌두교의 영향을 받은 이웃 동남아 국가에 비해 성취 동기가 강한 것은 유교의 강점을 보여 준다.

9 도덕 지상주의 주자학이 우세해진 원인

산당은 1649년 김육과의 정책 대결에 밀려 조정을 떠났다가, 김육 사후 송시열이 이끈 산당, 이어서 그를 정신적 지주로 삼은 노론이 정국을 주도했다. 김육은 효종의 배정에도 배향되지 못한 반면, 산당의 김집, 송시열, 송준길은 모두 문묘에 종사되었다. 김육 사후 의리와 명분을 절대시하는 송시열이 모범의 대세가 되었다. 왜 개방적 박학을 하고 실용적, 경제 합리적 자세로 안민 부국에 이바지한 김육이 아니라, 주자학만 신봉하여 의리와 명분을 절대시한 송시열이 현종 대 이후 학풍과 정치 문화를 주도하게 되었을까? 송시열의 뛰어난 학문과 정치력, 숙종 대의 당쟁에서 남인의 패배와 노론의 승리 등 인물과 사건의 영향이 있지만, 주자학의 영향력 강화라는 시대적 대세가 근본 요인으로 판단된다. 주자학의 영향력 강화를 낳은 사건을 들면, 1319년 주자학자 안향의 문묘 종사, 주자학 소양의 사대부에 의한 조선 건국, 중종조 기묘명현의 도학 정치 시도, 선조조 사림 정치의 성립, 광해조 오현의 문묘 종사, 현종조 송시열 산당의 정국 주도, 그리고 산당 인사의 문묘 종사를 들 수 있다. 유학으로 무장한 사대부가 조선을 건국한 후 높아진 국가의 도덕 지향성을 16세기 사림이 한 차원 더 높이고, 송시열과 산당은 더욱 높였다.

주자학은 유가에게 학문적 호소력을 가져서, 조선뿐 아니라 중국, 베트남 및 일본이라는 동아시아의 모든 국가에서 주류 학풍이 되었다. 그 이유는 무엇일까? 주자학의 영향력이 조선에서 가장 강했던 이유도 아울러 설명해 보자. 첫째, 주자학의 학문적 강점을 들 수 있다. 주자학은 유학을 성리학, 심학, 예학으로 정합적으로 체계화하여 학문적으로 다른 유파보다 더욱 발전했다. 유학은 수기를 치인보다 근본 과제로 삼는데, 주자학의 성리학과 심학은 수기학으로서 강점을 가졌다. 성리학은 유학의 철학 기반을 제공했다. 주자는 예학도 집대성했는데, 심학은 도덕성의 내면적 함양을 다루고 예는 도덕성의 외면적 표현이므로, 예학은 수기학의 종착점이고 치인학의 출발점이었다. 도학 정치론도 유가에게 매력적이었다. 유학의 학문적 체계성과 순수한 유교 도덕의 실천이라는 면에서 주자학을 능가하는 것이 없었던 것이다.

그래서 송시열처럼 순수한 주자학이 아닌 개방적 박학의 김육은 주류 주자학자의 폭넓은 환영을 받지는 못했다. 연륜이 짧을수록 선명하고 추상적인 대의명분론을 현실적인 시무론보다 선호하는 경향을 가졌다. 그래서 충원되는 신진 관료는 송시열의 대의명분론에 기울어졌는데, 조선의 정치에서는 신진 관료들이 언관과 이조 전랑에 임명되어 강한 정치적 발언권을 행사했다.

둘째, 주권자인 군주가 군신 간 명분을 강화하는 데에, 관료가 군주의 자의적 횡포를 막는 데에, 그래서 통치 체제를 안정화하는 데에 주자학의 대의명분론과 도학 정치론이 유용한 논리를 제공했다. 군주 주권의 관료제 국가라는 중국에서 유래한 정치 체제는 유학, 그중에도 주자학과 잘 맞았다. 도쿠가와 일본은 중앙 집권적 봉건제로 정치 체제가 달라서, 유학과 주자학이 지배 학풍이 되었으나, 그 영향력이 다른 동아시아 국가보다 약했다.

셋째, 전근대의 경제 환경을 들 수 있다. 전근대 낮은 기술 수준에서는 대다수 인민이 생존 수준에 머물렀고, 농업이 지배적 산업이라 자연재해가 빈발하고 일상적으로 민생 안정이 위협을 받았다. 이러한 경제, 기술 환경에서는 천인 감응설의 재이관(災異觀)을 가진 위정자들, 특히 군주는 천문 이변, 기상 이변과 자연재해를 자신의 잘못으로 간주하여 늘 수기에 전전긍긍할 수밖에 없었다. 이러한 환경 덕분에 유학자들은 천인 감응설을 통해 군주가 수기에 소홀하지 않도록 유도하는 데에 성과를 거둘 수 있었다. 효종은 "재이가 어느 시기든 없을 수는 없지만, 과인이 임금의 지위에 오른 이후만큼 심한 때가 있었던가. …… 지극히 걱정되고 두려워 내 자신이 죄를 지은 연루자 같다."라고 했다.[54] 빈번한 재이는 수기의 도덕에 절대적 우위를 두는 주자학, 그래서 산당의 집권에 도움을 주었을 것이다.

넷째, 협동이 중시된 소농 사회는 유학의 도덕 경제론을 지원했다. 경쟁을 원리로 삼는 시장의 미성숙은 이재와 공리를 추구하는 경제 합리주의의 성장을 제약하여, 조선은 시장이 더욱 발달한 중국 및 일본보다 공리 사상의 학자가 훨씬 적었다. 시장이 미성숙하고 농경이 발달한 군주 주권 국가라는 조선의 경제 체제, 정치 체제의 특질은 의리를 중시하고 공리를 경시하는 주자학에 힘을 실어 주었던 것이다.

다섯째, 중화 세계 질서 속의 국제적 평화로 국가 간 경쟁을 위한 부국강병책을 추구할 유인이 약했기 때문에, 왕도적 안민책을 추구하는 정통 유학의 이념이 넓은 입지를 확보할 수 있었다. 국내적, 외적으로 안정된 정치 환경에서는 왕권의 자의성을 견제하고 신분 사회의 질서를 유지하는 것이 중요한 과제였으므로, 수기를 강조하고 의리와 명분을 중시하는 산당의 자세가 실천적 호소력을 가졌던 것이다. 그와는 달리 전쟁의 위협과 정치 공동체 간 경쟁의 압력이 항상 존재하는 유럽과 일본에서는 재정 확보가 근본 과제로 부상하고 도덕주의의 영향력이 약했다.

여섯째, 역사의 경로 의존성이다. 주자학을 배운 사대부들이 유학 통치 이념으로 조선 왕조를 창건했다. 유학 이념에 입각한 통치가 발전하는 가운데 세종은 유학의 이상 정치를 펼쳐 후대 왕의 모범을 보였다. 세조 대 이후 훈구척신의 문제는 도학 정치를 추구하는 사림을 대두시켰다. 도학 정치의 열망은 성리학을 발전시켰고, 사림 정치의 성립 이후 퇴계의 뜻대로 주자학 학통의 문묘 종사가 결정되었다. 이러한 문묘 종사는 주자학 편식의 학풍을 조장하여 김육의 사후 그의 노선이 송시열 노선에 압도당하는 데에 이바지했다. 송시열의 산당은 도학 정치를 더욱 철저히 하려는 지향을 가졌다. 산당 인사들의 문묘 종사는 주자학에 투철한 송시열을 모범의 대세로 확정하고 승인하는 사건이었고 주자학 편식을 심화했다. 김육은 젊은 시절 퇴계까지 오현의 문묘 종사 운동에 적극 참여하여, 자신이 아니라 송시열이 모범의 대세가 되는 경로의 성립에 힘을 보태 흥미롭다. 이런 경로 의존성을 벗어나는 데에는 문호 개방이라는 문명사적 충격이 필요했다.

일곱째, 후진국이라 무시했던 일본과 청나라에 짓밟히고 청나라에 사대의 예를 행하는 시점에 명나라에 대한 의리를 천명하면서, 조선이 중화의 중심지라는 송시열의 입장은 양란으로 자존심을 짓밟힌 사대부에게 정신적 위안과 자부심을 주었다.

여덟째, 정책 여건이다. 조선 건국기 국가 제도의 개혁과 안민 부국을 통해 조선 왕조를 굳건히 수립하려는 과제는 사공을 중시하는 학풍을 낳았다. 이 과제가 달성된 후 유학 이상에 더욱 충실한 정치의 추구는 16세기 도학 정치를 추구한 사림의 대두를 낳고 사림 정치를 성립시켰다. 이런 시대 과제가 주자학 연구를 진전시켰다. 16세기 인민이 궁핍해지고 국력이 허약해진 상태에서 양란을 겪고 안민과 부국강병의 과제가 부상하자, 김육은 시대의 주역이 되어 안민 부국에 이바지했다. 17세기 후반은 인구 증가와 시장 성장이 빨랐고 재정 형편도 좋아져서, 15세기 전반에 이은 대호황기였다. 이런 번영을 낳은 요인은 모심기법의 보급, 일본 은의 대량 유입에 따른 중계 무역의 성장, 그리고 대동법의 확산과 동전 주화의 전국적 통용이었다. 17세기 후반에 경제 형편이 좋아지자, 유가가 꿈꾼 요순의 이상 시대, 주자학적으로 순화된 도가 구현된 세상을 추구하려는 움직임이 커졌고, 이런 시대 요구가 송시열을 주역으로 부상시켰다. 재정 궁핍이나 군사적 충돌의 시기에는 송시열과 산당의 안민 지상주의론이

득세하기 어렵다.

　김육 사후 국가의 개혁 역량이 향상되지 못한 가운데 19세기 재정이 악화되었고 그로 인하여 삼정 문란이 심화되었다. 자의적 수탈의 확대는 민생 안정을 위협하였을 뿐 아니라 산업의 발달과 민부의 축적을 저해했다. 그런 가운데 문호 개방을 맞아 새로운 전국 시대가 찾아왔다고 인식된 후, 부국강병책이 대두하면서 주자학이 쇠퇴하고 김육의 재평가가 이루어졌다.

1 조선 왕조사를 결정한 기본적 요인인 정책사

선조 때 사림 정치의 성립과 더불어 붕당이 발생한 후, 붕당 의식은 해방 후까지 존속했다. 붕당과 당쟁이 선조 대 이후 조선사의 중요한 특징이지만, 사람들은 그 영향력을 과대평가하는 경향이 있다. 한 예를 들면, 1649년 김육과 김집의 대결은 정책 대결이지 당쟁이 아닌데, 1890년대에 이건창이 쓴 『당의통략』에서 이를 한당과 산당의 대립으로 보고 김육을 한당의 영수로 보았다. 김육이 한당을 규합하지 않았음은 이 책에서 설명했다. 시데하라 다이라(幣原坦)는 『당의통략』을 활용하여 붕당이 '공당(公黨)'이 아니고 당쟁이 이해관계에서 비롯된 '사쟁(私爭)'이라고 보았다. 이 당쟁이 조선의 식민지화를 낳은 중요한 요인이라는 학설은 일제 시대를 지배했다. 그래서 이광수는 「민족개조론」(1922)에서 "정사(政事)를 행함에서 국가와 민생을 위하여 하지 아니하고 자기 일개인 또는 자기와 이해관계를 같이 하는 일당파(一黨派)의 이익을 위하는 악정(惡政)"이 "우리 민족의 쇠퇴의 가장 직접적이고 총괄적인 원인인 것은 말할 것도 없습니다."라고 단정했다. 이런 당쟁사관에 대항하여 안확(安廓)은 『조선문명사(朝鮮文明史)』(1923)에서 향회(鄕會) 등 자치제의 발달을 주목하고 정치가 당파로 인하여 발달하고, 당파가 진보되지 못하고 두절함으로 인하여 쇠퇴했다고 보았다. 당파 간 견제와 대립이 활발한 조선 중기보다 그것이 사라진 19세기 세도 정치가 좋지 않았다는 인식이었다. 안확을 계승하여 이태진은 1970년대에 붕당 간 견제와 균형을 통한 공존을 원칙으로 하는 '붕당 정치'라는 관점을 제기했다.[1]

필자는 이런 연구사의 진전을 소중하게 생각하면서 논의의 진전을 위해 붕당이 공적 이념이나 정책과 어떤 관련을 가지는가를 논한다. 조선 시대에 붕당이 국가를 망하게 하는 원인이라는 주장이 있고, 군자 붕당이 국정을 이끌어야 한다는 입장도 있다. 후자는 선악 이분법이어서 대화와 타협의 정당 정치와 무관하다. 그러므로 이념과 정책의 차이에 따른 정당 정치나 정당 정치론은 성립할 수 없었다. 붕당의 발생과 분화, 그리고 당쟁은 사적 이해와 얽혀 있었지만, 이념 및 정책과 무관하지 않았다. 선조 때 사림 정치가 성립한 후에 구정치 질서의 청산을 둘러싸고 구신(舊臣)은 온건한 방식을, 신진 사류는 급진적 방식을 추구하여 대치하다가 전자가 서인, 후자가 동인이 되었으니, 동인과 서인의 분화는 정책 이념의 차이에 관련된다. 그 연장선에서 율곡이 군자 붕당론의 선악 양분법을 지양하여 붕당의 공존 이론을 제시한 것은 근대 정당 정치론의 싹이라고도 평가할

수 있다. 기축옥사로 많은 동인을 죽음으로 몰아넣은 정철 등 서인에
대한 공격에서 동인의 강경론자는 북인, 온건론자는 남인이 되었으
니, 그 분화도 정책 이념과 관련이 있다. 인조반정 이후 정국 주도권
을 잃지 않은 서인은 율곡의 조제론을 원칙으로 삼아 영조, 정조 대에
탕평 정치의 원류를 이루었다. 1680년 환국으로 정권을 잡은 서인
은 남인을 소인 붕당으로 규정하여 조정에서 완전히 몰아내자는 노
론, 그리고 역모에 연루된 남인만 몰아내자는 소론으로 분화되었으
니, 정책 이념의 차이가 노론과 소론 분당의 기본 원인이었다.[2] 1660
년대 공의, 사의 논쟁에서는 산당과 대결한 한당이 형성되었다. 한당
은 김육의 사상과 정책관을 계승하고 소론에 연결되며, 산당은 송시
열을 따르고 노론에 연결된다.

이 책에서 다룬 정책은 붕당과 어떠한 관계에 있는가. 대동법은
서인 율곡이 처음 제안하고 남인 유성룡이 처음 제도화하고 남인 이
원익이 처음 경기도, 강원도에 정착시켰고 서인 김육이 충청, 전라도
에, 이어서 남인 이원정이 경상도에 확대했다. 김육이 충청도 대동법
을 승인받을 때 산당의 영수 김집과 그와 연계한 김상헌이 반대했지
만, 정책 소신과 정치 주도권의 문제이지 사리사욕과 무관했다. 산당
은 충청도 대동법이 확고한 성공을 거둔 후에 대동법 지지로 방향을
바꾸었고 함경도 상정법의 성립과 충청도 대동법의 존속에 공헌했
다. 인민과 국가에 이로운 정책이라면 초당적으로 추진되었음을 대
동법은 잘 보여 준다. 산당은 1658년 2차 정계 진출 이후 김육을 본
받아 민생 안정책에 적극적이었다. 효종 대에 다방면의 정책 논의에
서 당쟁 요소는 없었으나, 현종 대에 예송은 예학 논쟁에서 당쟁으

로 바뀌었다. 예송에서는 송시열 진영과 남인은 일사불란하게 움직였으나, 송시열에 가까우면서 그와 다른 예론을 견지한 서인도 있었다. 양역 개혁은 붕당 간 세부적 차이가 있었으나 조낭석으로 추신되어 균역법이 성립했다. 1668~1669년 우의정에 임명된 송시열이 태안반도 창고 설치를 건의하면서 김육의 안이라 했고, 한당 서필원이 반대했다. 동전 주화 제도의 이상은 조선 시대 누구나 공유했는데, 1678년 이후 남인 정권과 서인 김석주가 협력하여 성공했고, 김육의 계승 의식이 있었다. 이후 노론이 정국을 주도한 후 동전 폐지론이 대두하여 추진되었는데, 남인 정권과 김석주에 대한 반감이 부차적 요인이고 주된 요인은 상업화 진행에 대한 반감이었다. 현종대 노비 종모법의 제정은 초당적으로 결정되었고 당색에 따라 찬반이 나누어지지는 않았다. 이후 노비종모법은 남인과 서인의 갈등으로 당쟁의 영향을 가장 크게 받았으나, 바람직하게 귀결했다. 지지 논거는 양인층의 증대이고 반대 논거는 노비와 주인 간 명분에 따른 양반층 배려이니, 정책 이념과 관련이 있다. 요컨대 조선 시대에 안민과 부국을 위한 정책은 당색을 초월하여 추진되었고, 당쟁이 치열한 가운데서도 지속했다. 이런 정책 풍토의 조성에 김육이 이바지했다. 당쟁은 정책에 영향을 주었으나 그 부차적 측면이었고, 이념적 대립의 성격도 가져 정책사에 환원되는 부분도 있다. 예송과 노비종모법 논쟁은 정책 대결을 통한 당쟁인 점에서 정당정치의 정쟁과 다르지 않다. 조선시대에 대의명분이 없이 사리사욕만 추구한 정당이 몰락함은 광해조 대북파와 김자점 당파가 보여 준다. 조선 왕조의 정치가가 오늘날의 정치가보다 당리당략에 덜 흔들리고 소신을 더욱 중시했는데, 유교 신념을 가졌기 때문이다. 그 덕분에 조선 왕조는 장수했다.

조선 시대 붕당은 이념과 정책에 관련을 맺은 만큼 '사당'으로 규정될 수는 없다. 다른 당 인사를 공격하고 자기 당 인사를 비호하는 행태는 근대 정당도 마찬가지가 아닌가. 전근대에는 법 제도의 환경이 나빠 당쟁으로 죽고 처벌받은 사람이 많은 등 당쟁의 폐해는 클 수밖에 없었다. 붕당마다 인사권을 가진 이조의 전랑과 판서를 차지하려고 노력했다. 인조반정 이후 서인은 왕가와의 국혼을 독점하려는 전략을 실천했다. 그런데 권력을 많이 차지하기 위해 노력하는 것은 근대 정당도 마찬가지가 아닌가. 유학의 명분론이 당쟁을 부추긴 한계는 있었다. 인조반정 후 서인, 이어서 노론의 권력 장악이 장기 지속한 폐단은 있었다. 이것은 서인과 노론의 정치력이 노련하고 정당 정치 제도의 환경이 없었기 때문이다. 필자는 당쟁의 폐단을 인정하나, 정당 정치 제도가 없는 가운데 붕당이 이념과 정책으로 분화하고 대결한 사실은 높게 평가한다.

조선 왕조는 전제 개혁의 논쟁을 벌인 성과로 과전법을 제정한 다음 해에 창건했다. 군주 전제(專制)와 군신 공치는 조선 왕조의 정치 이념인데, 양자를 어떻게 조화하는가를 둘러싼 통치 원리의 논의와 노선 대립은 건국 초 정도전과 이방원의 갈등부터 고종이 독립협회의 의회 개설 운동을 거부하고 전제 정치를 표방한 1899년 대한국(大韓國) 국제(國制)를 반포하기까지 조선 왕조 전 기간에 걸쳐 나타났다. 세종 대에 공법 개혁 논의가 활발했다. 16세기 이상적 정치의 추구와 권력 구조의 개편을 위한 정치 논의를 거쳐 사림 정치가 성립했다. 기묘사림 때부터 효종 대까지 국조오례의파와 고례파(古禮派)가 대결했다. 양란 이후 국가 재건을 둘러싼 정책 논의가 활발하고 노선 대립도 나타났다. 서인 율곡의 정책을 발전적으로 계승한 인물은 남인 유성룡이었고, 유성룡의 정책을 계승한 대표적 인물은 서인 김육이었으니, 당리당략이 아니라 소신이 노선을 결정한 주요한 요인이었다. 송시열의 산당은 순수한 주자학 노선을 가진 붕당으로 대두했다. 붕당 간의 대립은 조선 왕조의 중요한 특징이나, 1575년 이후 나타나 현종대 예송과 숙종 대의 환국에 정점에 달했고 탕평 정치기를 거치면서 약화되었다. 붕당 간 대립이 치열한 가운데서도 대동법, 노비종모법, 동전 주화 제도, 균역법 등 조선 시대의 대표적 개혁이 추진되었다. 19세기 세도 정치기에 당쟁이 사라졌으나, 정책 성과는 미흡했다. 정조대 이후 천주교의 충격과 북학파의 부상으로 붕당 대립에 못지않게 보수와 진보의 갈등이라는 이념적 대립이 중요한 요소로 부상했다. 그 연장선에서 개항 이후 개화파와 위정척사파의 대립이 나타났다. 개화파는 동도서기파와 변법개화파로 분화했다. 이런 큰 정책 논의만 보아도, 조선 왕조는 활발한 정책 논의와 꾸준한 개혁으로 특징지어진다. 요컨대 정책 논의와 개혁 정책이 붕당 대립과 당쟁보다 조선 왕조사를 관통하는 기본적 흐름이고 결정한 중요한 요인인 것이다.

2 17~18세기 정책 결정 기구와 김육

임진왜란 이후 의정부 서사제가 무력화되고 비변사가 정책 결정 기구로 부상함에 따라 삼공인 대신, 즉 정승의 역할은 축소되었다. 김육은 비변사가 정책 결정을 주도하는 체제 아래 활동했다. 이 책에서 논의된 정책 결정에서 비변사가 중심 기구였다. 예약 논의에서 드러나듯이, 대신들의 회의는 그다음으로 중요한데, 사안에 관련된 육조의 판서가 대신들 의견을 수합하여 군주에 보고하기도 했다. 의정부나 비변사라는 국정 논의, 결정의 최고 기구는 묘당이라 불렸다. 군주가 참석하지 않은 대신들이나 비변사의 국정 최고회의는 빈청에서 열렸다. 경연에는 대신과 중신과 학식이 뛰어난 인물이 참여하여 정책이 논의될 뿐 아니라 결정되기도 했는데, 1669년 1월 송시열의 노비종모법과 태안 창고 설치안이 그 실례이다. 그래도 대동법, 균역법 등과 같은 매우 중요한 정책은 반드시 비변사 회의를 거쳤다. 드물게 비변사 회의를 넘어서는 범위로 의견을 수합하기도 했는데, 1603년 동전 통용책 논의, 1750년 7월 균역법 결정 등은 그 예이다. 효종대 대동법의 첫 논의 때 비변사가 비슷한 의견 수렴을 제안한 바 있다. 대신, 육조의 판서, 그리고 그 외 비변사 회의에 참석하는 재상의 순으로 정책 결정에 영향력이 컸다. 삼사의 언관은 비변사 회의에 참석하지 않지만, 정책을 논의할 수 있었다.

비변사 체제는 왕권의 약화를 가져왔다고 주장되기도 한다. 군주는 비변사 회의를 주재하기도, 그 논의를 보고받기도 했다. 군주가 참여한 회의는 탑전 회의이고, 오늘날 용어로는 어전 회의라 하겠다. 이런 회의 형식을 군주가 결정했고, 대신이나 중신이 군주에게 제안하기도 했다. 그런 점에서 비변사 체제에서 군주의 의사 결정권이 약해지지 않았다. 비변사 체제는 의정부 정승의 권한을 약화시켰다고 평가된다. 그런데 김육은 인조 대에 뜻을 둔 정책인 대동법, 동전 통용책, 시헌력 및 설점수세제를 효종대 정승에 올라 실현했으니, 비변사 체제에서도 의사 결정과 정책 추진에서 정승의 역할은 중요했다.

비변사 기능의 확대와 강화는 의정부의 기능을 약화시키고 육조를 주축으로 하는 국가 행정 체제를 문란하게 할 뿐, 국방력의 강화와 사회 혼란의 타개에 도움을 주지 못했다는 평가가 있다. 그런데 비변사 체제는 다양한 신축적 정책 결정 방식을 동반했고, 비변사 회의는 의정부 서사제의 대신들 회의보다 신속한 의사 결정과 폭넓은 논의가 가능했다. 이런 장점 때문에 비변사 체제가 오래 존속한 것이다. 비변사 논의의 책임 소재가 없어 운영이 부실해진다는 비판이 있다. 효종조에는 김육이 국정을 담당하여 이런 문제가 없었다. 군주와 대신의 정책 주도력이 약해진 세도 정치기에 비변사 체제의 신축적 장점이 발휘되지 못하고 의사 결정의 난맥상이 있었는지는 연구 과제이다.[3]

군주는 회의의 형식을 결정할 뿐 아니라 정책의 최고 결정자이자 최종 결정자인 주권자였다. 그래서 회의 정족수 개념이나 3분의 2 이상 찬성이면 가결과 같은 제도가 있을 수 없었다. 1653년 7월 영중추부사 이경여가 노비종모법을 건의하여, 효종이 참석한 비변사 회의에서 논의했는데, 공조 판서 원두표를 제외하고 모두 찬성했으나, 효종은 시행하지 않았다. 1669년 1월 판부사 송시열의 건의를 받고 대신의 찬반이 갈렸지만 현종은 노비종모법의 시행을 결정했다. 주권자인 군주는 매우 다양한 경로로 국정을 전달받고 신민의 의견을 들었다. 육조의 주관 관서나 지방관은 비변사를 거치거나 직접 국왕에게 보고했고, 언관들의 수렴된 의견은 국왕에 직접 전달되었다. 국왕은 개인의 상소와 차자를 받아 보고, 경연에서나 개인 면담으로 국정을 듣고 논의했다.

조선의 통치자는 인민을 위하고 사랑하라는 유학을 신념으로 삼았다. 조정은 그래서 정책이 인민에 편안하고 이롭도록〔便民, 安民, 利民〕 노력하여, 중앙 관료, 지방관, 암행어사, 상소 등을 통해 인민의 여론에 관심을 기울였다. 정책의 성공을 증명하는 사실은 인민이 '그것을 편하게 여긴다.'라는 것이었다.『조선왕조실록』에 이런 용어가 887번 나온다. "인민이 모두 그것을 편하게 여긴다〔民皆便之〕."는 14번 나온다. "인민이 그것을 몹시 편하게 여긴다.〔民甚便之〕"는 27번 나오는데, 경기도, 충청도, 전라도 대동법, 그리고 균역법도 들어간다. 1623년 호조는 인민이 경기도 대동법을 "몹시 편하게 여긴다."라며 그 확대 시행을 건의했고, 충청도 대동법을 인민이 편하게 여기자, 조정에서 전라도 대동법 논의가 나오고 전라도민이 상소를 올렸다. 인정〔人情〕 또는 민정〔民情〕이 원한다며 정책을 추진하는 일도 많았는데, 1678년 동전 통용책은 좋은 예이다. 인조 대에 강원도, 충청도, 전라도 대동법은 반대 여론으로 좌초할 뻔하다가 강원도민의 존속 요청을 받고 강원도에서만 살아남았다. 김육의 충청도 대동법이 초반에 힘들었던 것은 반대 여론 때문이었고 결국 정착한 것은 인민이 편하게 여겼기 때문이었다. 전라도 대동법의 추진 동력은 충청도민과 전라도민의 민심이었고, 산골에서 시행이 늦은 것은 반대 여론 때문이었다. 정착을 결정지은 것은 서민의 바람이었다. 조선의 조정이 세력가의 여론에 잘 휘둘렸기 때문에, 대동법의 시행과 확산은 힘들고 오래 걸렸다. 그렇지만 조정이 힘없는 서민의 바람을 수렴하는 장치와 경청하는 자세를 갖추었기 때문에, 세력가와 관리가 반대했음에도 불구하고 대동법은 꾸준히 확산될 수 있었다. 영조는 균역법을 제정하면서 인민을 세 차례 만나 의견을 청취했다. 정책 결정에서 신하의 의견뿐 아니라 인민의 여망도 폭넓게 반영된 것이다.

조선의 국왕은 국가가 처한 어려운 과제에 대해 전국의 관과 민에게 의견을 구하는 구언교(求言敎)를 내리는 전통이 있었다. 의정부와 육조 또는 비변사에서 정책을 입안, 논의할 수 없는 하급 관료도 백관 진언(百官陳言)을 통해 자유롭게 의견서를 올릴 수 있었다. 나아가 관직이 없는 사람에게 정책을 묻기도 했다. 정조는 1786년 백관 진언에서의 360건의 건의서를 『정조병오소회등록(正祖丙午所懷謄錄)』으로 편찬했는데, 박제가는 해로 무역 육성론으로 국부를 증진하자고 주장했다. 1862년 삼남 민란을 당해 내린 삼정 책문(三政策問)에 대해 1000건 이상의 건의서가 접수되었고, 조정은 그것을 검토하여 개혁 방안을 담은 『삼정록(三政錄)』을 편찬했다.

주권자인 군주가 관료제와 정책 결정 기구에 입각하여 정책을 결정한 점에서 조선 왕조의 통치 원리는 군신 공치였다. 의사 결정이 신축적일 뿐 아니라 실로 폭넓은 논의와 여론 수렴에 의거했다. 군주와 신하가 합심하면, 정책 결정은 신속했다. 1669년 1월 4일 송시열이 건의한 노비종모법은 10일 결정되어 그날부터 시행되었다. 1678년 1월 동전 통용책은 한번의 비변사 회의로 결정되었다. 물론 이전의 오랜 논의와 정책사가 있었다. 효종조 김육이 추진한 정책의 결정도 신속했다. 그러나 개혁 이익이 10배가 아니면 추진하지 않는다는 원칙이 있어서, 졸속으로 결정되지는 않았다. 이전 논의가 충분하여 신속히 결정된 것이다. 요컨대 조선 왕조의 정책 결정 기구는 근대 국가에 비해 미흡하지만, 전근대 세계에서는 선진적이어서 꾸준한 개혁 논의와 그 성취가 있었다.

정약용은 1799년경 집필한 「원목(原牧)」에서 인민이 통치자를 추대하고 법이 인민의 여망(民望)에 입각하여 제정되는 이상 국가를 제시했다. 전근대 아시아에서 주권 재민의 민주제를 「원목」보다 가깝게 제시한 글을 찾기는 어렵다. 정약용은 중국 고대에 이런 이상 국가가 존재했는데, 춘추 전국 시대 이후 추대받지 않은 황제가 혈족 등 사인(私人)을 통치자와 관료로 삼고 자기 욕심에 따라 법을 제정했다고 보았다. 조선 왕조는 세습 군주제로 정약용의 이상 국가와 달랐다. 그런데 군주가 혈족 등 사인이 아니라 과거 급제자를 관료로 삼았다. 법은 주권자인 군주의 이익을 옹호하면서도 인민의 여망을 폭넓게 담았다. 「원목」의 이상 국가에서는 법이 인민의 여망을 담았기 "때문에 그 법은 모두 인민을 편하게 하였다.(故其法皆便民)"는데, 조선의 통치자도 대동법 등으로 그런 법 이상을 추구하여 성과를 거두었다. 정약용이 「원목」에서 제시한 이상 국가는 단순한 공상이 아니라 중국 고대의 이상과 마테오리치의 『천주실의』에 나오는 교황 선출 방식을 참작하고 조선 정치의 장점을 수용하면서 창작한 내용이었다.

3 김육과 조선 중기 정책 업적

김육이 정승이던 효종 대 9년간은 충청도 대동법이 완수되고 전라도 대동법의 시행이 결정되고 동전 주화 제도가 황해도, 평안도에서 정착하고 시헌력이 시행되고 광업의 설점수세제가 처음 마련되고 균역법으로 연결되는 군역 개혁 논의가 본격화되어, 조선 시대 정책사에서 가장 생산적인 시기였다. 이런 성취는 모두 김육이 없었더라면 불가능했다. 또한 효종 대에는 송시열이 영수인 산당이 조정에 진출하여 정국을 주도하는 세력으로 성장했으니, 정치사적으로 중요한 시기였다.

김육의 업적은 주권자인 효종이 김육을 믿고 후원하지 않았다면 거두기 어려웠다. 그래서 이이명이 숙종에게 "지난날 김육이 효종을 만나지 못했더라면 대동법도 시행될 수가 없었을 것"이라고 말했다. 최고 의사 결정자인 효종은 여러 건의와 논의를 듣고 대부분 합리적 결정을 내렸다. 효종은 김육을 관찰하여 믿은 다음에도 결코 맹신하지 않았고, 김육의 제안을 다른 신하들의 견해, 그리고 민심과 종합하여 판단했다. 효종은 신하가 역량을 발휘하도록 지원한 뛰어난 군주였다. 김육의 업적은 효종의 업적이기도 해서, 효종의 행장에는 "1651년 정승 김육의 의논을 써서 대동법을 행하게 되면서 …… 인민이 매우 편하게 여겼다."라는 내용이 나온다. 김좌명이 전라도 산골 고을의 대동법을 완수하여 현종도 행장에서 '인민이 매우 편하게 여긴' 업적을 갖게 되었다.

효종 대에 김육, 이경석 등 당파심이 없거나 약한 합리적 대신들의 건재는 정쟁이 지나쳐 당쟁으로 흐르는 것을 막고 비변사 체제가 정책 수행에 효과적으로 작동하는 데에 이바지했다. 효종 대의 뛰어난 성취는 김육, 효종, 그리고 합리적 대신들이라는 인물 차원에 국한되지 않고 앞서 살펴본 정책 결정 기구가 잘 작동한 데에 기인한다.

김육은 강직한 성품으로 정책 공방을 활발히 벌였지만, 당파심이나 사적 감정으로 상대방을 몰아붙이거나 순수한 이념 공방을 벌인 적은 없다. 그는 공방한 상대자와 모두 원만한 관계를 유지했다. 그래서 김육은 정책 논의의 문화를 진전시켰다. 효종 대에 김육 때문에 정책 논쟁이 활발했는데, 김육은 오직 인민과 국가를 위하는 공적 마음으로 소신의 정책을 추구하면서 당색을 가리지 않고 협력을 구하고 얻어, 효종 대가 당쟁사로 얼룩지지 않고 정책사로 빛나게 된 데에 크게 공헌했다. 반면 송시열은 이념적 공방을 자주 벌였고, 대립한 상대방과 갈라섰다. 그래서 송시열은 붕당사에서 중요한 인물이 되었다. 효종은 김육이 위대한 업적을 성취하도록 후원한 동시에, 송시열이 가장 강한 영향력의 산림이 되도록 도운 군주였다. 김육 사후 송시열의 산당이 정국을 주도하게 되면서, 당쟁은 정치의 중요한 요소로 부상했다.

김육의 정책을 계승한 서필원과 김좌명은 전라도 대동법을 완수했다. 김육의 충청도 대동법 성취 이후 대동법과 그에 준하는 제도는, 전라도 산군에서는 우여곡절이 있었으나, 전국으로 순풍에 돛을 단 듯 보급되었다. 김육의 정책을 계승한 허적과 김석주는 동전의 전국적 통용을 실현했다. 김육의 대동법 성공은 1658년 이후 조정에 진출한 송시열을 영수로 하는 산당이 민생 안정책을 수행하도록 자극하여, 군역 개혁 논의를 활성화하여 균역법 시행의 길로 인도했고, 노비종모법의 시행을 낳았다. 그래서 당파와 당쟁이 정책의 흐름을 바꾸지 않았다. 대동법과 농선 수화 세노는 소선 후기 경세 빌진을, 노비종모법은 사회 발전을 낳은 대표적 제도 개혁이었다. 조선 후기 김육 이상으로 정책사와 역사 발전에 이바지한 인물은 찾기 어렵다.

4 김육 정책의 역사적 의의

조선 왕조의 정치 체제와 정책 결정 기구가 선진적이라면, 왜 결국 식민지로 전락되었는가 하고 물을 독자도 있을 것이다. 망국의 주요한 원인으로 당파 싸움을 일삼고 정책에 무능한 위정자들을 거론하는 사람도, 당파 싸움을 조장하고 정책에 무능한 주된 책임을 유교 문화에 돌리는 사람도 적지 않을 것이다. 이것은 유교 망국론, 그리고 당쟁 망국론이라 하겠다. 위정자들이 공리공담이나 당쟁을 일삼고 건설적인 정책에 소홀하여 19세기에 조세 제도가 문란해지고 민란이 빈발하여 마침내 약한 국력으로 인해 식민지화되었다는 역사상이 성립했다. 필자도 조선 왕조가 군사적으로 허약해졌고 당쟁의 폐단을 가졌고, 19세기에 조세 제도가 문란해졌고, 국력이 약해져 식민지로 전락되었다는 사실을 부정하지는 않는다. 다만 당쟁 망국론이 지나친 견해임은 1절에서 설명했다.

조선 왕조가 1392년에 건국되어 1910년에 망했다는 연표를 보는 외국인에게는 장수했다는 사실이 먼저 눈에 들어올 것이다. 이보다 오래 장수한 왕조 국가는 동로마 제국, 합스부르크 왕가, 오스만 투르크 정도로 생각된다. 14세기 세계 최고의 역사가인 이븐 할둔(Ibn Khaldûn)은 왕조 수명이 120년을 넘지 못한다는 가설을 제시했는데, 조선 왕조는 518년간 존속했다. 그러니 조선 왕조의 몰락에 앞서 장수를 먼저 설명해야 한다. 장수의 요인으로 무엇보다 먼저 중국의 조공, 책봉 체제에 편입되어 중국이 제공한 국제 평화를 누린 점을 들 수 있으나, 외부 원인만으로 518년간 장수를 다 설명할 수 없다. 정치 체제와 정책 결정 기구의 선진성에 힘입은 지속적 제도 개혁과 적극적 굶주림 대책 등이라는 내부 요인도 작용했다. 일찍이 아소 우미는 조선 초 사관(史官)의 직필(直筆)이 허용되어 법제를 옹호하고 조종 성헌(成憲)의 법제가 확립하여 500년을 유지했다고 보았다.[4]

과전법을 제정한 다음 해 창건한 조선 왕조는 1444년 공법, 1608~1708년 대동법, 1669년과 1731년 노비종모법, 1801년 공노비 폐지, 1750년 균역법, 그리고 1871년 호포법을 제정하여 인민에 이로운 방향으로 지속적으로 조세 제도를 개혁했다. 전근대 왕조 가운데 조선만큼 인민을 위해 지속적으로 제도를 개혁한 나라는 많지 않다.

1770년 편찬된 『동국문헌비고(東國文獻備考)』, 전부고(田賦考)의 머리글은 다음과 같이 세종의 공법이 중국 고대의 이상에 부합하고 대동법이 중국에 대해서도 자랑할 만한 성과라고 평가했다.

성조(聖祖)가 국가를 세우자 맨 먼저 전부를 바로잡았고, 농지에 6등급을 두고 등급에 따라 과세했다. 대개 조(助)와 철(徹)을 절충하여 인민에게 가볍게 거둔 것 또한 삼대의 유의(遺意)였다. 공물을 토산물로 정하여 그 납부에 폐단이 점점 더 심해져서 모두 농지에 부과하여 섞어 내게 했으니, 곧 대동이다. 이 법은 우리나라에만 있다. 이에 공(貢)과 부(賦)가 하나가 되어 인민의 부담이 석공(錫貢) 때에 비해 도리어 가벼워졌다. 이것은 선왕이 농업과 이재(理財)에 힘써 인민을 부유하게 하신 방안이다.

중국과 비교해 보자. 당대 정비된 조용조법은 균전제를 전제로 하는 인두세제였다. 당대 평화의 지속으로 분배할 농지가 사라져 농지 규모의 빈부 차가 심해지자, 인두세제가 유지될 수 없었다. 그래서 당나라 말인 780년에 지세(地稅), 호세(戶稅)의 양세법이 시행되었다. 1560년대 이후 잡다한 항목의 전부(田賦)와 요역을 정비하여 납세자의 농지 소유 면적과 정구수(丁口數)에 따라 결정된 세액을 은으로써 일괄 납부하는 일조편법(一條鞭法)이 시행되었고, 청대 지정은(地丁銀)제로 발전하여 농지세로의 전환을 완료했다. 조선 초기 세제는 양세법에 상응한다면, 17세기 대동법은 일조편법과 지정은의 중간 단계 제도였다. 중국의 조세 제도 개혁이 조선보다 한발 앞섰지만, 조선 왕조가 중국의 왕조보다 제도 개혁이 활발했다.

일본 전국 시대를 종식한 도요토미 히데요시는 전국적 양전이라 할 수 있는 검지(檢地)를 1582~1594년에 실시하면서 생산량을 쌀의 석으로 표시한 석고제(石高制)를 시행하고 1588년 병농 분리를 단행했다. 처음에는 석고의 40~50%가 표준이고 수확량을 조사하여 연공(年貢)을 정하는 검견법(檢見法)이 시행되었다. 이것은 9세기 초 궁

예의 30%세를 연상시킨다. 도쿠가와 막부의 260여 년간에 가장 중요한 경제 개혁은 1722년 과거 일정 기간의 평균 생산량을 기준으로 보통 50% 세율의 연공으로 고정하여 징수하는 정면법(定免法)으로의 전환인데, 이 무렵 조선에서 성립한 총액 세제를 연상시킨다. 도쿠가와 막부의 제도 개혁이 조선처럼 활발하지는 않았다. 대동법은 지속적 기획력의 소산인 제도 개혁인 점에서 중국의 일조편법, 지정은제와 일본의 정면법보다 앞섰다.

1910년까지 아시아에서는 자기 힘으로 근대화에 성공한 나라는 일본뿐이고 터키와 태국을 제외하고 모두 식민지나 반식민지로 전락했으니, 식민지화된 사실만으로 조선 왕조에 중죄를 내리는 것은 공평하지 못하다. 그렇더라도 식민지화 원인을 냉정하게 고찰할 필요가 있다. 조선이 일본의 식민지로 전락된 것은 군사력이 현저히 열세했기 때문이고, 군사력은 재정력을, 재정력은 경제력을 반영한다. 요컨대 조선은 국력이 약해 식민지화되었다.

김육의 9세손 김윤식은 1890년 정책론을 체계화한 「십육사의(十六私議)」에서 "국가를 다스리는 자는 전쟁을 잊어서는 안 된다."라면서 1881~1882년 영선사(領選使)로 중국 톈진에 머물면서 양무(洋務) 관료들로부터 '자강(自强)'을 권유받을 때마다 "두려운 마음이 생기지 않은 적이 없었다."라고 했다. 그런데 "지금 관료의 정규 봉급을 끊고 공인과 시전 상인에게 대가를 지급하지 않은 채, 국가의 자원을 퍼붓고 민력을 고갈시켜 가며 오로지 날랜 병사 7000~8000명을 양성하니, 내외에서 근심하고 원망하며 민심이 흩어져 떠났는데도 종종 군량이 비었다는 보고가 들어왔다." 재정이 고갈되고 인민이 가난한 이 상황에서 군대 양성보다는 민간 경제력의 향상이 급선무라고 판단했다. 김윤식은 군대 감축과 군량 감소로 조세 부담을 가볍게 하는 등 애민 정책으로 민력(民力)을 배양한 다음에야 재정이 넉넉해져 군사력을 기를 수 있다고 보았다. 이것은 전통적인 '안민→부민→부국→강병'의 논리였다. 그런데 강병을 도모하기 전에 식민지화되었고 조선 시대 이런 정책 이념으로 국력을 강화하지 못했다는 데에 문제점이 있었다. 일본은 중국, 이어서 러시아와 함대를 이용한 해전을 벌였으나, 조선은 화력이 약한 군함 한 척을 겨우 구입했다. 조선은 스위스처럼 열강 사이의 중립화 방안을 구상했으나, 스위스와 같은 군사력이 뒷받침되지 않아 실현할 수 없었다. 청일 전쟁 이전이라 김윤식은 비상한 개혁책이 아니면 국가를 보존하기 힘든 지경에 빠지고 말 것이라는 향후 시세의 추이를 예견하지 못했다.

조선 시대를 연구하지 않은 사람은 위정자들이 군사력 강화에 무관심했다고 말하기도 하나, 그렇지 않다. 그런데 군사력을 끝내 강화하지 못한 것은 빈약한 국력과 재정 때문이었다. 『징비록』에서 말했듯이, 다른 근본적인 요인은 평화의 시기가 너무 오래 지속되었기 때문이다. 그래서 임진왜란에 제대로 대응하지 못했고, 양란 후 다시 평화의 시기가 너무 오래 지속되었기 때문에, 군사력을 강화하지 못한 채 문호 개방을 당했다. 문호 개방 이후 빈약한 재정으로 군사력을 단기간에 강화할 수 없었다.

조선 시대 사람의 공통된 인식은 조선이 가장 가난하다는 점이었다. 그 비교 대상은 중국과 일본이었다. 조선은 『구약 성경』에서 젖과 꿀이 흐른다는 가나안보다 농경에 유리하나, 농지가 국토의 20%

정도이고 토양이 척박하고 자원이 부족했다. 기온이 낮고 수량이 적어 논농사에 불리했다. 일본은 농지 비율이 15% 정도로 조선보다 낮았으나, 토양이 더욱 비옥하고, 기온이 높고 강수량이 많아 논농사가 훨씬 유리하고, 임산물, 광산물 등 자원이 풍부했다. 자연조건이 풍요하지 않더라도 시장과 기술을 발전시키면 부유해질 수 있었으나, 조선은 그러하지 못했다.

조선 왕조의 최대 약점은 시장의 낮은 수준이었다. 조선 국가가 토산 공물을 거두고 노동력을 징발하는 현물 재정을 갖춘 데다가 국제 무역에 소극적이었기 때문이다. 중국은 국제 무역에 소극적임에도 불구하고 국내 시장이 매우 커서 시장이 발달했다. 일본도 문호 개방 이전 대부분 시기에 대외 무역에 소극적이었으나, 조선보다 국내 생산 규모가 큰 데다가 분권적 정치 체제로 인하여 지역 간 교역이 활성화되었다. 조선 초에 일본을 시찰한 사신은 일본이 조선보다 상업적으로 번창하고 앞선 기술도 가졌다고 보고했다. 애덤 스미스는 시장의 규모가 분업과 전문화의 수준을 결정한다고 했는데, 조일 간 시장 발달 차는 생산성의 격차를 낳았다. 시장 발달은 경제 합리적 사상의 발달을 낳고 국가 역량의 향상을 촉진한다.

조선 후기에 조일 간 경제력 격차는 뚜렷이 벌어졌다. 도쿠가와 일본의 중앙 집권적 봉건 체제가 제공한 영국(領國) 간의 활발한 교역에 힘입어 축소형 세계 경제가 성립하여, 일본은 쇄국 정책에도 불구하고 시장이 현저히 발전하고 그 자극으로 기술이 발전했기 때문이다. 분권적 정치 체제 아래 군사적, 경제적 경쟁의 압력을 받던 영주층은 조선의 조정과 지방관보다 상업 활성화와 지역 개발에 훨씬 적극적이었다. 18세기 아시아에서 시장과 경제가 가장 발달한 나라는 중국과 일본이었다.

유학의 이상 정치에 가장 접근한 세송은 공법으로 5% 농시세를 거두고 풍흉에 따라 9등급으로 세분화하여 차등 징수했다. 여기에서 알 수 있듯이, 조선의 유학자는 일본의 40~50% 정률세제나 50% 정액세제가 너무 세율이 높고 풍흉에 따라 차등을 두지 않기 때문에 포악한 정치라고 생각했음이 분명하다. 사무라이 무사 집단을 유지해야 했던 막부와 각 번(藩)은 높은 세율 연공(年貢)을 거두어들여 재정 규모가 조선보다 훨씬 컸다. 석고제와 정면법은 징세량과 징세 효율을 극대화할 목적이었으나, 제도 설계자도 예상하지 못한 일로 중국의 지정은제나 조선의 대동법보다도 재정 강화뿐 아니라 생산성 향상에도 유리한 제도여서, 농민에게 갈수록 혜택을 주고 경제 성장에 이바지했다. 무거운 연공을 부담할 수 있는 농민만 살아남았지만, 1722년 정면법 개혁으로 연공 부담이 고정되고 중간 수탈이 무시할 만하여, 생산의 증가분은 농민에게 귀속되었기 때문에, 일본의 농민은 갈수록 편해지고 민부(民富)가 형성되었다. 조선 왕조는 인민을 위해 조세 제도를 지속적으로 개혁했으나, 중간 수탈 등으로 곧 제도가 문란해졌다. 게다가 시장도 발달하지 못해 일본과 같은 민부의 축적은 없었다.

18세기 재정이 악화되자 막부와 여러 번은 중상주의적 정책을 썼다. 영외(領外) 이출을 목적으로 국산품 생산을 장려하지 않은 번은 거의 없었다. 국산품 장려 정책은 철저하여 기술의 도입과 이전, 원료의 공급, 생산 자금의 융자 등이 동원되었고 번찰(藩札)을 발행해서 신용을 창출했다. 중상주의적 정책은 산업을 발전시켰으며, 메이지 정부의 식산 홍업(殖産興業) 정책으로 연결되었다. 일본이 중국, 조선과 달리 중상주의 정책을 추진한 것은 영국 간 경쟁이 작용하였을 뿐만 아니라 유학을 도입하면서도 유교 사회가 성립하지 않아 그 이념의 지배를 받지 않았기 때문이다. 조선의 경제 정책이 가장 소극적인 것은 국내적, 국제적 경쟁의 힘이 약했고 물욕에 대한 부정적 관념이 짙은 주자학의 지배력이 특히 강했기 때문이다. 정면법도 유교 이념의 지배를 받지 않아 성립할 수 있었다. 도쿠가와 일본의 막부와 일부 번도 주자학으로 사상 통일을 시도한 적이 있으나, 무사가 지배하는 봉건 체제, 시장의 발달, 경쟁 원리의 작동, 그리고 중국의 조공 체제로부터의 이탈이라는 요인이 작용하여 유교 사회가 성립하지 않았다. 일본은 유학의 영향으로 학문, 지적 역량, 그리고 국가 제도의 발전을 도모하고서도 그 지배를 받지 않아 경제 합리적 정책을 추진하고 서양 문명을 적극 흡수할 수 있었다.

유학은 안민→부민→부국→강병의 정책을 제안한다. 송시열의 산당처럼 투철한 주자학자는 안민이 지상 가치이고 그것을 손상할 우려가 있는 부국강병을 경계했다. 그에 반해 김육은 민생 안정을 기본 과제로 삼으면서도 그것을 손상하지 않으면서 부국강병을 적극 추진했다. 국가 정책 이념은 그 중간 지대에 있는데, 송시열에 더 가까웠다. 조선은 굶주림 대책 등 민생 안정책을 적극 추진하여 굶어 죽을 지경의 사람을 구제하는 데에 도움을 주었으나, 맬서스 법칙으로 인해 전반적 생활 수준을 향상시키지 못했다. 그리고 민부의 축적, 그에 입각한 부국강병에는 실패했다. 19세기 중앙 재정이 악화된 여파로 삼정 문란이 심화되어, 인민의 고통이 커졌다. 안민에 대한 배려가 조선보다 훨씬 적은 도쿠가와 일본에서 오히려 재정 규모가 큰 가운데 민부가 축적되었다.

2절에서 언급했듯이, 전근대 세계에서 조선은 정책 결정 기구의 수준이 높았고, 정책 논의가 활발했다. 조선 왕조의 개혁이 활발한 편이었지만, 정책 결정 기구의 수준과 정책 논의의 활발함에 비추어 그 성과가 낮았다. 조선 시대에 정책 효율성이 낮은 주된 원인은 주자학의 지배로 의리 명분을 지나치게 중시하는 정치 문화 가운데 관료, 정치가의 경제 합리주의와 기술학 소양이 부족한 점으로 생각된다. 그 반면 김육은 정책에 도움이 되는 다양한 학풍을 개방적으로 수용하고 사공의 기술학과 공리의 경제 합리주의도 중시하고 기획력과 실무 역량을 갖추어 정책을 강력히 추진하여, 김육이 정승이던 효종 대의 9년간은 정책 성과가 특히 뛰어났다. 이러한 김육의 자세가 국가적 모범의 대세가 되어 그의 사후에 확산되고 심화되었더라면, 조선은 부국강병과 서양 문명 학습의 성과를 거둘 수 있었을 것이고, 자주적 근대화의 전망은 열려 있었다. 조선은 중화 문명을 열심히 배우는 문화를 가졌으므로, 김육처럼 배우는 대상에 서양 문명을 추가하면 되었다.

17세기 후반에 김육 노선과 송시열 노선이 경합하다 후자가 주류가 되었는데, 이 선택은 조선왕조의 진로에 영향을 미쳤다. 4장 3절에서 언급했듯이, 숙종 대에 방전법을 시험한 군의 농지 결수가 크게 늘었는데, 조세 증가에 대한 불평을 우려하여 양전제도를 개혁하지 못했다. 세율을 높인 것도 아닌데 세원의 정확한 파악에 불평한다고 방전제를 포기한 것은 안민을 지상 과제로 삼았기 때문이다. 18세기 후반 북학파는 해로 국제 무역 등 상업 육성책과 외국 선진 기술 도입책을 주장했으나, 조정은 호응하지 않았다. 나라가 작고 자원이 빈약한 조선이 잘살 수 있는 지름길은 국제 무역의 육성이었다. 만약 유성룡의 부국강병책이나 김육의 안민 부국론이 조정의 정책 이념이 되어 안민에 만족하지 않고 부민에서 부국으로 이어지는 정책을 적극 강구하는 자세를 가졌다면, 18세기 초 방전법의 제도 개혁이 성취되어 재정을 크게 확충하고, 18세기 후반 북학파의 해로 무역 육성론과 외국 선진 기술 도입론의 정책화로 경제 성장이 촉진되어 민부가 축적될 전망은 있었다. 그러면 문호 개방 후 근대적 측량법이 더욱 원활히 도입되고 서양 문명의 충격에 더욱 능동적으로 대응할 수 있었다. 개항 후 근대화 정책의 성과가 부진한 중요한 요인은 경제 합리주의와 기획력과 실무 지식을 갖추어 효과적으로 재정을 개선하고 산업을 육성하고 경제개혁을 추진하는 관료 역량이 부족한 점이었다. 김육의 자세가 국가적 모범의 대세가 되지 못해 나타난 문제였다. 유성룡이나 김육의 지향이 발전적으로 계승되지 못한 때에 서유럽이 근대적 변혁을 이루고 있었고 일본이 전국시대를 끝내 조선과의 경제 격차를 벌이고 있었던 점에서 안타깝다.

유수원은 『우서』의 결론에 포함되는 「제도 개혁의 유불리를 논한다(論變通規制利害)」에서 "중국의 풍속을 순수히 숭상한 나라는 천하에서 우리나라뿐이나, 다만 외면적인 형식만 숭상할 뿐, 나라를 다스려 정치에 성공하는 도구는 때로는 그 명목만 답습하고 때로는 그 껍데기만을 모방할 뿐이어서, 하나도 그 정신이나 골자를 터득하지 못하여 왔다."라고 규정했다. 그는 "효종 대 이후 산림이 요로(要路)에 오르자 세상 풍습도 또한 변하여 집집마다 주자의 책을 장만해 놓고 성리를 이야기하며, 사대부들이 조금만 글을 쓸 줄 알면 바로 도학을 논하는 말을 구사하여, 외면으로 보면 훌륭하지 않은 것은 아니었다. 그러나 대체로 몸과 마음에서 체험하여 나온 것이 아니라 껍데기만 주워 모아 형식만 꾸며 놓고서 스스로 기뻐한 것이니, 명성이 아무리 높을지언정 실제에는 무슨 소용이 있겠는가."라며 산당이 진출하여 성리와 도학의 담론이 성행한 것이 실사에 소용없다며 신랄하게 비판했다. 산당이 주자학풍의 성행에 크게 이바지했음을 알 수 있다. 그래서 "수양하고 경전을 연구하여 자신을 다스리고 남도 다스리는 대법(大法)을 강구하는 사람을 아직껏 보지 못하였다."라고 했다. 유수원은 산당이 절대시한 주자는 "학문이 통달하지 않은 곳이 없고 세상을 다스리는 지식도 더욱 정밀하고 깊었다."라는 점을 평가하고, 조선의 학자가 "다만 정심성의 네 글자만을 주워 모아 임금에게 아뢰기를 힘쓰면서 스스로 주자를 배웠다고 말하지만 한번이라도 국사를 맡게 하면 멍하니 이루는 일이 없어서 정무에 숙달한 재상보다 못하며, 조금이라도 계책을 시행할 때마다 꼭 삼대를 거론하여 시의에 맞지 않다."라고 신랄하게 비판했다. 5장 2절에서 소개한 김육의 「호서대동절목서」를 연상시킨다. 유수원은 "정사(政事)가 바로 실사"라고 했다. 유수원은 주자학 관념화의 폐단을 지적했고, 송시열과 그 추종자가 아니라 김육과 자신이 주자의 본령(本領)을 잘 계승했다고 주장한 셈이다.

사상적 문제점을 중시하면, 유학, 특히 주자학이 망국의 근본 원인으로 지목될 수도 있겠다. 필자도 조선 시대를 본격적으로 공부하기 전인 30대까지는 주자학 망국론을 수용했으나, 지금은 그렇게 생각하지 않는다. 조선 왕조는 유교 덕분에 학문이 발달하고 정치와 법치의 수준을 높일 수 있었다. 조선 왕조의 장수는 유교 통치 이념에 힘입은 바가 크다. 조선 시대 유교의 편익이 비용보다 크다고 생각한다. 김육은 투철한 유가였으나, 유학의 장점을 잘 살려 정책 업적이 뛰어났고 오늘날에도 모범이 된다. 다만 조선이 유학, 그중에도 주자학을 지나치게 편식한 점은 심각한 문제였다. 퇴계와 율곡에 이르기까지 주자학을 중국에 대등한 수준으로 발전시켰으니, 임진왜란 이후에는 유성룡과 김육처럼 개방적인 박학풍이 주류가 되어 발전했더라면 좋았다. 도쿠가와 일본에서는 유학이 지배적 사상이었고 주자학이 주류였지만, 다양한 학풍이 발전하여 근대화에 유리한 조건을 닦았다. 그런데 주자와 다른 견해를 내세우면 사문난적으로 매도하는 송시열 세력이 영향력을 강화하고 주자학 독존(獨尊)의 풍조가 확산되면서 학문 발달을 저해했다. 단순화하면, 주자학 독존이 주자학 편식을 가려왔고, 이는 도덕 지상주의의 강한 영향력과 경제 합리주의의 부족을 낳아 결국 국력 약화로 이어진 것이다.

5장 9절에서 언급했듯이, 조선은 동아시아의 어느 나라보다 주자학이 영향력을 강하게 발휘할 환경을 가졌으니, 송시열이 국가적 모범의 대세가 된 것은 송시열 등 특정 개인이나 숙종 때의 환국과 같은 특정 사건이 만든 것은 아니었다. 유럽에서 근대적 변혁이 일어나고 있고 2세기 후에 조선이 식민지화될 것이라는 것을 알지 못한 17세기 후반과 18세기의 조선 엘리트가 조선적 환경에서 내린 제한된 합리적 선택이었다. 그 경로는 필연이라기보다 그렇게 되기가 쉬웠다.[5] 중상주의적 사조 이전 오규 소라이 등 일본의 저명한 학자들도 대개 일본이 시장의 성장으로 상업 사회가 되는 것을 무성석으로 보아 막자는 정책을 제안했던 점에서 조선의 주자학자와 다르지 않았는데, 일본의 환경에서는 정책 영향력을 발휘할 수 없었다. 김육 모범의 대세화와 박제가 개혁안의 채택은 좁은 길과 문이었고, 그것을 통하지 않고서는 자주적 근대화가 어려웠다.

5 우리는 김육과 조선 왕조로부터 무엇을 배울 수 있나

오늘날 김육의 성공으로부터 배울 교훈을 정리한다. 첫째, 김육은 부지런히 공부하고 농사짓고 저술하고 정책 활동을 했다. 성실하지 않고서 성취하기는 어렵다. 김육은 임진왜란으로 양친이 사망하여 죽을 고비를 넘겼고 광해조 계축옥사로 10년간 벼슬의 꿈을 접고 농사짓고 살았으며 김세렴 일로 3년간 관직에 물러났고 강빈 옥사 때 인조의 미움을 받아 한직으로 밀렸고 김집과의 대결로 여론의 비난을 받아 물러났던 역경을 겪으면서도, 자신을 갈고닦아 마침내 숙원 사업들을 성취했다.

둘째, 김육은 열린 마음으로 다양한 학풍을 흡수했고, 오랑캐로 간주된 청나라와 서양의 선진 문물을 도입하고자 노력했다. 열린 마음은 유학의 가르침을 교조적으로 수용하지 않고 공리와 물리도 중시하는 합리성, 그리고 현실의 가르침을 경청하는 실용적 자세에 연결된다. 조선 시대에 성실하고 뛰어난 주자학자가 많았지만, 대부분 주자학 이외는 배척하여, 오늘날의 관점에서 성취가 빈약한 일은 아 쉽다.

셋째, 김육은 새로운 정책과 제도의 창안에 급급하지 않고, 남과 외국으로부터 열심히 배우고 기존의 좋은 정책과 제도를 발굴, 개선 하고 추진하여, 위대한 성취를 거두었다. 김육은 "1636년 북경 사행 길에 중국 문물을 처음 보고 마음으로 몹시 기뻐하여 그 새로운 일마 다 본받고 싶었고" 결국 모두 실천에 옮겼다. 김육의 성공은 남과 외 국으로부터 배우는 일이 얼마나 중요한지 보여 준다. 이것도 열린 마 음의 소산이다.

넷째, 김육은 옳다는 소신을 세운 정책을 어떠한 난관에도 굴복 하지 않고 실천했다. 그래서 김육은 효종 등에게서 '헛된 여론'에 동 요하지 않았다는 평판을 받았다. 김육은 개방적 박학으로 사상을 정 립하고 합리적으로 정책을 기획하고 제도를 설계했기 때문에 잘못된 견해에 집착하지 않을 수 있었으며, 사적 이해가 아니라 인민과 국가 를 위한 일념으로 자리 보존과 출세에 연연하지 않고 비난을 감수하 면서 소신의 정책 구현에 전념했기 때문에, 헛된 여론에 동요하지도 않을 수 있었다. 그가 대동법과 동전 통용책이라는 험난한 사업을 성 취한 것은 원숙한 리더십과 확고하고 끈질긴 추진력 덕분이었다.

다섯째, 김육은 당파를 초월하여 교류하고 정책 협력을 얻고 정 책 계승자를 양성하여, 관료의 협력 역량을 크게 끌어올렸다. 그는 활발히 정책 공방을 했으나, 상대방과 원만한 관계를 유지했다. 김육 은 충청도 대동법이 자신의 업적이라고 말한 적이 없고 「호서대동절목서」에서 여러 관료와 효종의 합작이라고 적었으나, 당대인부터 김육의 업적이라 인정했다. 오늘날 역사가는 당대인의 관념을 승인하면 되었다.

김육의 삶은 조선시대의 산물인 만큼, 조선 왕조의 교훈도 생각해보자. 주자학의 편식, 의리명분의 지나친 중시와 경제 합리성의 부족, 안민 지상주의에 따른 부국강병의 실패, 도덕적 독선의 인신 공격, 정치적 타협과 정책 구현 역량의 부족, 약한 국가 기강, 구조적 부정부패 등 조선 왕조의 약점 중 대한민국에 영향력을 주는 것은 없는지 성찰할 필요가 있다. 김육은 그 단점을 극복하였다. 도덕성과 지성을 연마하는 수기치인의 엘리트 문화, 인민과 국가를 위하는 책임의식, 그 결과로서 품격의 정치와 권력자에 대한 직언, 정치 기록 문화와 정책 실명제 등 장점을 우리가 잘 계승하고 있는지도 자문할 필요가 있다. 조선 시대에는 정치가 세계 상위권이나 경제는 중위권이었는데, 오늘날은 거꾸로다. 필자는 이광수처럼 '민족 개조론'을 주장하지는 않지만, 경제난 타개와 사회 성숙을 위해 정치 문화의 개선이 필요한 시점이라고 생각한다. 정치 발전은 정책과 제도의 발전을 통해 경제성장도 낳기 때문이다. 넓게는 정치 문화는 제도를 바꾸고 이는 경제 성과를 가져온다는 가설이다. 이광수는 「조선 민족론」에서 문화가 민족의 본질적 요소이고 「민족 개조론」 결론에서 "문화 운동을 주창(主唱)"한다고 했는데, 필자는 민족의 '성격적 운명'이라는 이광수 견해를 수용하지 않으나, 역사의 소산이면서 운동으로 변할 수 있는 문화를 중시한다. 조선왕조 정치사를 잘 성찰하여 그 장점을 잘 계승하고 단점을 줄이는 것은 정치문화의 개선뿐만 아니라 사회와 경제의 성숙을 위해서도 필요하다.

6 김육의 정책 활동이 오늘날 국가적으로 갖는 의미

유교 사회를 경험한 역사가 없는 일본의 TV 방송에서 아마도 2010년경 정치 원로인 나카소네 야스히로(中曾根康弘)가 정치인에게 수기치인의 덕목을 주문한 데에 필자는 깊은 인상을 받았다. 세계사에서 가장 철저한 유교 사회인 조선 시대를 겪은 한국의 정치인이 그런 덕목을 주문한 일은 생각나지 않는데, 식민지화로 끝난 유교 사회에 대한 반감 때문인지 모른다. 저자는 오늘날 유교를 부흥하자는 데에는 반대하나,『논어』와『맹자』를 공부하고 우리의 정신문화유산과 결부하여 오늘날에도 통할 수 있는 유학의 가르침이 무엇인지를 생각해 볼 필요는 있다고 생각한다. 유학은 수기치인의 학문으로 집약되는데, 도덕성과 지성을 길러 경세제민에 이바지하는 자세는 오늘날 관료와 정치가에게도 필요하다. 김육은 유학의 목표인 수기치인을 훌륭하게 실천한 인물로서 조선 시대 유학과 정치의 긍정적 유산을 보여 준다. 그는 유학 사상을 훌륭히 소화하고 생활신조로 삼아 인격과 학문을 갈고 닦은 다음 치인, 즉 경세의 목표를 세워 정책 이념을 정립하고 그 실천에 힘썼다. 김육은 공자가 주창한 유학 원래의 건강한 정신을 실천한 인물이었다. 유학은 원래 도덕성의 함양뿐 아니라 교육과 정치의 발전에 이바지할 수 있는 사상이다.

오늘날 우리 사회는 퇴계, 율곡, 정약용 등과 같은 대학자를 높이 받들고 있으나, 김육처럼 정책 업적을 가진 조선 시대 인물에 대하여 그에 상응하는 평가를 하지 못했다. 그래서 김육을 제대로 아는 사람은 많지 않다. 학문을 발전시킨 인물과 정책 업적을 쌓은 인물에 대한 균형감을 가진 관심과 평가는 조선 왕조의 이해뿐만 아니라 대한민국의 정치와 정책 발전을 위해서도 필요하다.

김육은 군주 주권의 관료제 국가인 조선에서 활동했지만, 오늘날 민주 국가도 도덕성과 지성의 연마, 소신의 실천력, 실무 역량, 원숙한 리더십과 정책 협력, 정책 기획과 제도 설계를 위한 끊임없는 노력 및 일관된 추진력을 갖춘 그와 같은 관료, 정치인을 필요로 하고 있다. 외환 위기가 발생한 1997년 12월 발간된《시사월간 윈(Win)》은 위기 극복을 위한 개혁 리더십의 인물로 김육을 찾아 집중적으로 조명한 바 있다. 2013년 가평 문화원에서 열린 실학 박물관의 실학 문화 심포지엄에서 정만조 선생은 김육에 대한 강의를 마치면서 "국난사양신(國難思良臣)의 현시점에서 김육과 같은 인물이 나오지 않음을" 아쉬워했다. 현재 한국 경제는 잠재 성장률의 저하, 저출산, 고령화, 실업률 상승, 불평등 심화 등 엄중한 도전에 직면해 있다. 그 난관을 타개할 개혁 리더십을 보여 줄 인물을 한국사에서 찾는다면 그는 김육일 것이다.

1580년(선조 13년)

서울 서부 마포리의 외가에서 출생하다.

1588년(선조 21년)

평안도 강동에서 지산 조호익의 가르침을 받다.

1592년(선조 25년)

임진왜란이 일어나 피난하다.

1594년(선조 27년)

황해도 해주에 가서 우계 성혼을 만나 제자가 되다.
부친상을 당하다.

1600년(선조 33년)

모친상을 당하다,

1604년(선조 37년)

진사 윤급의 딸과 결혼하다.

1605년(선조 38년)

사마회시와 관시(館試)에 합격하다.

1610년(광해군 2년)

태학생으로서 소를 올려 오현의 문묘 종사를 청하다.

1613년(광해군 5년)

계축옥사로 관직의 뜻을 버리고 경기도 가평 잠곡에 거처를 정하고, 다음 해 가족을 이끌고 잠곡에 들어오다.

1623년(44세)

인조반정 후 광해조에 등용되지 못한 인재로 인정받아 의금부 도사로 발탁되었다가 한달 만에 파직당하다.

1624년(인조 2년)

이괄의 난에 왕을 수행한 공로로 음성 현감에 임명되다.

회시에 합격하고 전시에 장원을 하다.

사간원의 정언으로 임명되다.

(이후 빈번한 관직 이동은 생략한다.)

1627년(인조 5년)

「황해도, 평안도에서 마땅히 실행할 일을 논하는 소」에서 호패의 폐지, 병농 분리의 시행, 동전 통용 등을 건의하다.

1629년(인조 7년)

이조 정랑(吏曹正郞) 직무 중 김세렴의 일로 서울 밖으로 쫓겨나다. 1631 년 사면되다.

1633년(인조 11년)

9월에 안변 도호부사가 되고 1636년 정월에 임기가 만료하여 조정에 복귀하다.

1636년(인조 14년)

동지 성절 천추 진하사로 임명되어 7월 명나라 수도로 가다.

1637년(인조 15년)

병자호란이 일어나 사실을 알고 귀국하다.

1638년(인조 16년)

충청 감사로 임명되어 대동법의 시행을 건의하고『구황촬요급벽온방』
을 간행하고 수차를 제조하다. 1639년 조정에 돌아오다.

1642년(인조 20년)

대사간, 부제학 등을 역임하다.

1643년(인조 21년)

도승지, 원손 보양관 등을 역임하다.
『유원총보』를 편찬하다.
12월에 원손을 모시고 청나라 심양으로 출발하고 다음 해 8월에 복명
하다.

1644년(인조 22년)

황해도, 평안도에 수레와 동전의 사용을 건의하다. 수레를 타고 평안도
의주에 왕래하다. 이조 참판, 형조 판서 등을 역임하다.

1645년(인조 23년)

대사헌, 예조 판서 등을 역임하다.

관상감 제조로서 시헌력의 채택과 습득을 건의하다.

1646년(인조 24년)

사망한 소현세자의 부인과 아들을 비호한 혐의로 예조 판서에서 호군으로 체직되다.

사은 부사로서 수레를 타고 북경에 다녀오다.

임경업을 청나라로부터 압송하던 중의 잘못으로 파직당하다.

1647년(인조 25년)

개성 유수로 임명되고, 2년 후 임기가 만료되다.

1649년(효종 즉위년)

인조가 승하하여 예조 판서를 맡으며 국장도감 제조를 겸하다.

우의정에 임명되어 충청도, 전라도 대동법을 건의하다.

1650년(효종 원년)

진향사로 북경에 다녀오면서 동전 통용을 건의하여 허락받다.

1651년(효종 2년)

영의정에 오르다

인조실록의 총재관으로 임명되다.

충청도 대동법의 시행 승인을 받아 추진하다.

차남 김우명의 장녀가 왕세자빈이 되다.

1652년(효종 3년)

『해동명신록』을 편찬하기 시작하다.

1653년(효종 3년)

경기도 양전을 대동법 개정의 준비 단계로 건의하고 『전제상정소준수조획』을 발간하다.

1654년(효종 4년)

시헌력이 시행되다.

『호서대동절목』을 발간하다.

1656년(효종 7년)

동전 통용책이 중단되었으나, 평안도, 황해도의 동전 유통은 허용되다.

전라도에 대동법의 시행을 건의하다.

1658년(효종 9년)

전라도 대동법의 시행이 결정되다.

79세로 서울 남부 회현방의 자택에서 서거하다.

전라 감사 서필원이 전라도 연해 고을의 대동법을 시행하다.

1659년(효종 10년)

충청도의 사민이 대동법을 기리는 비를 세우다.

1660년(현종 원년)

현종이 김육에게 문정이라는 시호를 내리다.

1663년(현종 4년)

장남 김좌명이 전라도 산골 고을의 대동법을 시행하다.

1678년 (숙종 4년)

동전 통용책이 추진되어 성공을 거두다.

1705년(숙종 31년)

가평 유생의 요청으로 잠곡 서원이 건립되다.

1707년 사액을 받다.

1장 김육과 조선 왕조 시대

1   이헌창,「조선 왕조의 정책사와 근세 실학, 그리고 金堉(1580~1658)」,
       《한국실학연구》37, 2019.

2   이헌창,『韓國經濟通史』(8판)(해남, 2018), 51~52, 60쪽.

3   『선조실록』(40년 5월 13일 乙亥)에 실린 유성룡의 졸기에 따르면, "여러
       책을 널리 보아 외우지 않은 것이 없었는데, 한 번 눈을 스치면 환히
       알아 한 글자도 잊어버리는 일이 없었으며 의리(義理)를 논설하는 데
       는 뭇 서적에 밝아 수미(首尾)가 정밀하니, 듣는 이들이 탄복했다."라고
       했다.『선조수정실록』(40년 5월 1일 癸亥)의 졸기에 따르면, 뛰어난 재능
       과 학식으로 영의정까지 오른 신흠(申欽)은 늘 사람들에게, 임진왜란
       때에 보좌한 유성룡의 "재능은 쉽게 얻을 수 없다."라고 말했다.

4   이헌창,『경제·경제학』(소화, 2015).

5   장현근,『중국의 정치 사상: 관념의 변천사』(한길사, 2016), 274~284쪽.

6   李碩圭,「朝鮮初期 官人層의 民에 대한 認識: 民本思想과 관련하여」,

《역사학보》151, 1996, 39~48쪽.

7   김재훈,「한국 古典籍의 총 규모와 성격에 관한 연구」,《민족문화》53, 2019.

8   조선 시대에 존경하는 학자가 아니고서는 '선생'이라는 호칭을 붙이지 않았다. 요사이 보통 사람에게 선생이란 호칭도 부족하여 선생님이라 부르고 있다. 우리가 영어의 'Mr.'나 일본의 '상(さん)'과 같은 민주 시민 간 호칭을 만들어 정착시키지 못한 사이에, '선생'이라는 아름다운 말을 사실상 잃어버리게 되었다. 필자는 보통 사람 간에 '님'이나 '씨'라는 경칭을 사용하고, 조선 시대보다는 격을 낮추더라도 자신에게 가르침을 주는 존경할 만한 인물에 대해서만 '선생'이라는 말을 사용하면 어떨까 생각한다.

9   그레고리 클라크, 이은주 옮김, 『맬서스, 산업 혁명, 그리고 이해할 수 없는 신세계』(한스미디어, 2009), 73~76쪽.

10 蔣建平·柳思維·朱堅貞·曾騫豊 編著, 『中國商業經濟思想史』(中國財政經濟出版局, 1990), 2~3, 41~42쪽.

11 『세종실록』 12년 8월 10일 戊寅; 『세종실록』 19년 7월 9일 丁酉.

12 이헌창,「조선 왕조의 정치 체제: 절대 군주제(absolutism)」,《경제사학》65, 2017;「조선 왕조의 통치 원리: 민주 국가 수립을 위한 정치사적 유산」,《한국정치연구》27-1, 2018.

13 『세종실록』 31년 1월 29일 庚戌.

14 S. E. Finer, *The history of government from the earliest times*(Oxford University Press, 1997).

15 위의 책, 12~16쪽.

16 滋賀秀三, 『中國法制史論集: 法典と刑罰』(創文社, 2003), 5~6쪽.

17 S. E. Finer, 앞의 책, 64쪽.

18 『세종실록』 26년 윤7월 24일 辛丑.

19 『태조실록』 1권, 총서.

20 쓰치다 겐지로(土田健次郞), 성현창 옮김, 『북송 도학사』(예문서원, 2006).

21 『태종실록』 10년 3월 17일 癸未.

22 『승정원일기』 영조 21년 7월 14일 甲申

23 『선조실록』 6년 11월 26일 壬寅.

24 『인조실록』 8년 10월 20일 乙丑.

25 『숙종실록』 9년 1월 18일 庚申.

2장 역경 가운데 정진하고 경세제민의 뜻을 키운 생애 전반부

1 『광해군일기』 즉위년 5월 7일 壬辰; 1년 4월 27일 戊寅; 8년 3월 11일
辛巳; 9년 3월 20일 乙酉.

2 李丙燾, 『韓國儒學史』(亞細亞文化史, 1987/1989), 174~175쪽.

3 鄭萬祚, 「朝鮮時代 朋黨論의 展開와 그 性格」, 『朝鮮後期 黨爭의 綜合
的 檢討』(韓國精神文化硏究院, 1992).

4 『인조실록』 7년 5월 6일 庚寅; 8년 8월 23일 庚午.

5 고영진, 「지산 조호익의 학문과 사상적 특징」, 제1회 지산 조호익 선생
학술 세미나 발표문, 2018.

6 조순, 「지산 조호익의 교학 사상」, 제3회 지산 조호익 선생 학술 세미
나 발표문, 2019.

7 이영훈, 『한국경제사 1: 한국인의 역사적 전개』(일조각, 2016),
369~371쪽.

8 김두얼, 「행장류 자료를 통해 본 조선 시대 양반의 출산과 인구 변동」,
《경제사학》 52, 2012.

9 『현종실록』 4년 12월 30일 癸亥. 김석주의 상소는 『지산집(芝山集)』 부
록 제3권에 나온다.

10 김성응에게 김육은 4대조인 고조가 된다.

11 관학 유생 김육 등이 상소하여 성혼의 신원(伸冤)을 청하니, "그 일은 선왕께서 통촉하셔서 견책을 내리신 것이니, 지금 그대들의 말로 인하여 변동시킬 수는 없다."라고 답했다.(『광해군일기』 2년 8월 21일 癸巳) 이 것은 『광해군일기』에 나오는 김육에 관한 유일한 기록이다.

12 한영우, 『우계 성혼 평전: 벼슬과 부귀를 멀리한 참선비』(민음사, 2016), 326쪽.

13 『광해군일기』 5년 4월 25일 癸丑.

14 정석종, 『조선후기 정치와 사상』(한길사, 1995), 121~122쪽; 『인조실록』 7년 2월 27일 癸丑.

15 김육은 1651년 영의정으로서 올린 「장초군을 총융청에 복귀시키는 데에 대한 계(壯抄軍還屬摠戎啓)」에서 복귀 반대의 중요한 논거로 "서울에 가까이 사는 백성은 오로지 땔나무를 팔아서 살아가는데, 이것도 못하고 있으니 원망하는 마음이 없지 않을 것입니다."라고 했다. 잠곡의 농민 생활의 체험에서 우러나온 제안으로 판단된다.

16 박태순(朴泰淳)이 가평 유생을 대신하여 지은 「잠곡 서원의 건립을 청하는 소(請建潛谷書院疏)」는 그의 문집 『동계집(東溪集)』에 수록되어 있다. 그는 1698년 형조 판서를 거쳐 이듬해 전라도 관찰사로 재직 중에, 허균의 문집을 간행한 데 대한 전라도 유생들의 규탄으로 장단 부사(長湍府使)로 좌천되었다가 1703년에 복직되어 경상도 관찰사가 되었다.

17 淸風金氏文毅公派宗中, 『潛谷先生實記』(1976), 20쪽.

18 末松保和, 「前間先生小傳」, 京都大學文學部 國語學國文學研究室 編, 『前間恭作著作集』 下卷(1974), 566~571쪽.

3장 관직에 나아가 경세의 경륜을 펼친 생애 후반부

1 박홍규, 김기연, 「'인조반정'의 주자학적 정당성 검토」, 《한국정치학회

보》 50-1, 2016.

2   붕당 정치의 설명은 정만조가 집필한『당인열전(黨人列傳)』에 의존했다.

3   오수창, 「인조 대 정치 세력의 동향」,《한국사론》 13, 1985; 김기연, 송 재혁, 「찬탈(簒奪)에서 반정(反正)으로: 인조반정 이후 정치 세력의 포 섭과 정치적 정당성의 구축」,《한국정치연구》 27-1, 2018.

4   교리(校理) 원경하(元景夏)는 영조의 탕평 정책을 지지하면서 올린 상 소에서 "생각하건대, 나라를 다스린다는 것은 조정을 화합하는 것에 지나지 않을 뿐입니다. …… 신이 처음 벼슬하였을 때에 '인조, 효종 양조(兩朝)에서 지극한 정성에서 조제(調劑)하셨다는 말을 너도 들었을 것이니, 너는 각별히 우러러 본받아야 한다.'라는 성교(聖教)를 받았는 데, 신이 재배(再拜)하고 우리 임금의 이 말씀은 실로 요순의 지극한 덕 과 같으니 국가가 다스려질 희망이 있다고 마음으로 새겼습니다."라 고 했다.(『영조실록』 16년 6월 11일 庚辰)

5   『인조실록』 1년 4월 8일 丁卯.

6   鄭萬祚, 「朝鮮時代 三公의 官歷分析: 엘리트 코스 추적의 일단」,《한국 학논총》 31, 2009.

7   『인조실록』 7년 7월 5일 戊子; 11일 甲午; 12일 乙未; 13일 丙申; 14일 丁酉; 8년 4월 24일 癸酉.

8   1587년 안주목사(安州牧使)로 "이원익은 단기(單騎)로 부임하여 먼저 조곡(糶穀) 1만 석을 감사(監司)에게 요청해서 종자로 나누어 주어 경 작을 권하였다. 가을이 되자 큰 풍년이 들어 조곡을 갚고도 창고가 가 득 찼다. …… 몸소 국경 변진(邊鎭)에 양세를 납입하여, 납부 때의 폭 리를 없앴다. 안주는 평안도에 있었음에도 누에치기에 힘쓰지 않았다. 이원익이 백성에게 뽕나무를 심어 누에치기를 권장하니, 사람들이 이 공상(李公桑)이라 불렀다. 근면하고 민첩하고 청렴하고 일을 잘 처리했 으므로, 아전은 두려워하고 백성은 사모하여 치적이 크게 나타났다. 자주 포상을 받아 승진하여 조정에 돌아오니, 후일 정승으로서의 명망

은 여기서 기초를 쌓았다."(『선조수정실록』 20년 4월 1일 庚申)

9   『인조실록』 16년 5월 18일 庚辰.

10   『잠곡유고』 8권, 「진전을 새로 개간한 곳을 원장에 기재하지 말고 경
     작하면 징세하기를 요청하는 서장(陳田開墾處勿付元帳隨起收稅狀)」.

11   『중종실록』 13년 4월 1일 己巳.

12   『명종실록』 9년 11월 25일 壬戌.

13   『西厓先生文集』 14권, 雜著, 「貢物作米議」.

14   『경세유표(經世遺表)』 10권, 地官修制, 「賦貢制7」 邦賦考.

15   『광해군일기』 즉위년 5월 7일 壬辰; 崔妵姬, 「조선 후기 宣惠廳의 운
     영과 中央財政構造의 변화」, 고려대 문학박사 학위 논문, 2013.

16   『광해군일기』 2년 2월 5일 辛亥.

17   『浦渚集』 2권, 「論宣惠廳疏 癸亥」.

18   『인조실록』 2년 3월 8일 壬戌; 2년 8월 29일 辛亥.

19   『沙溪先生遺稿』 1권, 「仍陳十三事疏(인조 2년 6월)」.

20   『인조실록』 인조 2년 12월 17일 丁酉.

21   『인조실록』 3년 1월 3일 壬子; 1월 12일 辛酉.

22   『인조실록』 3년 1월 13일 壬戌.

23   『인조실록』 16년 9월 27일 丙戌.

24   『인조실록』 16년 9월 27일 丙戌; 11월 20일 戊寅; 『승정원일기』 인조
     16년 11월 6일 甲子; 『잠곡유고』 8권, 「충청도에 대동법을 시행하기를
     청하는 서장(請行本道大同狀)」.

25   『인조실록』 4년 11월 21일 庚寅; 22일 辛卯.

26   金鍾洙, 「17세기 軍役制의 推移와 改革論」, 《한국사론》 12, 1990,
     158~161쪽.

27   『인조실록』 5년 3월 12일 己卯.

28   『현종실록』 22권, 현종 15년 7월 3일 乙丑.

29   『인조실록』 5년 8월 1일 甲午; 8월 7일 庚子.

30   『선조실록』36년 5월 23일 戊寅; 6월 24일 己酉.

31   漢語大詞典編纂委員會,『漢語大詞典』附錄・索引, 漢語大詞典出版社, 1994

32   『인조실록』12년 9월 29일 壬午.

33   이재철,『조선후기 비변사 연구』(집문당, 2001), 46~47쪽, 239쪽.

34   『인조실록』22년 9월 1일 丙戌;『잠곡유고』4권,「원손 보양관으로 있다가 귀국 후 받은 가자를 사양하는 소〔辭輔養官東還後加資疏〕」.

35   『인조실록』22년 10월 15일 己巳.

36   『承政院日記』효종 2년 6월 1일; 6월 19일; 8월 11일.

37   柳承宙,『朝鮮時代鑛業史硏究』(고려대 출판부, 1993).

38   정순우,『서당의 사회사』(태학사, 2013), 145~151쪽.

39   『인조실록』23년 11월 3일 辛亥.

40   『잠곡유고』권7,「서울의 도랑을 정비하자는 계〔城中溝渠修治啓〕」.

41   『숙종실록』36년 9월 5일 丙申.

42   『영조실록』35년 10월 23일 庚子.

43   이상배,「조선 시대 도성의 치수 정책과 준설 사업」,《중앙사론》30, 2009.

44   『잠곡속고』,「도성 안에서 농사를 금하지 말기를 청하는 계〔請勿禁城中耕種〕」;『인조실록』20년 4월 10일 己酉.

45   李迎春,「丙子胡亂 전후 朝鮮・明・淸 관계와 金堉의『朝京日錄』」,《朝鮮時代史學報》38, 2006; 金英淑,「明末의 中國社會와 朝鮮使臣의 外交活動 ― 金堉의『朝京日錄』과『朝天錄』의 분석을 중심으로」,《明淸史硏究》31, 2009.

46   『인조실록』15년 6월 1일 戊戌.

47   『인조실록』23년 1월 28일 壬子.

48   『인조실록』23년 6월 27일 戊寅.

49   『인조실록』24년 2월 3일 庚辰; 4일 辛巳; 6일 癸未.

50　『효종실록』 즉위년 5월 14일 壬申.

51　『효종실록』 즉위년 6월 8일 丙申; 9일 丁酉; 10일 戊戌; 20일 戊申.

52　『숙종실록』 25년 6월 22일 己未.

53　『愼獨齋全書』 3권, 「封事」; 12권 『古今喪禮異同議』; 『효종실록』 즉위
　　년 6월 24일 壬子.

54　安瑞材, 「朝鮮時代 國喪儀禮 研究: 國王國葬을 중심으로」, 국민대 문
　　학박사 학위 논문, 2009, 124~138쪽.

55　『효종실록』 즉위년 6월 26일 甲寅; 『宋子大全』 권6, 「還到城外待罪疏
　　〔二疏〕 1649년 6월 28일」; 5권 「己丑封事(8월)」.

56　『효종실록』 즉위년 11월 10일 乙丑.

57　蕭公權, 崔明·孫文鎬 譯, 『中國政治思想史』(서울대 출판부, 1998), 781~
　　783쪽.

58　池斗煥, 「朝鮮前期 君子·小人 論議」, 《泰東古典研》 9, 1993.

59　『효종실록』 즉위년 6월 9일 丁酉; 6월 16일 甲辰; 6월 22일 庚戌.

60　宋贊植, 「朝鮮朝 士林政治의 權力構造: 銓郎과 三司를 중심으로」, 《經
　　濟史學》 2, 1978.

61　『효종실록』 6년 6월 11일 甲子.

62　『효종실록』 즉위년 9월 13일 己巳; 鄭萬祚, 「17세기 중반 漢黨의 정치
　　활동과 國政運營論」, 《韓國文化》 23, 1999, 113~116쪽.

63　『효종실록』 즉위년 10월 24일 己酉; 10월 25일 庚戌; 10월 26일 辛亥.

64　『효종실록』 1년 4월 3일 丙戌.

65　『효종실록』 1년 7월 3일 甲寅.

66　1638년 척화론자인 김상헌과 정온의 책임이 거론되는 상황에서 이경
　　여는 병조 참판으로서 "두 신하의 일은 또한 각자 의지일 뿐이고 국가
　　의 영광으로 여겨야 할 것인데, 무슨 임금의 허물을 드러낸 것이 있겠
　　습니까."라며 균형된 견해로 조정을 화합했다.(『인조실록』 16년 9월 3일
　　壬戌)

67 『효종실록』 2년 12월 16일 己未; 18일 辛酉; 3년 3월 23일 甲午.

68 『효종실록』 즉위년 9월 2일 戊午.

69 『효종실록』 8년 7월 20일 辛酉.

70 신병주, 「17세기 政局의 전개와 趙絅의 정치적 활동」, 《조선시대사학보》 80, 2017; 안병걸 선생의 가르침.

71 『효종실록』 3년 1월 13일 丙戌; 16일 己丑; 23일 丙申; 2월 11일 癸丑; 13일 乙卯; 3년 5월 5일 乙亥.

72 『효종실록』 3년 1월 18일 辛卯; 11월 7일 乙亥; 12일 庚辰.

73 『인조실록』 25년 3월 22일 癸亥.

74 『인조실록』 24년 12월 14일 丙戌.

75 鄭萬祚, 「17세기 중반 漢黨의 정치 활동과 國政運營論」, 108쪽.

76 위의 글, 117쪽.

77 『세조실록』 9년 5월 30일 戊午.

78 李樹健, 『朝鮮時代 地方行政史』(민음사, 1989), 13~14쪽.

79 李憲昶, 「18세기 廣州 실학의 경제환경」, 《韓國實學研究》 8, 2004.

80 韓永愚, 「李晬光의 學問과 思想」, 《韓國文化》 13, 1992; 고영진, 「16세기 후반~17세기 전반 枕流臺學士의 활동과 의의」, 《서울학연구》 3, 1994.

81 金文植, 『朝鮮後期 經學思想研究』(일조각, 1996).

82 李佑成, 「18세기 서울의 都市的 樣相 ─ 燕巖學派·利用厚生學派의 成立背景」, 《鄕土서울》 17, 1963; 유봉학, 『燕巖一派 北學思想 研究』(일지사, 1995); 안대회, 『18세기 한국 한시사 연구』(소명출판, 1999).

83 『효종실록』 즉위년 7월 11일 戊辰; 『승정원일기』 효종 즉위년 6월 8일 丙申, 15일 癸卯, 7월 10일 丁卯.

84 이정철, 『대동법, 조선 최고의 개혁』(역사비평사, 2010), 149~161, 192~193쪽.

85 『효종실록』 즉위년 11월 5일 庚申에 실린 「충청도, 전라도에 대동법을

시행하기를 청하고, 이어 우의정을 사직하는 차자(請行兩湖大同仍辭右議政箚)는『잠곡유고』4권에, 그 별단은『잠곡속고』에 나온다.

86 　『승정원일기』즉위년 11월 8일 癸亥.

87 　『효종실록』즉위년 11월 14일 己巳.

88 　『효종실록』즉위년 11월 5일 庚申;『승정원일기』효종 즉위년 11월 18일.

89 　『효종실록』즉위년 12월 3일 丁亥.

90 　『효종실록』즉위년 12월 13일 丁酉;『승정원일기』효종 즉위년 12월 13일.

91 　『효종실록』즉위년 11월 16일 辛未; 1년 1월 13일 丁卯;『愼獨齋遺稿』권3「出城時疏」; 16권「年譜下」.

92 　『승정원일기』효종 2년 8월 14일 己未.

93 　『승정원일기』효종 즉위년 12월 6일 庚寅; 7일 辛卯; 15일 己亥;『愼獨齋遺稿』16권「年譜下」.

94 　『승정원일기』효종 즉위년 11월 23일 戊寅;『잠곡유고』4권,「인재를 천거하는 일을 논하는 차자(論薦人事箚)」; 7권,「향천의 법을 밝히고 학업을 권장하자는 계(申明鄕薦勸課學業啓)」.

95 　『효종실록』1년 1월 13일 丁卯.

96 　『승정원일기』효종 즉위년 12월 25일 己酉;『愼獨齋遺稿』3권,「패초에 나아가지 않고 대죄한 상소(未赴牌招待罪疏)」;『잠곡유고』4권,「우의정을 사직하는 여섯 번째 소(辭右議政疏(第六疏)」.

97 　『효종실록』1년 1월 21일 乙亥; 22일 丙子; 24일 戊寅.

98 　『효종실록』1년 11월 13일 癸亥.

99 　『효종실록』1년 1월 4일 戊午.

100 　『효종실록』1년 1월 28일 壬午.

101 　『효종실록』1년 10월 6일 丙戌.

102 　『효종실록』원년 7월 3일 甲寅.

103 　『효종실록』1년 2월 8일 辛卯; 3월 1일 甲寅; 4일 丁巳; 8일 辛酉; 9일

壬戌; 12월 28일 丙子; 5년 7월 16일 癸卯. 『승정원일기』 효종 1년 3월 8일.

104 『효종실록』 1년 6월 25일 丁未; 『잠곡필담』.

105 『승정원일기』 효종 1년 6월 8일; 『효종실록』 1년 6월 10일 壬辰; 12일 甲午; 2년 6월 3일 戊申.

106 『효종실록』 1년 11월 13일 癸亥.

107 『효종실록』 1년 12월 28일 丙子.

108 『효종실록』 2년 6월 3일 戊申.

109 『효종실록』 2년 6월 20일 乙丑; 『승정원일기』 효종 2년 6월 21일 丙子.

110 『효종실록』 2년 7월 9일 甲申.

111 『효종실록』 2년 7월 13일 戊子.

112 『승정원일기』 효종 2년 7월 16일 辛卯.

113 『광해군일기』 즉위년 5월 7일 壬辰.

114 韓榮國, 「湖西에 實施된 大同法」, 《역사학보》 13, 14, 1960, 1961 등 선행 연구를 참조하여 정리한다.

115 『승정원일기』 인조 16년 3월 9일 壬申.

116 『효종실록』 1년 6월 12일 甲午.

117 『효종실록』 2년 7월 23일 戊戌; 8월 14일 己未; 『승정원일기』 효종 2년 7월 16일 辛卯; 17일 壬辰; 27일 壬寅; 8월 14일 己未.

118 『승정원일기』 효종 2년 7월 24일 己亥; 『잠곡속고』, 「좌의정이 대동법을 시행하려 않는다는 데에 대해 논한 차자(論左相不欲爲大同事箚)」.

119 『효종실록』 2년 8월 3일 戊申; 4일 己酉; 8일 癸丑; 11일 丙辰.

120 『효종실록』 2년 8월 9일 甲寅.

121 『효종실록』 3년 1월 23일 丙申; 5월 5일 乙亥; 4년 3월 14일 庚辰.

122 『효종실록』 2년 8월 24일 己巳.

123 전상운, 「농암 유수원의 進上制 인식과 개혁 구상」, 《한국신학연구》 36, 2018, 265~267쪽; 『승정원일기』 효종 2년 8월 14일 己未.; 『효종

실록』4년 2월 2일 己亥.

124 『효종실록』3년 4월 1일 壬寅; 10일 辛亥;『잠곡유고』5권,「정언 이만
웅이 대동법과 동전 통용을 논한 일로 인해 죄를 기다리는 차자〔以正言
李萬雄論大同用錢事待罪箚〕」.

125 『효종실록』3년 5월 16일 병술; 4년 3월 14일 庚辰.

126 『효종실록』효종 3년 10월 24일 壬戌; 26일 甲子; 27일 乙丑; 11월 2일
庚午; 12일 庚辰; 14일 壬午.

127 『효종실록』4년 2월 4일 辛丑; 7일 甲辰.

128 『효종실록』4년 3월 1일 丁卯; 4일 庚午.

129 『효종실록』4년 5월 3일 戊辰;『잠곡속고』,「충청 감사 조형을 원주에
유배하라는 명을 조금 늦추어 주기를 청한 차자: 영의정 연명〔請少寬湖
伯趙珩徒配原州 領相聯名〕」.

130 『잠곡유고』제5권,「충청도 산골 고을의 동전 주조를 청하는 차자〔請令
湖西山邑鑄錢箚〕」;『승정원일기』효종 5년 5월 1일 庚寅.

131 『승정원일기』효종 8년 9월 6일 乙巳.

132 『인조실록』25년 10월 3일 庚午.

133 『현종개수실록』5년 1월 16일 己卯.

134 金玉根,『朝鮮王朝財政史研究 3』(일조각, 1997)(중판), 173, 297쪽.

135 『인조실록』2년 5월 12일 乙丑; 29일 壬午.

136 수등이척제가 시행된 실례를 들어 본다. 1478년 경연에서 집의〔執義〕
김춘경〔金春卿〕은 "우리나라는 농지를 6등으로 나누었는데, 상등〔上等〕
의 전지는 그 자〔尺〕가 짧기 때문에 그 땅이 작고, 하등의 농지는 그 자
가 길기 때문에 그 땅이 큽니다."라고 했다.(『성종실록』9년 5월 21일 壬午)
1487년 노사신〔盧思愼〕은 "한 면〔面〕에 기름진 땅과 메마른 땅이 있고
생산량도 다르므로 양전자〔量尺〕는 긴 것과 짧은 것이 있다."라고 했
다.(『성종실록』18년 9월 7일 癸卯)

137 『효종실록』4년 8월 11일 癸酉.

138 『효종실록』4년 9월 19일 辛亥; 『잠곡속고』, 「가을에 거두는 쌀 8두에 서 3두의 값을 동전으로 거두기를 청하는 차자(請秋米八斗收錢以三斗價)」.

139 이정천, 『대동법, 조선 최고의 개혁』, 246~259쪽; 『현종개수실록』5 년 1월 16일 己卯.

140 『현종실록』4년 10월 5일 己亥.

141 『중종실록』10년 6월 8일 癸亥.

142 『승정원일기』효종 2년 2월 29일 丙子; 『효종실록』2년 3월 10일 丁 亥; 13일 庚寅.

143 『효종실록』2년 4월 24일 庚午.

144 『승정원일기』효종 2년 6월 3일 戊申.

145 『승정원일기』효종 2년 6월 3일 戊申; 『잠곡유고』7권, 「쌀을 내어 포 목을 사들여 진구(賑救)를 함께 시행할 것을 청하는 계(請出米貿布兼行賑 救啓)」.

146 『효종실록』2년 7월 9일 甲申.

147 『효종실록』2년 10월 29일 癸酉.

148 『효종실록』2년 11월 13일 丁亥.

149 『효종실록』2년 12월 19일 壬戌.

150 宋贊植, 「朝鮮後期 行錢論」, 『韓國思想大系 II』(성균관대 대동문화연구원, 1976), 769~770쪽.

151 『잠곡유고』7권, 「경기도에서 거두는 쌀을 동전으로 대신하기를 다시 청하는 계(畿甸收米再請代錢啓)」; 宋贊植, 「朝鮮後期 行錢論」, 770~771쪽.

152 宋贊植, 「朝鮮後期 行錢論」, 770~771쪽; 『효종실록』3년 2월 7일 己酉.

153 『효종실록』3년 2월 13일 乙卯.

154 『효종실록』3년 4월 1일 壬寅; 10일 辛亥.

155 宋贊植, 「朝鮮後期 行錢論」, 774쪽.

156 『효종실록』3년 11월 4일 壬申.

157 『효종실록』4년 1월 17일 甲申.

158 『효종실록』 4년 3월 1일 丁卯; 4일 庚午. 『승정원일기』 4년 3월 13일 己卯. 김육의 「가장」과 연보.

159 『효종실록』 5년 3월 26일 丙辰; 4월 2일 辛酉; 9일 戊辰.

160 『잠곡속고』, 「정문호와 이승훈을 감옥에 가두고서 죄를 다스리는 것이 원통함을 논한 차자〔論鄭文豪李承訓囚治冤痛事〕」.

161 『잠곡유고』 제5권, 「충청도 산골 고을의 동전 주조를 청하는 차자〔請令湖西山邑鑄錢箚〕」; 『승정원일기』 효종 5년 5월 1일 庚寅.

162 『효종실록』 6년 7월 9일 辛卯; 12월 13일 癸亥.

163 『효종실록』 6년 12월 11일 辛酉; 12월 13일 癸亥; 『잠곡속고』, 「박수진을 천거하는 차자〔薦朴守眞箚〕」.

164 『효종실록』 7년 4월 12일 庚申; 『잠곡속고』, 「정문호와 이승훈을 감옥에 가두고서 죄를 다스리는 것이 원통함을 논한 차자」.

165 『효종실록』 7년 9월 25일 庚午; 10월 3일 丁丑; 『비변사등록』 효종 7년 9월 26일; 10월 13일; 『잠곡속고』, 「세 번째 차자〔三箚〕」.

166 『효종실록』 7년 10월 15일 己丑.

167 『효종실록』 5년 6월 20일 戊寅.

168 『효종실록』 3년 4월 1일 壬寅.

169 『인조실록』 12년 10월 10일 癸巳

170 『태종실록』 6년 5월 13일 壬人.

171 『세종실록』 16년 9월 2일 丙子; 18년 윤6월 23일 丁亥.

172 『비변사등록』 1664년 8월 16일.

173 李樹煥, 『朝鮮後期書院研究』(일조각, 2001), 44~47쪽.

174 『磻溪隨錄』 3권, 田制後錄上, 經費.

175 『현종실록』 5년 3월 14일 丙子.

176 『인조실록』 23년 6월 3일 甲寅.

177 『인조실록』 23년 12월 18일 丙申.

178 임형택, 『21세기에 실학을 읽는다』(한길사, 2014), 133~157쪽; 『인조

실록』9년 7월 12일 甲申.

179 『효종실록』 즉위년 12월 3일 丁亥; 1년 7월 19일 庚午.

180 『효종실록』 3년 3월 11일 壬午; 9월 4일 癸酉; 4년 1월 6일 癸酉.

181 전용훈, 「조선 후기 서양 천문학과 전통 천문학의 갈등과 융화」, 서울
     대 이학박사 학위 논문, 2004, 1장.

182 『정조실록』 15년 10월 11일 壬子.

183 『고려사절요』 1260년 3월 17일 甲申.

184 『선조실록』 26년 6월 5일 戊子.

185 이헌창, 「조선 시대 耕地所有權의 성장」, 《경제사학》 58, 2015.

186 『선조수정실록』 27년 4월 1일 기유.

187 鄭萬祚, 「양역의 편성과 폐단」, 국사편찬위원회, 《한국사 32》, 1997.

188 『효종실록』 2년 7월 30일 乙巳.

189 『잠곡속고』, 「장릉의 사초를 개수한 뒤에 본 바와 소회를 아뢴 차자〔章
     陵改莎草後略陳所見所懷箚〕」; 『효종실록』 4년 8월 11일 癸酉.

190 『잠곡유고』 5권, 「연안의 둔전에 대해 논하는 차자〔論延安屯田箚〕」; 「조목
     별로 시폐를 아뢴 차자〔條陳時弊箚〕」. 『잠곡속고』, 「두번째 차자〔再箚〕」;
     『효종실록』 6년 1월 26일 辛亥.

191 『효종실록』 6년 2월 18일 癸酉; 『잠곡속고』, 「정문호와 이승훈을 감옥
     에 가두고서 죄를 다스리는 것이 원통함을 논한 차자」.

192 『잠곡속고』, 「조목별로 시폐를 아뢴 차자〔條陳時弊箚〕」; 『효종실록』 5년
     1월 12일 癸卯; 6년 1월 27일 壬子.

193 『인조실록』 2년 5월 29일 壬午; 3년 3월 14일 壬戌.

194 『효종실록』 5년 1월 22일 癸丑; 2월 9일 庚午.

195 『효종실록』 5년 10월 21일 정축; 11월 16일 壬寅.

196 『효종실록』 7년 2월 21일 庚午.

197 『효종실록』 10년 2월 11일 壬申; 13일 甲戌.

198 『잠곡유고』 5권, 「서남 지방의 재변으로 인하여 수성, 변통하기를 청

하는 차자」.

199　『효종실록』 4년 2월 27일 甲子; 5월 19일 甲申; 『잠곡속고』, 「별도로 천거한 사람을 도태시키지 않은 일로 사직하는 차자(別薦不汰事辭職箚)」.

200　『잠곡속고』, 「송광일을 천거하는 차자(薦宋光一箚)」; 『효종실록』 4년 7월 30일 癸巳; 11월 22일 甲寅; 11월 23일 乙卯.

201　韓㳓劤, 『星湖李瀷研究』(서울대출판부, 1980), 179~180쪽.

202　『잠곡속고』, 「정문호와 이승훈을 감옥에 가두고서 죄를 다스리는 것이 원통함을 논한 차자」.

203　『잠곡유고』 6권, 「전라도 민정(民情)에 따라 속히 개혁하기를 청하는 차자(請順湖南民速爲變通箚)」.

204　『인조실록』 19년 6월 23일 丁卯.

205　『효종실록』 5년 2월 11일 壬申.

206　車文燮, 『朝鮮時代軍制研究』(단국대출판부, 1973); 李京燦, 「조선 효종조의 북벌 운동」, 《淸溪史學》 5, 1988을 참조.

207　『잠곡유고』 5권, 「영장이 염초를 굽는 폐단에 대해 논하고, 이어 벼슬을 그만두게 해 주기를 청하는 차자(論營將煮焇之弊仍乞致仕箚)」.

208　『효종실록』 6년 5월 13일 丙申.

209　『효종실록』 6년 1월 27일 壬子; 2월 9일 甲子; 2월 18일 癸酉.

210　우경섭, 「潛谷 金堉(1580~1658)의 學風과 '時勢' 認識」, 《한국문화》 33, 2004, 165~170쪽.

211　『효종실록』 7년 2월 2일 辛亥.

212　『효종실록』 7년 8월 27일 壬寅.

213　『효종실록』 7년 9월 15일 庚申; 『잠곡유고』 6권, 「서남 지방의 재변으로 인하여 수성, 변통하기를 청하는 차자」.

214　『효종실록』 8년 4월 18일 庚寅.

215　『잠곡유고』 6권, 「전지(에 응하여 진언하는 차자(應旨進言箚)」.

216　『효종실록』 8년 8월 16일 丙戌.

217   지두환,『우암 송시열 평전 1』(충북대 우암연구소, 2007), 215~221쪽.

218   『효종실록』8년 11월 2일 庚子.

219   『효종실록』9년 9월 9일 癸卯; 9년 10월 21일 甲申.

220   『효종실록』5년 6월 3일 辛酉.

221   『효종실록』7년 2월 27일 丙子; 3월 7일 丙戌; 3월 15일 甲午.

222   『효종실록』9년 9월 1일 乙未.

223   『효종실록』9년 10월 16일 己卯.

224   『효종실록』10년 1월 5일 丁酉.

225   전라도 대동법은 韓榮國,「湖南에 實施된 大同法」,《歷史學報》15, 20,
      21, 24, 1961, 1963, 1964 등을 참조하여 정리한다.

226   『효종실록』5년 1월 22일 癸丑; 2월 9일 庚午; 즉위년 9월 13일 己巳.

227   『승정원일기』효종 7년 7월 11일 丁巳; 27일 癸酉.

228   『효종실록』7년 9월 15일 庚申.

229   『효종실록』7년 9월 25일 庚午.

230   『승정원일기』효종 8년 7월 3일 甲辰.

231   『효종실록』8년 7월 11일 壬子.

232   『효종실록』8년 7월 23일 甲子.

233   『승정원일기』효종 8년 9월 6일 乙巳.

234   『효종실록』8년 9월 20일 己未.

235   『효종실록』8년 10월 12일 辛巳.

236   『효종실록』8년 11월 8일 丙午.

237   『승정원일기』효종 8년 12월 4일 壬申.

238   『효종실록』9년 2월 9일 丙子;『승정원일기』효종 9년 2월 9일 丙子; 2
      월 13일 庚辰; 김육의「가장」과「연보」.

239   『승정원일기』효종 9년 4월 12일 戊寅;『효종실록』9년 4월 13일 己卯.

240   『승정원일기』효종 9년 7월 8일 癸卯;『잠곡유고』6권,「전라도 민정에
      순응하여 속히 개혁하기를 청하는 차자〔請順湖南民速爲變通箚〕」.

241 『효종실록』 9년 7월 12일 丁未; 8년 8월 16일 丙戌.

242 『宋子大全』 부록 17권, 語錄, 「崔愼錄」.

243 『효종실록』 9년 7월 25일 庚申.

244 『잠곡유고』 6권, 「전라도 대동법의 규례를 올리는 차자〔進湖南大同規例箚〕」.

245 『잠곡속고』, 「병세가 중해 문안 반열에 참여하지 못한 데에 대죄하고, 또 전라도 일을 논하는 차자〔病重不得參問安待罪且論湖南事箚〕」.

246 『효종실록』 9년 9월 5일 己亥; 『잠곡유고』 6권, 「병으로 유의를 아뢰는 차자〔病欲進言以終遺意箚〕」.

247 『승정원일기』 효종 2년 7월 25일 庚子.

248 『효종실록』 9년 9월 1일 乙未.

249 『잠곡유고』 6권, 「태안 조운로를 논하는 차자〔論泰安漕路箚〕」; 『잠곡속고』 6권, 「침을 맞을 때 병으로 인해 문안드리지 못한 데 대해 대죄하는 차자〔受針時病不能問安待罪箚〕」; 김육의 「가장」과 「연보」.

250 주기평, 「『유원총보』에 나타난 중국 유서 전통의 한국적 계승과 수용 양상」, 실학박물관 편, 『조선후기 유서와 지식의 계보학』(경인문화사, 2019), 92, 113쪽.

251 우정임, 「金堉의 『海東名臣錄』·『國朝名臣錄』 편찬과 사상적 의미」, 《嶺南學》 30, 2016

252 金斗鍾, 「李氏朝鮮의 後期活字의 改鑄와 潛谷 金堉先生 三代의 貢獻」, 『白樂濬博士 還甲紀念 國學論叢』(思想界社, 1955); 千惠鳳, 「潛谷 金堉의 編·著書와 活字印刷」, 《民族文化》 24, 2001.

253 『효종실록』 8년 1월 6일 己酉.

254 『선조실록』 36년 6월 26일 辛亥.

255 『선조수정실록』 30년 7월 1일 庚寅.

256 『선조실록』 31년 12월 1일 壬子; 12월 7일 戊午.

257 『효종실록』 9년 6월 11일 丁丑; 4년 8월 23일 乙酉.

258 『효종실록』4년 7월 8일 辛未; 『현종실록』11년 윤2월 7일 甲午.

259 『효종실록』2년 9월 20일 甲午.

260 『효종실록』9년 5월 3일 己亥; 10년 2월 26일 丁亥; 윤3월 18일 戊寅

4장 김육의 사후 정책과 그 한계

1 이성무, 『영의정의 경륜』(지식산업사, 2012), 3장 참조.

2 『효종실록』10년 2월 13일 甲戌.

3 『승정원일기』효종 10년 윤3월 11일 辛未.

4 『숙종실록』2년 7월 2일 壬午; 8일 戊子; 8월 2일 壬子; 9월 5일 甲申.

5 이현진, 「도설로 본 조선 시대 宗廟와 永寧殿의 변화」, 《한국고지도연구》7-2, 2015, 18~19쪽.

6 『효종실록』2년 4월 13일 己未; 6월 17일 壬戌.

7 『현종실록』2년 4월 24일 癸卯.

8 『효종실록』2년 10월 28일 壬申; 29일 癸酉; 11월 5일 己卯.

9 『효종실록』10년 1월 5일 丁酉.

10 鄭萬祚, 「17세기 중반 漢黨의 정치 활동과 國政運營論」, 122쪽.

11 『현종실록』즉위년 8월 7일 乙未.

12 『효종실록』9년 9월 1일 乙未; 10년 1월 5일 丁酉.

13 李成茂, 「17世紀의 禮論과 黨爭」, 『朝鮮後期 黨爭의 綜合的 檢討』(한국정신문화연구원, 1992) 참조.

14 『현종실록』즉위년 5월 5일 乙丑.

15 이성무, 『조선왕조사』(동방미디어, 1998), 684~698쪽.

16 『현종실록』1년 4월 10일 甲午.

17 『현종실록』1년 5월 1일 乙卯.

18 池斗煥, 「朝鮮後期 禮訟研究」, 《釜大史學》11, 1987.

19   李俸珪,「조선후기 禮訟의 철학적 함의: 17세기 喪服論爭을 중심으로」,《한국학연구》9, 1998.

20   『현종실록』1년 4월 24일 戊申.

21   『현종실록』7년 3월 23일 癸卯.

22   『현종실록』2년 5월 21일 己巳.

23   鄭萬祚,「朝鮮 顯宗朝의 公義·私義 論爭」,《한국학논총》14, 1992.

24   鄭萬祚,「朝鮮 顯宗朝의 公義·私義 論爭」, 89쪽.

25   『현종실록』9년 8월 3일 己巳.

26   李丙燾,『韓國儒學史』, 339, 349쪽.

27   『현종실록』10년 4월 3일 乙丑; 4월 14일 丙子.

28   鄭萬祚,「17세기 중반 漢黨의 정치 활동과 國政運營論」, 125~127쪽.

29   『승정원일기』현종 8년 윤4월 9일 癸未.

30   『현종실록』9년 8월 27일 癸巳; 9월 2일 戊戌.

31   『현종실록』10년 1월 6일 庚子; 1월 8일 壬寅; 2월 3일 丙寅; 2월 6일 己巳; 2월 7일 庚午.

32   고동환,『한국 전근대 교통사』(들녘, 2015), 192-194쪽.

33   『현종실록』13년 1월 24일 辛未.

34   『현종개수실록』15년 2월 28일 壬戌.

35   당쟁은 鄭萬祚,「朝鮮時代 朋黨論의 展開와 그 性格」,『朝鮮後期 黨爭의 綜合的 檢討』, 141~142쪽; 朴光用,「朝鮮時代 政治史 硏究의 成果와 課題」,『朝鮮時代 硏究史』(한국정신문화연구원, 1999), 115~122쪽; 이성무,『조선왕조사』, 20장 참조.

36   『숙종실록』1년 윤5월 27일 甲寅.

37   정만조, 조준호,「해제」,『淸風府院君遺稿·學海詩選』(실학박물관, 2010), 8~9쪽.

38   위의 글, 6~7쪽.

39   『숙종실록』7년 12월 14일 癸巳에 수록된 이 상소는 『조선왕조실록』

에서 처음 예치에 절대적 의의를 부여한 기록이었다.

40　『영조실록』 32년 2월 1일 己亥.

41　『효종실록』 2년 3월 14일 辛卯; 3월 20일 丁酉; 5월 11일 丁亥.

42　『현종실록』 즉위년 9월 3일 辛酉.

43　『현종개수실록』 1년 5월 9일 癸亥.

44　『현종실록』 즉위년 9월 5일 癸亥; 1년 6월 16일 己亥. 『승정원일기』 현종 즉위년 10월 4일 辛卯.

45　이정철, 『대동법, 조선 최고의 개혁』, 236~240쪽. 『현종실록』 7월 11일 甲子; 9월 1일 癸丑.

46　『현종실록』 3년 7월 24일 乙未; 26일 丁酉; 『승정원일기』 현종 3년 7월 24일 乙未.

47　『현종실록』 4년 12월 26일 己未; 7년 10월 22일 己巳; 11월 6일 壬午; 『현종개수실록』 6년 12월 27일 戊寅.

48　『승정원일기』 현종 4년 7월 7일 壬申.

49　『현종실록』 14년 11월 16일 辛巳; 12월 18일 癸丑; 『승정원일기』 현종 14년 11월 21일 丙戌.

50　『숙종실록』 3년 5월 19일 甲午; 6월 12일 丁巳.

51　金玉根, 『朝鮮王朝財政史研究〔Ⅲ〕』, 20~22쪽.

52　『인조실록』 5년 5월 8일 癸酉; 13년 7월 29일 丁丑.

53　金玉根, 앞의 책; 權乃鉉, 「17세기 전반 平安道의 軍糧 운영」, 《조선시대사학보》 20, 2002, 179~182쪽.

54　朴時亨, 『朝鮮土地制度史』(중)(북한 사회과학원, 1961). 226쪽.

55　安達義博, 「18~19世紀前半の大同米·木·布·錢の徵收·支出と國家財政」, 《朝鮮史研究會論文集》 13, 1976.

56　金玉根, 앞의 책, 13장.

57　『승정원일기』 숙종 6년 6월 13일 庚午.

58　『승정원일기』 숙종 7년 7월 21일 壬申.

59   『영조실록』3년 10월 10일 壬辰.

60   韓榮國,「湖西에 實施된 大同法(下)」, 120, 123쪽.

61   高錫珪,「16·17세기 貢納制 개혁의 방향」,《한국사론》12, 1985, 227~228쪽.

62   『승정원일기』효종 2년 8월 14일 己未.

63   『현종실록』11년 12월 3일 丙戌.

64   『숙종실록』4년 1월 23일 乙未;『비변사등록』숙종 4년 1월 24일.

65   『승정원일기』숙종 20년 7월 27일 癸巳.

66   『숙종실록』44년 윤8월 3일 戊申.

67   鄭演植,「17·18세기 良役均一化政策의 推移」,《한국사론》13, 1985; 池斗煥,「조선 후기 戶布制 論議」,《한국사론》19, 1988; 金鍾洙,「17세기 軍役制의 推移와 改革論」,《한국사론》22, 1990; 鄭萬祚,「양역 변통론의 추이」, 국사편찬위원회,『한국사 32: 조선 후기의 정치』(1997); 鄭演植,「균역법의 시행과 그 의미」,『한국사 32: 조선 후기의 정치』, 1997을 참조해 정리했다.

68   『현종개수실록』10년 2월 14일 丁丑.

69   『숙종실록』3년 3월 1일 丁丑.

70   『숙종실록』3년 12월 11일 癸丑; 25일 丁卯.

71   『숙종실록』28년 8월 11일 庚寅.

72   『숙종실록』39년 5월 6일 壬午.

73   『영조실록』,『승정원일기』3년 11월 5일 丁巳.

74   『영조실록』,『승정원일기』영조 26년 7월 3일 癸卯; 9일 己酉.

75   이근호,「영조대 均役法 시행과 公·私 논의」,《대동문화연구》76, 2011.

76   鄭萬祚,「朝鮮後期의 良役變通論議에 대한 檢討」,《동대논총》7, 1977, 29쪽.

77   정만조,「영조 임금의 업적 '어제문업(御製問業)'의 6대 사업을 중심으로」,『영조대왕』(한국학중앙연구원, 2011.)

78   김육의 초상화와 그에 관한 시는 조인수, 「김육 초상화 세 점에 대하여」, 《한국실학연구》 37, 2019를 참조.

79   『영조실록』 27년 2월 3일 辛未; 34년 3월 21일 丁未; 43년 2월 29일 癸亥.

80   김준형, 「18세기 里定法의 전개」, 《진단학보》 58, 1984; 송양섭, 「19세기 良役收取法의 변화: 洞布制 성립과 관련하여」, 《한국사연구》 89, 1995.

81   이헌창, 「조선 왕조의 정책사와 근세 실학, 그리고 金堉(1580~1658)」 52~59쪽.

82   『芹曝集』, 「柳祖訒上疏回啓 乙未」.

83   『효종실록』 4년 7월 2일 乙丑; 7월 3일 丙寅.

84   『현종개수실록』 8년 5월 6일 己酉; 10년 1월 10일 甲辰; 『승정원일기』 현종 10년 1월 10일 甲辰. 『宋子大全』에는 송시열이 건의한 날이 나온다.

85   平木實, 『朝鮮後期 奴婢制研究』(지식산업사, 1982), 130~147쪽.

86   『정조실록』 2년 6월 4일 壬辰.

87   朴範, 「正祖代 壯勇營의 軍制와 財政 運營」, 고려대 문학박사 학위 논문, 2017, 105, 165쪽.

88   銅錢換算式은 黃金 1兩=40兩, 銀 1냥=3냥, 淸錢 1냥=1냥, 絹布 1匹=15냥, 綿布 1필=麻布 1필=2냥, 苧布 1필=7냥, 黃蜜 1斤=1.3냥, 米 1石=5냥, 田米 1석=4냥, 太=大豆 1석=麥 1석=稷 1석=2.5냥, 租 1석=2냥, 皮雜穀 1석=1냥.

89   『정조실록』 19년 8월 18일 丙申.

90   文勇植, 『朝鮮後期 賑政과 還穀運營』(경인문화사, 2001), 111~115쪽.

91   朴範, 「正祖代 壯勇營의 軍制와 財政 運營」, 257~271쪽.

92   이헌창, 「조선시대 서울에서의 상업정책과 市廛」, 《경제사학》 60, 2016, 37~40쪽.

93   『비변사등록』 영조 38년 3월 14일.

94   『정조실록』1년 12월 26일 戊午.

95   『순조실록』22년 10월 15일 丙辰.

96   박인호,「정조의 인물 인식:『해동신감』을 중심으로」,《한국실학연구》
     23, 2012.

97   『정조실록』20년 9월 15일 丁巳.

98   『정조실록』20년 10월 22일 甲午.

99   『정조실록』22년 5월 2일 乙丑; 9월 15일 乙亥; 11월 26일 乙酉.

100 『영조실록』51년 10월 10일 甲申.

101 이헌창,『조선 시대 최고의 경제 발전안을 제시한 박제가』(민속원,
     2011), 213~220쪽.

102 이헌창,「조선 왕조의 정책사와 근세 실학, 그리고 金堉」, 70~73쪽.

5장 김육의 사상과 그 특성

1   우경섭,「潛谷 金堉(1580~1658)의 學風과 '時勢' 認識」, 154~155쪽.

2   『광해군일기』2년 10월 4일 乙亥; 10월 30일 辛丑; 12월 5일 丙子; 7년
     4월 5일 辛巳.

3   李丙燾,『韓國儒學史』, 186~187, 198~199쪽.

4   『花潭集』2권,「擬上仁宗大王論國朝大喪喪制不告之失疏」.

5   『象村集』57권, 外稿第四 彙言四; 朴熙秉,「申欽의 學問과 그 思想史的
     位置」,《民族文化》20, 1997; 鄭萬祚,「17세기 중반 漢黨의 정치 활동
     과 國政運營論」, 117쪽.

6   池田知久·溝口雄三·葉坦,「利」, 溝口雄三·丸山松幸·池田知久 編,『中
     國思想文化事典』(東京大學出版會, 2001), 108쪽.

7   『효종실록』8년 12월 22일 庚寅.

8   『인조실록』11년 12월 16일 甲戌.

9 『효종실록』3년 11월 2일 庚午.

10 『잠곡유고』10권,「가뭄 재해로 인하여 구언(求言)하는 교서(因旱災求言敎書)」.

11 『인조실록』14년 9월 13일 甲寅.

12 李憲昶,「磻溪 柳馨遠의 經濟思想에 관한 연구」,《조선시대사학보》10, 1999.

13 이헌창,「星湖의 安民富國論」,『성호 이익 연구』(사람의 무늬, 2012), 190~200쪽.

14 김준태,「김육 사상의 실용적 성격」,《유교사상연구》31, 2008; 이정철,「김육 개혁 사상의 연원(淵源)과 성격」,《한국사학보》44, 2011.

15 『고려사』78권, 食貨志1 조세.

16 『효종실록』즉위년 11월 6일 辛酉; 10일 乙丑; 12월 13일 丁酉; 1년 1월 22일 丙子.

17 蕭公權,『中國政治思想史』, 855~857쪽

18 『효종실록』3년 4월 4일 庚戌.

19 『잠곡유고』7권,「피혐하는 계 병인년 윤6월 24일(避嫌啓 六月二十四日)」.

20 『浦渚集』2권,「대동법을 폐지하면 안 된다고 논한 소(論大同不宜革罷疏 乙丑)」.

21 『잠곡유고』6권,「전라도 대동법을 결단하여 시행하기를 청하는 차자(湖南大同斷而行之箚)」.

22 『중종실록』23년 2월 21일 癸亥.

23 韓榮國,「民族繁榮의 經世家 金堉」,『人物韓國史』4(博友社, 1965), 98쪽.

24 鄭萬祚,「17세기 중반 漢黨의 정치 활동과 國政運營論」.

25 李楠福,「金堉의 思想과 그 歷史的 位置」, 단국대,《史學志》14, 1980.

26 『인조실록』1년 7월 12일 庚子.

27 『잠곡유고』8권,「연해의 공물을 작미하지 못하도록 요청하는 서장(沿海貢物勿令作米狀)」,「서량을 추수가 끝나기를 기다려 거두어들인 다음

충청도에 유치해 두기를 요청하는 서장〔西糧待秋成捧置本道狀〕」.

28 『高麗史』79권, 食貨 2, 화폐조.

29 『효종실록』3년 1월 20일 癸巳.

30 『잠곡속고』,「장릉의 사초를 개수한 뒤에 본 바와 소회를 아뢰는 차자〔章陵改莎草後略陳所見所懷箚〕」;『효종실록』4년 8월 11일 癸酉.

31 金駿錫,「조선 후기 國家再造論의 대두와 그 전개」연세대 문학박사 학위 논문, 1990, 309~334쪽.

32 『효종실록』8년 8월 16일 丙戌.

33 『효종실록』9년 9월 1일 乙未; 9일 癸卯; 12월 6일 戊辰.

34 『효종실록』5년 2월 9일 庚午.

35 『효종실록』10년 1월 1일 癸巳; 5일 丁酉; 21일 癸丑.

36 金駿錫, 위의 글, 244~301쪽.

37 『효종실록』5년 3월 3일 癸巳; 4일 甲午; 5년 3월 18일 戊申.『잠곡속고』,「윤득열 등을 너그럽게 판결해 주기를 청하는 차자〔請疏決尹得說等箚〕」.

38 『숙종실록』7년 12월 14일 癸巳에 수록된 이 상소는『조선왕조실록』에서 예치에 절대적 의의를 부여한 첫 기사였다.

39 『효종실록』2년 5월 25일 辛丑.

40 『효종실록』4년 윤7월 18일 辛亥.

41 『효종실록』9년 5월 13일 己酉; 14일 庚戌; 29일 乙丑; 30일 丙寅; 6월 1일 丁卯.『승정원일기』효종 9년 5월 28일 甲子.

42 『인조실록』21년 3월 3일 丙申에 나온 차자는『잠곡유고』4권에 나온다.『인조실록』21년 7월 6일 丁酉에 나온 차자는『잠곡속고』에 나온다.「가장」에는 6월 올린 것으로 나오는데, 7월 6일 인조가 수용한 것으로 보인다.

43 『효종실록』1년 1월 13일 丁卯; 1년 1월 21일 乙亥.

44 『효종실록』7년 4월 12일 庚申.

45 『잠곡유고』8권,「조헌의 위판을 표충사로 옮겨서 매안한 데 대한 서

장〔趙憲位版移出表忠祠埋安狀〕」.

46 千寬宇, 『近世朝鮮史研究』(重版)(일조각, 1979/1982), 385, 388쪽.

47 『태조실록』 1년 8월 11일 庚申; 『태종실록』 12년 6월 6일 己未; 7월 17
    일 庚子; 16년 6월 1일 辛酉.

48 金成煥, 『朝鮮時代 檀君墓 認識』(경인문화사, 2009).

49 한영우, 『율곡 평전』, 120~121, 169~170, 197쪽.

50 盧明鎬, 「高麗時代의 多元的 天下觀과 海東天子」, 《한국사연구》 105,
    1999; 秋明燁, 「高麗時期 海東 인식과 海東天下」, 《한국사연구》 129,
    2005.

51 이헌창, 「實學 개념들의 통합적 이해를 위한 試論」, 《한국실학연구》
    32, 2016; 「근세 실학의 선구자이자 실천자인 金堉(1580~1658)」, 《한
    국실학연구》 33, 2017을 중심으로 정리했다.

52 鄭寅普, 『國學散藁 外』, 舊園 鄭寅普全集 2(延世大學校出版部, 1983),
    43~44쪽.

53 韓榮國, 「金堉」, 『韓國人物史 Ⅳ』(博友社, 1965), 98~99쪽.

54 『효종실록』 10년 3월 26일 丁巳; 27일 戊午.

6장 김육 정책 활동의 역사적 의의와 교훈

1 李泰鎭, 「黨派性論 批判」, 《韓國史 市民講座》, 창간호, 1987.

2 붕당의 전개와 붕당론에 관해서는 鄭萬祚, 「朝鮮時代 朋黨論의 전개
   와 그 성격」을 참조.

3 李在喆, 『朝鮮後期(備邊司) 研究』(집문당, 2001) 참조.

4 麻生武龜, 「李朝の建國と政權の推移」, 『靑丘學叢』 5, 1931.

5 이헌창, 「제한된 합리적 선택으로서 조선 시대 유교」, 《韓國實學研》 7,
   2004.

371~378, 380, 383, 388~416,

418~419, 427~428, 430~431,

436~439, 442, 444~445,

447~450, 454~466, 469~473,

476, 479, 482, 484~485, 487,

489~490, 494~500, 502,

505, 508, 512~513, 516, 519,

523, 527~528, 538, 543, 545,

554~555, 562~563, 565, 567,

571, 574, 576, 580~588, 606,

611, 613, 619, 621, 623~624,

626, 628~629, 638, 640,

643~644, 651~653, 658,

660~672, 674~680, 684

김육 평전

1판 1쇄 펴냄 2020년 2월 28일
1판 2쇄 펴냄 2021년 1월 4일

지은이 이헌창
발행인 박근섭·박상준
펴낸곳 (주)민음사

출판등록 1966. 5. 19. 제16-490호
주소   서울특별시 강남구 도산대로1길 62(신사동) 강남출판문화센터 5층
          (우편번호 06027)
대표전화 02-515-2000 | 팩시밀리 02-515-2007
홈페이지 www.minumsa.com

* 잘못 만들어진 책은 구입처에서 교환해 드립니다.